"Den Snoede Univers ~ Bog Et"

Dolores Cannon

Översättning av:
Freja Sørensen

© 2001 af Dolores Cannon
Første trykning – 2001
Dansk Oversættelse - 2025

Alle rettigheder forbeholdes. Ingen del af denne bog, hverken helt eller delvist, må gengives, overføres eller anvendes i nogen form eller på nogen måde, elektronisk, fotografisk eller mekanisk, herunder fotokopiering, optagelse eller gennem noget informationslagrings- og genfindingssystem, uden skriftlig tilladelse fra Ozark Bjergpublikationer, Inc., undtagen korte citater, der anvendes i litterære artikler og anmeldelser.

For tilladelser, serielisering, forkortelser, bearbejdelser eller for at få et katalog over vores udgivelser, skriv til:
Ozark Bjergpublikationer, Inc.,
Postboks 754, Huntsville, AR 72740,
ATT: Tilladelsesafdelingen.

Biblioteket i Kongressen – katalogisering i publikationsdata
Cannon, Dolores, 1931–2014
Det Sammenfiltrede Univers, Bind Et, af Dolores Cannon
Efterfølgeren til Vogterne giver metafysiske oplysninger opnået gennem adskillige forsøgspersoner ved hjælp af hypnotisk terapi med regression til tidligere liv.
1. Hypnose   2. Reinkarnation   3. Terapi med tidligere liv 4. Metafysik
5. Atlantis
I. Cannon, Dolores, 1931–2014   II. Reinkarnation   III. Metafysik
IV. Titel
ISBN: 978-1-962858-94-6

Omslagsdesign: Victoria Cooper Art
Bog sat med skrifttyperne Times New Roman
Bogdesign: Nancy Vernon

Udgivet af:

OZARK BJERGPUBLIKATIONER
Postboks 754
Huntsville, AR 72740
WWW.OZARKMT.COM
Trykt i Amerikas Forenede Stater

"99,9999% af det, der påvirker vores virkelighed, vil være uopdageligt for vores sanser. Mennesket skal lære at tænke selv, i stedet for blindt at følge det, han er blevet lært."
— Buckminster Fuller

"Grænserne for det mulige kan kun defineres ved at gå ud over dem ind i det umulige."
— Arthur C. Clarke

Indholdsfortegnelse

Introduktion i

SEKTION ÉT - SØGEN EFTER VIDUNDERBARNET
1 Linda og Bartholomew træder ind i mit liv 3
2 Lektionerne begynder 32
3 Energienhederne 56

SEKTION TO - FORTSÆTTELSE FRA "THE CUSTODIANS"
4 Janices udeladte udskrifter 79
5 Vidensopbevaringsplaneten 128

SEKTION TRE - JORDENS MYSTERIER
6 Atlantis 155
7 Pyramidemysteriet 233
8 Uforklarede mysterier 258

SEKTION FIRE - VIBRATIONER, FREKVENSER OG NIVEAUER
9 Opvågningen 313
10 Stedet kaldet "Hjem" 334

SEKTION FEM - METAFYSIK ELLER KVANTEFYSIK?
11 Parallelle universer 381
12 Energien og assistenterne 420
13 Brugen og manipulationen af energikraften 460
14 Transformationen af den menneskelige krop 490
15 Den mekaniske person 535
16 Gudskilden? 556

Forfatterside 569

Introduktion

Det anbefales stærkt, at du læser "The Custodians" først, før du tager fat på informationen i denne bog. Dette er en fortsættelse eller en efterfølger til den bog. "The Custodians" var en rapport om mit arbejde med UFO/abduktionssager siden 1986 og dækker min udvikling fra det simple til det meget komplekse. Jeg opdagede, at bortførelser og observationer kun var toppen af isbjerget. Som mit arbejde skred frem, blev jeg givet mere og mere kompliceret information. Da den bog var blevet sammensat, indså jeg, at den var for stor og indeholdt information, der drejede væk fra UFO'er og over i meget kompleks metafysik. Det var der, jeg besluttede at fjerne noget information fra den bog for at sætte det ind i en ny bog, der dækker mere komplicerede teorier. Dette er bogen, der kom ud af det.

Jeg antager (måske fejlagtigt), at når læseren har nået dette punkt i mit arbejde, vil de være bekendt med min baggrund som efterforsker i det paranormale gennem brug af hypnose. Mine rødder i hypnose går tilbage til 1960'erne, hvor jeg begyndte at arbejde med hypnose ved hjælp af de ældre metoder. Efter at have opfostret en familie vendte jeg tilbage til hypnose i 1979. Jeg ønskede derefter at fokusere på tidligere livsregression og terapi, så jeg studerede de nye metoder for induktion, som var hurtigere og brugte billedsprog og visualisering. Gennem årene med terapi og undersøgelse udviklede jeg min egen teknik, som udelukkende udnytter den somnambulistiske tilstand af trance. Dette er metoden, hvormed jeg er i stand til at trække på en enorm rigdom af information ved at kommunikere direkte med det underbevidste sind.

Som mit arbejde skred frem, ville andre enheder ofte drage fordel af den dybe trancetilstand til at kommunikere gennem mine subjekter. Dette fortsætter stadig efter over 20 år, og der kommer stadig mere information frem. Dette vil blive sat i fremtidige bøger. Jeg fik at vide, at jeg havde bestået prøverne og ville få lov til at få svarene på ethvert spørgsmål, jeg ønskede at stille. Dette var fordi jeg havde forblevet tro mod materialet og ikke censureret eller ændret det. Jeg betragter mig selv som reporteren, den psykiske efterforsker og forsker af "tabt" viden. Derfor er søgningen uendelig.

Læsere vil bemærke i mit arbejde, at de andre enheder udnytter vokabularet i subjektets sind og bruger dette til ofte at levere analogier i et forsøg på at forklare det uforklarlige på en måde, som mennesker kan forstå. Derfor bruger de ofte ord, der ikke er korrekt engelsk. De vil lave ord ud fra de nærmeste substantiver og verber, de kan finde i subjektets sind. Uanset hvordan det gøres, fungerer det, og vi kan forstå, hvad de forsøger at formidle.

~Dolores Cannon

Sektion Ét:
Søgen efter Vidunderbarnet

Den Snoede Univers ~ Bog Et

Kapitel Et
Linda og Bartholomew Kommer Ind i Mit Liv

Jeg havde oprindeligt planlagt at inkludere Lindas historie i "The Custodians", men den bog voksede så meget, at jeg måtte fjerne denne del. Forudbestemmelsen af mødet og det efterfølgende arbejde med Linda havde mange mærkelige og usædvanlige undertoner. Vores første møde fandt sted ved min første forelæsning i Little Rock, Arkansas, i sommeren 1989. Den første udgave af "Conversations With Nostradamus" var blevet trykt, og jeg begyndte med at promovere ved at holde forelæsninger og bogsigneringer i mit eget nabolag, så at sige. Efter min forelæsning var Linda en af de mange mennesker, der købte en bog og stod i kø for at få en autograf. Da jeg signerede hendes eksemplar, gav hun mig sit visitkort og sagde, at hvis jeg nogensinde ønskede nogen at arbejde med, ville hun være tilgængelig. Hun virkede selvbevidst og sagde ikke mere på det tidspunkt. Andre mennesker gav mig også deres kort eller skrev deres navne og kontaktoplysninger på stykker af papir. Nogle af deres kommentarer indikerede, at de troede, de havde haft UFO-oplevelser. Jeg tog noter på disse kort og lovede at komme tilbage til dem først, fordi jeg dengang udførte UFO-undersøgelser med Lou Farish i Arkansas. Jeg indså hurtigt, at det ville være umuligt at mødes med alle de andre.

Tidligere forsøgte jeg altid at arbejde med alle, der ønskede en hypnotisk regression til tidligere liv, fordi jeg ikke vidste, hvilken betydning det kunne have for dem. Efter min første bog blev udgivet, begyndte bombardementet, og jeg indså snart, at tingene ikke længere ville være så simple. Mit liv ville aldrig vende tilbage til den langsommere, normale stil. Der var ingen måde, jeg kunne mødes og tale med alle disse mennesker, langt mindre regressere dem. Jeg antog, at størstedelen af dem bare var nysgerrige og søgte oplevelsen snarere end svar på problemer i deres liv. Jeg lagde kortene og papirerne i min taske og havde fuldt ud til hensigt at gøre en seriøs indsats for at kontakte dem, hvis det overhovedet var muligt. Lindas kort var blandt disse. Jeg blev hurtigt fanget af for mange begivenheder til at komme tilbage til Linda og de andre. På det tidspunkt var hun ikke en individuel, men et sløret ansigt i en mængde, en blandt mange.

Nogle måneder senere vendte jeg tilbage til Little Rock for en anden forelæsning og havde min første session med Janice. Jeg gjorde en særlig indsats for at se hende, fordi hun mistænkte, at hun havde haft en UFO-oplevelse, og jeg opdagede hurtigt, at hendes sag krævede yderligere undersøgelse. Jeg arrangerede at arbejde med hende hver gang, jeg tog den lange fire timers køretur til Little Rock. (Historien om de fantastiske ting, vi opdagede, blev rapporteret i "The Custodians" og den anden del af denne bog.)

Ved et tilfælde opdagede jeg, at Linda var en ven af Janice, og hun sagde, at Linda var skuffet over, at jeg aldrig havde kontaktet hende. Jeg forklarede situationen til Janice: at jeg blev oversvømmet med anmodninger, som nu kom ind pr. telefon og breve. Jeg var blevet meget selektiv i at vælge dem, jeg ville have tid til at arbejde med. Fordi Janice sagde, at Linda meget gerne ville møde mig, planlagde jeg modvilligt en aftale under min næste tur til Little Rock i vinteren 1989. Jeg var tøvende, fordi jeg vidste, at jeg ville være meget travl. Jeg havde planlagt flere sessioner ud over en forelæsning, og jeg vidste fra tidligere erfaringer, at der også ville være folk, der ville blive oppe hele natten for at besøge. Selvom jeg var bekymret for at overbelaste mig selv med for mange nysgerrige, gik jeg ud af respekt for Janice med til at se Linda. Jeg forventede bestemt ikke, at noget ville komme ud af sessionen, slet ikke et vedvarende forhold.

Hver gang jeg rejste til Little Rock, boede jeg hos min ven Patsy, og hun lod mig arrangere aftaler for regressioner i sit hus. Der var altid privatliv, fordi Patsy var på arbejde. Da Linda ankom, satte vi os i Patsys stue og talte sammen. Hun var en attraktiv kvinde, sandsynligvis i 40'erne. Pænt klædt, hendes hår var pænt arrangeret, og hun syntes ikke at være typen (hvis der er sådan en type), der ønsker at udforske regression til tidligere liv. Hun var forretningskvinde og drev sin egen dyrehandel. De fleste af hendes børn var voksne og var flyttet hjemmefra for at forfølge deres egne liv. Rolig og blød i tale, ikke typen, der tilskynder til tom drømmeri eller fantasier, førte hun et travlt og fuldt liv.

Da hun hørte om mit første foredrag, følte hun en overvældende trang til at deltage, selvom hun egentlig ikke havde den store interesse for Nostradamus. Hun sagde, at hun var spændt på aftenen for foredraget, med en stor forventningens glæde, selvom hun ikke helt kunne forstå hvorfor. Mens hun sad i publikum under talen, fortalte hun sin mand, at hun havde en ukontrollerbar trang til at tale med mig. Selvom trangen var næsten overvældende, tøvede hun med at nærme sig mig. Efter foredraget stod hun i køen af folk, der ventede på autografer, mens hun overvejede, om hun skulle sige noget. Hun var bange for, hvordan det ville lyde. Hendes mand opmuntrede hende og sagde, at hvis hun følte det så stærkt, skulle hun gå videre. Selvom trangen var næsten overvældende, tøvede hun med at nærme sig mig. Efter foredraget stod hun i køen af folk, der ventede på autografer, mens hun overvejede, om hun skulle sige noget. Hun var bange for, hvordan det ville lyde. Hendes mand opmuntrede hende og sagde, at hvis hun følte det så stærkt, skulle hun gå videre. Men da øjeblikket kom, kunne hun kun række mig sit kort og sige, at hun gerne ville arbejde sammen med mig. Selvfølgelig var hun ikke klar over på det tidspunkt, hvor mange gange jeg havde hørt den anmodning den dag. Vores samtale var meget kort, og da hun forlod auditoriet, lagde jeg hendes kort sammen med de andre i min taske. Jeg glemte hændelsen, indtil skæbnen bragte os sammen igen i Patsys stue.

Da jeg spurgte Linda om hendes grunde til at ønske at få den hypnotiske regression, kunne hun ikke fortælle mig det. Hun søgte ikke svaret på noget problem og var heller ikke nysgerrig efter tidligere liv. Det var en tvang, der ikke ville lade hende være i fred, og hun følte, at der var noget, hun skulle give mig, men havde absolut ingen idé om, hvad det var. Fordi mit arbejde vedrørte Nostradamus, tænkte hun vagt, at det måske havde noget at gøre med ham. Jeg arbejdede allerede med flere personer på færdiggørelsen af det projekt, som resulterede i yderligere to bind af "Conversations With Nostradamus". Jeg havde virkelig ikke brug for en ny person, især en der boede fire timer væk. Hun havde ingen viden om de andre projekter, jeg var involveret i, så hun var fuldstændig tabt omkring, hvorfor hun var der.

Jeg sukkede og tænkte, at regressionen nok ville vise sig at være et simpelt, trivielt tidligere liv uden større betydning end for hende selv. Jeg havde gennemført mange af disse i løbet af de sidste par dage, og jeg var virkelig ikke i humør til at gøre endnu en. Jeg var ved at komme mig efter en halsbetændelse, og min energi havde været lav under hele turen. Selvom jeg var træt, vidste jeg, at jeg skulle gennemføre sessionen for hendes skyld. Da vi begyndte, forventede jeg absolut intet, og blev hurtigt positivt overrasket og fuldstændig taget på sengen. Det var endnu et eksempel på at gå ind i noget uden forventninger og opdage, at scenen blev sat af kræfter uden for min kontrol.

Jeg brugte min sædvanlige hypnotiske induktionsmetode, der ville placere Linda i et tidligere liv. Da hun trådte ind i scenen, var hendes stemme så afslappet og stille, at det var svært at høre. Jeg vidste af erfaring, at hendes stemme ville blive højere, efterhånden som vi talte. Hun så blade på jorden og vidste, at hun var i en skov, men blev overrasket over at se, at hendes krop var en mands. Hun havde støvler på, der gik til hendes knæ og en langærmet skjorte. Hendes beskrivelse var af en ung mand i tyverne med langt, brunt bølget hår og et skæg og overskæg. Hans øjne var gennemtrængende blå. Han var travlt beskæftiget med at hugge brænde i skoven nær det sted, hvor han boede. Dette syntes at forvirre Linda. "Jeg får følelsen af, at jeg virkelig ikke behøver at gøre dette. Andre mennesker ville gøre det for mig. Men jeg kan godt lide at gøre det, fordi jeg er alene, og jeg kan lide følelsen og begejstringen ved arbejdet."

Jeg foreslog, at hun skulle se stedet, hvor hun boede. "Det er et slot, med en vindebro, og flag, der vajer på toppen af murene. Min far er konge."

D: *Så du behøver virkelig ikke at hugge brænde, gør du?*
L: Nej, men det er sjovt. Det får mig til at føle mig godt tilpas. (Stille) Folk tror, jeg er skør.
D: *Hvorfor tror de det?*
L: Fordi jeg kan lide at arbejde. Jeg bryder mig ikke om hoflivets liv. Det er så overfladisk. Når man arbejder med hænderne, føler man en følelse af opnåelse, som intet andet kan give en.

Hans navn var Bartholomew, og han boede på slottet sammen med sin familie og mange, mange andre mennesker inklusive tjenere. "Det er et ret stort fællesskab. De bor alle inden for murene."

D: *I det mindste bliver du ikke ensom, gør du?*
L: Åh, ja. De er ligeglade med mig. De kender ikke min interesse for at lære. De bekymrer sig ikke om viden. Jeg er glad på min egen måde.

Situationen i hans land var ikke fredelig. Der var fare, og de måtte blive tæt på slotsmurene.

L: Bønderne vil det ikke. De bliver ikke behandlet særligt godt. Og derfor kan man ikke gå udenfor uden en eskorte.
D: *Hvad tænker din far om, hvordan folk opfører sig?*
L: Det er hans skyld. Han er ikke særlig venlig. Han forsøger ikke at hjælpe dem. Han bruger dem kun til sin fordel.
D: *Du sagde, at du var interesseret i viden. Har du en bestemt type viden, som du kan lide at studere?*
L: Ja. Jeg kan lide at studere stjernerne. Universet. Og det er derfor, folk tror, jeg er gal.

Selvfølgelig antog jeg, at han talte om astronomi eller astrologi.

D: *Hvordan opfatter andre stjernerne i din tidsperiode?*
L: Som blot blinkende små stykker af månen.
D: *Er der ikke andre mennesker i din tid, der kan lide at studere stjernerne?*
L: Kun én. Han er min ven.
D: *Er det ham, der hjalp dig med at lære disse ting?*
L: Ja. Han ved det. Han er ikke herfra. Men han er meget gammel, og snart vil han forlade mig.
D: *Men måske kan han videregive sin viden.*
L: Ja, det er, hvad han gør lige nu. Og det er et meget stort ansvar, jeg skal bære, når han forlader. Så vil det være mit. Jeg skal lære og videregive det, så det ikke dør og går tabt. Det må ikke gå tabt.
D: *Hvilken type viden om stjernerne er det?*
L: Det er viden om universet. Hele Guds skabelse, ikke kun om denne Jord. Men om mange, mange, mange universer og stjerner, der er så langt væk, at vi mennesker ikke engang kan forestille os, hvor de er. Denne mand, som jeg studerer med, har været mange steder, og han er kommet her for at give mig denne viden i håbet om, at

mit sind vil give det videre til fremtidige mennesker, så de ikke vil være bange.

D: *Du sagde, den gamle mand kom fra et andet sted?*
L: Ja, han kom fra Pleiaderne.
D: *Gjorde han det?*

Nu var min interesse fanget. Dette var ikke en simpel regression.

D: *Hvor er det?*

Jeg vidste, det var en stjernekonstellation, men jeg ville se, hvad han ville sige.

L: Det er ... i Mælkevejen. Meget langt herfra.
D: *Virker det ikke umuligt?*
L: Nej. Han kom her på en lysstråle ... (forvirret) hvilket er meget svært for mig at forstå.
D: *Det tror jeg også, det ville være. Da du først mødte denne mand, syntes du så, at disse idéer var svære at tro på?*
L: Nej. Jeg vidste, de var sande. Der er mange ting, der er skabt, som vi mennesker ikke forstår. Vi kan kun føle, de er sande i vores hjerter.
D: *Hvordan ser denne mand ud?*
L: Han er meget gammel. Han er bøjet, har hvidt hår og bærer en kappe. En meget enkel gammel, gammel mand.
D: *Hvor bor han?*
L: Jeg ved det ikke. Han kommer bare til mig. Uanset hvor jeg tilfældigvis er, kommer han bare til mig.
D: *Hvordan er han i stand til det?*

L: Jeg ved det ikke. Først troede jeg, han var magisk, men jeg tror ikke, det er rigtigt. Jeg tror, han har kræfter, jeg ikke kan forstå på dette tidspunkt, fordi min intellekt ikke er avanceret nok til, at jeg kan forstå.
D: *Hvordan opfattes magi af den gennemsnitlige person i din tidsperiode?*

L: Det er en livsstil her. Der er troldmænd, men de er falske. Min far sætter stor pris på disse mennesker. De er ikke dem, de siger, de er.

D: *Det ser ud til, han ville være interesseret i din ven.*

L: Nej, fordi jeg ikke kan fortælle dem om denne mand. Hans eksistens ville være truet.

D: *Har du studeret med denne mand i lang tid?*

L: Jeg har studeret i fem år nu. Jeg var ... tyve.

D: *Hvad tænkte du, da han først kom til dig?*

L: Ah! Jeg tænkte: "Hvorfor mig? Jeg har brug for fred. Jeg har ikke brug for dette." (Erindrer) Jeg sad i skoven under et træ og overvejede mit liv. Og da jeg åbnede mine øjne, stod han lige foran mig. Jeg spurgte ham, hvem han var. Og han sagde til mig: "Jeg er kommet fra en meget stor afstand for at lære dig ting, du ikke kan forestille dig." Så jeg sagde til ham: "Hvad får dig til at tro, jeg vil lære disse ting?" Og han sagde til mig: "Fordi det er forudbestemt at være sådan. Og på grund af dette vil du lære dem."

D: *Som om du ikke havde noget valg.*

L: Det var, hvad jeg sagde til ham. "Jeg vil gøre, hvad jeg for pokker vil." Og han sagde til mig: "Ja, og du vil have lyst til at lære."

D: *Han lyder som en interessant mand. (Hun fniste.) Tog det meget lang tid at overbevise dig?*

L: Nej. Jeg vidste i mit hjerte, at dette var sandt.

D: *Selvom det var mærkeligt. Og han er kommet i omkring fem år nu, uanset hvor du er?*

L: Ja. Næsten hver dag. Han lader mig ikke hvile særlig ofte, fordi der er så meget, jeg skal vide. Han fortalte mig, at når han forlader mig, skal jeg finde en læredreng, der er meget yngre end mig. Og på denne måde vil viden leve. Jeg kan ikke skrive dette materiale ned.

D: *Hvorfor ikke?*

L: På grund af faren for, at det bliver ødelagt. Det skal være en levende viden, der overføres fra en generation til en anden. Og kun udvalgte må have denne viden. Jeg føler mig meget taknemmelig og heldig at være den udvalgte i min tid.

D: *Det er et stort ansvar.*

L: Det er en stor ære, men jeg føler vægten af denne ære presser meget hårdt på min sjæl.

D: *Så skal du huske, hvad han siger og ikke skrive det ned?*

L: Nej, jeg kan ikke skrive det ned. Det vil blive gemt i mit intellekt, og når jeg finder min læredreng, vil det hele blive genkaldt, som om det var magi. Det vil komme i den rette rækkefølge, så denne læredreng vil forstå præcis den viden, han skal have. Og så vil han gemme det, som jeg har. Det må ikke skrives ned.

D: *Tror du ikke, der er en fare for at glemme noget af det?*

L: Nej. Intellektet er meget stort. Folk forstår ikke intellektet.

D: *Er der ikke en fare, når det overleveres fra generation til generation, at der kan ske en forvrængning?*

L: Nej, fordi der er noget, der holder det intakt i intellektet.

D: *Jeg tænker på, hvordan folk er. De ændrer informationer over lange perioder.*

L: Men dette er gemt på et meget specielt sted og kan kun trækkes på på det rette tidspunkt. Jeg kan ikke diskutere dette med nogen efter vilje. Det diskuteres kun på det rette tidspunkt, og så tappes den del af intellektet for informationen.

D: *Men er det okay, hvis du taler til mig om disse ting? (Ja) Fordi jeg ikke udgør nogen trussel mod dig?*

L: Det er rigtigt.

D: *Kom han specifikt for at se dig, eller har han boet på Jorden?*

L: Han kom kun for mig. Jeg tror ikke, andre kan se ham. Andre hører mig tale til ham, og det er derfor, de anser mig for at være gal. De ser ham ikke.

D: *Det ville være forvirrende, ville det ikke?*

L: Ja, men det er okay. Jeg ved, jeg ikke er gal. Vi er meget isolerede, hvor jeg bor. Der er ikke mange mennesker i dette område. Vi bor meget langt væk fra de fleste andre kongeriger.

D: *Er du blevet undervist i nogen form for religiøs tro?*

L: Vi tror ... kun på magi. Ildens Gud er meget kraftfuld.

D: *Er dette en del af, hvad troldmændene underviser? (Ja) Er det derfor, din far tror på disse ting?*

L: Ja. Han er meget vildledt.

D: *Så denne information er ikke til ham, er den?*

L: Nej. Han kunne ikke forstå disse ting. Han kunne ikke acceptere dem. Jeg må rejse meget langt.

D: Er du blevet fortalt dette?
L: Ja. Når min undervisning er afsluttet, skal jeg rejse meget, meget langt væk for at finde en læredreng til at give denne viden videre. Jeg vil aldrig vende tilbage til min skov. Derfor skal jeg nyde det nu.
D: Ville du ikke være i stand til at finde nogen egnet, hvor du bor? (Nej) Hvordan har du det med at rejse?
L: Meget trist.
D: Er du arving til kongeriget?
L: Nej, jeg er den yngste. Hvis jeg var arving, ville jeg ikke være blevet valgt til at udføre dette arbejde.
D: Du ville have andre ansvar.
L: Ja, og da jeg ikke har nogen, kan jeg rejse.
D: Jeg er meget interesseret i den viden, du bliver givet. Men lad os forlade denne scene, og jeg vil have dig til at bevæge dig fremad i tiden til en vigtig dag. En dag, hvor noget, som du anser for at være vigtigt, sker.

Det foregående var allerede mærkeligt nok og havde vækket min interesse, men jeg var ikke forberedt på, hvad der kom næste.

D: (Lang pause) Hvad er det? Hvad ser du?
L: (Bestemt) Jeg er i universet. Jeg er på en rejse. Jeg er på en sightseeing-mission.
D: Hvordan foregår det?
L: Jeg blev bedt om at tage på denne mission, så jeg kan give mine meninger til andre i et land langt væk. Jeg rejser meget hurtigt, men det føles ikke sådan. Det føles som om, der ikke er nogen bevægelse.
D: Hvordan rejser du?
L: Jeg er i en ... kapsel.
D: Hvad er det?
L: Det er en rund ting.
D: Er den meget stor?
L: Nej, det er bare et meget lille ovalt rum. Nej, en lille oval sektion af lys. Og der er ingen i dette sted undtagen mig. Jeg ... jeg styrer den ikke. Den rejser bare af sig selv.
D: Står du inde i den?

L: Jeg står, men jeg kunne sætte mig ned, hvis jeg ville.
D: *Så det er stort nok til, at du kan stå op i den?*
L: Ja. Den har et vindue. En åbning, men man kan ikke stikke hånden igennem den.
D: *Hvorfor ikke?*
L: Fordi der er en form for dækning, der ikke tillader, at man går udenfor. Men den gør det muligt at se, hvad der er rundt om en på den anden side.

Dette har gentagne gange forekommet, når jeg har ført nogen tilbage til middelalderen. De ved ikke, hvad glas er. Det må have været sjældent i den tid, fordi dette er et gentageligt mønster. Når sådanne bemærkninger gentages, har de gyldighed, fordi den interviewede ikke ved, hvad de andre personer har rapporteret. Dette er nogle af de små ting, jeg har lært at holde øje med.

D: *Hvad ser du gennem åbningen?*
L: Jeg ser, at det er meget mørkt derude. Meget mørkt, meget sort, meget fredfyldt. Og indimellem ser jeg ting flyde omkring mig. Der er ikke mange farver her, som på Jorden. Meget sort og gråt. Ikke mange farver overhovedet.
D: *Hvilken type ting ser du flyde forbi?*
L: Oh, jeg ser formationer af … sort klippe nogle gange.
D: *Hvordan kom du ind i dette lille sted?*
L: Jeg sov, og jeg blev vækket og spurgt, om jeg ville komme. Og jeg sagde: "Selvfølgelig." Og så gik jeg i søvn igen. Og så var jeg klar over, at jeg var i dette lille rum. Jeg ved ikke, hvordan jeg kom her. Alt, hvad jeg ved, er, at jeg bare gav mit samtykke til at komme, og så var jeg her.
D: *Var det din ven, der bad dig?*
L: Nej. Han sagde, han kendte min ven, men han var fra et andet sted i universet. Ikke fra Pleiaderne. På den anden side af Pleiaderne. Han var fra en planet kaldet (fonetisk: My-kon) Micon. Micon? Jeg har aldrig hørt om det sted.
D: *Hvordan så den person ud?*
L: Han var lille, meget lille. Han havde intet hår. Han havde et meget stort, rundt hoved.
D: *Kunne du se, hvordan hans ansigt så ud?*

L: Jeg kan ikke huske, om han havde et ansigt. Jeg husker kun, at hans hoved var meget stort og meget rundt. Og hans krop var meget lille. Og jeg undrede mig dengang over, hvordan han holdt balancen på grund af hovedets storhed.

D: *Selvfølgelig var det nat, og det var svært at se hans træk alligevel. Ville det være rigtigt?*

L: Nej. Fordi han var … sølv. Lysende! Sølvfarvet, og han var lysende.

D: *(Overrasket) Mener du, han skinnede?*

L: Ja. Det var derfor, jeg ikke kunne se hans ansigt, fordi det var for lyst. Og jeg var søvnig, og jeg kunne ikke se. (Linda kiggede nedad.) Jeg har et stort bælte på. (Håndbevægelser.) Et stort bælte omkring min talje. Det er meget tykt og meget varmt, og det er også sølv. Det har rum foran mig, som små poser. Jeg undrer mig over, hvorfor jeg har dette bælte på, og hvad formålet med det er. Det er dog ikke læder. Det er meget blødt, det er ikke hårdt. Det føles ikke som noget, jeg kender. (Med håndbevægelser så hun også ud til at undersøge det.) Der er ingen begyndelse til dette bælte, ingen spænde. Og jeg husker ikke, at jeg satte det på mig. Dette bekymrer mig en smule.

D: *Er der noget i lommerne?*

L: De føles som om, de har ting i dem, men der er ingen åbning, så jeg kan ikke se ind i dem. (Bæltet syntes at genere ham.) Jeg tror, jeg snart vil blive fortalt, hvorfor jeg har dette bælte på min krop.

Stemmen gennem hele denne del lød ældre og havde en tydelig udtale, der ikke lignede Lindas normale.

D: *Det vil ikke genere dig. Det er bare en nysgerrighed.*

L: Ja, det er det. Det er en meget mærkelig følelse. Jeg føler, at min mave udvider sig under bæltet.

D: *Men det er ikke en ubehagelig følelse.*

L: Nej. Det er meget let, meget let.

D: *Har du dit almindelige tøj på under bæltet?*

L: Nej, nej, nej. De fik mig til at efterlade dem på mit værelse. Jeg har noget på …. (Han syntes at undersøge det.) Det skinner også. Jeg ved ikke, hvad dette stof er. Dragten er meget let, og den omslutter hele min krop. Jeg har disse sko på. De er ikke støvler, de er sko.

Og det er alt sammen ét. Jeg er indkapslet i det. Jeg har dog ikke en hat på.

D: *Er der noget på væggene, eller er rummet bart?*
L: Lad mig se. (Lang pause) Der er et kæmpe vindue.
D: *Dette er anderledes end den lille åbning?*
L: Nej, dette er åbningen. Det er meget langt. (Pause) Jeg undrer mig over, hvor døren er. Jeg kan ikke se en.
D: *Det bliver bare mere og mere mærkeligt, ikke sandt?*
L: Ja, det gør det. Jeg undrer mig over, hvor jeg er på vej hen.

Så snart han undrede sig over dette, begyndte svarene at komme. De syntes at komme fra et andet sted, fordi det var, som om han gentog, hvad han hørte. Det var ny information for ham.

L: De fortæller mig, at det ikke vil tage lang tid. Jeg skal besøge et nyt sted, hvor folk er rejst hen for at starte et nyt liv. Og grunden til, at jeg skal derhen, er at ... (Overrasket) finde min læredreng! (Med glæde) Jeg skal finde min læredreng. Jeg har søgt i så lang tid.
D: *Du har ikke fundet ham på Jorden?*
L: Nej! Jeg har ledt overalt, og jeg er meget gammel nu. Og jeg var så bange for, at jeg ikke ville finde ham i tide. (Med glæde og fornøjelse.) Det er der, jeg er på vej hen. Jeg skal til dette nye sted for at finde min læredreng.

Jeg fik pludselig en idé. Dette var en for god mulighed til at lade gå.

D: *Ville du være villig til at dele den viden, du er blevet undervist i, ikke kun med din læredreng, men også med mig?*
L: Jeg bliver nødt til at spørge først. Jeg kan ikke gøre dette, medmindre jeg spørger.

Jeg tjekkede båndoptageren og så, at vores tid var ved at løbe ud.

D: *Okay. Hvis jeg kommer igen en anden gang og taler med dig, ville du have tid til at spørge og få tilladelse?*
L: Ja, jeg vil spørge.

D: Måske kan du dele det med to læredrenge på den måde, fordi jeg også er meget nysgerrig.
L: (Glæde) Åh, ville det ikke være vidunderligt? (Næsten i ekstase) Åh, det ville være dobbelt. Ville det ikke være fantastisk?
D: Så jeg vil gerne, hvis du vil spørge om tilladelse, og så kan jeg komme igen og diskutere det.
L: Det ville være dejligt. Jeg var meget bekymret for, at denne viden ville gå tabt. Og jeg følte mig så glad for, at jeg ville finde min læredreng. Men det foruroligede mig meget, at min viden ville gå tabt for denne Jord. Og det ville være en skam, for selvom folk her er meget primitive og ikke bekymrer sig om sådanne ting, bør denne viden forblive.
D: Jeg er enig. Jeg vil bede dig om at fortsætte på din rejse. (Ja) Jeg vil ikke forstyrre Bartholomews rejse. Men jeg vil bede den anden del af dig, som jeg taler med, om at forlade den scene og drive fremad i tiden.

Jeg konditionerede derefter Linda med et kodeord og bragte hende tilbage til fuld bevidsthed. Jeg var nu skuffet over, at jeg kun havde lagt et 60-minutters bånd i min optager, da vi begyndte denne session. Men jeg kunne ikke vide, at denne type information ville komme frem. Jeg forventede et kedeligt, almindeligt tidligere liv, og det var sådan, det begyndte. Normalt er jeg i stand til at gå helt igennem et liv i en 60-minutters session, fordi der ikke sker noget spektakulært i de simple liv. Da Bartholomew begyndte at tale om den mærkelige besøgende og den viden, han fik, vidste jeg, at jeg ikke kunne fuldføre historien i én session, så jeg prøvede ikke. Jeg vidste, at dette ville være et nyt projekt, der ville tage flere uger at gennemføre, hvis jeg fik lov til at få adgang til den skjulte information. Tilsyneladende var jeg ved at påbegynde et nyt eventyr, selvom vores samtale på forhånd ikke havde indikeret noget af denne betydning i Lindas underbevidsthed.

Da hun vågnede, virkede hun forvirret og var stadig lidt sløv. Hun bemærkede, "Jeg havde en besked at give dig. Det husker jeg. Og jeg føler et stort ansvar. Det er virkelig vigtigt. Jeg ved ikke, hvad beskeden er. Jeg ved bare, at der er meget viden, som vi ikke har. Det blev taget væk fra os på grund af vores primitive måder og vores frygt. Og det er nu tid til at vende tilbage. Og af en eller anden grund er du valgt, og jeg er valgt til at bringe det tilbage til denne planet. Og det er et meget stort ansvar. Jeg føler det. Det vejer meget tungt på min sjæl. Det er alt, hvad jeg husker om sessionen."

Det var tydeligt, at hun var somnambulistisk, fordi hun var gået så dybt i trance, at hun ikke kunne huske noget andet, der blev sagt under sessionen.

Jeg var nu bestemt interesseret i at forfølge denne historie. For mig var det som at åbne en Pandoras æske. Jeg elsker et mysterium. Og når nogen siger, at de vil fortælle mig ting, der er gået tabt, og som jeg har brug for at vide, er det for interessant til at ignorere.

Det eneste problem ville være afstanden, jeg skulle rejse for at arbejde med hende. Så jeg besluttede at komme til Little Rock mindst én gang om måneden og prøve at arbejde med både Linda og Janice samme weekend.

* * *

Jeg havde nu to separate projekter, der udviklede sig mellem Janice og Linda. For at arbejde med dem følte jeg, at jeg skulle foretage en særlig rejse til Little Rock i januar 1990 og ikke lave andet end at have sessioner. Jeg havde til hensigt at dedikere hele turen til at arbejde med det materiale, der kom fra de to kvinder. Dette skulle have været nemt, da jeg ikke havde planlagt et foredrag. Mine venner sagde, at de ikke ville fortælle nogen, at jeg kom, så vi kunne holde besøgende væk. Selvfølgelig gik det ikke, som vi havde planlagt. En bekendt af dem fandt ud af, at jeg kom og ville have en regression. Jeg planlagde det til fredag aften, hvor jeg ankom, selvom jeg var træt efter den lange køretur. På den måde kunne jeg dedikere resten af weekenden til de to kvinder.

Først tænkte jeg på at skifte mellem sessionerne, men besluttede så, at det ville være nemmere at følge den individuelle historie, hvis jeg koncentrerede mig om én tråd ad gangen. Desuden, hvis vi skiftede, betød det, at den ene kvinde skulle vente, mens jeg havde en session med den anden. Vi besluttede at arbejde med hver kvinde på separate dage. Jeg ville prøve at have tre sessioner med Linda om lørdagen og tre med Janice om søndagen. Dette var første gang, jeg nogensinde havde forsøgt dette, og vidste ikke, hvordan det ville påvirke dem. Jeg forventede, at de ville blive trætte, men ikke så trætte som jeg ville være, fordi de ville have følelsen af at tage korte lure hele dagen. Det var et eksperiment, og vi vidste ikke, hvordan det ville fungere. Men hvis vi kunne klare det, kunne jeg få det, der svarer til en måneds arbejde gjort på kun én dag.

* * *

Min første session med Linda skulle begynde lørdag morgen. Da hun ankom til denne serie af sessioner, så jeg, at hendes højre underarm var i gips. Hun var faldet på isen før jul og havde brækket den. Jeg var lidt bekymret for, at det ville være en distraktion under vores arbejde, fordi det ville være akavet og ubehageligt. Jeg troede, hun ikke ville være i stand til at hvile ordentligt, og at dette kunne forstyrre hendes evne til at gå i en dyb trance. Men hun lagde en pude på tværs af maven og hvilede gipsen på det.

Før jeg søgte efter den information, som Bartholomew skulle give mig, ville jeg finde ud af mere om hans baggrund. Hvis der skulle skrives en bog senere, ville dette være nødvendigt for at sætte scenen. Jeg skulle afdække, hvad der skete i hans liv mellem vores første møde og hans rejse i rumfartøjet for at finde sin læredreng. Dette var den første opgave. Jeg brugte Lindas kodeord, og det virkede med det samme. Gipsen på hendes arm så ikke ud til at give problemer. Hun var i stand til at ignorere den, da hun kom i en dyb somnambulistisk trance. Jeg førte hende derefter tilbage til Bartholomews tid og spurgte, hvad hun lavede.

L: (Hun begyndte langsomt og sagte igen.) Jeg er på markedspladsen. Det er inden for bymurene. Der er meget aktivitet. Der sker mange ting i dag. Folk med deres varer til salg. Folk, der laver ting. Smeden er der. Børn løber. Hunde, dyr. Det er meget travlt i dag. Jeg er her, fordi det er høstjævndøgnsfejringen. Det er derfor, der er så meget aktivitet. Det er tiden efter høsten, og folk fejrer deres held. Og også for at takke guderne for den hjælp, de har givet dem i løbet af vækstsæsonen. Denne fejring vil vare i tre dage og tre nætter og kulminere i en stor fest den sidste nat.

D: *Hvilken type guder tilbeder I?*

L: Der er mange. Der er guderne for elementerne. Jordens guder. Solens og månens gud, og vindens og regnens gud.

D: Har du noget i dit land, der kaldes "kirken"? (Pause, som om han ikke forstod.) Som den katolske kirke?
L: De kom her mange gange for at prøve at omvende landskabet, men det blev ikke accepteret. De, der kom, blev stenet. De lader os nu være i fred.
D: Folkene kunne ikke lide, at de forsøgte at ændre deres tro?
L: Nej, fordi de kaldte os hedninger og behandlede os dårligt, som om vi ikke var gode nok.
D: Dine folk tilbeder stadig den gamle religion, ikke?
L: Det er korrekt.
D: Har du haft kontakt endnu med din lærer? (Pause) Ved du, hvad jeg mener?
L: Jeg har talt med nogen for nylig, men han har ikke fortalt mig, at han er min lærer.

Tilsyneladende var vi trådt ind i hans liv på et tidligere tidspunkt end da vi talte i vores første session.

L: Han er en meget gammel mand. Han kommer ikke herfra. Han kom for at besøge mig for noget tid siden, da jeg var i skoven. Han gik langsomt, og jeg sad under et træ og tænkte. Og han gik bare op til mig. Han havde en rygsæk, en taskeHan havde en rygsæk, en taske, på ryggen, så jeg antog, at han var på rejse et sted hen. Og vi snakkede bare sammen, det var det hele.
D: Hvor sagde han, han kom fra?
L: Det gjorde han ikke. Han sagde bare, at han kom fra et meget fjernt sted. Et sted, jeg ikke kendte. Han spurgte mig, hvad jeg tænkte så hårdt på. Og jeg sagde, at jeg bare tænkte på mit liv. Vi begyndte at tale om dette og hint, og om hvordan folk ikke forstår.
D: Er det sådan, du føler? At folk ikke forstår dig?
L: Ja. Det er som om, de har en helt anden opfattelse af, hvad der sker i deres liv. De lever ikke deres liv på samme måde, som jeg ville ønske at leve mit.
D: Følte denne gamle mand på samme måde som du?
L: Åh, ja. Han sagde, at det er tiderne. Og at folk ikke er klar over det.
D: Det var godt, at du fandt en, du kunne tale med.

L: Ja. Jeg var meget ked af at se ham gå. Men han sagde, at han måske ville komme tilbage denne vej snart. Og at vi måske kunne tale sammen igen.

D: *Det ville være rigtig godt. Fortalte han dig et navn?*

L: Ja. Hans navn var meget mærkeligt. Hans navn var ... Christopher. Jeg havde aldrig hørt det navn før. Jeg fandt det meget underligt på en eller anden måde.

D: *Mener du, at det er et underligt navn i dit land?*

L: Jeg har aldrig hørt det før. Han var en gammel mand, og det virkede næsten som om, at det navn burde være for en meget ung mand. Når jeg siger det, giver det mig en meget fredfyldt fornemmelse.

D: *Men nu nyder du dig selv der på festen, ikke sandt?*

L: Åh, ja. Masser af frisk mad og alle slags varer, der blev lavet af bønderne. Masser af sang og dans.

D: *Det er en god dag. Lad os forlade den scene. Drift væk fra den scene. Og jeg vil have dig til at bevæge dig fremad i tiden, til når du er ældre i det liv. Hvad laver du nu? Hvad ser du?*

L: Jeg er i en by langt væk fra mit hjem. Den har gader af sten. Det er meget beskidt ... mange mennesker, der er tiggere. Det er meget trist. Jeg kan ikke lide det her.

D: *Har byen et navn?*

L: Jeg måtte tage en båd for at komme til dette sted. Det er i landet England, og byens navn er Liverpool. Det er meget forfærdeligt her.

D: *Hvad laver du der?*

L: Jeg har rejst meget langt for at se, hvordan folk lever på denne planet. For at se, hvor forskellige de alle er. Nogle gange bliver jeg længe, og andre gange går jeg hurtigt videre. Jeg vil nok forlade dette sted i morgen. Det er meget trist. Det gør mig ondt at se, hvilket niveau folk er sunket til. De er meget dårlige mod hinanden.

D: *Men du sagde, at du har besøgt andre byer og andre lande også?*

L: Åh, ja, mange. De sidste ti år eller deromkring har jeg rejst fra det ene sted til det andet.

D: *Hvilke lande har du besøgt?*

L: Jeg har besøgt Gallien, og jeg har besøgt Rom. Jeg har besøgt mange steder. Jeg har besøgt østen. De fleste mennesker har aldrig været der.

D: Hvad er i østen?
L: Åh, det er et meget stort land. Og deres filosofi om livet er meget forskellig fra vores. De har forskellig farve på huden, og de gør noget, der kaldes "meditation." Hvor de kommer i kontakt med deres ... indre viden. De er meget vise.
D: Når du rejser til disse andre lande, hvordan rejser du så?
L: Jeg går.
D: Det ville være en lang vej, ville det ikke?
L: Åh, ja. Nogle gange, hvis der er vand, skal jeg tage en båd, men generelt går jeg.
D: Hvordan ved du, hvor du skal gå hen?
L: Åh, jeg går bare, hvor jeg føler, jeg skal gå. I den retning, jeg bare går.
D: Har du brug for at bekymre dig om at have penge eller mad?
L: Nogle gange. Generelt møder jeg nogen på vejen, og de er meget venlige mod mig. De tager mig ind for et stykke tid, og indtil videre har jeg ikke behøvet at bekymre mig. Jeg er blevet taget hånd om.
D: Ved du nu, hvad landet hedder, hvor du kom fra? Hvor du boede, da du var yngre?
L: Nogle gange kalder folk det forskellige ting. Nogle mennesker kalder det ... (svært) Seeton (fonetisk). (Lang pause) Jeg kan ikke huske det. Det har ikke noget navn som sådan. Det er et kongerige helt for sig selv, og de rejser slet ikke derfra.
D: Så det var meget usædvanligt for dig at forlade det?
L: Ja. Ingen forlader nogensinde der.
D: Det var meget modigt af dig at ville gå væk.
L: Jeg ville virkelig ikke forlade, men jeg fik at vide, at jeg måtte. Jeg fik at vide, at jeg skulle se, hvad livet handlede om mange forskellige steder. Men jeg skulle ikke bekymre mig, for jeg ville blive taget hånd om på mine rejser. Og det er jeg blevet. Og jeg er ikke ensom.
D: Det må være skræmmende at tage ud i det ukendte landskab og ikke kende nogen.
L: Det var det i starten. Jeg var skrækslagen.
D: Hvem fortalte dig, at du skulle gøre det?
L: Min ven, som kommer til mig med jævne mellemrum. Han sagde, at det var vigtigt at se, hvad livet handlede om her. At mit

kongerige var så isoleret, at jeg aldrig nogensinde kunne fatte, hvordan andre mennesker var, hvis jeg ikke selv fandt ud af det.

D: Hvad har du lært om mennesker?

L: Jeg har lært mange ting om folks kulturer. Og hvordan de er forskellige, på grund af deres placering og den måde, de lever deres liv på. Hvordan det har en indvirkning på, hvordan de ser på livet. Hvordan nogle er meget gode, og nogle er meget dårlige. Nogle er meget uvidende, og ser ikke længere end næsetippen.

D: Alle taler forskellige sprog, ikke sandt?

L: Ja, det gør de.

D: Har du svært ved at kommunikere med dem?

L: Nej. Min ven har lært mig mange ting. En af dem er at fokusere på midten af ens pande, og kommunikationen kan finde sted uden at sige et ord. Det er fra sind til sind. Det er ikke som en samtale, men en udveksling af information.

D: Skal de andre mennesker, du møder, koncentrere sig?

L: Nej. De er forbløffede først. De vil begynde at tale til mig, og når jeg fikser mit blik på dem, er det som om, en ro falder over dem, og vi kommunikerer. Og efter vores kommunikation er afsluttet, fortsætter de, på en måde, hvor vi startede. Det er meget mærkeligt.

D: Husker de det bagefter?

L: Nej. Det er som en tidslapse, der finder sted. Og de er ikke engang klar over det.

D: Er der en grund til det?

L: Ja. Fordi de ville være meget bange, hvis de vidste det, og ville sandsynligvis sætte mig til døde på grund af deres frygt. De ville tro, jeg var ond.

D: Denne type kommunikation gør det lettere for dig, gør den ikke?

L: Åh, ja, meget mere. Jeg kunne ikke tale med dem ellers. Det er meget rart at gøre dette. Jeg taler til bønder. Jeg taler til adelsmænd. Jeg taler til konger. Jeg taler til landmænd. Jeg taler til håndværkere. Det har været meget lærerigt.

D: Du har mødt vigtige mennesker, som konger?

L: Ja, på mine rejser har jeg nogle gange mødt konger, nogle gange bare adelsmænd. Jeg har mødt præster, ypperstepræster. Deres filosofier er altid interessante for mig. Men de er altid meget retfærdige. Jeg finder det nogle gange morsomt. Jeg fortæller dem ikke det.

D: *Tror de, at deres egen filosofi er den eneste?*

L: Ja, ja, det er det, jeg finder morsomt.

D: *En gang, da jeg talte med dig, sagde du, at du også søgte efter nogen. Er det sandt?*

L: Ja, jeg leder efter en ung mand, som jeg kan lære, hvad jeg er blevet lært, inden det er min tid til at forlade, så han kan udføre mit arbejde. Og indtil videre har jeg ikke fundet ham.

D: *Hvordan vil du vide det, når du finder ham?*

L: Jeg vil vide det med det samme. Der vil blive givet mig et tegn, og jeg vil vide det.

D: *Ved du, hvad tegnet vil være?*

L: Nej, men jeg er blevet fortalt, at når vi begynder vores kommunikation, vil det blive fortalt til mig.

D: *Ville det være en af grundene til, at du rejser? Tror du ikke, at du ville finde den unge mand i dit eget kongerige?*

L: Ja. Men også mens jeg rejser, lærer jeg mange ting. Og jeg kan fortælle denne unge mand, hvad jeg har set.

D: *Du har set meget mange vidunderlige ting, går jeg ud fra.*

L: Ja. Og jeg har også set nogle meget dårlige ting. Men det er, hvad livet handler om. Du er nødt til at tage det gode og det dårlige sammen.

D: *Du kan ikke dømme.*

L: Nej. Det ville ikke tjene noget formål. Jeg kan ikke gøre noget for at forbedre status på dette tidspunkt. Det er en samling af information, der finder sted på dette tidspunkt.

D: *Ja, det ville være nytteløst at forsøge at hjælpe folk. Der er bare for mange.*

L: De ville ikke lytte. De er ikke klar til at foretage nogen ændringer i deres synspunkt på dette tidspunkt.

D: *Jeg formoder, du er som en observatør? (Ja) Hvad tænkte din familie, da du besluttede dig for at tage af sted?*

L: De var kede af det. Men de har altid følt, at jeg var gal. Så det var bare noget andet.

D: *Du var aldrig den samme som de var.*

L: Det er korrekt. Så de lod det bare gå. Jeg savner dem nogle gange.

D: *Jeg forestiller mig, at du ville være ensom nogle gange.*

L: Ja. Selvom de ikke kender de ting, som jeg kender, er en familie et meget trøstende sted at være.

D: *Ja, det kan jeg godt forstå. Men nu er du i et sted kaldet Liverpool?*

L: Ja. Jeg vil forlade her i morgen. Jeg vil sandsynligvis tage til Spanien.

D: *Vil du skulle tage en båd igen? (Ja, ja.) Har du nogensinde tænkt på at rejse den anden vej, over havet?*

L: Der har været noget snak om dette. Dog tror jeg ikke, at der på dette tidspunkt har været en bevist rute. Det er et meget stort hav derude, og jeg er ikke klar til at tage det projekt op på dette tidspunkt.

D: *Du mener, folk er ikke gået i den retning?*

L: Der er meget diskussion om det. Der er en mand ved navn Columbo, der siger, at Jorden er oval. Og folk griner af ham.

D: *Så du manden, der kaldes "Columbo"?*

L: Nej, jeg har ikke set ham. Jeg har kun hørt om ham fra byens folk. De talte om ham og grinede. Og jeg tænkte for mig selv, hvor trist. Så jeg stod bare der og lyttede et stykke tid. Og et stykke tid tænkte jeg måske, at jeg ville hjælpe ham lidt, men jeg blev bedt om ikke at gøre det. Men han har ret. Han ved ikke, hvor ret han har.

D: *Hvordan ved du det?*

L: Jeg blev fortalt om disse ting fra min ven. Jeg kunne hjælpe denne mand, Columbo, på hans rejse. Men jeg er blevet bedt om at tie stille.

D: *Hvad fortalte din ven dig, der var derude?*

L: Han viste mig billeder. De var ikke tegninger. De var det, han kaldte "fotografier". Jeg forstår ikke, hvad det er. Det er et billede, men det er ikke som noget, jeg nogensinde har set. Det er ikke tegnet eller malet. De er meget smukke. Og han viser mig utrolige ting om denne Jord, som jeg aldrig kunne have forestillet mig.

D: *Kan du dele det med mig?*

L: Det var, som om jeg var meget langt væk på nattehimlen og kiggede ned, ned, meget langt væk. Og det var utrolig smukt. Man kunne se Jordens form og steder i havet, som jeg aldrig kunne have kendt til. Du ved, folk i dag tænker kun på eksistensen af det sted, hvor de er. De overvejer aldrig, at der kunne være et andet sted. Og der er mange steder, som ingen kender til eller endda kunne forestille sig. Meget større steder end der, hvor vi bor nu. Meget større landmasser med skove, bakker og bjerge. Utrolige steder. Nogle med mennesker, nogle uden mennesker, bare land, der venter. (Alt dette blev sagt med en vemodig tone i stemmen. Næsten melankolsk.)

D: *Hvad er folkene som i disse steder?*

L: Jeg har ikke besøgt dem alle. Jeg har kun besøgt et meget lille segment i mit område, fordi at gå til disse steder ville være umuligt. Jeg får dog at vide, at måske en dag, vil jeg måske være i stand til at besøge disse fjerne steder også.

D: *Du sagde, du blev vist billeder.*

L: Ja, men de var ikke af mennesker, kun af Jorden og landet fra en stor afstand væk. Jeg ville virkelig gerne se de mennesker der. Jeg spekulerer på, om de er ligesom os.

D: *Tror du, det er der, denne mand, Columbo, er på vej hen?*

L: Han tror, han er på vej mod øst. Jeg tror ikke, han ved noget om de andre steder. Han ved ikke, de eksisterer.

D: *Og din ven vil ikke have, at du fortæller ham det.*

L: Nej. Han sagde, at det ville være meget dårligt. Han sagde, at han alligevel ikke ville tro mig.

D: *Det er sandt. Han er nødt til at finde ud af det selv, ligesom du har gjort. I din tid, hvad tror den gennemsnitlige person er derude?*

L: De tror, at hvis du går langt på et skib, er der meget mange onde ting derude, der vil overtage dig. Og du vil være tabt for evigt.

D: *Tror folk i din tid, at der er andre mennesker derovre?*

L: Nej, de tror ikke, at der er noget ud over, hvad de ser.

D: *Når han viste dig billederne af Jorden, hvordan så det ud?*

L: Det var slags rundt, og der var masser af vand. (Ophidset) Og ved du hvad? Jeg tror, at Jorden drejer rundt og rundt og rundt.

D: *Så det ud som om, det gjorde det?*

L: Ja, men meget langsomt. Og der er vand og land, store stykker land. Overalt mere vand.

D: *Tror folkene i din tid, at Jorden ser sådan ud?*

L: De ved ikke, at jeg har set disse ting. De tror, at Jorden kun er der, hvor de er. Og ud over det er der ingenting. De fleste mennesker er meget bange, og de bliver ved det, de kender. De våger sig ikke meget langt væk fra, hvor de bor.

D: *Så du har været meget modig for at gøre disse ting.*
L: Jeg måtte være meget tillidsfuld med de instruktioner, der blev givet mig. Det var meget svært i starten. Men efter et par år var det slet ikke svært.
D: *Du var sikkert også bange. Du vidste ikke, hvad der var derude.*
L: Jeg var meget skræmt. Jeg var meget bange. Da jeg fandt ud af, at jeg ikke ville blive såret, at jeg ville blive taget hånd om, var det meget nemt.
D: *Ser du stadig din ven?*
L: Ja, lejlighedsvis kommer han og taler med mig. Han viser mig nogle gange meget pæne ting. Han fortæller mig ting, jeg har brug for at vide. Han viser mig om Jorden. Og han fortæller mig, hvordan tingene vil være mange år fra nu. Og hvordan folk vil udvikle sig i deres tankemønstre og i deres livsstil. Og hvordan civilisationen vil ændre sig. Det er meget interessant. Det er meget svært nogle gange at tro, at disse ting virkelig vil ske.
D: *Hvad er nogle af de utrolige ting, han har fortalt dig, der vil ske?*
L: (Ophidset) Han fortalte mig engang — og jeg har meget svært ved at tro det — at der vil være vogne, der flyver i himlen. Er det ikke fjollet?
D: *Åh, det lyder meget mærkeligt, gør det ikke?*
L: Og at folk vil rejse i dem over hele Jorden. Og at de vil kende til alle de steder, vi ikke kender nu.
D: *Det lyder meget mirakuløst at tænke, at nogen kunne flyve.*
L: Det er meget spændende. Jeg kan ikke ... (Sukker) mit sind kan ikke fatte sådan en ting. Jeg spurgte ham, om hestene ville have vinger. Og han sagde, at der ikke ville være nogen heste. Kan du forestille dig det?
D: *Nej, jeg kan ikke forestille mig, hvordan det ville ske.*
L: Jeg kan heller ikke. Der vil være mange vidunderlige ting. Han sagde, at der vil være maskiner, der vil udføre arbejdet for ti mænd. Og at alt, de skal gøre, er at trykke på knapper, og ting vil blive lavet.
D: *Det ville spare meget arbejde, ikke sandt?*
L: Ja, det ville. Han sagde, at folk ville kommunikere bedre sammen, end de gør nu. De vil have ting at tale igennem fra et sted til et andet, og du kunne høre demfra mange mil væk. Han sagde, at

dette ville åbne kommunikationen for hele verden, så vi alle kan tale med hinanden. Og ikke være uvidende længere.

D: *Det lyder meget godt, gør det ikke?*

L: Ja. Det ville være så rart, hvis nogle af disse frygter kunne fjernes. Og folk ville være venlige mod hinanden.

D: *Tror du, det ville ske, hvis de havde sådan nogle ting, så de kunne tale med hinanden?*

L: Ja. Så ville de ikke være så bange. Du ser, folk er meget isolerede nu. De lever inden for deres egne familier i deres egne små byer. Og de er meget bange for alt uden for disse grænser. Og på grund af denne frygt kommunikerer de ikke særlig godt. De kunne lære meget af hinanden, hvis de bare tillod det. Uvidenhed ville blive afskaffet ved disse metoder.

D: *Så du tror, at svaret er at lære at kommunikere?*

L: Meget bestemt. Manglen på kommunikation er meget dårlig, fordi det tillader frygt at omslutte ens væsen og ikke se virkeligheden af, hvad der er foran dem. Det tilslører alt i mørke.

D: *Så han fortalte dig om ting, de kunne tale ind i eller tale igennem?*

L: Ja. Og de kunne også høre. Det var små maskiner. Jeg ved ikke, hvordan de ser ud. Han fortalte mig bare, at det var små maskiner.

D: *Og det ville være godt, fordi de så kunne kommunikere med hinanden.*

L: Ja. Du ser, så kunne de give deres idéer om ting, og de andre mennesker kunne give deres idéer. Og måske kunne den bedste idé bruges.

D: *Det lyder meget godt for mig. Fortalte han dig andre ting, der var svære at tro på?*

L: Ja, mange ting. Han sagde, der er andre jordkloder i universet. Og at disse mennesker har udviklet sig meget hurtigere, end vi har. Og de har mere viden, end vi har. Men som vores verden vokser, og vi har disse maskiner til at hjælpe os med at blive mere uddannede, kan disse mennesker fra de andre steder måske komme og besøge og udveksle deres idéer også.

D: *Det hele lyder meget godt.*

L: Jeg synes, det ville være vidunderligt.

D: *Det er svært at tænke på mennesker, der bor på andre jordkloder, er det ikke?*

Den Snoede Univers ~ Bog Et

L: Ja, det er det. Det er meget svært, selvom jeg altid har vidst dette. Og af en eller anden grund var det lettere for mig at forstå, end at tænke, at der var andre steder på denne Jord, som jeg ikke vidste om. Jeg ved ikke, hvorfor jeg havde så svært ved det.

D: *Det var nemmere for dig at forstå, at der var folk derude på andre verdener?*

L: Ja, det kunne jeg forstå meget lettere, end at der var andre steder med land på Jorden, og at Jorden ikke kun var her.

D: *Men er det ikke svært for andre mennesker i din tid at tænke på andre verdener?*

L: Åh, ja, de ser det som ondt og dårligt, og de er meget bange for at tænke på sådanne ting. Det er deres frygt, der holder dem tilbage. Alt, hvad de ikke forstår, kalder de ondt og dårligt, og de forsøger at slippe af med det ved at dræbe det eller brænde det. De er bare meget bange.

D: *Da du tog til Rom, er det ikke der, den katolske kirke har sit hjem?*

L: Ja, de har meget mange smukke steder der. De har mange præster, der underviser i den religion til landskabet. De er også gennemsyret af frygt.

D: *Tror du det?*

L: Åh, ja. Det tror jeg. De forsøger at holde bønderne under kontrol med deres religiøse filosofi. Men det er alt sammen en dække for frygten.

D: *Hvorfor ville en religion have brug for at være bange?*

L: Jeg ved det ikke. Deres Gud må ikke være særlig god. Hvis Han var god, hvorfor ville de så have sådan en frygt?

D: *Du mener, at præsterne selv er bange?*

L: Ja, de har dette system. Det er ligesom et kongerige. Det er det samme gamle, bare et andet navn, for at holde bønderne i kø. Et system af de høje mod de små folk. De tror, at der kun er deres Gud, og at alle de andre er onde. At der kun er én måde at være god på, og det er den måde, de underviser. Og hvis du ikke følger deres instruktioner, vil du være forbandet i al evighed. Dette er forkert. Der er mange, mange veje. Dette er et ord, jeg har lært, ved du? Ordet "vej". Er det ikke et mærkeligt ord?

D: *Det er et mærkeligt ord. Hvad tror du, det betyder?*

L: Vej betyder sti eller rute. Jeg finder det et meget interessant ord. Vej.

D: *Ja. Men du tror, det er forkert for dem at tro, at deres religion er den eneste måde?*

L: Meget bestemt. De fortæller dem, at de er meget, meget hellige eller meget, meget kloge, og at det er sådan, det er. Det tillader ikke det enkelte menneske at undersøge sine egne indre sandheder. De underviser i, at han er meget begrænset. Han skal følge instruktionerne eksplicit og kun gøre det på én måde. Og det er meget dårligt. Det tillader ikke en person at tænke for sig selv. (Suk) Men det er tidernes gang. Du ved, det er sådan overalt. Det er ikke kun Rom. Det er ikke kun med religionen. Det er med tidens politik. Du har ikke lov til at tænke selv. Du får at vide, hvad du skal tænke og hvad du skal gøre. Jeg var forbløffet over, at der var sådan en tråd af konsistens, et mønster over hele verden. De kan have forskellige skikke og gøre tingene lidt anderledes, men det er grundlæggende det samme. Frygten er det samme. Det kan være over noget andet, men det er grundlæggende den samme kappe, som folk bærer. Og de tillader det at farve deres tolkning af livet, og de tillader det at holde dem tilbage. De er bange for, at de vil blive straffet.

D: *De vil hellere blive ved med det, de ved. De er trygge ved det.*

L: Det er korrekt. Og så er der ingen fare for at blive stenet eller hængt eller sat i en kasse.

D: *Hvad mener du med, sat i en kasse?*

L: De har disse ting. De er meget forfærdelige. De er trækasser. Og folk bliver sat i disse kasser og holdt der i dagevis uden mad eller vand. De dør nogle gange derinde. Det er meget forfærdeligt.

D: *Disse ting bliver gjort mod folk, der ikke tror på det samme?*

L: Ja, eller hvis de stiller spørgsmål. Åh, der er nogle dårlige mennesker derude, som fortjener at være i disse kasser. De stjæler eller dræber eller den slags ting. Men at blive sat der bare for at tro anderledes er en meget stor uretfærdighed, efter min mening. Hvem kunne det skade, hvis du tænker noget anderledes i dit sind? Det kunne være bedre, ved du?

D: *Hvad har du fundet ud af om folks helbred, mens du rejser?*

L: Nogle steder er det meget godt, og de lever længe, især hvis de bor ude i det fri på gårdene. Hvis de bor i byen, er det meget, meget dårligt. Som jeg sagde, har byer en tendens til at være meget beskidte, og der er meget sygdom. Folk lever ikke særlig længe. Der er meget død i byen.

D: *Er der folk, du vil kalde 'læger' til at tage sig af disse folk?*

L: Ja, men de gør ingen gavn. Disse mennesker dør alligevel. Jeg tror, de hjælper slet ikke. De tror, de gør det, men de gør det ikke.

D: *Nå, du har været heldig på dine rejser. Er du nogensinde blevet syg?*

L: Et par gange. Ikke noget meget slemt. De fleste af disse folk i byen dør, når de er fyrre. Dette er gammelt i byen. Jeg er halvtreds, og det er fantastisk for folk, at jeg er i så god form. Mit hår bliver hvidt nu, men jeg er i god form.

D: *Det anses for gammelt da.*

L: Meget gammelt, meget gammelt.

D: *Men du er stadig i stand til at gå og rejse.*

L: Ja, ja, jeg er i god fysisk form. Jeg har ingen hest. Jeg ønsker ikke ansvaret for at tage mig af nogen andre end mig selv. Selvom det er blevet gjort for mig.

D: *Jeg tænkte, hvis du havde en hest, kunne du rejse hurtigere.*

L: På denne måde behøver jeg ikke bekymre mig om foder til min hest eller logi. Jeg kan bare gå i mit eget tempo og blive så længe jeg vil og så rejse videre. Nogle gange får jeg et lift, men ikke særlig ofte.

D: *Men du rejser med både.*

L: Det er nødvendigt, fordi jeg ikke kunne svømme så langt. Det er bare en nødvendighed for at komme til et andet sted.

D: *Er bådene, du rejser med, meget store?*

L: Nogle gange. Jeg har rejst på et stort skib med mange sejl. Og andre gange har jeg bare rejst i en lille båd. Det afhænger af, hvem jeg kan få et lift med.

D: *Du behøver ikke bekymre dig om penge på den måde, gør du?*

L: Nej, er det ikke fantastisk? Jeg ville aldrig have troet, at jeg kunne have rejst så længe uden penge. Det er fantastisk.

D: *Har du noget tøj eller noget med dig?*

L: Nej. Når mit tøj bliver slidt, kommer der altid nogen og giver mig nyt. Og nogen fodrer mig. Jeg har en stor stok, som jeg bærer med mig. Det er som en stav. Den hjælper mig op og ned ad bakker. Den er blevet min gamle ven.

D: *Tror du, du nogensinde vil finde den unge mand, som du skal videregive din viden til?*

L: Jeg er begyndt at blive lidt bekymret nu på grund af min alder. Jeg var ikke tidligere bekymret. Jeg følte bare, at han ville blive vist til mig på det rette tidspunkt. Men efterhånden som jeg bliver ældre, er jeg begyndt at bekymre mig om, at jeg ikke vil finde ham i tide. Du forstår, jeg har meget at fortælle ham. Og det er ikke noget, jeg kunne fortælle ham på en dag eller en uge. Jeg har meget mange ting at fortælle ham, og det vil kræve noget tid. Jeg bliver nødt til at blive hos ham. Jeg skal kunne undervise ham, mens jeg har mit helbred. Det er en meget stor bekymring for mig på dette tidspunkt. Selvom jeg har fået at vide ikke at bekymre mig. Det er blevet taget hånd om. Og indtil videre er alle ting blevet taget hånd om, som er blevet fortalt til mig. Så jeg tror, jeg bør stoppe med at bekymre mig. Jeg føler mig ikke som en gammel mand. Kun når det bliver gjort opmærksom på mig.

D: *Din krop føles ikke gammel da.*

L: Ikke for mig indeni. Men for dem udenfor er jeg meget gammel.

D: *Men du skal til Spanien næste gang?*

L: Ja, jeg har aldrig været der. Og jeg forstår, at det er meget smukt. Så jeg tænkte, at jeg ville kigge og se selv. Jeg har været øst for der, og jeg har været nord for der, og jeg har været vest for der. Men jeg har ikke været syd for der. Måske vil jeg tage dertil denne gang. Jeg bliver normalt dirigeret, når jeg står op om morgenen, i hvilken retning jeg skal gå. Jeg får at vide at gå øst eller nordøst eller hvilken vej jeg skal tage. Jeg bliver bedt om at tage denne vej, og det gør jeg så.

D: *Du stiller ingen spørgsmål. (Nej) Okay. Lad os forlade den scene. Jeg vil have dig til at bevæge dig fremad, indtil du er ankommet til Spanien, og fortæl mig, hvad du synes om det. Tog du en båd?*

L: Ja, jeg tog et stort skib denne gang. Jeg mødte kaptajnen på kroen, og han var meget betaget af mig og lod mig sejle med hans skib. Jeg blev i hans kahyt. Det var meget smukt. Det var et meget stort skib med mange master.

D: *Hvad synes du om Spanien?*

L: Der er ikke så mange mennesker her indtil videre. Det er meget varmt. En sådan forandring. Det varmer mine knogler. Det var meget køligt i Liverpool, meget fugtigt. Og sollyset føles meget godt på min krop. Luften er meget frisk, og brisen er lige perfekt. Alle de historier, jeg har hørt, er sande.

D: *Vil du blive der for et stykke tid?*

L: Jeg tror, jeg måske vil. Jeg vil gerne besøge disse mennesker et stykke tid, for at se, hvad deres livsfilosofi er. De virker meget venlige. De virker ikke så bange. Disse mennesker er åbne. De er ikke så indgroede i tradition. Og de ser ud til at være mere selvstændige i deres tankegang, end hvad jeg har set.

D: *Måske vil du finde din læredreng der.*

L: Jeg tror det ikke. Jeg tror, min læredreng er meget langt væk herfra. Jeg ved ikke, hvorfor jeg tror det nu. Jeg tror ikke, jeg vil finde ham. Jeg tror, han vil finde mig. Jeg tror nu, jeg vil blive her i Spanien et stykke tid. Måske vil de sende ham til mig. Det er så forfriskende, og det er en sådan forandring. Jeg kan måske hvile lidt her.

D: *Men tror du virkelig, at en dag vil du finde ham?*

L: Jeg er blevet fortalt det, og jeg har ingen grund til at tro andet.

D: *Du har viet dit liv til at gøre dette. Så længe du tror på det, må der være noget sandhed i det.*

L: Ja. Det er en meget stor lektion, jeg lærte for længe siden. En lektion i tro.

D: *Så hvis det er meningen, vil du finde ham. (Ja) Okay så. Det lyder som et meget smukt sted, og du kan hvile lidt.*

Jeg bragte derefter Linda tilbage til fuld bevidsthed og efterlod Bartholomew i hans verden, velvidende at vi snart ville slutte os til ham igen og fortsætte vores historie.

Kapitel To
Lektionerne begynder

Efter den første session tog vi et par timer fri for at spise frokost, hvile og besøge. Vi gik tilbage til arbejdet omkring klokken 14. Ved at bruge Lindas kodeord igen, talte jeg hende tilbage til det liv. Jeg var færdig med baggrundshistorien om Bartholomew og ønskede nu at fortsætte med at indhente informationen. Min nysgerrighed var bestemt blevet vækket, og jeg ville gerne opdage den viden, som Bartholomew skulle videregive til sin lærling. Jeg havde til hensigt at føre ham tilbage til håndværket og fortsætte historien derfra.

D: Jeg vil gerne have, at du finder Bartholomew igen, da han var i det mærkelige rum, og han skulle et sted hen. Jeg vil tælle til tre, og vi vil være der. 1, 2, 3, vi er gået igen til den scene. Du var lige gået ud af dit soveværelse og fandt dig selv på dette mærkelige sted med ting, der kører forbi udenfor. Hvad laver du, og hvad ser du? Fortæl mig om det.

L: Jeg er den eneste her. (Næsten i ærefrygt.) Jeg sidder i en stol og kigger ud i universet og ser stjernerne og planeterne passere forbi. Jeg blev vækket og bedt om at tage på en rejse. Og da jeg accepterede, fik jeg at vide, at jeg skulle tage dette tøj på. Derefter omsluttede en lysstråle mig, og næste ting, jeg vidste, sad jeg i denne stol alene.

D: Sagde du ikke, at du er ældre nu?

L: Ja. Jeg er meget gammel. Jeg er næsten tres nu. Jeg er meget, meget gammel.

D: Ledte du stadig efter din lærling?

L: Ja, det gjorde jeg. Jeg følte, at jeg havde fejlet min mission i dette liv. Jeg forsøgte at stole på, vel vidende at jeg ville få brikken til puslespillet på det rigtige tidspunkt. Men efterhånden som jeg blev så gammel, begyndte jeg at tvivle og jeg begyndte at frygte.

D: Fandt du nogensinde nogen på alle dine rejser på Jorden, som du troede, du kunne stole på med informationen?

L: Nej, ikke én. Jeg troede måske, at den østlige kultur var mere forstående, åben og modtagelig. Men de er også dækket af deres egne traditioner og trossystem. Jeg blev meget skuffet. Det var dengang, jeg begyndte at miste troen. Det var kun denne aften, at jeg fik at vide, at dette ville være min sidste rejse. Og jeg ville få det sidste stykke – afslutningen på min søgen.

D: Hvad var det sidste stykke?

L: Det sidste stykke er delingen af denne viden med en, der er i slægt med mig, som er åben for ideer, de ikke kan fatte. En, der er i stand til at undersøge disse ting uden frygt, uden fordomme, uden bias. Bare acceptere fakta og undersøge dem omhyggeligt. Bare for at dele din viden, og det er det hele.

D: Tager de dig til din lærling?

L: De tager mig til et nyt sted. De kalder det "kolonien". Det er et nyt eksperimentelt sted, hvor de håber, at ren sandhed vil gennemsyre og ikke blive forvrænget på nogen måde. Disse mennesker har et rent hjerte og sind. Jeg vil være deres lærer. Jeg vil give dem den viden, jeg har akkumuleret gennem disse mange år. De vil være vogterne af denne viden. På grund af deres renhed vil de ikke misbruge, hamstre eller farve det på nogen måde, form eller form. De vil være vogterne af den universelle sandheds viden.

D: Er det her, din lærling vil være?

L: Ja. Han kan derefter på det rette tidspunkt sendes for at oplyse planeten Jorden, når tiden er inde. Indtil da vil han blive på dette sted sammen med de andre og vente. De andre har også deres pladser til at tage denne besked på det rette tidspunkt.

D: Hvorfor kunne du ikke give det videre til nogen på Jorden? Det var det, du troede, du ville gøre.

L: Fordi der ikke var nogen af et rent hjerte, der kunne beholde det uden forvrængning eller misbrug af det. På dette tidspunkt er planetens udvikling ikke på et sted i tid, som menneskeheden er klar til. De har så mange, mange lektioner, de skal lære, før de kunne bruge noget af dette til menneskehedens rette fordel. Det ville blive forvrænget, misbrugt og til sidst ødelægge hele Jorden.

D: Så på denne måde vil det til sidst blive bragt tilbage til Jorden.

L: Det er korrekt. Denne lærling vil bo her i denne "koloni". Dette sted kender ingen tid eller rum. De vil ikke ældes eller ændre sig på nogen måde. Det er et holdepunkt. Og jeg vil forlade her, når mit arbejde er gjort, og gå til mit sted for hvile. Jeg vil ikke blive her, og jeg vender ikke tilbage til Jorden i nogen tid.

D: *Hvis du anser dig selv for at være gammel, vil det gøre en forskel, hvor du skal hen?*

L: Nej. Men jeg kan ikke blive i denne koloni. Mit sjælemønster er forskelligt fra disse på dette sted. Det er ikke kompatibelt med et langt, ubestemt ophold. Jeg ville ikke have det godt her. Jeg ønsker virkelig at gå til min hvile, når mit arbejde er gjort. Jeg har brug for at hvile i et stykke tid. Jeg har brug for at være med det hele.

D: *Siger du, at du vil vende tilbage til Jorden i denne krop, efter at du har afsluttet dine beskeder og viden til disse andre mennesker?*

L: Nej, jeg vender ikke tilbage til Jorden i mange, mange generationer. Jeg vil gå til "Det hele" for hvile. Jeg vil vende tilbage meget senere i en anden kapacitet.

Ud fra hans svar lød det som om, at han henviste til at gå til åndesiden og komme ind på hvilestedet i et stykke tid, før han blev genfødt i en anden krop. Dette sted er beskrevet i min bog "Mellem død og liv". Det eneste problem, jeg havde med at forstå dette, var, at han ikke havde nævnt at dø. Han var tilsyneladende stadig i sin fysiske krop. Og alle ved, at du ikke kan tage din krop med dig, når du dør.

D: *Jeg prøver at forstå. Du har stadig din fysiske krop. Den er inde i dette rum og sidder på stolen.*

L: Ja, det er min krop. Jeg har aldrig spurgt, hvad der ville ske med det. Jeg formoder, jeg burde. Men det virkede bare ikke vigtigt.

D: *Okay. Lad os gå videre, indtil dette køretøj eller hvad det nu er, den maskine, du er inde i, når sin destination. Du sagde, at du rejser til, hvor kolonien er. Lad os gå videre, indtil du har nået din destination. Fortæl mig, hvad der sker, når du når dertil.*

L: Det er et meget lyst sted, og jeg sidder i min stol og svæver over dette lyse sted. Pludselig omslutter et meget stærkt lys min krop. Det starter fra toppen af dette rum. Det er cylindrisk i form, og jeg er i midten af det. På et øjeblik er jeg sammen med disse andre ånder. Jeg er ikke længere i rummet. Jeg er bare transporteret af dette lys til tilstedeværelsen af disse væsener. De er alle meget,

meget glade for at se mig. De ligner lysvæsener. Hver enkelt er forskellig, men alligevel ens. De er meget lyse væsener.

D: *De har ingen fysiske kendetegn?*

L: Det har de, men de er så lyse. Når jeg prøver at kigge ind i deres ansigter, bliver jeg blindet. Det er som at kigge ind i solen. Jeg kan se, at de smiler. De må have en mund. Jeg føler, de smiler til mig. Men de er dækket af så stærkt lys, at jeg ikke kan skelne deres kropsformer.

D: *Er du stadig i din fysiske krop? (Pause. Måske var han ikke sikker.) Hvordan føles det?*

L: Det føles meget let, meget let, som om jeg svæver. Som om der ingen vægt er, ingen kraft af nogen art. Jeg er bare fri. Jeg tror ikke, jeg har en krop. Jeg tror, jeg er bare mig.

D: *Tror du, disse andre væsener er fysiske?*

L: (Pause) Måske. Men jeg tror, de er nok ren energi. Jeg kan se dem, men jeg tror ikke, de har menneskelige kroppe.

Dette blev sagt med en følelse af nysgerrighed, af undren, som om han forsøgte at forstå noget mærkeligt og anderledes, som han ikke var forberedt på.

L: Jeg tror, jeg er kommet til et andet eksistensplan. Det startede som en fysisk rejse, men jeg tror, jeg er kommet gennem det fysiske plan og ind i et sted, jeg ikke kender til. Men jeg føler, jeg kunne forlade her, hvis jeg ville, når som helst, og vende tilbage til det rum.

D: *Tror du, du kunne finde din fysiske krop i det rum? (Ja) Du sagde, du skulle dele din viden med disse væsener. Er det korrekt? (Ja) Engang før spurgte jeg, om det ville være muligt at dele din viden med mig også. Og du sagde, du skulle have tilladelse. Hvad tror du?*

Jeg følte forventning, håbede på, at jeg ville få lov til at modtage denne viden. Min nysgerrighed var ivrig efter, at dette skulle ske, men det ville alt sammen afhænge af kræfter uden for mig selv – kræfter, som jeg ikke kendte til.

L: Jeg spurgte min ven, og han sagde, at måske kunne du lytte med på mine undervisningsopgaver.

Jeg følte en glædesrus.

D: *Det ville være vidunderligt, hvis jeg måtte det.*
L: Han sagde, der ville være tidspunkter, hvor du ikke ville kunne høre visse ting, men det meste vil blive gjort tilgængeligt for dig.
D: *Hvorfor ville jeg ikke kunne høre visse ting?*
L: Fordi der kun er et par flere ting, der skal på plads, før en plan implementeres på Jorden. Og disse meget få ting skal holdes, indtil planen er implementeret. Og når først implementeret, vil du få de resterende oplysninger.
D: *Så hvis jeg deltager i undervisningsopgaverne, vil jeg være i stand til at dele i viden?*
L: Det er korrekt. Du får denne chance, fordi du også er en af de meget få, der ikke vil farve eller fordreje. Du er ren i hjertet og vil ikke bruge dette for dig selv.

Lindas vejrtrækning blev hurtigere. Hun viste tegn på ubehag.

D: *Jeg ser, at disse er vigtige krav.*
L: Ja. Ikke alle kunne gøre dette. Kun meget, meget få.

I løbet af de sidste sætninger bemærkede jeg, at hendes vejrtrækning var uregelmæssig, hurtigere og en smule anstrengt. Dette gjorde det svært for hende at tale tydeligt.

L: Luften her skal justeres. Det er meget tungt på mit bryst. (Hun trak stadig vejret tungt.) Det vil tage et par dage, før jeg vil blive tilpasset.

Jeg gav forslag til at fjerne enhver fysisk ubehag. Min største bekymring er altid for subjektets komfort.

D: *Den fysiske krop, jeg taler til, vil kunne tilpasse sig uden problemer overhovedet, selvom den enhed, der taler til mig, har problemer. Forstår du?*

L: (Hendes vejrtrækning vendte tilbage til normal.) Jeg forstår.
D: *Okay. Vil du begynde dine lektioner?*
L: Snart. Der er en velkomsttid nu. En tid til at glæde sig. En tid til at være sammen.
D: *Har de ventet dig?*
L: Ja, de har ventet på mig, og de er meget, meget glade. De jubler mig. De krammer mig. De er meget glade for mig.
D: *Det lyder som et dejligt sted, et dejligt miljø.*
L: Åh, det er meget rart. Det er meget varmt.
D: *Kan vi gå videre til, når du starter dine lektioner, og jeg er i stand til at lytte? Har du nogen plan eller rækkefølge, du vil give dine lektioner i?*
L: Jeg havde ikke overvejet det. Jeg havde på et tidspunkt en plan, men det er så længe siden, at jeg har glemt det. Jeg har nu besluttet først at starte med spørgsmål fra mine venner. Og så vil jeg forelæse om deres spørgsmål. Jeg føler, at dette nok er den bedste måde på nuværende tidspunkt.
D: *Jeg er enig. Men fordi jeg ikke vil være i stand til at høre deres spørgsmål, vil du gentage dem? (Ja) Er du på det punkt, hvor du skal begynde? (Ja) Godt. Gå videre i dit eget tempo da.*
L: Jeg peger på ... Artness (Fonetik. måske: Ardness) har spurgt mig, (Langsomt som om at lytte og derefter gentage.) "Hvad skete der på jordplanet, der fik folk til at blive så snæversynede i deres trossystem?" For mange, mange tider siden kom folk, der kom til Jorden, med stor viden om universet. Der var andre, der allerede boede på Jorden, som ikke var så vidende som dem, der netop var kommet. Og det fik dem, der lige kom, til at undersøge magtens spørgsmål. Det var noget, de ikke havde oplevet før. Og de kunne lide den følelse. Det gav dem en begejstring, de ikke havde kendt. Så de besluttede at beholde deres viden for sig selv og ikke dele den, som det var meningen. Og de gjorde dem, der ikke var så vidende, til slaver. De fortalte dem ting, der ikke var sådan, for at skræmme dem til at tjene dem. De blev opfattet som guder. De blev guderne. De almindelige mennesker, de almindelige mennesker, der var her først, troede, de var guder, fordi de kunne gøre usædvanlige ting. Det var ikke meningen, at dette skulle ske. Og da de kom ind i al denne magt og grådighed, ønskede de ikke at forlade. De ville blive. Og det gjorde de. Da de gik bort fra dette

liv, blev historier om disse guder og deres store kræfter videregivet. Og frygten begyndte at tage fat. Frygt for, at hvis de ikke gjorde, som guderne havde sagt, ville de blive ødelagt. Det var en meget mørk tid for planeten Jorden.

D: *Hvad fortalte disse væsener dem, der skræmte dem, som tillod dem at blive gjort til slaver?*

L: De fortalte dem, at de kunne herske over vinden og lyset, Solen, Månen, regnen. De herskede over det, og hvis disse mennesker ikke fulgte deres regler, ville de blive ødelagt. Folk ville ikke have vand, ikke have sol. De vidste, at de havde brug for Solen og vandet og vinden, regnen. De skulle have disse ting for at eksistere. Og guderne havde kontrol over alt dette, så de måtte adlyde, ellers ville de blive ødelagt med det samme. De vidste ikke, at deres væsen, deres ånd, lever for evigt. De kunne kun se her og nu. Det oprindelige formål med disse lysvæsener, der kom til Jorden, var at dele denne information, så frygten kunne fjernes, og folk kunne forstå.

D: *Udførte disse væsener undere for at få folk til at tro, at de var guder?*

L: Ja, det gjorde de. Det hele var et trick. De gjorde det med lys og magi, men folk troede, at de var guder. Jeg vil gerne sige, at dette er et perfekt eksempel på menneskets natur, af den konstante kamp indeni mod frygt og selvtjeneste. At tjene sig selv. Magt.

D: *Men væsenerne, der kom, var dem, der forårsagede problemet.*

L: Ja. De gjorde ikke, hvad de blev fortalt. De faldt, fordi de kom for at tjene sig selv og ikke menneskeheden.

D: *Du sagde, at dette var et eksempel på mennesker, men alligevel var problemet ikke forårsaget af menneskerne.*

L: De blev sendt for at hæve niveauet af Jordens væsener til en højere eksistens. De blev sendt for at undervise dem, der var her, ikke for at gøre dem til slaver. De fejlede i deres opgave. De skulle få mennesker til at forstå og leve på en højere orden af ting. De gik i stå.

D: *Hvad mener du, at de gik i stå?*

L: De blev involveret i magt og mistede det lys, der skulle gives til det menneskelige element på Jorden. Jorden var et sted at opleve nye ting. Og de, der kom hertil i håbet om at hæve dem, derallerede var her, op til deres niveau, blev fanget og blev bragt ned til en lavere orden i stedet for omvendt.

D: Med andre ord, det blev integreret i den menneskelige art? (Ja) Er det alt, hvad du vil sige om det spørgsmål? (Ja) Vil du tage et andet spørgsmål fra gruppen?

L: Vi går ret ind i historisk baggrund her, så alle kan forstå, hvad der er udviklet over mange tider. Jeg tror, dette er sandsynligvis den bedste måde at forklare det på. At vise, hvad der er sket i fortiden, og derefter udvikle sig derfra. Spørgsmålet var: "Hvorfor blev der ikke sendt flere for at hjælpe dem, der var gået i stå? Hvorfor blev der ikke sendt nogle for at bringe dem hjem, der misbrugte deres tillid?" Grunden er: på det tidspunkt var vi bange for, at hvis der blev sendt flere, ville de også falde ind i det mønster. Så beslutningen blev truffet om at vente, indtil denne generation gik, og derefter sende en ny indstrømning med håb om at vende projektet rundt. Så det var det, der skete. De første mennesker, der kom til Jorden, var fra planeten Tyrantus (Fonetik: Ty-rant-tus). Det ligner på nogle måder Jordens magnetfelt. Så det var ikke svært for disse mennesker at blive accepteret i det almindelige liv. De ville ikke blive set som mærkeligheder. De lignede meget Jordboerne. Desværre fejlede de.

D: Er det dem, der ønskede magt?

L: Ja. De kom først. Nogle formerede sig med Jordboerne indbyrdes. Den anden bølge, der blev sendt, var fra (hun havde svært ved navnet) Iranius. (Fonetik: Iran-i-us) Disse folk var anderledes. De lignede ikke mennesker, og derfor kom de i forklædning. De kom som dyr.

D: Dyr?

L: Ja. Og deres job var at arbejde meget stille med udvalgte væsener for at vende projektet rundt. Der var nogle udvalgte, som fik instruktion fra disse dyr, som de blev anset for at være. Det var på et andet niveau, denne instruktion fra disse væsener blev givet til dem i deres drømme. De blev instrueret i begreber om kærlighed, udødelighed og samarbejde blandt arterne. Det blev gjort meget stille og subtilt. Desværre fejlede dette projekt også, fordi der kun var få, der kunne blive indoktrineret i disse nye tankesystemer. Og de blev hånet af folket. De, på grund af frygten fra den brede befolkning, var bange for at acceptere det, der blev givet til dem.

Den Snoede Univers ~ Bog Et

Og selvfølgelig ville dem i magten ikke acceptere det, fordi så ville de miste deres magt. Så på dette tidspunkt var mennesket sunket til det laveste niveau, og det var en meget skuffende situation.

D: *Disse væsener kom som dyr, så de ikke ville blive bemærket?*
L: Ja, fordi de ikke lignede mennesker.
D: *Hvordan så de egentlig ud?*
L: De var meget små og havde store runde hoveder og små, skrøbelige kroppe. De havde arme og ben, men de var meget bøjeligere. De var ikke som menneskearme og -ben. De tænkte, at de ville være for mærkbare, og folk ville blive bange og slå dem ihjel.
D: *Så de havde evnen til at få sig selv til at se ud som dyr?*
L: Rigtigt. De havde evnen til at påtage sig udseendet af et dyr. De forklædte sig. De trådte ind i den eksistens.
D: *Og på denne måde kunne de påvirke folk gennem deres drømme, sagde du, på en subtil måde.*
L: Gennem deres drømme. Rigtigt. Det var håbet, at hvis de kunne påvirke nok mennesker, kunne projektet vendes rundt meget hurtigt. Men tilsyneladende var det for subtilt, for langsomt, så det fejlede også.

Da jeg undersøgte indianske legender til min bog "Legend of Starcrash", fandt jeg mange historier om dyr, der viser sig for mennesker i de tidligste tider for at give viden. Dette er en stor del af den amerikanske indianske kultur. Andre kulturer over hele verden har også lignende legender. Det er interessant at bemærke, at i moderne tid UFO/Alien-observationer ofte fremstår som dyr som en overflade eller skærm for hukommelsen, så menneskerne ikke bliver bange.

D: *Modtager du flere spørgsmål om dette?*
L: Spørgsmålet var: "Hvorfor blev der ikke sendt flere Iranianere til planeten Jorden? Da de er en meget stærk intellektuel race, kunne de overvinde alle dem, der var på Jorden på det tidspunkt." Og svaret på det, min ven, er: magt virker aldrig. Det er ikke en levedygtig løsning. De på Jorden må komme til erkendelse gennem deres eget valg. Magt er blevet brugt for ofte som en løsning på mange problemer. Dette virker aldrig.
D: *Det er et godt svar. Hvad er det næste spørgsmål?*

L: "Hvor længe varede denne mellemliggende tid med forfald, før flere blev sendt." Det varede i ti tusinde år. Beslutningen blev truffet om at lade Jorden vokse lidt selv, og måske finde noget for sig selv. Tingene ændrede sig ikke i meget lang tid. Folk voksede, men voksede i mørke. Der var meget lidt lys i deres hjerter.

D: *Hvad gjorde folk, der var mørkt?*

L: De var meget primitive. Og der var ikke meget kærlighed. Der var meget drab, meget had, mange magtkampe, som fortsatte i mange århundreder, mange tider. Mørket gennemsyrede i meget lang tid.

D: *Har du et andet spørgsmål?*

L: Ja. Spørgsmålet er, "Hvad med jordforandringer i løbet af denne tid?" Der var mange ændringer på overfladen. Der var meget mange, der blev taget fra planeten i håb om at rekruttere lettere energier.

D: *Hvilke slags jordforandringer fandt sted i løbet af den tid?*

L: Der var oversvømmelser. Vand, vand overalt. Kontinenter, der var sammen, brød fra hinanden. Der var tider med intens varme. Varme så varm, at de, der var her, døde. Nogle rejste til andre steder for at flygte. De, der flygtede, startede nye kolonier, og bad om vejledning og viden.

D: *Hvad fik kontinenterne til at bryde fra hinanden? Og hvorfor var der så meget vand?*

L: Under Jordens overflade er der ting kaldet "gitter", som holder Jorden sammen. Og da alt dette skete, ændrede disse ting inden i Jordens overflade deres position og fik kontinenterne til at bryde fra hinanden. Vandet kom fra varmen, der smeltede det frosne vand. Da disse kontinenter brød fra hinanden, gik mange tabt. Mennesker, planter, dyr, de gik tabt. Derefter kom afkølingsperioden efter denne intense varme. Da det kølede, begyndte meget ny vegetation at dukke op. Nyt liv begyndte at udvikle sig, og der var stort håb om, at Jorden ville komme ind i lyset. De troede, at de nu havde lært, at kærlighed og accept af ens nabo ville trives. Og det gjorde det et stykke tid, men ikke ret længe. Folk bliver trætte af en fredelig eksistens og leder efter noget spændende og anderledes. Og det var, hvad der skete til sidst.

D: *Mener du, at det var menneskets natur ikke at være tilfreds, når tingene gik godt?*

L: Ja. Og det var det, der blev håbet på at ændre sig. Men det gjorde det ikke.

D: Hvad gjorde de, da de ville have noget spændende?

L: De legede først spil, og så blev spil en test af styrke og vilje. Og den ene ting førte til den anden, og de var tilbage til magtens ting. "Jeg er vigtig. Jeg er stærkere. Jeg er bedre." Dette har været meget svært for folk at forstå og lære af. De bliver ved med at falde i den samme fælde, der er sat for dem.

D: Tror du, det er fordi, at blodet fra dem, der kom hertil, er integreret i folk? Er det der, det kom fra, eller er det menneskelig natur?

L: Det er menneskelig natur, der er forstørret på eksistensplanet gennem samspillet mellem kulturerne. Folk fra andre lande, andre steder. De kom og forsøgte at gøre verden bedre, men blev fanget ind. Såderfor blev det, de forsøgte at ødelægge og forbedre, kun forstørret gennem dem ind i den jordiske eksistens.

D: Så deres gener hjalp med at gøre denne egenskab stærkere? Ville det være en måde at sige det på?

L: Ja. Og de blev sendt for at gøre noget anderledes for planeten. Derfor gik der lang tid, før nogen andre blev sendt, på grund af frygten for at forstærke det igen.

D: Okay. Jeg tror, det er alt, hvad vi har tid til lige nu til spørgsmål. Men jeg kan vende tilbage om lidt og stille flere.

L: Det ville være fint. Jeg vil være her.

D: Og vi kan fortsætte historien derfra.

L: Vi har kun rørt overfladen af begyndelsen.

D: Vi skal begynde et sted. Jeg har mange, mange spørgsmål.

Jeg bragte derefter Linda frem til fuld bevidsthed. Hun ville fortælle mig om et billede, der blev ved med at være i hendes sind. Jeg tændte båndoptageren igen for hendes beskrivelse.

D: Du sagde, du kunne se indersiden af verden?

L: Det var som om den var hul, og der var ting, der holdt den sammen. Jeg ved ikke, hvad de var. De bevægede sig indeni. Og det var som om en masse ting skete ovenpå. (Håndbevægelser.) Gik sådan her, op og ned. Inde i midten af jorden så det ud som en hul kugle. Og disse ting på siderne af kuglen bevægede sig op og ned. Jeg ved ikke, hvad de var. De var ting, der holdt det sammen. — De mennesker, der kom anden gang, havde store runde hoveder, og de var sølvfarvede. De havde kroppe, men de havde disse forlængelser, der kom ud af deres arme, i deres midte og deres ben.

D: *Forlængelser?*

L: Har du nogensinde set de statuer og tegninger fra østlige kulturer af nogle af deres guder? De havde menneskelige ansigter og kroppe, og arme, der kom ud i forskellige retninger?

D: *Jeg har set nogle, der har alle disse arme.*

L: Ja, rigtigt. Bortset fra at disse folk var meget små og havde kæmpe runde hoveder. Jeg husker ikke ansigterne. De havde intet hår. Så havde de alle disse arme og ben, der kom ud forskellige steder.

D: *Så det var rigtige vedhæng, rigtige arme og ben.*

L: Rigtigt. De var små mennesker. Hele deres væsen var skinnende. Jeg ved ikke, om de havde dragter på, eller om det var folkene selv. Det var sølv over det hele, én ensfarvet overalt.

D: *Og de vidste, at de ikke kunne præsentere sig selv sådan for folk, fordi de så så anderledes ud. Det ville have været for skræmmende. (Rigtigt) Mente du, at de kunne gå ind i et dyr eller få sig selv til at se ud som et dyr?*

L: Jeg forstod det sådan, at de kom ned og gik ind i dyret på en eller anden måde. Ind i deres intellekt, eller hvordan de gjorde det, ved jeg ikke. De gjorde det, så de kunne være i tæt nærhed af det menneskelige væsen.

D: *Jeg tænkte, at hvis et dyr begyndte at tale til et menneske, uanset hvor langt tilbage i tiden, ville det have forskrækket dem. Men det var ikke sådan.*

L: Nej. Det blev gjort gennem sindet på en eller anden måde, eller gennem deres drømme. Men grunden til, at de gik ind i disse dyr, var, så de kunne være sammen med menneskene i tæt fysisk kontakt. Jeg gætter på, at disse folk må have haft kæledyr, for jeg så disse mennesker sove, og disse dyr lå i tæt nærhed.

D: *Kunne du se, hvordan de første mennesker så ud? Dem, der blev gjort til slaver?*

L: Jeg så dem i form af et menneske. De var mørke. Jeg ved ikke, om det var i den kontekst, at de var af den mørke side eller lavere i intelligens eller udvikling eller noget, men jeg ville se dem i mørke. Og disse første væsener, der kom ned, lignede meget menneskelige, men de var lyshudede. Du ved, i vores religiøse baggrund lærer vi, at Adam og Eva kom og avlede alle de andre mennesker på Jorden. Og ud fra det, jeg får fra dette, er det anderledes. Der var mange af disse mennesker på Jorden. Men alligevel, når jeg forestiller mig disse mørke mennesker, så kryber de på jorden. Og der igen ved jeg ikke, om det var en metafor for lysvæsener og mørke væsener. Men det var meget tydeligt for mig, at disse lyse var heroppe og oprejste, og der er denne krybende masse af mørke hernede.

D: *Selvfølgelig må de have været meget i ærefrygt eller bange for disse mennesker. Jeg spekulerer på, om de var primitive til at begynde med, og det er derfor, de let blev gjort til slaver.*

L: Jeg vil antage, ud fra det der blev sagt, at de havde meget lidt viden. Og disse andre væsener var her for at oplyse dem og bringe dem til et højere niveau af eksistens. Så ud fra det ville jeg opfatte, at de var meget primitive.

D: *Der ville være meget frygt og ærefrygt, og de udnyttede det. Uanset om disse væsener var mennesker, humanoider eller hvad som helst, var de ikke udviklet til det punkt, hvor de ikke kunne gå på et magttrip, når folk faldt på knæene. Så det viser, at selv nogen så avanceret kan blive korrumperet.*

L: De var ikke perfekte væsener, men de var vidende, og jeg gætter på, at det er derfor, de kom, for at bringe deres viden. De så menneskelige og meget kongelige ud. Meget høje og ret selvsikre. Og jeg kan huske, at jeg sagde, at de gjorde guder ud af dem.

D: *Du kan se, hvorfor de ville gøre det.*

L: Og de lysvæsener på den planet, han fortæller historien til, de var meget lyse, hvide lys. Det var som en klat. Klatter af lys. De mindede mig om formen af den Casper the Ghost-tegneserie. Bortset fra at det var meget skarpt intenst lys, og de var meget fredelige, meget glade, kærlige. De kan bare godt lide at dele kærlighed.

Linda udtrykte sin utålmodighed over, at vi ikke fik mere information hurtigere. Hun troede, det kun ville tage et par sessioner. Jeg mindede hende om, at der var for meget information til bare at hælde det hele ud på halvanden time. Det tog også længere tid, fordi hun talte langsommere. Jeg var vant til at arbejde længe (flere måneder i nogle tilfælde) for at samle information og sætte det i orden, men selvfølgelig var Linda ikke det. Min rolle i disse projekter var at have tålmodighed og prøve at organisere hændelsesrækkefølgen.

Vi stoppede for at spise aftensmad, hvile og besøge Patsy. Vi begyndte vores sidste session godt efter mørkets frembrud. Vi vidste, at det ville være sent, når vi var færdige, men det gjorde mig ikke noget, fordi jeg var usikker på, hvornår jeg ville være i stand til at vende tilbage til Little Rock. Vi ville prøve at få så meget gjort på én dag som muligt. Jeg regnede med, at hun kunne sove længe næste dag, og det kunne jeg også.

Kodeordet satte Linda i den dybe trance igen, og vi vendte tilbage til den samme scene, vi havde forladt et par timer før. Bartholomew fortsatte, som om der ikke havde været nogen afbrydelse.

L: Jeg står på en platform foran mine elever. Jeg tager spørgsmål lige nu.

D: *Før vi tager spørgsmål igen, vil jeg gerne præcisere noget, du sagde tidligere. De første mennesker, der var her på Jorden, da de andre kom. Ved du, hvor de kom fra?*

L: De var her. De var jordiske væsener.

D: *Fik du at vide, hvordan disse oprindelige væsener så ud?*

L: Jeg antog, at de var mennesker ligesom mig. Jeg har aldrig spurgt.

D: *Okay. Så havde vi taget historien op til det tidspunkt, hvor du talte om katastrofen med Jordens kontinenter, der brød op, og folk flyttede til steder, hvor de ville være sikre. Vi var på det punkt, da jeg blev kaldt væk. Vil du tage flere spørgsmål fra dine elever nu?*

L: Ja. Mine elever vil vide, hvorfor disse mennesker var utilfredse medderes situation? Hvorfor forstyrrede de den fred, de havde kendt i flere år? Svaret på det er meget forvirrende for mig. Jeg fik at vide, at de ønskede at opleve en følelsesmæssig tilstand af højere natur. De var trætte af roen. De ønskede spænding i deres liv. Og da spil blev til krig, gav dette dem en udløb for deres behov. Deres hjerter blev mørkere, og der var meget drab, meget traume. Det var noget, de ønskede at opleve for sig selv.

D: *De var trætte af fred. Kede sig, så at sige?*

L: Ikke så meget kede sig som at det ikke gav dem meget følelsesmæssig udløb. De følte, at ekstremer i adfærd fremmede deres følelsesmæssige behov. Det gav dem oplevelser, de ville udforske for sig selv. Uden at indse, at når de lod disse følelser herske, mistede de lyset i sig selv. Det forsvandt dog ikke, men det blev meget, meget svagt. Og alt dette på grund af ønsket om at opleve den ophidselse, der kommer med følelsesmæssige tilstande og traumer.

D: *Sagde du ikke, at rumvæsenerne besluttede at lade dem være alene og lade dem prøve at klare sig selv?*

L: Ja. På dette tidspunkt var der ikke mange af disse mennesker, og de udgjorde ikke en fare for nogen. Så det blev besluttet at lade dem være med deres egne ressourcer. Og de ville enten vokse i denne oplevelse eller blive ødelagt. Og derefter kunne planeten blive givet til andre, der ønskede at leve et liv i godhed.

D: *Overvågede rumvæsenerne folk hele tiden gennem deres historie?*

L: Ja. De rystede bare på hovedet i forbløffelse over de mørke kunster og undrede sig over hvorfor.

D: *Hvor overvågede de fra? Alle disse ting må have taget en lang periode.*

L: Deres tidsbegreb er meget anderledes end vores tidsbegreb. De kunne tune ind på det gennem mentale projektioner, eller nogle gange besøgte de faktisk planeten fysisk. Dette blev ikke gjort særlig ofte, fordi det ikke var sikkert at gøre det. Folk her på dette tidspunkt var meget onde, og de dræbte andre uden anden tanke. Der var meget mord.

D: *Hvorfor var disse rumvæsener så bekymrede? Kunne de ikke bare tage afsted og glemme Jorden?*

L: Nej, for der var en masterplan for denne Jord. Det er den smukkeste planet i dette univers. Det blev designet i skønhed som et eksperiment. Desværre udviklede det sig aldrig, som det var designet til. Det skulle være et eksperiment i følelser og fysiske fornøjelser. Ting, som mange andre steder ikke har. Det var designet til at være en oplevelse for dem, der kom her, og derefter at forlade det. Folk ville komme her på ferie for at opleve Jorden, de fornøjelser, som den kunne give. Fysiske fornøjelser, som disse væsener normalt ikke ville opleve.

D: *Du mener, de kom her som på ferier og lignende, før situationen blev dårlig?*

L: Det var før folk beboede denne Jord. Derefter blev nogle af dem så involveret i denne fysiske fornøjelse, de blev så indfanget i det, at de ikke forlod stedet. De blev for at opleve det yderligere. Jo længere de blev, desto mindre var de i stand til at forlade. De mistede evnen til at forlade stedet. Så de var her, da det første sæt væsener kom. Dem, der skulle hjælpe dem, der var fanget i det fysiske af denne planet, for at hjælpe dem med at genvinde deres lysånder. De blev også fanget.

D: *De skulle hjælpe dem med at få tilbage det, de havde glemt, men det gik ikke sådan.*

L: Nej, for de blev også fanget. Så de blev også, og blev sammenflettet med dem, der var her først.

D: *Du sagde, at det var en del af masterplanen i begyndelsen. Kan du fortælle mig noget om det?*

L: I begyndelsen var planen en smuk plan. Planen ville tillade sjæle at komme til Jorden for at besøge skønheden, at tage glæde i jordiske ting, som en belønning for ting, de havde gjort i andre verdener. Det var meningen at være en kort ferie, en fornøjelig oplevelse, og derefter at tage videre og gå videre med deres eksistens.

D: *Det var masterplanen?*

L: Ja. Det var som en belønning for et godt udført arbejde.

D: *Det ser ud som om, at alting gik galt, ikke?*

L: Ja. Det var trist.

Dette var ikke første gang, jeg havde hørt dette. I andre regressioner med andre emner nævnes Jorden som et feriested, et feriested, hvor væsener fra mange forskellige verdener og dimensioner kom i de tidlige dage, før verden blev forurenet af mennesker. Dette blev sagt at være før sjæle blev fanget i det fysiske på Jorden.

D: *Har nogen et andet spørgsmål?*

L: Da oversvømmelsen kom, og kontinenterne brød fra hinanden. Han vil vide, om det var en brat forandring, eller om det var en gradvis ting, der skete. I nogle tilfælde var det meget brat. Men opvarmningen af planeten var en gradvis ting. Det, der var brat, var da oversvømmelsen begyndte. Det ødelagde meget og kom meget hurtigt. Der var praktisk talt intet sted på planeten, som det ikke berørte. De fleste indbyggere blev fanget og gik tabt. Kun meget få overlevede. Det var håbet, at dette ville få dem til at se den fejl, de havde begået tidligere, og de kunne være taknemmelige for den fred, der nu besøgte dem. Men de blev hurtigt trætte af det.

Jeg spekulerede på de oversvømmelseslegender, der er fremherskende i hver kultur i verden. Men dette kan have været en meget gammel og primitiv tid i Jordens historie. Tilsyneladende har Jorden flyttet sig flere gange, og oversvømmelser af stor alvor er ikke ualmindelige i vores historie. Den bibelske oversvømmelse og andre kan være sket på et senere tidspunkt. Det er, som om der virkelig ikke er noget nyt i verdens fysiske historie, men en gentagelse af en række begivenheder. Nogle af disse ting er blevet registreret i gamle optegnelser, og nogle er sandsynligvis sket før vores opfattelse af registrering.

D: *Er der et andet spørgsmål? Vi følger historien meget godt.*
L: "Hvorfor forlod de mennesker, der var tilbage, ikke planeten, hvis de var oplyste nok til at blive reddet?" Svaret er, at de ikke var oplyste væsener. De var stadig jordiske væsener, og de havde ingen lyst til at forlade. De vidste ikke om en eksistens uden for deres eget daglige liv. Så de var ikke klar over, at der var et valg. Derfor vidste de ikke, at de kunne forlade. Og det er nok godt, at de ikke gjorde det. Spørgsmål: "Tror du, at hvis de havde forladt det, ville det have forurenet andre steder, de tog hen?" Det er en mulighed, fordi deres motiver ikke var så rene som nogle. Hvis de besøgte steder, der var modtagelige for deres måde at tænke på, kunne de have påvirket dem. Men der var så få af dem, at jeg tvivler på, at det ville have været en mulighed. Spørgsmål: "Hvornår blev beslutningen taget om at sende flere lysvæsener ind?" Det var ikke før mange år senere, da Jorden igen blev besøgt af et skib. Der var mange mennesker på dette skib, og de kom ikke for at blive, men for at instruere mange, der var her. De fik ikke lov til at blande sig med jordens mennesker. De var kun for at lære dem nok, der ville stimulere deres tankeprocesser til at udvikle sig lidt mere ind i lyset. Spørgsmål:...
D: *Men først, hvordan så de mennesker ud, der kom denne gang? Du sagde, der var mange.*

L: Der var meget mange. De var menneskelignende på nogle måder. Nok til, at de ville blive accepteret. De var meget, meget høje og havde sjove fødder.

D: *Sjove fødder? Hvad mener du?*

L: De havde ikke hænder og fødder som vores. De blev holdt dækket for ikke at blive bemærket. De bar sko og handsker hele tiden for ikke at skræmme nogen. Deres øjne var meget store og mørke. Og de havde kun huller i deres ansigt i stedet for en næse. De havde en mund, selvom de ikke brugte den på samme måde som vi gør. De talte ikke et sprog eller spiste jordens mad, og de drak heller ikke væsker.

D: *Hvad brugte de som næring så?*

L: De har et system, der er helt fremmed for menneskelig opfattelse. Det er et energisystem af lys, fremmet, vitaliseret, revitaliseret gennem en serie af lys.

D: *Du mener, det var lys, der holdt dem i live?*

L: Ja. Uden det ville de dø. De havde deres lys med sig på skibet og skulle hvile i et kammer fra tid til anden for at blive revitaliseret. De skulle kun tilbringe kort tid i disse små steder, men det var afgørende for deres sundhed, at de gjorde dette lejlighedsvis.

Et lignende koncept blev rapporteret i "Legacy From the Stars," hvor væsener lagde sig ned i en sarkofag for at tage et lysbad. Dette var også deres eneste næring, og de sagde, at lyset stammede fra Kilden.

D: *Kom disse væsener alle til ét sted på jorden?*

L: Nej. Der var - satellitter? (som om det var et fremmed ord) - satellitskibe, der forlod hovedskibet og tog til forskellige områder, hvor der var mennesker. De holdt kontakt med hovedskibet periodisk og sammenlignede noter om deres fremskridt.

Dette blev sagt, som om man gentog information enten husket eller hørt fra et sted. Som om det var fremmed og ukendt. En ren gengivelse af fakta.

L: Nogle var mere succesfulde end andre. Nogle fejlede fuldstændigt. De fleste var dog succesfulde. De lærte meget mange ting til

Den Snoede Univers ~ Bog Et

jordboerne. Ting, der ville forbedre deres fysiske eksistens. Filosofier, der ville forbedre deres åndelige og filosofiske syn, i håb om at plante den gnist af lys, der kunne vokse.

D: *Hvilken slags ting lærte de dem for at hjælpe deres fysiske liv?*

L: De gav dem viden om landbrug: tidspunkter at plante, tidspunkter at høste, hvordan man planter, hvilket de ikke vidste. De var jægere før dette og dræbte meget. Missionen var at aflede deres opmærksomhed fra at dræbe til en mere positiv måde, såsom vækst og høst, en anden kilde til mad og energi. Dette ville også holde dem stationære eller på ét sted, i stedet for at leve en nomadisk tilværelse. De ville have mere tid til at tænke og udvikle deres evner til at ræsonnere, hvis de var stationære. De lærte dem også at bruge dyr på andre måder end at dræbe dem. De lærte dem at være venligere mod hinanden og at leve en mere harmonisk eksistens. Desværre betragtede folk lærerne igen som deres guder. Men denne gang forblev lærerne tro; de blev ikke fanget i den jordiske eksistens. Deres formål var at komme for at lære. Og da deres opgave var færdig, forlod de alle sammen. Dette eksperiment blev betragtet som en stor succes. Jordens folk fik en bedre eksistens og en grund til at udvide det, de havde. De blev undervist, og de fik en mere stabil eksistens end nogen de havde kendt i lang tid. Og en chance for at bruge deres sind på en måde, de ikke havde tænkt på før.

D: *Disse var meget gode ting.*

L: Ja. Det var et meget godt projekt, og mange var glade og glædede sig i nogen tid over dets gennemførelse.

D: *Men du sagde, at nogle af lærerne gik til steder, hvor det var en total fiasko.*

L: Ja, fordi disse mennesker var så forankrede i deres jordiske fornøjelser. De kunne ikke, eller ville ikke acceptere nogen hjælp, så de blev overladt til deres egne anordninger, til at udvikle sig, som de ville, eller gå tabt. At dø ud, hvilket mange gjorde. Fordi de ikke lyttede, gik de tabt.

D: *Var der nogen specifikke racer, der måske døde ud på grund af dette? Racer, der ikke længere eksisterer på Jorden?*

L: På dette tidspunkt var jordens væsener alle ens. Det ville vare noget tid, før der ville være forskel i farve og udseende. På dette tidspunkt var de alle ens, og der var ikke særlig mange af dem overhovedet.

D: *Vil du gå videre med spørgsmålene?*

L: Spørgsmål: "Hvornår kom de ændringer, der skabte de forskellige farver og de forskellige sprog, dialekter, der tales på Jorden?" Dette skete engang senere i jordens udvikling. Det havde at gøre med andre såninger, der fandt sted i forskellige områder. Mennesker kom fra hele universet. Nogle blev og giftede sig med jordboerne. Dette var en lang proces, før det udviklede sig til, hvad vi ved, der eksisterer i dag. I mit liv gik der meget lang tid, før jeg indså, at der var en anden hudfarve end den, jeg havde kendt. På mine rejser så jeg kun to andre farver, men jeg fik at vide, at der var flere end hvad jeg havde set. Jeg havde set den østlige, den gule race, og jeg havde set den brune race. Jeg får at vide, at der er en rød-skinnet race, som jeg ikke kan forestille mig, hvordan det ville se ud på en person. Jeg har fået at vide, at der er en sort-skinnet, som jeg kunne forestille mig det at være. Og jeg får at vide, at der er en anden farve, som jeg ikke har set. Den er som min hud, men anderledes. Den er mere hvid. Jeg har heller ikke set det.

D: *Er der blevet fortalt om nogen farver, der plejede at være på Jorden, som ikke længere eksisterer? (Nej) Men disse hudfarver opstod på grund af andre væsener, der kom fra andre verdener?*

L: Ja. Det var en langsom udvikling.

D: *Jeg havde altid troet, at noget af det skyldtes varme og kolde klimaer. Det er ikke den eneste faktor?*

L: Nej. Det kan være sket bagefter, men før det var det forårsaget af sammensmeltningen af folkene. På et tidspunkt var vi alle ens. Der var ingen forskel. Og så begyndte vi at gifte os med væsener fra andre verdener, og det var der, ændringerne begyndte at udvikle sig.

D: *Hvordan var vi, da vi alle var ens?*

L: Da vi alle var ens, havde vi brun hud. Det var farven. Det var en meget varm brun.

D: *Havde vi hår?*

L: Nej. Intet hår.

D: *Kom det gennem sammensmeltningen?*

L: Ja. Vi smeltede sammen med folk fra andre planeter og også med nogle dyr. Vi ønskede at have styrken fra disse dyr og troede, vi kunne få det ved at blande os med dem. Det var en meget dårlig idé, for der var mange mærkeligt udseende væsener, der udviklede sig fra disse parringer. Og det påvirkede vores tale og vores evne til at tænke rationelt. Så det blev stoppet, fordi det var meget, meget dårligt.

D: *Det fik menneskerne til at regredere i stedet for at udvikle sig.*

L: Ja. De blev mere dyriske end menneskelige. Og vi var allerede gået langt nok tilbage. Så det var forbudt at foretage yderligere blanding med dyr.

D: *Var der nogen bestemte dyr, der blev parret mere med end andre?*

L: Ja. De, der var meget stærke og store, var de, der normalt blev valgt, på grund af den fysiske styrke og storheden af deres statur.

D: *Men du sagde, at det skabte nogle meget mærkeligt udseende væsener.*

L: Ja, det gjorde det.

D: *Blev de træk givet videre? De døde ikke alle sammen, gjorde de?*

L: Nej. Nogle gjorde, men nogle styrker forblev.

D: *Men de var ikke positive træk.*

L: Nej. Bortset fra at det gav jordboerne større statur, end de tidligere havde haft. De var små i statur, og dette medførte en ændring i størrelse. Og det tilføjede også fysisk styrke, som de ikke havde haft tidligere.

D: *Men det havde nok af en negativ sideeffekt, så det blev forbudt derefter.*

L: Ja, det var ikke godt, fordi disse første afkom ikke brydde sig om deres familier eller livet. De søgte kun ensomhed og fysiske eksistenser, ren overlevelse.

D: *Det var ikke det, som rumvæsenerne ønskede.*

L: Nej. Formålet de havde i tankerne, var at lære jordboerne at komme godt ud af det med hinanden i en mere åben og kærlig eksistens. Og disse skabninger var enspændere. De interagerede ikke med andre væsener, medmindre det var nødvendigt for deres fysiske overlevelse. Den anden generation fra disse væsener var lidt bedre. De deltog i det mindste i et fællesskab.

D: *Disse rumvæsener, der kom fra mange steder og blandede sig, og til sidst skabte de forskellige racer. Kom de med gode motiver?*

L: Nogle gjorde. De bragte med sig teknologi og en filosofi om gode intentioner. Andre kom kun for at udforske. De kom ikke for at undervise eller hjælpe, men bare for at se. Disse mennesker kunne desværre blive fanget i de jordiske måder ved et uheld, og det ville være svært for dem at ønske at forlade.

D: *Så der var forskellige grunde til at komme. Var der en grund til, at de alle kom omkring samme tid?*

L: Fordi de første eksperimenter i landbrug var succesfulde, og de væsener forlod massivt. Og det blev følt, at jorden ville udvikle sig hurtigere, hvis den blev givet flere oplevelser. Avlsprogrammet var blevet stoppet, og det blev anset for, at nu var det tid til at komme ind og hjælpe med en højere form for eksistens. Nogle kom virkelig for at udføre dette arbejde. Andre kom på grund af nysgerrighed. Andre kom af egoistiske motiver. De kom for at erobre. De var krigere i deres egen eksistens. Deres planet var meget lille, og de fleste andre mennesker associerede sig ikke med disse væsener, fordi de var for selvcentrerede. Og så blev de isoleret fra de andre. De så dette som en mulighed for at fremme sig selv i universet. Ser du, ingen fik lov til at komme til jorden i lang tid. Så blev der givet tilladelse til at komme til jorden på dette tidspunkt. De første, der kom, var fra planeten Syrus (fonetisk: Sy-rus). Det var dem, der var succesfulde og forlod. Og fordi de var succesfulde, blev det anset for, at måske andre også kunne hjælpe. Men det var ikke tilfældet. Nogle gjorde, nogle gjorde ikke.

D: *De, der var som krigere, hvorfor blev de ikke forbudt at komme?*

L: Jeg tror, de kom uden at spørge. Det var uventet.

D: *Jeg tænkte, der måske var en gruppe eller nogen, der ville være ansvarlig for dette og holde de uønskede folk fra at komme her. Ved du noget om en sådan gruppe?*

L: Ja. Den har eksisteret i meget lang tid. Dog blev det følt, at jorden havde så mange problemer, at det ikke ville gøre noget. De var her, de bad ikke om tilladelse. De kom bare. Og når først de var her, var det som om de bare integrerede sig. Og det kunne ikke være værre end det, det var.

D: *Jeg ser. Jeg troede, at nogen ville have beordret dem til at forlade.*

L: De havde nogle gode kvaliteter sammen med deres negative. De var højt intellektuelt udviklede. De blev motiveret i den forkerte retning af deres intelligens. De var dynamiske ledere i udviklingsfærdigheder.

D: *Har du et andet spørgsmål fra gruppen?*

L: "Jeg vil gerne vide, hvorfor disse mennesker på jorden ikke kunne undervises i en bedre eksistens gennem aspektet af kærlighed og forfining af ånden?" Svaret er, at de kunne undervises i disse ting, hvis de ønskede dem. Men på dette tidspunkt ønskede de ikke at være mere end, hvad de var. Det er en universel lov. Man må ikke gribe ind i en andens liv uden tilladelse. Og disse mennesker var tilfredse med, hvordan tingene var, og ønskede ikke nogen ændringer på det tidspunkt. Det er meget svært for mig at forstå, hvorfor en person ikke ville have et bedre liv, hvis det blev tilbudt ham. Men sådan var det.

D: *Betragtede de det ikke som en indblanding, da de bragte dem landbrug og teknologi?*

L: De accepterede disse ting som gaver. De ønskede disse ting for sig selv. De ønskede ikke en ny filosofi. De var kun interesserede i de fysiske aspekter af deres eksistenser på det tidspunkt.

D: *De materielle ting, der hjalp deres liv?*

L: Rigtigt. De var ikke interesserede i noget ud over det, de kunne føle, se eller være. Det blev kun håbet, at det at plante den lille gnist ville tillade den at vokse, selvom langsomt, men i det mindste var det en start. Det ville tage meget mange tider for den at blive vækket.

Jeg havde modtaget den samme information fra andre. Det præsenteres hovedsageligt i "Keepers of the Garden." I begyndelsen af mit arbejde troede jeg, at konceptet med beboelse af planeten jorden var ret radikalt. Men det er blevet præsenteret gennem mange emner, og jeg tænker altid, at gentagelsen af bevismateriale tilføjer validitet, fordi de involverede mennesker ikke har nogen måde at vide, hvad jeg allerede har modtaget.

Det var nu tid for mig igen at afslutte sessionen. "Må jeg komme igen og stille flere spørgsmål og lytte med på dine lektioner? Du har meget at lære mig, såvel som de andre."

L: Ja, du må. Det er nogle gange forvirrende for mig, disse ting, som jeg ved. Jeg håber bare, at jeg kan forklare dem for dig, så du vil kende sandheden. Mange forvrængninger er sket gennem årene, og så har vi meget fejlinformation om disse ting. Det vil være min fornøjelse at præcisere tingene og vise dig progressionen, i håbet om, at lyset vil skinne klart, og alle vil se det for sig selv. På denne måde kan vores planet udvikle sig og blive en del af det, den var bestemt til fra begyndelsen. Vi vil også blive lysvæsener, hvis vi kun vil tillade os selv at afvise alt, hvad der ikke er af dette lys. Alt, der ikke er af den perfekte essens, hvorfra vi alle på et tidspunkt udviklede os. At vende tilbage til det sted i ens skæbne ville være mest vidunderligt.

Jeg bragte derefter Linda tilbage til fuld bevidsthed, og Bartholomew trak sig tilbage igen. Det var meget sent, da denne session var overstået, næsten klokken ti, og Linda var tydeligt træt. Mod slutningen af sessionen var der længere pauser, mens hun talte, næsten som om hun faldt i søvn. Et par gange måtte jeg skubbe hende ved at gentage, hvad hun havde sagt, for at få hende til at fortsætte. Men når det blev skrevet ned, passede det hele sammen og gav mening. Vi var begge trætte efter dette, selvom vi sad og talte med mine venner indtil efter klokken elleve. Jeg vidste, at jeg ville have det samme program næste dag med Janice. Men i det mindste var vi i stand til at få meget arbejde gjort på én dag.

Jeg havde til hensigt at forsøge at vende tilbage til Little Rock mindst en gang om måneden, så jeg kunne fortsætte med at arbejde på disse historier. Men det skete ikke. I de følgende måneder var jeg optaget af den endelige redigering og arbejdet med gallerne på Nostradamus-opfølgeren (Bind II). Jeg havde også flere radioprogrammer. Jeg havde ikke tid til at tage nogen steder eller gøre noget andet. Vores næste mulighed for at arbejde var flere måneder senere.

Kapitel Tre
Energienhederne

Jeg så ikke Linda igen, før hun og hendes mand kom til min by til Ozark UFO-konferencen i Eureka Springs, Arkansas, i april 1990. Vi ville gerne have mindst én session, mens hun var der. Jeg havde mange ting at tage mig af, og den eneste tid, vi kunne finde, var mellem slutningen af konferencen og banketten. Sessionen blev afholdt på hendes motelværelse, og vi vidste, at der ikke var tid til en fuld session. Jeg satte en timebånd i optageren og tænkte, at vi ville prøve at få så meget gjort som muligt. Alt var bedre end ingenting. Hele sessionen holdt jeg øje med uret og vidste, at vi skulle stoppe i tide til at gøre os klar til banketten. Jeg ville gerne have fortsat historien, men jeg tror, jeg fik det meste af, hvad hun ville sige, uden at føle, at jeg hastede hende.

Hendes mand, John, deltog i sessionen og syntes at være støttende og meget interesseret. Han sagde senere, at han vidste, at denne information ikke kom fra hende, fordi hun ikke var så klog. Det var en humoristisk, chauvinistisk bemærkning, men det understregede en pointe. Han var overbevist om, at hun ikke kunne have opfundet noget af dette. Efter hans mening havde hun ikke fantasien til det.

Jeg brugte nøgleordet og førte hende tilbage til samme scene, hvor Bartholomew underviste de lysende kugler af lys.

L: Jeg står på en platform og holder foredrag for alle disse lysvæsener, som har ventet på, at jeg skulle komme for at dele min viden med dem.

Hun fortsatte, som om det var det næste øjeblik, snarere end flere måneder senere. Det var, som om tiden havde stået stille og ventet på vores tilbagevenden.

L: Jeg fortæller dem om Jordens historie. Hvordan den har udviklet sig gennem årtusinderne, og hvordan mange folk kom fra forskellige planeter og universer for at hjælpe jordboerne med at gøre fremskridt.

D: *Fortæller du dem om en bestemt tid i historien?*

L: Jeg er netop færdig med at fortælle dem om en tid, hvor mange lærere kom for at give deres viden til dem på Jorden. De blev ikke længe, men underviste dem i landbrug og byggeteknikker i en kort periode.

D: *Var det de vigtigste ting, de lærte dem?*

L: Ja. De lærte dem, hvordan man planter korn, hvordan man kunstvander, hvordan man høster, hvornår man skal plante, og hvornår man skal høste. Hvordan man opbevarer fødevarer, så de kunne bruges senere. De lærte nogle byggeteknikker, som de ikke tidligere kendte til, så de kunne bygge steder at bo og mødes.

D: *Hvilken slags bygninger havde de før det?*

L: De var lavet af træ og dyreskind. Og de blev lært, hvordan man bruger Jordens ressourcer til at lave mursten og bruge sten. Hvordan man sætter det sammen for at få et mere permanent sted, som ikke var så udsat for vejrets påvirkninger og let kunne ødelægges.

D: *Lærte de dem noget andet?*

L: Kun meget få blev lært, hvordan man bruger elementerne til deres fordel. Hvordan man bruger solen, månen og stjernerne til gavn for folk på denne planet. Hvordan man bruger solens energi.

D: *På hvilken måde lærte de dem at bruge solens energi?*

L: De lærte dem ved hjælp af visse apparater. Hvordan man fanger energien i løbet af dagen med disse apparater, så den kunne bruges senere som en energikilde. Denne energi kunne gøre mange ting. Den kunne flytte ting, oplyse ting, bevare ting som fødevarer. Den havde mange, mange anvendelser, som jordboerne ikke var klar over, fordi de ikke havde det rette udstyr til at fange denne energi og udnytte den korrekt. Der var kun bestemte personer, som fik denne viden, og de blev svoret til hemmeligholdelse. Disse personer blev betragtet som præster eller guder, og de var de eneste, der havde tilladelse til at kende til disse ting. De fik dog lov til at vælge elever til at videreføre det arbejde, der blev udført.

D: *Kan du beskrive denne enhed, som kunne udføre alle disse vidunderlige ting?*

L: Den var lavet af et stof fra et andet sted, ikke fra Jorden. Den lignede et stykke bronze, men det var ikke, hvad det var. Den var lang og havde en trekantet form. Den lå på Jordens overflade og skulle manipuleres i en bestemt vinkel mellem Jorden og Solen på et bestemt tidspunkt og sted, hvor Solen stod på himlen. Det skulle være på et bestemt tidspunkt af dagen, og det var afgørende, at denne enhed blev placeret i en bestemt radius og vinkel mellem Solen og Jordens horisont.

D: *Var det alt, bare et stykke metal?*

L: Det lignede metal, og det var i form af en trekant. Det var nok fem fod langt og tre fod højt, og det var V-formet i midten.

D: *Du sagde, at de også lærte dem at bruge energien fra månen og stjernerne. Hvordan var det muligt?*

L: Månen har også meget energi. Mennesker har aldrig forstået dette. Det er en meget passiv form for energi, helt anderledes end Solens, som er meget aktiv og stærk. Dog er den passive energi fra månen lige så stærk som Solens.

D: *Vi tænker på månen som kold.*

L: Ja, det er en helt anden type energi. Og det er derfor, mennesker tænker på den som kold, men det er den ikke.

D: *Hvilken slags apparat brugte de til at fange månens energi?*

L: Det var skinnende og lyst som et stykke glas.

D: *Kunne man se igennem det som glas?*

L: Nej, det var sølvfarvet og skinnende, og det stod på en buet piedestal. Det var konkavt i midten og kunne rotere i mange retninger. Det var meget større end instrumentet, der blev brugt til solen, på grund af energiens natur. Det var 50 fod i diameter og 20 fod højt. Det var meget, meget stort.

D: *Det var nok derfor, det måtte have en piedestal for at dreje det.*

L: Ja, det krævede mange mænd at flytte det.

D: *Hvad blev månens energi brugt til?*

L: Månens energi kunne bruges til at ændre tidens virkning på den menneskelige form. Det kunne bruges til at helbrede menneskekroppen. Det kunne bruges til mange ting.

D: *Hvordan ændrede det tidens effekt på menneskekroppen?*

L: Når en person ældes, er der en nedbrydning i den cellulære kommunikation i hele systemet. Og på grund af denne nedbrydning forårsager det, at kroppens organer ældes og ikke fungerer effektivt, hvilket sultner kroppens vitale funktioner. Denne enhed foryngede den cellulære struktur, så den kunne fungere normalt som i en yngre alder. Kun dem, der blev udvalgt, fik denne viden, og det blev givet til dem, så de kunne blive på Jorden i længere perioder for at vejlede jordboerne.

D: *Energien skulle vel lagres, ikke bare dirigeres?*

L: Ja. Den blev opbevaret på hemmelige steder. Folk fik at vide, at disse var templer for guderne, og de blev gjort bange, så de ville lade dem være og ikke undersøge, hvad der var indeni. De fik ikke lov til at komme ind i disse steder.

D: *Så både solens og månens energi blev opbevaret i denne slags steder?*

L: Ja. I separate kamre, fordi solens energi ville være ødelæggende for månens.

D: *Du sagde også, at de brugte energien fra stjernerne. Hvordan blev det gjort?*

L: De fangede lysglimt fra bestemte stjernekonstellationer.

D: *Stjernerne er så langt væk. Hvordan var de i stand til at gøre det? Stjernerne ville vel ikke have meget energi.*

L: Nej, det handlede ikke så meget om energien, men om stjernernes placering på himlen. De blev kortlagt og holdt styr på for at lære mere om profetier. Mere om tingens spirituelle natur.

D: *Så det handlede ikke så meget om energien fra stjernerne, men mere en studie af dem?*

L: Et studie af stjernerne for at lave forudsigelser (hun havde svært ved at finde ordene) om andre tider og... Jeg forstår det ikke helt. Andre... forudsigelser om profetier. Profetier. Jeg er forvirret.

D: *Er det noget, du ikke er bekendt med? Er det derfor, du siger, at du ikke forstår det?*

L: Ja. Stjernernes placering på himlen gav dem informationer om profetier, ting, der ville ske.

Det var tydeligt, at hun forsøgte at beskrive astrologi, men tilsyneladende havde væsenet, Bartholomew, ikke et ord for det eller forstod ikke konceptet. Endnu et eksempel på, at vi brugte hans sind og ikke Lindas.

D: Det lyder som om det var en vidunderlig tid, hvis de blev givet alle disse vidunderlige ting for at gøre deres liv bedre. Hvad skete der?
L: Det var vidunderligt i en periode. Disse præster brugte deres viden klogt. De hjalp deres folk med at gøre fremskridt. De var venlige. De helbredte deres ødelagte kroppe. De beskyttede dem. De lærte dem mange ting. Og så, som det er sket mange gange, begyndte negativitet at sprede sig som ukrudt i en mark. Det kvalte til sidst kornet eller hveden, og disse ting blev tabt.
D: Var det en gradvis ting, eller noget pludseligt, der forårsagede negativiteten?
L: Det var en gradvis forringelse.
D: Og dette forårsagede tabet af viden?
L: Ja. Disse vidunderlige ting, som blev givet til jordboerne som gaver, blev ødelagt, fordi der var en opstand blandt almindelige folk, som ville have solens energi. De fandt ud af, at den var opbevaret i et bestemt tempel, som de troede tilhørte guderne. Og de ønskede den til masserne. De troede, at det ville gøre dem magtfulde. Og de rejste en hær for at overtage templet, og præsterne blev slagtet. Og da de trængte ind i templet, var de selvfølgelig ikke i stand til at bruge energien korrekt, fordi de ikke havde viden. Og den blev ødelagt. Der var store ødelæggelser, eksplosioner, ild og massedestruktion. Og det gik tabt.
D: Dette ville også have ødelagt månens energi, ikke?
L: Ja. Der var ingen fare for eksplosion fra månens energi. Men fordi den blev opbevaret tæt på, blev den også ødelagt.
D: Blev de oprindelige enheder også ødelagt?
L: Ja, fordi de blev opbevaret på dette sted.
D: Kunne de mennesker, der oprindeligt gav dem denne viden, ikke komme tilbage og give dem den igen?
L: Nej, for de havde været væk fra Jorden i lang tid, flere hundrede år. De var rejst hjem. De var ikke klar over, hvad der var sket.
D: Den gruppe væsener syntes at være en positiv gruppe. De forsøgte at give mennesker noget viden, de kunne bruge.
L: Ja. De var meget kede af det, da de fandt ud af det, men det var lang tid efter, at det var sket. Og beslutningen blev taget om ikke at erstatte det på det tidspunkt.
D: Men der må have været overlevende fra den gruppe mennesker på Jorden.

L: Ja, der var dem, der var i de omkringliggende områder og ikke deltog i selve angrebet på templet. De var væk fra centrum af opstanden. De var meget gamle eller meget unge, og de troede, det var templet gudernes vrede, der forårsagede denne ødelæggelse. Så de vidste ikke, hvad der virkelig var sket.

D: *Jeg forestiller mig, at deres liv var meget anderledes efter det.*

L: Ja, det var det, fordi de var nødt til at stole på den lille viden, de havde. De kunne kun plante, når de huskede det. De havde ingen vejledning fra præsterne. Men de klarede det. De gjorde det meget godt med de få ressourcer, de havde.

D: *De var nok aldrig i stand til at vende tilbage til den tidligere tilstand, hvor de havde al magt og energi til at hjælpe dem.*

L: Nej, det gjorde de ikke. Det var et stort, stort tilbageslag. Mange ting blev tabt. Meget teknologi og mange hemmeligheder.

D: *Gik de overlevende tilbage til primitive levevis?*

L: Ja. Men de fortsatte med at bygge huse og dyrke marker, og de fortsatte med at handle med andre folk, som de havde gjort tidligere.

D: *Så de huskede stadig, hvordan man byggede med sten og klippe?*

L: Ja. Dog havde de ikke længere de enheder, de tidligere brugte til at flytte stenene. Alt måtte gøres i hånden. Der var ingen energi til at flytte dem.

D: *Var det solens energi, der blev brugt til at flytte stenene på plads? (Ja) Blev noget af dette gjort ved hjælp af levitation? Eller ved du, hvad jeg mener?*

L: Ja, jeg tror, man kunne kalde det sådan. Denne energi trængte ind i stenen eller hvad end der skulle flyttes, og det tiltrak det som en magnet til den beregnede position. Og når det nåede den destination, blev det frigivet, og det blev bare der.

D: *Så efter ødelæggelsen af disse energikilder måtte det gøres manuelt.*

L: Korrekt. Fordi de ikke vidste, hvordan det blev gjort.

D: *De bevarede en del viden, men det var ikke nok. Der er mange lektioner at lære af disse ting.*

L: Ja, der er mange, mange ting at vide. Nogle af dem er meget, meget triste.

Jeg førte Linda fremad. Denne session kunne ikke være så lang som normalt, fordi vi skulle gøre os klar til banketten, og vi var virkelig presset på tid.

Da Linda vågnede, tegnede hun, hvordan hun forestillede sig enhederne. I tilfældet med den til solen tog hun et stykke papir og foldede det i to for at vise vinklen på trekanten.

På grund af den endelige redigering og korrekturlæsning af Nostradamus-efterfølgeren var jeg ikke i stand til at arbejde med Linda igen, før jeg tog til Little Rock i juni 1990 til en forfatterkonference.

* * *

Jeg kørte til Little Rock i juni 1990 for at deltage i forfatterkonferencen. Derudover havde jeg til hensigt at arbejde med både Linda og Janice, selvom jeg havde en fuld tidsplan. Jeg var kun i stand til at have en enkelt session med Linda.

Ved hjælp af nøgleordet førte jeg hende tilbage til tiden med de lysende væsener og Bartholomews fortsatte fortælling til dem.

L: Jeg er omgivet af disse lysvæsener. De bombarderer mig med spørgsmål. Der er så meget at vide, og vi er meget begejstrede over at kunne absorbere al denne viden for at gemme den til senere brug, for at give den videre til andre på det rette tidspunkt. Vi føler os meget velsignede over at være udvalgt til dette arbejde. Der er meget snak. Jeg må berolige alle, så arbejdet kan fortsætte. (Pause) Jeg har nu opnået dette, og vi er klar til at fortsætte med denne mission.

D: *Kan du gentage spørgsmålene, de stiller?*

L: Der var mange, og alle talte på én gang. Vi vil fortsætte derfra, hvor denne begejstring begyndte at forårsage så meget forstyrrelse. Det handlede om de energikilder, som blev modtaget fra solen og månen. (To måneder var gået, men de fortsatte fra det sidste øjeblik.) Dette var det, der skabte al begejstringen. Fordi der er mange sole og mange måner i universet, og de indeholder alle denne kraft og energi. Det er det samme på mange planeter, og denne energi kan udnyttes, som den blev på Jorden, til brug for menneskeheden og til alle interplanetariske rejser.

Den Snoede Univers ~ Bog Et

D: *Kan den bruges som en energikilde, mener du?*
L: Ja. Den kan bruges til mange ting. Ikke kun som drivkraft og en kilde til energi, men den har også mange andre anvendelser. Samt fremme den spirituelle vækst hos væsenerne, der bebor en bestemt planet eller område. Den har potentialet til helbredelse, og med denne helbredelse kommer spiruel vækst og viden. Dette var, hvad der forårsagede forstyrrelsen, fordi det var så spændende.
D: *Havde de aldrig hørt om det før?*
L: Nogle havde, men de fleste havde ikke. De havde tænkt over disse ting, men vidste ikke med sikkerhed. For nogle var det en bekræftelse.
D: *Problemet er selvfølgelig altid, hvordan man udnytter energien til at få den til at virke på disse måder.*
L: Det er korrekt, men det er ikke en meget svær proces. Det er en meget simpel opgave. Dog er der ikke mange, der ved det, fordi det er så enkelt. Det er en proces af forstørrelse, af absorption af energien gennem forstørrelse fra Kilden. Energien opsamles og forstørres tifold, og derefter absorberes den i en samlet enhed, som distribueres på det rette tidspunkt. Forstørrelsesprocessen er den vigtigste del af processen. Og medmindre dette forstås og udføres korrekt, vil processen ikke fungere. Opsamlingen og distributionen kan ikke udføres, medmindre forstørrelsen har fundet sted korrekt. Det er her, mange har fejlet. De har prøvet meget hårdt, men har overset den mest simple del af processen.
D: *Hvad er denne simple del?*
L: Den simple del er ikke størrelsen, men kvaliteten af det materiale, der bruges til forstørrelsen af energien. Dette materiale findes ikke mange steder i universet. Det er kun tilgængeligt på visse planeter. Jorden er en af disse steder, hvor dette stof er let tilgængeligt. Og det er derfor, den universelle pagt med Jordens folk var så vigtig for alle involverede, selvom jordboerne er meget primitive. Og der er blevet forsøgt mange gange at hjælpe dem med at udvikle en højere forståelse, hvilket også har fejlet mange gange.
D: *Hvilken slags pagt blev der lavet?*
L: En pagt blev lavet med jordboerne flere gange for at tillade intergalaktiske flyvninger at komme og handle for dette materiale. Fra tid til anden var der afbrydelser i denne handel på grund af jordboernes krigeriske natur. Ting blev ødelagt, folk rejste, og nye

pagter måtte genforhandles. De fleste gange blev disse pagter lavet med lederne i bestemte områder på Jorden. Nogle gange kunne de forhandles med private borgere, som havde ansvar for et bestemt område.

D: *Jeg tænker på en pagt som normalt at forhandle om noget til gengæld. (Ja) Hvad modtog jordboerne til gengæld?*

L: Jordboerne modtog teknologi, de ikke havde kendt før, eller hjælp til teknologi, de var ved at udvikle på et meget primitivt stadie. I disse pagter blev de givet mere information for at hjælpe dem med at udvikle det, de tilfældigvis arbejdede på på det pågældende tidspunkt. Det fremskyndede processen meget. Og mere viden kunne sættes i praksis.

D: *Hvad er dette materiale, som de ønskede så meget?*

L: Dette materiale er et mineral, der findes lige under jordens overflade. Det er et fint, pulveragtigt stof, som kan udvindes, og når det presses sammen, omdannes det til tynde ark. Disse ark bruges i forstørrelsesprocessen og skal konstant udskiftes, da de filtrerer energien kort efter brug. Så de skal hele tiden udskiftes. Der er meget af dette stof mange steder rundt omkring på Jorden, og det er meget let at få adgang til det med de rette værktøjer.

D: *Så det er meget almindeligt. Hvilken farve har dette pulveragtige stof?*

L: Det er gråt, i forskellige nuancer af grå. Nogle gange kunne det forveksles med jord, men det er meget fint i konsistensen, næsten pulveragtigt.

D: *I fremstillingen af disse ark, du sagde, det blev udsat for tryk. Skal det også opvarmes, eller er der andre trin i processen for at omdanne pulveret til ark?*

L: Nej, det er bare et enormt tryk. Mens det er i dette trykkammer, på grund af det høje tryk, bliver det meget varmt. Der skal ikke tilføjes yderligere varme. Det bliver bare varmt af det tryk, der udøves på det.

D: *Og derefter formes det til ark?*

L: Ja. Meget tynde, bøjelige ark.

D: *Og derefter bruges disse i forstørrelsesprocessen? (Ja) Og så sagde du, at det blev absorberet i et samlet kammer? (Ja) Du sagde, at det kunne bruges som drivmiddel. Hvis dette skulle bruges på en slags fart Når disse er under naturlige forhold, såsom på Jorden, er arkene da mere stabile?*

L: Ja. Der er en kollektiv del på fartøjet, inde i maven af fartøjet. Meget energi opbevares her til lange rejser. Det er ikke et særligt stort rum, der er nødvendigt til denne beholder, fordi energien er meget kraftfuld og kan vare i lange perioder.

D: *Så kan det rejse lange distancer og i lange perioder uden at blive genopfyldt?*

L: Ja. Mange, mange år.

D: *Så skal fartøjet til sidst vende tilbage til energikilden for at blive genopladet?*

L: Ja. Dog arbejder de nu på en bærbar enhed, der kan indsamle denne energi fra forskellige måner og sole ved at have disse plader ombord. Dog har dette ikke været særlig succesfuldt, fordi pladerne er meget .... (Lang pause) Jeg tror, ordet er "skrøbelige". Og de skal opbevares på en bestemt måde og med temperaturkontrol. Hvis det varierer meget i den ene eller anden retning, ødelægges pladens evne til at forstærke energien uden at filtrere den. Disse plader fremstilles ikke langt forud, fordi de mister deres evne. Materialet, som pladerne er lavet af, kan opbevares i lange perioder uden at miste sin evne. Men selve pladen, når den først er lavet, skal bruges inden for en kort periode.

D: *Når disse er under naturlige forhold, såsom på Jorden, er pladerne så mere stabile?*

L: Nej, det er det samme problem. Det faktiske pulver kan opbevares i lange perioder. Når det først er presset sammen til ark, skal det bruges snart.

D: *Er det farligt for mennesker eller andre væsener at håndtere dette stof? (Nej) Så det er et fuldstændigt sikkert stof eller element?*

L: Ja, det er det, man vil kalde "inaktivt." Det har ingen særlige egenskaber, før det aktiveres gennem pres.

D: *Så det er, hvad væsenerne ønskede, da de indgik disse pagter med Jorden.*

L: Ja. Ellers ville Jorden være overladt til sine egne midler, fordi dem, der bebor den, er meget uforudsigelige og har prøvet tålmodigheden hos mange fra andre verdener.

D: Er det én gruppe, der har lært at bruge dette element som en energikilde?

L: Nej, der er mange, der kender til det, og de besøger fra tid til anden. Dog er de underlagt en råd. Der er repræsentanter fra hvert sted, der sidder i dette råd. Og de træffer beslutningerne om, hvem der må besøge og hvad de må give og tage fra Jorden. Det hele bliver besluttet på forhånd, inden nogen kontakt bliver etableret. Ingen må komme uden tilladelse fra dette råd.

D: Jeg har hørt om dette råd før, og jeg har altid været nysgerrig omkring, hvor det er placeret. Har du information om det?

L: Dette råd er placeret et sted, der er utilgængeligt for nogen andre end et rådsmedlem. Og de skal være et væsen med høj respekt blandt deres ligemænd. Ingen ved præcis, hvor det er.

D: Men det er et fysisk sted?

L: Nej, det er ikke et fysisk sted. Det er på et andet plan og er kun tilgængeligt for dem, der er udviklet nok til at komme der.

D: Så de giver tilladelse til at komme og hente dette materiale? Og til at bytte viden med jordboerne.

L: Det er korrekt.

D: Kan jeg antage, at andre grupper også er kommet af andre grunde, udover at få fat i materialet?

L: Ja. Nogle grupper kommer for at lære, hvorfor vi gør de ting, vi gør. De kommer for at observere vores måder. Nogle kommer for at forsøge at lære os, hvordan vi kan blive et mere fredeligt folk. Der er mange grunde til, at de kommer, ikke kun for handelsformål. Nogle kommer bare af ren nysgerrighed, men det sker ikke ofte, fordi tilladelsen til at træde ind i atmosfæren ikke gives kun for nysgerrighedens skyld.

D: De skal have et formål, altså.

L: Det er korrekt.

D: Kommer nogle af disse grupper nogensinde med negative formål?

L: Ikke særlig ofte, fordi rådet er meget klogt og ikke tillader det. Jordboerne har nok negativitet til mange livstider. Dog sker det nogle gange, at folk, der besøger Jorden, bliver involveret i den negativitet, der er her, og reagerer på en måde, der får dem til at virke negative. Når de fjernes fra denne atmosfære, er de det ikke.

D: Så der er andre metoder, der er farlige eller skadelige for miljøet?

Den Snoede Univers ~ Bog Et

L: Der er mange måder at skabe fremdriftsmidler til fartøjer på til energiformål. Dette er kun én metode. Dog er denne metode, selvom den er mere kritisk i sin indsamling, mindre skadelig for miljøet på de fleste planeter. Det er en så kraftfuld metode og kan opbevares meget let i små rum, hvilket gør den meget ønskværdig.

D: *Så er der andre metoder, der er farlige eller skadelige for miljøet?*

L: I høj grad, som du ved fra, hvad der foregår nu i Jordens tid, som du lever i. Dette bliver arbejdet på i din tid, og når folk bliver mere bevidste om, hvad der kan gøres, vil mange ting, som I nu bruger til energi, ikke længere være tilgængelige til brug på Jorden. Men det vil kræve en opvågning. Der er mange mennesker, der ikke ønsker denne ændring.

D: *Har disse væsener brugt disse mere farlige energityper på et tidspunkt?*

L: Nej, ikke den energi, du taler om. Atomkraft blev undersøgt, men aldrig brugt. Det blev forkastet som værende for forurenende for galakserne. Det var ikke en god energikilde, da den var meget ustabil.

D: *Så de fandt de mere sikre metoder. Jeg tænkte, hvis det element var så sjældent og svært at finde på andre planeter, kunne de måske have udviklet andre metoder, der var mere bekvemme for dem.*

L: Det er rigtigt. De har fundet andre planeter, hvor dette materiale er let tilgængeligt. Dog er Jorden en nærmere kilde end nogle af de andre. Og det er derfor, det er blevet forfulgt. Ellers ville Jorden være blevet efterladt i fred. Det var simpelthen mere bekvemt.

D: *Og jordboerne kunne udvikle dette selv, hvis de forstod processen?*

L: Ja. Denne proces er blevet givet til nogle, men den har ikke fundet meget accept, fordi der er mange, der drager økonomisk fordel af de andre metoder. Og de andre metoder virker for jordboerne som en bedre kilde. Det er noget, de mener, har været her længere. Men i virkeligheden er det ikke sådan. Disse andre energikilder er blevet brugt her før mange gange. Dog er de også gået tabt mange gange.

D: *Jeg tænkte måske, at det var fordi, det var så simpelt, at de ikke troede, det ville virke.*

L: Det er en del af det, men det går meget dybere end det. Det handler om magt og grådighed. Der er et spørgsmål fra mine elever. De vil vide, hvordan materialet blev opdaget af besøgende. Jeg fortæller dem, at rumskibe igen kom til Jorden for at besøge. Det var ved et tilfælde, at de opdagede dette materiale, som de havde brugt til energi. Det var en stor åbenbaring, og de var meget begejstrede for at finde det, fordi de havde rejst langt ind i andre galakser for at indsamle dette mineral. Ekspeditionen denne gang var at give medicinsk viden til læger, der praktiserede meget primitivt og dræbte mange mennesker. De kom for at lære dem nogle grundlæggende ting om den fysiske og biologiske sammensætning af mennesket. Det var en meget nødvendig operation, så livet kunne udvikle sig på denne planet. Mens de var her, var der en stor pest, og mange døde dagligt. De forsøgte at beslutte, hvad de skulle gøre med ligene. Det var i denne tidsramme, at mineralet blev opdaget, mens de gravede massegrave.

D: *Rumvæsnerne eller jordboerne?*

L: Jordboerne. Rumvæsnerne observerede, hvad der foregik på det tidspunkt. De blander sig aldrig i menneskenes dagligdag. De observerer kun og giver muligheder for, at mennesker kan lære deres teknik.

D: *Men hvis de ikke blandede sig, hvordan gav de så lægerne informationen?*

L: Gennem telepati. Lægerne troede, det var noget, de selv havde opdaget. De havde brug for at vide, hvordan sygdomme blev overført fra den ene til den anden, og hvordan de levede i blodet. Blod er meget vigtigt for menneskets livskraft.

D: *Og menneskene, lægerne, vidste ikke, hvordan sygdommen blev overført?*

L: Nej, de var ikke klar over nødvendigheden, værdien af blodets strømning gennem menneskekroppen. Det var meget nødvendigt for menneskets livskraft, at dette blod blev i kroppen. Og de praktiserede ikke god hygiejne.

D: *På det tidspunkt vidste de heller ikke noget om bakterier, vel?*

L: Nej. Dette var, hvad de prøvede at formidle til dem, om bakterier og om at lade blodet flyde ud af kroppen.

D: *At lade det flyde ud?*

L: De stoppede ikke blodet fra at forlade kroppen. De vidste ikke, at det var nødvendigt. Og så hvis nogen havde et sår og blødte voldsomt, gjorde de intet for at stoppe det. De vidste ikke, at det var nødvendigt for at leve, at opretholde en vis mængde blod i kroppen. Dette var en af de fejl, de begik. Og manglen på renlighed forårsagede bakterieinfektioner. Det tillod bakterier at trænge ind i kroppen og blodbanen. På det tidspunkt vidste de ikke noget om desinficering og renlighed. De havde ingen viden om kemikalier. Det første skridt var at lære dem at bruge vand til at vaske sig grundigt og at holde miljøet rent.

D: *Kunne de overføre denne viden gennem én læge, eller gennem flere?*

L: Gennem mange. Frøene til denne viden blev plantet gennem sind, fra ét sind til et andet. De fleste af lægerne troede, at det var deres egen idé. Det blev ikke givet på en måde, så de følte, de fik denne viden fra en anden. Det var bare noget, der faldt dem ind.

D: *Jeg tænkte, at hvis de kun gav det til én mand, kunne han blive frygtet eller betragtet som usædvanlig.*

L: Nej. De gav det til mange. Og da de sammenlignede noter, blev de enige om, at det var en god idé.

D: *Men troede væsenerne ikke, at dette var indblanding?*

L: Nej. De gav det som en gave, og det var op til den enkelte, om han ville tage imod det eller ej. Det blev ikke betragtet som indblanding, fordi de havde muligheden for at afvise det. Noget måtte gøres. Mange døde.

D: *Skete denne pest samtidig med, at de besluttede at give dem informationen?*

L: Det foregik, da de kom. Det var derfor, de kom. Mange døde, og det var frygtet, at balancen i livet ville blive påvirket, og at den menneskelige race til sidst ville uddø på denne planet. Og det var ikke, hvad der var ønsket. Denne gruppe blev sendt her til denne mission. Og fordi de udførte deres mission godt, var det en gave at finde en bedre energikilde, end de tidligere havde kendt til.

D: *Så dette materiale var ikke noget, de brugte på det tidspunkt?*

L: De havde eksperimenteret med det. Men det var utilgængeligt for dem, hvor de var, og det var en lang rejse for at få fat i det. Så idéen blev forkastet på grund af utilgængelighed.

D: *Hvilken slags energi brugte de indtil da?*

L: De brugte lys. Og det var fint. Dog er der tidspunkter, hvor det ikke er tilgængeligt og løber tør.

D: *Hvor kom lyset fra?*

L: Det blev opsamlet på plader. (Langsomt, som om hun ikke helt forstod, hvad hun så.) På paneler. Plader. Men nogle af de steder, de rejste til, havde ikke lys til at genopfylde deres paneler. Og derfor løb de tør for energi og måtte reddes af et andet fartøj.

D: *Hvor kom lyskilden oprindeligt fra?*

L: Fra solene i forskellige galakser.

D: *Men disse sole ville være meget langt væk, hvis de rejste i rummet?*

L: Ja. Dette var ulempen. (Langsomt, som om hun studerede noget.) Nogle af disse paneler havde forstørrelseslinser, der var i stand til at transmittere lyset fra disse sole over meget lange afstande. Men det krævede meget store stykker maskineri at gøre dette, og det var ikke praktisk at have dem ombord på fartøjer. Så de havde kun deres paneler til energi og kunne ikke rejse meget lange afstande uden at løbe tør for brændstof.

D: *Hvad med krystalkraft? Eksperimenterede de med det?*

L: Nej. På det tidspunkt var det ikke faldet dem ind at udforske den mulighed. De ledte efter et andet system, fordi når de rejste store afstande, var det ikke godt, hvis de kom uden for rækkevidde af en lyskilde.

D: *Så dette nye materiale havde store forstørrelsesegenskaber. Er det korrekt?*

L: Nej, materialet i sig selv havde ikke disse egenskaber. Men de havde evnen til at omdanne det med de forstørrelsesegenskaber, de allerede besad. Det var en meget enkel proces at omdanne disse granuler gennem deres system og få evnen til at opbevare energien i små beholdere, så rejser over store afstande kunne opnås med mindst mulig pakkevolumen.

D: *Var lyskilden stadig nødvendig?*

L: Ja, lys er nødvendigt og bruges. Dog blev disse granuler brugt til at lagre energien. Det var det manglende led i deres hele energisystem. Det gjorde det muligt for dem at lagre deres energi i meget små beholdere, hvor de førhen havde brug for meget store paneler for at kunne drive deres fartøjer. Dette revolutionerede deres hele energisystem, og de fandt mange forskellige måder at bruge det på. Ikke kun til fartøjer, men til mange forskellige operationer. I begyndelsen tog de det bare, men senere blev de nødt til at forhandle om det, efterhånden som tiden gik. Det, de gjorde, blev opdaget, og de blev nødt til at handle om det. Men i meget lang tid var det ikke nødvendigt. Først, når de blev opdaget, flyttede de bare til et andet område, som ikke var beboet på det tidspunkt. Men efterhånden som befolkningen voksede på Jorden, var der meget få områder, hvor de kunne få fat i dette mineral, som ikke var beboet. Så forhandlinger blev indgået med flere regeringer rundt omkring på Jorden, ikke kun på ét sted. Det blev frygtet, at de ville blive stoppet, så de indgik aftaler flere forskellige steder.

D: *Kan vi vende tilbage til den historie, du talte om? Du sagde, at de indgik pagter med folk for at få adgang til dette materiale. Og de ville belønne dem med teknologi af en slags, viden, de kunne bruge i deres liv på det tidspunkt.*

L: Det er korrekt.

D: *Hvad skete der så for at bryde pagten?*

L: Pagten blev brudt ved flere lejligheder, når menneskets fysiske natur tillod magt og grådighed at tage over. At ville bruge denne teknologi til krig eller ødelæggelse i stedet for at hjælpe menneskeheden. Når disse ting skete, forsøgte menneskene at overvinde væsenerne, der kom. Og når dette skete, forlod de, der kom fra andre steder, Jorden for en tid, indtil en ny generation kunne udvikle sig, og en ny pagt kunne indgås.

D: *Så jordboerne ville tage den teknologi, der blev givet dem, og bruge den til krigsformål? Er det det, du mener?*

L: Ja, mange gange skete dette. Mange gange.

D: *Det virker mærkeligt, at de ville vende sig mod deres velgørere.*

L: De troede, at hvis de havde denne magt, kunne de kontrollere velgørerne og få dem til at gøre, hvad de ønskede. De følte, at de havde den eneste kilde, der var tilgængelig for disse væsener fra andre planeter, men de tog fejl, fordi der var mange andre steder på Jorden, hvor materialet også kunne findes.

D: *Så væsenerne trak sig tilbage?*

L: Ja. De forlod Jorden. Og mange gange, afhængigt af overtrædelserne, fjernede de al deres teknologi, eller de ødelagde den, så den ikke kunne bruges negativt. Derefter gik folkene tilbage i deres udvikling. Dette er sket meget, meget ofte i Jordens levetid. Det ser ud til, at menneskeheden udvikler sig til et højere stade, og så tillader de magt og grådighed at opsluge dem fuldstændigt, og alt, hvad de har lært, går tabt. Derefter bliver de ødelagt, og de tager mange, mange skridt tilbage.

Da Bartholomew trådte ind i verdenen med de små lysende væsener, overskred han tilsyneladende vores tidsbegreb, eller snarere, tiden eksisterede ikke der. I begyndelsen leverede han information fra Bartholomews sind, information, som var blevet givet af hans mærkelige ven. Jo længere han rapporterede, jo mere fik han adgang til information fra fremtiden, som ikke havde været tilgængelig for Bartholomew. Han havde virkelig overskredet tiden og befandt sig et sted, hvor fortid, nutid og fremtid var ét. Dette er den eneste måde, jeg kan forklare hans adgang til information, der var relevant for vores nuværende tidsramme. Hans sind (i samarbejde med Lindas sind) var blevet udvidet i sin evne til at få adgang til og assimilere komplekse og relevante fakta.

Men hvad var formålet med at undervise disse små væsener? Hvilken rolle ville de spille i vores tid?

L: Menneskene har ikke været i stand til at lære nok af tidligere overtrædelser til at tillade dem at udvikle sig forbi et bestemt punkt. Dette har været et meget alvorligt problem gennem mange livstider. Væsenerne håber en dag at kunne hjælpe jordboerne med at udvikle sig forbi dette ene sted. Når de først udvikler sig forbi dette punkt, vil de kunne tillade sig selv at udvikle sig længere fremad. Dette ene forhindring bliver ved med at forårsage store tilbagefald til tidligere fejltagelser. Dette er grunden til, at vi mødes nu, for at finde en måde at lukke kløften på, så menneskeheden kan tage det spring fremad i deres udvikling. Og vi hjælper med at gøre dette. Alle disse væsener her i dag ønsker at hjælpe med at lukke denne kløft én gang for alle, så menneskeheden kan udvikle sig til det, der altid har været der for dem. Og gennem deres uvidenhed har de ikke været i stand til at lukke den selv.

D: *Hvordan kan de hjælpe os?*

L: Mange, mange vil snart blive sendt for at arbejde i dagligdags ting. For at oplyse på en subtil måde, for at sende et budskab om kærlighed, så dette kan afsluttes én gang for alle. Mange vil vælge ikke at blive på Jorden. Men dem, der gør, vil arbejde meget hårdt og vil blive belønnet med mange vidunderlige ting for deres indsats.

D: *Mener du, at disse små energivæsener vil komme til Jorden for at hjælpe? (Ja) Hvordan vil de gøre det? Vil de forblive i deres lysenergi-former?*

L: Nogle vil forblive, som de er. Andre vil have evnen til at træde ind i mange menneskekroppe. Ét lysvæsen vil have evnen til at træde ind i ti menneskekroppe på én gang og oplyse den fysiske krop, så en tankemæssig og spirituel udvikling, som hidtil har været umulig, kan finde sted.

D: *Vil de træde ind i kroppe, der allerede lever på Jorden og er besat af en anden ånd?*

L: Ja. De vil ikke forstyrre nogen naturlov eller tage over kroppen. De vil kun være en gnist af lys, der vil oplyse den fysiske krop og gøre det muligt for den at vokse.

D: *Jeg troede, du mente, de ville træde ind som en sjæl og leve et liv fra spædbarn til voksen.*

L: Nej, nej. Dette er ikke muligt. Disse lysvæsener er så lette og så udviklede, at de ikke har behov for at tage en fysisk eksistens på sig. Dette er ikke det, de blev designet til at gøre. De er hinsides din opfattelse. De er ikke en sjæl, som du ville betragte dem som. De er lysvæsener udviklet af en Gud for al skabelse, Kilden.

D: *Men vores sjæle udviklede sig også fra den samme kilde.*

L: Ja, det er sandt. Men der er mange, mange forskellige kilder fra den ene, og de er alle designet forskelligt til forskellige formål. Men de er alle en del af det samme.

D: *Men hvis de træder ind i menneskekroppen for en tid – du sagde, de ikke ville besætte eller tage over, men kun hjælpe – er det så tilladt ifølge universets regler? Jeg tænker på sjælen som værende vogteren af kroppen. Er noget andet tilladt at træde ind?*

L: Ja. Det kan træde ind, hvis det er aftalt på forhånd. Disse lysvæsener er så rene, at de aldrig ville påtvinge nogen deres vilje. Der vil være mange sjæle, som venter ivrigt på deres hjælp.

D: *Bliver denne tilladelse givet bevidst?*

L: Nej. Den gives på et andet niveau.

D: *Så det bevidste individ ved ikke, hvad der sker?*

L: Det er korrekt. De ved, at noget ændrer sig på et bevidst niveau. Men de ved ikke præcis hvad. Efterhånden som de accepterer dette i deres bevidste tilstand og tillader udviklingen, vil de finde svaret, og så vil de vide, hvad jeg fortæller dig. Først vil de kun have en følelse af en ændring i tankemønstre. Og de vil undre sig over det. Men det vil være en stærk følelse af, at de skal ændre sig, selvom det ikke forstås hvorfor eller hvordan.

D: *Men dette vil ikke ske for alle individer.*

L: Nej. Kun nogle, og disse vil bringe andre med sig til deres måde at tænke på. Nogle vil vælge at undlade at ændre sig. Nogle vil modstå det voldsomt og vil forårsage meget smerte og besvær. Men disse negative vil til sidst blive overskygget af flertallet, der ønsker at foretage overgangen. Og de vil blive tvunget til at forlade, fordi de vil være meget utilfredse i det miljø, der bliver skabt.

D: *Disse er sandsynligvis mennesker, der ikke ville indgå en aftale om, at væsenet kunne træde ind i dem alligevel.*

L: Nej. Jeg vil gerne gøre det klart, at disse lysvæsener på ingen måde vil forstyrre den menneskelige krop eller sjæl eller formålet med den livstid, som de lever i. De er kun der for at muliggøre en vis vækst, der skal finde sted. De er ikke der for at ændre noget, der allerede er aftalt eller etableret.

D: *Det ville være en krænkelse af individets frie vilje.*

L: Det er korrekt. De er kun en gnist, der vil give mennesket mulighed for at krydse kløften og lukke den én gang for alle, så denne tilbagegang til primitive måder kan stoppes.

D: *Er det derfor, de kommer som en åndelig form, så at sige? Fordi de fysiske væsener ikke har været i stand til at opnå dette på egen hånd?*

L: Det er korrekt.

D: *Andre væsener har prøvet mange forskellige måder, og som du sagde, blev de fanget af planetens fysiske element nogle gange. Og de fejlede også på mange måder.*

L: Ja. Og det er derfor, disse lysvæsener blev skabt.

D: *For at udføre denne opgave på en anden måde.*

L: Ja. Af ingen anden grund er disse væsener her.

D: *Er det derfor, Bartholomew skal undervise dem i Jordens historie?*

L: Ja, de skal vide, hvor mange gange dette er sket. De skal fuldt ud forstå den menneskelige natur, så de ikke overtræder nogen grænser. Det menneskelige element skal selv klare dette.

Den Snoede Univers ~ Bog Et

D: *Når de træder ind, så at sige, skal mennesket være mere åbent på det tidspunkt? (Ja) Opnås dette på en bestemt måde? Jeg tænker på, at et menneske har naturlige forsvarssystemer på det underbevidste plan.*

L: Ja. Dette vil være en overgang, der vil ske meget enkelt. Alt, hvad der er nødvendigt, er et ønske om at vokse. Ikke en sjælevandring, ikke en overtagelse, men en sammensmeltning, en tilføjelse, en kombination. Et element, der tilføjes og forbedrer, men ikke mindsker.

D: *Det giver mening, hvis det ikke vil fungere på andre måder. Er der andre ånder eller væsener, der planlægger at komme til Jorden for at hjælpe med alt dette?*

L: På dette tidspunkt er det en afventende situation. Det er håbet af rådet, at når jordboerne har udviklet sig, vil der være en fri udveksling mellem mange væsener fra andre steder. Og et handelsnetværk vil blive oprettet på en åben politik snarere end en skjult politik. Jorden kan blive et mere åbent sted at besøge.

Da jeg modtog denne information i begyndelsen af mit arbejde, syntes det komplekst, men gennem årene er det blevet bekræftet af mange andre sessioner fra hele verden.

SEKTION TO:
FORTSÆTTELSE FRA "THE CUSTODIANS"

Kapitel Fire
Janices udeladte udskrifter

Da jeg skrev min bog The Custodians, fokuserede jeg på min forskning omkring UFO'er og mistænkte bortførelsessager. Det forklarede, hvordan jeg begyndte (som de fleste andre efterforskere) med de enkle sager om observationer, landinger og bortførelser. Det sporede mit arbejde, efterhånden som det udviklede sig fra det simple til det komplekse. Den sidste del af bogen involverede mit arbejde i slutningen af 1980'erne og begyndelsen af 1990'erne med en ung kvinde, der boede i Little Rock, Arkansas. Hun gav en stor mængde værdifuld information, som gjorde det muligt for mig at opdage, at de udenjordiske ikke kun kom fra andre planeter og galakser, men fra andre dimensioner. Nogle af de koncepter, de gav mig, var tankevækkende, fordi de ikke var blevet rapporteret af andre.

Et mærkeligt fænomen opstod, da jeg arbejdede med Janice. Efter vi var kommet ind i sessionen, og hun var i den dybest mulige trancetilstand (den somnambulistiske tilstand), forsvandt hendes personlighed, og andre enheder talte gennem hende. Disse var ofte væsener ombord på rumfartøjerne, som hun blev taget til. Dette nysgerrige fænomen skete også med andre emner, jeg arbejdede med, som om jeg havde etableret en slags direkte forbindelse til disse væsener. Den information, der kom fra Janice, var så omfangsrig, at det fyldte det meste af The Custodians. Disse væsener ville besvare ethvert af mine spørgsmål og leverede information om en lang række emner.

Jeg var bekymret over, at The Custodians voksede til en kæmpe bog, og jeg vidste, at noget information ville blive nødt til at blive slettet. Jeg fandt ud af, at i dele af sessionerne bevægede Janice sig væk fra UFO'er og rumfartøjer og udforskede nyt terræn i mere komplicerede metafysiske koncepter. Vi kommunikerede ikke længere kun med væsener, der betjente rumskibe og udførte mange eksperimenter i Jordens projekt. Vi syntes at have kontaktet mere avancerede væsener, der var kendte af rumfolket, men ukendte for os. Jeg besluttede derefter at slette disse dele fra den bog, så den ville forblive tro mod sit oprindelige koncept, og fokus ville forblive på mit arbejde med udenjordiske.

Jeg havde akkumuleret information i mange år under mine normale regressioner, som overskred grænsen til et område af det paranormale, som jeg var ukendt med. For at forblive tro mod fokus i de bøger, jeg skrev på det tidspunkt, inkluderede jeg ikke disse koncepter. Jeg vidste også, at jeg ikke kunne ødelægge den information, bare fordi jeg ikke forstod den. Jeg lagde den til side, velvidende at den på et tidspunkt i fremtiden ville få værdi, når min forståelse øgedes. Jeg vidste ikke, om eller hvornår offentligheden ville være i stand til at forstå noget af dette, så jeg besluttede at skrive en bog, der udelukkende ville omhandle denne information og håbede, at der ville være mennesker, der kunne lide at få udvidet deres sind. Det udvidede bestemt mit sind og omorganiserede mit tankemønster. Hver gang jeg selvtilfreds troede, at jeg havde alle informationer og havde formuleret en måde at forstå, hvordan universet fungerer på, slyngede "de" information, der udvidede koncepterne, ind, og det fik mit sind til at udforske i en anden retning. "De" har altid gjort det nænsomt, givet mig små bidder ad gangen, så jeg ikke blev skræmt væk og kunne fordøje den næste spændende bid. Jeg kunne have nægtet, sagt, at jeg ikke ønskede, at mine overbevisninger blev udfordret, at jeg var komfortabel med mine egne teorier og ikke ønskede at få mit tankemønster forstyrret, men jeg er for nysgerrig til det. Jeg vil vide, hvad der er rundt om det næste hjørne på denne spændende rejse. Selv hvis jeg ikke forstod det, kunne det være, at der var nogen derude, der ville. Så min udforskning har været rettet mod dem, der kan lide at få deres sind bøjet som kringler. Mine bøger er designet til at få folk til at tænke.

* * *

Sessionerne med Janice fandt sted i slutningen af 1980'erne og begyndelsen af 1990'erne, mens jeg var stærkt involveret i at skrive Nostradamus materialet. I 1986 blev jeg bedt om at blive UFO-efterforsker i Arkansas, og det var min første eksponering for dette fascinerende emne. Alt dette blev fortalt i The Custodians. Jeg ville rejse fra mit hjem i bjergene i det nordvestlige Arkansas til Little Rock for at arbejde med to kvinder, der havde vist sig at være fremragende

Den Snoede Univers ~ Bog Et

emner og leverede vidunderlig information. Da det var en fire timers kørsel, prøvede jeg at have så mange sessioner som muligt, mens jeg var der.

Jeg boede hos min ven Patsy, hvor jeg havde privatliv på et soveværelse på øverste etage til sessionerne. Janice kom dertil, og jeg prøvede at have flere sessioner med hende på en dag. På en af disse ture viste det sig, at tre sessioner på en dag var for meget for os begge, da sessionerne fortsatte sent ud på natten. Derefter prøvede vi at finde ud af, hvor mange vi kunne lave uden at overbelaste os begge.

På denne tur i 1990 havde vi til hensigt at udforske en anden hændelse med manglende tid, som Janice havde oplevet måneden før. Hun var blevet inviteret til en middag om lørdagen sammen med mange venner i et hus uden for Little Rock. Hun ringede til sin ven, før hun tog af sted, for at sikre, at der ikke var brug for nogle sidste øjebliks indkøb, og derefter kørte hun ud på motorvejen. Da hun ankom, var hendes ven meget irriteret på hende. Festen var slut, og gæsterne var ved at gå. Hendes ven sagde: "Du kunne da i det mindste have ringet og fortalt mig, at du ville komme for sent!" Janice forstod ikke, hvad hun talte om, indtil hun opdagede, at der var gået fire timer, siden hun forlod sit hjem.

Dette mindede meget om frokostpausen på kontoret, som blev rapporteret i The Custodians, hvor flere timer forsvandt uden hendes viden. Det skabte helt klart problemer for hendes sociale liv. Janice var nået til det punkt, hvor hun undgik at lave sociale aftaler for at undgå at blive sat i pinlige situationer, hvor hun skulle forklare disse mærkelige hændelser til sine venner. Det blev endnu sværere, fordi hun selv ikke havde nogen forklaring, før vi begyndte at arbejde i 1989, hvor vi opdagede, at hun blev hentet (bil og det hele) fra motorvejen. Efter hændelsen blev hun sat tilbage på motorvejen, forvirret, men uvidende om, at en stor blok af tid var forsvundet fra hendes liv.

Under vores arbejde opdagede vi, at Janice havde arbejdet sammen med udenjordiske væsener hele sit liv, uden at hendes bevidste sind vidste det. Hendes oplevelser var udviklet fra tidlige reproduktionseksperimenter til at deltage i komplicerede undervisningsklasser ombord på den store "moderskib", hvor hun kunne studere ethvert emne i universet. Naturligvis var al denne undervisning aldrig tilgængelig for hendes bevidste sind. Den blev holdt tilbage i hendes underbevidsthed, indtil tiden var moden til at frigive den. En del af hende vidste, at der skete vigtige ting på et andet niveau, men det hjalp ikke med at lette forvirringen i hendes normale vågne liv.

Jeg begyndte sessionen med at bruge hendes nøgleord, som straks bragte hende i den dybeste trance. Derefter bad jeg hende gå tilbage til den dag, hvor den manglende tidshændelse fandt sted.

Hun genoplevede detaljer om at gøre sig klar til at forlade huset, men følte en vis uro, fordi hun vidste, at noget ville ske. "Jeg kan mærke tilstedeværelsen af mine venner. De har været her i flere dage. Jeg havde en forudanelse om... Jeg vidste, at jeg skulle lave noget arbejde, og jeg ville bare ikke være til middag, fordi der ville være andre mennesker der. Jeg vil ikke eksponeres. Det er en privat ting, som ikke skal gøres sensationel af en masse mennesker, der ikke forstår det. Så jeg vil ikke tage afsted, fordi jeg ved, at jeg skal have en oplevelse. Den er på vej, men jeg ved ikke hvornår. Så jeg tænkte, at jeg skulle blive hjemme og lade det ske, mens jeg var alene."

Disse følelser må have været på et underbevidst niveau, for bevidst følte Janice normalt kun en vag fornemmelse før en hændelse uden at vide, hvor den kom fra, eller hvad den betød. Forbindelsen var altid uklar, for det meste fordi det skete på et andet niveau, som var utilgængeligt for hendes vågne bevidsthed. Først senere ville hun kunne forbinde dem med de manglende tidsoplevelser.

Hun forlod huset, men bekymringerne fortsatte. "Jeg begyndte at føle de mærkelige fornemmelser. Og jeg har lært, at det er okay at køre, når det sker. Jeg behøver ikke at bekymre mig om at komme ud for en ulykke eller noget. I begyndelsen var jeg nogle gange bange for, at jeg ikke ville kunne køre. Det virker skræmmende ikke at vide, hvad der sker." Hun havde ikke kørt særlig langt, da hun stille sagde: "Åh! De er her!" Hendes ansigtsudtryk afslørede, at noget skete.

J: (I ærefrygt) Kæmpe! Kæmpe skib! Det er foran mig, men det er over mig. Jeg kigger, og jeg tænker: 'Hvilken afkørsel?' Jeg havde kun været på motorvejen i et minut eller to, og der er det.
D: *Ser du andre biler omkring dig?*
J: Jeg ved, at der er andre biler, men det er som om, jeg er den eneste. Det er som om, jeg er i en korridor, for at sige det på en måde. Det

Den Snoede Univers ~ Bog Et

er som om, jeg er i mit eget "rum", men adskilt fra de andre bilers rum.

Dette fænomen med at være adskilt fra omverdenen, når disse begivenheder sker, blev undersøgt i The Custodians, hvor ingen andre synes at se noget. Jeg har lært, at det er en individuel oplevelse og er usynlig for dem, der ikke er involveret.

J: Jeg har set store skibe før, men dette er bare astronomisk. Pyha! (Hun var tydeligvis i ærefrygt.) Det har en grå farve, ligesom himlen ser ud på en overskyet dag. Der er forskellige rækker eller linjer af små vinduer, fordi det er flere etager højt. Det er bare så stort!

D: Hvad sker der så?

J: Jeg bliver bare 'blippet'. (Jeg forstod det ikke.) Svush! Bare knips med fingrene, og så er det bare 'blip'. Puf! Det sker øjeblikkeligt. Det er næsten lige så hurtigt som en tanke kan være. Det ene øjeblik var jeg på motorvejen, og så var jeg der ikke mere. Jeg er deroppe.

D: Er din bil deroppe også?

J: Åh ja.

D: Fortæl mig, hvad du ser.

J: Det er som om, du har din egen by deroppe. Det er bare så stort. Og vi efterlader bilen lige der, og jeg går med dem. Du ved, de venter på dig, og de tager dig hen, hvor du skal hen. Dette sted er så stort, at du ville fare vild. Du kunne ikke engang finde rundt. Det er så stort.

Hendes ledsagere ledte hende hen til en mærkelig anordning. "Du er vippet. Det ligner et sæde i sig selv. Der er ingen ledninger. Jeg ledte efter ledningerne."

Der var så et skarpt åndedræt, og hun syntes utilpas. Jeg kunne se, at hun oplevede noget, der var en ukendt fysisk fornemmelse. Det virkede som om, det tog pusten fra hende. "Hvordan kan den ting bevæge sig på den måde? Den bevæger sig meget hurtigt."

Hun rapporterede, at hun blev svimmel, så jeg gav instruktioner for at lindre eventuelle fysiske fornemmelser. I flere sekunder beskrev hun følelsen af at bevæge sig meget hurtigt og måtte bogstaveligt talt blive ved med at trække vejret dybt. Dette blev afbrudt af udbrud af forbløffelse. Hun kunne ikke beskrive udseendet af området, hun fór igennem, fordi det blev en sløring af farver, og fornemmelserne overtog.

J: Åh, gud! Oohh! Det gik virkelig hurtigt. Virkelig, virkelig, virkelig hurtigt. Min krop føles mærkelig. (Et næsten hysterisk grin.) Åh, det prikker overalt.

Jeg fortsatte med at give forslag til velvære, mens hun trak vejret dybt. Jeg forsøgte at bevæge hende fremad, så hun kunne ankomme et sted, og fornemmelserne kunne aftage. Efter et par sekunder begyndte hendes vejrtrækning at vende tilbage til det normale. Så overraskede hendes næste bemærkning mig.

J: (Hviskende) Du er så højlydt. Du er så højlydt!

Dette var forvirrende. Jeg havde ikke hævet stemmen. Dette gøres ikke, fordi det kunne bryde trance-tilstanden, hvis man ændrer tonefaldet.

J: Det er som en megafon.

Hun sukkede og stønnede, tydeligvis stadig ved at komme sig efter den vilde tur. Jeg gav instruktioner om, at hun ville opfatte min stemme normalt.

J: Tak. Det var som en megafon et øjeblik.
D: *Hvad ser du, mens det begynder at gå langsommere?*
J: Det er ikke langsomt i mit sind endnu. Fysisk er jeg, men det går stadig hurtigt. Det går stadig hurtigt.
D: *Tingene vender tilbage til det normale, fordi vi ikke vil have, at du skal have noget ubehag.*
J: Det er ikke ubehageligt. Misforstå mig ikke. Det er måske nødvendigt at føle det. Jeg deltager, fordi jeg vil. Det er ikke ubehageligt. Det er en oplevelse. Det kan man ikke gøre her. Åh gud, det var hurtigt! Se, du skal bevæge dig hurtigt for at komme forbi lysets hastighed.

D: Men det vil ikke skade denne fysiske krop.
J: Nå, den fysiske krop er blevet justeret. Dens tolerance er blevet... Der er et andet ord end justering, men jeg ved ikke, hvad det er.

Hun trak vejret tungt igen. Derefter blev hun varm og bevægede sig rundt for at komme ud under tæppet. Jeg hjalp hende. Dette skete nogle gange og indikerede en energiforandring. Nogle gange kan subjektet skifte fra at være varm til kold og tilbage igen. Hun gennemgik flere sekunder af vekslende ubehag, som om hun stadig følte accelerationen. Jeg forsøgte stadig at få hende til slutningen af hendes rejse, så vi kunne fortsætte med historien. Efter et par sekunder med forslag trak hun vejret dybt, slappede af og begyndte at lave meget yndefulde håndbevægelser.

D: Hvorfor laver du de bevægelser?
J: (Blødt) Det er en hilsen.
D: Hvem hilser du på?
J: En væsen.

Hun fortsatte med håndbevægelserne, næsten ærefrygtigt, og indikerede, at væsnet foran hende også lavede de samme bevægelser. Næsten uvidende om min tilstedeværelse, koncentrerede hun sig om sine bevægelser. Jeg var nødt til at få hende til at tale igen. Jeg spurgte om en beskrivelse af væsnet.

J: Væsenet er et område af lys, men det er en krop. Som om det ikke er fysisk endnu. Lyset er meget lyst. Det er fraværet af farve. Du vil sige, det er det klareste lys, du nogensinde har set.
D: Kommunikerer han med dig?
J: Ja. Det er som instruktioner af en slags. Forklaringer og instruktioner.
D: Kan du gentage, hvad han siger?
J: Nå, jeg hører dem ikke. (Et frustreret suk.) Det er ikke i ord. Det er som om, du ser støv komme, eller du føler det gå ind i dig selv. Jeg mener, det er mere end din hjerne. Det er mere.

Jeg har modtaget breve fra mange læsere, der har haft mærkelige oplevelser med at modtage information gennem symboler, der synes at gå direkte ind i deres hjerne. Dette sker nogle gange efter eller under en UFO-observation. Andre gange sker det, mens personen ligger på en seng eller sofa, og geometriske symboler ser ud til at komme ind i deres hjerne gennem en lysstråle, der kommer gennem et vindue. Jeg har modtaget for mange af disse rapporter til at afvise dem som fantasier. Dette blev også rapporteret i The Custodians, hvor rummene fortalte, at information blev overført meget hurtigt på et cellulært niveau. De sagde, at informationen ville komme frem i den bevidste sind på et fremtidigt tidspunkt, hvor den ville være nødvendig, og modtageren ville ikke engang vide, hvor informationen kom fra.

D: Ved du, hvad instruktionerne vedrører?
J: (Sukker) Det er for hurtigt til at vide.
D: Måske er det den eneste måde, en stor mængde information kan overføres. Bare gå direkte ind i din krop og dit sind.
J: Det er overalt. Jeg føler mig som en svamp.
D: Føler du dig tryg i den tilstedeværelse?
J: Jeg føler mig meget ydmyg. Jeg bad om at se det, og det blev til en person. Lyset kan være en person, hvis det vil. Det kan være hvad som helst. Wow! Nu står det foran mig som en person. (I ærefrygt.) Det ligner et menneske, men det er anderledes. Han kan være som et blødt lys. Du fornemmer, at huden er blød. Som et lysvæsen ... som en lyspære, der er mat.
D: Du mener, at hans ansigt og krop ser ud, som om det er lavet af lys? (Ja) Glødende indefra?
J: Ja. Jeg spurgte: "Er du bare et lys? Er det alt, hvad du er? Bare et lys?" Og lige foran mine øjne dannede det sig. Jeg var virkelig overvældet af at se det ske. At indse, at et lys kunne blive til en person.
D: Kan du spørge, hvem eller hvad det er?
J: Jeg er så overvældet, at jeg ikke spørger. Det er, som om du ved, at du skal være stille. (Hun virkede til at lytte.) Ting sker med dig. Ting sker med dig, og hvis du sagde noget, ville det være snak. Som om du bare ikke taler. Du taler, men ikke på nogen måde, jeg kender. Jeg tillader bare, hvad der er nødvendigt, at ske, for det har at gøre med noget andet.

D: *Nå, lad os komme videre. Du kan fremskynde den sekvens. Var det alt, der skete? Var du bare i hans nærvær og absorberede information?*
J: Nej. Vi gik et andet sted hen.
D: *Gik du ud af stolen?*
J: Jeg var ikke i stolen dengang. Jeg ved ikke, hvor den var. Vi gik ud på planeten, eller hvad dette nu er. Vi er ikke længere på et rumskib.

Tilsyneladende tog stolen hende ud af skibet til en anden placering. (En anden dimension?)

J: (Stort suk) Det er meget lyst overalt. Det gør næsten ondt i øjnene, det er så lyst. Det er meget stille. Vi tog på det, vi tror, er en rundtur i deres by. Måden, vi bevægede os på, var interessant, for vi gik ikke. Bare bevægede os. Ingen ledninger. Jeg ledte efter ledninger. (Latter) Bare meget jævnt. Ingen ujævnheder. Bare bevæger sig gennem luften.
D: *Fortæl mig, hvad du ser, mens han viser dig rundt.*
J: Jeg ved det ikke. (Hun var frustreret nogle gange, mens hun prøvede at forklare, hvad hun så. Hun havde ingen begreber for det.) Det er lys. Og du bevæger dig gennem lyset. Og så ændrer det sig, for der er områder af lyset. Og så bevæger du dig ind i det, og det bliver – ikke fast – men det ændrer sig fra et område til noget. Og så bevæger du dig til et andet område, og det er anderledes.
D: *Hvad ændrer det sig til?*
J: (Hun havde svært ved at forklare) Du ved, ligesom når du kører i en bebyggelse, og så ændrer det sig, og du er i en anden, undtagen at det er anderledes.
D: *Du mener bygninger eller objekter?*
J: Det er ikke bygninger, men det er der, de bor.
D: *Han viser dig steder, hvor de bor, blandt dette lys?*
J: Lyset er det samlede hele af ... Åh, Gud! Jeg kan ikke forklare dette.
D: *Kan du beskrive en af dem for mig?*
J: Der er ingen måde, for jeg kender ikke noget, de ligner. Det er som ingenting, jeg nogensinde har set før.

D: *Nå, jeg tænker på et hus eller en bygning som en slags beholder med vægge eller noget. (Hendes ansigtsudtryk viste uenighed.) Det er ikke sådan?*
J: Nej. Du ved, det er hjemmet ligesom lyset bliver til personen. Og så ved du, at lyset ... Jeg kan ikke beskrive det.
D: *Kan du bede ham om at hjælpe dig med at finde svarene? Jeg er sikker på, at han har svarene, og måske har du vokabulariet, så han kan hjælpe dig med at forklare det. (Lang pause)*

Dette var den måde, det skete på i alle de andre omstændigheder. Når jeg havde brug for en forklaring, som subjektet ikke kunne give, ville en anden enhed træde frem, hvis jeg bad om hjælp.

J: Det er ikke tid til at forstå det.
D: *Vil han fortælle dig, hvorfor han viser dig disse ting?*
J: Dette er det første skridt.
D: *Første skridt mod hvad?*
J: Jeg ved det ikke.
D: *Kan han fortælle dig det?*
J: Det er ikke tid.
D: *Dette sted er ikke på Jorden, vel? (Nej) En anden planet?*
J: De kalder dem ikke planeter.
D: *Hvad kalder de dem?*
J: Jeg kan ikke sige det lige nu.
D: *Er det fysisk?*
J: Hvad mener du?
D: *Jeg tænker på vores Jord som fysisk, solid. Du kan røre ved den. (Stort suk) Eller er det anderledes?*

Stemmen ændrede sig. Den blev mere spontan, hvor Janices stemme før havde været forvirret og vaklende. Denne stemme lød autoritativ. Måske kunne jeg nu få nogle svar. Dette var den type, der havde givet mig svar før. Hendes underbevidsthed? Eller måske sindet af det andet væsen?

J: Det er en anden virkelighed og en anden dimension. Og det anses ikke for at være ... (forvirret) solid.

D: *Så det er anderledes, men det er alligevel virkeligt. (Ja) Men har de væsener, der bor der, brug for kroppe? (Nej) Var det en krop, der blev vist til Janice?*

J: Ja. Det var en krop, der blev vist for hende, ligesom vores kroppe kan blive vist. Det er ikke en form, vi opretholder hele tiden.

D: *Det er ikke en solid krop som hendes, en fysisk krop? (Nej) Er det, fordi I ikke har brug for en krop?*

J: Det er korrekt.

D: *Jeg prøver at forstå. Dette sted, hvor I er, er det som et højere udviklingsstadie?*

J: Det er et meget højere udviklingsstadie.

D: *Jeg har fået at vide om nogle af dimensionerne. De åndelige tilstande, hvor folk går hen, når de forlader den fysiske krop på Jorden. Er dette ligesom det, eller er det anderledes?*

J: Det er ligesom det.

D: *Men mere udviklet end det, jeg er blevet fortalt om?*

J: Jeg forstår ikke nødvendigvis dit spørgsmål.

D: *I mit arbejde har folk rapporteret, at når de forlader vores fysiske dimension, når de dør, så at sige, bevæger deres ånd eller essens sig til forskellige niveauer. Og nogle gange ligner disse niveauer meget Jorden, bare i et andet spektrum. Så når de bevæger sig højere op, ændrer disse objekter sig nogle gange, hvad end man vil kalde dem. (Hun rystede på hovedet.) Er det ikke sådan?*

J: Nogle af funktionerne kunne siges at være de samme, da de egenskaber, der er involveret, passer til de niveauer, som du er blevet gjort opmærksom på. Dog, på dette uendelige punkt i væren, har man ikke brug for et hus. Man har ikke brug for en krop. For eksistensen er på et meget anderledes ... (Stille) terminologien er bare ....

D: *Jeg ved, det er svært at finde de rigtige ord. Lad os se. Vibration? Frekvens?*

J: (Med sikkerhed.) Vibration! ... Det er ikke helt korrekt, men som et element, du kan relatere til, vil vi bruge vibration. For det, du forstår, er ubegribeligt i sammenligning med det, jeg prøver at forklare dig på dette tidspunkt. Og det er simpelthen evolutionært til det punkt, at man skal være i stand til at forstå, hvad jeg siger. Og jeg skal være i stand til at kommunikere det på dit sprog. Og det kan ikke gøres gennem ord.

D: Sproget er utilstrækkeligt. Det har jeg fået at vide før.
J: Jeg kunne gøre dette på en anden måde, men det vil ikke ske på dette tidspunkt for dig.

De havde tidligere indikeret, at de kunne kommunikere direkte gennem mig (som kanalisering), men jeg foretrak denne metode, så jeg kunne forblive en objektiv reporter. Eller han kunne have henvist til den samme metode med at indsætte symboler direkte i mit sind. I så fald ville jeg være begrænset i min evne til at udtrække dem og formidle betydningen til andre. Jeg kunne måske forstå det, men ville ikke kunne overføre viden videre.

J: Sprog er meget begrænsende. Men den type kommunikation, vores folk bruger, er meget anderledes end sprog.
D: Hun sagde, at hun modtog en masse information, der flød ind i hende som en svamp. Er det måden, I kommunikerer på?
J: Det er én metode. Det er en meget intens og meget grundig metode til assimilation af information.
D: Hvilke andre metoder bruger I?
J: Jeg tror, hun har talt til dig om ... symbolerne. Men det er ikke ordet.

Han hentydede til de symboler, hun havde modtaget, mens hun var i en afslappet meditativ tilstand.

D: Men det er et ord, vi forstår, på vores begrænsede måde. Ville vi være i stand til at forsøge at fortolke disse symboler?
J: Det vil blive besluttet af andre end mig selv.
D: Kan du sige, hvorfor I giver hende denne information?
J: Det er ikke tilladt på dette tidspunkt. Jeg må kende dig bedre.
D: Det er helt fint med mig.
J: Og hun skal være klar til at høre det.
D: Ja, for ofte kan det være ret overraskende at høre ting, man ikke er klar til.
J: Korrekt.

Stemmen lød fortsat dybere og mere maskulin end Janices normale stemme.

Den Snoede Univers ~ Bog Et

D: Giver I hende denne information mere eller mindre på et ubevidst niveau?

J: Intet at gøre med det ubevidste og alt at gøre med det ubevidste. I den forstand, at når jeg taler til dig om selv, så taler vi om det ubevidste, det bevidste og det fysiske, det ikke-fysiske, hele værenstilstanden.

D: Så det er meget mere komplekst, meget mere omfattende, end vi kan forstå.

J: Måske.

D: Nå, er det information, hun vil få brug for senere?

J: Meget bestemt.

D: Vil det hjælpe hende i hendes jordiske liv?

J: Meget bestemt.

D: Vil det hjælpe andre?

J: Meget bestemt.

D: Vil vi få lov til at dele informationen senere?

J: Det vil udvikle sig, og det vil blive bragt frem. Men det vil ske i en passende rækkefølge. Noget af det vil komme frem på en naturlig måde. Noget af det vil du få lov til at få adgang til. Så svaret på dit spørgsmål ville måske være "ja", men ikke på dette tidspunkt.

D: Okay. Jeg har masser af tålmodighed. Jeg har til hensigt at sætte informationen i form af skrift, så andre mennesker kan dele den og blive hjulpet af den.

J: Det vil blive bestemt af mange andre faktorer. Jeg kan ikke svare "ja" på dit spørgsmål, for det vil blive bestemt af resultaterne af forskellige planetariske og interdimensionelle interaktioner.

D: Jeg tænkte, hvis det kunne hjælpe folk på Jorden, kunne vi måske få lov til at udforske det.

Stemmen lød ikke kun maskulin, men nu også gammel og meget vis. Udtalelsen af ordene var meget omhyggelig og præcis. Der var en lejlighedsvis pause og mumlen, som om den ledte efter det rette ord. Det var den eneste gang, der var nogen form for tøven. Jeg følte, at jeg var i nærvær af en entitet, der besad stor visdom.

J: Der er og vil altid være folk på Jorden, som det ikke vil hjælpe. For hvem det vil skade. Ved skade mener jeg at sige, fordi de aldrig vil være klar til at vide eller assimilere nogen af disse informationer. Og det er derfor, det ikke kan bringes frem, undtagen gennem visse sjældne individer, som er i stand til at assimilere og integrere det i deres værenstilstand. Og disse ... vi finder ikke mange af dem på din planet. Derfor er det vigtigt, at du forstår beskyttelsen af enhver information, du ville opnå, hvis du når dette uendelighedspunkt i fremtiden.

D: *Tror du, jeg vil nå det punkt på et andet tidspunkt?*

J: Det vil blive bestemt undervejs. Jeg har ikke lov til at diskutere mange ting med dig på dette tidspunkt i vores interaktion. Men det er ... Jeg har svært ved at kommunikere. Det er mit problem. Det kunne gøres på en anden måde, men du skal forblive, som du er. Derfor, for at kommunikere med dig, er jeg ... Jeg håber, du forstår, at jeg synes at snuble og famle, når det er meget svært at sænke til det vibrationsniveau, der danner ordsprog. Og derfor er det svært for mig at interagere med dig. Så vi vil komme til at udvikle en form for komfort, måske, hvis du og jeg skulle mødes igen.

D: *Tror du så, at det er klogere, at dette er den eneste måde, jeg kommunikerer med dig på, gennem en anden person?*

J: Lige nu. Jeg kunne kommunikere med dig nu på en anden måde. Jeg kunne gøre det. Men jeg vil ikke gøre det, for det ville ikke være af nogen værdi for dig, hvis du ikke hørte ordene.

D: *Så det er sådan, jeg skal kommunikere?*

J: Det er ikke den måde, du skal, men det er den eneste metode, der ville passe til dine formål og være produktiv for dig.

D: *Jeg tror, det er korrekt. Det ville være bedre, hvis jeg fik ordene gennem en anden person, et andet køretøj, med det arbejde, jeg gør. Jeg føler mig mere tryg ved den metode. Jeg forstår, hvad du mener, at nogle mennesker aldrig vil forstå det, og at det ville skade dem. Jeg fik at vide for mange år siden, at nogle informationer er som medicin, og andre er som gift. At det kunne blive misforstået og taget på den forkerte måde.*

J: Meget bestemt.

D: *Jeg fik at vide, at verden ikke er klar til noget af denne information. De sagde også, at ikke alle mine spørgsmål ville blive besvaret af den grund. Jeg tror, du kan se, at jeg forstår det, og at jeg ikke har til hensigt at presse på.*

J: Ja. Jeg er ked af, at mere ikke kan gives lige nu.

Den Snoede Univers ~ Bog Et

D: Det vigtige er, at Janice absorberer det, hun har brug for at vide. Hun vil bruge det på et andet tidspunkt, og hun behøver ikke at vide det bevidst.

J: Og det ved hun. Det er den sjældne person på din planet, som er i stand til at være sikker nok til at nå dette uendelighedspunkt. Det kræver en meget sikker person at nå dette punkt og vende tilbage. Og sikkerhed er ordet. Det ville være vigtigt for væsenets intelligensniveau at blive forstået af os, fordi denne type individ kan kommunikere på mange niveauer. Det er kun én grund til, at denne interaktion finder sted på dette tidspunkt. Plus, der er en anden faktor involveret, nemlig at personen er meget betroet til at være forsigtig med at beskytte arbejdet. Det ville ikke gavne verden at blive fortalt om dette uendelighedspunkt, for de ville aldrig tro på det i første omgang. For det andet ville de aldrig forstå det. Og for det tredje ville de anbringe Janice på en institution.

D: Det ville jeg aldrig ønske.

J: Det ville heller aldrig ske.

D: Men i min begrænsede forståelse, er du på det, vi betragter som Gud-niveauet? Skaber-niveauet?

J: Det er uendelighedspunktet, ja.

D: Jeg har taget mange mennesker til forskellige niveauer, og de taler om nogle, der er højere. Selv om der måske ikke er nogen retning.

J: Det er kun en retning i den forstand, at væsenet bevæger sig. For virkelig er "højere" blot et referencepunkt, fra hvor de er kommet.

D: Ja, i vores lineære måde at forstå på.

J: Korrekt.

D: Så dette ville være niveauet, som vi alle håber at opnå en dag?

J: Der er niveauer forbi dette.

D: Der er? Så dette er ikke det ultimative?

J: Dette kan ikke diskuteres på dette tidspunkt. Bortset fra at fortælle dig, at interaktionen fra dette niveau kræver renhed af krop, sind og ånd. Renhed. Disse interaktioner er ikke så udbredte på din planet. Selvom de sker, er det ikke kendt. For de fleste individer er ikke i stand til at bære denne viden.

D: Hun sagde, at hun ikke lytter til disse båndoptagelser, som jeg laver af disse sessioner. Måske er det bedre, at hun ikke ved, hvad der foregår?

Den Snoede Univers ~ Bog Et

J: Hun ved, hvad der foregår. Og det var min udtalelse til dig, at hun kan bære, hvad hun ved. For at kunne bære det er nøglen til opnåelse af de forskellige andre tilstande af væren. Og det er meget vigtigt, at hun bliver udviklet trinvis. – Du må forstå én ting. Denne person har arbejdet meget, meget hårdt med mange væsener. Hendes arbejde med UFO-energier er kun én facet af, hvad hun gør. Hun er ikke en almindelig jordbo, selvom hun er en meget stor del af jeres verden. Funktionelt er hendes egenskaber helt uden for den videnskabelige forståelses rækkevidde. Hvad du skal forstå er, at denne person fungerer på det fysiske niveau og er et meget fysisk menneske. Men samtidig fungerer hun på mange andre dimensioner og niveauer interdependant.

D: *Du sagde, der var andre niveauer over dette, men du kalder dette et uendelighedsniveau.*

J: Det er et uendelighedsniveau.

D: *For mig betyder uendelighed for evigt, som om der ikke er noget ud over det.*

J: Der er et uendelighedspunkt, og så er der noget ud over uendelighedspunktet.

D: *Skal hun komme til dette sted ofte?*

J: Det handler ikke om, at hun er nødt til at komme. Dette er en interaktion, der er nødvendig for... (tøven, søger efter ord).

D: *Hendes arbejde, eller hvad?*

J: Hmm. Mange grunde. Én er trøst for individet.

D: *Så hun oplever trøst, når hun kommer derhen? (Ja) Selvom hun bliver bombarderet med information og føler fart? (Ja) Det er stadig en form for trøst.*

J: Du forstår, for at nå uendelighedspunktet må du komme forbi lysets hastighed. Forbi lyset. Så forbi lyset er hurtigere end lyset. Derefter træder du ind i en anden form for væren.

D: *Jeg tror, vi har gjort dette længe nok. Jeg er meget beskyttende over for, hvor længe vi gør det. Så jeg vil gerne takke dig meget for at lade mig tale med dig.*

J: Du ville ikke tale med mig, medmindre det var blevet forudgodkendt af andre end mig selv. Jeg takker dig for at tillade enhver usikker kommunikation, for det er svært. Og jeg ønsker blot at takke dig for din tålmodighed med mine vaklende ord.

D: Det er helt i orden. Jeg værdsætter, at du har talt med mig. Og måske vil vi på et andet tidspunkt i fremtiden tale igen, hvis du er villig.
J: Måske vil tingene have udviklet sig til et punkt, hvor vi kunne have en mere dybdegående diskussion. Men det er ikke nødvendigt på nuværende tidspunkt.
D: Det er helt i orden. Jeg har tålmodighed. Jeg vil vente, til tiden er inde. Jeg vil tage imod alt, hvad jeg kan få i mellemtiden.

Jeg orienterede Janice og bragte hende frem til fuld bevidsthed. Som sædvanlig tog det lang tid, før hun var i stand til at sætte sig op. Hun var altid i stand til at tale med mig, men syntes så afslappet, at det var umuligt for hende at rejse sig og gå i flere minutter. Selv derefter var hun svag, indtil hun var fuldt vågen. Dette syntes at være hendes normale mønster, og der var ingen grund til bekymring. Mens hun samlede sig selv, diskuterede vi nogle af sessionens indhold. Hun havde altid total amnesi af sessionen.

* * *

Efter at have spist og slappet af med Patsy gik vi tilbage til soveværelset for en anden session. Det blev aftalt, at to sessioner ville være nok til dette besøg. Vi har haft tre sessioner tidligere, men disse har ofte vist sig at være trættende, mere for mig end for subjektet.

Før vi begyndte, diskuterede vi, hvad vi ønskede at finde ud af. Janice undrede sig stadig over de symboler, hun havde set flyde ind i hendes sind ugen før. Jeg forklarede, at væsenet sagde, at det ikke var tid for hende at vide det, og at vi ikke kunne få informationen endnu. Selvom hun var skuffet, vidste jeg fra tidligere erfaringer, at man ikke kunne tvinge dette. De ville lade informationen komme igennem, når tiden var rigtig. Det ville alligevel ikke hjælpe at forsøge at tilsidesætte dem. Jeg måtte altid opretholde deres tillid, ellers ville al information blive lukket af, og min forskning ville stoppe.

Vi besluttede til sidst at udforske en mærkelig hændelse, der havde fundet sted aftenen før. Hun var gået ind på en mørk parkeringsplads for at sætte sig ind i sin bil. Da hun startede motoren, så hun pludselig noget, der lignede røg eller tåge stige op omkring bilen. Hun tænkte, at der måtte være noget galt med bilen, så hun steg ud og gik rundt om den for at se, hvor røgen kom fra. Røgen samlede sig derefter foran bilen, og midt i den kunne hun se en kat. Det sidste, hun huskede, var, at hun gik mod dyret ind i tågen. Da hun igen blev bevidst om at være tilbage i sin bil, parat til at køre hjem, var der gået flere timer. Så vi besluttede at fokusere på denne hændelse i denne session.

Efter at have brugt hendes kodeord gik hun straks i dyb trance, og jeg tog hende tilbage til aftenen før, da hun forlod et møde og gik hen til sin bil på parkeringspladsen. Hun begyndte at genopleve scenen.

J: Jeg prøver at se, om det er røg, der kommer fra motorhjelmen. Det er ikke præcis røgfarvet, men jeg kunne se det bare bevæge sig op. Og det var foran forruden, på motorhjelmen og over hele bilens front. Det er ikke tykt som røg, det er mere tåget. Først troede jeg, at bilen var overophedet, men jeg havde en fornemmelse af, at det var noget andet. Jeg stod der og ventede. Og så så jeg, at der var en kat. Og jeg sagde: "Jeg vidste det. Jeg vidste det. Jeg vidste det." Og så gik jeg hen mod katten, men katten var ikke en kat. Røgen og katten var der bare for at få mig ud af bilen. Og så gik jeg mod katten. Jeg vidste, at katten ville bevæge sig, og når katten bevægede sig, ville jeg gå væk. Sådan fungerer det. Du har den slags oplevelser, og du ved, det ikke er, hvad det ser ud til at være.

D: *Hvad skete der, da du gik hen mod katten?*

J: Jeg blev låst fast. Det er som om, du låser dig ind på en frekvens. Du ser ind i kattens øjne, og du bliver låst fast. Det er som at gå fra at være i nuet til en frekvens. Det er som at skifte kanaler på et tv, men du gør det på en anden måde. Og så er det som om, du er på en stråle, eller du er i en korridor. Men du ved, du bevæger dig. Jeg ved ikke, om jeg bevæger mig fysisk eller kun mentalt.

D: *Da du blev låst fast på det, så du andet end katten?*

J: Ja. Det blev til en gruppe væsener lige foran mine øjne. Jeg vidste, at jeg gik hen imod det, men nogle gange går jeg hen imod det, og så finder jeg mig selv på skibet. De stod der, og alligevel kunne de ikke have stået der. Under alle omstændigheder fortsatte jeg med at bevæge mig hen imod dem, som om jeg blev trukket, som om jeg var på autopilot. Så hørte jeg en lyd, og jeg vidste, hvad der skete. Og jeg begyndte at føle, at jeg gik, på en anden måde.

Du føler dig meget flydende, og du går sådan. Og de ventede på, at jeg skulle komme.

D: *Hvem ventede?*

J: Der var en hel gruppe væsener der. Jeg var ikke sikker på, at jeg virkelig genkendte dem. Fyren i den grønne kappe, ham kender jeg dog. Jeg prøvede at se på alle, men jeg bevægede mig for hurtigt, så jeg kunne ikke nå at se på dem alle.

D: *Du sagde, det var nogen, du genkendte?*

J: Jeg genkendte tøjet fra en anden tid. Da jeg var til et stort møde, og jeg var i en slags auditorium. Den samme fyr stod nede på en scene og holdt et foredrag. Og jeg sad der, undtagen jeg var i en dampform. Hvis du kiggede på noget, så du det fysiske, men så var det straks tilbage til damp. Det er en anden måde at se på. Vi var der alle sammen i dette store rum, og han stod dernede foran en masse af os. Han gjorde sin del og gik, og så kom der en anden.

D: *Og du tænkte, at det var sikkert at gå med dem, fordi du kendte ham?*

J: Fordi jeg så ham, og jeg vidste, det var okay.

D: *Hvor er du gået hen?*

J: Jeg ved ikke, hvor jeg er gået hen. Jeg ligger i luften. Jeg ligger bare der. Det er ikke på en bænk. Jeg forstår det ikke, men jeg ved, jeg ikke er på Jorden.

D: *Kan du se noget omkring dig?*

J: Nej, lige nu kan jeg ikke. Du ved, hvordan nattehimlen ser ud. Du ved, den er der, men jeg kan se stjernerne. Og jeg tror ikke, der var stjerner i går aftes.

D: *Kan du sanse noget omkring dig, selvom du ikke kan se det?*

J: Jag vet att de är där. Jag vet att de är förberedelsen till var jag gick. Så jag passerade genom dem för att komma dit jag är. De stod mellan mig och var jag är. Jag är säker och jag mår bra. Och de säger till mig att jag vet att jag är säker. Det är som att jag var tvungen att lägga mig ner efter att jag kom dit.

D: *Är någon med dig?*

J: Jag känner att det finns någon där, men jag ser dem inte. Det är ett stort lila ljus över mitt ansikte. Det pulserar. Det rör sig. Det är som ett hjärtslag, förutom att det inte är ett hjärtslag. Det är enormt. Och ibland är allt utanför det grönt. Det är som en lysande sak, nästan en indigo iriserande mittpunkt. Jag har sett det många gånger, och jag vet inte vad det är. Sedan i ljuset kom några olika former igen, men jag har aldrig sett dem komma i det ljuset förut. Jag har sett det ljuset hundra miljoner gånger, men jag har aldrig sett det här. Det här har aldrig hänt. Former. Mönster. Former. Mönster. (Hon upprepade dessa ord om och om igen med allt snabbare hastighet, vilket indikerade att de inträffade snabbt.) Som om jag tittar på vad som händer inuti ... det integreras i mig. Former, mönster, former, mönster. Mönster, former. Snöflingemönsterformer, sexkantiga mönsterformer.

D: Men känns det bra?

J: Åh, det känns som om du pluggar inför ett prov eller något liknande. Du vet hur det känns när du studerar riktigt intensivt. Förutom att jag inte riktigt behöver studera det. Jag bara absorberar det. Men det händer med mig. (Med vördnad.) Åh, herregud, titta på den där!

D: Mens du gør det, er der så nogen der, der kan besvare vores spørgsmål? Så vi kan finde ud af formålet med dette?

J: Det er som om gruppen er imellem os.

D: Vil du spørge nogen, om de kan komme frem og besvare vores spørgsmål? Mens du ser på formerne, kan de tale med os.

J: Lyset forsvandt. Formerne forsvandt. Jeg hører nogen tale. Jeg ved ikke, hvad de siger, for jeg forstår ikke det sprog.

D: Kan du spørge, om nogen kan hjælpe os med information?

J: (Pause) De lytter ikke.

D: Måske kan du gøre det mentalt.

J: Jeg prøver. (Blidt) Jeg ved bare ikke, hvad der sker. (Hun mumlede og virkede til at kommunikere tavst med nogen.) De lyder som om, de alle har travlt, og de taler. (Pause, mumlede igen.) Nu er de bare omkring mig.

D: Hvad laver de?

J: Udveksler information.

D: Med dig, eller med hinanden?

J: Begge dele.

D: Okay. Kan du mentalt bede en af dem om at besvare vores spørgsmål, mens alt dette foregår omkring dig?

J: Det er svært at spørge, mens dette sker. Der sker så meget lige nu. Det er bare overvældende... Det er meget... (Forvirret og lidt overvældet.) Der sker så meget, det er svært for mig overhovedet

Den Snoede Univers ~ Bog Et

at spørge. (Hun lavede håndbevægelser, der pegede på forskellige omkring hende.) Denne fyr gør en udveksling, så gør denne fyr en udveksling, og denne fyr gør en udveksling, og denne fyr gør en udveksling. (Gentaget flere gange).

D: *Og de gør det hele mentalt med dig?*

J: Jeg tror ikke, det er mentalt. Jeg ved ikke, hvordan det bliver gjort, eller hvad det er. Det føles ikke mentalt.

D: *Okay, kan vi komme videre fra det, så du ikke har så meget i dit hoved? Lad os gå til, når det er overstået.*

J: Mit hoved gør ondt!

Jeg mistænkte, at ubehaget kunne skyldes for meget input i hendes hjerne. Jeg gav forslag om, at når jeg rørte ved hendes hoved, ville ethvert ubehag forsvinde. (Hun gav nogle afslappede og lettede lyde. Jeg kunne mærke, det føltes bedre.) Lad os gå til, hvor du ikke har så meget input, og du kan tale med mig. (Et langt lettet suk.) Kan du nu mentalt bede nogen om at komme og besvare spørgsmål?

J: Okay. Nu diskuterer de, hvem der skal tale med dig. Jeg prøver at se, men jeg kan ikke se. (Et pludseligt gisp.) Åh, en pyramide kom ned til mig. Med spidsen nedad. Og den har linjer på sig. Den kom bare ned.

D: *Hvad er det, et lys eller hvad?*

J: Jeg ved ikke, hvad det er lavet af. Den bevæger sig nu. Det er mere som et af de videospil, man ser. Den kommer ned mod mit hoved. Jeg ser, at den kommer ind i min krop. Den har forskellige niveauer. Den er delt, og den har ringe omkring sig som et træ, der har ringe, bortset fra at det er en pyramide. Og spidsen kommer ned og går ind til et bestemt punkt. Og så stopper den. Så går den igen og stopper. Den bevæger sig igen og stopper, bevæger sig igen og stopper. Det er som om hele min krop er i den. Den spreder sig ud i hele kroppen. Mine arme føles mærkelige. Det føles som om, min krop forsvinder. (Jeg blev øjeblikkeligt bekymret.) Det er fint. Det er okay. Det gør ikke ondt. Min krop forsvinder bare. Den opløses bare. Åhh, den opløses bare.

D: *Du kan altid høre min stemme, uanset hvor du er. Er der nogen i den gruppe, der kan besvare vores spørgsmål og forklare dette for dig?*

J: Vær venlig. (Dybe vejrtrækninger) På dette tidspunkt er det ikke muligt at besvare dine spørgsmål. De vil besvare dine spørgsmål, men ikke lige nu. Det kan ikke ske lige nu.
D: Okay. Men det er en god følelse?
J: Det er en god følelse, ja. Det er bare, at min krop er opløst. Den er fuldstændig ...

De ønskede, at jeg skulle vente, så jeg brugte tiden på at give flere forslag til velvære.

J: (Lang pause) Vi kan forstå, at du ønsker at få noget kommunikationsinput. Dog arbejder vi på noget, og tager en mulighed, måske en frihed med din session. En fortsættelse er i gang fra sidste nats arbejde. Og du ønsker at få information om aftenen før, når det, der sker nu, er en helt ny udvikling af information for denne person. For at vide mere om produktet af det engagement, hun bliver ledt til at gøre.

Stemmen havde klart ændret sig. Det var altid let at se, når en af væsnerne talte, fordi ændringen var øjeblikkelig.

J: Jeg vil nu forklare det for dig. Hvad ønsker du at vide?
D: *Hun er nysgerrig omkring formålet med de former og billeder, hun har set.*
J: Dette er et helt sprog af – jeg kan ikke diskutere med dig, hvor det kommer fra. Dog kan jeg fortælle dig, at der er en metode til kommunikation, som er vigtig for mennesker at have til deres rådighed. Og alligevel er det på dette særlige tidspunkt umuligt at kommunikere det til dig på et sprog, du ville forstå. Der vil være en måde at gøre det på, når Janice får mere erfaring med at fungere på denne måde. I øjeblikket modtager hun, kan man sige, vejledning og andre metoder til kommunikation, på grund af noget arbejde, der vil blive udført i fremtiden. Måske den bedste måde at forklare det på ville være at sige, at du går i skole og lærer fransk, så du kan tage til Frankrig og tale fransk. Hun lærer det til fremtidige udviklinger. Og hun lærer det for sin egen beskyttelse.
D: *Disse symboler vil være en måde at beskytte sig selv på?*

J: Symbolerne er en måde at beskytte sig selv på fra at kunne kommunikere ting, der ikke bør kommunikeres på det menneskelige niveau på dette tidspunkt. Dog er det vigtigt, at de bliver indprentet, så i fremtiden, når de bliver kaldt frem til hendes bevidsthed, vil prægningen have været der for at blive aktiveret. På det tidspunkt, når hun har brug for at vide, forklare og undervise.

D: *På et fremtidigt tidspunkt ville hun være i stand til at tegne disse symboler for mig og forklare dem?*

J: Måske. Det er en frihed, som jeg ikke kan give tilladelse til. Det skal komme fra et udviklingsniveau, der ikke er til stede på dette tidspunkt. Du kunne have spurgt om det i din tidligere session og fået dit svar.

D: *Jeg gjorde det, og de sagde, at jeg ikke kunne få det på det tidspunkt.*

J: Så ville jeg give dig det samme svar.

D: *Hun ville også gerne vide formålet med gruppen af forskellige væsner, der er samlet her.*

Stemmen ændrede sig igen. Denne lød mere autoritær og professionel. "Jeg vil besvare dig. Formålet med gruppen af væsner er, at hvert medlem af gruppen har et særligt niveau af ekspertise. Så! Det, du har, er en gruppe af – du ville måske kalde – 'cremen af cremen' inden for forskellige aspekter af udvikling. Ligesom du har dit masterprogram af universitetsprofessorer, der underviser på masterprogrammet. De er ikke de samme professorer, der ville undervise de førsteårsstuderende i dine universitetsklasser."

D: *Hun sagde, hun ikke kunne se dem alle, men de virkede forskellige.*

J: Meget.

D: *Nogle af dem genkendte hun. Nå, blandt denne gruppe mennesker, ville du være en, der kunne besvare nogle spørgsmål?*

J: Hvis jeg ikke er den, der skal besvare de spørgsmål, du har, vil den, der skal besvare dine spørgsmål, træde frem. For det er aftalt med gruppen at interagere med dig. Hvis der er nogen i gruppen, der ikke føler, det er passende at interagere på dette tidspunkt, vil det ikke blive gjort. Hvis det skulle finde sted, beder vi om, at du forstår, at selvom nogen i gruppen kan svare, vil det ikke blive gjort. Hvis autoriteten mener, at svaret ikke bør gives, vil ingen anden svare for autoriteten.

Dette var også sket, da jeg arbejdede med Phil i The Keepers of the Garden. Dengang kommunikerede en gruppe på tolv enheder med mig og gav mig historien om jordens beplantning. De sagde også, at de kun fik lov til at give information, som de alle var enige om.

D: *Jeg tager altid, hvad jeg kan få. Hvis du ikke ønsker at svare, så lad mig det bare vide. Der sker en gåde på Jorden på dette tidspunkt, som mange mennesker stiller spørgsmål om. Dette vedrører korncirklerne på markerne i England. De kalder dem Corn Circles, selvom det egentlig er hvede og andre kornsorter. De har forekommet gennem de sidste år. Kan du give mig nogen information om det? Hvor de kommer fra, og hvordan og hvorfor?*

J: Jeg kan fortælle dig, at der er flere grunde til cirklerne. Og der er forskellige grunde til dem. Og på forskellige tidspunkter gælder forskellige grunde. Nu, forstår du spiraler? (Ja) Og forstår du vinduer? (Ja) På et bestemt tidspunkt bruges disse af bestemte energier til at interagere med Jordens strømme, Jordens vibrationer. Jeg prøver at svare dig uden at være teknisk. Jeg kan ikke give dig al information om dette. Men jeg kan fortælle dig, at nogle af dem er lavet af skibe, der lander. Og de er lavet på grund af fremdriftsmetoden eller den rejsemetode, der driver skibet. Og det har at gøre med tyngdekraften på din planet. Der er andre grunde udover anti-tyngdekraft.

D: *De er ikke alle lavet af skibe, er de? (Nej) Nogle af dem virker til at være i mønstre. De har cirkler omkring cirkler og forskellige designs.*

J: Det er korrekt. Du taler om deres indbyrdes forhold til hinanden. (Lang pause) Jeg er ked af det. Jeg har dine svar, men i dit næste møde vil jeg give dem til dig. Jeg kan ikke gøre det nu, fordi det er et timingproblem. Det betyder, at det er vigtigt, at det ikke bliver forstået på dette tidspunkt. Jeg kan kun fortælle dig, at der er et projekt, som visse mennesker arbejder på. Og disse er en del af det projekt. Bare tro på, at der ikke kommer nogen skade fra disse cirkler. Det er i forbindelse med andre aspekter af energistrømmen. Det er meget vigtigt, at de er der. Og ligesom

Janice lærer symbolernes sprog, bruges enhver indsats i relation til den skrøbelige planet Jorden's kappe-stabilisering. Hvis det er nødvendigt at have en omvendt cirkel – cirkler er meget kraftfulde, ved du. Og de bruges også som et transmissionsfokuspunkt. Så det er, hvad jeg kan fortælle dig.

D: Har mønstrene betydning?

J: De har betydning.

D: Er det betydningsfuldt, at mange af disse er fundet omkring de gamle monumenter som Stonehenge?

J: Selvfølgelig. Når du tænker på Stonehenge, når du tænker på dine gamle monumenter eller dine såkaldte "hellige steder" på din planet, så skal du vide, at det ikke sker øjeblikkeligt at blive helligt. Tid er en bærer af energien. Og vi har arbejdet med disse bestemte steder i århundreder.

D: Men det virker som et nyt fænomen med cirklerne.

J: Det er kun synligt. I kunne ikke se dem før, men de har altid været der. I kan se dem nu på grund af et dimensionelt skift, der netop har fundet sted.

D: Så de var på jorden?

J: De var under jordens overflade. De er kun kommet op til overfladen. Jorden ændrer sig så meget, at ... (Stort suk) Skiftet på jeres planet har været en anden faktor, der har fået dem til at komme op til overfladen.

D: Så i fortiden blev den energi, de skabte, eller den funktion, de tjente, udført under overfladen. (Ja) Og nu anvendes den på overfladen?

J: Ja, fordi tingene har ændret sig.

D: Mange mennesker tænker, at det måske er en form for kommunikation.

J: Det er det. Jeg forklarede tidligere, at de blev brugt som et fokuspunkt for vibrationer ... måske sagde jeg det ikke. Ser du, det er det, der sker, når man kommunikerer på en anden måde. Man har tendens til at tro, at alle ved, hvad man tænker. Hvad jeg prøver at sige er, at de er et fokuspunkt for energitilgang. Nu, energitilgang i et mønster, i en spiral, kommer ind og slynges op .... (Forvirring omkring formuleringen).

D: Ud af det samme sted? (Ja) Lidt som en hoppe-effekt? (Ja) Okay. Hun havde fået at vide, at hun var en del af et projekt, hvor hendes energi blev brugt til at hjælpe med at balancere jordens energier.

I The Custodians blev det forklaret, at Janice var en del af et projekt, hvor hendes energi blev brugt til at hjælpe med at balancere jordens energier. Der er mange mennesker involveret i dette projekt, selvom det er helt ukendt for deres bevidste sind. Jeg blev informeret om, at jeg også var en del af dette, og mine rejser ville tage mig til mange dele af verden, fordi min energi ville være nødvendig der. Dette projekt medfører ingen energitømning for den involverede deltager.

J: Det er en anden fase af det samme projekt.
D: Men dette lyder som om energi ricochetterer eller hopper. Ville det være korrekt?
J: Der er forskellige .... Må jeg svare på det? (Hendes spørgsmål var blidt og tydeligvis ikke rettet til mig.) Ja. Jeg svarede på det? (Dette var blidt, og jeg forstod ikke, at hun ikke talte til mig.)

Der var en lang pause, så en anden stemme, en blidere, næsten sød en. Tydeligvis feminin.

J: Måske kan jeg svare dig. Det er ikke tid til, at du forstår alt om dette projekt nu. Det er vigtigt for dig at vide nogle detaljer, som du vil få af medlemmer af gruppen. En af de ting, du skal vide, er, at der er cirkler i Peru. Der er cirkler andre steder på din planet, som folk ikke er klar over. Vi gør en indsats for at lade menneskeheden begynde at kende andre måder at kommunikere på. Men der er dem, der kan kommunikere gennem disse cirkler. Energi-cirklerne går også gennem jorden, så det er en del af det samme projekt. Det er bare en anden fase. Nu, en anden ting at vide er, at din jord roterer i rummet, gør den ikke? (Ja) Og hvordan roterer den? Hvilken retning?
D: Jeg skal tænke. Roterer den mod uret? (Hun lavede håndbevægelser) Med uret, okay. Jeg kan ikke huske den del af det.
J: Faktisk ville det ikke betyde noget, hvis den roterede ende over ende. Pointen med cirklerne er simpelthen at skabe en modsat

effekt. Og dette er et andet område af balance. Det er et formål, og kun et. Men de bruges, og energi cirkuleres gennem dem. Hvis du kunne se ind i en anden dimension, kunne du se spiralen. Du ville se effekten af den hvirvel, for den er i bevægelse og bevægelse. Du kan ikke se det, men det bevæger sig. Konstant bevægelse. Ligesom en top bevæger sig. Med uret.

What direction do crop circles go? The ones I have seen and been in go in both directions.

D: Jeg tænker på en top. Toppen roterer og bevæger sig. Og disse ville være steder, hvor den rører jorden?
J: Måske kunne du tænke på en vortex.
D: Okay. Jeg tænker på, at den er i rummet, og så kommer mod jorden og rører ned.
J: Det er korrekt. Faktisk transmitteres strålen til midten af cirklen, og den roterer ud. Husk fokuspunktet, jeg nævnte for dig? Strålen transmitteres til midten af cirklen og hvirvler.

Dette var noget, jeg bemærkede, da jeg var i afgrødecirklerne flere gange i England. I mit sind så det ud som om, der var et centralt fokuspunkt, og cirklen snoede sig ud fra det. Næsten som det visuelle billede af nogen, der fokuserer dysen på en højtryksvandslange og derefter åbner den for at rotere fra det centrale punkt. Jeg ved, det ikke blev gjort med en slange, men sandsynligvis med fokus af energi, men det var en analogi, jeg kunne identificere mig med.

D: Og dette er en del af projektet, der hjælper med at stabilisere Jordens bevægelser. I pladerne?
J: Ja, det er det.
D: Og det ser ud til kun at være rettet mod bestemte steder, eller de er mere synlige der.
J: De er dukket op der. Det er et forsøg på at få menneskeheden til at spørge. Det er også et forsøg på at give de væsener, der er i stand til at forstå det, mulighed for at begynde at kende og forstå det.
D: I nogle tilfælde vil der være en cirkel, hvor alt kornet går i én retning. Så en cirkel omkring ydersiden, hvor kornet går i den modsatte retning.

J: Det er min pointe.
D: *Hvorfor er det i den modsatte retning i den ydre cirkel?*
J: Fordi det er nødvendigt for at balancere den indre intensitet.
D: *Dette må ske meget hurtigt. Er det korrekt?*
J: Meget hurtigt. Du kan ikke se det.
D: *De siger, at det dukker op natten over. Hvor kommer strålen fra?*
J: Jeg kan ikke … (Hurtig vejrtrækning, og stemmen blev forstyrret og forvrænget. Det lød mærkeligt på optagelsen, næsten utydeligt på dette tidspunkt. En energiflux?) … fortælle dig det.
D: *Du kan ikke fortælle mig det?*
J: (Væsenet virkede forstyrret.) "Nej."
D: *Okay. Jeg undrede mig over, om det kom fra rummet, fra et fartøj, eller ….?*

Janice reagerede, som om hun var utilpas. Jeg troede, hun måske blev varm igen, som under den tidligere session. Jeg forsøgte at gøre hende komfortabel ved at justere tæpperne og give kølende forslag. Men noget andet så ud til at ske. Hun trak vejret ubehageligt hurtigt. Efter flere sekunders forslag faldt hendes vejrtrækning til ro. Hun slappede af igen, så jeg fortsatte med spørgsmålene. Væsenet afbrød mig.

J: (Blidt) Venligst ….
D: *Hvad er det?*
J: Tillad væsenet en periode med tilpasning.
D: *Okay. Fordi hun blev meget varm lige før. (Ja) Var det på grund af energi?*
J: Ja, det er det. Kroppen kom i kontakt med den fulde kraft af fasen i dette projekt. Du skal forstå, at når vi kommunikerer med dig, er kroppen et køretøj til at gøre det. Men på grund af niveauet af involvering af denne krop i dette projekt er det nogle gange umuligt at forhindre oplevelsen i at være i fuld kraft. Væsenet vil opleve arbejdet mentalt. Mentalt. Måske kunne du forstå "mentalt", men det er ikke rigtig en mental proces, da det fysiske kan blive påvirket. Og det sker meget hurtigt. De ord, du brugte til at få det til at ske, var, du sagde: "Dette skal ske meget hurtigt." Så ordet "hurtigt" var en udløser. Kommunikation på dette niveau bliver meget delikat.

Faktisk, efter at have lyttet til optageren, havde jeg sagt "meget hurtigt" i stedet for hurtigt, men tilsyneladende blev det tolket på samme måde gennem deres brug af Janices ordforråd.

D: *Jeg er ked af det. Jeg havde ingen måde at vide det på.*
J: Det er en umulighed for dig at vide. Og vi ønsker at interagere med dig. Vi ønsker at give dig vejledning i dit arbejde. Vi ønsker, at du fortsætter med at arbejde med væsenet. Og det er vigtigt for dig at indse, at der er tidspunkter, hvor en udjævning skal påvirkes af os og af dig, for at væsenet kan fortsætte med at være involveret i din session. Du skal forstå, at niveauet af operationel energi er meget ... (Forvirret, leder efter ordet) ... delikat.
D: *Jeg ved, hun reagerede. Det virkede som et varmeudbrud.*
J: Det er fordi, når denne person er placeret i midten af en af cirklerne, kan den særlige rotationskraft forårsage en enorm mængde varme i det fysiske på et øjeblik. Vi forsøger at dele med dig og komme her for at tale med dig, fordi det er vigtigt, at disse ting diskuteres. Men vi skal lære dig nogle metoder til at hjælpe individet med at fortsætte nogle gange.
D: *Ja, fordi jeg havde ingen måde at vide, at nogen af mine ord ville udløse noget. Og jeg ønskede bestemt ikke, at det skulle ske.*
J: Individets fysiske krop vil ikke lide skade. Du vil måske tro, på grund af din fysiske observation med øjet, at kroppens fysiske form vil lide. Dette individ er blevet .... (Usikker på ord igen.)
D: *Hvad er ordet? Konditioneret?*
J: Det er tæt på. Men det er mere end konditionering. (Tøvende.) Forberedt. Ja. Der er en måde at forklare det til dig. Gennem årene, på grund af hendes langvarige involvering i dette projekt, der har fundet sted hele hendes liv her, har hun udviklet sig til et punkt, hvor hun er i stand til at modstå fysiske energiniveauer, der er uforståelige for det almindelige individ. Og også umuligt for deres fysiske krop at opleve uden nogen form for desintegrationseffekt.
D: *Så længe hun kan håndtere det, fordi jeg bestemt ikke ønsker at gøre noget, der kan skade hende. Tror du, det er klogt, at vi stopper med at tale om cirklerne?*

J: Der er mere i det end blot at tale om cirklerne. Cirklerne er en integreret del, fordi det, du endnu ikke har oplevet, er pyramiderne. Du har dine fysiske pyramider i Egypten. Men der er pyramider, meget som dine cirkler, som du endnu ikke har set på overfladen, som også er operationelle. Dette er blot en anden metode til energiarbejde. Energiarbejde er afgørende for vedligeholdelsen af din planet. Og hvad du også skal vide er, at der er fartøjer, der kommer, og når de lander på overfladen, kan de forårsage et fysisk aftryk på samme måde. Så der er cirkler, og der er cirkler.

D: *Men disse landingssteder har ikke den samme energipåvirkning. De skyldes bare fremdriften af fartøjet.*

J: Men når de først er lavet, bliver de brugt.

D: *Det, jeg spurgte om, var, om strålerne kom fra rummet eller fra et fartøj? Hvor bliver de dirigeret fra?*

J: Jeg må ikke fortælle dig det. Vi vil diskutere det ved et andet møde. Der er væsener, som ikke har givet dig viden, og som er til stede, hvis du ønsker at stille dine spørgsmål.

D: *Okay. Men jeg ved aldrig, om jeg berører emner, som jeg ikke må vide noget om.*

J: Det vil du.

Jeg var ved at fortsætte med spørgsmålene, da jeg pludselig blev afbrudt. Noget var sket, som gruppen betragtede som en nødsituation. Det havde forrang over det, jeg lavede.

J: (En streng stemme.) Giv forslaget!
D: *Hvad?*
J: (Det lød utålmodigt.) Giv forslaget!
D: *Hvad mener du?*
J: Væsenet har smerter. Giv forslaget!

Janice holdt sit hoved, så jeg begyndte at give mine sædvanlige forslag for at lindre noget som dette ved at røre midten af hendes pande. Men væsenet afbrød processen og beordrede mig til at anvende tryk med én finger. Jeg forsøgte at gøre, som det foreslog, men det afbrød igen. "Du er det forkerte sted!"

D: Vis mig hvor.
J: (Hun pegede på stedet.) Blidt! Jeg vil guide dig. (Hun tog min finger og guidede den til det rigtige sted midt på hendes pande.) Jeg vil guide dig. Fortsæt med at tale og giv forslaget.

Mens jeg fortsatte med at give forslag, tilfredsstillede det stadig ikke væsenet.

J: Lad mig få din hånd! Bevæg ikke din hånd! Det er vigtigt! (Strengt.) Bevæg ikke din hånd! Lad mig få din hånd. Det er vigtigt for væsenet. Afslap din hånd! Giv mig din finger. (Blidt) Giv mig din finger.
D: Du har den.

Der var en lang pause, mens hun førte min finger til det rette sted på hendes pande. Jeg afslappede min hånd og gav forslag for at lindre ubehag, mens hun manipulerede min hånd.

J: Jeg vil lade dig vide, når jeg er færdig. Jeg beklager at være så kraftfuld over for dig, men der var en nødsituation.
D: Kan du fortælle mig, hvad der forårsagede det?
J: (Pause) Tal ikke! (Lang pause.)
D: Bruger du energien fra min krop? (Nej)

Der var en lang pause, så Janice virkede mere afslappet og trak vejret langsommere igen.

J: (Mekanisk.) Tak. Jeg beklager at have været så kraftfuld, men på grund af nødsituationen var det nødvendigt for os at have den fysiske berøring med væsenet. Og fra hvor vi opererer, er det umuligt.
D: Jeg er glad for, at jeg kunne være til nytte, for jeg holder meget af hendes sikkerhed. Kan du fortælle mig, hvad der forårsagede nødsituationen?
J: Om et øjeblik. Vi skal stabilisere os.
D: Så det er ikke min energi, det er bare den fysiske berøring.
J: Ja. Det har intet med dig eller din energi at gøre. Og hvis du føler noget, vil vi fjerne det.

D: Nej, det gør jeg ikke.
J: Det tænkte jeg heller ikke.
D: Jeg prøver bare at slappe af, så du kan bruge min hånd.
J: Det er meget vanskeligt, og jeg værdsætter dig. Det er meget vigtigt.

Der var en anden lang pause, mens hun flyttede min finger til andre punkter på hendes hoved. Hun gav flere dybe suk.

D: Kan du fortælle mig, hvorfor du trykker på de forskellige områder?
J: Disse er meridianpunkter. De ligner meget din akupressur. Hvad der sker, er, at individet er i stand til at forbinde sig med mig gennem din berøring, selvom din krop ikke er involveret.
D: Jeg vil optage dette. Du rørte panden og flere steder: øjnene, området lige foran ørerne ....
J: (Afbrudte) Giv mig din hånd! Hold din arm stabil.
D: Det er måden, jeg sidder på. Okay. Og du rørte foran ørerne, under hagen og toppen af hovedet. Så lige over næseryggen i midten af panden.

Disse handlinger blev gentaget flere gange. Så afslappede hun sig og sænkede min hånd. Tilsyneladende var nødsituationen overstået.

J: Tak.
D: Er det bedre nu?
J: (Hendes normale stemme.) Ja, det er bedre.
D: Jeg er glad for, at jeg kunne hjælpe. Jeg vidste ikke, hvad jeg lavede. Jeg sad i en anstrengt position, så det var svært for mig at slappe af.
J: (Den strenge stemme var tilbage.) Tak for brugen af din hånd.
D: Hvad var nødsituationen? Kan du fortælle mig det?
J: Det er en restvirkning af cirklerne. Hvad du skal forstå, er, at du er interdimensionel på dette tidspunkt. Væsenet er interdimensionelt. Når du bevæger dig hurtigt mellem dimensioner, og hvis den rette justering ikke opnås, før den dimensionelle skift sker, kan der opstå smerte eller kortslutning i væsenets fysiske tilstand. Og vi ... gik forud for os selv, så at sige.
D: Gik lidt for hurtigt?

J: Det er et spørgsmål om timing. Kosmisk tid, jordtid, biologisk tid. Når disse tider ikke er i overensstemmelse, kan disse ting ske for væsenets fysiske tilstand. Nu skal du forstå, at når du diskuterer cirklerne, lever væsenet det.

D: *Det vidste jeg ikke.*

J: Det ved vi. Vi tænkte, at det måske var noget, du ikke behøvede at vide.

D: *Men for at sikre hendes sikkerhed og frihed fra smerte, vil jeg gerne vide disse ting.*

J: Det blev håndteret på en måde, hvor du vil blive instrueret i fremtiden. Det vil ikke, medmindre nødvendigt, blive oplyst på forhånd. Denne særlige overførsel af information til dig er meget usædvanlig for denne gruppe væsener. Hvad du skal vide, er .... (Dybe vejrtrækninger, og hun virkede utilpas igen.)

D: *Oplever hun varme igen?*

J: Vi prøver at se, om dette er muligt, så vi kan fremskynde processen med at kommunikere med dig. Der vil være nogle nødvendige justeringer, som vi opdager i dette øjeblik.

D: *Okay. Men hvis det forårsager hende nogen ubehag, tror jeg ikke, det er det værd for min skyld.*

J: Det er ikke et spørgsmål om dit valg om det er det værd. Faktisk vælger du enten at udføre arbejdet eller ej. Jeg mener ikke at være kraftfuld. Jeg vil blot fortælle dig, at dette er meget vigtig information. Og det er et spørgsmål om at finde det rette medium til at levere det. Og mens gruppen arbejder med dig, vil der blive etableret en form for ligevægt, som ikke er til stede på nuværende tidspunkt. Så vi har nogle mindre justeringer af ligevægt mellem væsenet og gruppen, og gruppen og dig, og dig og væsenet, og væsenet og gruppen. Når vi hurtigt bevæger os ind i et meget alvorligt emne som cirklerne, kan tingene ske meget hurtigt. Og der er det ord. Men vi har taget os af det med individet. Du forstår, vi var ikke klar over, at "hurtigt" ville forårsage den samme reaktion. Så vi lærer samtidig, hvordan dette individ reagerer.

D: *Det er det, jeg mener. Når jeg taler, har jeg ingen måde at vide, hvordan det vil påvirke hende.*

J: Vi forstår fuldt ud din situation og er sympatiske. Og vi værdsætter, at du er i stand til at forstå, at hvis vi er kraftfulde, er det ikke på grund af vrede mod dig. Det skyldes hastværk. (Lang pause)

D: Lytter du til nogen?
J: (Hendes stemme lød mere normal.) Ja. Det er nogen, der ønsker at tale med dig, men de kan ikke tale engelsk, og jeg kan ikke tale det. Og vi prøver at finde ud af, hvordan vi gør det.
D: Kan de få en anden til at kommunikere det?
J: De leder. De taler. De har en lille diskussion. De står i hjørnet. Det er som om, de prøver at beslutte sig.
D: Sig til dem, at vi er ved at løbe tør for tid her. Jeg vil virkelig gerne have beskeden, fordi de gav mig instruktioner. (Forvirring) Måske kan de overbringe det til en anden, som kan give mig beskeden.
J: Det er det, de gør. (Blidt, som om hun talte til nogen anden.) Okay. (Stort suk.)
D: Er de klar nu?
J: (En anden højere stemme.) Måske.
D: For jeg har ingen måde at vide, om jeg bryder nogen regler, hvis de ikke instruerer mig.
J: (Hun begyndte at tale, men rømmede sig, som om væsenet skulle tilpasse sig hendes stemmebånd. Den næste stemme var tydeligt feminin og blidere.) Der har ikke været nogen regelovertrædelser. Men vi vil advare dig om at være yderst forsigtig i dine uformelle diskussioner om fænomenet. Du skal være forsigtig med, hvem du deler uformel information med. Der er følsomme områder. Det er vigtigt, gentager jeg, at deling af uformel information ikke er tilladt. Du har gjort det godt, og vi er taknemmelige. Et af problemerne kan være informationens karakter og timingen. Det er ikke alle, der skal vide alt. Du er meget dygtig til at afgøre, hvem der skal vide hvad. Det er et niveau af din ekspertise, der gør det muligt for os at arbejde godt med dig. Det handler ikke så meget om tillid eller manglende tillid, som det handler om timing. Tid til at vide, tid til ikke at vide. Så når du i fremtiden får information, vil der nogle gange være instruktioner om ikke at afsløre den, før du får yderligere instruktioner. Måske kan du finde en måde, hvis det er nødvendigt i forhold til noget, andre arbejder på, at rådgive dem. Men afslør ikke din kilde. Vi vil orkestrere deres viden, så alt, der deles med andre, vil være af en art, der er forhåndsgodkendt.
D: Så vil jeg følge jeres instruktioner.

Jeg havde tidligere lært, at jeg var nødt til at lytte til dem, ellers ville de finde måder at forhindre informationen i at blive offentliggjort. I The Custodians beskrev jeg, hvordan fire bånd forsvandt i otte år, fordi det ikke var tid til, at de skulle fremstå skriftligt. Det er over ti år siden denne session, så jeg tror, det nu er tid til at bringe informationen frem. De havde også ret i et andet punkt. Flere gange gennem årene med mit arbejde er jeg blevet givet følsom information og bedt om ikke at offentliggøre det, enten for min egen beskyttelse eller fordi tiden ikke var moden endnu. Så jeg har lært at følge deres instruktioner.

D: *Jeg tror, vi løber tør for tid. Og værten har været igennem en prøvelse med dette i dag. Men jeg vil takke alle medlemmerne af gruppen, der har talt med mig i dag.*
J: Der er andre, som vil tale med dig næste gang.
D: *Og jeg vil prøve meget hårdt på at gøre, hvad I vil have. Hvis jeg laver fejl, er det fordi, jeg ikke forstår.*
J: Åh, vi er meget bevidste om dine evner og værdsætter og takker dig. Det er bare nogle gange nødvendigt at have lidt hastværk. Og når vi har det, kan vi lyde meget hårde, og det er ikke vores hensigt.
D: *Men vær venlig at forstå, at jeg prøver meget hårdt. Og jeg vil ikke svigte jeres tillid, fordi jeg ikke vil have, at forbindelsen slutter på grund af nogen fejl fra min side.*

Jeg begyndte reorienteringsforslagene for at bringe hende tilbage til denne verden, men hun lavede håndbevægelser i stedet for at følge mine instruktioner.

D: *Hvad betyder det?*
J: (Meget blidt.) Vi siger "farvel" til dig.
D: *Jeg tror ikke, jeg kunne gentage de håndbevægelser, men jeg værdsætter det.*

Jeg bragte derefter Janice tilbage til fuld bevidsthed. Hun havde ingen erindring om noget, der var sket, og virkede ikke fysisk eller mentalt værre efter prøvelsen, hun havde udsat os begge for. Jeg havde lært meget af væsenerne i denne session. Når man arbejder inden for et så usædvanligt felt, har jeg ofte haft bekymringer om, at der kunne være nogen fare for subjektet, mest fordi vi begav os ud på ukendt territorium og ikke vidste, hvad vi kunne forvente. Jeg overvåger også nøje personens fysiske tegn, så jeg kan blive advaret om eventuelle problemer, der uventet kunne udvikle sig. Væsenerne fortalte mig tidligere, at jeg ikke skulle bekymre mig så meget om det, at de altid ville fortælle mig, hvis der opstod et problem. Under denne session beviste de, at de holdt ord. De advarede mig om en situation, som jeg ikke på nogen måde kunne have vidst kunne opstå. Jeg havde lært en værdifuld lektion, men jeg havde også lært, at jeg aldrig skulle stole på min egen ekspertise alene. Jeg blev helt klart guidet i mit arbejde af kræfter fra et andet sted, en højere dimension.

* * *

Hvis jeg syntes, at det, der skete i sidste session, var forvirrende, var jeg bestemt ikke forberedt på den information, der kom frem i denne session. Jeg håber blot, at læseren kan følge de mere komplekse begreber.

Der var gået over et år siden vores sidste session. Ved en lejlighed, da jeg var i Little Rock, kunne Janice ikke arbejde med mig. Hun vidste, at hun havde været et sted aftenen før, og det havde påvirket hende i en sådan grad, at hun ikke kunne forlade sit hus og bestemt ikke kunne køre sin bil. Tidligere havde hun sagt, at hun nogle gange ville sætte sig ind i sin bil og ikke engang vide, hvor hun skulle sætte nøglen eller hvordan man startede den. De simpleste ting ville pludselig blive meget komplicerede, som om hendes sind blev fuldstændigt tomt og forvirret.

Ved denne rejse i september 1991 var jeg i Little Rock for at interviewe nogle UFO-sager for Lou Farish, så jeg ville prøve at gøre alt i samme weekend. Før arbejdet gik jeg ud at spise middag med Patsy, Janice og nogle andre venner. Vi diskuterede mest vores personlige liv og nævnte intet om UFO'er eller hvordan mit arbejde gik. Hovedemnet for Janices middagssamtale drejede sig om en gammel kæreste, der for nyligt var kommet tilbage i hendes liv, og tingene blev seriøse. Hun virkede ekstremt glad, trods den fortsatte UFO-aktivitet, der stadig var i baggrunden af hendes liv. Efter middagen gik vi til Patsys hus og havde denne session. Der havde været mange paranormale oplevelser i Janices liv siden vi sidst mødtes, men det blev besluttet ikke at fokusere på en bestemt hændelse. Vi tænkte, det ville være bedre bare at se, hvor sessionen førte os hen. Hver af mine sessioner med Janice var altid fulde af uventede overraskelser og drejninger.

Efter at hun lagde sig på sengen, brugte jeg hendes nøgleord og begyndte induktionen, men hun afbrød og sagde, at vi var nødt til at vente til et bestemt tidspunkt med at begynde.

J: Klokken 11:16 kan vi fortsætte. Præcis.
D: *Okay. Ifølge mit ur er der kun et minut tilbage. Jeg håber bare, mit ur er korrekt.*
J: 11:16, tak. Vi vil vide det. For informationen vil ikke kunne kulminere, hvis det ikke er.

Dette var første gang, et væsen var til stede allerede før sessionen begyndte. Normalt skulle vi søge efter dem. Jeg fortsatte med mine induktionsforslag, mens jeg kiggede på mit ur.

J: Du skal give hende ordet igen.

Jeg slukkede optageren, mens jeg sagde hendes nøgleord, så det ikke ville komme på båndet. Jeg tændte den igen, da hun tilsyneladende var under.

D: *Ved du, hvor du vil hen, eller vil du have, at jeg leder dig?*
J: Vi vil gå til et skæringspunkt i tiden. Tid har skæringspunkter, ved du.
D: *Ja, det fortalte du mig. Hvorfor vil du gå til et skæringspunkt i tiden?*
J: Fordi det vil være begyndelsen på en oplevelse. Det vil omhandle mange ting, fordi det er et multifacetteret skæringspunkt.
D: *Nå, vi er på det tidspunkt, du nævnte tidligere. 11:16.*
J: Jeg er ved et øjeblik, du er ved et minut.
D: *Hvad mener du?*
J: Vi taler om koordineringen af flere forskellige slags tid. Når du taler om menneskets tid, taler du i minutter og timer. Men når du taler om tid i andre riger, måles den ikke i minutter og timer. Men for at bringe information gennem dimensionel tid, skal du være på et

bestemt punkt i menneskets tid. Ellers vil den information, der kommer, ikke være fuldstændig, og den vil ikke være elementært koordineret.

D: *Men det er ofte svært at vide. Når vi har sessioner, gør vi det bare, når vi kan.*

J: Ja, men hvis du finder en person, der arbejder inden for interdimensionel tid, vil de vide, at det er vigtigt. Og at alt skal gøres ikke et minut eller et sekund før eller efter. For det kan gå tabt.

D: *Som en døråbning eller en port? (Ja) Vil du dirigere den, hvor den skal hen?*

J: Vi vil finde det, mens vi rejser.

D: *Hvordan rejser du?*

J: Jeg rejser som en stråle. Som en partikel. Jeg er en partikel. Bare en lys-partikel. Meget lille, mikroskopisk.

D: *Hvor rejser du hen?*

J: (Et stort åndedrag.) Blandt stjernerne.

D: *Hvad ser du derude?*

J: Åh, det er vidunderligt! Det er total, total ophængt fred, stilhed. Rør ved fløjl.

D: *Kan du se, hvor du er på vej hen?*

J: Nej, men jeg ved, hvor jeg er på vej hen. Jeg behøver ikke at se det. Jeg ved, at jeg vil mærke det, når jeg er der.

D: *Jeg undrede mig over, om det lignede noget.*

J: Nej, fordi jeg ikke ser i det fysiske. Jeg ser i et "se-felt". Du ser et mønster, og du ved, det er et sted. Og hvis du går til mønsteret, er du på stedet. Og stedet bliver dig, og du bliver stedet. Så meget, at du ikke behøver at se det, fordi du er det. Så hvis du ønsker at se i det fysiske, kan du spørge, og du kan se i det fysiske. Ellers oplever du det på en helt anden måde. Der er en farve, en rosenkvartsfarve. Og så ved du, at du kommer tættere på det. Og tættere, og tættere, og tættere på det. Og det bevæger sig meget hurtigt. Du bevæger dig meget, meget hurtigt. Meget hurtigt. Men alligevel føler du dig mentalt på en anden hastighed end den fysiske hastighed, som partiklen rejser med, fordi partiklen rejser så hurtigt, at du ikke kan se den.

D: *Mener du, at den blev usynlig?*

J: Ja. Den er lige der, bare swoosh! (Hun virkede distraheret af noget, hun så.) (Blidt) Okay.

D: *Hvad?*

J: Det var et kors. (Distraheret) Det var et ... okay. Et kryds.

D: *Som et vejkryds?*

J: Ja. Ligesom på et kort, når du kommer til det punkt.

D: *Hvad sker der, når du kommer til det punkt?*

J: Du stopper. Du stopper.

D: *Hvorfor stopper du?*

J: Af forskellige grunde. Det afhænger af, hvor du vil være.

D: *Hvad mener du?*

J: På det punkt kan du samle information, eller du kan gå ind i en anden dimension og være i et helt andet liv.

D: *Vil du samle information?*

J: Vi er kun lige begyndt, men jeg vil samle information på dette punkt, fordi det er en port til, hvor vi vil finde vores information. Ser du, hvad der sker, er, at vi er stoppet, så menneskets tid kan være i overensstemmelse med denne tid. Jeg er klar over, at dette måske ikke giver meget mening, men det kan ikke ske på nogen anden måde. Ser du, hvis din tid er ude af synkronisering med denne tid, så kan forbindelsen ikke etableres. Så derfor skal du tillade dette stop, dette stop, og du vil skyde frem i det øjeblik, det har sammenfaldet. Hvis du tager to cirkler og placerer dem ved siden af hinanden, og de kommer sammen, indtil de låser, kan du ikke passere gennem dem.

D: *Men hvis du passerer gennem dem, vil du så komme til et sted med information?*

J: Jeg kan gå til de gamle. Jeg kan gå, hvor end du ønsker at tage hen. Eller jeg kan gå derhen, hvor vi skal tage hen. Og jeg kan gå til Skabelsen. Eller jeg kan gå til Gudskilden.

Hun tog nogle dybe åndedrag og viste fysiske reaktioner. Noget var ved at ske.

J: Det er en infusion af information. Og det er også en lærer, der ønsker at tale med dig og Janice. Og at fortælle dig, at du har passeret tid og rum. (Stemmen ændrede sig.) Først skal du forstå nogle

Den Snoede Univers ~ Bog Et

grundlæggende principper og fundamenter i forhold til kildeenergi.

D: *Jeg er altid villig til at lære.*

J: Den partikel, du opdagede, var faktisk en kildepartikel. Alt begynder med en partikel af lys. Alt, hvad der er, begynder som den mindste pore i din hud. Hvis du kunne forestille dig et molekyle, kunne du se et lyspunkt. Du ville vide, at i den ultimative kilde er det alt, hvad du er. Så det, jeg fortæller dig, er, at inden for denne kilde af "Alt Der Er" danner forbindelserne mellem partikler en kildeenergi. Hvis du ser en type mønster i en partikel, og du placerer den partikel over en anden partikel, vil de fuldstændig matche i hver eneste detalje. Nu, når energi bliver til stof, fra den kildeenergi, rejser den ned ad strålen - eller ud af strålen - afhængigt af dit koncept, eller hvordan du ønsker at relatere til det. Og når det imploderer, eksploderer det ud, det deler sig som en celle, der deler sig, for at danne forskellige individer. Det kan dele sig mange gange. Det kan dele sig én gang. Det kan dele sig millioner af gange. Når det deler sig, bliver det enten mandligt, kvindeligt, eller mand-mand, kvinde-kvinde, mand-kvinde. Efterhånden som det fortsætter med at dele sig og rejse gennem dimensionelle skift, bliver det i hver dimension, hvad det i sidste ende er ved sin kilde. Og det begynder at vokse. Og når det går gennem universer og galakser, er det stadig det, uanset hvor det går hen. Når du bringer partiklen ned til praktisk virkelighed i jordiske termer, har du mennesker, der er: som i partnere. Du har mennesker, der er: som i underdelte partikler. For eksempel: Du har ligheder mellem mennesker. Du har fremmede, der øjeblikkeligt bliver nære venner, fordi de blev underdelt på kildeniveau. Sjældent smelter folk sammen. Kun når der er et højere formål, vil den forening finde sted. Fordi menneskeheden har en måde at ændre virkeligheden på, sådan at den højeste, ultimative mulige virkelighed sjældent bliver realiseret på dette jordiske plan. Så hvad du har, afhænger af planetariske formål. Et fælles formål for menneskehedens ultimative fordel skal realiseres og afhænger af valgene. Den højest mulige afslutning. Du er låst i et energimønster og vil i sidste ende vende tilbage til kilden i det samme energimønster, hvorfra du kom. Jeg taler om hinsides tid og hinsides rum og hinsides skabelse. Jeg fortæller dig, at jeg taler til dig fra hinsides skabelsen. Skabelsen er den cirkel, jeg talte om, gennem hvilken mennesket kan komme. Og mennesket kan vende tilbage, ved at vide hvordan, til sin kilde. Men før det sker, har du noget arbejde at gøre på den planet, fordi det er tid. Som jeg talte til dig om tid, som jeg talte til dig om menneskehedens tid, og i forhold til interdimensionel tid. Jeg prøver at forklare tid for dig. Du skal forstå tid. Og det er dit job. For det er det, du beskæftiger dig med i dine bøger. Du beskæftiger dig med interdimensionel tid.

D: *Og også med meget komplicerede begreber.*

J: Komplicerede begreber, som det er dit job at forenkle, så manden på gaden kan læse det og sige: "Åh!" Så folk begynder at lære at leve liv på samme tid. At forstå, at alt, hvad de gør her i det fysiske på denne planet, påvirker alle andre livstider. Deres linje går hele vejen. Den energistrøm fra hvor vi er nu, hvad vi siger nu, hvad du siger fra hvor du er til hvor jeg er, vil altid forblive. Forskellen er, når du bevæger dig fra dimension til dimension.

D: *Jeg bliver ved med at tænke, at jeg bliver ledt til tabt viden, til tabte informationer.*

J: Det er tabt.

D: *Jeg føler, at jeg skal hente det tilbage.*

J: Det er min pointe. Det er det, jeg fortæller dig. Da du blev ledt til Nostradamus-profetierne, var det kun begyndelsen. Spidsen af isbjerget. Du har kun rørt overfladen. Da du talte med ham, var det virkelighed for ham, fordi hans virkelighed er, hvor han er. Og hans virkelighed eksisterer, ligesom din virkelighed eksisterer. Det vil aldrig ophøre med at eksistere. Det er kun et skift. Det er blot et skift.– Kan du huske, at vi indledningsvis begyndte at tale kl. 11:16. Vi talte kl. 11:16, fordi 11:16 er forbundet med …. (Pause) Jeg tror måske, jeg skal fortælle dig det på papir.

Dette er sket før under sessioner, men denne gang var jeg ikke forberedt på det. Jeg talte til hende, mens jeg åbnede min taske og ledte efter en blok og en markør, som jeg har lært at medbringe til netop sådanne lejligheder. Jeg bragte materialerne tilbage til sengen. Hun satte sig op, og jeg rakte hende markøren og placerede blokken i hendes anden hånd. Hun åbnede sine øjne med besvær og stirrede på papiret.

Den Snoede Univers ~ Bog Et

Jeg var vidne til dette fænomen flere gange i de tidlige dage af mit arbejde. Det er altid fascinerende at observere, fordi personen har det glasagtige udseende af én, der ikke er vågen. De er altid uvidende om deres omgivelser og har al deres koncentration rettet mod papiret og det, de tegner eller skriver.

J: (Hun begyndte at tegne.) Dette er dig, hvor vi er, hvor du er, hvor jeg er med dig. Dette er flydende. Dette bevæger sig konstant. Det stopper aldrig.

D: *Hvad er det?*

J: Niveauer. (Pause, mens hun tegnede.) Jeg vil forklare dimensionel tid. (Lang pause, mens hun tegnede linjer.) Der er flere, flere.

D: *Hvad repræsenterer de linjer?*

J: Tid. Perioder.

D: *Tidsperioder? (Ja) Forskellige år, mener du?*

J: Ja, bortset fra at det er mere kompliceret end år, fordi det kan være universer og galakser indenfor. Afhængigt af hvor langt du går ud. Du kan gå ud i en af disse tidsperioder til et punkt af uendelighed. (Hun tegnede, mens hun talte.) Uendelighed, uendelighed, uendelighed. Du, mig, alle på planeten i det fysiske ....

D: *På den prik. Okay.*

J: Så ... Gudskilden.

D: *Derovre i det flydende. Okay.*

J: Det hele er flydende. (Hun markerede datoer.) Åh, det betyder egentlig ikke noget, hvilke år jeg skriver ned. Du begynder at bevæge dig. Til alle tider bevæger energi sig på denne måde.

D: *Fremad?*

J: Og på denne måde.

D: *Fremad og bagud også.*

J: Og sådan er tid. Og sådan er tid.

D: *Bagud og fremad på samme tid?*

J: På samme tid. Når du først mestrer dematerialisering, kan du blive den partikel, du startede fra, mens du er i det fysiske. Du kan gå hertil, fordi du var her. Da du kom herfra og hertil, bevægede du dig gennem alt, hvad der eksisterer. Og du bevæger dig altid gennem alt, hvad der eksisterer. Det er kompliceret. Men det, du skal vide, er, at når du bevæger dig som en partikel, går du hertil ....

D: Til det år eller tidsramme.

J: Og du kan bevæge dig til hvilket som helst liv inden for den periode, fordi der er mere end ét liv i hver periode. Så det, jeg siger til dig, er, at det er helt muligt som en partikel at gå til, hvor Nostradamus er. Fordi han eksisterer hinsides tiden. Fordi her – dette er Skabelsen – stopper tiden! Menneskeskabte tidsperioder stopper.

D: Ved skabelsen?

J: Ved skabelsen. Din menneskeheds historie siger, at Gud skabte himlen og jorden.

D: Det virker, som om det var dér, tiden begyndte, i stedet for at stoppe.

J: Det begynder for mennesket, men det stopper for disse dimensioner her. Fordi du har lige dimensioner i begge rammer. Du har lige dimensioner. Du har menneskets tid, der starter her. Al tid. Al tid-tid. Men vores slags tid – åndens tid – er totalt anderledes, men alligevel i overensstemmelse med. Mekanikken er helt anderledes. Du siger, "Klokken et." Og vi siger, intet! Fordi vi ikke har brug for tid. Fordi vi er alt. Vi var altid. Nostradamus er her og er alt, hvad han nogensinde har været, og fortsætter sin uendelighed. Selvom døden fik ham til at ophøre med at være her, fik den ham aldrig til at ophøre med at være her. Så faktisk, i virkeligheden, hvad du gør, er, at du kommer til punktet for hans død. Du transcenderer hans død. Du forbinder dig med ham, der lever sin uendelighed. Og det er informationen og konceptet i virkeligheden, som du bringer tilbage fra ham, tilbage gennem skabelsen, tilbage hertil.

D: Når jeg tager folk tilbage til tidligere liv, er det denne partikel, der går til de liv og genoplever dem? (Ja) Fordi det er, som om den personlighed i det andet liv aldrig dør.

J: Den dør aldrig.

D: Jeg kan kontakte de andre personligheder når som helst.

J: Korrekt. Hvad du gør, er, at du vibrationsmæssigt forbinder denne partikel, der eksisterer her, med denne partikel, der eksisterer her. Meget som du siger: "Åh, jeg husker, hvad der skete til jul i 1964. Vi sad omkring juletræet. Åh! Jeg fik en dukke." Det er i dette liv. Men du taler om denne vibrationsrate. Lige her. (Tegning.) Denne vibrationsrate. Du tunede dig bare ind på Jorden 1-9-4-5 i dette liv. Dette liv startede i 1-9-4-5. Dette er en tidsperiode i denne dimension. Men ved døden rejser partiklen hele vejen hertil.

D: *Tilbage til kilden, hvorfra den startede.*

J: Men, mere kompliceret er det, at afhængigt af hvad der skete her, kan den måske vende tilbage hertil. (Pegede på datoer.)

D: *Hvis den vil springe tilbage til 1800-tallet, kan den gøre det.*

J: Og komme tilbage derfra. Så vi bevæger os ind i noget fysik her. Der er lidt mere. Men hvad du skal vide med hensyn til Einsteins og Nostradamus' …. Der er et område. (Hun tegnede.)

D: *Hvad er det?*

J: Det er al viden. Gammel, al viden. Hvad der er sket med folk som Nostradamus og Einstein er, at de begyndte her.

D: *I det område af al viden?*

J: Ja. Men de tog et område af specialisering med sig til planeten. Nu er de ikke nødvendigvis vendt tilbage hertil (området med al viden), men det er irrelevant, når du først passerer punktet for Skabelsen, hvor du er.

D: *Men de beholdt mere af denne viden i deres underbevidsthed? Ville det være korrekt?*

J: Præcis. Men det var deres formål med at komme, at bringe den.

D: *Til vores tid. Okay. Ville det være korrekt at kalde den lille gnist "din sjæl"?*

J: Du kunne kalde det en sjæl, men faktisk i sand virkelighed, bør du kalde det din "kildeenergi." En sjæl er menneskets navn for den kildeenergi, fordi alt er energi. Alt, alt, alt er energi. Nu, dette …. (Hun tegnede igen.)

D: *Den flydende del.*

J: Gudkilden eller den flydende del. Gnisten er alt, hvad denne flydende del er.

D: *Ville det være som vores koncept om Gud?*

J: Det kunne det være. Ja, hvis du ønsker det, kunne det være Gud. Det kunne være det ultimative. Det kunne kaldes ved ethvert navn. Det har faktisk ikke noget navn. Vi bruger ikke navne. Faktisk er vi alle flydende, når du passerer dette punkt. Faktisk eksisterer du på den måde. Og du kan også fusionere her og her og her. Og du kan også vide alt og komme ud. (Tegning.) Du ser, jeg siger, at disse overlapper hinanden …. (Tegning.)

D: *Alle disse små prikker. De overlapper alle hinanden.*

J: Og når hver molekyle har overlappet, deler de sig igen i deres tre. (Tegning.) Og de er alt, hvad den anden energi var. Alt.

D: *Men hovedsagen er, at vi fokuserer på denne del af vores liv lige nu. Er det idéen?*

J: Når vi går ind i hinandens liv her, tager vi en del af, hvad de var, og en del af, hvad de er, med os. Vi gør alt her i det fysiske, som vi gør her.

D: *I ånden.*

J: Det er ingen forskel.

D: *Men vi ved ikke noget om de andre, fordi vi fokuserer på dette liv og det, vi gør nu.*

J: På grund af vores vibrationsfrekvens er vi her. Alt, der sker, når du bevæger dig, er, at energien accelererer. Den accelererer, når den bevæger sig denne vej (Fremad). Den sænker farten, når den bevæger sig denne vej (Bagud).

Hun virkede færdig med tegningen, så jeg hjalp hende med at lægge sig tilbage og bad hende lukke øjnene igen. Jeg kiggede på papiret, mens hun rykkede rundt for at gøre sig komfortabel igen. Jeg tænkte, at det ville være nytteløst at gemme det for at inkludere det i en bog senere. Da hun var færdig med det, var det en meningsløs sammenblanding af linjer og prikker, der gav lige så lidt mening som et barns kruseduller. Jeg vidste, at den vigtige beskrivelse ville blive fanget af båndoptageren.

J: Vi har udsat Janice for forskellige kommunikationsmønstre. Det er begyndelsen på et helt anderledes koncept for kommunikation, som Einstein var meget opmærksom på.

D: *Hun talte om den gang, hun lå på sofaen i sit hus, og al denne information syntes at komme gennem vinduet på en lysstråle og bombardere hende. Billeder? Symboler? Hvad handlede det om?*

J: Energimønstre.

D: *Hvad var formålet?*

J: Energimønstre er kodet med information. Hvert mønster indeholder et andet sæt viden. Et andet koncept. Og måske endda en hel planets historie.

D: *I disse designs og billeder?*

J: Ja. Fordi hendes mentale kapacitet er sådan, at hun kan bære denne viden, og det fungerer meget som en tidsindstillet vitaminpille. Hver gang skæringspunktet mellem menneskehedens tid og interdimensionel tid falder sammen, vil en interplanetarisk ... (søgte efter ordet) overlapning, om du vil, forårsage, at et sæt omstændigheder udvikler sig. Så det kan blive registreret, og måske af dig. De forbindelser, du skaber, skyldes, at du er betroet at registrere korrekt. Og du har rene intentioner.

D: *Ja, jeg fik at vide, at jeg ikke skulle censurere noget. Bare rapportere det, som det kom.*

J: Og du har ikke censureret. (Blidt) Bortset fra et par tilfælde.

D: *Nogle gange var det nødvendigt i visse dele, men det meste er forblevet rent. – Det var formålet med al denne bombardering.*

J: Nej, det var ikke det samlede formål. Dog var det et af formålene. Der er et andet formål. Og det andet formål er, at hun kan bære en særlig vibrationsfrekvens i forhold til det projekt, som jeg tidligere nævnte for dig. Det er også en aktivering af anden information, hun allerede besidder. Og det er også en integration af tider inden i hende, fordi hun forstår vigtigheden af skæringspunkter. Hun skal blive aktiv i at opnå ... (søger efter ordet) aktivering af nogle koncepter, der allerede eksisterer inden i hende, fordi – vi bruger ikke ordet "implanteret", men de er blevet placeret i hendes hukommelsesbank. Så når det præsenteres for hende i det fysiske, får det viden til at komme frem i det bevidste sind, og en integration af tidsrammer finder sted. Og på et kildeniveau, på et energimønsterniveau, er planetens vibrationsfrekvens interdimensionelt forbundet hele vejen til kilden. Det er derfor, det er vigtigt for menneskeheden ikke at ødelægge sin planet, forstår du. Fordi det interdimensionelt vil have en påvirkning hele vejen til kilden. Nu, hvad jeg ikke har forklaret, er, at da jeg sagde, hun havde et valg, betød det, at vi placerede information i hendes vej. Og hun skubbede det væk. Det var hendes valg. Vi ledte hende til bøger designet til at aktivere visse minder. Og hun læste dem ikke, så minderne blev ikke aktive. Vi giver hende fysisk stimulans for koncepter, der er blevet placeret i den hukommelsesbank. Men hvis hun vælger at ignorere sin mulighed, må vi vente på et andet skæringspunkt i tiden for at gendanne det.

D: *Så du mener, at det er derfor, hun skulle arbejde med mig, for at hjælpe hende med at frigive dette?*
J: Ja. Det, jeg ønsker at forklare dig, er, at Janice er en multifacetteret person, som er i stand til at tune ind i forskellige dimensioner. Hun har en fuld forståelse af tid i forhold til interdimensionelle skæringspunkter. Med selv finjustering af denne viden til at forstå ting som solformørkelsen, kan det ændre historien på din planet. Hvis hver person, der er involveret i Triangle-projektet, er placeret på det punkt på planeten, hvor de skal være på et bestemt tidspunkt, vil historien ændre sig. Hvis én person ikke placerer sig selv, så vil det øjeblik, det skæringspunkt, det menneskelige minut-time tid i forhold til multidimensionel tid, aldrig komme igen. Og det skal projekteres ind i fremtidig menneskelig tid, interdimensionel tid, for at give mulighed for, at ændringen kan finde sted. Ellers vil det ikke ske.
D: *Men vi er normale mennesker. Vi ved virkelig ikke, at vi skal være et bestemt sted og gøre visse ting.*
J: Jo, det ved I. Det ved I. Det ved I. Hun ved det. I bliver forberedt. Janice har en forbindelse med dig, og du med hende. Enhver anden, du arbejder med, har en forbindelse. Og I vil altid vide, hvornår det er tid. I vil tænke: "Jeg skal gøre dette. Jeg skal gøre det." Og I vil prøve. Husk min forklaring til dig om skæringspunkter. Du kan ikke sætte det. Dit emne kan ikke sætte det. Det er allerede forudbestemt. Og hvad du skal vide, er, at det ikke vil være i forhold til din tid eller emnets tid. Det vil være i forhold til planetarisk universel betydning, meget ligesom din Nostradamus-information kom.
D: *Men det kom som en total overraskelse første gang.*
J: Men det var forudbestemt. Du begyndte ved et skæringspunkt. Du kunne ikke have gjort det på et andet tidspunkt. Det ville ikke være sket. Men hvad du skal forstå er, at dit UFO-arbejde lige nu er vigtigere end dit Nostradamus-arbejde. Jeg siger dette til dig, fordi jeg ønsker, at du skal være forberedt. Og jeg ønsker, at du skal blive organiseret. Du er ikke færdig med dit arbejde med UFO'er. Og meget af det arbejde, du har gjort med Janice i relation til UFO'er, er for din egen forståelse. Fordi når du bevæger dig gennem dine UFO-kontakter, vil der komme et punkt i dit liv, hvor du vil se din forbindelse i det samlede billede. Noget af

informationen er ikke til offentliggørelse. Du vil få lov til at bruge noget af informationen. Men der er en stor del, der ikke ville være gavnlig på nuværende tidspunkt, fordi det ville forårsage, at fremtidige udviklinger blev ændret på grund af den viden og hvad der ville ske vibrationsmæssigt, når den bliver spredt. Hvad du ikke forstår er, hvad der sker energi-mæssigt, når din information bliver spredt. Når dine bøger bliver solgt her, der, her, der. Hvad sker der? Har du tænkt over, hvad der sker på energiniveau?

D: *Jeg ved, at jeg forbinder mig med mange mennesker.*

J: Hvad sker der på energiniveau? Vi taler om energi. Hvad sker der? Nostradamus' energi går gennem hver person, der læser den bog.

D: *Mange mennesker skriver til mig og fortæller, at de føler noget.*

J: Det er fordi, jeg taler til dig om, hvad de siger. De siger til dig, hvad jeg forklarer.

Jeg nærmede mig afslutningen på sessionen igen. Jeg har aldrig en person i trance i mere end halvanden time. Længere tid end det kan give nogle uønskede bivirkninger, inklusive træthed og forvirring.

D: *Jeg tror, det er tid til at afslutte denne session nu. Jeg vil fortsætte mit arbejde, og når tiden er rigtig, vil den anden information komme igennem. Jeg vil gerne takke dig, hvem du end er, som har givet mig denne information.*

J: Jeg taler til dig fra hinsides tid. Hinsides Skabelsen.

D: *Hinsides Skabelsen. Forbi begyndelsen af Skabelsen?*

J: Ja. Du er et vidunderligt væsen. Og vi er ofte omkring dig. Og vi guider dig i retninger for at samle information. For i virkeligheden er du vores oversætter, ligesom du er Nostradamus' oversætter, fordi hans viden stammer fra dette niveau af forståelse.

D: *Jeg forsøger at samle det på den bedst mulige måde.*

J: Og du gør et vidunderligt stykke arbejde.

Jeg bad derefter entiteten om at trække sig tilbage, så Janices bevidsthed og personlighed kunne integreres fuldt ud tilbage i hendes krop. Det var tydeligt, da entiteten forlod, fordi Janice begyndte at hoste og bevæge sig rundt, mens hun tidligere ikke havde vist sådanne symptomer. Derefter orienterede jeg hende og bragte hende frem til fuld bevidsthed.

* * *

Dette var den sidste session, jeg havde med Janice. Hun fortsatte sit liv, ligesom jeg fortsatte mit. Hendes største bekymring var at få sin identitet beskyttet, og dette har jeg gjort ved at ændre hendes navn og profession i begge bøger. Jeg vil altid være taknemmelig for den vidunderlige information, hun gav mig, og de koncepter, hun præsenterede mig for, som for altid vil ændre min måde at tænke på og min måde at se verden på. Det vil også for evigt påvirke, hvordan jeg udfører mit arbejde og indsamler information. Janices information har givet mig en anden måde at se den verden, vi lever i, på, og vist mig, at vi virkelig bor i et komplekst og sammenfiltret univers, hvor alt er muligt.

Kapitel Fem
Vidensopbevaringsplaneten

En del af denne session blev inkluderet i The Custodians. I begyndelsen af mit arbejde med bortførelsessager, når en person havde en periode med "manglende tid", fandt de sig selv ombord på et rumfartøj, hvor de interagerede med udenjordiske væsener. Efterhånden som mit arbejde skred frem, begyndte tingene at ændre sig. Jeg fandt sager, hvor folk, i stedet for at befinde sig ombord på et fysisk fartøj, fandt sig selv i andre verdslige situationer. Et eksempel blev rapporteret i Kapitel 4. Jeg er nået frem til den konklusion, at vi ikke kan tage noget for givet inden for dette område af arbejde. Hver gang jeg tror, at et mønster er etableret, støder jeg på sager, der afviger fra mønsteret og fører mig i en anden retning. Dette udvider konstant min forståelse af den ukendte verden, jeg har udforsket. Jeg inkluderede den første del af denne sag i The Custodians for at illustrere en dramatisk situation med manglende tid, men da resten af historien ikke fulgte normen, besluttede jeg at gemme den til denne bog og fortælle historien i sin helhed.

Under 1997 skrev og ringede Clara flere gange og bad om en session. Dette sker så ofte nu, at jeg ikke længere kan arbejde med nye emner, medmindre jeg skal holde et foredrag i byen, hvor de bor, og kun hvis jeg har tid. Jeg kan ikke arbejde med alle og samtidig bevare min egen energi. I begyndelsen af mit arbejde kørte jeg ofte lange afstande for at have sessioner med folk og forsøgte at hjælpe alle, der spurgte, men tiderne og omstændighederne har ændret sig. Der er nu så mange mennesker, der ønsker sessioner, at jeg holdt op med at afholde dem hjemme, og på den dag, jeg skal holde et foredrag. Jeg finder ud af, at min energi bliver delt, hvis jeg gør for mange forskellige ting på foredragsturneerne. Jeg afholder kun sessioner på dage, hvor der er planlagt lidt andet. Normalt fortæller jeg folk, at de vil blive sat på min venteliste, og næste gang jeg er i deres by, kan vi planlægge en aftale.

Clara fandt ud af, at jeg skulle være i Hollywood i maj 1997 for en konference, så hun ringede og bad om en aftale. Hun bor nær San

Francisco, men hun var villig til at køre ned til Hollywood. Under disse omstændigheder følte jeg, at jeg ikke kunne afslå hende, især hvis hun var villig til at tage alt det besvær på sig.

Konferencen viste sig at være en katastrofe. Mangel på reklame og planlægning var hovedårsagen. Selvom alle talerne var der, var der ingen deltagere. Flere foredrag blev aflyst, fordi der ikke var noget publikum. Det var den værste, jeg nogensinde har deltaget i, men som et resultat havde jeg mere tid til rådighed, end jeg havde forventet. Phil (min ven og emne i Keepers of the Garden) boede nu der. Han gjorde turen til en sightseeing-tur og viste mig det Hollywood, jeg havde ønsket at se lige siden, jeg var teenager og drømte drømme i en mørklagt biograf. Jeg havde aldrig haft tid til virkelig at se det før, da jeg altid var begrænset til mit hotel eller konferencecenteret. Efter en konference skulle jeg altid direkte til lufthavnen. Vi besluttede at få det bedste ud af en dårlig situation, og jeg nød virkelig at se byens glamourøse side.

Da Clara ankom, var jeg afslappet og havde masser af tid at bruge sammen med hende. Hun kom til hotelværelset. Phil ville komme senere og vente i lobbyen, indtil vi var færdige, så vi kunne gå ud og spise aftensmad.

Clara er en attraktiv blond kvinde i fyrrerne, aktiv, intelligent og ved godt helbred. Under samtalen forinden, hvor jeg forsøger at bestemme problemet eller årsagen til sessionen, sagde hun, at det, der generede hende mest, var en episode med manglende tid, der var sket nogle år tidligere. Hun tager af og til til Hawaii for konferencer, der vedrører hendes arbejde. Ved denne lejlighed kørte hun på øen Maui. Det var næsten skumring, men stadig lyst, og hun ledte efter et hotel, hun havde været på før. Det lå ved stranden, og hun ville gerne spise aftensmad der og nyde udsigten over havet. Mens hun kørte og ledte efter det, opdagede hun, at hun var kørt forbi indgangen, og besluttede sig for at køre lidt længere ned ad vejen for at finde et sted at vende om og køre tilbage. Denne del af øen havde frodig tropisk vegetation og palmetræer, der skygger over den smalle vej. Der var få huse, og de lå gemt væk fra vejen, skjult for udsyn. Hun fandt endelig en indkørsel, hvor hun kunne vende, selvom hun mentalt bemærkede, at hun aldrig havde lagt mærke til den før, da hun kørte samme rute. Da hun drejede ind, fandt hun sig selv i et lille boligområde bestående af modulhuse. De lå blandt palmetræer i meget behagelige omgivelser. Det eneste underlige var, at Clara ikke kunne huske nogensinde at have set dette samfund på den vej før. Hun kørte sin bil ind i indkørslen og var ved at vende den rundt – og det var det sidste, hun huskede.

Det næste øjeblik befandt hun sig på den anden side af øen, kørende ned ad en travl fire-sporet motorvej. Det var nu bælgravende mørkt, og hun havde ingen idé om, hvordan hun var kommet dertil.

Et år senere, da hun vendte tilbage til Maui for en anden konference, kørte hun af nysgerrighed ned ad den samme vej og ledte efter den indkørsel, hun havde vendt rundt i, fordi den mærkelige hændelse aldrig havde forladt hendes hukommelse. Hun kørte rundt i hele området, og selvom hun fandt hotellet igen, fandt hun aldrig boligområdet med modulhusene. Dette havde forvirret hende lige siden, og det var det, der fik hende til at bede om en session. Hun ville opdage, hvad der skete den aften, og hvordan hun så mystisk var kommet til den anden side af øen uden nogen erindring om at have kørt derhen.

Hun viste sig at være et fremragende emne. Jeg havde ingen problemer med straks at få hende i en dyb trance. Hun huskede datoen for hændelsen, så jeg førte hende tilbage til marts 1994, da hun var på øen Maui på Hawaii. Hun fandt sig selv stående foran sit hotel, Maui Sun, ved at gå gennem glasdørene. Hun var lige ankommet til en årlig workshop, hvor hun kunne kombinere afslapning med arbejde. Hun beundrede de livlige farver på blomsterne, der omgav hotellet. Efter at hun havde tjekket ind, førte jeg hende frem i tiden til det tidspunkt, hvor hun kørte til det andet hotel for at spise middag.

C: Jeg har aldrig været der for at spise før. Jeg er bare kørt forbi det. Det ligger lige ved vandet, hvor mit hotel ligger lidt oppe ad bakken. Og jeg ville virkelig gerne sidde på hotellet med vinduerne åbne og høre vandet bruse mod stranden. Jeg har ønsket at tage derhen i lang tid, men det er bare aldrig blevet til noget.

D: *Hvilket tidspunkt på dagen er det?*

C: Det er lige ved at blive skumring. Jeg ved ikke, hvad klokken er, men det bliver mørkere. Det er svært at se, fordi der ikke er nogen gadelygter. Og jeg kører forbi Astland. Det er et meget stort sted, og jeg misser den indkørsel. Der er mange træer, og indkørslen ser ud som... ikke camoufleret, men jeg misser den bare. (Irriteret) Jeg kan simpelthen ikke se den. Så jeg kører videre for at finde et sted at vende om og køre tilbage, for jeg vil virkelig gerne spise middag på det hotel.

Under denne del virkede det nogle gange, som om hun talte til sig selv, mens hun kørte, og så også svarede på mine spørgsmål.

C: Jeg kører. Og jeg finder dette sted... Okay. Så jeg ser dette sted. Det er en blindgyde. Ja, det her ser ud til at være et godt sted at vende om. Hmmm. Jeg har aldrig set det her sted før. (Forvirret) Hmmm. Der er smukke palmetræer og blomster og et hegn, men det er et, jeg kan se igennem. Og der er alle mulige... (hun havde svært ved at beskrive det) modulhuse eller meget flotte mobilhomes. Ja, okay, det her er et smukt sted.
D: *Og finder du et sted at vende om?*
C: Ja. Det er en blindgyde, og jeg er ved at vende bilen. (Blidt) Og jeg ser disse stærke lys. (Pause, derefter forvirring.) Det er som... blændende lys.
D: *Hvor er de?*
C: (Hendes vejrtrækning blev hurtigere.) De kommer ned fra himlen. Og det er som en tragt af lys. En tragt, med den brede ende ned mod mig. Det er næsten som... fra solen, når du ser gennem træerne, dette klare, klare lys. Og jeg føler en masse meget kraftig energi fra dette lys. (Dyb vejrtrækning)
D: *Er det et solidt lys?*
C: Det er som strålende lys. Strømme af lys.

Det var tydeligt ud fra hendes stemme og vejrtrækning, at hun oplevede noget usædvanligt og let foruroligende.

D: *Kører du stadig din bil?*
C: Nej! Jeg bare er. Jeg bare er.
D: *Hvad mener du?*
C: (Med vantro) Det føles som om, jeg er en del af dette lys.
D: *Er du stadig i din bil?*
C: Nej. Det føles som om, jeg svæver. Og som om jeg er en del af lyset. (Dybe vejrtrækninger.) Jeg er bare lys. Det føles som en

transcendens af tid og lys. Som om jeg bevæger mig. Jeg er på vej et sted hen, men jeg ved ikke, hvor jeg skal hen. Og det er okay. (Hun var bestemt fanget af oplevelsen.) Følelsen af at svæve. Af at bevæge sig. Gennem farver, gennem tid, gennem rum, gennem... (Dybe vejrtrækninger.) Det er meget behageligt.

D: *Er det alt, du kan se, er farver?*
C: (Sløv) Farver og gyldent lys. Og det er bare meget fredfyldt. (Hun udåndede på en meget afslappet måde.) Følelsen er, at jeg er alt, og alt er mig. Alt, hvad der er, er der. Alt, hvad der er, er her. Alt, hvad der er, er.
D: *Har du følelsen af at bevæge dig eller tage et sted hen?*
C: Ja. Jeg stiger op. Jeg bevæger mig til et andet sted og en anden tid.
D: *Lad os se, hvor du er på vej hen.*
C: (Tøvende) Det er som om, jeg lige er landet. Det ser ud som et sted, hvor... (Dyb suk.) Det er meget svært at beskrive.

Hun havde svært ved at finde ordene til at beskrive sine omgivelser, men det virkede som om, hun var landet på meget fladt terræn, hvor der var flere spir. "De er som bygninger. Grå som granit. De glitrer i farven, men er mere grå. Glitrer som granit."

D: *Vil du gå derover?*
C: Jeg vil, men jeg føler en modvilje. Dette er så overvældende. (Hun blev følelsesladet og begyndte at græde.) At være her! Det er som om, det er... (Hun græd åbenlyst.)

Det var svært at forstå, hvorfor synet af denne scene gjorde hende følelsesladet.

C: Jeg troede aldrig, jeg ville se dette igen. (Hun snøftede og græd.)
D: *Forklar, hvad du mener.*
C: Det er som om, jeg er kommet hjem. (Hun græd højlydt.)
D: *Og dette er et sted, du kender?*
C: (Sukkende) Ja. Jeg kender det. Men det er fra en fjern fortid i tiden. Og jeg var ikke sikker på, at jeg nogensinde ville komme her igen. (Sukkende) Det er en meget god følelse.

Mens jeg forsøgte at berolige hende, gik en kuldegysning gennem mig. Det var som déjà vu. Dette lød som den samme scene og den samme følelsesmæssige oplevelse, som Phil havde, da han uventet kom til Planet of the Three Spires. Dette var stedet, han kaldte "hjem", og han vidste, at han havde været væk i lang tid og troede, at han aldrig ville se det igen. Dette blev rapporteret i Keepers of the Garden. Kunne Clara være kommet til det samme sted?

D: *Ser du nogen mennesker?*
C: (Snøftende) Nej, jeg ser ikke nogen lige nu. Jeg er bare kommet... (Hun forsøgte at samle sig selv.)
D: *Det var en overraskelse, du mener. Uventet.*
C: Jeg er meget overrasket. Jeg ... jeg troede ikke, jeg nogensinde ville være her igen. Og det virker så pludseligt at være her. Som om jeg kom en lang vej. Og gennem en lang tid. (Hun var stadig følelsesladet.) At være på dette sted. (Græder)
D: *Det lyder som et særligt sted. (Jeg vidste, at jeg skulle få hende forbi følelsen, før vi kunne fortsætte historien.) Fortæl mig, hvad der sker.*
C: Jeg kigger, og det er, som om jeg kom på dette lys til dette sted. Og ... (Pause) jeg ser mennesker.
D: *Hvor er menneskene?*
C: (Beroligende) Det er en gruppe mennesker, og de kommer rundt om bygningerne.
D: *Ser de dig?*
C: Ja. Og jeg ser meget underlig ud for dem. (Sukkende igen.)
D: *Hvorfor ser du underlig ud for dem?*
C: Fordi jeg ikke er grå som dem. Jeg er lys. Jeg er denne væsen af lys. Og de er nysgerrige. Men jeg er også nysgerrig. Jeg vil gerne se, hvad det her er.
D: *Hvordan ser de ud?*
C: De har brune hoveder, og... (Håndbevægelser) Deres hoveder ser sådan her ud.
D: *(Jeg forsøgte at tyde hendes bevægelser) Du mener, en slags aflang form?*
C: Ja, deres hager kommer næsten ned til en spids. Og det er næsten som om, de bare er hoveder, og der er ikke meget krop. Du ser kun hovedet.

D: Kan du se nogen ansigtstræk?
C: Jeg ser mest deres intelligens. Og det er meget...

Hun havde svært ved at forklare, men i det mindste græd hun ikke længere.

D: Har de noget på, eller kan du se det?
C: Det er som en kropdragt. Alting er én farve, grå og skinnende.
D: Og du sagde, at denne gruppe mennesker ser dig som lysende?
C: Jeg er bare lys. Og de virker nysgerrige over for mit væsen af lys. De kommer meget tættere på. De prøver at røre ved mig. Og jeg er en smule bekymret. Jeg ved ikke, hvad der vil ske. De prøver at røre ved mig.
D: Kan du se deres hænder?
C: Ja. De er lidt tynde, bare... åh, fingrene. Jeg ser tre fingre, og så er der en lille finger, som næsten er intet, som en lille stub. Og de vil bare røre ved mig.
D: Kan de røre ved lyset?
C: Ja. Det føles bare kærligt.
D: Du var bekymret.
C: Ja. Men efterhånden som de kommer tættere på... (Hendes ansigtsudtryk og lyde indikerede en behagelig oplevelse.) De er meget nysgerrige.
D: Men nu generer det dig ikke længere.
C: Nej. Det er okay.
D: Forstår de, hvem du er?
C: De virker til at vide, hvem jeg er, og hvad jeg er. Og vi går sammen tilbage mod bygningerne. De fortæller mig, at jeg er en af dem. Men jeg er gået ud fra dette sted som en undersøger for at samle information. Og at jeg måtte gå som et lysvæsen gennem tid. Og nu har jeg samlet informationen og er vendt tilbage for at bringe denne information til dette sted.
D: Har du været væk i lang tid?
C: I en meget lang tid. En meget, meget, meget, meget, meget lang tid.
D: Men de genkender dig stadig?
C: Det tog et stykke tid. De sagde, at de var nysgerrige. De var ikke sikre på, at det var mig, den person, der var blevet sendt for at

samle information. Nu genkender de mig. De ved, at jeg er den, der blev sendt.

D: Er der mange mennesker, der bliver sendt for at gøre disse ting?
C: En hver tusind eller to tusind år.

D: Hvorfor ville de have dig til at indsamle informationen?
C: For at hente den viden, der er uden for dette sted, så den ikke går tabt.

D: Du mener, det er viden, som ikke er en del af deres historie?
C: Ja. Historien og viden fra en anden tid og et andet sted.

D: Hvorfor er de interesserede i at hente den, hvis det ikke er deres historie?
C: Fordi de havde hørt om dette andet sted, og de kunne lære af denne viden. Den skulle ikke gå tabt.

D: Så de ønskede, at du skulle finde ny information, de ikke havde?
C: Ny information fra det andet sted, som de ikke kendte. Som de kunne samle.

D: Havde de ingen anden måde at finde informationen på?
C: Fra tid til anden vælger disse væsener deres udvalgte. Og de vælger at rejse til andre galakser, til andre tider og steder i rummet for at få viden om tid, rum og sted. Og bringe det tilbage til dette sted for at lære, vokse og udvide. For når denne tid og dette sted lærer at vokse og udvide sig, adskilles det. Det bliver til en anden tid og et andet sted.

D: Du mener, det kan kun udvide sig gennem viden?
C: Gennem viden.

D: Har de måder at rejse til andre steder for at få viden?
C: De rejser på lysstråler. Nogle gange er lysstrålerne aflange, runde kugler. Fra en retning ser de sølvfarvede og aflange ud. Og fra en anden retning ser de runde ud. Og de er som en sølvskive. Og man glider bare gennem luften.

D: Er de solide, fysiske?
C: Ja, ja.

D: Fordi du også sagde, de var som lysstråler.
C: De er. De kan være solide, eller de kan være ren energi. Alt efter hvad der passer bedst til stedet. Vi kan være ren energi, eller vi kan være en solid skive for at komme dertil, hvor vi skal være.

D: Kunne de ikke bruge denne slags "udstyr" til at indsamle viden selv?

C: Det kunne de. Men en væsen valgte at gå, og en væsen blev valgt til at gå, for at få erfaringen.

D: *Du mener, hvis de gik med deres maskineri, kunne de ikke få erfaringen?*

C: Nej. Væsenet går, og det kan være skiven eller fartøjet, eller det kan bare være væsenet. Væsenet kan være fartøjet, eller fartøjet kan være væsenet.

D: *Så det behøver ikke have en fysisk form? (Nej) Men du ser dem stadig i fysisk form.*

C: De bliver til en fysisk form, så jeg vil genkende dem, som de var, da jeg forlod dem.

D: *Så siden du forlod dem, har de ikke længere brug for denne fysiske form? Er det korrekt?*

C: De har ikke brug for den fysiske form, men de tog denne form for at vise mig, at de har udviklet sig siden min afrejse til et sted, hvor de kan være ren energi. Så jeg vil genkende dem, som de var, da jeg forlod dem. Da var jeg et væsen som dem.

D: *Og siden du har været væk, har de forandret sig, så de ikke længere behøver kroppen.*

C: Hvis de ønsker det. Hvis de vælger at være ren energi, kan de være ren energi. Eller de kan være kroppen eller skiven, fartøjet.

D: *Men de har stadig brug for noget at rejse i.*

C: Ikke nødvendigvis. Jeg kom tilbage på lyset som ren energi fra en anden tid og et andet rum. Objektet, de viser mig, er, så jeg vil huske at komme tilbage til denne stratosfære, dette... der er ingen atmosfære. Det er bare ...

D: *Denne dimension, eller verden, som de lever i?*

C: Ja. Denne verden, de lever i, så jeg vil genkende, at vi stadig bruger skiven. Vi kan stadig bruge skiven, hvis vi skal til en anden verden. Vi kan bruge skiven, eller vi kan bare bruge ren energi. Det er til mit minde om den tid, der er gået, da jeg forlod dem.

D: *Men den bedste måde at få viden på er stadig at have en person som dig til at absorbere den? Er det et godt ord?*

C: Det er et godt ord. Absorbere den, ja.

D: *Og nu er du vendt tilbage for at dele den med dem. Men du er ikke vendt tilbage for at blive?*

C: Det vil blive afgjort på et andet tidspunkt, om jeg bliver, eller om jeg går videre til en anden verden for at samle mere information eller viden.

D: Okay. Men du sagde, de tager dig et sted hen.

C: Vi går ind i dette rum, som er rundt. Vi sætter os ved et rundt bord. Det er som et råd af væsener. Og dér deler jeg den information, som jeg har samlet fra disse andre verdener, jeg har besøgt.

D: Hvordan deler du informationen med dem?

C: Vi sidder ned i ... som en fysisk form. (Hun havde svært ved at forklare, men smilede.) Vi kan dele informationen på et telepatisk niveau, eller vi kan tale verbalt. Tankemønstrene ... vores tankekommunikation bliver nogle gange afbrudt af, at nogen i gruppen taler op, og siger noget, der er ... (smilende) humoristisk. En smule interplanetarisk humor der.

D: Noget, du har sagt, som de finder humoristisk?

C: Ja. Og de siger også noget, jeg finder humoristisk. Så det bliver gjort på en auditiv måde. Og det er, som om mit væsen fodrer information ind i en computerbank. Det telepatisk transmitterer den indsamlede og lærte information ind i deres computerbanker, ind i deres systemer.

Dette skete også med Bonnie, da væsener tog hendes bil fra motorvejen og ind i et enormt fartøj. Ved hjælp af en enhed, som de placerede på hendes hoved, duplikerede og overførte de hendes minder til en slags computer. Dette blev rapporteret i The Custodians.

D: Kan du se disse systemer? Er de i rummet?

C: Nej. Det er i deres hjerne, i deres sind og deres væren.

D: Så informationen bliver transmitteret fra dit sind til deres sind? (Ja) Informationen om alle de verdener, du har besøgt, siden du forlod dem? (Ja) Alle de liv, du har levet, eller kun fra verdener?

C: Kun fra verdener.

D: Så du har ikke nødvendigvis levet i alle de verdener, du diskuterer med dem?

C: Der er andre gange, hvor jeg har været på andre verdener. Men denne gang gik jeg kun til én verden for at samle information og viden om den kultur, om den verden og om det system. Og bringe det tilbage. Dette ser ud til at være et sted, hvor information samles fra alle de andre verdener og bringes til dette sted. Det er som et kæmpe sted, hvor al viden er opbevaret fra alle universer, fra alle galakser, fra alle steder, der eksisterer. Som en samlingsplads. Som et enormt bibliotek med information fra alle tider og alle steder.

D: Hvem har adgang til denne information, hvis den er opbevaret der?

C: Alle har. Alle i alle galakser har adgang til den, hvis de ved, hvordan de skal få fat i den. Det er et ressourcested. Alle kan få adgang til det. Det handler bare om at have nøglen til det.

D: Og du er en del af det lige nu ved at transmittere den information, du har fundet. Men hvis du kun gik til én verden for at samle informationen, hvilken verden var det?

C: Den verden var Jorden.

D: Var du nødt til at leve liv på Jorden for at samle informationen? (Ja) Så du har været væk i meget lang tid. (Ja) Du må have en masse information at dele.

C: (Dybt suk) Mere end jeg troede var muligt.

D: Men det lyder, som om det bliver transmitteret meget hurtigt.

C: Ja. Det er hurtigere end lysets hastighed. For selvom det tog meget lang tid og mange liv at samle informationen, kan den på dette ressourcested, eller dette sted, hvor jeg er nu, spredes meget hurtigt. Det kan transmitteres. Det kan flyde gennem mit system ind til det sted, hvor det skal være, på meget kort tid og rum, fordi her sker alt nu. Alt her sker nu.

D: Og informationen er sikker der, fordi den er lagret hos disse væsener?

C: Hos disse væsener og inden for alt, hvad der eksisterer her. I klipperne, i bygningerne, alt absorberer informationen. Det er som om alt er en computerbank. Alt absorberer denne viden. Alt bliver denne viden. Alt bliver alt, hvad jeg bringer tilbage.

Da Phil rejste til Planet of the Three Spires, sagde han også, at al viden var tilgængelig der, og at den var lagret inden i selve planeten. Denne information findes i Keepers of the Garden.

D: Hvis nogen som mig gerne ville finde informationen, hvordan kunne den så hentes?

C: Det er en særlig nøgle. Nøglen er at gå ind i sig selv, for at gå ind i sig selv er nøglen til den viden, og dette er stedet, hvor al viden er. Og enhver, ethvert væsen fra enhver tid og ethvert sted, kan få adgang til det ved deres egen vilje.

D: *Du mener, de skal først ønske sig viden?*

C: Ja, og viden kommer gennem kærlighed. Du behøver ikke at tage til det sted, hvor jeg er, hvor disse væsener er. Bare bed om informationen, og den vil blive givet.

D: *Det lyder, som om du udfører en meget vigtig opgave.*

C: Det er det, der er mit formål. Det er det, jeg blev til for at være og gøre.

D: *Bliver du så hos disse energivæsener meget længe?*

C: Altid.

Dette kom som et chok. Hvis hun blev der, hvad så med denne krop af Clara, som jeg talte med, og som lå på sengen i Hollywood? Kunne en del af hende blive der og samtidig være her? Jeg bekymrer mig altid om ikke at forårsage skade på personen, og dette var et mærkeligt svar.

D: *Jeg mener, bliver du der kun, indtil de har hentet viden?*

C: Nej. Jeg vil være her, indtil jeg er på en anden opgave et andet sted eller i en anden tid. Det kan være at indsamle information fra en anden verden som Jorden, et andet sted.

D: *Men jeg tænker på kroppen, som jeg taler med på Jorden lige nu. Clara's krop. Vil denne energi, som jeg taler med, vende tilbage til den krop? Eller er den adskilt? Jeg prøver at forstå, hvad der sker.*

C: Det er én og samme.

D: *Men du sagde alligevel, at energien ville blive der, indtil en anden opgave?*

C: Det er korrekt.

D: *Men den er også en del af denne krop på Jorden?*

C: Det er korrekt.

D: *Hvordan kan den være to steder på én gang? Kan jeg forstå det?*

C: (Dybt suk) Hun forstår det ikke.

D: *Er der nogen måde, hvorpå du kan hjælpe os med at forstå?*

C: (Med vilje) Hun blev sendt til at være i en krop og indsamle information. Jeg er en del af hende, som har indsamlet information og nu bringer det tilbage til dette videnssted. Dette ressourcecenter. Dette bibliotek. Hun har store vanskeligheder med at forstå og lære, at hun kan være der og indsamle information, mens jeg kan være her og formidle information eller bringe information tilbage. Og derfor er der en tid, hvor der for hende sker en opdeling af energien. Uden at vide, om hun er ét sted eller et andet.

D: *Sker dette også for andre mennesker?*

C: Ja. Der er andre, der oplever lignende liv.

D: *Følelsen af at være to steder på samme tid.*

C: Ja, ja. Fordi der er mange væsener, der bliver sendt. Det ville være et enormt ansvar og arbejde for én person at indsamle al den information.

D: *Det ville næsten være umuligt, tror jeg.*

C: Ja, ja. Så der er mange væsener. Og der er andre væsener, der tager til andre verdener på samme tid, som jeg er her, og Clara er der i den form. Jeg håber, hun indsamler mere information i den fysiske form for at sende det til den del af hende, der er mig, som bringer informationen hertil.

Dette var uden for min forståelse og ville kræve yderligere studier. Jeg tænkte, at jeg burde vende tilbage til den oplevelse, vi oprindeligt undersøgte.

D: *Er du i en position til at forklare, hvad der skete, da hun kørte på vejen i Hawaii, da denne overførsel fandt sted? Er hendes fysiske krop stadig i den bil på det tidspunkt? (Intet svar) Vi gennemgår den tid, da hun kørte på vejen og kom til den park.*

C: Hun blev sendt der på det tidspunkt og det sted. Fordi det var det sted, der materialiserede sig for hendes fordel, så hun kunne gå ind i det rum, så den del af mig kunne forlade og bringe informationen hertil til ressourcecenteret. Og så var det ikke passende på det tidspunkt, da informationen blev formidlet herfra, at hun vendte tilbage til det pågældende sted. Så hun blev taget til et sted, som hun, i den fysiske krop, kendte på denne motorvej, Pelanoni (fonetisk). Et sted, hun kendte, så bilen ville være der, og hun ville vide, hvordan hun skulle komme til, hvor hun skulle hen, da den del af mig forlod hendes fysiske krop.

D: *Så overførslen skulle finde sted på et bestemt sted i Hawaii på det tidspunkt?*

C: Ikke nødvendigvis. Det var bare et sted, hvor hun følte sig godt tilpas i den fysiske krop. Og det sted, der blev skabt for hende, var et sted med stor skønhed for hende. Så det var et sted, hvor hun kunne være fuldstændig afslappet, så overførslen af den del af mig, der er en del af hende, kunne forlade hendes krop og komme op for at overføre informationen.

D: *Så bilen og hendes fysiske krop i bilen blev fysisk flyttet til en anden motorvej på den anden side af øen?*

C: Det er korrekt. Den blev simpelthen dematerialiseret og derefter materialiseret igen et andet sted.

D: *Er det almindeligt at flytte biler og mennesker fra et sted til et andet?*

C: Åh, ja. Åh, ja.

D: *Sker det ofte?*

C: Meget ofte, meget ofte.

D: *Når det sker, bliver den fysiske krop også dematerialiseret og rematerialiseret? (Ja) Og der sker ingen skade på kroppen.*

C: Ingen skade. Den bliver til ren energi.

D: *Og hun og køretøjet blev bare flyttet fra ét sted til et andet?*

C: Det er korrekt.

D: *Så da hun igen blev bevidst, var hun et andet sted på øen og kørte på det tidspunkt? (Ja) Og hun havde ingen erindring indtil nu om, hvad der skete.*

C: Det er korrekt.

D: *Er det første gang, dette er sket i hendes liv som Clara?*

C: Det er sket mange gange. Men denne gang var hun på et sted og tidspunkt i sit liv, hvor hun var åben for at undersøge, hvad der skete, og hvordan det kunne være sket. De andre gange var ikke et tidspunkt, hvor hun var klar til at have en forståelse eller på et udviklingspunkt i sit jordiske, fysiske liv, hvor hun kunne forstå, hvad der skete.

D: *Det var sikkert heller ikke så mærkbart, at det fik hende til at huske det.*

C: Det er korrekt.

D: *Så dette var en tid, hvor noget usædvanligt skete og fik hende til at huske det.*
C: Det er korrekt.
D: *Er det i orden, at hun kender til informationen nu?*
C: Ja. Hun bør kende til informationen. Hun har længtes efter at kende informationen. Hun vil forstå det nu. Det vil være til stor glæde for hende.
D: *Det er meget vigtigt. Ville det være i orden, hvis jeg kom en anden gang og kommunikerede med denne del af hende?*
C: Åh, ja. Vi kan godt lide at kommunikere. Det er det, vores arbejde handler om: kommunikation.
D: *Fordi andre har fortalt mig, at hvis jeg ønskede information, kunne jeg få adgang til alt, hvad jeg havde brug for at vide.*
C: Det er korrekt. Du har et særligt talent og en særlig gave, der er blevet givet til dig. At indsamle information, der har været tavs, undertrykt, skjult, dækket til i årtusinder. Og tiden er nu, og vi formidler denne kommunikation gennem dette medium til dig, så du ved og er opmærksom på, at du udfører et stort arbejde. Og det er på det rette tidspunkt på planeten Jorden, at du skal sprede informationen på den måde, du er blevet valgt til at gøre det. Og tillade denne viden at komme gennem disse ressourcer, så andre kan forstå, at alle er i stand til at dykke dybere ind i det, der er, for at lære mere om sig selv. Og fortiden og fremtiden og alt, hvad der sker i alle universer. Så ja, du har adgang til al information i ressourcecentret. Og vi anerkender dig.

Jeg bad derefter den anden entitet eller del eller hvad det nu var om at trække sig tilbage, og jeg fik Claras personlighed til fuldt ud at integrere sig tilbage i hendes krop. Overgangen eller forandringen er altid mærkbar, fordi personen trækker vejret dybt på dette tidspunkt. Jeg orienterede hende om den nuværende tid og bragte hende tilbage til fuld bevidsthed.

Da Clara var helt vågen, ringede jeg ned til receptionen og fik Phil til at komme op. Jeg tænkte, det ville være vigtigt for de to at mødes, fordi deres oplevelser var så ens. Phil var forvirret, da jeg introducerede ham til Clara, fordi han vidste, at jeg var meget forsigtig med at afsløre identiteten af mine emner for at beskytte deres privatliv. Men da jeg forklarede, hvad der lige var sket, blev de begge meget

Den Snoede Univers ~ Bog Et

følelsesladede. Det var, som om to sjæle mødtes og straks genkendte deres forbindelse. De talte og beskrev lignende minder om denne mærkelige planet med spir. Det var en meget følelsesladet og logisk unaturlig scene, fordi vi alle vidste, at de havde vendt "hjem" i en kort periode, og følelserne var overvældende. Der vil være andre sessioner i denne bog, hvor personer fandt deres "hjem" som et unaturligt sted langt fra Jorden (Kapitel 10).

I de seneste år, 2000 og 2001, har jeg fundet andre tilfælde, hvor personer synes at være to steder på én gang eller rapportere fra en anden dimension. I ét af disse tilfælde gik en kvinde, i stedet for at gå ind i et tidligere liv, ind i åndeverdenen, hvor hun deltog i et møde med lærere, vejledere og mestre. Hun sagde, at denne del af hende altid forblev der, og en del af hendes opgave var at overvåge hendes fremskridt på jorden og forsøge at give råd på et underbevidst niveau.

Mens denne bog blev trykt, fandt jeg et andet lignende tilfælde i 2001. Det virker som om, dem der styrer det hele fra den anden side, har besluttet, at det er på tide at frigive disse oplysninger. En kvinde blev ført tilbage til et tidligere liv som en mand i en afsidesliggende del af Grækenland. Han hørte ikke hjemme der, men observerede og lyttede. Jeg tog hende tilbage for at se, hvor hun kom fra, og hun fandt sig selv på en mørk planet. Det hele var gråt med få bygninger og ingen træer. Det syntes mest at være underjordisk. Hun fandt sig selv i en underlig krop. Hun beskrev den som en fiskekrop, men den virkede mere øgleagtig med en stor mund, enorme øjne, et usædvanligt formet hoved med en bule på bagsiden og en hale. Hun sagde, at hun var en observatør og blev sendt til Jorden på forskellige tidspunkter i historien. På de tidspunkter antog hun formen af den eksisterende væsen og var en observatør og opsamler af information. Da jeg forsøgte at tage hende til den sidste dag af hendes liv, sagde hun, at der ikke var nogen sidste dag. Hendes nuværende personlighed var stadig observatøren. Det var hendes job.

Der har været meget snak om "formskiftere". Hvis de er virkelige, tror jeg, at de er disse væsener, der er i stand til at eksistere i flere passende former. (Også energivæsener kan skabe enhver form eller krop, de vælger.) Min konklusion er, at disse skiftere ikke ville være i magtpositioner eller beslutningstagere (som det er blevet antydet), fordi de er observatører, opsamlere og rapportører. Dette ligner

Bartholomeus, så det ser ud til, at det har stået på siden tidens begyndelse.

Det virker som om, at denne del af os, der lever et liv på jorden, kun er et lille stykke eller en splint af en meget større os. At vi er mange snarere end én, eller rettere sagt stykker af en mere kompleks helhed. Vi er kun i stand til at fokusere på den splint, vi opfatter som vores totalitet. Det er en god ting, for hvis vi var bevidste om kompleksiteten af det hele, ville vi ikke være i stand til at fungere i denne verden eller virkelighed. Vi er kun tilladt at se facaden, der skjuler et meget større billede. Først nu får vi lov til at kigge bag sløret.

* * *

Clara ønskede at have endnu en session, da hun hørte, at jeg skulle tilbage til Californien. Jeg var nødt til at komme tilbage ugen efter for at holde en tale på Whole Life Expo i Pasadena. Denne gang fløj Clara ned fra San Francisco i stedet for at køre, og vi var i stand til at have en session. Jeg ville især fokusere på spørgsmål vedrørende jordens mysterier, da vi var blevet fortalt, at vi kunne få adgang til enhver information, vi ønskede. Jeg fortalte ikke Clara, hvad jeg var interesseret i at udforske. Selvfølgelig har jeg tidligere fundet ud af, at vogterne af viden ikke ofte giver dig alt, hvad du beder om. Jeg har lært ikke at presse på, og tage hvad jeg kan få. Jeg har altid masser af spørgsmål, og jeg kan altid gå videre til et andet emne.

Under denne session spurgte jeg om mange forskellige uforklarlige emner, og svarene vil blive inkluderet i afsnittet om jordens mysterier. Jeg fik afslag på information om pyramiderne, fordi tiden endnu ikke var moden, men jeg fik anden information, der er relevant for dette emne.

D: *Grunden til, at jeg spurgte om pyramiderne, var fordi du sagde, at planeten med tårnene, hele planeten, hver del af den, stenene, alt, var blevet til et lager af viden. (Ja) Og på Jorden er det ikke tilfældet?*

C: Alting på Jorden indeholder viden. Det hele er i menneskets sind, hvis mennesket vil åbne for den udvidelse, som sindet har for mennesket. Mennesket eller mennesker på Jorden, som udviklingen af deres sind er nu, har brug for et håndgribeligt sted, de kan røre ved og føle, ligesom et bibliotek, for eksempel. Det er et sted, hvor viden opbevares. Du kan gå derhen. Så det er muligt, at al viden for mennesket og hele skabelsen, al viden om Jorden og universet, ville have et lager på Jorden. Og det er i pyramiden. Hvis mennesket er i stand til at åbne sit sind til fuld kapacitet, så ville han vide, at al viden er inde i sig selv.

D: *Ja, det er sandt. Jeg har fundet i mit arbejde, at man kan få adgang til det gennem denne metode. (Ja) Men bevidst indser folk det aldrig. Det er kun, når de er i trance og arbejder med underbevidstheden.*

C: Det er sandt. Og det er derfor, du er blevet udvalgt til at vise menneskeheden, at dette er en måde at udvide sindet på, så de ved, at al viden, der er, findes inde i dem. Det handler om at finde vejen til at få adgang til den viden. Og gennem dine metoder viser du, at det kan lade sig gøre. Der vil være folk, der ikke vil tro det, men efterhånden som du tillader informationen at flyde gennem dig på den måde, du har været i stand til, vil accepten ske i større målestok. Og til sidst, med tiden, vil flere og flere acceptere det som en måde at få adgang til det, der er inde i os alle. Og måske på et tidspunkt – forhåbentlig snart – vil folk kunne få adgang til denne slags viden på et mere bevidst niveau.

D: *Jeg har altid troet på det. At viden ikke er blevet ødelagt, bare fordi folk er døde gennem århundrederne. Den er stadig gemt i underbevidstheden.*

C: Den er lagret på det cellulære niveau af DNA'et. Så selvom en person måske gør overgangen fra en fysisk krop til en ren energikrop — det, som jeg er — glemmer de aldrig.

D: *Så det er altid tilgængeligt, når man først finder metoden til at kontakte det?*

C: Ja. Det er derinde i os alle. Informationen er der.

D: *Jeg har ofte mistænkt, at pyramiderne og monumenterne i Peru — som jeg netop har besøgt — er meget ældre.*

C: Macchu Picchu?

D: *Ja, jeg har været der. Jeg kunne se en kombination af strukturer, som jeg troede stammede fra forskellige tidspunkter.*

C: Der er forskellige tidspunkter i Macchu Picchu. Nogle er meget nyere end andre. Det er som om, to civilisationer har været der. Og faktisk var de det.

D: *Det var, hvad shamanen fortalte os. At inkaerne ikke byggede de største bygninger med de enorme stenblokke.*

C: Det er korrekt. Inkaerne kom mange generationer, mange, mange, mange, mange år senere, efter at de oprindelige — ruinerne, som du kender dem nu — civilisationen, byerne, blev bygget. De blev bygget meget, meget tidligere end inkaerne. Inkaerne beboede dem, efter den anden civilisation allerede var forsvundet fra planeten.

D: *Det var, hvad jeg troede. Det var også, hvad shamanen mente. At inkaerne bare brugte, hvad de fandt.*

C: Ja. De fandt en meget behagelig bolig. Så de sagde: "Hvorfor skulle vi skabe noget, når det allerede er skabt for os?"

D: *Og nogle af bygningerne, de byggede, var af meget ringere kvalitet.*

C: Det er korrekt. Fordi de havde mistet den viden, som den tidligere civilisation havde opnået.

D: *Hvad skete der med de oprindelige indbyggere? De ser ud til at have forsvundet og efterladt deres byer. Ingen vidste, hvad der skete med dem.*

C: De havde udviklet sig til et vibrationsniveau, hvor de ikke længere havde brug for en fysisk form. De havde nået et niveau af sådan renhed, at de blev ren energi. Og som man ville sige, "forsvandt" de fra massen eller tæthedens tyngde i den menneskelige krop. Eller den fysiske form, som du kender den. Disse byer blev bygget af mennesker, der overlevede Atlantis og migrerede til Peru. Så de var allerede på et højere udviklingsniveau. Da de kom til denne planet, var de allerede på et højere vibrationsniveau. Og de, der derefter gik ud og skabte andre samfund og andre civilisationer, mistede noget af dette højere vibrationsniveau, fordi de adskilte sig fra helheden. Helheden værende civilisationen, som den var. Som den blev skabt, da den kom tilbage fra stjernerne. Og derefter, da de gik ud og skabte andre samfund og andre små civilisationer, som du ville kalde det, begyndte de at miste deres højere vibrationer. Deres vibrationer blev lavere og derfor tættere og tættere. Indtil vi har den tætte fysiske form, som du kender i dag.

D: *De højt udviklede hævede mere eller mindre deres vibrationsfrekvens, så de bare ændrede sig?*

C: De ændrede fuldstændig form. Der var ikke længere nogen tæthed. De blev til lys.

D: *Eksisterede de stadig på Jorden, da de blev til lys?*

C: De eksisterer stadig i dag.

D: *Hvorfor kan vi ikke se dem?*

C: Fordi de vibrerer på et så højt energiniveau, at de ikke længere har brug for en fysisk form, som du kender den. Og det er ikke en synlig form.

D: *Men hvad laver de? Lever de stadig et liv?*

C: De lever stadig et liv. De kan ofte være en åndelig guide, som du kender som en spirituel guide. Hvis et væsen eller en energi viser sig for dig, er det meget muligt, at det kunne være en af dem, der har nået et vibrationsniveau, hvor de bliver det, du ville kalde en "opstegen mester." Hele denne civilisation, som en gruppe, var en enhed. Og som en enhed udviklede de sig til et sted, hvor de ikke længere behøvede en fysisk form.

D: *Hvad skete der med deres kroppe, da de udviklede sig?*

C: Kroppene forsvandt blot.

D: *Og det sted, de gik til, var det som et land, en by?*

C: Ja. De kan være i enhver by. Enhver by, ethvert sted kan være deres hjem. Der er også det, du ville kalde "æteriske byer." Byer ligesom dine byer, kun at de er på et vibrationsniveau, der er så højt, at mennesker, som du kender dem, ikke kan se dem. Men de eksisterer.

D: *Og de eksisterer i denne lysform?*

C: I lysform, ja. Hvis du kunne hæve din bevidsthed til et niveau, hvor du ikke længere ville have brug for en tæt fysisk krop, så ville du kunne se disse byer. Du ville kunne bevæge dig ind og ud, og gå omkring, som du ville gøre i en tæt form. Men dit vibrationsniveau ville være så rent, at dine tanker ville være så rene. Dit liv ville være så rent, at alt ville være positivt. Du ville nå et niveau, hvor din følsomhed og din energi er på et så højt niveau, at du ikke længere har brug for den fysiske form. Så du går til dette sted, som stadig eksisterer.

D: *Men på det sted, det lyder som om, de ikke ville dø, hvis de var ren lys?*

C: Nej, du dør ikke. Du dør aldrig. Selv i den tætte form dør du ikke.

D: *Jeg ved, at du bare skifter form.*

C: Ja, du ændrer simpelthen til en anden vibration. Og det er muligt, at du på et tidspunkt kan gå til denne vibration. Du kan måske transcendere. For selvom du forlader en tæt fysisk form, som du kender den, har du stadig trin, hvor du kan vokse og udvikle dig til andre vibrationsniveauer. Der er mange forskellige niveauer af vibration.

D: *Så selv på det niveau, hvis de transcenderede og gik derhen en masse, har de stadig karma at udligne?*

C: Når du når dette vibrationsniveau, som ville være langt over den femte dimension, som du tænker på dimensioner, har du arbejdet al karma ud, der skulle udlignes. Når du når dette niveau af vibration, er der ingen karma længere.

D: *Så de kan blive der for evigt?*

C: Så længe de ønsker.

D: *Selvom de ikke dør, kan de beslutte at gå videre og gøre noget andet?*

C: De kan beslutte at komme tilbage i fysisk form. De kan bestemme: "Nå, det var så sjovt, hvorfor prøver vi det ikke igen?"

D: *Men så kan de blive fanget i karma igen?*

C: Det er en mulighed, ja.

D: *Jeg prøver at sætte dette sammen med nogle af de andre ting, jeg har hørt. Det er anderledes end det åndelige niveau, hvor folk går, når de dør på Jorden og forlader den fysiske krop. Er dette et andet sted, hvor disse væsener er?*

C: Det kan være det samme. Det afhænger af åndens vækst. Hvis det er en, der netop har gjort en overgang, kunne de være på et vibrationsniveau, hvor dette samfund er. Eller det kan tage mere vækst at nå til det sted. Det afhænger af graden af oplysning hos personen på tidspunktet for deres overgang.

D: *Så hovedparten af mennesker på Jorden i dag, når de dør og forlader kroppen, arbejder med at udligne problemer i karma, så de er nødt til at komme tilbage igen og igen. Så tilsyneladende kom disse i Peru fra et andet sted, da de krydsede over.*

C: Ja. Den gruppe var en civilisation, der gjorde det som en gruppe i stedet for som enkeltindivider.

D: *Så det er nok det, vi forsøger at opnå, at nå til det niveau, hvor vi ikke behøver at vende tilbage.*

C: Det er det ultimative mål.

D: Jeg har hørt, at det ultimative mål er at vende tilbage til Skaberen, til Gud.

C: Det handler om at gå ind i lyset, som er kilden, det, du ville kalde Gud.

D: Ja, der er forskellige navne for ham.

C: Mange forskellige navne. Det er, hvad du vælger, det skal være for dig.

D: Så disse mennesker, ville du sige, at de er så tæt på Skaberen, som man kan komme?

C: Meget tæt. Meget tæt. Fordi en civilisation gik i gruppeform, og de gik som én, uden nogen adskillelse fra det, du ville kalde "Guds favn." Som er at være ét med Gud, eller at være ét med alt, være ét med alt, hvad der er. At være alt, hvad der er. Fordi det ultimative mål er at være ét med Gud. Og du er ikke ét med Gud, når du erkender, at der er en adskillelse, fordi mennesket har forsøgt så hårdt at være adskilt fra Gud. Sjælens ultimative mål er at vende tilbage til Gud, hvorfra vi kom fra begyndelsen.

D: Ja, det giver mening for mig. Er der andre civilisationer, der har foretaget denne overgang en masse?

C: Mange har gjort det.

D: Er der nogen, vi ville være bekendt med i historien?

C: Ikke i din kendte historie, nej.

D: Det var før den tid?

C: Før den tid, ja.

D: Det lyder, som om folkene fra Atlantis døde voldsomt. Så det ville være anderledes omstændigheder, når vi har massekatastrofer.

C: (Afbryder) Jeg vil sige én ting om massekatastrofer. Hvis det er en civilisation eller en gruppe af mennesker, valgte de sjæle, de væsener, det på det tidspunkt som en måde at gå til et andet niveau. Eller til et andet sted, hvor de kunne vokse på en anden måde. Det er et valg.

D: Som du kan se, har jeg mange spørgsmål.

C: Ja, det har du. Du har meget gode spørgsmål. Og det er derfor, du er blevet valgt. Og det er derfor, vi ønsker at dele viden med dig, så menneskeheden, som du kender den i dag, kan have adgang til de informationer og hemmeligheder, der har været låst væk. Vi vil gerne tale mere med dig. Clara gør meget af det samme, som du gør, men på en anden måde. Du rapporterer til menneskeheden.

Hun kommer i kontakt med mennesker, indsamler information og rapporterer det tilbage til os. Det er derfor, du er blevet sendt så mange forskellige og varierede personer for at indsamle information gennem.

D: *Men informationen bliver mere kompliceret, efterhånden som jeg arbejder.*

C: Det er, fordi du åbner flere døre. Og når du tillader dig selv at åbne flere døre, og du træder igennem dørene, åbner andre døre sig, så andre virkeligheder og langt mere komplekst materiale vil blive givet til dig. Det vil være en ære at udforske dem med dig.

D: *Jeg vil forsøge aldrig at krænke jeres tillid.*

C: Det ved vi, ellers ville vi ikke komme til dig.

Jeg orienterede Clara tilbage til nutiden og bragte hende til fuld bevidsthed. Da hun vågnede, beskrev hun sine følelser, mens hun talte.

C: Jeg havde følelsen af, at jeg var i nuet. Jeg følte, som om jeg var i fremtiden, fortiden og nuet. Det var som om, al tid var lige nu.

D: *Det hele var kombineret. Lidt som om du var delt?*

C: Nej, det føltes ikke delt. Det føltes som en stor enhed, at være i fremtiden og alligevel i en meget gammel tid. Mange, mange civilisationer tilbage. Det føltes som om denne entitet kendte ingen grænser for tid. Det var som om, al tid var nu.

D: *Ja, man kan se, hvordan vi kan få information på den måde, fordi der ikke er nogen grænser.*

Et usædvanligt tilfælde skete efter denne session. Clara gik tilbage til sit hotelværelse. Efter et par minutter ringede hun til mig og bad mig komme til hendes værelse. Da jeg kom derhen, viste hun mig bagsiden af sin nakke. Da hun børstede sit hår, havde hun opdaget et rødt mærke på bagsiden af sin nakke. (På badeværelset i hotellet var der spejle på begge sider af væggen, så Clara kunne se bagsiden af sit hoved, mens hun børstede sit hår op. Hun havde det sat op i en stram hestehale.) Det røde mærke strakte sig op i hårgrænsen mindst to tommer og ned under hårgrænsen, der hvor hun havde lagt mærke til det – cirka en halv tomme. Det var meget rødt og lignede en stribe. Området under hårgrænsen var omkring en halv til tre fjerdedels tomme bredt og blev bredere, da det bevægede sig opad til cirka en og en halv tomme på det bredeste sted inden for hårgrænsen. Jeg tog mit kamera frem og tog nogle billeder af det. Men mærket begyndte allerede at falme, da jeg forsøgte at tage billeder. Der var ingen måde, noget kunne have forårsaget irritation i den del af kroppen, fordi hun havde ligget helt stille på en pude. Hun sagde, at det ikke gjorde ondt eller kløede, det var bare rødt, og hun var nysgerrig omkring det. Dette kan hænge sammen med de andre mennesker, jeg har arbejdet med, som har haft mærker og pletter, der er dukket op på deres krop, når de har arbejdet med denne type energi. Disse tilfælde blev rapporteret i The Custodians.

* * *

Denne kontakt med en planet, der indeholder al viden og konstant akkumulerer mere, minder meget om beretningerne fra mine andre emner, der har fået at vide, at de er rapportører. Mange mennesker har implantater i deres kroppe, der fungerer som sendere. Alt, hvad de ser, hører og føler, sendes til databanker, der registrerer Jordens historie. Er disse to separate projekter, eller er de forbundet på en eller anden måde med helheden? Jeg har fundet ud af, at en af de vigtigste funktioner i det underbevidste – eller måske vores sjæl – er at akkumulere information fra alle de liv, vi nogensinde har levet. Vores ultimative mål er at vende tilbage til Kilden, vores opfattelse af Gud, Skaberen. Når vi har afsluttet alle rejser og eventyr gennem alle vores forskellige liv, skal vi vende tilbage til Skaberen med vores akkumulerede viden. Det bliver så absorberet. På denne måde anses vi for at være celler i Guds krop.

Viden og information synes at være hovedformålet for menneskearten, og dermed kan intet være rigtigt eller forkert. Det er kun positivt og negativt. Vi lærer lektier af det, og det giver os mulighed for at afvikle eventuel karma, så vi kan afslutte vores opgaver og vende tilbage til, hvor vi kom fra. I den forstand er det endelige resultat, at alt, hvad vi har og er, er summen af vores oplevelser og vores viden.

* * *

En foruroligende tanke gik gennem mit sind, da jeg hørte om den peruvianske civilisation, der transcenderede en masse til en højere vibration, så de blev usynlige. Det blev sagt, at det også er sket for andre civilisationer i fortiden. Der er nu meget snak om, at vores nuværende Jord skifter vibration, bevæger sig til en højere vibration og skifter dimensioner. At nogle vil gå videre, og andre vil blive efterladt, og de, der bliver, vil aldrig vide, hvad der skete. Er det det samme, der skete med disse civilisationer i fortiden?

SEKTION TRE: JORDENS MYSTERIER

Kapitel Seks
Atlantis

Et vigtigt mysterium, der har fascineret menneskets sind i århundreder, er eksistensen af civilisationen Atlantis. Mange har kaldt det blot en myte, en legende, men alligevel har det vedholdt. Jeg har altid tænkt, at selv en myte eller legende har en kerne af sandhed, og jeg har gang på gang bekræftet dette i mit arbejde med hypnose.

Når mine klienter er i den dybeste trance, kan vi få direkte adgang til underbevidstheden på forskellige måder. Jeg har opdaget, at al viden er tilgængelig, når man først har tappet ind i underbevidsthedens visdom. Ofte gives informationen direkte gennem tidligere liv, og andre gange føres de til steder, hvor de selv kan få adgang til og fortolke informationen. Dette sker ofte ved at besøge biblioteket på den åndelige side. I denne vidunderlige bygning er al viden, der nogensinde har eksisteret, og alt, hvad der vil eksistere, indeholdt i ethvert tænkeligt emne. Dette er mit yndlingssted i åndeverdenen, fordi jeg altid leder efter "tabt" viden. Dette sted er normalt styret af en vogter, hvis opgave det er at screene dem, der ønsker adgang, og afgøre deres formål. Jeg har fået at vide, at jeg kan få adgang til hvad som helst, jeg ønsker, fordi jeg har bevist mig selv ved at rapportere informationen så faktuelt, som jeg kan, uden forvrængning eller censur. Selvfølgelig er der altid information, der ikke kan gives, fordi menneskets sind ikke kan håndtere det på nuværende tidspunkt. Dog har jeg bemærket i over tyve års regressionarbejde, at information nu lækkes, som var forbudt i de tidlige dage af mit arbejde. Dette giver mig håb om, at menneskets sind endelig er avanceret til et punkt, hvor det kan forstå komplicerede koncepter.

Gennem årene, når jeg havde en klient i denne dybe trance, førte min nysgerrighed mig til at stille så mange spørgsmål som muligt om mange, mange emner. Når jeg har adgang til viden, vender jeg aldrig ryggen til den mulighed. Informationen i dette afsnit kom frem over femten år. Jeg lagde det til side og fortsatte med at akkumulere mere, indtil det nu er tid til at inkludere det i denne bog.

Nogle af oplysningerne om emnet Atlantis kan ved første øjekast virke modstridende. Men jeg er ikke enig, fordi jeg mener, at de forskellige personer så det på forskellige tidspunkter i dets eksistens. Jeg har fundet ud af, at Atlantis ikke var et enkelt kontinent, en enkelt by eller et enkelt sted. Det var et navn givet til hele verden på det tidspunkt. Navnet er blevet forbundet med den mest udviklede del af civilisationen. Men ikke hele verden var på samme niveau, ligesom det er tilfældet i dag. Denne bemærkelsesværdige civilisation eksisterede i tusinder af år, så den gennemgik mange ændringer, da den steg til de højeste fremskridt, menneskeheden var i stand til at opnå, og derefter faldt i sin gradvise forringelse og undergang. Man skal blot se på vores egen verdens historie i de sidste tusind til to tusind år for at se en parallel. Vores verden har også gennemgået et utal af ændringer og fremskridt, nogle gode og nogle ikke så gode.

Jeg har fået at vide, at mange, mange mennesker, der lever i dag, også levede på Atlantis' tid. Vi er vendt tilbage på nuværende tidspunkt, fordi menneskeheden igen nærmer sig den afgrund, der kan styrte vores verden ned i den samme afgrund, som opslugte Atlantis. Tiden fungerer som en spiral, og den har bragt lignende omstændigheder ind i vores nuværende tid, og vi bevæger os ned ad den samme sti. Vi er vendt tilbage for at sikre, at menneskeheden ikke begår de samme fejl igen. Ved at leve i denne tumultariske tid kan vi tilbagebetale karma, som normalt ville kræve ti livstider. Så vi meldte os frivilligt til at være her i disse tider.

Brenda gav os information om Atlantis i dens storhedstid, før den begyndte at forfalde.

B: Atlantis' historie strakte sig over mange tusinde år. Vi kunne starte med at give dig generelle termer om, hvordan tingene udviklede sig. Og senere, når du ønsker flere detaljer, kunne vi organisere dem og give dem til dig i forskellige aspekter af historien.

D: *Var dette den første avancerede civilisation på denne planet, eller var der andre før det?*

B: Det er svært at sige, de går så langt tilbage. Det ser ud til, at før Atlantis opstod, var den vigtigste civilisation på denne Jord fra det galaktiske samfund, der hjalp menneskeheden. De hjalp Atlantis med at udvikle sig, så menneskeheden kunne udvikle deres egen civilisation. Hvilket var, hvad menneskeheden havde brug for at gøre for til sidst at kunne tilslutte sig det galaktiske samfund. De var kede af det, fordi da Atlantis blev ødelagt, var menneskeheden på randen af at tilslutte sig det galaktiske samfund. Og da det blev ødelagt, rystede det menneskeheden så alvorligt og kastede dem så langt tilbage, at de ikke kunne tilslutte sig det galaktiske samfund dengang.

D: *Hvor vil du begynde? Jeg kan godt lide tingene i orden. Det gør det lettere for mig.*

B: Ja. Som jeg lige har nævnt, var det forskellige bosættelser i det overordnede galaktiske samfund, der hjalp Atlantis i gang. De havde holdt øje med menneskeheden og forsøgt at hjælpe dem med at udvikle sig, men de forblev grundlæggende skjulte. Menneskeheden lavede grundlæggende ting som landbrug, de havde ild og byggede enkle byer. Og de følte, at menneskeheden var langt nok fremme til at kunne håndtere viden om, at der var andre, der ikke var en del af menneskeheden. De så, at der var en gruppe på Atlantis, der var de mest avancerede. De havde den højest udviklede civilisation inden for produktion af varer og kunst og litteratur og den slags. Et meget kultiveret folk. De begyndte at hjælpe disse mennesker med at fremme civilisationen yderligere. De havde en måde at stimulere disse mennesker på, så de kunne komme op med opfindelser hurtigere. De kendte til den type energi, der var befordrende for kreativ tænkning. Og de stimulerede folks sind med denne energi. Da de så, at det virkede, begyndte de at gøre dette i andre civiliserede centre i verden, hvilket gav anledning til andre civilisationer. Du spurgte specifikt om Atlantis, så jeg vil forsøge at holde mig til den historie.

D: *Var Atlantis blot ét sted?*

B: Det startede med at være ét sted, men efterhånden som civilisationen voksede, spredte dens indflydelse sig. Og så begyndte det, der blev betragtet som Atlantis, at omfatte mere end blot det land, der oprindeligt blev kaldt Atlantis. Dens civilisation spredte sig, så alle, der var under indflydelse af denne sfære, blev betragtet som en del af Atlantis.

D: *Er vi korrekte i at kalde det det?*

B: Det er et godt navn. Det er en tilretning af det oprindelige navn. Som du ved, når en civilisation spreder sig over et stort område, vil forskellige dialekter af hovedsproget dukke op. Og i den

Den Snoede Univers ~ Bog Et

dialekt, der udviklede sig i syd, blev navnet udtalt tættere på "Atlanta", hvilket yderligere er blevet ændret i udtalen i dit sprog. Men det er præcist nok, så... Det var en direkte progression, og det udgør ingen problemer i forhold til at relatere det navn til den civilisation, jeg taler om.

D: *Der var andre civilisationer, men du vil fokusere på denne for tiden.*

B: Du synes at ønske informationen om denne. Så jeg vil henvise til de andre civilisationer. Udviklingen var jævn i alle disse civilisationer. Atlantis var lidt foran, fordi de startede med at udvikle sig først. Men de andre civilisationer udviklede sig også, så de alle kunne arbejde sammen. For menneskehedens bedste var det nødvendigt. Så civilisationen fortsatte med at udvikle sig. Folkene var smukke mennesker. De var generelt glade og havde gode træk. De var følelsesmæssigt sunde såvel som fysisk sunde, hvilket hjalp med at gøre dem til et smukt folk. Ikke nødvendigvis i betydningen lyse, men smukke i betydningen attraktive. Dit sprog er meget upræcist med sine beskrivende ord.

D: *Jeg ved det. Det har jeg hørt før. Havde de nogle generelle farver eller træk, der var fremherskende?*

B: Ikke rigtigt. I begyndelsen, ja, men efterhånden som de spredte sig, kom de i kontakt med andre folk. Det blev en generel blanding, meget som i dit land. De kunne nogen gange fortælle en persons oprindelse, hvor deres forfædre kom fra, ud fra deres farver, men det betød ikke noget for dem, så de bekymrede sig ikke om det. De startede med at være grundlæggende rødblonde med nogle få brunhårede. De havde en lys oliven hudtone, mellem lys oliven og cremet, og normalt grønne eller hasselbrune øjne. Og senere hen blev de folk, der kunne være blonde eller sort hårede, brune øjne, lys hud, mørk hud, en generel blanding. Og de havde en tendens til at være høje og velbygget.

D: *Jeg ville gerne danne mig et mentalt billede.*

B: De baserede ikke deres kultur på metal, som jeres gør. De troede på at bruge materialer så tæt på deres oprindelige tilstand som muligt, når de anskaffede dem. Så de brugte en masse sten og ler til deres bygninger. Og deres videnskaber udviklede sig direkte ind i manipulationen af energier, så de kunne manipulere alle slags energi, herunder ting som tyngdekraft. Derfor var de i stand til at rejse bygninger ved hjælp af store stenblokke, der virker umulige for jer med jeres civilisations opfattelse og tankegang.

D: *Så de brugte ikke maskiner eller udstyr?*

B: Korrekt. Fordi det ikke var nødvendigt. De vidste, hvordan de skulle manipulere disse energier ved hjælp af, hvad der synes som enkle instrumenter, der ville være umulige at gøre sådanne ting med. Men de vidste, hvordan man tuner ind i forskellige typer energistrømme og får dem til at interagere på en sådan måde, at tingene skete, som de ønskede det. Det lyder måske vagt på dit sprog, men det er det bedste, jeg kan forklare det.

D: *Behøvede de mange mennesker til at gøre dette?*

B: Det afhang af, hvad der skulle gøres. Normalt kunne én person klare det med de nødvendige værktøjer, men det krævede samtykke fra alle, så energien ville flyde i en positiv retning.

D: *Behøvede alle at koncentrere sig eller sende energi?*

B: Nej. Men de skulle give deres generelle samtykke, så de ikke blokerede energien ved at være uenige med, hvad der foregik. Det er ligesom jeres begreb om positiv tænkning. Du behøver ikke at koncentrere dig voldsomt for at tænke positivt. Det er blot en generel sindstilstand, du forsøger at opnå. I processen med at lære om disse energier og manipulere dem udviklede de deres psykiske evner til det yderste. Så mange af de ting, vores civilisation afhænger af, var simpelthen ikke nødvendige i deres civilisation. Ting som telefoner, bureaukrati. De administrative ting blev håndteret meget direkte, fordi folk kunne kommunikere gennem telepati. Og når noget skulle gøres og krævede samtykke fra alle, ville de bare spørge gennem telepati, og folk ville give deres samtykke næsten øjeblikkeligt, hvilket eliminerede mange af de problemer, der er i den moderne verden.

D: *Var det den eneste måde, de kommunikerede på, kun gennem sindet?*

B: Nej. De kommunikerede også verbalt, men det var en blanding af begge dele. De tog det for givet og skelnede aldrig rigtig mellem, om de kommunikerede verbalt eller mentalt, fordi de gjorde begge dele samtidig.

D: *Var det noget, de skulle lære, eller kom det naturligt?*

B: Alle mennesker har en naturlig tilbøjelighed til dette. Det var indpodet i racen, men det handlede om at udvikle det. For eksempel har alle mennesker generelt hænder med fem fingre. Disse hænder er ekstremt dygtige værktøjer og kan udføre meget delikat arbejde, men kun hvis man udvikler musklerne og bruger hænderne. Det er det samme med psykiske evner. Alle mennesker har psykiske evner, men den eneste måde, de kan udvikles på, er ved at bruge dem.

D: Men dette var noget, der kom naturligt for disse mennesker?
B: Nej, de måtte udvikle det. Det blev bare betragtet som en normal del af modningsprocessen, men de var mere bevidste om det, end folk generelt er i dag. De betragtede det som en normal del af et barns udvikling at udvikle muskulære færdigheder samt psykiske færdigheder. De ignorerede ikke tegnene, som man gør i dag. Det var der og ventede på at blive udviklet, men de skulle arbejde for det, ligesom de skulle lære at gå. Evnen havde altid været der, men det tog dem et stykke tid at indse, at den konsekvent var der. Tidlige mennesker stolede på den for overlevelse, men vidste ikke, hvad de gjorde. Senere, da mennesker blev civiliserede, glemte de mange gange det, men det var stadig der. Og da deres civilisation udviklede sig med hjælp fra det galaktiske samfund, indså de, at det var noget, der kunne udvikles. Deres videnskab pegede på, at de havde brug for at være en harmonisk helhed for at være i harmoni med universet generelt. Og dette var en del af dem selv. Og hvis det ikke blev udviklet, ville de ikke være i balance og ville ikke være en harmonisk helhed. Ved de sjældne lejligheder, hvor en person blev syg, ville deres psykiske evner hjælpe dem med at finde ud af, hvor de var ude af balance med de grundlæggende energiniveauer i universet. Og derfor brugte de deres psykiske evner på utallige måder i de mindste detaljer i hverdagen. Det ville være umuligt at opremse alle måderne. Vi ville sidde her længe, hvis vi skulle opremse alle de forskellige måder, deres psykiske evner kunne bruges på. Psyken er meget mere fleksibel end blot sindet, selvom den fungerer gennem sindet. Det er et andet aspekt af hjernen end sindet. Sind og psyke er to forskellige aspekter, der fungerer gennem det organ, vi kalder hjernen. Den ene er grundlæggende og tager sig af livets nødvendigheder, og den anden tilføjer detaljerne og de sidste finpudsninger. Den kan være meget præcis og udføre ting, som sindet ikke ville være i stand til, fordi det ikke er fintunet nok.

D: *Var flertallet af mennesker i verden dengang udviklet på denne måde?*
B: De i civilisationen, ja. De i de afsides områder havde ikke deres psyke lige så veludviklet. De stolede næsten udelukkende på den som instinkt.
D: *Havde de en form for regering?*
B: I begyndelsen, ja, men så ændrede det sig, efterhånden som civilisationen udviklede sig, fordi de oprindelige formål med regeringen blev ind i det samlede billede for bedre at forstå universets natur. Dette involverede alle mennesker. Det var meget komplekst, og organisationen var nødvendig. Så det var, hvad der skete med den oprindelige regeringsstruktur.
D: *Det videnskabelige samfund? Eller blev det betragtet som sådan på den tid?*
B: Det blev egentlig ikke betragtet sådan, fordi den forskning, der blev udført, mest var baseret på mystiske og psykiske ting. Så det blev set som individuelle søgen. Når folk havde indsigt i ting, rapporterede de det til denne organisatoriske enhed, så de kunne holde styr på det og se, hvordan det passede ind i det større billede, fordi de betragtede enhver oplysning som relevant. Og de samlede alle disse oplysninger sammen, organiserede dem og indsatte dem i det samlede billede for at forsøge at forstå universets natur bedre. Dette involverede hver eneste person. Det var meget komplekst, og organisationen var nødvendig. Så det var det, der skete med den oprindelige regeringsstruktur.
D: *Førte de nogen form for optegnelser?*
B: Ja, de måtte føre meget omfattende optegnelser. På grund af denne civilisations natur havde de ikke computere som sådan, men de havde en måde at opbevare information ved hjælp af universets grundlæggende energi, som kunne tilgås med psykiske evner. (Måske på samme måde, som vi indsamlede information.) Det var deres primære opbevaringssted, og det er derfor, jeres arkæologer ikke har fundet noget. Deres information er stadig opbevaret der og er klar til at blive tilgået. Man skal blot udvikle de korrekte psykiske evner for at kunne få adgang til det. De havde papiragtige produkter til at undervise børnene i at læse og illustrere, hvordan de udviklede deres psykiske evner og sådan noget, og det er rådnet for længst.

D: Jeg tror, videnskabsfolkene forventer at finde noget nedskrevet eller indhugget eller en eller anden form for optegnelse af den slags.

B: Ja, optegnelsen er der, men den er på de psykiske planer. Den er meget organiseret, og den er opbevaret og klar til brug. Og den vil være til stor gavn for jeres verden. Den er næsten som Akasha-optegnelserne, men ikke helt, fordi Akasha-optegnelserne er en del af universet. De tog dette koncept og fandt ud af, at det kunne bruges til at oprette en anden form for optegnelser. Det eksisterer på en slags energiniveau.

D: Jeg tænkte på pyramiderne eller noget lignende. Om de måske kunne have adgang til viden i et fysisk sted.

B: Nej. Men pyramiderne og andre typer megalitiske strukturer, der er justeret efter himmellegemerne — og her henviser jeg til ting som de mystiske stencirkler i Europa — er enheder, der hjælper med at fokusere denne energi, så man kan tilgå den. Fordi energien måtte organiseres og fokuseres for at kunne bruges til dette formål.

D: Hvis nogen gik til et af disse gamle steder, ville det hjælpe dem med at få mere adgang til det?

B: Ja, det ville det. Nogle af stencirklerne ville ikke være så fint tunet, som de har været, simpelthen på grund af præcessionen af jævndøgnene.

D: Du mener, at himlen og Jorden har ændret sig?

B: Rigtigt, og derfor er de nu en smule ude af justering. Men andre, der havde en stærk sol-justering, ville stadig være funktionelle. For eksempel, siden Atlantis blev ødelagt, er det primære fokuseringscenter nu pyramiderne i Egypten. Og de er stadig i perfekt justering, som de var, da de blev bygget, og derfor er deres kraft ikke svækket. Det er derfor, folk har haft hallucinerende oplevelser ved at opholde sig i længere tid i visse indvendige dele af pyramiderne. Det skyldes, at dette er centret for fokuseringen af kraften. Og du skulle være døv, stum, blind og udviklingshæmmet for ikke at kunne opfange disse udstrålinger. De havde lignende megalitiske strukturer på Atlantis. Hvis jeres arkæologer finder noget, vil det være disse megalitiske strukturer, og de er ikke længere i justering. De blev hårdt beskadiget, da Atlantis blev ødelagt, og naturligvis blev deres justering ødelagt.

Jeres arkæologer vil regne ud, at de på et tidspunkt var justeret efter Solen, ved at bruge præcedens for eksistensen af disse andre intakte megalitiske strukturer. Disse var som en gigantisk stendatabase, der brugte Jordens naturlige energistrømme og det omgivende rum og fokuserede dem på bestemte måder for at kunne bruge de forskellige energiniveauer i universet.

D: *Du sagde, at folkene fra Atlantis ikke brugte metal?*

B: Meget lidt metal, fordi de fandt ud af, at jo mere noget blev fremstillet og ændret fra sin oprindelige form, jo mere ude af harmoni var det med universet, og jo flere vibrationer mistede det. Hvis du tager noget fra Jorden og bruger det uden at ændre dets molekylære struktur drastisk, vil det stadig være i harmoni med energiniveauerne og kunne bruges til dette formål. Derfor brugte de en masse sten i deres strukturer, da dette blot var solide klumper af Jorden, der blev skåret op og transporteret til et andet sted uden at blive udsat for smeltning, som I gør ved forfiningen af visse metaller.

D: *Så alle deres bygninger, selv private boliger, var lavet af sten.*

B: Enten sten eller ler eller træ og lignende. Noget af møblementet i deres hjem var skåret ud af sten. Jeg brugte ordet "skåret," for det er ordet på jeres sprog, men det er ikke rigtig en god beskrivelse af processen. Når de tog sten op fra Jorden, havde de en måde at midlertidigt ændre dens energifelter på, så den blev fleksibel som ler. Og som et resultat kunne de forme den, som du ville forme ler, til alt, hvad de havde brug for. Derefter lod de energifeltet vende tilbage til dets normale tilstand, og det ville blive stift som sten igen. De havde alle de almindelige livsbetingelser, som man ville forvente i et civiliseret samfund.

D: *Hvad med mad?*

B: Bare en regelmæssig balance af fødevarer. I processen med at lære om energi lærte de, hvordan man forblev i balance med deres kost. Dette eliminerede mange medicinske problemer, som jeres civilisation har, og forskellige sygdomme forårsaget af ubalanceret kost. Derfor spiste de fleste mennesker hovedsageligt grøntsager og fiberrige fødevarer og meget lidt kød. De gik ikke til ekstremerne som nogle af jeres vegetarer, fordi kroppen havde brug for protein, og de ønskede ikke at spise æg hele tiden. Og derfor dræbte de kød, når de havde brug for det. Nogle af de mere avancerede mystikere følte ikke behovet for at spise, fordi de kunne tappe ind i energien og absorbere, hvad deres krop havde brug for, direkte fra universet i stedet for indirekte gennem mad. (Dette er måden, visse udenjordiske væsener eksisterer på.) Det er en meget avanceret teknik. Og selvom Atlantis var generelt psykisk avanceret, gjorde kun deres mest avancerede det regelmæssigt.

D: *Var deres dyr lignende dem, vi har på Jorden i dag?*

B: De var grundlæggende lignende. Hvad jeres arkæologer betragter som tidlige civilisationer, det vil sige civilisationer, der først havde landbrug og domesticerede dyr, var faktisk efterkommere af denne tidligere civilisation, som var faldet. De forsøgte at genopbygge civilisationen ud fra deres ødelagte rester. Det er der, de domesticerede dyr kom fra — kvæg, geder, får, kameler og visse typer heste. Ræserne var forskellige, og de så anderledes ud, men det er fordi mennesket altid udfører selektiv avl for at ændre udseendet af deres domesticerede dyr. Men grundlæggende var det det samme dyr. For eksempel er det ligesom forskellen mellem en malkeko og en brahma-tyr.

D: *Havde de nogen form for transportmiddel?*

B: Åh ja, de havde transportmidler. Den type transport, de brugte, er kommet ned til jer i legenderne om magiske tæpper. (Jeg lo overrasket.) Grundlæggende kunne de levitere uden problemer, fordi de vidste, hvordan de skulle manipulere energi og tyngdekraft. Så de udførte størstedelen af deres rejser ved hjælp af levitation. Hvis de ønskede at tage noget med sig, men ikke ville bære det, i stedet for at bruge yderligere energi på at levitere det separat, ville de tage et tæppe eller noget andet, de kunne sidde på, og så bare levitere sig selv og de andre genstande på tæppet.

D: *Ah-ha, ligesom i 'Tusind og én nats eventyr'.*

B: Præcis. De lærte at manipulere denne energi til at opnå mange ting, og dette inkluderede rejser over Jordens overflade. Hvis de bare ville tage en kort tur og ikke ville bruge energien til levitation, brugte de dyr. Men på grund af deres evne til at tappe ind i denne energi, var der ingen grund til at udvikle biler eller fly. Og det galaktiske samfund var meget begejstret for dette, for denne evne, så vidt jeg kan se, ser ud til at være unik for vores race. Og det ville være et af de bidrag, vi ville give til det galaktiske samfund.

For de andre planeter udviklede sig ved hjælp af maskiner og køretøjer.

D: Ligesom vi har gjort i denne tidsalder.

B: Ja. Og det galaktiske samfund er en smule bekymret for, at vi ikke har udviklet vores psykiske evner denne gang, men de ved, at disse evner er der og venter på at blive udviklet. De husker, hvordan det var med den tidligere civilisation. Hvis vi ikke er i stand til at tappe ind i denne psykiske information selv, vil de utvivlsomt skubbe til os og hjælpe os med at "opdage" det, ligesom de har gjort med andre tidligere opdagelser. Denne form for energi blev hovedsageligt brugt til personlig transport over lange afstande og til transport af stenblokke og lignende. Der er visse mystikere i jeres nutidige civilisation, der stadig kan gøre dette, men de befinder sig i isolerede områder af verden. Nogle af dem lever dybt inde i Indiens jungler. Men denne evne er mest fremherskende blandt lamaerne i Tibets høje bjerge. De var i stand til at bevare den, fordi de var så isolerede. De var de mindst berørte af ødelæggelsen af Atlantis.

D: Gjorde de noget for underholdning?

B: Åh ja, det er et grundlæggende behov for menneskenaturen. Det afhang af, hvilken civilisation det var, og afhængigt af deres individuelle kulturer. For eksempel i Atlantis var en ting, der var meget populær: En gruppe mennesker ville fastgøre farverige bånd til deres arme eller tøj, og derefter ville de alle levitere rundt om hinanden for at danne smukke mønstre med båndene, der strakte sig efter dem. Børnene elskede at se dette. De ville gøre, hvad deres fantasi kunne komme op med. De havde drama, teater og musik. De foretrak liveoptrædener, men hvis de ville se noget, der ikke blev opført lokalt på det tidspunkt, kunne de indstille sig psykisk til, hvor det blev opført, og se det med deres psykiske evner. Så det var lidt ligesom fjernsyn på en måde.

D: Det ser ud til, at de var meget højt udviklede psykisk.

B: Ja, men ødelæggelsen af Atlantis skræmte dem meget. Det gav dem noget svarende til et mentalt traume. Som når et individ oplever et alvorligt mentalt traume i deres unge liv, og det påvirker dem resten af deres liv, medmindre de bliver bevidste om det, arbejder sig igennem det og løser det. Hele menneskeheden fik noget lignende. Og på den måde, som Atlantis blev ødelagt på, og måden

Den Snoede Univers ~ Bog Et

de psykiske fokuseringscentre blev ødelagt på, gav det alle en midlertidig psykisk udbrændthed. Det ville være som at se en eksplosion for tæt på og midlertidigt blive blændet.

D: Og dette påvirkede dem i flere generationer.

B: Ja. Evnen var stadig der, den var bare følelsesløs i et stykke tid. Derefter begyndte den gradvist at få følelsen tilbage. Og det tog ikke så lang tid, som du måske tror. Men menneskeheden i almindelighed huskede dette underbevidst og undgik derfor at udvikle psykiske evner i flere tusinde år, bange for at de ville blive "brændt" igen, så at sige.

D: Det giver mening. Blivede de i denne type udvikling i lang tid?

B: Ja, det var den vigtigste drivkraft for deres civilisation. De brugte krystaller til at fokusere visse typer energier, til at kontakte det galaktiske samfund. De kunne gøre det mentalt, men for at hjælpe med at forstærke de mentale energier brugte de visse typer krystaller. Deres videnskab inden for krystallografi var ekstremt avanceret.

D: Du sagde, at de brugte dette til at kontakte det galaktiske samfund?

B: Ja, til kommunikation over lange afstande. I stedet for at tappe ind på alles telepatiske evner og udmatte deres energi, brugte de disse krystaller. Fordi ikke alle i det galaktiske samfund var indstillet på dette, ville det være som at forsøge at tale med en døv person. Man skulle bruge en anden kommunikationsmetode.

D: Og de forstod denne krystal-kommunikation?

B: Rigtigt. Og de brugte de energier, der blev genereret af krystallografien, til at interagere med det galaktiske samfund. Det var komplementært og kompatibelt med både deres civilisation og de forskellige civilisationer i det galaktiske samfund.

D: Kunne én person fokusere disse krystaller, eller krævede det mange mennesker?

B: Én person kunne gøre det, fordi disse krystaller kunne trække på forskellige energier og energifelter fra Jorden, såsom elektromagnetiske felter, tyngdekraft, sollys og så videre. Hvad der skulle gøres, ville afhænge af, hvilken type energi krystallerne skulle trække på. Og der ville være forskellige typer krystaller til forskellige formål. Nogle af disse forskellige typer var specialiserede til at trække på visse energiformer.

D: Skulle de udskæres eller formes på en bestemt måde?

B: Deres molekylære strukturer, matricerne og gitterværket af den molekylære struktur skulle designes på en bestemt måde. Og ja, ofte ville formen på overfladen også have en indflydelse. Men de startede på det molekylære niveau og gjorde noget lignende med krystallerne, som de gjorde med stenene. De ændrede energifeltet, så de kunne redesigne gitterstrukturen af molekylerne, så de fokuserede en bestemt energi på en bestemt måde. Derefter genskabte de energifelterne, så det ville forblive sådan.

D: *Så det var sådan, de formede bestemte former til forskellige formål?*

B: Ikke former! Den indre struktur, den molekylære struktur af krystallen. Og ja, de ændrede overfladen af krystallen for at forme den, som den skulle være. Men det var først og fremmest vigtigt at få den indre struktur, den molekylære struktur korrekt, ellers kunne man lave alverdens former uden nytte.

D: *Jeg troede, at det havde noget at gøre med facetterne eller den forskellige form, og hvordan det blev fokuseret.*

B: Man skal først sikre, at den molekylære struktur er korrekt. Det er ligesom strukturen af en snefnug, men bring det ned på uendeligt små energiniveauer. Og du skal have alle disse formet korrekt, ellers ville det ikke gavne dig.

D: *Havde størrelsen af krystallen betydning?*

B: Det afhænger af, hvad den skulle bruges til, hvor stor den ville være eller hvilken form den til sidst fik. Men deres største bekymring var den molekylære struktur. Og eftersom de kunne kontrollere den molekylære form af disse krystaller, er det en af grundene til, at deres videnskab om krystallografi var så langt fremme. Og det er derfor, de kunne bruge krystaller til så mange forskellige formål. Fordi de havde specifikt kontrollerede molekylære strukturer, såvel som kontrollerede former eller størrelser.

D: *Jeg har altid tænkt, at jo større de var, desto mere kraftfulde var de.*

B: Ikke nødvendigvis. Der var en krystal, de havde til at fokusere en bestemt type energi, der var omkring tre tommer lang og meget slank. Den var linseformet og spids i begge ender. Hvis du så på den forfra, havde den form som en femtakket stjerne eller noget lignende. Og den var kun omkring en ottendedel af en tomme bred på det bredeste sted. Den var meget slank, men en kraftfuld krystal

Den Snoede Univers ~ Bog Et

på grund af den type energi, den fokuserede. Jeg kan ikke finde informationen om, hvad den blev brugt til, men jeg kan se krystallens form.

D: Jeg forstår. Så de skulle være opmærksomme på, hvilken energi de ønskede, og hvad de forskellige energier ville gøre.

B: Præcis. Jeg tror, du begynder at forstå nu. De havde forskellige krystaller til at fokusere forskellige slags energi til forskellige formål. For eksempel havde de visse typer krystaller, der kunne fokusere kosmiske stråler og ultraviolet stråling og stjernelys for at skabe synligt lys om natten. Og disse krystaller kunne også bruge infrarød varme, såsom kropsvarme, til at hjælpe med at skabe lys om natten. Dine arkæologer har fundet nogle af disse krystaller i Mellemamerikas jungler. De er ikke blevet vedligeholdt i mange århundreder, men de lyser stadig om natten og producerer lys, dog ikke lige så tydeligt som tidligere. Og de virker som simple sten for arkæologerne. De forstår ikke, hvad de var til, eller hvordan de fungerede, fordi disse er en specialiseret type krystal. De har fundet kugler i forskellige størrelser. Og der har været rygter om, hvordan de lyser om natten. Derfor er de så udbredte og fundet overalt. På de steder, hvor de fandt dem, blev de brugt til at skabe lys om natten. Ligesom de fleste civilisationer var der også aktiviteter om natten, og man havde brug for en bredt fordelt kilde til kunstigt lys.

D: De var som store gadelygter, der oplyste byerne?

B: Ja. Gadelys, indvendige lys, spotlights, alt efter hvilken type belysning der var behov for. Og der var andre typer krystaller, der udsendte varme for at opvarme huse. Så de behøvede ikke at fælde deres skove for at lave bål. De kunne bruge disse krystaller i stedet og bevare skovene til møbler eller blot til vækst og iltning af luften.

D: Hvilke typer brugte de i husene til lys?

B: Stenkugler. De fandtes i alle størrelser. Og man har fundet dem i alle størrelser i Centralamerika. Du har personligt kun hørt om de store, men de har også fundet mindre, på størrelse med en bowlingkugle eller lidt mindre, som kunne bæres i to hænder.

D: De er af sten, men du kalder dem krystaller.

B: Som jeg allerede har sagt, kalder jeres arkæologer dem sten, fordi de ser ud som sten, men de er en specialiseret type krystal.

D: Jeg tænker på krystaller som noget, man kan se igennem.
B: Nogle kan man, og nogle kan man ikke. De kaldes krystaller, ikke på grund af deres ydre udseende, men simpelthen på grund af deres molekylære struktur.
D: Jeg forstår. Så disse mindre stenkugler blev brugt til belysning i husene?
B: Korrekt. Der ville være en piedestal, der stak ud fra væggen, som de kunne placeres på. Eller en slags holder i loftet, der minder om en indfatning til en sten i jeres smykker. Der ville være en indfatning, så at sige, der stak ud fra loftet, hvor de kunne placere en af disse kugler, eller flere, alt efter hvilken slags opsætning de ønskede.
D: Var dem, der blev brugt til opvarmning, lignende?
B: De havde en anden struktur og så derfor anderledes ud. De lignede mere det, du opfatter som krystaller. Og de kunne fås i forskellige farver, alt efter hvordan de ønskede, at de skulle passe ind i deres indretning. Og de kunne gøre én ting med lys-kuglerne, som du ikke har tænkt på. Da kuglerne fandtes i forskellige størrelser, kunne de få nogle, der var meget små, f.eks. en til to tommer i diameter. Og de kunne arrangere dem på en smuk måde, både som dekoration og som lyskilde.
D: Det her bevæger sig væk fra Atlantis, men det minder mig om noget i bogen, jeg skrev om Jesus, da han levede i Qumran (Jesus and the Essenes). De havde en mystisk lyskilde. Det lyder meget lignende. Ved du noget om det?
B: Det ser ud til, at lyskilden var gamle krystaller, der stammede fra tidligere tider, og som blev overleveret fra generation til generation. Da de ikke længere havde viden til at lave flere af dem, værdsatte de dem meget højt.
D: De sagde, at de kom fra "De Gamle", folk, der havde levet mange år før. De havde mange ting, der kom fra dem.
B: Ja. De blev overleveret og plejet og brugt fra generation til generation. Og de overleverede viden om, hvordan man vedligeholdt dem, for så længe de vedligeholdt disse krystaller, kunne de producere lys praktisk talt for evigt. Det var simpel vedligeholdelse.

* * *

Den Snoede Univers ~ Bog Et

(Jeg arbejdede med Phil i mange år, og den information, han leverede, er blevet integreret i mange af mine bøger. I stedet for at gå til Biblioteket på åndesiden, fik han sin information fra "Planet of the Three Spires", som syntes at være et lager eller depot for al viden. Ofte ville en gruppe på tolv enheder også supplere manglende brikker, eller han ville få vist scener og forsøge at fortolke dem med hjælp fra disse enheder.)

(Vi havde adgang til denne information ved hjælp af en elevator-metode frem for sky-metoden, som er meget effektiv med de fleste af mine emner. Phil visualiserede sig selv i en elevator i en kontorbygning og stoppede på den passende etage, der indeholdt adgang til den information, vi søgte. I dette tilfælde havde vi diskuteret muligheden for at finde noget om Atlantis. Metoden er ikke så vigtig; det er adgangen, der er den væsentlige del af arbejdet.)

Elevatoren stoppede, og jeg spurgte ham, hvad han så, da døren åbnede.

P: Der er lyse, glitrende lys. De er energien fra det niveau, vi arbejder fra. Og jeg passerer gennem lysene. Jeg kan se, hvad der ligner et flyvende fartøj eller en flyvende båd, der flyver over en grøn mark. Den har en noget spids form foran og en mere oval form bagtil. Der er plads til to personer at sidde. Der er andre fartøjer på himlen, som kan rumme flere personer. I det fjerne, fra mit synspunkt, er der en by, der skinner i solen. Dette er en af mange byer på dette tidspunkt.

D: Ved du, hvor vi er?

P: Dette blev diskuteret tidligere. Spørgsmålene relaterede sig til den tid på Jorden. Dette er blot en by på det, der dengang blev kaldt kontinentet Atlantis.

Det kan synes som en modsætning, at han så flyvende fartøjer, mens Brenda ikke gjorde det. Som tidligere nævnt eksisterede civilisationen i tusindvis af år og gennemgik mange forandringer og fremskridt. På dette tidspunkt havde de tilsyneladende udviklet mekaniske enheder og var gået ind i teknologi. Vi skulle også opdage andre forandringer.

D: Kan du fortælle, hvad det fartøj er lavet af?
P: Det er en aluminiumslegering, meget lig den, der bruges i dag.
D: Kan du fortælle, hvordan det er drevet?
P: Ved hjælp af det, der kaldes krystalenergi. Der er stråler af krystalenergi placeret rundt omkring på kontinentet, og disse fartøjer tilpasser sig blot denne stråle og bliver projiceret langs den. Lidt som konceptet med motorveje, der bruges i dit land i dag.
D: Har de også fartøjer, der forlader planeten eller rejser i rummet?
P: Ja, men de var ikke af samme konstruktionstype. Der var de mennesker, der fik lov til denne mulighed. Men det var ypperstepræsterne eller den højeste funktionelle orden, der var i kontakt med dem af stjerne-naturen. Dette var ikke almindelige oplevelser blandt den generelle befolkning. De, der havde den højeste moralske karakter og forståelse, fik lov til denne oplevelse som en del af deres læring og åndelige udvikling. Det var ikke en fornøjelsestur, men givet i læringens kontekst.
D: Er der nogen dele af det oprindelige kontinent, der er over vand i dag?
P: Dele af Atlantis-kontinentet er faktisk ved at stige igen og vil igen stige til og over overfladen. Men der er i øjeblikket ikke noget, man ville kalde betydelige dele af det oprindelige land over vand.
D: Jeg har hørt, at dele af USA var en del af Atlantis.
P: Det er ikke korrekt, som vi opfatter det. Du spurgte om land, der blev betragtet som en permanent del af Atlantis, og hele kontinentet af USA var faktisk en del af havbunden på et tidspunkt.
D: Ved du, hvor Atlantis oprindeligt var placeret i forhold til vores geografiske kort, som det ser ud i dag?
P: Det var i Atlanterhavet. Der var områder, der på det tidspunkt var over og under havoverfladen. Der er områder i dag, som var over jorden dengang, men som siden er sunket, og der er områder, der var nedsunket dengang, som nu er over jorden. Der har været mange jordændringer siden den tid. Mange gange skiftede de mellem at være land eller hav.
D: Så størstedelen af kontinentet er nu under vand.
P: Det er korrekt.

D: Hvad med resten af verden? Det kunne ikke have været det eneste befolkede kontinent.

P: Der var i det pågældende område mange forskellige civilisationer af folk. En social struktur, ikke så langt fra det, du har på din planet i dag. Det vil sige, der var mange forskellige typer og klasser af mennesker. Der var den lavere eller fattige arbejdsklasse. Og økonomisk set, middel- og overklasserne.

D: Men der var andre kontinenter end Atlantis?

P: Det er korrekt. Der var områder, ikke som kontinenter, i den forstand at de blev givet eller tilskrevet ét bestemt navn eller betegnelse. For på det tidspunkt var det fremtrædende og førende befolkningsområde kaldet "Atlantis". Dog er det ikke korrekt at sige, at det var det eneste befolkede område på det tidspunkt. Det var udstillingsvinduet eller centrum for civilisationen på det tidspunkt.

D: De andre områder havde ingen navne.

P: Det er korrekt. Der var ikke behov for at inkorporere disse i det, der dengang ville være blevet kaldt "verdensregeringen".

D: Havde de samme kulturelle fremskridt som dette kontinent Atlantis?

P: Der var områder, som teknologisk set var noget overlegne. Men moralsk set blev intet overgået i det område af Atlantis. Det var kronjuvelen af civilisation på det tidspunkt. På det tidspunkt på din planet var det højdepunktet i søgen efter sandheden.

D: Havde menneskeheden eksisteret længe, da Atlantis udviklede sig til denne tilstand?

P: Der var mange, mange generationer før dette. Udviklingen af de åndelige manifestationer var på et højt niveau, mere højt udviklet end endda til denne dag.

D: Jeg spekulerede på, om dette var den højeste udvikling, som mennesket havde nået på det tidspunkt.

P: Det er korrekt, og siden. For den moralske karakter af din planet har stadig en stor vej at gå for at nå denne succes' højdepunkt.

D: Jeg tænkte, der kunne have været andre tidligere civilisationer, som vi ikke kender til.

P: Der var faktisk andre civilisationer og kontinenter før den atlantiske kultur. Dog har ingen overgået det, der blev fundet i Atlantis på det tidspunkt, strengt set fra et moralsk og karaktermæssigt synspunkt.

D: Så der var tider, hvor mennesket ville udvikle sig så langt, og civilisationerne ville blive ødelagt, før det atlantiske kontinent blev dannet?

P: Der var, som ørkensand, der skifter, menneskets skiftende skæbner. For der var altid fremskridt, som ville fremhæve den pågældende kultur til et niveau af fremtræden blandt dens jævnaldrende. Gennem forskellige former for det, der kunne kaldes "uheld", syntes disse kulturer aldrig at etablere et fast fodfæste i de civilisationer, der fandtes på det tidspunkt. Og så var der en kontinuerlig tab og genopbygning, og derefter tab igen. Indtil pludselig de store fremskridt på kontinentet Atlantis fandt sted. Der var forud for det mange kulturer, som overgik den åndelige karakter af Atlantis. Dog ingen i sammenhæng med befolkningen som helhed. Der var individer i andre kulturer, som gennem flid og selvfornægtelse og træning nåede de bevidsthedsniveauer, der var over den generelle befolkning i Atlantis. Men her taler vi om en generel samlet bevidsthed blandt befolkningen. Det vil sige, kulturen eller befolkningen som helhed havde nået et højt niveau af bevidsthed. Og der var kulturer før atlanterne, som havde en højere moralsk karakter, men som alligevel ikke havde den samme type kultur eller indre sammenhæng. Det var mere på individuel basis.

D: Men hver gang måtte menneskeheden starte forfra fra et meget lavt niveau?

P: Der var altid dem, der var vogtere af viden, for det var en nidkært bevogtet hemmelighed. Viden blev beskyttet med stor ærbødighed og værdighed. Men den var ikke tilgængelig for befolkningen som helhed. Og derfor var der altid dem med de højeste moralske standarder, som var vogtere af viden.

D: Så Jorden havde ændret sig, kontinenter var steget og forsvundet før denne tid med Atlantis.

P: Det er korrekt. Dette var forårsaget af forskellige katastrofer, der var naturlige for planeten. For på det tidspunkt var Jorden stadig i gang med at tilpasse sig og falde til ro i et langt og velstående liv. Jorden var på det tidspunkt noget yngre end nu, og den var meget mere ustabil.

D: *Vores videnskabsfolk har en tendens til at tro, at der ikke var mennesker i de tidlige dage.*
P: Ikke sandt, for der var mennesker i dage, hvor videnskabsfolkene mener, at der ikke var noget liv overhovedet. Dog har de simpelthen ikke den retrospektive indsigt, der ville være nødvendig for at bekræfte eksistensen af disse mennesker. For med hver ændring var der en udslettelse af dem, der eksisterede før ændringen, sådan at deres kulturer gik tabt uden spor. Ikke at menneskene selv blev udslettet, så der ikke var nogen mennesker tilbage, men at der ikke var nogen spor tilbage af deres præstationer. Simpelthen på grund af den katastrofale ødelæggelse, der fulgte hver naturlig Jordændring.
D: *Så der har altid været nogle, der har overlevet.*
P: Det er korrekt. For det har altid været kendt, at forandringen var nært forestående. Og de, der var indstillet og opmærksomme, ville forberede sig, og så ville de overleve intakte og fortsætte. Der har altid været dette niveau af bevidsthed, der siger, at den største præstation i menneskets historie er den, der er i nutiden. Dette har været fremherskende gennem menneskets historie. Der var mange tidligere civilisationer, som desværre havde den samme opfattelse. Det er kun menneskets natur.

Jeg har haft regressioner, hvor hele civilisationer blev ødelagt af dramatiske jordændringer. Nogle gange af vandmasser, nogle gange af vulkanudbrud, der producerede vægge af mudder og affald. Jeg blev fortalt, at disse var før Atlantis, og menneskeheden har ingen viden om deres højt avancerede præstationer. Videnskabsfolkene har ingen optegnelser om dem, fordi eventuelle rester er begravet enten under vand eller under bjerge af jord. Vores verden er som en rastløs gammel kvinde, der konstant vrider og vender sig.
Jeg vendte tilbage til, hvad Phil observerede.

D: *Du sagde, at du kunne se en by i det fjerne?*
P: Det er korrekt. Vogterne af viden er baseret eller udspringer fra denne by. De ældgamle Elohim, vogterne af de moralske fysiske love om sandhed. Det er den højeste form for bevidsthed om de naturlige og fysiske love for mennesket, i samklang med den åndelige bevidsthed.

D: Så dem, der havde disse såkaldte mentale kræfter, var kun få i forhold til hele befolkningen?
P: Ikke sådan, for byen som helhed var meget bevidst. Det er som om selve byen holdt en slags energi, der syntes at løfte disse mennesker til langt større potentialer, end der normalt blev set i resten af landet.
D: Hvad får byen til at skinne?
P: Den er af krystallinsk natur, fra de byggematerialer, der udgør deres konstruktion. Det er som om den beton, du bruger i dag, var af en krystallinsk natur.
D: Er du i byen, hvor du kan se dig omkring og observere?
P: Der er en vis tilbageholdenhed med at nærme sig byen. For de, der ikke var af den højeste energi, fik ikke lov til at komme ind, da det ville forårsage betydelig skade på den fysiske og åndelige enhed som helhed. Energiniveauet i denne by var sådan, at det ville overbelaste dem, der ikke var bekendte med, hvordan man kanaliserer denne energi. Så det er en forsigtighedsforanstaltning, at vi observerer det på afstand. For energien er alt for kraftig til at forsøge at kanalisere på nuværende tidspunkt.
D: Jeg sætter pris på, at du fortæller mig det. Vi vil ikke gøre noget, der på nogen måde skader dig. Kan du få information ved at observere det på afstand?
P: Det er korrekt. Der er dem, der er opmærksomme på vores tilstedeværelse i periferien, og de kan kanalisere denne information til os uden at forårsage nogen form for fysisk forstyrrelse i køretøjet. Der er dem, der i deres sindets øje vil se, at der er noget at lære af denne kontakt. Og derfor vil de rejse mod denne by, tiltrukket af en usynlig kraft, der vil lede dem til dette område. Der ville de intuitivt føle forbindelsen med dem, der var Vogtere af Sandheden. Og som derefter ville kontakte disse individer. Og fællesskabet ville blive givet, som ville etablere den sandhed, som de søgende individer ønskede.
D: Men vi er virkelig fra deres fremtid. Har de normalt talt med folk på forskellige tidspunkter?
P: Der er altid mulighed for at bygge bro over det, der kaldes tidsbarrieren, for i den reneste forstand findes der ingen sådan barriere. Det er altid muligt at relatere til dem, der er af denne højere orden, blot ved tanke. Der er ingen barriere for tanke. De

er meget glade for, at du vil forsøge at gøre dette, for det er af den højere tænkningsorden, der gør det muligt for dig at gøre dette. Var det ikke sådan, ville det ikke være tilladt.

D: *Ja, jeg søger altid efter viden. Så hvis vi bliver tilbage, så du vil føle dig sikker og beskyttet, vil jeg gerne stille nogle spørgsmål om byen.*

P: Der vil blive givet den viden, som er sikker for det involverede køretøj og for den generelle mission, som du ville kalde det. Det er at bringe denne information frem til din tidsperiode.

D: *Hvis energien i denne by var så kraftig, hvad med folk, der ikke boede der? Ville de få lov til at komme ind?*

P: Som vi nævnte tidligere, var der dem, der ville forsøge at nærme sig byen. Dog var energiniveauet sådan, at de intuitivt ikke ville komme meget længere, for de vidste, at dette var et område, der var uden for grænserne. Bevidstheden om det, der er på et højere niveau, ville fortælle dem, at de ikke skulle nærme sig yderligere, medmindre de ønskede at skade sig selv. Det var en medfødt og intuitiv bevidsthed. Der var ikke brug for vagter eller centurioner, for bevidstheden var sådan, at de, der var passende til at nærme sig denne by, ikke ville føle behovet for at vende om. Det var en automatisk sikkerhedsfunktion, der ville afvise dem, der ikke var af den højere natur.

D: *Er dette den eneste by af denne type, der eksisterede på det tidspunkt?*

P: Det er én af flere. Hver var unik i det særlige aspekt af dens energi. Viden og niveauet af mennesker der var noget unikt. Dog var byerne som helhed meget ens, i og med at denne samme type manifestation, de energiniveauer, der var fremherskende, var fælles.

D: *Så hver af disse byer blev brugt til forskellige formål?*

P: Det er korrekt, for der var læring om de fysiske naturer, elementerne af personlighed, for eksempel. Og der var bevidsthed om den åndelige natur, elementerne af spiritualitet. Der var byer, som ville integrere disse.

D: *Hvad blev denne by brugt til?*

P: Dette var af sundheds- og naturtypen, eller bevidstheden om det, der kombinerer fysisk og åndelig bevidsthed for at opretholde sundhed og balance mellem fysisk og åndelig bevidsthed.

D: *Kan de give dig information om typerne af bygninger? Du sagde, de var lavet af krystal.*

P: I konstruktionen er der pulver af en krystallinsk natur, som ville fremstå som separate individuelle krystaller. Det var som om bygningen selv var lavet af krystallinsk materiale, sådan at bygningen som helhed ville blive en krystalmodtager.

D: *Først troede jeg, at det var lavet udelukkende af enorme krystaller.*

P: Ikke sådan, de var af en pulveragtig natur, sådan at de enkelte korn selv var af en krystallinsk natur.

D: *Jeg troede ikke, man kunne finde krystaller så store alligevel. Men dette pulver var blandet med noget for at lave væggene?*

P: Det er korrekt. De blev blandet med en base eller mørtelindhold, som ville cementere dem sammen i en solid form. De blev hældt i en betonform og fik lov til at hærde. De var noget selvopvarmende, idet energien, der blev afgivet, svarede til temperaturen fra solen, der skinnede på det i middagssolen.

D: *Var bygningerne store?*

P: Der var strukturer, der kunne rejse sig adskillige etager, måske tredive etager, hvis det var nødvendigt. Der var den nødvendige viden til at konstruere disse bygninger. Der var handel og industri, og der var kontorområder, så at sige. De områder, hvor viden og information blev assimileret og distribueret, meget ligesom det, I har i jeres samfund i dag.

D: *Så alle bygningerne i denne by er bygget af det samme materiale.*

P: Hele byen som helhed, så hele byen og dens indbyggere blev bestrålet af denne energi.

D: *Men de normale byer på planeten var ikke bygget af dette materiale?*

P: De mindre byer var bygget af mere almindelige former for materialer, såsom ler, sten og træ, som var fremherskende.

Dette lød mere som den by, som Brenda så.

D: *Det ville forklare, hvorfor denne udstrålede et anderledes energiniveau.*

P: Det er korrekt. Det var som om byen selv afspejlede de højere mentale karaktertræk hos dens indbyggere.

Han beskrev møblerne, men de var lavet af lignende materialer, som vi bruger i dag. Der var heller ikke noget usædvanligt ved folkene og deres tøj, undtagen at de for det meste bar tunikaer eller kapper.

P: Belysningen i sig selv blev gjort med krystalenergi, sådan at krystallerne til belysning ville afgive en lysenergi, men et klart noget blåligt lys. Der var på det tidspunkt krystaller, som, når de blev ophidsede gennem kosmisk energi, afgav eller omdannede den energi til fysisk lys. Det var simpelthen en energitransducer.

D: *Er gulvene og væggene også af dette krystallinske materiale?*

P: Det er korrekt. Det var som om hele byen var bygget af dette materiale.

D: *Er der andre typer køretøjer end det, du så i himlen?*

P: Der er mange, der muliggør transport. Mange af en nyttig karakter snarere end en transportkarakter. For i konstruktion og genopbygning var det nødvendigt at transportere store mængder materiale over lange afstande.

D: *Hvordan ser de ud, som blev brugt til transport?*

P: Det kunne beskrives som en form for en shuttle i udseende. Vi henviser her til det to-personers fartøj, som blev præsenteret tidligere. Noget ægformet, når det ses nedenfra, og lidt større bagtil i forhold til fortil. Der var et område foran, hvor individerne ville sidde. Der var et observationsområde, der gjorde det muligt at observere områderne omkring og under og over. Der var ikke behov for friktionsmekanisk fremdrift, som I har i dag. Det var mere af en levitationsnatur. Disse blev drevet af krystaller. Det var nødvendigt at øge mængden af energioutput for at kompensere for den ekstra vægt. Arrangementet af drivkrystaller kunne være i multipler, hvilket ville muliggøre en samlet output, som ville være tilstrækkelig til at drive den pågældende vægt.

D: *Mener du, at det havde flere mindre krystaller, afhængigt af hvor meget vægt det skulle trække eller drive frem?*

P: Det er korrekt. Der var flere af en fælles type krystal, arrangeret på en sådan måde, at deres samlede energioutput ville være multipler af en enkelt form. Disse krystaller var som helhed naturligt forekommende. Dog blev de fremstillet efter en bestemt specifikation, sådan at deres energioutput kunne rettes.

D: Du sagde, at disse blev drevet af energistråler, der blev projiceret ud fra et eller andet sted, som motorveje?
P: Det er korrekt. For langdistancetransport var der krystalenergibeacons. En radiator af krystalenergi, som ville være justeret, så stien førte til et andet fyr, som ville være placeret på et fjerntliggende punkt. Det ville så blot være et spørgsmål om at justere sit fartøj eller transport langs denne energibeacon og derefter blive drevet eller fremført langs denne beacon. Det var nødvendigt at omdirigere energien, sådan at man bevægede sig fremad eller bagud, til et punkt og fra et andet. Det var blot et spørgsmål om at omarrangere krystallerne selv, fremdriftsenhederne, sådan at fremdriften ville være i én retning eller en anden. Strålerne eller beacons var brede nok til, at der kunne være flere fartøjer, der brugte denne energibeacon samtidig og rejste i måske modsatte retninger. Det var ikke, som det er blevet fortolket, en snæver stråle, men snarere en bred og generel beacon.

D: Så disse beacons var placeret forskellige steder på planeten?
P: Ikke så meget på planeten som helhed, fordi viden og bevidsthed, der var nødvendige for at benytte denne form for transport, ikke var udbredt overalt. De var placeret på kontinentet ved forskellige strategiske eller vigtige steder, ikke tilfældigt. For der var områder, der havde brug for sådanne beacons, og områder, der ikke havde det.

D: Så de køretøjer, der blev brugt inden for denne by, fungerede anderledes?
P: Der var energi tilgængelig i hele byen, så der var ikke behov for beacons eller stråler. Energien, der var tilgængelig i den omkringliggende atmosfære eller den omgivende energi, var tilstrækkelig til at få disse fartøjer til at kunne flyve i den retning, de ønskede.

D: De kunne altså trække på energien fra krystalbygningerne og selve byen.
P: Det er korrekt.

D: Så hvis du ville forlade byen, var du nødt til at bruge en anden type køretøj.
P: Det er korrekt.

D: Hvad med kommunikation inden for byen?

P: Det var telepatisk af natur. Der var ikke behov for telefoner i den forstand, som I fortolker dem i dag. Indbyggerne var meget telepatiske af natur og kunne være opmærksomme på og kommunikere med hvem som helst, de ønskede, til enhver tid. Dog var der, hvad man kunne kalde "maskiner," noget lignende jeres computere. Disse var distributører og opsamlere af viden og information. De blev hovedsageligt brugt inden for byen selv, for den mere præcise kommunikation af information.

D: *Kunne folk kommunikere over lange afstande telepatisk?*

P: Helt korrekt. Der var dem, der kunne kommunikere mellem forskellige områder på planeten. Der var ikke behov for kunstige former for kommunikation. Det var heller ikke nødvendigt at begrænse sig kun til planeten, for der var evnen til at kommunikere med dem, der var på meget fjerne planeter, blot gennem telepatiske midler. Denne form for kommunikation er stadig tilgængelig i dag, hvis den genkendes som sådan.

D: *Kan den reaktiveres til en vis grad?*

P: Det er korrekt.

D: *Havde alle på planeten denne evne til at kommunikere?*

P: Ikke alle. For der var dem, der var ligeglade. Måske følte de ikke behov for sådanne former for kommunikation og var ikke interesserede i at lære, hvad der var nødvendigt for at muliggøre denne type kommunikation.

D: *Så hele planeten var ikke så højt udviklet.*

P: Det er korrekt. Der var dem, der ønskede at tilegne sig den dedikation og viden, der kunne lette denne kommunikation. Kommunikationen i sig selv var ikke målet for vidensøgningen. Det var ikke målet i sig selv.

D: *Hvorfor kommunikerede de med andre planeter?*

P: Der blev givet information, som tillod en højere forståelse af sig selv i forhold til både sig selv og andre. Dette blev gjort muligt gennem udviklingen af indbyggernes sociale bevidsthed. En mere fuldkommen forståelse af sociale funktioner på et planetarisk niveau.

D: *Folk fra de andre planeter kontaktede dem, når de havde udviklet sig til det rette niveau?*

P: Ikke nødvendigvis. Det var simpelthen et spørgsmål om udviklingen af bevidsthed, sådan at bevidstheden hos dem på planeten snart nåede et niveau, hvor de blev opmærksomme på meget mere end blot deres egen art på deres egen planet. Deres bevidsthed blev udvidet og øget, så de derefter blev opmærksomme på kommunikation mellem andre planeter.

D: *Havde de også fysisk kontakt med folk fra andre planeter?*
P: Ja, som vi nævnte tidligere. Der blev givet evnen til at kommunikere direkte eller mødes personligt med dem af en anden natur.

D: *Ja, du sagde, at visse personer fik lov til at forlade planeten.*
P: Det er korrekt.

D: *Kom folk fra andre planeter også hertil?*
P: Det er korrekt. For det blev set, at der kunne gives en udveksling af viden, som ville være til gavn for begge involverede parter. Så deres læring blev mere komplet og jordnær.

D: *Ved du, om denne kommunikation havde foregået i lang tid, før de blev opmærksomme på det?*
P: Der var i andre områder af universet kommunikation i gang længe før planetens fremkomst som helhed. Dog tillod bevidstheden opnået af den specifikke del af befolkningen, at kommunikationen mellem dem på andre planeter og dem selv blev mulig.

D: *Jeg var nysgerrig efter at vide, om folk fra andre planeter var kommet til Jorden, før de blev bemærket, så at sige.*
P: Der var, i lang tid før den atlantiske inkarnation, disse besøg, der gjorde det muligt at være opmærksom på planeten i andre dele af universet. Det var ikke ukendt, at planeten udviklede sig på en sådan måde. Og det blev set, at udviklingen var sådan, at der til sidst ville blive etableret telepatiske former for kommunikation, hvor væsener, der blev tilbage på planeterne og ikke rejste, snart ville være i stand til at kontakte direkte disse indbyggere på denne nyligt udviklende planet.

D: *Var der andre typer maskiner i byen?*
P: Der var igen de kommunikationsmaskiner, samt de maskiner til informationsindsamling og opbevaring. Der var også maskiner, der sikrede bygningernes komfort. Der var en bevarelsesmaskine, så mad og tøj og lignende blev holdt sunde og i en ren og høj tilstand.

D: Det er et interessant udtryk "bevarelsesmaskine". Jeg tænker på vores køleskabe. Men det kunne ikke være det, hvis du også nævnte tøj.

P: Vi taler her i brede kategorier og ikke så meget om et enkelt koncept. Det er faktisk meget lig konceptet bag køleskabet og vaskemaskinen, som er så almindelige i jeres samfund i dag.

D: Så de har altid haft brug for sådanne ting, går jeg ud fra.

P: Det er korrekt. For behovet for renlighed og bevarelse har været fremtrædende hos mennesket i mange århundreder.

D: Er der nogen dyr i byen?

P: Det blev ikke anset for passende i denne krystalby at tillade dyr at vandre rundt i gaderne, som det var almindeligt i nogle andre områder af kontinentet på det tidspunkt. Dyr ville ikke være i stand til at tilpasse sig byens enorme energikraft.

D: Var folks levetid omtrent som vores?

P: Den var noget kortere end det, der er almindeligt i denne tidsramme i dag. Dog ikke på grund af dårligt helbred. At være i denne energi forkortede noget levetiden. Dog var akkumuleringen af viden sådan, at man lærte på langt kortere tid, hvad der kunne tage mange, mange år i efterfølgende mindre liv. Det var, som om læringsprocessen blev fremskyndet. Og ved at leve med energierne blev de fysiske kroppe brugt langt hurtigere og mere intensivt end dem, der ville leve uden for energierne. Sygdom og dårligt helbred, som var udbredt i andre områder af planeten, var i høj grad ikke-eksisterende i denne særlige type by.

D: Men andre mennesker på planeten havde en anden levetid end dem, der boede i byen?

P: Det er korrekt. De, der boede i energibyerne, havde en levetid, der var noget kortere end gennemsnittet. Måske lå det gennemsnitligt i fyrrerne og halvtredserne. De, der boede udenfor, og som var af en højere orden og bevidste om renlighed og kost, kunne forvente at leve til deres tresserne og halvfjerdserne. Dog var der nogle, som var noget mere primitive, hvis levetid var meget kortere.

D: Jeg formoder, at meget af dette også havde at gøre med medicinske fremskridt.

P: Det er korrekt. Det var simpelthen et bevidsthedsniveau, der dikterede forventet levetid.

Jeg besluttede at afslutte sessionen, da jeg følte, vi havde lært nok om krystalbyen. Jeg spurgte, om jeg kunne vende tilbage på et andet tidspunkt og få information om deres viden og evner.

P: Vi vil forsøge at give dig det, der er mest passende at give på det tidspunkt. Vi ønsker, at du forstår, at faktoren om hensigtsmæssighed er den retningsgivende guideline i hver af disse sessioner. For det, der er passende ved én session, er måske ikke ved den næste.

D: *Det afhænger af, hvilken energi der besvarer spørgsmålene?*

P: Det afhænger af energien i den overordnede situation, for der er mange deltagere i denne bestræbelse, ikke kun din egen, som påvirker den samlede proces. Det er denne samlede sum af energibetingelser, der udgør faktoren om hensigtsmæssighed. Vi vil beskytte ham i hans bestræbelser på at forstå sig selv, såvel som hans liv, som altid kan være meget adskilte og separate. For ofte føler folk, at de er deres liv. Men faktisk er ens liv virkelig en forlængelse af ens selv. Ens selv kan blive ganske adskilt fra ens liv. Her defineres liv i sociale, samfundsmæssige og kulturelle aspekter og ikke i en fysisk forstand. Oplevelsen af at leve er ens liv. Og således filtrerer man gennem dette livskoncept de oplevelser, som er selve oplevelsen af livet.

Denne session var vanskelig for mig. Der syntes at være en energi, der udstrålede fra Phil, selvom han ikke var tæt på byen. Det gav mig en let hovedpine og forstyrrede min tankegang og mine spørgsmål. Det var svært at formulere spørgsmål og koncentrere sig. Det var også mærkeligt, at da jeg forlod denne session og gik til Johns lejlighed for en session om Nostradamus-materialet, havde jeg en anden mærkelig oplevelse. Dette var dagen, hvor den onde imam ramte mig med sin energi. Dette blev rapporteret i Conversations With Nostradamus, Volume II. To lejligheder på én dag med at blive udsat for en mærkelig type energi. Tilfældighed?

* * *

Yderligere information kom frem fra Phil under en anden session, hvor jeg stillede spørgsmål om Jordens mysterier.

D: *Jeg binder løse ender om Atlantis' historie. De sagde, at folkene i Atlantis havde udviklet en stor mental evne. At de kunne gøre mange ting med deres sind, som er umulige for folk i vores tid at gøre. Kan du fortælle mig om de evner, folkene i Atlantis havde på det mentale niveau?*

P: Der er ting, der eksisterer, som var mere tydelige for dem, som du ville kalde atlanteanere. Folket var mere i harmoni med eksistensens åndedrag og var i stand til at opfatte mere. Talenterne hos disse individer var mere motiverede af et ønske om at lære i modsætning til et ønske om at tjene, hvilket er, hvad du finder i dit samfund på dette tidspunkt, som du definerer det.

D: *Hvad kunne de gøre, som vi ikke kan gøre i dag?*

P: Der er intet, der blev gjort dengang, som ikke kunne gøres i dag. Dog mangler motivationen måske hos størstedelen af de mennesker, vi ser på din planet på nuværende tidspunkt. Der er mange, der forsøger at genvinde den tabte viden.

D: *Men hvilke evner havde de, som vi har mistet?*

P: Evnen til at metamorfosere er blevet ubrugt og glemt. Det vil sige at ændre ens eksistens fra et specifikt væsen til et andet. Det er simpelthen et spørgsmål om at samle ens atomare struktur på ny for at tilpasse den mere til en anden allerede etableret og identificeret harmoni af atomer. Evnen til at gøre dette har meget mere at gøre med accepten af livsmodeller, end hvad der er almindeligt kendt i dag. Konceptet er, at i dannelsen af en fysisk planet er der aftaler mellem de energier, der udgør denne planet, om at visse energier skal være sådan-og-sådan, og andre energier skal være sådan-og-sådan. Der er en aftale om, at sten skal være sten, og træer skal være træer. Dette er i harmoni med behovene og ønskerne hos de individuelle energier. Der er dog nogle, der har evnen til at ændre deres accepterede realiteter, så de kan forme sig selv som en anden skabning eller virkelighed. Dette er ikke en overtrædelse af universets love, men blot en anvendelse af universets love. Der er evnen til at gøre dette hos mange mennesker på din planet i dag, som er bange for denne talent. De er delvist bevidste om det og er opmærksomme på evnen til at gøre dette. Men de er bundet af mange forskellige typer frygt og loyaliteter, så de nægter at anerkende eksistensen af sådan en evne. Det var dog almindeligt i Atlantis' dage.

Dette var første gang, jeg havde hørt om et sådant koncept uden for Hollywoods version. Jeg ønskede at afklare det.

D: Mener du, at i stedet for at ånden går ind i en dyrekrop, ændrer de faktisk den eksisterende menneskekrop til formen af et dyr og derefter tilbage igen?
P: Det er korrekt. Det ville simpelthen være en omstrukturering af den samlede generelle harmoni af en specifik eksistens, således at den så blev en helt anden type eksistens. Det handler om forskellige vibrationer. At ændre ens vibration fra et træ til en sten ville blot være et spørgsmål om justering. Der er nogle væsener, der kan gøre dette efter behov, for et bestemt formål. Det blev dog opdaget, at i de dage af Atlantis, før opløsningen, brugte mange denne evne og talent til at forårsage meget ødelæggelse og skade. Ikke kun for dem omkring dem, men også for dem selv. Den højere orden og harmoni i denne evne blev forkastet til fordel for personlig berigelse eller gevinst. Og derfor gik evnen tabt.

D: Hvorfor ville nogen gøre det? Det lyder mere eller mindre som en leg.
P: Der er ingen lege i livet, der ikke lærer noget. Der er dog nogle "lege", der kan bruges på en måde, der ikke er sund og gavnlig. Det ville så blive set, at de lege, der blev leget, og som forårsagede død og ødelæggelse, ikke længere var lege, men blev til byrder for konsekvenserne for de involverede individer.

D: Men hvordan kunne metamorfosering, skift mellem forskellige former, forårsage død og ødelæggelse?
P: Bedrageri og forræderi var ikke ukendte på den tid. Derfor kan du se, at de problemer, der blev skabt for en civilisation af individer, der kunne ændre sig til en anden person og efterligne den person, var meget tydelige. Selv i din livstid, hvis du kunne udgive dig for at være en anden og forårsage problemer under den persons navn. Når man tager dette til et niveau af kryds-personalisering mellem én art og en anden, ville mange blive forvirrede over, hvad deres sande identitet er. Og de ville derfor miste fornemmelsen af, hvad og hvem de virkelig er.

D: *Så du mener, at de brugte dette til forkerte formål?*
P: Det er korrekt. Formålene, som disse talenter blev givet til, blev forkastet i en alarmerende grad. Og det blev derfor set, at denne evne nødvendigvis måtte fjernes for at forhindre den omfattende ødelæggelse af civilisationen som helhed.
D: *Stemmer dette overens med legenderne om halvt menneske og halvt dyr?*
P: Det er korrekt. Minotaurer, for eksempel. Der var dem, der ville ændre sig til det, som var blevet ét, og samtidig beholdt aspekter af det, som var noget andet. Og så blev de forvirrede om, hvilket af de to de var, og beholdt derfor en del af begge. Denne evne degenererede derefter til en forvirring af identiteterne for begge virkeligheder eller eksistenser, sådan at der var fare for, at der ville være et generelt tab af identitet for alle arter. Derfor blev det set, at denne krydsning af identiteter ikke ville blive tilladt.
D: *Jeg har også hørt, at de muligvis gjorde dette mod andre mennesker uden deres tilladelse.*
P: For at dette kunne opnås, var det nødvendigt, at individet var bevidst om ikke kun, hvor han kom fra, men også hvor han var på vej hen. Derfor ville der nødvendigvis skulle være en bevidst forståelse af denne proces for, at den kunne muliggøres. Vi ser, at der var tilfælde, hvor der blev givet instruktioner om, hvordan man ændrede dette individ til den figur. Og derefter blev der givet yderligere instruktioner om, hvordan man ændrede den person til en anden, sådan at den oprindelige identitet derefter gik tabt. Det blev set, at dette var én måde at fjerne én fra billedet på, så at sige, ved at ændre én til noget, der var mindre truende eller neutralt.
D: *Men dette ville faktisk være i strid med moralske love og også universets love.*
P: Teknikken var i overensstemmelse med lovene, åbenlyst. Det ville ikke være muligt at gøre dette, hvis det ikke allerede var en etableret lov. Det faktum, at dette var muligt, tyder på, at det allerede var etableret som en lov. De moralske implikationer af sådanne handlinger var dog i direkte konflikt med den pagt, der blev givet til denne planet på tidspunktet for livets tilkendelse, sådan at racens fremgang ville blive fremmet og ikke hindret. Det blev set, at denne krydsmutation hindrede fremskridtet, og derfor blev det fjernet.

D: Havde de andre evner med deres sind, som vi har mistet eller ikke udviklet på dette tidspunkt?
P: Der var mange, mange forskellige talenter, som du ville kalde dem. Men de er simpelthen erkendelser af universelle sandheder. Med tiden vil der igen blive givet bevidstheden og evnen til at genkende og bruge – for mangel på et bedre ord – disse realiteter.
D: Dette var én af de ting, jeg hørte, at de begyndte at misbruge deres evner og universets love. Det var én af grundene til, at de måtte stoppe.
P: Det er korrekt.

* * *

Denne del kom fra en anden session, og jeg er ikke sikker på, om den taler om det samme eller ej.

D: Én gang, da vi talte, sagde de, at i begyndelsen, da ånder først begyndte at komme til Jorden for at besætte kroppe, gik de ind i dyrenes kroppe. Og jeg tror, du fortalte mig, at det ikke længere var tilladt at gøre dette. Skete der noget? Hvorfor var det ikke længere tilladt?
P: Der blev givet mulighed for at eksperimentere med, hvad du måske ville kalde en transmigrationsoplevelse. Eller måske mere enkelt, indsættelsen af bevidsthed og opmærksomhed i dyrekroppe, sådan at et dyr derefter ville opfatte og have bevidstheden af, hvad du kalder menneskelig bevidsthed med det.
D: Mener du, at dyrene var mere bevidste, end de er på nuværende tidspunkt?
P: Vi mener kun, at dyrekroppene på det tidspunkt havde den bevidsthed og opmærksomhed, som de dyrekroppe, du kalder "menneskelige", har. Det er ikke sådan, at dyrene selv blev ændret, set fra et strengt fysisk perspektiv. Men bevidstheden, opmærksomheden, som er forskellig mellem dyr og mennesker, blev givet til dyrene på det tidspunkt. Det var simpelthen en tilladelse til, at bevidstheden kunne integreres i en dyrekrop.
D: Fik dette dyret til at opføre sig anderledes?
P: Fra et strengt åndeligt perspektiv blev bevidstheden ikke så meget ændret, men det blev tilladt at opleve inhabitationen af en

dyrekrop eller en anden livsform. Det ville være, som om din bevidsthed blev tilladt at komme ind i en dyrekrop. Du selv, din bevidsthed, ville ikke blive ændret så meget. Du ville stadig beholde din identitet. Dog ville udtrykket for din fysiske være anderledes. Du ville derefter være bevidst i en dyrekrop.

D: *Du ville være begrænset af, hvad dyret kunne gøre.*

P: Gennem dyrets fysiske begrænsninger, det er korrekt.

D: *Jeg har stillet spørgsmål om den livskraft, der bebor dyrene i dag, og jeg fik at vide, at den er anderledes.*

P: Det er korrekt. Den er ikke så bevidst eller opfattende, eller på samme niveau som den intelligens, som du selv bebor. Det er i sig selv en dyre- eller livskraft, men det er ikke af den samme energi som den bevidsthed, du bærer.

D: *Så i de tidlige dage var det anderledes?*

P: Det var ikke så anderledes end den intelligens, der beboer din dyrekrop. Det er blot, at intelligensen blev givet til mere end én fysisk type krop på det tidspunkt.

D: *Så dette var bare en form for eksperiment?*

P: Det er korrekt. Der er altid i oplevelsens rige behovet for det, der er nyt, og det, der ikke er blevet gjort tidligere. Derfor blev det tilladt. De, der forvaltede planeten på det tidspunkt, tillod disse transmigrationer for at gøre det muligt for disse intelligenser at opleve livet i et fysisk miljø gennem mange forskellige typer af fysisk udtryk. Det blev set, at dette kunne forbedre evnen til at udtrykke sig selv på en fysisk eller på et fysisk niveau. De tilføjede udtryksmuligheder ville forbedre intelligensernes evner til – vi finder dette vanskeligt at oversætte, da der ikke er noget koncept givet på dette niveau. Men hensigten med udtrykket var at lære.

D: *Så dette skete, da ånder først kom til Jorden?*

P: Det er ikke korrekt, for det var langt efter den oprindelige såning af planeten. Dog var det i en avanceret tilstand af planetens beboelse, i den atlantiske erfaring, hvor der var en høj grad af bevidsthed om livskræfterne.

D: *Jeg tænkte, at der måske ikke var nogen mennesker på det tidspunkt, hvor dette blev gjort, kun dyr.*

P: Det er ikke korrekt. For der ville ikke være givet evnen til at transmigrere på denne måde, hvis ikke der havde været en menneskelig udvikling forud for dette. Det vil sige, oplevelsen af menneskelig inkarnation.

D: *Så på det tidspunkt sagde du, at atlanterne var mere bevidste?*

P: Det er korrekt. De var yderst bevidste om livskraften og implikationerne af livskræfter i dyre- eller fysiske kroppe. Det var, som om dette var en videnskab, der blev ført til et højt niveau. Og derfor fik de lov til at eksperimentere med flere former for at forstå fænomenet med intelligens eller bevidsthed, der bebor en dyrekrop, bedre. Det var simpelthen en tilladelse til, at dette skete. Det blev dog misbrugt og misanvendt i en sådan grad, at dyrenes udtryk gjorde genpuljerne uklare. Det skabte forstyrrelser i harmonien i den fysiske manifestation. Hvis dette eksperiment var blevet holdt på sin højeste moralske kodeks, ville det have tilladt mange af de højeste udtryk for intelligens i mange forskellige former for dyreliv. Dog fordømte introduktionen af disharmoni i dette eksperiment det til fiasko.

D: *Et punkt, jeg prøver at forstå. Døde de først og kom så ind i dyrekroppen, eller gjorde de dette, mens de også var i den menneskelige krop?*

P: Det kunne gøres samtidigt. For det blev vist, at bevidstheden kunne migrere fra et legeme til et andet. Det ville være, som hvis man mediterede og fjernede sig fra sin krop og derefter placerede sig selv i en anden dyrekrop.

D: *Jeg troede, at hvis de gjorde dette som et eksperiment, døde de og kom derefter tilbage som et dyr, hvilket er ægte transmigration.*

P: Der var oplevelser, hvor dem fra den anden side hjalp dem, der endnu var i det fysiske. Og således kunne man sige, at der var tilfælde, hvor en inkarnation fik lov til at finde sted. Dog ikke i den klassiske betydning af genfødsel, som du har her på din planet nu.

D: *Så atlanterne var så udviklede mentalt og intellektuelt, at de gjorde disse ting som et eksperiment.*

P: Det ville være mere korrekt at sige, at de var langt mere bevidste, ikke så meget intellektuelt, men simpelthen åbensindede. For der ser ud til at være en ganske stor forskel her. Der er dem, der måske ikke er af den højeste intellekt, og alligevel meget bevidste. Og der kan være dem, der er på geni-niveau, men alligevel lukkede af for alt andet end det, der er inden for de fem sanser. Der er ingen forskel her på, hvad der er bedre eller højeste i præstation.

D: *Jeg troede, de måske var meget udviklede.*

P: Det ene behøver ikke være ledsaget af det andet.

D: *Jeg prøver at forstå dette korrekt, så jeg kan sige nogle ting, der lyder naive. Men det virker, som om de legede en leg?*

P: Det er ikke korrekt. For der var ingen letfærdighed involveret i dette. Det var faktisk en seriøs indsats i opdagelsens navn. Eller for mere præcist at skildre det, seriøs forskning i konsekvenserne af intelligenser, der bebor dyreformer eller fysiske former.

D: *Men de var i stand til, mere eller mindre, at projicere deres bevidsthed ind i dyret. Så kunne de vende tilbage til deres egne kroppe, når de ville.*

P: I de tilfælde er det korrekt. I måske flere tilfælde var det en migration af intelligensen fra en form til en anden.

D: *Dette var en komplet migration?*

P: Det er korrekt i nogle henseender. Dog er der subtile forskelle, som ikke kan helt gives på nuværende tidspunkt. Vi opfatter, at der mangler fuldstændig forståelse for de fysiske konsekvenser af samtidig bevidsthed på dette niveau på nuværende tidspunkt. Dog var der de tilfælde, hvor en person ville vælge at forlade sin tidligere fysiske krop for at bebo en, der var af en lavere eller anden natur.

D: *Men i de tilfælde ville de ikke vende tilbage til den oprindelige krop.*

P: Det er korrekt.

D: *Ville den oprindelige krop ikke dø?*

P: Den kunne måske blive beboet af en anden eller en anden intelligens. Det ville være, som om de byttede plads.

D: *Men det ville ikke være dyrets intelligens, der gik ind i mennesket. På den måde bytte plads.*

P: Ikke sådan, for der var ikke intelligens i dyret til at begynde med. Der er ikke det, du ville kalde en dyreintelligens. Intelligensen var af en åndelig natur, som blot prøvede nye former for fysisk manifestation.

Tilsyneladende skulle dette ønskes eller begæres af intelligensen, og dyret ville ikke være avanceret nok til at have viljen eller ønsket om at bytte plads. Som jeg også opdagede i Between Death and Life, er dyrets ånd anderledes end den menneskelige ånd, fordi det mere er en gruppeånd, ligesom kolonier af myrer eller bikuber.

D: *Du sagde, at dette skabte disharmoni?*
P: Det er korrekt, for der var en integration af disse forskellige livsformer inden for fælles grupperinger. Og dermed opstod der mutationer. Det var sådan, at de sande former eller ... vi finder dette koncept svært at oversætte her, for igen er der ikke en nøjagtig forståelse af virkelighederne for livsformer, der bebor fysiske kroppe, på dette tidspunkt. Derfor må vi bruge det, der er kendt på dette tidspunkt: byggestenene, som er tilgængelige for os, for at skildre så tæt som muligt det, vi opfatter som den ultimative virkelighed. Med andre ord ville vi bruge din viden, som den er tilgængelig for dig nu. Dog føler vi, at du kan se, at det billede, der bliver skildret, ikke ville være så præcist, som vi ville ønske. Og derfor må vi ofre lidt i oversættelsen for at formidle det, der er tættest på det, vi opfatter som sandhed. Vi vil også bede dig forstå, at vi ikke kunne tillade, at dette blev oversat, hvis det skulle skildres på en måde, vi ville betegne som falsk eller vildledende. Derfor er der nogle områder, som vi ikke kan tale om, simpelthen fordi der ikke er noget, vi kan bruge til at formidle på et konceptuelt grundlag. For ethvert forsøg på at formidle dette konceptuelle grundlag ville, på grund af arten af det, der er tilgængeligt til formidling, blive oversat på en måde, der giver et temmelig unøjagtigt og vildledende billede.
D: *Bare gør det bedste, du kan. Jeg sætter pris på alt, hvad du kan give mig om det emne.*
P: Vi vil så bede dig blot at sige, hvad du ønsker at vide.
D: *Nå, du sagde, at de var i stand til at mutere kroppene...?*
P: Kroppene muterede, ikke at de muterede. Forskellen er mellem de fysiske og åndelige aspekter her. Med andre ord ville kroppene så udtrykke eller afspejle det, der er eller var af den åndelige natur. For det er kendt, at det fysiske blot er en refleksion af det åndelige. Og derfor, ved at blande disse åndelige energier opstod der mutation eller krydsrefleksion af det fysiske til det åndelige.
D: *Jeg tænkte, at efter de havde beboet, kunne de have krydsavlet med andre dyr, og at det var det, du mente med mutation.*

P: Det er korrekt. Dog er det vigtigt at forstå, at samlivet i sig selv ikke er den eneste afgørende faktor i disse mutationer. Hvis man skulle opleve og assimilere livsformen af en type dyr og derefter migrere ind i det legeme, der er af en anden dyreform, ville der ved at krydse de særskilte grænser for fysiske aspekter være en overførsel af egenskaber eller assimilationer fra en form til den næste. Og det er her, disse mutationer opstod.

D: *Jeg har hørt, at dyr normalt ikke kan krydsavle med en anden art. Og jeg troede, det var det, du mente med mutationer.*

P: Vi ønsker her at formidle ideen om, at det fysiske udtryk igen blot er en refleksion af det, der er i den åndelige forstand. Derfor, hvis halvdelen af én refleksion blev sammenblandet med halvdelen af en anden refleksion, kan du se, at resultatet ville være en mutation.

D: *Så ved at gøre dette, var de i stand til på en eller anden måde at påvirke det genetiske...?*

P: (Afbrudt.) Det er korrekt, for det genetiske er fuldt ud påvirket gennem det åndelige. Det kunne forklares således, at det menneskelige udtryk er en åndelig manifestation af natur. Og den fysiske form, der formes omkring dette udtryk, er simpelthen en refleksion af det, der er åndeligt menneske. Og derfor følger det, at denne menneskelige form findes mange forskellige steder i universet, simpelthen på grund af det faktum, at dette er et lignende udtryk. Den menneskelige form udtrykkes i menneskelig form, hvad enten det er her på denne planet eller på en anden planet. Der er andre udtryk. Disse udtryk, der ikke er menneskelige, men som er bevidste, hvis de skulle manifestere på denne planet, ville udtrykkes på en ret ukendt og muligvis skræmmende måde. Det er simpelthen sådan, at den menneskelige form er én form for fysisk manifestation, der er en manifestation i det fysiske af det åndelige.

D: *Dette har bragt to spor af spørgsmål op. Vi kan måske dække begge. Ville dette forklare nogle af legenderne om mærkelige væsener, halvt menneske halvt dyr?*

P: Det er korrekt. Der var faktisk dette krydsudtryk. Uklart vand.

D: *Det var det, du mente med disharmoni?*

P: Det er korrekt.

D: *Så disse var ægte fysiske skabninger.*

P: Det er korrekt. De var udstødte i deres eget samfund. For der var dem, der betragtede sig selv som rene og så ned på disse skabninger, som de kaldte af "mindre ren" manifestation. Der blev så noget, der lignede et kastesystem, som du har i Indien i dag. Der er dem, der betragtes som værende af højere natur, og dem, der betragtes som værende af lavere natur.

D: *Så da disse former dukkede op, som halvt menneske halvt hest og forskellige andre af denne art, var de i stand til at reproducere deres egen slags?*

P: Ikke sådan, for deres genetiske blueprint var ikke til stede. De var blot manifestationer af det, der var af åndelig natur, og ikke i sig selv en race af væsener, som du har nu. Der er de racer af væsener, hvad enten de er menneskelige eller dyriske.

D: *Så de var unikke.*

P: Det er korrekt.

D: *Der synes at være så mange historier om forskellige typer.*

P: Det er korrekt. For der var mere end enkelte begivenheder af denne krydsmigration. Der var flere begivenheder. Dog var de ikke i sig selv det, du ville kalde "en race" af væsener. For at forklare dette yderligere har vi måske brug for at give dig en kort diskurs om denne bevidsthed om åndelig integration. I det fysiske eller menneskelige udtryk er der de energier, som i sig selv er menneskelige af natur. Vi taler her strengt i en åndelig forstand og ser bort fra enhver form for fysisk komponent. Disse er menneskelige energier. I fysisk manifestation fremstår disse menneskelige energier fysisk, som du kender dem, i menneskelig form. Virkeligheden her er, at det fysiske blot er et udtryk for det, der er åndeligt. Den menneskelige form, fysisk set, er blot et udtryk for den energi, der er menneskelig af natur. Livskraften, som er særligt eller specifikt menneskelig af natur, oversættes ned til det fysiske niveau i menneskelig form. Der er de energier, som det, du ville kalde "græs" energi. Et græsstrå er blot en fysisk manifestation af den energi, der er af græsstråets natur. Så du ser, der er mange former for energi. Og disse forskellige former for energi oversættes forskelligt til det fysiske niveau. Universet er lavet af energi. Det fysiske univers er blot et udtryk eller en oversættelse af disse højere energier. Så du ser, universets virkelighed er baseret på åndelig energi. Det fysiske univers er intet andet end et udtryk eller en oversættelse af det, der er åndeligt af natur. Derfor, når man tager en åndelig energi og oversætter den til et fysisk udtryk, har du det, der opfattes som en fysisk form, som blot reflekterer eller oversætter den åndelige energi, som det er en del af. Så når du ser dig omkring og ser disse fysiske former, ser du faktisk ikke andet end refleksioner eller oversættelser. Disse er refleksioner eller oversættelser baseret på eller afledt af de energier, som de er en komponent eller refleksion af. Så i transmigration finder man en blanding af disse energier. Energien, der er særligt eller specifikt hesteenergi, blandes med eller mikses med den energi, der i udtryk er menneskelig. Og så i denne blanding eller miksning af energier bliver udtrykket naturligt del hest og del menneske.

D: *Så på den måde – du bruger kentauren som et eksempel – ville de normalt ligne hinanden. Det er derfor, vi har denne legende om halvt menneske og halvt hest?*

P: Det er korrekt. Dog var blandingsforholdene ikke ensartede. Der var en generel enighed om, at dette var halvt hest eller måske halvt menneske. Dog var der ingen lov eller diktat, der krævede, at den menneskelige del skulle begynde, hvor hestens hals måske ville være. Udtrykkene var ikke identiske i alle tilfælde, men de var dog lignende.

D: *Så legenderne gav bare en generalisering.*

P: Det er korrekt.

D: *Så historierne om havfruer og harpyrer: halvt fugl og halvt kvinde, kom alle fra disse faktiske begivenheder.*

P: Det er korrekt.

D: *Så på det tidspunkt strejfede disse skabninger Jorden, men som du sagde, blev de set ned på.*

P: Vi ville ikke sige, at de strejfede Jorden. For de var ikke spredt ud over hele planetens befolkning. De var faktisk lokaliserede eller adskilte til de områder, hvor eksperimenterne fandt sted. I de områder, hvor kulturen havde nået en høj grad af bevidsthed, så disse eksperimenter kunne manifestere sig.

D: *Det er derfor, disse legender mere eller mindre findes i visse kulturer i dag.*

P: Det er korrekt. Oplevelsen var kendt af mange gennem planetens udvikling. Dog var de faktiske fysiske manifestationer noget lokaliserede til den atlantiske inkarnation.

D: *Hvad med historierne om magi, hvor en person, en slags troldmand, kunne forvandle mennesker til dyr?*

P: Måske ville dette mere præcist kunne reguleres til områderne fantasi og begær. Ønsket om at have mere kontrol over sit liv. For i den tidsperiode, hvor magi var ganske udbredt i den menneskelige bevidsthed, var der ønsket om at have mere kontrol over det fysiske miljø. Og så gav disse historier troværdighed til muligheden for, at folk faktisk havde mere kontrol over deres miljø. Det var blot en manifestation af et psykologisk behov for at udtrykke sin magt over elementerne. Og så ved at fortælle og tro på disse historier blev det levet vikarierende af disse personer. De kunne da forestille sig, at de havde noget af denne magiske kraft og kunne derefter være mere i kontrol over deres fysiske miljø. Det er ikke så forskelligt i denne tid at se brugen af videnskab til at tæmme det, der er af det fysiske miljø. Det er igen den samme slags behov for at være i kontrol over disse elementer.

D: *Så i disse tilfælde i Atlantis var det mennesker, der ønskede at opleve denne anden form for virkelighed.*

P: Det er korrekt.

D: *Så du sagde, at det blev forbudt efter det?*

P: Det blev set, at dette forårsagede mere disharmoni end nogen fordel. Derfor blev det bestemt af de energier og niveauer af energi langt over dem, der var på de eksperimentelle niveauer, at det for racens og de enkelte individers bedste ikke skulle tillades.

D: *Så dette skabte disharmoni for ånden, energien, som beboede? Det forvred på en eller anden måde deres personlighed eller deres egen ånd.*

P: Det er korrekt. Og det blev da givet, at – vi søger her efter den præcise oversættelse – da mutationerne vendte tilbage til det åndelige, blev der ikke tilladt yderligere manifestationer af denne art. Dette var simpelthen ikke en passende tilladelse på det tidspunkt, og derfor har denne forbud stået til denne dag. Dette forbud kan dog på et tidspunkt blive ophævet. Dog, i betragtning af forholdene på denne planet på nuværende tidspunkt, ville det synes usandsynligt, at dette ville ske i den nærmeste fremtid.

D: Men mindet overlevede efter ødelæggelsen af Atlantis, og det er derfor, vi har disse legender?
P: Det er korrekt. Det var i skriftlige optegnelser, som blev videregivet til de efterfølgende generationer. Og det blev ændret gennem århundrederne, så det snart blev en legende.

D: Skabte denne disharmoni mere karma for ånden?
P: Måske i den forstand, at karma kunne fortolkes som disharmoni, eller måske kunne disharmoni fortolkes som karma. Der var behovet for at arbejde denne disharmoni af og dermed rette op på ens energier. I denne forstand kunne det så ses som karma. For vi føler, at i din kontekst repræsenterer karma en disharmoni eller en fejljustering af energier, som gennem erfaring må genjusteres. Vi føler, at karmakonceptet, som det forstås, ikke er korrekt i denne skildring, for det er ikke en hævn-agtig faktor. Vi føler, at den forståelse, der er udbredt om karma på dette tidspunkt, er en af en straffende eller afstraffelseslignende effekt, og vi føler, at dette faktisk er en fuldstændig forkert opfattelse. Det er simpelthen, at når man skaber det, man ville kalde "dårlig" karma, beskæftiger man sig blot med energier, der er blevet ude af takt eller fejljusterede. Og så føler vi, at det ville være mere præcist at sige, at når man retter op på sin karma, er man faktisk ved at genjustere sine energier.

D: Var misbruget af denne type evne en del af det, der førte til Atlantis' undergang?
P: Det ville være mere præcist at sige, at dette var en refleksion af de forhold, der førte til undergangen. Ikke at dette i sig selv var den direkte årsag til undergangen. Dog havde de forhold, der var på plads, og som forårsagede denne kulturs undergang, som et element eller en manifestation, denne type forhold eller denne oplevelse.

D: Der var ét spørgsmål mere, jeg ønskede at stille, før jeg glemte det. Denne livskraft var tilsyneladende i stand til genetisk at ændre dyrets udseende ved manipulation af generne eller hvordan det blev opnået. Betyder det også, at vi har kontrol over vores egen krops cellulære struktur?
P: Det er korrekt. Du bør forstå, at denne kontrol ikke er i høj grad på et bevidst niveau. Den fysiske manifestation er en nøjagtig repræsentation af den energi, som du er. Og derfor kan du ikke af

din egen frie vilje ændre din refleksion. Du kan ændre din energi, hvilket så ville forårsage en relateret ændring i din refleksion. Du kan dog ikke ændre din refleksion i spejlet. Du kan ændre dit udseende, det vil sige din krop, og din refleksion vil derefter ændre sig på tilsvarende måde. Dog kan du ikke blot ændre refleksionen og ikke ændre det, der forårsager refleksionen. Det er vigtigt at forstå, at det fysiske blot er en refleksion. For at ændre refleksionen skal du ændre det, der forårsager refleksionen.

D: *Du mener, vi kan ikke fysisk ændre vores udseende.*

P: Hvis det blev tilladt, at du igen, som det tidligere var, kunne blande disse energier, så ville det være muligt. For eksempel, at blande energien fra et græsstrå med en menneskelig energi – hvis dette var tilladt – kunne effekten muligvis være et menneske, der havde græsstrå i stedet for hår.

D: *(Latter) Jeg kan se, hvor alle disse historier kommer fra. At de forestiller sig, at disse ting er mulige.*

P: De er helt mulige. Dog er det at tillade det noget helt andet.

D: *Hvis vi havde genetisk kontrol, kunne vi ændre vores udseende til at ligne en anden type menneske.*

P: Det er vigtigt her at forstå, at det ville have ringe værdi blot at ændre refleksionen for refleksionens skyld. Værdien af et sådant eksperiment ville ligge i at forene de energier, der forårsagede refleksionen. Du må se, at den sande værdi ville være på et højere niveau end blot at lave interessante refleksioner.

* * *

Jeg fandt ud af, at over Atlantas lange eksistens udviklede folk deres sind til et meget højere niveau. Dette, kombineret med en videnskabelig nysgerrighed for at opdage, hvad der var muligt, førte til en endnu dybere sammenblanding af arter. Disse videnskabeligt avancerede mennesker så ud til at forsøge at afdække skabelsens hemmeligheder, hvilket lyder ildevarslende lig vores nutid. Måske var de forvredne eksperimenter forårsaget af kedsomhed, da de nåede toppen af, hvad sindet kunne opnå. I stedet for at bruge deres evner til kreative og gavnlige formål misbrugte de disse kræfter på ikke-gavnlige måder.

Når jeg satte John i dyb trance, var han altid i stand til at få adgang til det storslåede Bibliotek på åndens plan, placeret i Templet for Visdoms kompleks. Det meste af den information, han gav i mine mange bøger, kom fra disse arkiver. Som altid, når vi gik ind i bygningen, blev vi mødt af bibliotekets vogter, som ville kende vores hensigter og informere os om begrænsninger.

D: *Kan han finde nogen information i bindene, eller hvad de end er, om kontinentet Atlantis?*
J: Ja. Han siger, at vi har meget forskning om Atlantis. Han sagde, at du kan gå ind i visningsrummet.
D: *Hvad er det?*
J: Han tager mig ind i dette andet rum, og det er som et visningsrum. Det er som om, du blot fokuserer på Atlantis, og alle slags billeder kommer frem. De er på væggene.
D: *Som en skærm på en væg?*
J: Ikke rigtig som en skærm. Det omgiver dig, og jeg er midt i det og ser det. Åh, det er denne smukke, smukke, smukke by. Den er gylden. Den ser luminescerende ud, som om lyset kommer indefra byens vægge. Og det er mørkt, og stjernerne er fremme. Der er denne smukke fuldmåne. Og det ser ud, som om de ved, hvordan de bruger månens energi. Det er meget smukt. Jeg er omgivet af dette landskab. Og jeg begynder at se folkene. Jeg kommer tættere på. Folkene er bare smukke.

Han sagde efter opvågningen, at byen så ud til at være arrangeret som en pyramide på afstand. Ét centralt tårn eller højeste punkt, og resten af bygningerne steg gradvist i højde, som de omkransede eller førte op til dette punkt. Der var ramper, der forbandt disse forskellige niveauer.

D: *Hvordan ser folkene ud?*
J: Åh, de er ligesom os, men de ligner filmstjerner. De har alle perfekte tænder og smukt hår. De har eksperimenteret med forskellige frisurer, hårfarver og designs.

Han sagde senere, at håret havde dele med forskellige farver, klare farver som fugle: røde, gule, grønne og blå. Og håret var flettet og snoet for at danne forskellige designs. Jeg bemærkede, at det kunne ligne punk-stile i dag, men han indvendte og sagde, at det ikke var så vildt. Dette var anderledes, flamboyant, men alligevel smukt på sin egen måde.

J: De ser ud til at bære ... kjortler, hvis det er det rette ord. Nej, ikke kjortler, de bærer noget som tunikaer og kapper. Og de er luminescerende. Jeg mener, deres tøj kan skifte farve. Det er som om smukke farvespektre er vævet ind i stoffet, så det giver forskellige farver i forskelligt lys. Du kigger på et klædningsstykke, og det kan synes pink, men ser du på det på en anden måde, virker det pastelblåt. Og ser du på det igen, ser du det som violet. Det skifter og glitrer. Tøjet er bare fantastisk. Og jeg ser, de har forskellige typer smykker, og der er krystaller i smykkerne.

D: *Hvad med byen? Hvorfor tror du, væggene udstråler lys?*
J: Jeg ved det ikke. Der er nogle virkelig store bygninger der. Nogle af dem ligner vores version af græske templer. Der er andre, der ligner meget moderne bygninger fra det 20. århundrede. Nogle af bygningerne har tyve eller tredive etager.

D: *Hvordan kommer de op til de forskellige etager?*
J: Der er bevægelige ramper. Du går på en rampe, og du er præcis, hvor du skal hen. Det er ramper, men de er svære at beskrive. Du ser, disse bygninger er ikke bygget som vores bygninger, der har brug for elevatorer. De er bygget i niveauer. (Han havde svært ved at beskrive det.) De nederste niveauer er forskudte, det er ordet. Disse bygninger er ikke bare én bygning. De er forskellige bygninger, der har ramper mellem dem. Og disse ramper er elektriske. Det er som en rulletrappe, men den er flad. De flytter dig meget hurtigt op til de forskellige steder, du skal hen.

D: *Er der nogen form for transport i byen?*
J: Ja. Der er masser af transport. Der er cigarformede fly. Og der er biler, der er cigarformede. Men grundlæggende bruger de mange af disse ramper til at komme rundt i byen.

D: *Er bilerne som vores, med hjul?*
J: Nej, de har ikke hjul. De er ligesom svævefartøjer.

D: *Hvordan drives de?*

Den Snoede Univers ~ Bog Et

J: De drives af solenergi og krystaller. Solenergien strømmer gennem krystallen.

D: Hvad med flyene? Har de vinger?

J: Nej, de har ikke vinger. De ligner slet ikke vores fly. Faktisk ligner de en stor cigar. (Griner) Og de har vinduer hele vejen rundt i midten. Og det ser ud til, at de får deres energi fra en stor krystal i spidsen. Den trækker energi fra noget, der ligner et tårn. Det er som en fortøjningspost, der hjælper skibet med at gå op og ned. Så det bliver også drevet ved at være en del af denne fortøjningspost.

D: Det kunne ikke rejse særlig langt, kunne det, hvis det fik sin energi derfra?

J: Åh, det kan rejse tusindvis af kilometer. Det lagrer solenergi i et batteri, og det er det, skibet trækker på.

D: Har de nogen kommunikationsudstyr?

J: Folk har ikke brug for telefoner dér. De kan tale telepatisk.

D: Hvad med over lange afstande, uden for byen? Kan de stadig gøre det på samme måde?

J: Ja. Jeg ser ikke radio eller tv eller noget lignende. Der er ikke behov. De har dog underholdning, ja. De kan lide musik. Og der er arenaer. (Han holdt en pause og udbrød pludselig forfærdet.) Åh Gud! Det er forfærdeligt! De er virkelig grusomme mennesker.

Dette var første indikation på, at noget var anderledes. Indtil dette punkt lød hans beskrivelse meget som de andre. Tilsyneladende var alt ikke paradis. Som jeg tidligere nævnte, eksisterede Atlantis i tusindvis af år, og måske så John, hvordan det var, da det begyndte at forfalde. Folkene og byen var smukke og storslåede, men denne ydre pragt skjulte en mørk og grim hemmelighed.

J: Der sker nogle virkelig grusomme ting. Det ligner mennesker, der er fastgjort til dyrekroppe. De har dem i denne arena, og de tvinger dem til at kæmpe mod hinanden. Det er ligesom romerske gladiatorkampe.

D: Hvordan ser skabningerne ud?

J: Jeg kan se én skabning. Han er en mand, men det ligner en mand midt på ryggen af en hest. Han har fire ben og en mands torso. Og

Den Snoede Univers ~ Bog Et

han er midt på ryggen. Det ser ud, som om han er blevet påsat. Og der, hvor hestens hoved ville være, er der bare tom plads.

D: Jeg tror, jeg ved, hvad du mener. (Det lød, som om han beskrev en kentaur) Hvordan ser de andre skabninger ud?

J: Åh, der er ... det ligner en jaguar ... ansigtet på en jaguar, men bagbenene er menneskelige. Den bageste del er som en menneskekrop. Åh, det er bare frygteligt! Det er som om, de er genetiske fejltagelser. De er meget grusomme mod dem.

D: Er der kun de to skabninger?

J: Åh nej, der er titusinder af dem. Jeg vil sige, at der er mindst 100 til 200. De er alle i denne arena. De kæmper alle mod hinanden, og det er en kamp til døden. Og folkene sidder bare og ser på, og de klapper eller råber ikke eller noget lignende. Det er bare underholdende for dem.

D: Kan du se andre kombinationsskabninger?

J: Ja. Der er en anden skabning, der ligner en tyr. Den har horn og ansigt som en tyr og kroppen af en tyr, men der, hvor dens ben skulle være, er der menneskeben. Disse ting ser virkelig groteske ud. Der er andre. Der er en ting, der ligner en slange med et menneskeansigt. Og så er der ... åh! Et dyr, der ligner en giraf, men som har et menneskeansigt.

Han virkede oprørt over at observere disse mærkelige skabninger.

D: Jeg ønsker ikke at gøre dig utilpas med min nysgerrighed.

J: Nej, det er ikke ubehageligt, det er bare, at disse var genetiske fejl. De kan ikke reproducere sig, så hvorfor ikke bare lade dem dø? Det er som en sport, som disse mennesker nyder. Disse mennesker er meget grusomme.

D: Jeg ville have troet, at hvis de var telepatiske, ville de være mere forstående og venlige. Er det ikke sådan?

J: Nej. Faktisk får jeg denne følelse af, at de er meget, meget stolte, og de ser ned på andre skabninger. De ser alle andre arter på Jorden som bare forfærdelige dyr.

D: Tror du, de samlede disse skabninger og satte dem her, så de kunne kæmpe?

J: De gør dette periodisk, fordi det er, som om de altid kan eksperimentere på et nyt hold.

D: Har disse skabninger nogen våben, eller angriber de bare hinanden? Jeg tænker på gladiatorer.

J: Nej, de bruger deres naturlige instinkter. Og folkene nyder at se på dette, men de klapper ikke eller viser nogen form for udtryk. De råber eller skriger ikke eller viser nogen følelser. De kan lide at se det. Det underholder dem.

D: Det virker svært at forstå, at nogen kan finde underholdning og ikke vise nogen form for følelse.

J: Ja, de viser ingen følelser. Det er så anderledes. Disse mennesker er virkelig ikke rare mennesker. Jeg mener, de er kolde. De er overlegne. De har en virkelig afsmag for andre livsformer. Nu går de ind i arenaen. Og de har noget, der ligner våben, men de er lavet af krystal. Og de retter dem mod hjertets center på alle disse dyr, der er tilbage.

D: De, der ikke dræbte hinanden?

J: Ja, og de dræber dem. Der er en lysstråle, der kommer ud og centrerer sig lige omkring deres hjerte. Det ligner en laser, bortset fra at det er en lysstråle, ikke en laser. (Lyde af væmmelse.) Og nu bliver jeg taget til et andet sted, hvor de skaber disse dyr. Disse mennesker er samlet foran en tegning. Der er et dyr i et kammer adskilt fra dem, og de visualiserer et menneskes ansigt på dette dyr. De kigger på en tegning af et dyr med et menneskeansigt og manifesterer det på dette dyr med deres sind. De koncentrerer sig om dette. Og det er for at lære dem, hvordan de kan manifestere. Der er et levende dyr derinde. Det ligner en hund. Det er meget smertefuldt for dyret at gå igennem dette. Det er derfor, jeg betragter dem som grusomme. Der er fire mennesker, der gør dette, en kvinde og tre mænd. Det kræver deres samlede koncentration. De koncentrerer sig om at sætte et menneskeansigt på dette dyr i kammeret.

D: Og de kan gøre dette bare med deres tankekraft?

J: Ja. De er i stand til at koncentrere sig så intenst, at det vil ske. Men deres koncentration handler om omstruktureringen af dyrets ansigt. De fokuserer på at arbejde på dyrets cellulære struktur, hvilket er meget smertefuldt for dyret at gennemgå.

D: Gør de dette som en øvelse i tankekontrol?

J: Ja, sandsynligvis det. Men de prøver også at finde en slags kæledyr, ligesom vi har hunde og katte. Et kæledyr, der har menneskelignende egenskaber.

D: Er der nogen maskiner eller noget i rummet, der hjælper dem med dette?

J: Ja, der er ... det ligner krystalklart glas. Og der er sten, men stenen er formbar. Jeg mener, det er som gummi. Du kan bøje den og manipulere den. Stenen bruges i rummet.

D: Er denne sten en del af en maskine?

J: Nej. Den bruges bare til vægbeklædningen i rummet. I stedet for malede vægge har det beklædte formbare sten.

D: Så krystallerne er en del af, hvad de bruger?

J: Ja, de har krystaller overalt. Store massive krystaller i forskellige farver. Og jeg ser et kontrolpanel med krystallerne. Og så kommer lyset fra stjerneklynger af krystaller i loftet.

D: Er der nogen, der betjener denne maskine?

J: De gør det med deres sind, men de afstemmer sig med krystallerne.

D: Jeg ved ikke, om du har adgang til denne viden, men når de ændrer dette dyr til halv menneske og halv dyr, påvirker det dyret på nogen måde? Den måde, det tænker og opfører sig på?

J: Dyret hader det, fordi det gør ondt. Det er smertefuldt.

D: Jeg mener, gør dette dyret mere menneskeligt?

J: Ja, det får mere menneskelignende egenskaber, selvom det ikke rigtig er gode menneskelige kvaliteter.

D: Jeg spekulerede på, hvordan dette ville påvirke livskraften, ånden, så at sige, inden i dyret.

J: Grunden til, at de føler, de kan eksperimentere på disse dyr, er fordi de betragter dem som en lavere livsform, og de selv som en overlegen livskraft. Deres holdning til dyreverdenen er: "Vi er overlegne, så vi kan gøre, hvad vi vil."

D: Men gør dette ikke dyret mindre underlegen, når de gør dette?

J: De forsøger ikke at udvikle dyret, nej. De ser ikke dyret som havende en sjæl. De har sjælene og kan gøre, hvad de vil, fordi de er guder. Og de er guder. De kan gøre så meget. De kan skabe og omstrukturere hundens ansigt, så det ligner et menneskes.

D: Men det er uden formål, ikke? Hvis de bare slipper dem ud i arenaen og lader dem dræbe hinanden.

J: Nej, de bruger nogle af disse skabninger som tjenere. De tror, de er en lav livsform, så det er i orden.
D: *De ville bare have dem til at se mere menneskelige ud. Det lyder, som om de leger spil.*
J: (Han rynkede panden.) Jeg tror ikke, de leger spil. De er ikke rare mennesker. Jeg kan ikke lide dem.
D: *Jeg ville ikke forårsage dig ubehag ved at se noget som det.*
J: Åh, det var smertefuldt at se disse stakkels dyr dræbe hinanden. Men de er i konstant pine, fordi deres molekylære struktur er blevet forstyrret.
D: *Det virker som om, det ville gå imod livskraften i universet, deres miljø, at gøre noget som det.*
J: Det er derfor, Atlantis blev ødelagt.

Atlantiderne blev beskrevet som perfekte mennesker. Måske havde de allerede mestret eller perfektioneret kunsten at genetisk ændre menneskekroppen. Der var ikke flere udfordringer tilbage. Så de kastede sig ud i at ændre og kombinere deres gener med dyrs. Det var en ny udfordring fyldt med eventyrlyst.

D: *Kan du se noget andet, de kan gøre med deres sind? Måske ikke så destruktivt, men andre evner de har?*
J: Ja. (Gisper) De kan bringe en person til orgasme meget let bare ved at tænke det. (Han fandt det ret morsomt.) Det er noget, de kan lide at gøre, hilse og tale og elske andre mennesker. (Griner) Det er et spil, de leger. De kan påvirke andre væsener på planeten. De er meget overlegne i sindet og tror, de er de bedste, og at alt fungerer for dem. Som resultat har de foragt for lavere livsformer. Det er derfor, de eksperimenterer på dyrene sådan.
D: *Har de nogen konstruktiv måde at bruge deres sind på?*
J: Åh ja. De kan skabe disse byer med deres tankekraft. De kan løfte tunge objekter og teleportere dem.
D: *Levitation? Det ville være en positiv egenskab.*
J: De er så selvcentrerede. Det er, hvad jeg prøver at sige, tror jeg. Alt skal reagere på dem.
D: *Jeg er også interesseret i denne formbare sten.*
J: Det er en bestemt type sten, de bruger til at bygge deres byer og disse elektriske ramper.

D: *Forekommer det på den måde i naturtilstanden?*
J: Det ved jeg virkelig ikke. Jeg spørger om det lige nu. Jeg får vist, at det er sten, der er blevet behandlet gennem tankeeksperimentation, så det kan blive formbart. De er meget, meget intelligente mennesker. Alligevel har de virkelig foragt for andet liv. (Pause) Ooo, det er ulækkert! (Han afbrød med væmmelse.) Jeg vil ikke blive her! (Et udtryk af afsky.)
D: *Det er i orden. Jeg ønsker ikke, at du skal. Du kan rejse væk fra den by. Lever de andre mennesker på kontinentet i byer som den, eller er det kun en lille gruppe mennesker?*

Jeg forsøgte at fjerne ham fra noget, der tydeligvis var ubehageligt at se.

J: Nej, nogle mennesker bor på landet. De bor i smukke huse, og de har smukke haver. (Overrasket) Der er ingen insekter som vi har. Jeg har bemærket, at der ikke er nogen insekter. De kan blive udendørs, og der er ingen virkelig irriterende insekter.
D: *Ved du hvorfor?*
J: (Overrasket) De skabte mange giftige insekter i deres eksperimenter. Jeg kan bare ikke lide dem. De er også kannibaler. Jeg så denne gruppe af dem spise et andet menneske.
D: *Tror du, det var et af disse dyr?*
J: Nej, det var ikke et af disse dyr. De fangede denne mand og spiste ham. Dette var uden for byen. Der var en gruppe af dem. De fløj i et fly. Og de fangede en af disse mennesker, tilberedte ham og spiste ham.
D: *Åh, min Gud! (Jeg ville ændre emnet.) Nå, hvad med disse giftige insekter? Du sagde, de gjorde det som eksperimenter?*
J: Ja. Det var derfor, Atlantis måtte falde, fordi de misbrugte livskraften. De gjorde det bare for at være opfindsomme. Jeg får en følelse af, at de ikke var særlig venlige mennesker. Jeg kan ikke lide at være her. Jeg vil gerne væk herfra.
D: *Okay. Hvis det generer dig, behøver du ikke blive.*
J: Jeg vil gerne forlade stedet. Du ser, de har denne virkelig arrogante holdning til livet. At de er overlegne, og at alt andet er til deres fordel. De respekterer ikke livskraften. Det er derfor, de blev ødelagt.

D: *Jeg sætter pris på, at du kigger på det og fortæller mig informationen. Jeg ønskede ikke at forstyrre dig på nogen måde.*
J: Det, der forstyrrede mig, var kannibalismen. Det var bare så meningsløst. Og det er derfor, vi stadig har kannibalisme i verden, tror jeg. Men de gjorde bare meget meningsløse ting i øjeblikkets varme.
D: *Hvis du føler dig utilpas der, kan du forlade visningsrummet?*
J: Det er blankt nu. Jeg har altid troet, at atlanterne var rare mennesker med høj energi og sådan noget. Og det var de ikke. De var meget avancerede, ja, men de var meget, meget arrogante og havde ingen respekt for lavere livsformer. Det var ting, vi ikke ville forstå. De var meningsløse. De ville mutere disse dyr og forårsage dette stakkels dyr sådan en smerte, bare fordi de ville gøre det.
D: *Måske var de kede af det.*
J: Det var sådan, det virkede, da de fangede denne mand. Denne gruppe mennesker fløj i dette fly, og de fangede denne aboriginlignende mand. Som hvis vi gik til New Guinea nu.
D: *Så havde de oprindelige folk på den tid?*
J: Rigtigt. De gik til et sted, hvor der var oprindelige folk, og de fangede ham, tilberedte ham og spiste ham. Og jeg syntes, det var virkelig meningsløst.
D: *Måske var alt så avanceret, at de blev kede af det. Og dette var sportsgrene for at holde dem interesserede og underholdt.*
J: Sandsynligvis. Jeg får den følelse.
D: *Deres sind havde udviklet sig til et punkt, hvor intet længere var en udfordring, så de ville prøve forskellige ting.*
J: Bibliotekaren fortæller mig, at de fleste mennesker på Jorden tænker på atlanterne som et folk med høj energi. Men hvorfor blev deres kontinent ødelagt? Det var fordi, de misbrugte livskraften, og de måtte ødelægges.
D: *Det giver meget mere mening end nogle af de andre ting, vi har hørt.*

* * *

Mere information blev opnået under et andet besøg i visningsrummet i Biblioteket.

J: Jeg går ind i biblioteket nu. Jeg er ved det sted, hvor bibliotekets vogter er. Han siger: "Jeg er her for at være til tjeneste og hjælpe dig." Og jeg bliver spurgt: "Hvad er mit ønske?"

D: Tidligere bad vi om information om Atlantis og fik det vist i visningsrummet. Og det var foruroligende. Vi vil gerne se noget information, der handler om deres positive kræfter, hvis vi kan.

J: Ja. Han siger, vær venlig at træde ind i visningsrummet. Han var forvirret, fordi han troede, at den information, vi ønskede, var at se Atlantis' forlis og hvorfor det sank.

D: Det tager vi en anden gang.

J: Han siger, at det er derfor, informationen var foruroligende for "køretøjet", fordi det var en af årsagerne til undergangen. Han siger, der er en følelse af retfærdighed. Og når man bruger sin negativitet så stærkt, tiltrækker man negativitet. Og dette var, hvordan den atlantiske civilisation til sidst kollapsede.

D: Selvom det var foruroligende, takker vi ham for at give os informationen. Denne gang vil vi gerne se noget om deres helbredende kræfter fra den tid for at se, hvilke højder de opnåede med sådanne kræfter.

J: Han viser mig dette smukke krystalrum. Der er tusindvis af krystaller overalt i dette rum. Det er næsten som matterede glasruder, men de er alle lavet af krystaller, som de fremstiller. De tager en gel, de har opdaget, og blander den med sand, og dette danner de mest perfekte krystaller. Men der er et specielt apparat, som det er i. Det ser næsten biologisk ud. Han viser mig dette vidunderlige område, der har forskellige farvede lys. Der er grøn, blå, rød, violet, gul, orange og hvid. Og hver af disse, siger han, repræsenterer en anden del af kroppen, der skal helbredes. Den hvide er til at helbrede det æteriske og astrale legeme. Den grønne er til at helbrede den fysiske krop. Den blå er til at helbrede den følelsesmæssige krop. Den røde er til at helbrede årsagslegemet. Disse er alle forskellige dele af personen. Ved at sidde i disse farvede stråler, i harmoni og i deres rækkefølge, ville man blive helbredt for enhver vanskelighed, der ligger inden i en selv. Der er også krystalender arrangeret i forskellige mønstre omkring en plade, som personen ligger på. Den ligner en stentavle, men samtidig er den meget behagelig. Den har en klædning, der ser meget tynd ud, men som er meget stærk i modstand. Den ligner et af de rumaldertæpper, den har den sølvmetalliske farve. Men samtidig er det anderledes, fordi det føles som skum, når du ligger på det. Denne seng bevæger sig under disse forskellige farver. Og farverne skal udføres i den rigtige rækkefølge. Hvis de udføres i den forkerte rækkefølge, kan det forårsage dårligt helbred, så der er en bestemt rækkefølge. Men han har ikke givet mig den rækkefølge endnu. Han siger, at det ikke er vigtigt lige nu. Han siger, at dette var det højeste helbredende kammer i Atlantis og blev brugt til at behandle folk fra aristokratiet eller den elite regeringsklasse.

D: *Det var ikke for almindelige mennesker?*

J: Nej. Han siger, de havde andre steder, der var meget lignende. Men dette ville være som et hospital for eliten i dit eget land og tid.

D: *Så individuelle lidelser behøvede ikke at blive behandlet?*

J: Helbredelsen af hele legemerne måtte behandles. Ikke kun den fysiske krop, men også den følelsesmæssige, den mentale, alle disse legemer måtte helbredes.

D: *Hvis du havde en skade eller en sygdom, blev det ikke behandlet som en separat ting?*

J: Nej. Dette var mest for åndelig udvikling og helbredelse af tidligere fejltagelser og ting af denne type. Det var en slags psykiatrisk tilgang. Han viser mig områderne, hvor folk fik helbredt knoglebrud og ting af denne art. Og på en måde ligner det vores almindelige operationsstuer, bortset fra at de bruger krystallignende instrumenter, der er blevet raffineret og skærpet til barberbladsskarp perfektion.

D: *Du sagde, at maskinen, du så i det andet rum, der helbredte de forskellige legemer, var næsten biologisk. Hvad mente du med det?*

J: Den ser levende ud! Det ser ud, som om den er levende. Det er en computermaskine, der ligner noget fra plantefamilien. Fordi det ser ud, som om den kan vokse og udvide sig, ligesom en plante kan vokse og udvide sig. Og den har en lys grønlig farve. Men den har også en krystalflydende skærmenhed, der ligner noget fra et science fiction-magasin. Men det ser ud, som om den kan vokse og formere sig.

D: *Hvem ville beslutte, om nogen havde en lidelse, der skulle behandles i dette rum?*

Den Snoede Univers ~ Bog Et

J: Menneskene fra den tid var meget bevidste. Dette var centret, hvor man ville komme efter overgangen af en nær slægtning, for at ønske dem farvel og sende dem kærlighed. Dette er en helbredelsesproces for mange ting. Sorg. De var meget avancerede mennesker på dette tidspunkt, som grundlæggende kendte deres manipulationer og motiver. Folk på dette tidspunkt dømte ikke hinanden.

* * *

Mens jeg samlede denne bog i 2001, fik jeg et lille stykke information under en session i Memphis. En kvinde beskrev en frekvensmaskine, der blev brugt i Atlantis, som brugte lys til at regulere frekvenser og bringe kroppen i harmoni for helbredelse. Den blev styret af personens sind og var ren energi. Den var virkelig og effektiv. Men efter et stykke tid blev den ikke brugt mere, fordi videnskabsfolk udviklede en anden maskine, som de mente var mere effektiv. De foretrak at bruge krystalmaskiner, som var kraftfulde, men som forvrængede energien. Krystallerne var i kasser med en slags væske. Lys, der skinnede gennem kasserne, genererede kraften fra mange menneskers sind i rummet. Det degenererede til at blive brugt til forkerte formål (især seksuelle) og skabte forvrængede effekter.

Efterhånden som atlanterne lærte mere om brugen af energier og deres viden voksede, blev de fascineret af manipulationen af energi. De opdagede nye måder at eksperimentere med den og dirigere den. De mistede fokus på at bruge den til positive formål i deres liv, som helbredelse og balance. Når energien (mangfoldiggjort af mange mennesker, der koncentrerede sig og gav den øget kraft) blev brugt negativt, blev den fejldirigeret og forvrænget og blev destruktiv. Den blev så kraftfuld, at den vendte sig mod sig selv. Dette var en af grundene til Atlantis' ødelæggelse.

Vi fortsatte med at få mere information, da vi vendte tilbage til biblioteket.

J: Vogteren spørger, hvilket emne vil I gerne diskutere?
D: *Vi er stadig interesserede i Atlantis. Jeg vil gerne stille nogle spørgsmål om Atlantis' tid, da det var lykkeligt, før det gik ind i*

sin undergang. Da det var på sit højeste. Vi vil gerne vide noget om familielivet hos folket i de gode tider i Atlantis. Kan du se det?
J: Ja, han viser mig billeder af Atlantis.
D: Havde de individuelle familier og en familiestruktur?
J: Ja, de havde individuelle familier. Familierne var virkelig forbundne. Folk levede i meget lang tid, så der var store mængder mennesker. En familie kunne fylde en hel by. Eller ikke en hel by, men det ville være sådan i vores tid. Men de var sammenkoblede, og hvert familiemedlem var meget vigtigt. De havde alle forskellige færdigheder og teknikker til at hjælpe hinanden. Grundlæggende boede de dog ikke kollektivt som vi gør. Alle havde deres eget individuelle rum, men de mødtes på forskellige tidspunkter til måltider og samtaler og lignende. Selv ægtemænd og -koner havde separate værelser eller separate områder. Deres huse var rummelige og havde mange rum til hvert familiemedlem, og de var alle sammenkoblet, ligesom gårdhaver. Jeg ser gårdhaver med forskellige mennesker. De er alle beslægtede, men de er stadig meget individualiserede. Og jeg ser de ældre mennesker arbejde med børnene, og disse ældre mennesker er hundreder af år gamle. De er ikke bare hundrede, de er hundreder af år gamle. Og de synes især at kunne lide at arbejde med små børn. Og jeg ser, at folk går omkring deres forskellige gøremål. Der er folk, der mediterer. Der er folk, der arbejder på forskellige videnskabelige eksperimenter og ting af denne type. Og de havde alle deres eget rum, hvor de kunne gøre deres egne ting. En følelse af individualitet var meget vigtig for dem.
D: Og du sagde, at de ville samles for at spise?
J: Ja, de samles på forskellige tidspunkter for underholdning, for at spise, danse og synge. De deltog i gruppeaktiviteter med familien. Der var helligdage og den slags, men grundlæggende levede alle ret individuelt.
D: Hvad med kunst og musik og den slags?
J: Åh ja, de havde smuk kunst. De blandede malede krystaller med deres maling, så alt fik en lysende kvalitet. Og stilarterne i malerierne havde noget som spiraler i sig. Små spiralformer, der virkelig fik dem til at springe ud mod dig. Og de havde alle disse processer, hvor de brugte krystaller til musik. Det ligner en slags maskine, der spinder krystallen til en spiraltråd. Det fungerer

sådan. (Håndbevægelser som en spiral.) Og de var strenginstrumenter, som de spillede på. De tager krystallen og spinder den ... det er ikke som de krystaller, vi har nu, stenkrystaller. De var oprindeligt det, men de blev muteret i laboratorier, som de havde over hele kontinentet. Og de spandt den til en grad, der gjorde den til en spiraltråd. Og denne spiraltråd blev brugt som et instrument på guitarer, men ikke som vores guitarer eller noget lignende. Det er meget anderledes udseende instrumenter. Der er strenginstrumenter. Der er fløjter. Og så er der disse ting lavet af enorme lange krystallignende genstande. De er alle lavet af en krystallignende type materiale. Og de spiller i specielle områder, så det resonerer. Det åbner virkelig deres hjerte og muskler, fordi musikken er så smuk. Det er meget afslappende og spirituelt. Det får dig til at føle dig i fred. Og folk danser og synger. Og jeg ser mange blomstersnore omkring folk. Og sådan danser de med blomstersnore, der flettes omkring dem. Det ligner ikke antik romersk eller græsk stil. Faktisk har alle disse smukke farvede klæder på i rødt, blåt, grønt og gult. Og de danser med disse blomster og kranse. Det er en slags kombination af syntetisk musik og klassisk musik. Lydene er meget ens, men de er meget rene i tonen. Det er ikke syntetisk, det har ikke feedback. Og de bruger det i deres ritualer. Og det bruges i kirker – ikke kirker, templer, som de havde. Med hensyn til kunst. Kunst er overalt. Alt er smukt malet. Det ligner pulvermaling. Det er mere som et fast stof end en væske, som de bruger. Noget er på lærredslignende ting, og andet er på vægge. Og nogle ting er delvist skulptureret ind i væggen og derefter farvet.

D: *Ser du nogen form for lyskilde, som de bruger i deres huse?*

J: Der er denne formbare stenkrystalenergi, som de har. Den stråler overalt, så der er altid lys. Men ved at bevæge deres hånd op eller ned kan de gøre strålingen endnu mere strålende eller mørkere. Når de sover, for at gøre rummet fredeligt, bevæger de hånden nedad, hvis de ønsker mørke. (Håndbevægelser, som om hånden langsomt bevæger sig nedad.) Mod væggen. Og det er deres vibration, som væggen opfanger og gør rummet mørkere. Alt styres af deres egne energier.

D: *Hvad med deres madlavning eller spisevaner?*

Den Snoede Univers ~ Bog Et

J: De har disse områder, der er som store vinmarker og haver. Og de har disse mærkeligt udseende væsener, der tager sig af alt det. De arbejder i markerne og haverne. De ligner kentaurer, havfruer og geder. Og al maden, der kommer ind i køkkenområdet, bliver derefter behandlet af disse skabninger. De gør alt arbejdet med plantning, høstning og plukning af frugterne. Og de får mad til gengæld. De fleste af atlanterne elsker dem meget, ligesom en god bonde elsker sine heste og tager sig godt af dem. Disse mærkelige væsener behandles som velvillige dyr.

Så i nogle dele af kontinentet blev disse væsener skabt og værdsat.

D: Jeg er nysgerrig efter disse dyr. Hvor kom de fra?
J: De blev skabt til det formål. De blev genetisk manipuleret.
D: Du sagde, der var havfruer?
J: Ja, havfruerne går ned i vandet og bringer kurve med fisk tilbage. Folk kommer og griner og synger, stryger disse dyr, kysser dem og holder dem, og lader dem vide, at de er elsket og at man er taknemmelig for det, de gør. Og skabningerne forbereder også maden. Ikke havfruen. Havfruen bliver ved denne slags dam, fordi hun er halvt fisk. Mens de små kentaurer bringer vogne fulde af kurve med mad og frugter og lignende ting, som går ind i et centralt køkken. Og der er et væsen, der har en øvre menneskekrop, men har gedeben. Og der er en slags køkkenstemning, men køkkenet ligner slet ikke vores køkkener. Der er dog skabe til at opbevare ting i. Men grundlæggende er maden ikke så meget kogt som den er bearbejdet frisk, som frugter der skæres op eller skrælles. Fisk og lignende ting går ind i en ting, der tilbereder dem meget hurtigt. Den har forskellige områder i sig. Det er som en mikrobølgeovnslignende ting, men det er ikke en mikrobølgeovn. Det ligner et krystalkammer, hvor maden, der skal tilberedes som fisk, bliver sat ind. Jeg ser ikke noget kød der. Jeg ser kun fisk og skaldyr, som kammuslinger og muslinger og lignende. Og de bliver bare opvarmet til det punkt, hvor de ikke længere er levende. Og så bliver de spist.
D: Blev disse skabninger genetisk skabt til at være tjenere?
J: Ja, de blev skabt til at være tjenere for disse mennesker. Men de er elsket. Når en bliver såret eller noget i den stil, samles hele

familien for at overføre energi til det sårede dyrs del. De behandles som tjenere, men elskede tjenere. Som vi ville behandle en kat eller en hund, vise den kærlighed og omsorg. De er meget taknemmelige for, hvad disse dyr gør, fordi de anses mere som dyr end som mennesker. Dele af kroppen er mere som et dyr, men deres ansigter er grundlæggende menneskelignende.

D: *Hvad med deres adfærd eller deres intellekt?*
J: Åh, de kan tale og tage imod instruktioner. De ved simple ting, ja, men intet som de andre mennesker gør.

D: *De er ikke lige så intelligente som de andre mennesker, selvom de ser delvist menneskelige ud.*
J: De er ikke grimme eller noget i den stil. De ser meget naturlige ud, og de bliver godt taget hånd om. Og de blev meget værdsat og fik at vide, at de var elsket. Jeg ser denne ene tjener, der lavede frugtfadet. Og denne kvinde tager det og kysser hende og stryger hendes hoved, fordi der i hovedområdet er små horn. Og hun gnider de horn sådan her (håndbevægelser), og hun siger: "Åh, du er fantastisk. Se på dette, det er vidunderligt. Det ser så flot ud. Alle vil elske det. Og hvorfor kommer du ikke ud bagefter og ..." Og de kommer alle sammen bagefter og bliver elsket af resten af familien. De behandles, som man ville behandle et kærligt kæledyr.

D: *Kan disse skabninger genetisk reproducere, eller er de unikke?*
J: Nej, de kan ikke reproducere. Folk køber dem. Hver enkelt af dem er unik, men de sælges i større antal. De har steder, hvor man kan gå hen og købe disse skabninger, så de kan tjene.

Efter opvågning beskrev John skabningen i køkkenet, som var det sidste, han kunne huske. Den havde et ansigt, der var delvist komøg og delvist menneskeligt. Som om et menneske havde næsen fra en ko og små horn, der stak ud af hovedet. Den bar en slags forklæde over den øverste del af kroppen, fordi det tilsyneladende var en hun.

* * *

Phil: Der er langt flere anvendelser for krystaller, end hvad der i øjeblikket er tilgængeligt for jeres menneskelige forståelse. Det, der er ukendt, overstiger langt det, der er kendt. Men når jeres bevidsthedsniveau stiger til at acceptere og rumme disse realiteter, vil anvendelserne blive manifesteret. Det kan ses, at kvarts i en eller anden form forstærker og intensiverer den energi, der er menneskelig energi. Vi finder her, at oversættelsen er vanskelig, for det sande energikoncept er ikke forstået. En blanding af energier, både menneskelige og ikke-menneskelige, er dog helt muligt og let opnåeligt med disse krystaller. De kan bruges som blandere og skelne eller adskille, afhængigt af den retning, energien gives af personen eller personerne, der bruger eller styrer denne krystal. De er et filter, nyttigt på mange forskellige måder, kun begrænset af fantasien hos dem, der bruger dem.

D: *Når du taler om en sten, der filtrerer kosmiske stråler, hvad ville formålet være med at filtrere kosmiske stråler?*

P: Der er filtrering og fokusering, som kan være separate eller samtidige. Der er fire specifikke grunde eller formål. Specifikke energier, der passer bedst. Dette ville være for filtrerings- eller fokuseringsaspektet. Fokusering fokuserer eller kondenserer blot energierne til ét enkelt område. Forskellige sten kan gøre hver især, eller særlige sten kan gøre begge dele, afhængigt af formålet. De kosmiske energier er en meget kraftfuld, endnu uudnyttet energikilde, som denne planet endnu ikke har opdaget – en rigelig kilde til rå energi mange millioner gange mere kraftfuld end nogen råmaterialer her på denne planet.

D: *Problemet er at kunne afdække det.*

P: Problemet er at hæve bevidstheden for at acceptere konceptet og samtidig skærpe ansvaret for at bruge det. Denne energi var til stede på denne planet på et tidspunkt, men gennem mangel på ansvar blev viden om dens brug tabt.

D: *Var dette på Atlantis' tid?*

P: Ja, det er korrekt. Meget gik tabt på det tidspunkt. Der var meget misbrug i Atlantis-tiden af mange forskellige typer og former for energier. For der var oprindeligt en høj forståelse af disse energier, der udgør den fysiske virkelighed. Derefter kom misbruget af forståelsen af disse energier.

* * *

Den Snoede Univers ~ Bog Et

Clara modtog information fra et sted, der lød meget lig Phils Planet med de Tre Spir. Hendes var også en planet med mærkelige spirlignende strukturer, og informationen var indeholdt i hele planeten, som om dens sammensætning var et lager af viden. Dette var den samme beskrivelse, som Phil gav. Clara kaldte også følelsesmæssigt dette sted sit "hjem", ligesom Phil gjorde. Den komplette historie om, hvordan hun lokaliserede dette sted, blev fortalt tidligere i denne bog.

D: Kan du fortælle mig noget om Atlantis? Er det en del af arkiverne?
C: Atlantis sank i havet.
D: Jeg vil gerne vide noget om det, før det sank i havet. Hvilken slags civilisation var det?
C: Det var meget sofistikeret. Meget grønt. Og meget teknologisk avanceret, ud over hvor Jorden er i dag.
D: Var denne civilisation eksisterende i lang tid?
C: En meget lang tid.
D: Kan du fortælle mig om nogle af deres teknologiske fremskridt?
C: De havde evnen til at flytte og skifte energi gennem tid og rum på en meget mere sofistikeret måde, end hvordan teknologiske – hvordan siger du? – fremskridt sker i dag. (Havde svært ved at finde ordene.) Hmmm, hvad er det ord, du bruger for avancerede maskiner? Som computere og kommunikationsenheder. Dette udstyr var meget omfattende. Det blev gjort meget, meget minutiøst. Selv til det punkt, hvor nogle informationer blev opnået på et telepatisk niveau.
D: Hvordan blev maskinerne eller computerne drevet?
C: Alt blev gjort med solenergi. Alt blev gjort af solen. Den store centrale sol.
D: Så de havde ikke elektricitet som vi har i dag?
C: På et tidspunkt havde de det. Men tæt på og i de sidste år af den tid, hvor det eksisterede, blev alt genereret af den store centrale sol.
D: Er dette solen, vi kender på himlen, eller er det noget andet?
C: Solen, som du kender.
D: Var udstyret lignende det, vi har i dag?
C: Meget mere sofistikeret. I har gigantiske og enorme solpaneler og soludstyr, som er langt større end det, der blev brugt i Atlantis. Deres var så avanceret, at det kunne udnyttes på en mere effektiv

måde og uden at optage så meget plads. Deres teknologi var mere i harmoni med den centrale sol, der afgav energien. De var som forbundet med en større kraft. De var forbundet med stjernerne og med kræfter fra andre stjerner.

John nævnte også, at de vidste, hvordan de skulle udnytte månens kraft. Bartholomew nævnte også, at gamle folk havde denne viden.

C: De kommunikerede med væsener fra andre planeter, fra andre stjerner. Og gennem deres kommunikation udvekslede de information, som de anvendte i teknologien til deres maskiner, deres computere og deres andre teknologiske fremskridt, hvad det end måtte være.
D: Så væsenerne fra stjernerne hjalp dem?
C: Ja. Det var et samarbejde.
D: Jeg har fået at vide, at videnskabsfolk udviklede kraften i deres sind for at opnå nogle af disse resultater.
C: Det er korrekt. I udviklingen af deres sind, da de begyndte at åbne op for alle muligheder, at der faktisk var væsener på andre planeter, så var de i kontakt på en måde, der var ubegrænset. De havde da evnen, ved at forlade den begrænsede måde at tænke, føle og tro på, til at modtage det, der kom fra andre universer og fra andre planeter. Og de planeter ville til gengæld give dem information på en sådan måde, at det blev meget telepatisk. De ville kommunikere fra sind til sind uden behov for lange kommunikationslinjer som dine telefonlinjer. Og derfor tog de denne telepatiske evne og avancerede den ved at kommunikere med mange planeter. Det blev et globalt samfund, i modsætning til én sektor af en menneskelig race.
D: De var i stand til at opnå meget mere. Er det, hvad du mener?
C: Ja.
D: Jeg har hørt, at Atlantis ikke kun var ét land, men det var hele verden på det tidspunkt.
C: Det var den kendte verden på det tidspunkt, hvor Atlantis eksisterede.
D: Var alle dele af denne kendte verden avancerede?
C: Nej. Ikke alle dele. Der var områder, der var primitive, hvor folk ikke havde åbnet sig op for kommunikationen. Hele planeten var

ikke fuldstændig hævet til et højere vibrationsniveau. Der var nogle steder og nogle befolkede områder, der valgte ikke at åbne deres hjerter og støtte en ny måde at leve på, en ny måde at være på. Så de blev, hvad du måske ville kalde, udstødte. De var dem, der ikke troede, de kunne gå ud over deres begrænsninger. Dem, der valgte at leve et begrænset liv, valgte selv at bo i et andet område af den planet. Hvorimod de, der åbnede deres hjerter og sind til en ubegrænset måde at leve på, fløj og avancerede. Og kommunikerede med alle planeter.

D: *Det var som om, de ikke havde noget til fælles med hinanden.*

C: Præcis.

D: *Kan du se, hvor den mere avancerede, videnskabelige elite boede i forhold til, hvordan verden ser ud i dag? Jeg ved, at verden har ændret sig meget.*

C: Den har ændret sig enormt meget. Det, der var den kendte verden på det tidspunkt, lå i et område, som du nu ville kalde Atlanterhavet.

D: *Er der nogen rester af den civilisation tilbage, som menneskeheden måske kan finde på et tidspunkt?*

C: Kun på et æterisk niveau.

D: *Så det kan ikke findes på et fysisk niveau?*

C: På nuværende tidspunkt er det en mulighed, hvis mennesket åbner sig nok til virkelig at tro bevidst, at det kan findes. Så vil det blive fundet.

D: *Nogle mennesker tror, at de har set ting under vandet, som måske er rester af byer, veje og bygninger.*

C: Det er ikke sandt. Det, de ser, er rester af andre nyere civilisationer, efter Atlantis.

D: *Jeg har også fået at vide, at de atlantiske videnskabsmænd nåede et punkt, hvor de udførte fysiske eksperimenter. Kan du se noget om det?*

C: Hvilken slags fysiske eksperimenter?

D: *Genetiske eller noget lignende?*

C: Alt, hvad der opleves nu på denne planet, blev gjort i Atlantis-tiden. Dog blev det gjort mange århundreder før Atlantis' undergang. Genetisk klonede de dyr. De klonede mennesker. Men de fandt ud af, at dette ikke var det rette at gøre. For det forstyrrede menneskehedens DNA, og menneskeheden ville lide meget, hvis de fortsatte. Så det blev vist, at de skulle stoppe.

Så genetisk eksperimentation blev udført ud over brugen af sindet til at påvirke det fysiske. Jeg fandt aldrig ud af, hvad der kom først, eller om de begge fandt sted samtidig. Det lader til, at deres nysgerrighed ikke kendte nogen grænser. Et ekko fra fortiden, der gentager sig i vores nutid.

D: Var det blot som et eksperiment, eller havde de et formål?
C: Det var eksperimentelt. Deres formål var at se, om det kunne gøres. Og da de opdagede, at det kunne gøres, stødte de på mange vanskeligheder og problemer med resultaterne. Det var ikke ønskværdigt, og derfor blev det vurderet som bedst af dem, der lavede reglerne, at det skulle standses.
D: Hvilke slags problemer stødte de på?
C: Former opstod, der ikke lignede mennesker. Og der var mange eksperimenter med – hvordan siger du det? – indavl? (Hun stillede spørgsmålstegn ved ordet.) Inter-kloning? At blande sammen. Og resultatet var mere som dyr. Det vendte udviklingsprocessen om. Og sygdom opstod. Det var ikke for planetens skyld, at det skulle fortsætte. Så det blev besluttet, at det for planetens bedste skulle stoppes. Hvis det ikke blev stoppet, ville det ødelægge menneskeheden.
D: Det lyder meget drastisk.
C: Det var drastisk. Det er drastisk.
D: Men i stedet for blot at lave nøjagtige kloner begyndte de at blande DNA'et, generne, bare for at se, hvad der ville ske? Er det, hvad du mener?
C: Ja. Nysgerrigheden. Eksperimentet. Lad os gøre dette og se, hvad der kommer ud af det. Lad os prøve dette og se, hvad der sker. Og det blev en massiv katastrofe.
D: Så da de begyndte at klone og blande de forskellige gener, sagde du, at det blev mere dyrisk end menneskeligt?
C: Det var, som om de vendte evolutionen om. Men det blev meget grotesk og meget ondt.
D: Så de begyndte at få kombinationer, der ikke var ønskværdige.
C: Og som aldrig havde eksisteret før.

D: Men tilsyneladende var de levedygtige. De levede.
C: De levede i et stykke tid. Og de gik ind i en tilstand af, hvad du ville kalde "sindssyge". Og ødelæggelse opstod, fordi de blev som monstre.
D: Hvorfor blev de sindssyge? Mener du, fordi det ikke var en normal proces, påvirkede det skabningens sind?
C: Det er en del af det. Men en del af det var blandingen af gener fra dyreriget med mennesket. Og det blev en leg for videnskabsmændene. At se, hvor vi kan gå hen, og hvad vi kan skabe. Vi kan nu blive guder og skabe det, vi vælger at skabe. Noget, der aldrig før havde eksisteret. Og så herskede katastrofen.
D: Men du sagde også, at sygdom blev introduceret.
C: Sygdomme, der aldrig før havde været kendt, blev introduceret.
D: Hvordan skete det?
C: Ved at blande generne. Ved at blande det, der var sygt, med det, der var raskt. Og det, der var ... (havde svært ved at finde ordet.) Hvad du ville kalde "fremmedlegemer" for menneskeheden. Det kunne være dyr eller noget fra ethvert rige, som de ønskede at introducere. Det var, hvad de gjorde. Og hvis én partikel af DNA fra én race bar et spor af en slags sygdom, blev det introduceret i helheden, hvilket skabte en helt ny række sygdomme.

Dette kunne være en latent type sygdom, som værtskroppen bar på og sandsynligvis var immun over for. Men da kloningsprocessen vækkede den, ændrede den sig også.

C: Sygdommen ville mutere, og derefter mutere til noget andet. Og hvis én sygdom blev introduceret gennem én DNA-streng, og en anden sygdom blev introduceret i det samme, ville kombinationen skabe noget, der kunne være og var meget destruktivt.
D: Så ikke kun forandrede disse væseners kroppe og fysiske fremtoning sig, men også bakterier, molekyler – de muterede og skabte forskellige sygdomme?
C: Det er korrekt. Og det blev så massivt, at de måtte lukke alle eksperimenterne ned, fordi de så, at det blev ret udbredt. Og at det kunne ødelægge hele menneskeheden.

I 1997 blev den første officielle kloning af et får i England annonceret. Efter denne session i august 1997 diskuterede myndighederne åbent farerne ved kloning og de etiske aspekter. Gennem mit arbejde har jeg opdaget, at kloning af mennesker allerede er blevet perfektioneret. Der er mange ting, som offentligheden ikke er klar over. Det er, som om de første krummer af information nu bliver drysset ud (især med den nylige meddelelse om den første vellykkede kloning af en abe [vores nærmeste slægtning]), så vi vil vænne os til det, når den officielle meddelelse om menneskelig kloning bliver offentliggjort.

Forskere sagde, at de kunne klone dyr og introducere menneskelige gener i dem for at producere bedre kød og skabe et bedre dyr. De begyndte også for nylig at introducere menneskelige gener i særlige grise, så deres organer kunne bruges til transplantationer hos mennesker. Hvis donorgrisen havde nogle menneskelige gener, ville værtsmenneskets krop ikke afvise organet, fordi den normalt ville afvise noget, der ikke var menneskeligt eller kompatibelt.

En forsker rejste indvendinger mod at introducere og blande menneskelige gener med dyregener, da det kunne skabe ukendte sygdomme, som ville starte hos dyret og muligvis sprede sig til mennesker. Grisen, for eksempel, havde sygdomme, der var unikke for den og ikke kunne spredes ved håndtering eller indtagelse af dens kød. Men forskerne var bekymrede for, hvad der ville ske, hvis det donerede organ blev en permanent del af menneskekroppen, og blod konstant flød igennem det. Det kunne bære bakterierne fra disse sygdomme gennem værtsens system, og de kunne mutere til ukendte sygdomme, der kunne sprede sig i befolkningen. Der var nok bekymring til midlertidigt at standse donorprogrammet, indtil yderligere forskning kunne udføres.

Det lød som historien, der gentog sig. Menneskeheden gentog de samme fejl, vi havde begået i Atlantis' svundne dage. Måske var det formålet med, at denne information kom frem på dette tidspunkt i vores historie. Et advarselsklokke fra fortiden.

D: Så sygdommene var ikke kun i de genetiske eksperimenter. De begyndte at sprede sig til resten af menneskeheden?

C: Det var begrænset til genetikken. Men forskerne så, at hvis de fortsatte, ville det ske. For de væsener ville derefter integrere sig i det øvrige samfund. Og så ville sygdommen blive overført gennem hele civilisationen. Og de magthavere sagde, at dette kunne vi ikke tillade at ske. Så det, der var, blev ødelagt.

D: *Var disse væsener, de skabte, sterile, eller kunne de reproducere sig selv?*

C: De kunne ikke reproducere sig selv. De var blot "kloner" uden reproduktive organer.

D: *Hvad brugte de disse væsener til, da det først begyndte, før det kom ud af kontrol? Havde de et formål?*

C: Formålet til at begynde med var blot at se, om det kunne gøres, og det kom ud af kontrol.

D: *Så de brugte ikke disse væsener til noget?*

C: Hvad væsenerne var i stand til at gøre, lærte de dem som robotter. Så de handlede som robotter under forskernes kommando. De kunne være deres assistenter eller legekammerater for andre. De blev designet til at være en husholderske, designet til at være hyrde, designet til at være hvad som helst. Når de så tænkte, "Nå, vi skal have et formål med dette, hvis vi skal skabe det."

Var disse de blide tjener-væsener, som John så?

C: Og så tænkte de: "Nå, det her er godt. Lad os introducere alle disse andre gener med alle disse andre dyr for at se, hvad vi kan komme op med." Og så blev det kaos.

D: *Så hovedårsagen til at lukke eksperimentet ned var, at de var bange for, at det ville komme ud af kontrol, og sygdommen ville sprede sig?*

C: Det var den eneste grund. Fordi de kunne se, at hele civilisationen ville blive totalt ødelagt. Så i stedet ødelagde de de væsener, som de havde skabt.

D: *Og du sagde, at "de magthavere" var dem, der fortalte dem, at de skulle gøre dette. Hvem mener du?*

C: Regeringerne.

D: *Så de vidste, hvad videnskabsfolkene gjorde?*

C: Ja. De godkendte det, indtil de så, at det var nået et punkt, hvor det ikke kunne fortsætte. Ellers ville hele civilisationen blive ødelagt.

D: Det ville have spredt sig selv til de samfund, der mere eller mindre, som du kaldte "udstødte"?
C: Åh ja. Åh ja.
D: Så de samlede de væsener, de havde skabt, og måtte ødelægge dem?
C: Ja, det gjorde de. Ikke på en massiv måde, men på en meget stille og subtil måde, så det virkede som en naturlig proces. Så det store samfund ikke ville blive alarmeret eller gå i panik. Det blev holdt meget under kontrol. Den brede offentlighed var ikke klar over nogle af de groteske væsener, der kom ud af eksperimenterne. Det var lidt som den måde, din regering skjuler mange ting for offentligheden på. Sådan var det også i Atlantis' tid.
D: Jeg har ofte mistænkt, at mange af legenderne om halvt menneske, halvt dyr, måske stammer fra den tid. Er det muligt?
C: Ja. Det er muligt. Det gjorde det.
D: Så disse væsener, halvt menneske, halvt dyr, eksisterede ikke efter Atlantis' tid? (Nej) Så legenderne må være så gamle?
C: Ja. De stammer fra Atlantis.
D: I romernes, grækernes og egypternes tid hører man om disse historier. Så de havde en basis i fakta, men det gik meget langt tilbage i tiden. Er det korrekt?
C: Langt før Egypten og Rom nogensinde blev tænkt på.
D: Men det var en del af minderne, og de blev til legender.
C: Ja, det er korrekt. Det er blevet videreført, så det er en hukommelse i den kollektive bevidsthed.
D: Jeg har altid troet, at legender har en basis i fakta, hvis man går langt nok tilbage.
C: Alle har. Ellers, hvordan ville de nogensinde blive en legende? Når først de bliver en legende, så vil hver person, der modtager den, tilføje et lille strejf af deres egen flair og pragt for at gøre det til en endnu større, mere farverig legende.
D: Men det hele må begynde et sted.
C: Der er altid en begyndelse.
D: Var der noget andet, som videnskabsfolkene gjorde, som de senere blev fortalt, at de skulle stoppe med?
C: Det var det største. Det var det mest betydningsfulde, som du spurgte om, og som virkede passende at nævne på dette tidspunkt.

D: *Fordi vi er begyndt at snuble ind i det samme område. (Ja) Jeg har fået at vide, at der i vores tid, i det 20. århundrede, er videnskabsfolk, der eksperimenterer med samme type ting. Ved du noget om det?*
C: Det er sandt. Det er sandt. De er i begyndelsen af at lege med genetikken. Og når offentligheden bliver mere bevidst om det, vil der opstå protester, hvor folk siger: "Det er unaturligt. Lad det være."
D: *Jeg har ofte mistænkt, at de er kommet længere, end de lader folk vide.*
C: Ja, det har de. De vil lade lidt information slippe her og der. Og som i Atlantis' dage var det skjult. I nutidens tid, som du kender den, lader de lidt dryp af information slippe ud. Bare nok til, at den brede offentlighed ikke bliver alarmeret. Og når nok information lækker ud – med vilje, fra nogle indre kredse – så vil offentligheden rejse sig og sige: "Vi kan ikke lade dette ske. Det må ikke ske. Fordi det vil ødelægge den menneskelige race, som vi kender den."
D: *Historien vil gentage sig.*
C: Ja. Men på grund af kommunikation i den tid, du lever i, er flere mennesker bevidste på en hurtigere måde ved at få denne kommunikation massivt på én gang. Hvis det er kendt, at det kunne ødelægge verden, vil offentligheden rejse sig.
D: *Har videnskabsfolk i det 20. århundrede allerede begyndt at kombinere DNA fra forskellige arter?*
C: Ja. Meget hemmeligt.
D: *Kan du fortælle mig noget om det? Jeg vil gerne vide, hvor langt vi er kommet. Jeg ved, det er et foruroligende emne.*
C: (Dyb suk) Det er ikke passende på dette tidspunkt at tale mere om det emne.

Dette skete også, da jeg ønskede at udforske dette emne yderligere i The Custodians. De fremmede væsener gav mig mange oplysninger, men der var nogle, de ikke afslørede, primært på grund af den påvirkning, det ville have på det medium, som oplysningerne skulle passere igennem. Når dette sker, kan jeg ikke tilsidesætte disse direktiver, og det ville jeg heller ikke ønske.

D: Okay. Men jeg har fået at vide, at de fremmede væsener hjælper vores regering med sådanne eksperimenter. Er det sandt? (Ja) Godkender de det, der foregår?

C: Det, de fremmede væsener gør, er blot at kontrollere det og holde det på et niveau, hvor menneskeheden ikke ødelægger sig selv.

D: Fordi de, mere eller mindre, ved, hvordan dette fungerer, ikke sandt?

C: Ja, det gør vi.

D: Jeg undrer mig over, om menneskelige videnskabsfolk vil lytte til dem, eller om de går deres egne veje?

C: Vi har måder at lade videnskabsfolkene vide, at der er grænser.

D: Og jeg formoder, at disse eksperimenter udføres på hemmelige steder.

C: Ja. Over hele planeten. Men vi hjælper med at holde det under kontrol, så Jorden ikke ødelægges.

D: Tror du, at videnskabsfolkene kunne miste kontrollen?

C: Det kunne ske. Det er en planet med fri vilje. (Hun virkede utilpas.)

D: Det er okay. Du fortæller mig altid, når du ikke kan give mig flere oplysninger, og det respekterer jeg. Lad os vende tilbage til Atlantis – Kan du fortælle mig, hvad der skete ved ødelæggelsen? Var der en bestemt begivenhed, der til sidst kulminerede og fik det til at synke i havet?

C: Jeg kan ikke diskutere det i dag.

D: Hvorfor ikke?

C: Det er simpelthen ikke det rette tidspunkt at diskutere, hvordan det skete. Måske vil der på et tidspunkt i fremtiden være et tidspunkt, hvor den information kan frigives.

D: Okay. Men efter ødelæggelsen, var der overlevende?

C: Der var meget tab af liv på det tidspunkt. Jorden krævede en genudsædning.

D: Jeg tror på genudsædning, så det overrasker mig ikke. Lad mig fortælle dig en teori, jeg har, og du kan fortælle mig, om den er korrekt eller ej. Jeg har ofte tænkt, at der måske var overlevende, der kom til Egypten og Peru og forskellige dele af verden, hvor vi har disse store monumenter. Og måske havde de viden om, hvordan man gør disse ting, som at arbejde med sten. Er det korrekt?

C: Under Atlantis' tid var vi i kontakt med mennesker på Atlantis. Og i samarbejde besøgte væsener fra Atlantis andre stjerner. Og nogle af væsenerne fra Atlantis, der var på andre stjerner, hjalp derefter med at så området, hvor Egypten er, og hvor andre områder er. Så derfor er informationen og minderne om Atlantis fortsat. Legenden begyndte og er blevet videreført, fordi væsener fra Atlantis, der levede på andre stjerner, kom tilbage som frøplanter i fysisk form.

D: *Men som frøplanter, mener du ... fuldvoksne? (Ja) Fordi jeg ved, at livet i begyndelsen startede på det cellulære stadie og udviklede sig.*

C: Ja. Ikke på dette tidspunkt. Disse væsener, kan man sige, tog en sabbat, tog en ferie fra Atlantis og rejste til en anden stjerne. Og så, da Atlantis forsvandt fra Jorden, og andre områder dukkede op, kom disse væsener tilbage til planeten Jorden for at starte livet igen. Mange af dem, der genbefolkede Jorden, måtte komme fra andre stjernesystemer, fordi der var et stort tab af liv. Simpelthen på grund af den eksplosive karakter, hvorpå planeten forsvandt. Og det er alt, hvad jeg kan sige om det. Måske på et andet tidspunkt, hvis det er passende, og rådet frigiver den information, så kan vi tillade det.

Hvad Clara sagde om, at mennesker blev transporteret til andre stjerner og vendte tilbage efter katastrofen, lød meget lig de oplysninger, jeg senere modtog, som rapporteret i denne bog. Dette er en levedygtig plan for at evakuere en del af menneskeheden i fremtiden, hvis det skulle være nødvendigt. Tilsyneladende er det sket før og kan også være en gentagelse af historien. De fremmede væsener har altid sagt, at de ikke ville tillade ødelæggelsen af den menneskelige race. Der er investeret for meget tid og energi i dens udvikling. Hvis vi ikke lytter til dem, vil de hjælpe os, på trods af os selv.

Det bekymrede mig ikke, at Clara ikke kunne give mig information om Atlantis' ødelæggelse, fordi jeg allerede havde modtaget det fra andre kilder. Jeg har opbevaret alle disse oplysninger i mine filer i årevis, indtil jeg begyndte at samle dem til denne bog. Så opdagede jeg, at jeg faktisk havde alt, hvad jeg havde brug for. Det var blevet givet i små bidder over flere år.

Den Snoede Univers ~ Bog Et

Vi havde fået spor, der viste, at den store civilisation måtte falde på grund af deres misbrug af tankekræfter og deres forsøg på at gå imod universets moralske struktur ved at omskrive genetik. Alligevel mistænkte jeg, at noget mere kraftfuldt var involveret i at skabe den egentlige katastrofe, der sank Atlantis.

* * *

Denne information kom fra bibliotekaren på det store bibliotek på åndens plan.

D: *Kan vi få adgang til filerne om Atlantis igen? Jeg vil gerne vide mere om den egentlige ødelæggelse af Atlantis. Sidste gang fortalte han os nogle af grundene til, hvorfor det blev ødelagt, på grund af misbrug af tankekraft. Men hvad med selve ødelæggelsen? Kan han vise dig noget om det?*

John: Ja, han viser mig dybe sprækker i jorden. Dybe sprækker, på grund af disse krystaller. De brugte denne krystalkraft og transmitterede sollys ind i jorden, og det forårsagede stress. De forsøgte også at tappe ind i Jordens smeltede kerne, og det skabte et stort tryk, som også bidrog til øens ødelæggelse. De borede ind i den smeltede kerne. Og denne smeltede kerne eksploderede, og det var derfor, tingene sprang i luften.

D: *Hvorfor gjorde de det?*

J: De ledte efter en anden energikilde i stedet for kun Solen.

D: *Så de brugte Solen sammen med krystallerne. Hvordan borede de ind i jorden?*

J: Gennem tung koncentration og tankekraft.

D: *De havde udviklet deres sind ret meget. (Ja) Og hvad skete der så? Du sagde, at de lavede disse sprækker i jorden fra både krystallerne og deres sind?*

J: Kometer havde også noget med det at gøre.

D: *Ved han hvorfor?*

J: Nej. Han viser bare, at der var kometer på himlen, der forudsagde, at denne begivenhed ville finde sted. Videnskabsmændene borede ind i det solide klippe ned til niveauet for den smeltede kerne. Dette lettede det enorme tryk på Jordens smeltede kerne. Men det påvirkede også alle planeter, og ikke kun kontinenterne på Jorden.

D: Mener du planeterne i vores solsystem?
J: Ja. Fordi dette udsendte masser af høj energi, og det var grunden til, at Atlantis sank.
D: De rodede med noget, de ikke forstod?
J: De forstod ikke kraften bag den smeltede kerne.
D: Så kometterne havde ikke noget med det at gøre?
J: Nej, men de var ledsagere på himlen for denne begivenhed.
D: Og hvad skete der så?
J: Det skabte sprækker gennem denne mentale boring. Og det, der slap ud, var den indre smeltede kerne, som skævvred verden, og det var derfor, det sank.
D: Som et vulkanudbrud?
J: Ja, det var et jordskred.

Efter opvågning fortalte John, hvad han kunne huske, som ikke blev optaget på båndet. Som sædvanlig var det sidste emne, vi diskuterede, det, han huskede bedst.

J: De kendte til astrologi. De mestrede den kunst. Kometernes fremkomst advarede dem om, at de ikke skulle eksperimentere med at finde denne energikilde fra Jordens centrum. Alligevel fortsatte de med at bore ned i Jorden ved hjælp af mental kraft. Forestil dig et bor, der går ind i Jorden. Og da det ramte den smeltede kerne, blev en enorm mængde energi frigivet. Det forårsagede vulkanudbrud. Og det var som noget, der brød ud til overfladen. Du ved, hvordan det kan boble og bryde ud til overfladen og så …?
D: Jeg tænkte, at det måtte have været som en vulkan, men tilsyneladende var det mere kraftfuldt end det.
J: Åh ja, det var meget mere kraftfuldt. De indså ikke, at de ikke kunne kontrollere denne energi.
D: At stoppe det, mener du?
J: Ja, det var for kraftfuldt. Det var som en vulkan, men det var som en million gange kraftigere. Det rev hele øen fra hinanden. Han var meget modvillig til at fortælle mig det. Jeg tror, han ikke ønskede, at folk skulle få idéer om at gøre det igen.
D: Der har været tale om at bore ned i Jorden med maskiner.

J: Ja. Han var virkelig modvillig til at tale om det. Jeg kunne gå mere i detaljer, men det var som "emne afsluttet, fil lukket". Det var nok.

* * *

Mere information blev fundet i Phils sessioner, da han fik viden om historien fra planeten med de tre spir.

D: *Kan du se, hvad der forårsagede Atlantis' ødelæggelse?*
P: Der er mange faktorer her, der både er åbenlyse og skjulte. Dog føler vi, at det fysiske er tættere på det, du spørger om. Ødelæggelsen var mangefoldig. Dog var det mest traumatiske ødelæggelsen af landmassen i en katastrofal vulkansk aktivitet forårsaget af jordskælv. Størstedelen af denne ødelæggelse blev forstærket af de herskende klasser på det tidspunkt. Folket fik en evne til at ødelægge sig selv ved brug af mange forskellige former for energi. Der var mange forskellige typer energi til rådighed. Og de misbrugte simpelthen disse, hvilket førte til disharmoniske kræfter i denne specifikke del af planeten.

D: *Jeg spekulerede på, om årsagen var naturlige fænomener, eller om menneskene spillede en rolle i den faktiske ødelæggelse.*
P: Størstedelen af ødelæggelsen var et resultat af uvidenhed og tankeløshed. Dog var der på et niveau en bevidsthed om, at sådanne handlinger ville få konsekvenser. Og alligevel blev disse konsekvenser ignoreret til fordel for den umiddelbare såkaldte gevinst ved sådanne handlinger.

D: *Men du sagde, at de brugte energier, og disse typer energi var en del af årsagen til vulkanudbruddene og jordskælvene?*
P: Det er korrekt. Der var energier fra krystallerne, der blev fokuseret, så Jordens egne kraftlinjer blev skåret over. Så det "lim", om man vil, der holdt den del af Jorden sammen, blev ødelagt. Og der var disharmonien, der opstod fra denne ødelæggelse, og derefter den katastrofe, der fulgte.

D: *Betyder det, at de ikke forventede, at dette ville ske?*
P: Der var dem, der advarede om, at sådanne handlinger ville forårsage en sådan reaktion. Men størstedelen af de mennesker, der traf beslutningerne på det tidspunkt, var blændet af deres egen

fornemmelse af ikke at skulle stå til regnskab over for naturens og Guds love. Og de handlede på måder, der forårsagede stor ødelæggelse.

D: Så de legede med ting, de ikke burde, med andre ord.

P: De legede med ting på måder, de ikke burde. Ikke at de legede med ting, de slet ikke burde have adgang til.

D: Så det slog tilbage og endte med at ødelægge dem og deres verden på det tidspunkt.

P: Det er korrekt.

* * *

D: Jeg spekulerede på, hvis Atlantis var et så perfekt sted og udviklede sådanne enorme evner, hvad skete der så, der førte til dets undergang?

Brenda: Hvad der skete var — så vidt jeg kan se — en uforudset naturkatastrofe. Og denne naturkatastrofe var så omfattende, at den kastede alting ud i kaos. Det ser ud til, at det vigtigste, der skete, var, at de udviklede sig rigtig godt, og der tilsyneladende var en lille gruppe, der ønskede mere magt, end de burde have haft. Men de havde endnu ikke udviklet nogen større problematisk magt. Måden Atlantis var placeret på, det lå på to forskellige tektoniske plader. Og spændingen mellem disse to plader nåede et punkt, hvor de havde et stort jordskælv. Jeg mener, meget stort, til det punkt, hvor jorden revnede helt igennem skorpen, og magma og lava begyndte at vælde op fra det, ikke fra en vulkan, men fra jordskælvet. Og det var så voldsomt, at det kunne mærkes over hele verden. Og det fik bygninger til at kollapse på begge kontinenter. Det ødelagde fuldstændigt Atlantis til småstumper, som denne person ville sige.

D: Jeg har hørt en historie, og jeg vidste ikke, hvor sand den var. At gruppen, der ønskede magt, brugte hovedkrystallen eller noget, og dette var en del af det.

B: Det bidrog sandsynligvis til jordskælvets voldsomhed, fordi det var ustabilt og klar til at gå i udbrud når som helst. Og de tænkte, at de ville eksperimentere med, hvad de kunne gøre, og det forværrede jordskælvet være, end det ellers ville have været.

D: Ser du så, er det derfor, kontinentet sank?

Den Snoede Univers ~ Bog Et

B: Det sank ikke helt. Det sank, men i århundreder efter kunne skibe ikke navigere på det hav på grund af mudderbankerne, der var i vejen. Det var for lavvandet for skibe til at navigere hele vejen over. Og efterhånden som pladerne bevægede sig fra hinanden, sank mudderbankerne gradvist dybt nok til, at skibe kunne sejle over uden at grundstøde. Der har været nogle optegnelser om dette i dine maritime annaler, som folk bare har tilskrevet noget uforklarligt.

Dette kan forklare de gamle kort og søfolkenes tilbageholdenhed med at sejle langt ud. Der var mange historier selv på Columbus' tid om monstre og forsvundne skibe. Måske var dette bag legenderne om skibe, der faldt af verdens kant, fordi når de sejlede ud og ikke vendte tilbage, var de faktisk faldet af. Folk derhjemme kunne ikke vide, at de måske var stødt på mudderbankerne og sunket, eller blev siddende fast og dermed døde af sult. Dette kan også forklare legenden om Sargassohavet eller De Forsvundne Skibes Hav.

D: *Da det skete, var det som en synkning for de mennesker, der var på landet?*

B: Nej, det var kaos og katastrofe, med deres land, der rystede voldsomt, og floder af lava, der løb ned ad gaderne. Det var meget frygteligt, og folk løb mod havet og svømmede ud i havet for at slippe væk fra lavaen og fra det rystende land. Og de, der slap ud i havet, druknede, fordi det første jordskælv forårsagede tidevandsbølger, der kom tilbage og ramte kontinentet fra begge sider. Og tidevandsbølgerne skyllede over resterne af øen og ødelagde alt, der ikke allerede var blevet ødelagt af lavaen og rystelserne.

* * *

Jeg vil gerne kommentere en sag, jeg havde i New Orleans i 2000. En mand blev ført tilbage til, hvad han beskrev som Atlantis, hvor han var medlem af en gruppe præster. Der var en ypperstepræst over dem, og de brugte krystaller til at forsøge at modvirke de negative påvirkninger fra en anden gruppe forskere, der var meget dominerende. Det virkede som om, at den anden gruppe forskere brugte deres mentale kræfter og deres sindskontrol på negative måder. De udførte også eksperimenter på negative måder. Derfor forsøgte denne gruppe præster at modvirke negativiteten ved at bruge krystaller og rette energi for at neutralisere de effekter, de skabte. Men præsterne havde problemer. De havde en gruppe krystaller, som skulle placeres i en bestemt rækkefølge eller mønster for at skabe den højeste grad af effektivitet, men det virkede ikke. De blev ved med at omarrangere krystallerne og bruge deres sindskraft, og det lykkedes stadig ikke.

Tingene blev gradvist værre, og landet oplevede en stor mængde seismisk aktivitet. Og de vidste, at kontinentet ville synke. Jeg spurgte ham, hvordan de vidste det med sikkerhed, og han sagde, at det var på grund af de negative ting, som den anden gruppe gjorde. Det skabte en ubalance, og alt var i stor ubalance. Dette, sammen med alt det andet, der skete, skabte den seismiske aktivitet. Og de vidste, at det stykke land, øen eller hvad det var, Atlantis, ville synke. Så de besluttede at forlade kontinentet og tage et andet sted hen.

Han sagde, at de forlod stedet i skibe og tog hele deres gruppe med sig. Jeg ønskede en beskrivelse af skibene, og de var meget mærkeligt udseende. Han sagde, at de var som store runde bobler. De var ret store, fordi de kunne rumme så mange som halvtreds mennesker i én. Når de sejlede på vandet, var halvdelen af boblen over vandet, og halvdelen var under vandet. Den halvdel, der var over vandet, var gennemsigtig. Du kunne se igennem den. Folkene var inde i disse bobler og drev dem ved hjælp af krystaller og sindskontrol. De havde taget krystallerne med sig, nogle af dem på hvert af skibene. Gruppen fokuserede deres sind for at skabe den kraft, der drev disse bobleskibe over havet. De var på vej til det, der senere ville blive kendt som Egypten.

Da gruppen nåede Egypten, var de i stand til at bruge krystallerne og opførte boliger. De hørte aldrig, hvad der skete med kontinentet, fordi de aldrig stødte på nogen, der overlevede og nåede rejsen. Der var grupper af mennesker, der boede der, som var hjemmehørende i området uden avancerede psykiske evner. Så de blandede sig ikke engang med dem. De holdt sig for sig selv som denne gruppe præster og havde til hensigt at fortsætte deres arbejde og starte en helt ny civilisation der ved brug af deres krystaller og sindskontrol. De havde til hensigt at fortsætte med at bruge avanceret videnskab.

Dette var et uventet eksempel på overlevende, der var i stand til at undslippe tragedien og bære avanceret viden med sig. De håbede at skabe en ny civilisation, der ikke ville blive ført til yderligheder som den sidste. Hvem ved, hvor mange andre der slap væk og tog til andre kontinenter? Dette ville være en forklaring på opførelsen af monumenter og bygninger, som vores forskere ikke kan forklare. Viden var der, og blev sandsynligvis tabt efter flere generationer. Denne mulighed vil blive udforsket i det næste kapitel.

Kapitel Syv
Pyramidemysteriet

Hver gang jeg har et emne i den dybest mulige trancetilstand, har jeg mange, mange spørgsmål. Da jeg blev gjort opmærksom på, at jeg havde adgang til en ubegrænset informationskilde, overtog min reporters umættelige nysgerrighed, og jeg ville vide alt, hvad jeg kunne om ethvert tænkeligt emne.

Phil havde adgang gennem Planet of the Three Spires.

P: Viden findes ikke på planeten selv, men er tilgængelig fra planeten via kommunikationssystemet på planeten.

D: *Er det korrekt at beskrive det som en slags informationscentral, et kontaktpunkt for kommunikationssystemet?*

P: Ja, det ville være nøjagtigt.

D: *Sagde du ikke, at jordens fortidshistorier var tilgængelige fra dette sted?*

P: Det er korrekt. Historien er her. Historien er overalt på én gang. Den er blot tilgængelig for mig på dette tidspunkt.

D: *Der er mange forskellige teorier om, hvordan de gamle pyramider i Egypten blev bygget. Kunne vi få noget information om dette emne?*

P: Disse strukturer blev bygget ved hjælp af levitation, som er ved at blive genopdaget på nogle områder på Jorden i dag. Flytningen af disse sten blev udført med ren mental energi. Det er lige så muligt i dag, som det var dengang. Det kræver total fokus og koncentration. Der var en gruppe på fem til syv præster, som blev undervist i denne videnskab og mange andre videnskaber. Dette var blot én del af deres træning. Viden blev overført fra Atlantis. Pyramiderne var en gave fra Atlantis.

D: *Var levitation den eneste metode, hvorpå disse sten blev løftet?*

P: Der blev sunget toner, der ledsagede dette. Det var også en religiøs oplevelse.

D: *Jeg har også hørt, at nogle pyramider måske blev konstrueret på en anden måde.*

P: Der er meget spekulation i verden. Altid når viden ikke findes om, hvordan noget blev konstrueret, bliver det teoretiseret, at det blev bygget på en måde, der er almindelig for civilisationen på det tidspunkt. Det ville ikke være naturligt at antage en bygge metode, som ville være ukendt på det tidspunkt. Der er mange måder at bygge pyramider på. Nogle er mere relevante end andre.

D: *En anden person fortalte mig, at hun så dem blive støbt, ligesom vi ville støbe beton i dag.*

P: Vi ser, at de blev udhugget og skåret og derefter leviteret. Vi vil dog ikke afvise denne information, for vi har ikke fuldstændig kontrol over al information. Og dette kan være helt korrekt. Fra hvad vi ser, blev stenene, vi kender til, skåret og udhugget på fjerne steder og derefter transporteret ved telepati. Præsterne fulgte stenene under transporten og leviterede dem derefter til det sted, hvor de blev rejst. Arbejdet var mere mentalt end fysisk.

D: *Så de blev også transporteret ved hjælp af levitation?*

Jeg hentydede til transporten af stenene, men Phil troede, jeg mente, at præsterne også blev leviteret.

P: Præsterne blev transporteret på mere konventionelle måder, som i vogne, men de fulgte stenene og holdt dem inden for deres syn, for at fastholde koncentrationen. Stenene blev transporteret fra stenbruddene til stedet ved levitation og blev derefter flyttet på plads med levitation. Hele rejsningen blev gjort ved hjælp af levitation. Energierne, der blev brugt og forlænget i disse sten under deres levitation, blev lagret. Hver sten opbevarede en lille del, og derfor indeholdt pyramiden som helhed meget energi. Stenene fungerer som krystaller, idet de kan lagre menneskelig energi såvel som mange andre energier.

D: *Du nævnte sang, musik. Hvilken rolle spillede det?*

P: Det er en fysisk manifestation af den energi, der bliver fokuseret.

Da jeg arbejdede på min bog, Jesus og essenserne, var det svært at opnå information om visse emner på grund af den ekstreme hemmelighedskode, som essenserne levede under. Jeg forsøgte at finde ud af, om de havde nogen metoder til at beskytte sig mod deres fjender. Det meste, jeg var i stand til at lære, var, at det havde noget at gøre med lyd, og at der ikke var våben, fordi de ikke var nødvendige. Jeg spurgte også om byggeriet af pyramiderne, men jeg blev kun fortalt de historier og legender, de havde i deres kultur. Når et emne bliver regresseret til et tidligere liv, er de stærkt påvirket af den moralske struktur af den personlighed, de var dengang. Derfor var det ofte umuligt at få personen til at afsløre hemmeligheder.

År efter jeg havde arbejdet med dette materiale, gav en anden kvinde i en anden del af USA mig nogle af de manglende brikker, som det oprindelige emne ikke kunne på grund af sine mentale begrænsninger. Denne kvinde havde også været medlem af essenersamfundet i et tidligere liv, involveret i undervisningen af mysterierne, og følte også det ekstreme krav om hemmeligholdelse. Fordi hun ikke gik ind i den fuldstændige somnambulistiske trance, var hun i stand til at bevare minder om scener, da hun vendte tilbage til bevidsthed. Hun sagde, at selv i vågen tilstand var det svært at tale om disse ting, fordi hendes krop spændte, og hendes hals forsøgte at lukke sig sammen. Dette var et imponerende bevis på, hvor dybt rodfæstet disse begrænsninger havde været i det liv. Hun forstod bevidst grundene til samfundets privatliv og behovet for at beskytte denne information, fordi hvis visse ting slap ud og blev brugt forkert, kunne de forårsage en stor del stress og skade.

Hun rapporterede den information, der forblev i hendes bevidste sind: "Jeg så denne dal, hvor så mange som hundrede eller to hundrede mennesker sad i rækker. De brugte lyd til at levitere en enorm stenskabelse og flytte den, hvor de ville have den. Lyden var mystisk, hellig og samtidig jordnær. Det var alle tingene i universet kombineret. Lyden blev ikke kun skabt af stemmen, men blev ledsaget af visse typer af horn. (Hun var ikke sikker på, hvad hun skulle kalde instrumenterne, fordi de ikke lignede noget, hun havde set i dette liv.) De var meget lange, nogle var buede og nogle var lige. De producerede vedvarende klare toner, og dette blev gjort i enighed. Den kombinerede lyd stoppede aldrig, før hvad end de lavede, var færdiggjort. Med andre ord trak ingen vejret samtidig, så lydene kunne holdes konstante. Antallet af deltagende mennesker afhang af opgaven. Jo sværere eller større i skalaen, jo flere mennesker ville være involveret." "Levitation var ikke den eneste brug. Lyd kunne bruges til mange forskellige ting. Der var forskellige toner eller tonerhøjder, der kunne gøre mennesker magtesløse ved at forårsage bevidstløshed, eller få dem til at opføre sig på en skør, vred eller ophidset måde. Det var også muligt at dræbe med lyd, selvom essenserne aldrig gik så langt, da det at gøre mennesker bevidstløse kunne tjene samme formål. De kunne også bruge lyd til at gøre sig selv usynlige. Det havde at gøre med harmonik, den naturlige metode til at finde den matematiske ligning, der får et objekt til at 'vibrere'. Dette kunne gøres af én person, men hvis der var en fremrykkende hær, ville det kræve flere mennesker for at håndtere det."

Dette bragte naturligvis straks tanken om Bibelens historie om Joshua og Jerikos kamp, hvor lyd fik byens mure til at kollapse. Det er kendt, at lyd er i stand til disse ting, som for eksempel en bestemt tone, der kan knuse et krystalglas. Og vibrationerne fra en marcherende gruppe soldater kan få en bro til at kollapse, hvis de ikke bryder marchen.

Jeg undrede mig over, hvorfor dette magtfulde våben ikke blev brugt i senere tider, da romerne angreb og ødelagde Qumran og fangede og torturerede essenserne. Dette var tiden, hvor Dødehavsrullerne blev gemt i huler for sikker opbevaring. Måske vidste de, at det var tid til at afslutte en æra? Måske havde de glemt, hvordan man brugte denne metode, eller var ikke blevet undervist i den? Vi vil sandsynligvis aldrig vide det. I alle henseender så det ud til, at de gamle havde viden om levitation gennem lyd, som er gået tabt for de efterfølgende generationer.

Jeg vendte mine spørgsmål tilbage til pyramiderne.

D: *Blev de alle bygget på samme måde?*
P: Opførelsen af pyramiderne blev mere og mere kompleks, og meningen er svær at oversætte, men udviklingen var fra det rå til det mere raffinerede, parallelt med præsternes indstilling til deres religion. Der blev opnået mere, og der blev gjort mere muligt med de højere præster. Dette var ikke noget, den gennemsnitlige borger kunne gøre. Det krævede mange års studier og koncentreret indsats for at opnå dette. Det var noget, kun et udvalgt fåtal kunne opnå gennem mange års studier.

D: *Ville det være muligt for folk i dag at lære at levitere?*
P: Svaret er ja. Der er ingen fysiske, mentale eller følelsesmæssige begrænsninger for, hvem der kan modtage denne viden. Den

afgørende faktor ligger i personen selv, om de ønsker at forfølge dette og lægge den nødvendige indsats for at lære det.

D: *Hvad med den mærkelige energi i pyramiderne, som folk siger kan bevare ting?*

P: Energien er blot en energi, som kan fokuseres gennem menneskekroppen. Der er de energier, som menneskekroppen ikke kan fokusere, fordi de ikke er i harmoni med den menneskelige oplevelse. Så disse pyramider indeholder ikke den slags energi, da de mennesker, der opladede stenene, ikke var i stand til at kanalisere denne type energi ind i dem. Pyramiderne indeholder derfor energi, som er specifik for den menneskelige oplevelse. Materialet kan oplades af ethvert menneske, som fokuserer sine energier i det, som dem, der arbejder med krystaller, ved meget godt. Det samme princip gælder her.

D: *Jeg har læst, at der er forbandelser, der dræber folk, som bryder ind i pyramiderne eller krænker deres gravsteder. Er det sandt, eller er det blot fantasi?*

P: Det er ikke, hvad man ville kalde en forbandelse, som om der er hævngerrige entiteter på spil her. Det er ikke korrekt. Pyramiderne er fyldt med menneskelig energi, mere end noget andet objekt eller apparat, der i øjeblikket findes på Jorden. Når man træder ind i disse pyramider, træder man ind i dette felt af koncentreret menneskelig energi. Man bliver opslugt og badet i den energi, der er en del af personlighederne hos dem, der har opladet disse sten. Forbandelsen, den ulykke, du taler om, er blot manifestationer af ubalance hos de mennesker, der ikke kan håndtere denne energi. Og derfor forårsager de disse tragedier for sig selv. En, der er trænet og bevidst, og som er åben, kan træde ind i disse pyramider og modtage meget viden, som er lagret i pyramiderne selv. Hvis man er åben og enig, er dette meget psykiske områder. En psykisk bygning, om du vil.

D: *Hvad med pyramiderne i Sydamerika? Blev de bygget på samme måde som dem i Egypten?*

P: Disse pyramider stammer fra det samme folk, som migrerede fra Atlantis under ødelæggelsen. Metoden brugt er identisk, for dette var almen viden på Atlantis. Disse templer blev brugt til at tilbede. Mange, mange år gik fra den oprindelige oplevelse på Atlantis, indtil disse pyramider i øst og vest blev bygget, og mange ideer havde udviklet sig i forskellige retninger også.

D: *Men princippet var det samme. Hvad med pyramiderne i Mexico, blev de også bygget ved levitation?*

P: Der skete et gradvist tab af denne kunst, og mange civilisationer forsøgte at efterligne denne byggemetode på mere konventionelle måder. Vi leder efter denne viden, som synes at indikere, at disse blev bygget på den konventionelle måde med brobygning og fysisk arbejde.

D: *Var det fordi, at viden var gået tabt på det tidspunkt?*

P: Det var, fordi denne generation aldrig havde modtaget viden og ønskede at kopiere de strukturer, de havde hørt om eller set. Der var pyramider på kontinentet Atlantis. De er dog nedsunket på dette tidspunkt. Disse pyramider er bestemt til at rejse sig igen efter katastrofen. Viden, der er lagret i disse pyramider, vil blive frigivet til fundamentgenerationen, den nye bevidsthed, som Jorden nu integrerer. Denne viden vil hjælpe menneskets udvikling på det tidspunkt.

D: *Hvad mener du med katastrofen?*

P: Dette er et løst begreb anvendt på de mange fysiske ændringer, som nu finder sted og vil finde sted i de næste atten kronologiske år på denne planet. (Dette blev optaget i 1985.) Disse er løst grupperet under betegnelsen "katastrofe". Det skal ikke betragtes som én gigantisk begivenhed.

* * *

D: *Kunne du fortælle mig, hvem der byggede de store pyramider i Egypten, og hvorfor? Og hvordan de blev bygget?*

P: Dette er blevet givet i mange tidligere kanaliseringer. Dette er et monument for de tidligere civilisationers bedrifter eller højeste succes, skabt til de efterfølgende generationer. En milepæl for deres præstationer, et symbol på deres succes. Essensen af deres forståelse af virkelighedens natur. Det faktum, at dette monument forbliver et mysterium, indikerer for de efterfølgende generationer deres manglende forståelse. På det tidspunkt, hvor dette højeste punkt bliver forstået, vil teknologien for den pågældende generation have opnået et tilstrækkeligt niveau af bevidsthed til at blive givet den efterfølgende information, som pyramiden kun taler meget lidt om. Det er en prøve for den pågældende generation. Således at de højere energier, der styrer energiens udbredelse, kan vurdere, at den generation, der er på planeten på det tidspunkt, har nået et tilstrækkeligt forståelsesniveau til at få tildelt resten af den tilgængelige information. Indtil den fulde forståelse af pyramiden er nået, ville det være for tidligt at tillade udbredelsen af den viden, der er blevet holdt tilbage.

D: *Jeg var interesseret i, hvordan disse pyramider blev bygget. Kan du se det?*

P: Kan du se det? (Latter) Det er allerede blevet antaget gennem levitationsmidler og elektromagnetisk fremdrift af mange forskellige slags, inklusive brugen af toner og mental resonans. At uddybe yderligere ville være nyttesløst, da dit forståelsesniveau ikke er hævet til det punkt, hvor du kunne forstå det, vi ville give dig. Derfor, når du gennem dine egne forsøg på forståelse har løftet dig selv op til det niveau, således at du kan forstå disse højere orden realiteter, så vil du få en mere komplet forståelse. Du skal bygge dit fundament, før du kan bygge dit hus.

D: *Det giver mening. Jeg har hørt, at det blev gjort med musik. Ville det stemme overens med, hvad du sagde om toner?*

P: Musik i betydningen toner, ikke i betydningen sang.

D: *Er disse toner blevet mere mulige med de synthesizere, vi har i dag? De er i stand til at skabe toner, vi ikke kunne generere før.*

P: Ikke på den måde som simple soniske eller vibrerende realiteter. Dog konceptuelle realiteter, tonen af mentale energier. Din mentale energi resonerer på en bestemt tone – konceptet om en tone – idet din mentale energi ikke er tilfældig støj, som mange nu opererer på. Men din mentale energi kunne fokuseres, så den resonerer på en bestemt tone. Ikke støj eller endda harmoni. Selv om mange akkorder af mental energi er mulige med den yderligere forståelse af konceptet om mentale toner. Således kan disse mentale toner i enighed skabe en enorm kraftig energi, der bogstaveligt talt kan splitte jorden i to, hvis et tilstrækkeligt antal væsener samler sig om en fælles indsats. Det ville være som ødelæggelsen af Atlantis igen.

D: *Ville dette stemme overens med, hvad vi er blevet fortalt om, hvordan udenjordiske er i stand til at fremdrive deres fartøjer? Gennem mental koncentration.*
P: Det er korrekt.
D: *Er det samme energi?*
P: Ikke den samme energi. Det samme koncept, dog praktiseret i en anden form.
D: *Er pyramiderne kun monumenter, eller har de en nyttig funktion i energien i naturen?*
P: De er en psykisk-reaktiv del af energien på din planet. En slags stimulus for dem på din planet, som gennem deres egne handlinger forsøger at hæve deres bevidsthedsniveau til det niveau, som pyramiden resonerer på. Det var en stimulus, ikke blot i konceptuelle termer, men i reaktive termer. Energien på din planet er noget forstærket ved at tune ind på og forsøge at forstå de konceptuelle realiteter af disse pyramider.
D: *Er det sandt, at pyramiderne også er en energitransmitter til andre planeter eller endda andre galakser?*
P: Det er korrekt. Den energi, der strømmer til din planet, fokuseres af denne geometriske design, langt mere end konceptet om "perfekt" kan nærme sig. Dog er konceptet af perfektion, eller det kvadrerede begreb af perfektion, sådan, at resonansen af denne perfektion rækker ud over tredimensionelle realiteter. Den mest absolutte sandhed, der kunne opnås på dine lavere realiteter, strækker sig ud over blot dine tredimensionelle realiteter. Denne sandhed bliver så opfanget i andre områder af din galakse. De energier, der strømmer til og fra din planet, bliver dirigeret eller homogeniseret af denne sandhed. Sandheden fungerer lidt som et polariserende filter. Disse konceptuelle analogier er upræcise i den forstand, at i din forståelse har de ingen fællesnævnere. Men vi forsøger blot at få dig til at forstå i termer, du kan opfatte, at sandhed ikke blot er en abstraktion. Det er en realitet. Sandhed er langt mere reel end abstrakt og kan bruges. Konceptet om sandhed, ifølge dine begreber, er simpelthen abstrakt. I realiteten er der en ægte årsag og effekt af det, du kalder "sandhed". Denne sandhed bliver derfor lidt som et filter, eller måske endda en reflektor. Lidt som du kunne reflektere en laserstråle. Denne laserstråle, som er sammenhængende lys af en bestemt

bølgelængde eller spektrum, reflekteres muligvis fra en spejlanordning eller seismisk enhed på din måne. Analogien her er, at refleksionsenheden på din måne kunne svare til denne pyramide. Og konceptet eller den konceptuelle strøm af sandhed, den universelle sandhed, reflekteres fra denne pyramide. På din planet findes denne reflektor af højere sandheder, højere viden. Således at dem, der kigger mod din planet, kan se denne refleksion af sandhed. Derfor har nogen på din planet på et tidspunkt været på dette højere niveau af sandhed, og din planet har derfor en reflektor af højere sandhedsniveauer. Igen, sandhed er langt mere end blot en abstraktion.

D: *Jeg tror, jeg fik mere af et svar, end jeg havde planlagt. (Latter)*

* * *

P: Pyramiderne blev brugt som observationspunkter. Stjernernes position kunne beregnes ved at observere trekantens spids i forhold til den nærmeste markeringsstjerne. Visse stjerner blev tildelt status som "markeringsstjerne", og ved at placere sig specifikt på ét punkt på pyramiden og kigge op mod spidsen og derefter ud mod himlen, kunne man finde markeringsstjernen eller se, hvor spidsen var i forhold til stjernen.

D: *Hvad brugte de denne information til?*

P: Det var for at kunne kortlægge himlen samt for at kortlægge tiden. Således kunne man præcist vide, hvor man befandt sig i jordens kredsløb omkring solen.

* * *

D: *Jeg tænker på pyramiderne, og dem i Peru og i Mexico. Monumenterne, der er lavet af store sten. Havde de evner til at rejse disse sten, som vi ikke har i det 20. århundrede?*

Clara: Nej. I har evnen. I bruger den bare ikke.

D: *(Chuckle) Det er jeg blevet fortalt før. Det er sindets kræfter, som vi ikke længere anvender?*

C: Det er korrekt.

D: *Hvordan var de i stand til at rejse disse store stenmonumenter?*

Den Snoede Univers ~ Bog Et

C: Lad mig stille dig et spørgsmål. Er den sten hjemmehørende i det område?

D: *Jeg tror, i nogle tilfælde er den, men i andre tilfælde har de sagt, at den skulle transporteres over lange afstande.*

C: På mange stjerner og mange planeter skaber vi simpelthen noget ved ren energi. Og stenene kan simpelthen skabes. De kan skabes fra området. Men hvis vi har evnen til at skabe telepatisk eller simpelthen materialisere ved ren energi, kan vi transportere dem fra et sted til et andet. Men de store pyramider blev for det meste skabt af materialer, der var hjemmehørende i det pågældende område. Dette kunne forvirre mange mennesker, som det har gjort gennem århundrederne. Det blev simpelthen skabt ved at bruge sindet, som vi ikke bruger i dag. Ved simpelthen at skabe, skære stenen på den måde, man ønskede, og skære den, så den passede til mønstret ifølge den arkitektoniske struktur, der blev valgt til den pågældende pyramide.

D: *Jeg har set nogle, hvor stenene passer perfekt sammen uden nogen form for mørtel eller cement. Og de er endda buet, så de passer sammen.*

C: Ja. Det blev gjort telepatisk, blot ved at bruge tanker. Tanker er skabelsen af alt. Alt begynder med en tanke. En tanke er det første skridt. Og i tanken om dem, der skabte strukturen, forenede de den tanke på en sådan måde, at hvert hjørne ville passe perfekt sammen. Fordi hver tanke passede perfekt med hver anden tanke. Og så, når hver tanke griber ind og former sig til den anden, bliver den en del af den anden, så det passer perfekt i det mønster eller den struktur, som man vælger, det skal være.

D: *Nogle mennesker tror, det kan være blevet gjort med maskiner som laserstråler.*

C: Tanken er den hurtigste laser, der findes. Hver blok er en tanke. Så en tanke kan være fundamentet. Én blok ad gangen er én tanke ad gangen. Og alle tankerne sammen, og du kan sige, en telepatisk sten er en tanke. Og så, hver tanke, der bliver en telepatisk sten eller en fysisk sten – fordi tanker kan blive fysiske – bliver placeret én oven på den anden. Én ved siden af den anden. Uanset hvordan mønstret passer til at skabe.

D: *Hvordan blev de transporteret eller placeret oven på hinanden?*

C: Ved tanke. Så min tanke er at skabe denne sten. Jeg kunne sige, "Jeg vil bringe denne sten herfra og placere den her." Det var en kollektiv konstruktion af mange mennesker med deres tanker. Så min tanke er, at jeg har denne sten til at placere her, og denne her. Tanken bliver til virkelighed. En levende væsen. En sten er et væsen. Det er blot en anden masse af energi. Som du ser det, er det en masse, der ikke bevæger sig. Men det er alt sammen rum. Jeg mener, det er alt rum, og det er al energi. Så derfor samler denne kollektive gruppe sig med én tanke og ét mål og én struktur at skabe, bringer disse tanker sammen. Og skaber en fysisk konstruktion.

D: *Så den kollektive tanke var mere magtfuld end den individuelle?*

C: Meget mere. Det er den altid, når der er én tanke eller ét mål, der ønskes opnået.

D: *Jeg har altid tænkt, det måske blev opnået ved levitation.*

C: Det kunne du kalde det. Ved dine tanker, der leviterer, eller ved at sige: "Okay, jeg går herhen, og min tanke udhugger denne sten. Så jeg vil skabe den. Jeg vil bringe denne sten herover." Det er en god analogi. Du kunne sige, i din lineære tankegang, at det faktisk kunne være levitation.

D: *Jeg har også fået at vide, at det kunne være blevet leviteret ved hjælp af lyd.*

C: Det er en mulighed. Tanken er meget hurtigere end lyden. Tanken er hurtigere end lyset.

D: *Tror du, at folk brugte lyd på et senere tidspunkt, fordi de havde glemt, hvordan man bruger sindet?*

C: Ja, ja. Folk blev så involverede i deres personligheder og deres daglige liv, at de begyndte at trække sig væk fra det kollektive. Trække sig væk fra kilden. Trække sig væk fra det, der er. De blev separate fra Alt Hvad Der Er og blev individualiserede. Og som individuelle personer eller væsener valgte de adskillelse fra kilden. Og med adskillelsen fra kilden begyndte de at glemme, hvordan man bruger tanken. Og derfor begyndte de at finde andre måder.

D: *Så det var muligt, at de på et senere tidspunkt brugte lyd?*

C: Åh ja, bestemt.

D: *Var den oprindelige gruppe, der brugte gruppetanker til at bygge pyramiderne, mennesker?*

C: Åh ja, højtudviklede mennesker.
D: *Var disse dem, du sagde, var overlevende fra Atlantis?*
C: Bragt tilbage til Jorden fra stjernerne.
D: *Og de boede bare i disse centraliserede områder, Egypten, Peru og Mexico?*
C: Ja, til at begynde med. Og så vandrede mennesker ud for at opdage nye universer, opdage nye planeter, opdage nye lande. Og som de vandrede over landene, skabte de flere samfund. Og generelt var det mere end én person, der ville tage af sted, fordi de ønskede selskab eller beskyttelse mod vilde dyr eller de farer, der kunne være derude i de ukendte lande bag bakkerne eller vandene.
D: *Og til at begynde med bar de denne viden med sig. (Ja) Men de havde mere eller mindre brug for gruppesindet til at skabe disse store monumenter. (Ja) Kan du fortælle mig formålet med den store pyramide?*
C: Det er et opbevaringssted for viden, om alt hvad Jorden er. Jordens mysterium og skabelsen af Jorden er i den store pyramide.
D: *Forsøger man at gøre det til et opbevaringssted, der ville være tilsvarende til det med de tre spirer?*
C: Det er et lignende opbevaringssted. Ikke noget, der skal omdannes til det.
D: *Mange mennesker mener, at målene og orienteringen af, hvordan den er placeret, kunne give løsninger på mysteriet.*
C: Det er sandt, men der er mere. Mennesket har mistet evnen til at bruge sit sind fuldt ud. Han bruger kun en lille del af det, der er tilgængeligt for ham. Han skal åbne op og acceptere, at der ikke er nogen begrænsninger, og uden begrænsninger kan du gå ud over tid og rum. Og du kan kende mysteriet om alt, der er at vide. Du vil få mere information på et senere tidspunkt, fordi pyramideenergien bliver genaktiveret, og der vil ske nye ændringer i det område.
D: *Hvordan kan mennesker få adgang til den viden, der er indeholdt i pyramiderne?*
C: Mennesket er ikke klar til det på dette tidspunkt. Han er ikke åben nok. Han går i en retning, hvor det er en grav. Han er ikke villig til at acceptere, at den virkelig bærer mysteriet om skabelsen af universet, og al viden om, hvad universet er. Jorden og universet, og stjernerne.

Den Snoede Univers ~ Bog Et

* * *

Brenda: Kulturen hos folkene omkring pyramiderne var forbundet med Atlantis. Og de stenstrukturer, de byggede, var en del af nogle af deres videnskaber. Og da Atlantis blev ødelagt, kunne disse stenstrukturer ikke længere fungere, som de var designet til, fordi den centrale del af dem var blevet ødelagt med Atlantis.

D: *Hvordan var de beregnet til at fungere?*

B: Det nærmeste koncept, jeg kan finde, er en computer. De interagerede med hinanden, så man kunne bruge dem til at beregne himmelske ting. Men man kunne også bruge dem til at manipulere kosmiske og jordiske energier som tyngdekraften og lignende, af forskellige årsager. De var komplekse enheder, de kunne bruges til mange ting. Men de fleste af koncepterne kan ikke oversættes til dette sprog, fordi det er ting, din civilisation ikke har tænkt på at gøre.

D: *Jeg har fået at vide, at hemmeligheden lå i pyramiderne selv. Tallene og beregningerne.*

B: Ja, det gør de. Pyramiderne blev præcist designet, især de tre vigtigste i Egypten. Den måde, de er placeret på, og den måde, de blev designet på, målene og hver eneste måling, der kunne eksistere, anvendt, som for eksempel afstand fra spids til spids og så videre. Alt, hvad du kunne drømme om, indeholder alle de matematiske formler, som civilisationen havde. Og det inkluderer mange matematiske formler, som din civilisation endnu ikke har tænkt på. Der vil være nogle få, der vil blive opdaget i pyramiderne, og det kan tage lidt tid for jer at forstå dem og kunne anvende dem. I vil finde anvendelser for det, og I vil blot tænke, at det er noget vidunderligt. Pyramiderne er som en kondenseret beholder af al den videnskabelige viden fra denne civilisation.

D: *Ved du, hvad energikilden var, som drev disse? Du sagde, at de ikke kunne fungere efter Atlantis' undergang.*

B: Energikilden var selve Jorden. Men grunden til, at de ikke kunne fungere, var, at de ikke længere var afbalanceret til at kunne udnytte jordens strøm.

D: *Vi har fået at vide, at de var gravkamre for egyptiske konger.*

B: Da civilisationerne mistede deres viden og ikke vidste, hvad disse var, forestillede de sig, at det måtte være det. Og sådan blev historien videreført gennem århundrederne.

Billeder og hieroglyffer er blevet fundet, der tilsyneladende viser byggeriet af pyramiderne og slaver, der trækker sten op ad jordramper for at placere dem i position. Måske var pyramiderne allerede der og gamle på det tidspunkt, hvor disse billeder blev tegnet, og dette var folks version af, hvordan de troede, de måtte være blevet bygget. Måske var de lige så meget et mysterium i deres tid som i vores.

D: *Der blev aldrig fundet nogen kroppe derinde.*
B: Der blev aldrig begravet nogen konger derinde.
D: *Hvad blev rummene inde i pyramiderne så brugt til?*
B: De blev brugt til langt mere komplekse formål end begravelseskamre. Nogle af dem blev brugt til manipulation af energierne. Men de fleste af rummene var til formålet at indeholde flere beregninger og matematiske formler i deres mål og deres forhold til målene på pyramiden.
D: *Kan du se, hvordan de blev bygget med disse enorme sten?*
B: Delvist gennem manipulation af jordens kræfter og delvist gennem den proces, du er blevet fortalt om, hvor stenene blev gjort flydende.
D: *De samme metoder, de brugte på Atlantis så. (Ja) Nogen fortalte mig, at de troede, de måske brugte musik på en eller anden måde.*
B: En af de måder, de manipulerede energierne på, var gennem kontrolleret brug af lyd.

* * *

Nogle emner kom ved et uheld i kontakt med viden om pyramiderne, da de blev regresseret til et tidligere liv der.

Jeg havde en session med Steve i august 2000 i New Orleans. Han havde en mærkelig oplevelse, mens han besøgte den store pyramide i Egypten nogle måneder før. Dette var en af de ting, han ønskede at udforske, mens han var i trance.

Han havde aldrig haft intentioner om at tage til Egypten og havde ingen lyst til at se pyramiderne. Men da han og hans kone tog til

Schweiz for at besøge slægtninge, havde de en overraskelse til dem. De havde allerede arrangeret at tage Steve og hans kone med til Egypten for at se pyramiderne. Han havde virkelig ikke lyst til at tage afsted, men følte, at de ikke havde noget valg. Overraskende nok havde Steve en enorm oplevelse, mens de var der.

Han blev adskilt fra sin kone og slægtninge, mens deres guide købte billetterne. Egypterne var meget selektive og forsøgte især at holde udlændinge ude. De tillod kun 300 mennesker om dagen at komme ind i pyramiderne. Så deres guide stod i kø og købte billetterne for dem. Steve ledte derefter efter resten af sin gruppe blandt turistmængden på Giza-plateauet, så de kunne gå ind. Der var hundredvis af mennesker og mange busser. Masser af aktivitet.

Da han gik hen over plateauet mod pyramiden, skete der noget mærkeligt. Pludselig føltes det, som om han trådte ind i en slags tidsforskydning. Da han stod der og kiggede rundt, var han den eneste på plateauet. Han kunne ikke høre noget, ingen lyd. Og alle mennesker og busser var fuldstændig forsvundet. Han følte sig stadig den samme, ingen forskel, men da han kiggede rundt, var han helt alene. En enorm følelse kom over ham, da han så på pyramiderne. Han fik en pludselig følelse af, at han var kommet "hjem". At dette var "hjem", og det var en vidunderlig oplevelse. Han sagde, at det overvældede ham fuldstændigt, da han betragtede strukturen.

Lige så hurtigt vendte alt tilbage til det normale, da han fortsatte sin gang mod pyramiderne. Der var en pludselig brøl af støj, da lyden kom tilbage. Aktiviteten og alle mennesker og busser, og alt, hvirvlede rundt om ham, da han blev rystet tilbage til nutiden. Da hans kone fandt ham blandt mængden, blev hun overrasket over at se, at han græd af følelser. De fortsatte ind i pyramiden, hvilket var en vidunderlig oplevelse for ham. Men han kunne ikke forstå, hvad der skete i det øjeblik. Tiden syntes at stå stille, og alt ændrede sig, og derefter vendte det hele tilbage igen.

Efter at Steve var kommet i en dyb trance, gik vi gennem en normal regression, og jeg talte med hans underbevidsthed for at finde svar på de spørgsmål, han havde stillet.

D: Da Steve tog til Egypten og så pyramiderne, havde han en mærkelig oplevelse. Han vil gerne forstå, hvad der skete på det tidspunkt?

S: Det var en gave. Han var der, hvor hans ånd var mest lykkelig. Meget glæde.
D: Da han var på det samme sted igen? (Ja) Hvad skete der? Han sagde, det var en mærkelig oplevelse.
S: Hans sjæl var så glad. Den ønskede at udtrykke det. Derfor var det en gave til ham.
D: Han sagde, det var, som om alt andet forsvandt.
S: Ja, det gjorde det.
D: Gik han faktisk ind i en anden tid i de få minutter?
S: Delvist. Bevidst, nej.
D: Fordi de andre mennesker ikke var til stede.
S: Nej, det var de ikke. Det var for at give ham styrke til at fortsætte.
D: Hvorfor var hans ånd mest lykkelig omkring pyramiderne?
S: Det går tilbage til et tidligere liv. Han var involveret i opførelsen af pyramiden. Han var en af de vigtigste personer til at hjælpe med at bygge den.
D: Hvordan hjalp han med konstruktionen?
S: Ingeniørarbejdet med placeringen af blokkene.
D: Hvordan blev det gjort?
S: Forskellige metoder. Han var blot ansvarlig for én metode. Måden at vælge hver sten til hver placering. Det var en meget kompliceret videnskab.
D: De skulle passe perfekt sammen, ikke sandt? (Ja) Blev det gjort med værktøjer?
S: Nogle værktøjer. Nogle mentale kræfter.
D: Hvordan blev det gjort med mentale kræfter?
S: Hjernebølgerne tunede ind på stenens vibrationer.
D: Som at synkronisere?
S: Ja, gennem lyd og mentale tanker.
D: Gjorde han det alene, eller blev det gjort med andre mennesker?
S: Det blev gjort med højtudviklede mennesker. De udførte deres teknikker, og vi udførte konstruktionen.
D: Boede disse mennesker på det sted?
S: Ja, de boede der. De immigrerede dertil.
D: Du sagde, det blev gjort med lyd også?
S: Ja. Det er en højfrekvenstype lyd, der kunne tune ind på blokkens molekylære struktur og skære den, som de ønskede.
D: Blev lyden skabt af noget?

S: Nogle gange, ja.

Jeg tænkte på et musikinstrument.

S: Det er som en stemmegaffel. Det skal også gøres med sindet. Uden sindet har du ingenting.
D: *Kan du se, hvordan instrumentet så ud, som de skabte tonen med?*
S: Det var langt, skinnende som metal. Det havde mange grene på det. (Som om han observerede.) Og de rørte stenen med det.
D: *Var det stort?*
S: Nej, det var lille, men aflangt.
D: *Hvad skete der, når de rørte stenen med det?*
S: Nogle gange ville det svæve. Nogle gange ville det revne. Det var meget kraftfuldt.
D: *Og det skabte denne tone, når det rørte stenen?*
S: Ja. Nogle gange kunne man næsten ikke høre det. Det var næsten som en gnist.
D: *Men de andre mennesker skulle bruge deres sind med det, hver gang individet rørte stenen med instrumentet?*
S: Ja, det er rigtigt.
D: *Kunne de forstærke kraften på den måde? (Ja) Du sagde, at disse højtudviklede mennesker migrerede dertil. Hvor migrerede de fra?*
S: Vi er ikke sikre.
D: *Så de vidste, hvordan man skulle vise de andre, hvordan man gjorde det?*
S: Ja. Men du skulle være i stand til at kontrollere dine tanker. Kun visse personer kunne gøre det, ellers ville det være meget farligt.
D: *Hvorfor ville det være farligt?*
S: Det kunne dræbe dig. Frekvensen ville påvirke dig molekylært. Du skulle mentalt blokere den for at beskytte dig selv.
D: *Du var nødt til at dirigere den udad? (Ja) Så hvis du ikke havde de rigtige tanker, kunne den på en måde ricochettere eller springe tilbage?*
S: Grundlæggende, ja.
D: *Så kun dem med ren sindstilstand eller de rette tanker kunne dirigere denne energi?*
S: Ja, kun dem med den rette sindstilstand.

D: Så alle, der var involveret i at dirigere sindets energi, skulle mere eller mindre have en ren tankegang?
S: Ja, meget få mennesker kunne gøre det.
D: Hvis der var mange arbejdere, kunne de så bruge massens bevidsthed til at forene deres tanker? (Nej) Det skulle være dem, der vidste, hvordan man dirigerede energien. (Ja) Og instrumentet hjalp med at lede energien ind i stenen?
S: Ja, gennem mental energi.
D: Og du sagde, at de bragte det instrument med sig, da de migrerede.
S: Ja, det gjorde de.
D: Men det var grunden til, at Steve følte sådan en følelse, da han vendte tilbage til det sted.
S: Ja. Det blev givet til ham som en gave for at give ham styrke. For at styrke ham til at fortsætte. Han var i stand til at udføre meget vigtige og magtfulde ting i fortiden. Og han kan bruge den samme evne, fordi sindet er kraftfuldt. Han kan gøre alt, hvad han vil med sit liv, men han skal lære disciplin.

Instrumentet, som Steve så, var cirka en fod langt. Det var lavet af et metal, der var skinnende som et spejl. Tændstifterne var tynde, og der var en krystal i håndtaget.

Den Snoede Univers ~ Bog Et

* * *

I 2000 blev en kvindelig klient regresseret til et tidligere liv, hvor hun var en form for mandlig leder i Egypten. Hun stod i ørkenen på kanten af en stor by og så på opførelsen af en stor bygning i nærheden. Han var iført tøj, der ikke var passende til udendørs brug, de var for luksuriøse. Han havde gyldne remme på sine sandaler og en tung gylden krave med et insignium (solens stråler) om halsen. Den var tung, men han var vant til at bære den på trods af dens vægt. Han havde en gylden hjelm med en fjerprydning (lignende påfuglefjer), der stak op fra toppen af den. Alt dette var tungt og ubehageligt i den varme sol.

Han klagede over den langsomme fremgang i byggeriet. Han sagde, at alle var trætte, meget trætte, af den konstante bygning. Det hele var for herskerens ego, og det var uophørligt. Han sagde, at bygningen havde form som en pyramide, og at justeringen ikke var helt rigtig, og at det gik meget langsomt. Han sagde, at herskeren allerede byggede to andre pyramider; den ene var færdig, og den anden var næsten færdig, men alligevel var de begyndt på denne tredje. Han mente, at de burde færdiggøre de andre, før de begyndte på denne. Folkene var trætte af den konstante konstruktion.

Jeg spurgte, hvordan de blev bygget. Han sagde, at fundamentet var under jorden med bestemte kamre og passager, der skulle planlægges helt perfekt. Denne del blev udført ved fysisk arbejdskraft, fordi "de" ikke kunne have kontakt med jorden. Naturligvis ville jeg vide, hvem "de" var. Han sagde, at det var væsenerne i skiven, som styrede hele operationen. Efter at fundamentet var blevet bygget, blev resten af bygningen (over jorden) konstrueret ved hjælp af energi, der blev dirigeret af skiven. Arbejderne dannede en ubrudt cirkel omkring bygningen. Energien blev derefter dirigeret fra skiven til ham og andre, og derfra til arbejderne. Dette skabte en energicirkel, der var tilstrækkelig til at løfte de enorme stenblokke på plads. Det var vigtigt, at arbejderne havde renhed i deres kroppe (ingen drikkeri osv.), så energien kunne dirigeres gennem deres kroppe. Derefter havde de ingen erindring om, hvad der var sket. De blev bare brugt som kanaler, så at sige.

Det eneste problem var, at nogle gange ville skiven komme for langt ned. Den svævede normalt over det sted, hvor pyramidespidsen

Den Snoede Univers ~ Bog Et

til sidst ville være. Dette var den position, hvorfra energien blev dirigeret. Men hvis den kom for langt ned, ville den slå nogle af arbejderne omkuld og smide dem ud af cirklen. Han vidste ikke, om det skadede dem, men deres plads skulle straks erstattes, da cirklen skulle forblive ubrudt. Beskrivelsen af skiven lød meget som nutidige observationer: skinnende gråt metal med en mindre cirkel inden i den større. Energien kom fra den mindre cirkel. Jeg spurgte, hvordan skivens beboere så ud. Han sagde, at han ikke kunne se deres ansigter, fordi de bar en usædvanlig form for hovedbeklædning. Den var designet til at forhindre menneskene i at læse deres tanker og kende deres hensigter. Den metalhjelm, de bar, var tykkere bagpå, da han sagde, at det var derfra, tankerne kom. Hans hovedbeklædning skulle være en kopi af deres, selvom den ikke tjente samme formål.

Selvom han bebrejdede den konstante konstruktion herskerens ego, mente han, at det i virkeligheden var væsenerne i skivens dagsorden. Der skulle bygges i alt syv pyramider, og de ville blive bygget i et bestemt mønster. Byggeriet havde stået på så længe, han kunne huske, mindst 50 år. Han beklagede sig over, at folkene var trætte af det og mente, at det var for meget.

Det endelige formål med pyramiderne var at dirigere energi ud i rummet, så koordinaterne skulle være helt præcise, og skiven styrede den nøjagtige placering af stenene. Byggeriet blev nemmere, efterhånden som det nåede toppen eller spidsen, fordi den var mindre og ikke krævede så mange sten. Efter konstruktionen var færdig, fik de almindelige arbejdere lov til at arbejde med at fylde nogle af revnerne og mellemrum mellem stenene, men selv dette skulle gøres præcist. Han mente, at de skulle færdiggøre én pyramide fuldstændigt, før de begyndte på en anden. De almindelige bygninger i byen blev bygget på en anden måde og var grove i sammenligning. Arbejdet behøvede ikke at blive udført med samme præcision. Energien, der blev brugt til at løfte stenene, var for intens for alle involverede. Der syntes dog ikke at være nogen intention om at trodse dem i skiven.

Herskeren var en usædvanligt formet mand, meget høj og tynd. Han måtte være gammel, men viste ingen tegn på alder. Manden sagde, at han vidste, han ville være død, før de syv pyramider var færdigbyggede, men arbejdet ville blive videreført af andre. Han understregede, at dem i skiven ikke kunne have kontakt med jorden, og derfor måtte arbejderne udføre det fysiske arbejde. De måtte stå i en ubrudt cirkel omkring byggepladsen for at dirigere "jordens" energi, som tilsyneladende blev "opsamlet" og omdirigeret af skiven. Dette var den kraft, der løftede stenene. Energien blev dirigeret gennem arbejderne ved at bruge deres kroppe som "forstærkere". De ville ikke huske noget bagefter. Det var ikke vigtigt, de blev bare brugt. Han vidste, hvad der foregik, men blev også brugt til at dirigere energien. Han sagde, at matematikere, astrologer og andre vise mænd blev brugt til justeringen. Det skulle være nøjagtigt, så den endelige energiretning (når pyramiden var færdig) ville blive rettet mod de korrekte punkter i det ydre rum. Han var en af de få, der kendte formålet med den konstante konstruktion, men han vidste ikke, hvordan det blev brugt i den endelige plan. Væsenerne i skiven havde kun kontakt med herskeren.

Da jeg forsøgte at føre historien frem til en konklusion, sprang kvinden ind i et andet liv, og da jeg lavede sessionen som terapi, fulgte jeg den linje uden at vende tilbage til historien. Det havde alle tegn på, at det foregik i Egypten, men det kunne også have været Atlantis.

Det er svært at sige, hvilke pyramider der refereres til, da der tilsyneladende var mange pyramider på det tidspunkt. Nogle af dem har måske ikke overlevet til vores tid. I en anden session var en mand til stede under opførelsen af en stor pyramide og var involveret i beregningen af målene. Han indikerede, at den ville blive brugt som en kommunikationsenhed mellem Jorden og Sirius.

* * *

En anden session i 2000 tog en mærkelig drejning, og selvom den ikke handler om konstruktionen af pyramiderne, ser det ud til, at den omhandler oprindelsen af et andet mysterium forbundet med Egypten.

Efter at jeg havde gennemført en regression af et tidligere liv med Marie, kontaktede jeg hendes underbevidsthed for at stille spørgsmål. Hun havde lavet en liste over ting, hun ønskede at vide om. Hun havde haft en vision eller en scene af noget, der skete i Egypten. I det mindste troede hun, det var Egypten. Hun så sig selv i et rum med en form for mærkelig enhed.

D: Kan du fortælle hende noget om, hvad det var? Var det virkeligt, eller var det bare fantasi?

Den Snoede Univers ~ Bog Et

M: Det var virkeligt. Hvad hun så, var kun en del af en større maskine. Og vi siger "maskine", men ikke som vi kender maskiner. Det var en indeholdt energikilde.

D: *Hvad lavede hun med den?*

M: Hun var egentlig som en laboratorieassistent. Hun var personen, der vidste, hvordan man regulerede, hvor meget af denne energi, der kunne gå tilbage i en menneskelig livsform for at regenerere den. Det kunne faktisk bringe liv tilbage til døde kroppe. Og det var eksperimentelt.

D: *Blev disse eksperimenter udført på Jorden?*

M: De blev udført på Jorden, men ikke af jordiske væsener. De, der vidste, hvordan man gjorde dette, eksperimenterede på denne masse af mennesker. Jeg ved ikke, hvordan de døde.

D: *Ved du, hvilket land dette var, eller har det et navn?*

M: Ordet Targa kommer til mig.

D: *Marie havde følelsen af, at det var Egypten. Men du tror ikke det?*

M: Måske var Targa navnet på gruppen. Det var i ørkenens varme. Det var en civilisation, der var som Egypten, men det var ikke Egypten.

D: *Du sagde, at mange mennesker døde på en eller anden måde?*

M: De er alle forkullede kroppe. Og de ligner mumier. De er som dem, du ser mumificeret i lang tid.

D: *Tørret op, mener du? (Ja) Men hvorfor ville de ønske at revitalisere, genoplive den slags kroppe?*

M: Fordi der var så få levende kroppe på det tidspunkt. Noget var sket. Og de havde brug for at finde en måde at bringe livsenergi tilbage til planeten. For at have nok kroppe i live og aktive.

D: *Men kunne noget som det virkelig virke?*

M: Det virkede.

D: *De kunne genaktivere dem?*

M: Ja. Men der var en inkubationstid, når du svøbte dem igen, som om du gav dem en kokon. Du tager dette kernemateriale, det er, hvad det blev til. Det er bare tørret genetisk materiale med knoglerne.

D: *De havde været døde i ret lang tid, går jeg ud fra.*

M: Rigtigt. Men ingen kropsvæsker. Og du indsvøber dem igen og giver dem et hylster til at rekonstituere sig.

D: *De skulle dækkes til.*

M: Fuldstændigt indsvøbt. Og så tilslutter du denne slange, der er forbundet til denne energikilde ved bunden, på fødderne. Og du pumper det. Det har en pumpe-lyd (hun lavede dunkende lyde), som en stor hjerte-lyd. Og pump, indtil du ser hævelsen i bandagerne. Og så lader du disse pakker, disse indsvøbte kroppe, blive der, indtil du har brug for dem.

D: *Så det er noget i retning af suspenderet animation? (Rigtigt) Men kunne de gå og bevæge sig rundt, når du havde brug for dem?*

M: Jeg ved det ikke efter det. Jeg kan kun se, at mit job der var at svøbe dem ind, genoplive dem og opbevare dem.

D: *Hvordan blev de opbevaret?*

M: På hylder.

D: *(Jeg fandt det underligt.) På hylder? (Ja) Men jeg har det indtryk, at medmindre en sjæl, en ånd, går ind i kroppen, er den ikke rigtig levende. Hvad synes du?*

M: Nej, der er en livskraft, der aktiverer kroppens system. Det har intet at gøre med sjælen.

D: *Det er mere eller mindre som en mekanisk eller robotisk væsen, så?*

M: Du får systemet i gang, men aktiveringen af intelligensen og bevidstheden kommer senere.

D: *Så disse mennesker havde evnen til at gøre disse ting, men du var bare en hjælper i det?*

M: Som en tekniker.

D: *Lad mig stille dit underbevidste et spørgsmål, der virkelig nager mig. Kunne dette være grunden til, at idéen om mumier opstod senere i Egypten? Har du adgang til den information?*

M: Åh ja, det er rigtigt. Men egypterne vidste det ikke. Det er næsten som om, de havde fået det lidt bagvendt. De havde ikke udstyret. De havde den resterende forudgående viden om indsvøbning og livets tilbagevenden og fortsættelse. De vidste ikke rigtig, hvordan man rekonstituerede. Og det var, hvad vi gjorde.

D: *Så dette udstyr var ikke tilgængeligt for de folk, der kom senere?*

M: Rigtigt. De havde viden om sjælens rejse og efterlivet og stjernerne i overgang. Men de vidste ikke, hvordan man virkelig bragte den fysiske krop tilbage.

D: *Men de huskede fra de tider, hvor du var der, at det kunne gøres?*

M: De vidste, at det et eller andet sted, på en eller anden måde, var muligt, fordi nogle af deres tidlige lærere var hos os. Og de vidste det, men de mistede teknologien. De havde anden teknologi. De havde ikke denne, der kunne bringe livet tilbage.

D: *Så de forsøgte at bringe personen tilbage til livet. Og de troede, det var sådan, det blev gjort?*

M: Jeg tror, de huskede, hvordan vi udsvøbte de kroppe, som vi ville bringe tilbage til livet, når det var nødvendigt. De vidste det. Og så antog de, at indsvøbning af kroppe ville bevare livet. Men de vidste, at der manglede noget.

D: *Noget de ikke havde. En ingrediens, et stykke viden. Men hvor kom denne teknologi og viden oprindeligt fra?*

M: Mennesker, der ikke er fra Jorden. Jeg arbejdede for dem, men jeg var ikke en af dem. De var meget, meget effektive og intelligente. Og store.

D: *Store mennesker? (Ja) Har du viden om, hvad der skete, der dræbte alle disse mennesker?*

M: Nej, det har jeg ikke. Jeg er i dette rum og udfører arbejdet.

D: *Men de var nødt til at bringe disse mennesker tilbage, fordi der ikke var nok tilbage. Det må have dræbt mange mennesker.*

M: Ja, store antal.

D: *Og dette var en måde at få folk tilbage hurtigt på?*

M: Eller redde racen.

D: *De kunne ikke bare skabe flere, eller starte forfra?*

M: Tilsyneladende ikke. Dette var meget vigtigt, fordi det krævede meget arbejde og tog lang tid. Men det var også meget åndeligt arbejde.

D: *Det var ikke bare for at skabe arbejdere. Det var ikke den slags motiv?*

M: Nej, nej, nej, nej. Det handlede så meget om kærlighed til disse væsener og racen.

Dette må have været en erindring fra en meget gammel tid, fordi det fandt sted før egypterne. Noget katastrofalt må have været sket, som dræbte (brændte) mange mennesker. Der var ikke så stor en befolkning på Jorden, som der var senere. Tilsyneladende ville det have taget for lang tid at vente på, at racen repopulerede sig selv. Måske var dette en midlertidig procedure. En måde at bevare menneskerne på og reaktivere dem, når det var nødvendigt. Hun sagde, at det var det tørrede genetiske materiale, der blev indsvøbt og bevaret. Vi ved, at selv én celle indeholder al den genetiske information, der er nødvendig for at reproducere et identisk menneske. Så resterne af de indsvøbte kroppe blev opbevaret, indtil de kunne reaktiveres. Jeg ville ønske, vi kunne have fået mere komplet information om proceduren, men hun var kun en arbejder, der fulgte instruktioner, og kunne kun rapportere det, hun vidste. Det ville være en logisk konklusion, at når denne information blev overleveret som en racemæssig erindring, vidste efterkommerne, at indsvøbning og bevaring af kroppe på en eller anden måde var nøglen til at bringe dem tilbage til livet. De havde sandsynligvis minder eller legender, der blev overleveret til dem, om at disse indsvøbte bundter blev bragt tilbage til livet eller reaktiveret efter en lang periode. Som det ofte sker i historien, havde de delvis viden, men ikke nok til at gentage, hvad disse gamle væsener kunne gøre. Senere blev grundene til at indsvøbe og bevare kroppe sandsynligvis glemt, og det forfaldt blot til en rituel praksis forbundet med livet efter døden.

* * *

Jeg modtog mere information om pyramide- og sfinksens mysterier, da denne bog skulle til trykkeriet. I stedet for at forsinke udgivelsen besluttede jeg, at dette nye materiale ville blive inkluderet i bog to af The Convoluted Universe. Dette bekræftede for mig, at min rejse ind i det ukendte stadig fortsætter. Jeg har meget mere at udforske.

Kapitel Otte
Uforklarede mysterier

De følgende forklaringer af de forskellige mysterier på Jorden kommer fra forskellige personer gennem flere år. Nogle kan synes modstridende. Jeg inkluderer dem her for at få læseren til at tænke. Jeg vil lade læserne selv træffe deres egne konklusioner. Der kan være elementer af sandhed i alle forklaringerne, selvom de måske ikke er hele sandheden. Det afhænger af, hvordan mediet tolker og forstår den information, de modtager.

Nazca-linjerne i Peru

D: Kender du til Nazca-linjerne i Peru?
Phil: Det er korrekt. Hvad ønsker du at vide?
D: Der er et mysterium omkring, hvor de stammer fra, og formålet bag dem.
P: De er design malet af en kunstner, mens han så ned på denne planet. Han ønskede at forskønne denne planet på det sted eller punkt med sine kunstneriske evner. Det var en manipulation gennem telepatiske midler fra en afstand. Fra et svævefartøj, som ikke skal forveksles med et udenjordisk rumskib, for dette var et fartøj af jordisk oprindelse, drevet af antityngdekraftsteknikker. Denne kunstner svævede sig simpelthen op til et udsigtspunkt højt over sletterne og brugte derfra sine telepatiske kræfter til at tegne disse linjer. Disse er blot "kruseduller".
D: Der er også andre ting end linjer, ikke sandt? På sletterne er der også tegninger.
P: Ja, det er det, vi refererer til, edderkoppen, aben og så videre. Dette er simpelthen kunstneriske bestræbelser og har ingen særlig betydning udover, at det var én mands værk.
D: Han legede mere eller mindre bare?
P: Ja, det er korrekt.

Den Snoede Univers ~ Bog Et

D: *En forfatter mente, at linjerne var gamle astronauters landingsbaner.*
P: Ha! Vi finder dette morsomt, for vi ser denne kunstner med sort skæg og hvid kappe i sin slags stridsvogn. Vi ser ham tydeligt nu, svævende over linjerne, tænke, stoppe op, beslutte sit næste træk. Det var lige så vigtigt, som hvis han havde stavet "7-Up".
D: *(Latter) De troede, at det var her, de gamle astronauters skibe landede og lettede.*
P: Dette ville ikke være korrekt. Udenjordiske skibe har ikke brug for linjer af den dimension til at guide dem. Deres syn er ret godt, og de kunne lande på en femøre, hvis den blev placeret på ørkenbunden.
D: *Tror du, at udenjordiske skibe har været der af nysgerrighed?*
P: For at observere linjerne? Måske er dette sandt.
D: *Der er blevet tillagt stor betydning til disse symboler.*
P: Ja, for der er megen misforståelse. Så naturligvis bliver det, der ikke forstås, enten frygtet, eller hvis det også er meget større end mennesket, æret meget.
D: *Har du nogen idé om, hvor længe siden tegningerne blev lavet?*
P: Ønsker du en opdeling i kronologiske år?
D: *Ja, hvis du kan.*
P: Tolv tusinde fem hundrede år. (12.500)
D: *Puha! Det var længe siden.*
P: Ikke rigtigt.
D: *Nå, det virker som lang tid for os. Så det blev lavet af en person, der levede på det tidspunkt.*
P: Det er korrekt. En menneskelig, en jordisk person. Han var ikke udenjordisk.
D: *Det må have været en meget avanceret civilisation, hvis de havde svævefartøjer.*
P: Det er, i relative termer i forhold til, hvad du taler om i dag, korrekt. Det ville være avanceret i den henseende. Men medicinen og teknologien, I har i dag, ville hæve jer til status som guder i deres tid.
D: *Åh, så vi har ting, de ikke var klar over.*
P: Det er korrekt.
D: *Det virker som så lang tid, og linjerne har ikke vist tegn på nedbrydning eller...*

P: De er konstrueret af sten, som er meget vanskelige at flytte af vinden. Disse er sten, der er placeret på en sådan måde, at de danner denne omrids. Der er ikke meget regn på de sletter.

D: Har der ikke været jordkatastrofer siden dengang?

P: Bestemt, men ingen der ville slette dem, ellers ville de være blevet slettet.

D: Jeg troede, at hvis der havde været en jordkatastrofe, ville havet være steget over dette område og have oversvømmet det med vand.

P: Det er ikke sket.

D: Havde denne mand med svævefartøjet nogen forbindelse til Atlantis?

P: Den viden, der gjorde det muligt for fartøjet at svæve, var af samme viden, der blev brugt i Atlantis. Og manden selv var af Atlantis' slægt. Det er dog omfanget af forbindelsen. Der har også været andre kontinenter, som du er bekendt med, Lemurien eller Mu.

D: Var disse kontinenter i eksistens før den tid, hvor denne mand levede?

P: Samtidig med. Denne mand var ikke alene, for der var en civilisation der på det tidspunkt.

D: Hvor Nazca-linjerne nu ligger?

P: Ikke præcis på det sted, men ned ad kysten, så at sige.

D: Der er også mærker på siden af en klippe ikke langt derfra ved kysten.

P: Flere kruseduller, for han var meget opfindsom. Der var andre linjer, der blev tegnet, men som er gået tabt til elementerne. Disse er dog blevet bevaret på grund af deres placering og relative beskyttelse mod elementerne. Der var mange kunstnere, der skabte store designs af storslåede strukturer ved denne metode. Dog er disse gået tabt gennem tiden på grund af elementerne.

* * *

D: Nazca-linjerne i Peru, ved du, hvor de kom fra?

Brenda: De er meget gamle nu. Og de er ikke så tydelige, som de engang var. En gruppe besøgende fra en af de civilisationer, der ønskede at hjælpe os og observere menneskeheden, havde brug for et sted at lande deres større skibe og bruge mindre skibe til at

Den Snoede Univers ~ Bog Et

rejse på jordens overflade. De valgte et område, der var forladt, som de kunne bruge som deres operationscenter. De brugte energistråler til at skære disse linjer i jorden, så de kunne fungere som retningsanvisere, så de vidste, hvor de skulle lande uden at afsløre sig selv ved at bruge energianordninger. De kom ind med alle energisystemer slukkede og landede ved visuelle midler, så de kunne holde deres tilstedeværelse hemmelig. Og derfor er der lange linjer, der går fra det ene bjergtop til det andet i flere kilometer. De gjorde det med en energistråle, mens de fløj forbi første gang meget hurtigt. De måtte gøre det meget hurtigt for ikke at blive opdaget af andre. Dyrefigurerne og lignende blev lavet af de forskellige piloter i deres fritid, når de ikke var på vagt. De brugte energienheder med lav effekt, så de ikke blev opdaget af den anden gruppe på Påskeøen. De observerede forskellige kunstformer fra forskellige folkeslag. I stedet for at tegne dem med et håndholdt instrument på en overflade, gjorde de det for sjov og for at holde deres flyvefærdigheder ved lige med energienheder fastgjort til deres personlige fly.

D: *Åh, som en leg, mener du?*

B: Ja. Deres flyvning var meget basal, og der var intet, der kunne holde deres færdigheder skarpe. De var alle ekstremt dygtige piloter og ønskede at holde deres færdigheder ved lige. Det er som en musiker, der har brug for at øve hver dag. Så de gjorde det også for at lindre kedsomhed.

D: *Så figurerne, edderkoppen og aben osv., havde ingen reel betydning? (Nej) Der er nogle videnskabsfolk, der har brugt deres liv på at prøve at tyde dem.*

B: Det var et meget underholdende punkt for piloterne. De sagde, "En dag vil videnskabsfolk fra dette folk endelig komme hertil og opdage dem. Og de vil undre sig over, hvad der skete her."

D: *(Griner) Jeg spekulerede på, hvorfor de har overlevet så længe med alle de jordforandringer, der har fundet sted.*

B: Da de blev skåret med energistråler, påvirkede det stedet, hvor det blev skåret, så det var mere permanent, end det ellers ville have været.

D: *Der er et design på kysten, der ligner en gaffel.*

B: Det var en af de ting, de brugte som en retningsfyr for at hjælpe dem med at komme ind visuelt. Når de kom lavt nok i jordens atmosfære til at blive opdaget, skulle de slukke for deres energianordninger og kredse omkring jorden et par gange for at komme lavere i atmosfæren. Når de var lavt nok til at se land, nærmede de sig normalt kysten. Og den figur, der var skåret på klippen, ville vise dem den rigtige retning. De ville flyve i den retning og derefter over disse lange linjer, der gik fra bjergtop til bjergtop, og de vidste, at de var på rette vej.

D: *Så det var et sted, hvor de kunne lande og være skjult. Er det det, du mener?*

B: Ja. Når de landede, var det midt på et forladt plateau. Og der var ingen mennesker eller andre der. Så de behøvede ikke bekymre sig om at blive opdaget på grund af placeringen. Så de vidste, at de ville være sikre. Og de kunne holde skibene klar til at tage afsted når som helst, i stedet for at skulle skjule dem.

D: *Var der nogen mennesker på jorden på det tidspunkt?*

B: Åh, ja! Åh, ja! Der var mange mennesker på jorden på det tidspunkt. Og der var flere civilisationer, der udviklede sig. Det var derfor, de observerede. Fordi civilisationerne så meget lovende ud, og de vidste, at menneskeheden havde nysgerrigheden og intelligensen til at udvikle sig til en levedygtig teknologisk civilisation meget hurtigt. Så de lavede observationsfremskridtsrapporter.

* * *

D: *En anden jordens mysterier, vi er nysgerrige efter, er Nazca-linjerne i Peru. Kender du til, hvad jeg taler om?*

John: Ja. Han tager mig derhen nu. (I biblioteket) Han siger, at disse tegninger kun blev observeret fra planetariske fartøjer. Dette var et helligt område for lemurianerne også. Dette var en del af kontinentet Lemurien. Og dette var landingssteder, hvor udenjordiske kom og hjalp med teknologien for datidens folk.

D: *Jeg troede ikke, de var så gamle.*

J: Nogle blev lavet af efterkommere af lemurianerne, så de kunne tiltrække de udenjordiske besøgende igen.

D: *Så når de oprindelige udenjordiske landede, var der ingen tegninger på det tidspunkt?*

Den Snoede Univers ~ Bog Et

J: Der er en lang historie om, at de kom og gik, og kom og gik, og kom og gik. Og denne kunst blev videreført tidligt. Udenjordiske hjalp med at lave disse linjer. Dette er grunden til, at de ser mere præcise ud fra luften end fra jorden.

D: *Hvad var formålet med at lave disse?*

J: De udenjordiske, der kom til dette område, kom som besøgende, som på ferie. Du ved, "Lad os se en primitiv verden." Lidt som amerikanere, der rejser til Ny Guinea eller den australske ødemark for at være sammen med aboriginere. Disse udenjordiske kom til jorden for at observere folk og atmosfæren på det tidspunkt og sted. Og der har været mange landinger selv i nutiden på dette sted. Dette er en del af kloden, hvor udenjordiske er velkomne.

D: *Har de nogen betydning?*

J: De repræsenterer forskellige dyrefigurer og endda en, der repræsenterer mennesker. Det var de primitive folks mentalitet, der lod de udenjordiske vide, at dette var deres folk og dyr, der bød dem velkommen. Det blev delvist gjort af de lokale mennesker og delvist af lemurianernes efterkommere. Dette har været et meget specielt rumaldersted for disse rumfartøjer at lande i over tusindvis og tusindvis og tusindvis og tusindvis af år. De landede, da det var en del af Lemurien og nu som en del af det sydamerikanske kontinent. De har landet og de lander stadig i dette område.

D: *Kan han vise dig, hvordan dyrefigurerne blev lavet? Hvilken metode blev brugt?*

J: Der var en udenjordisk, der brugte en energistråle, der kom fra et rumskib. Og dette blev rettet mod jorden. Og sådan blev det gjort.

D: *De lige linjer eller også designene?*

J: Også designene. Men det blev gjort oppefra i luften. Der kom en energistråle ned. Og så var der en gruppe mennesker og udenjordiske, der fulgte dens forløb. Linjen brændte ind i jorden, og de skrabede den væk. Efter at det havde passeret over et bestemt segment, pulveriserede det jorden, og de kunne flytte det på en eller anden måde.

D: *Det har været et mysterium i årevis med folk, der forsøger at finde ud af, hvad de skal symbolisere, fordi de ved, at de kun kan ses fra luften. – Lige i nærheden af dette område på kysten er der et på siden af en bakke, som de kalder gaffelen. Kommer det fra samme tidsperiode?*

J: Ja. Det er for at byde de udenjordiske besøgende velkommen. Det er ligesom Hawaii-øerne, der giver folk blomsterkranse, når de kommer på besøg. Disse mennesker tilbød disse designs for at byde velkommen til besøgende fra andre planeter, fordi de var kendt som healere og hjælpsomme over for de lokale mennesker. De bragte også kornsorter og lignende med dem.

D: Betyder det, at majs og lignende oprindeligt ikke stammer fra jorden?

J: De er blevet hybridiseret for at passe til jorden, ja.

D: Kender du til nogen planter eller fødevarer, der ikke oprindeligt stammer fra jorden, men blev bragt hertil?

J: Han skifter nu filen, så at sige. Visse af vores afgrøder blev hybridiseret af disse udenjordiske. Han siger sukkerrør, bomuld og kartoflen blev alle hybridiseret. De var jordiske planter, men de blev på en eller anden måde hjulpet kemisk af de udenjordiske. Især de udenjordiske hjalp de indfødte med at udvikle kartoffelplanten og majsen. Det var meget vigtigt. Andre udenjordiske arbejdede med bomuld i Indien og den del af verden. De tog en eksisterende plante og hjalp med at forvandle den.

Da jeg besøgte Peru for at se Machu Picchu, fortalte en shaman mig, at majs og kartofler er meget vigtige afgrøder i Peru. De har hundredvis af forskellige varianter.

D: Jeg har altid været nysgerrig på bananer, om de kunne være en af dem. Den vokser ikke fra et frø, men fra roden af planten.

J: Nej. Bananer eksisterede i Lemuriens tid. De var en af de populære frugter. Mange planter og dyr blev hybridiseret af disse udenjordiske fra oprindeligt jordisk materiale.

* * *

D: Jeg var nysgerrig efter Nazca-linjerne. Kan du fortælle mig noget om de designs?

Clara: (Lang pause, men hendes ansigtsudtryk indikerede, at noget skete.) Jeg var nødt til at gå op og kigge på dem igen. Det oprindelige formål med disse var som leylinjer. Der var dette store samfund. Og disse var særlige linjer, som væsener fra andre planeter brugte til at navigere efter for at lande. På forskellige steder på designene var der forskellige samfund, der fungerede som porte, hvor de ville lande.

D: *Så der var mennesker, der boede på det slette?*

C: Ja. På forskellige steder. På steder, et stykke væk fra sletten. Men det var en slags havn, hvor de kunne lande, og de satte sig ned. Og disse var som retningslinjer for at vide, hvor disse forskellige landsbyer og forskellige steder var, hvor folk boede. De forskellige samfund. Og nogle af disse samfund er ikke blevet afdækket, som Machu Picchu er blevet. Nogle vil aldrig blive fundet, og nogle vil. Men der er nogle civilisationer fra tusinder af år siden, der endnu ikke er blevet fundet.

D: *Hvis disse designs overlevede, hvorfor overlevede ruinerne af samfundene så ikke?*

C: Det er fordi, de ikke var på selve sletten. Det var en form for forklædning, hvor disse landsbyer var. Det var en slags luftport, kan man kalde det, hvor de kunne komme ind og lande. Og de store skibe kunne komme ned, og mindre skibe ville komme ud. De kunne flyve til landsbyerne i de mindre skibe fra det store skib.

D: *Jeg tænker på edderkoppen og aben – landsbyerne var ikke placeret lige der.*

C: Ikke på edderkoppen eller ved aben, men på nogle steder lidt væk fra dem. Det var en forklædning, så skibene kunne finde et bestemt sted på aben. Og fra det specifikke sted kunne de finde landsbyen. Og fra et andet sted på aben ville der være en anden landsby. En anden civilisation.

D: *Jeg forstår. Lidt som en navigationsenhed.*

C: Præcis. Tak. Ja.

D: *Man mener, at gamle stammer lavede disse, og man ved ikke hvorfor. Fordi de ikke kan ses fra jorden.*

C: Det er korrekt. De kan ikke ses, medmindre man er oppe i luften. Så hvem... (pause) Jeg bliver stoppet i at sige mere om det. Kun at der er andre landsbyer, som aldrig er blevet afdækket, aldrig undersøgt.

D: *Så det var ikke de oprindelige indfødte, der boede der, som sandsynligvis ville have været meget uuddannede. De byggede ikke disse ting.*
C: Nej, det gjorde de ikke. Det var fra en højere, mere intelligent kilde end de indfødte, der boede deromkring. Men de havde interaktion med denne intelligens.
D: *Så jeg antager, at dette var meget længe siden.*
C: Ja. Meget ældre end inkaerne. Meget tidligere, før inkaerne kom. Dette var for interaktion med landsbyboerne, fordi de havde en form for kommunikation, men landsbyboerne havde ikke samme intelligens som væsenerne fra rumfartøjerne. Men der var interaktion mellem nogle af landsbyerne. Det var en almindelig ting at se rumfartøjerne komme og gå. Det var et centralt sted på planeten for interplanetarisk forbindelse. Da de betragtede planeten Jorden, var det som en stor landingsplads. Et sted, hvor de kunne komme og være beskyttet mod at blive opdaget. Deres interaktion med at komme og gå. Og de gør det stadig, selv i dag.
D: *De kommer stadig til det sted?*
C: Ja, det gør de.
D: *Hvorfor ville de komme nu? Landsbyerne er der ikke længere.*
C: Det er fordi, det har været et mønster for dem. Og de kan stadig ikke opdages, når de kommer ind og ud af der, som de ville i andre dele af planeten. På grund af den specifikke geografiske placering i de peruvianske bjerge.
D: *Så jeg antager, at disse designs sandsynligvis blev lavet af rumvæsenerne. (Ja) Fordi de indfødte sandsynligvis ikke ville have haft evnerne til det.*
C: Nej, det havde de ikke.

Disse forskellige versioner af Nazca-linjernes oprindelse kan virke noget modstridende. Men jeg tror, de blot repræsenterer forskellige tidsperioder, der strækker sig over tusinder af år, hvor der var aktivitet i området både fra udenjordiske og senere civilisationer. Måske havde hver deres andel i skabelsen af de forskellige designs.

* * *

FLODBEGIVENHEDER

Den Snoede Univers ~ Bog Et

D: De siger, at hvert land i verden har en legende om en flod.
Phil: Meget af informationen er blevet overleveret uændret og er ret præcis. Dog ikke alt. Flodlegenden er i sandhed mere end blot en legende, men var baseret på virkeligheder. Dette blev forårsaget af landenes omvæltning. Atlantis' synken ville fremstå som en flod, hvis det blev betragtet fra perspektivet af at være på landjorden.

D: Jeg spekulerede på, om det var relateret til Atlantis. Skete det samtidig?
P: Dette er en forklaring på, hvordan det skete. For på nogle måder var denne oversvømmelse blot sænkningen eller nedsænkningen af landområder i nogle af disse legender. Der var dog et ægte globalt problem forårsaget af smeltning af polarisen på grund af polskift. Med polskiftene ville hver pol naturligt skifte, og så ville der være en ændring fra den ene pol til den anden. Denne hændelse er sket mere end én gang.

D: Skete dette samtidig med Atlantis' synken?
P: Ja, det er korrekt. Det skete, og det var samtidig. Dette var blot en af mange fysiske manifestationer af denne årsag.

D: Det er også blevet sagt, at noget drastisk må være sket, da dinosaurer er blevet fundet med mad stadig i munden.
P: Det er korrekt. Ændringen var så hurtig, at den forårsagede en hældning af Jorden, ikke øjeblikkeligt, men i en meget hurtig hastighed. Sådan at atmosfæren blev forskubbet, og de vinde og luftmasser, som tidligere var over polerne, forblev nogenlunde stationære, mens Jorden tippede under dem. De køligere arktiske vinde og luftmasser, som tidligere var over polerne, ville derfor meget hurtigt befinde sig over de områder, hvor der før var et mere tempereret klima. Som du kan forestille dig, blev dette ledsaget af kraftige vinde, da luftmasserne bevægede sig hurtigt over landene.

D: Hvad med jordskælv og andre fænomener (vulkaniske)?
P: Det er korrekt. Mange landområder, som tidligere var over vand, blev nedsænket, og meget land, der dengang var under vand, blev hævet.

D: Så var hele Jorden dækket af vand i en periode, eller er det blot en del af legenden?

P: Der var, i fortællingen af disse historier, omfattende oversvømmelser. Dog ville det ikke være korrekt at sige, at hele Jorden var dækket af vand. Der var områder, der var sikre fra oversvømmelser. Men de var ikke kendte for verden på det tidspunkt.

* * *

PÅSKEØEN

D: *Der er en lille ø kaldet Påskeøen ud for Sydamerikas kyst, som har mange, mange gigantiske statuer. Folk har altid undret sig over deres oprindelse.*
Phil: Ønsker du en forklaring? Monolitterne blev skabt af et folk, der var af den atlantiske kultur, og som migrerede på tidspunktet for Atlantis' fald. Symbolismen er, at man ser mod øst for at vente på ankomsten af den race, der ville vende tilbage.
D: *Er det derfor, de byggede dem så store?*
P: Den fysiske størrelse er et udtryk for deres respekt for disse mennesker eller væsener. Ofte er det almindeligt i den menneskelige natur at forbinde størrelse med respekt. En interessant note til dette er, hvordan en filmstjerne projiceret på det store lærred straks bliver elsket og beundret. Dette fænomen virker omvendt. De, der er højt respekteret, bliver givet gigantiske proportioner. De, der får gigantiske proportioner, bliver højt respekteret.
D: *Jeg forstår. De er lavet større end livet.*
P: Præcis. Og det fungerer begge veje. Dette er, hvordan fænomen som fan-vanvid eller mani opstår. Det er en særhed ved den menneskelige race.
D: *Hvorfor er statuernes træk så overdrevne?*
P: Det er en kunstnerisk udtryk, ligesom malerier bliver overdrevet for at fremhæve et aspekt eller et udtryk.
D: *De er så store, at folk har undret sig over, hvordan de blev lavet.*
P: Der blev brugt den samme teknologi, som blev brugt til at bygge pyramiderne. Materialet blev formet lidt anderledes end fra en blok. Der var brug af værktøjer, af mejsling, som vi også gør i dag.

Men transportmetoden var den samme. Den var telepatisk i sin natur og blev gjort med tankeenergi.

Der var hat-lignende blokke på toppen af statuerne på et tidspunkt. De er siden faldet af. Disse blev lavet af en anden type stenmateriale end statuerne. Jeg spekulerede på, hvad formålet med disse såkaldte "top-knots" var.

P: Dette var noget, der blev gjort for at rumme de personer, der ville sidde på toppen af disse statuer og dermed stirre i samme retning som statuen selv. Dette blev tænkt at give en kraft eller indsigt til præsterne, idet de stirrede med idolerne.
D: *De kiggede ud mod havet og ventede på, at andre fra deres race skulle komme. Er det, hvad du mener?*
P: De følte, at ved at gøre dette kunne deres tilbagevenden blive fremskyndet. At det var nødvendigt, at energien blev udsendt, før den kunne vende tilbage. Statuernes placering var rettet mod det punkt, de skulle stirre på. Præsterne ville så klatre til toppen og sidde på disse sten eller top-knots og dermed dirigere deres energi for at trække disse væsener til sig. Dette forsøg lykkedes mange gange. De blev besøgt af væsener, der var udenjordiske i deres natur. Fartøjerne ville komme fra havet. Stirringen og længslen fungerede som et fyrtårn, der signalerede et ønske om kommunikation til væsenerne, og dermed ville ankomsten finde sted.
D: *Hvilken slags fartøjer kom fra havet?*
P: Der var udenjordiske, som brugte svævefartøjer. Begrebet er svævefartøj, for der er mange forskellige typer af fartøjer.
D: *Jeg troede, det måske var en slags båd.*
P: Ikke som mennesker ville forbinde det med, for disse svævede over vandet og ikke på det.
D: *Hvad skete der med de oprindelige atlantiske folk? Blev de på den ø?*
P: De blev spredt over tid, på grund af modgang og ændringen i Jordens akse, hvilket ændrede klimaet. Folkene eller de indfødte blev spredt til andre dele af verden. De nuværende indfødte stammer fra de indiske stammer, som efter klimaets tilbagevenden

til sin nuværende tilstand migrerede til øerne og fandt disse monolitter mange generationer senere.

D: *Selvfølgelig forstod de ikke deres formål, vel?*

P: Nej, de troede, at stenene var guder selv.

D: *Jeg har også hørt, at der blev fundet en form for skrift. Den er aldrig blevet oversat. Hvilken stamme stammer den fra, de første eller dem, der kom senere?*

P: Dette var en skrift, der blev skabt eller udtrykt af de mennesker, der rejste stenene. Noget af den skrift, vi har i dag, er en manual om, hvordan man leviterer. Idéerne er så abstrakte, at de ville være ubrugelige for enhver, der ville læse dem, hvis de kunne. Det kræver et fuldstændigt sæt af abstraktioner og idéer, som ikke længere eksisterer på Jorden i dag.

D: *Blev nogen af atlantidernes efterkommere på øen og blandede sig med befolkningen frem til moderne tid?*

P: Ægypterne, de mennesker med olivenskind, er de tætteste direkte efterkommere i en fysisk linje. De olivenskindede mennesker er af den oprindelige atlantiske slægt. Alle forlod øen, da klimaet ikke var gunstigt for at støtte liv der på det tidspunkt. For Jorden er en rastløs gammel kvinde, som vender og vrider sig, og derfor flytter folk til forskellige områder.

D: *Hjælpede de udenjordiske dem med at forlade øen?*

P: Der var ingen hjælp nødvendig, for sejlads på bølgerne var en veletableret kunst eller videnskab.

Phil sagde ved opvågning, at han kunne se præsterne sidde i skrædderstilling på toppen af statuerne og se svævefartøjerne komme ind over vandet.

* * *

John var igen i Biblioteket på det astrale plan, og vogteren spurgte, hvad han kunne hjælpe os med at finde. Jeg spurgte ham, om der var nogen begrænsninger for, hvem der kunne komme til Biblioteket. Han sagde, at der ingen var som sådan, men at sjæle med lav energi ikke ville komme der. Udover ikke at være særligt interesserede i at søge viden, ville de blive frastødt af forskellen i energi, som dette rige udsender.

D: Der er mange ting på Jorden, som betragtes som mysterier, som folk ikke forstår.
J: Det er sandt. Der er også mange ting i himlene, som også er mysterier. Han siger, at det bevidste sind ikke altid kan forstå tingene. Så i en vis forstand ville man sige, at det er en begrænsning. Men mennesker i deres superbevidste tilstand kan forstå ting, som det bevidste sind ikke kan forstå. Så på en måde, når vi taler om begrænsninger, er det sådan, det fungerer.
D: Mener du, at tingene ville være for komplicerede?
J: Ja. Han siger, at du ikke er på det rette energiniveau. Du giver ikke en algebra-bog til et treårigt barn, der lige er begyndt i børnehave. Han siger, at du gør ikke det. Det er en del af, hvordan vores bibliotek også fungerer. Et treårigt barn ville ikke forstå algebra.
D: Men nogle gange har de givet mig ting, som jeg ikke troede, jeg kunne forstå.

J: Det er sandt. Men viden er for at få dig til at vokse. For at få dig til at forstå mere.
D: Og for at åbne dit sind.
J: Og for at åbne dig op, ja.
D: Vi prøver at finde nogle forklaringer på Jordens mysterier, som folk ikke forstår. Skal vi gå ind i visningsrummet?
J: Det afhænger af, hvilken information du gerne vil tale om.
D: Der er alle de gigantiske statuer på Påskeøen. Kan vi få oplysninger om dem?
J: Han siger, ja, vær venlig at træde ind i visningsrummet. Han siger, at dette engang var en del af Lemurien-kontinentet. Og da Lemurien-kontinentet sank, var dette et helligt bjergområde. Han siger, at lemurianerne var stammefolk, men de var i stand til at manifestere fysiske love. De var i stand til at skabe disse statuer. Og gøre dem faste og flytte dem med mental kraft og tanke. Og dette blev gjort af deres shamaner, deres præster og deres ledere af de forskellige stammeenheder. Og da jordskiftet fandt sted, siger han, var dette et af de steder, der blev tilbage. Moderne videnskabsfolk kan ikke datere disse ting, fordi stenen stammer fra en primitiv periode. Der er noget ved denne type sten eller klippe, som er unik. Jeg kan ikke få ordet frem. Geologer tror, de

kender alderen på disse ting, men det gør de i virkeligheden ikke. Dette er grunden til, at det er et mysterium. Men de er rester af den gamle Lemuriske civilisation. Han siger, de går tilbage omkring tyve tusind år.

D: *Moderne videnskabsfolk tror, statuerne blev skåret fra sten taget fra de nærliggende bjerge.*
J: Stenen blev taget fra de nærliggende bjerge. Det er sandt. Men de blev formet ved koncentration af energiformer. Stenen blev gjort formbar ved energiretning. Så det var let for sten og flintværktøjer at forme disse forskellige figurer. Det var som en kniv, der skar igennem smør. Det var meget nemt.
D: *De tror, at stenen kom fra en ret stor afstand fra, hvor statuerne står nu. (Ja) Hvordan blev de transporteret?*
J: Igen blev der brugt telepatiske levitationsmetoder til disse sten. Derfor er der ingen spor.
D: *Nogle af dem er væltet. (Ja) De, vi ser nu, vender alle i én retning. De ser alle ud til at vende mod vandet, medmindre de er blevet flyttet.*
J: Nej, de er ikke blevet flyttet. Han siger, at de vendte i den retning, hvor solen stod op på det tidspunkt. Solen stod op på en anden position, end den gør på nuværende tidspunkt. Og de var justeret med det.
D: *Var der en grund til, at de vendte mod den opstigende sol?*
J: Det havde en åndelig og betydningsfuld religiøs erfaring for folkene på det tidspunkt.
D: *Hvad repræsenterede statuerne? De ser alle ud til at ligne hinanden.*
J: De repræsenterer menneskets sjæle. Vogterne af vagttårnet, så at sige. Dette er blevet sporet gennem historien. De er manifestationer af de vogterånder, der tilhørte de forskellige stammegrupper af de gamle lemurianere. Der var 136 forskellige stammegrupper i det gamle Lemurien. Og disse repræsenterer forskellige fraktioner af disse stammegrupper, forfædre, så at sige. De var nok et primitivt folk efter din vurdering, men de havde også store åndelige gaver.
D: *Det lyder som om, de også havde store psykiske kræfter.*
J: Ja, deres ledere havde store psykiske kræfter.

D: *Statuerne ser ud til at have overdrevne træk. Var der en grund til det?*
J: Ja, der var en klar grund. Det var sådan, folk så ud på det tidspunkt. Mennesket er blevet mere raffineret gennem sin udviklingsproces. Og faktisk vil han blive endnu mere raffineret, når vi går ind i den gyldne alder, når Vandbærerens tidsalder blomstrer. Han vil være mere raffineret til den tid.
D: *Der var også det, vi kalder en "topknude", som sad på toppen af statuerne, men som siden er faldet af. Dette var lavet af en anden type sten.*
J: Ja. Dette repræsenterer en slags åndelig snor. De ville arrangere deres hår på denne måde. Nogle gange sagde de, at de blev trukket ud af det materielle univers ved hjælp af deres topknude. (Ler) Så det var derfor, de havde disse indviklede hårpynt.
D: *Det var en anden type sten end den, statuernes kroppe var lavet af.*
J: Ja, ligesom hår har forskellige farver i dit liv nu. Der var forskellige designs, som disse mennesker troede ville hjælpe dem med at blive trukket ud af deres krop. De troede, at åndsvæsenet – ikke deres egen ånd, men universets hovedånd – ville tillade dem at gå ind i astralplanet. Og måden, det blev gjort på, var, at de blev trukket ud. Men dette er gammel historie i din tid.
D: *Det er derfor, det er så svært for videnskabsfolk at forstå det. De tror, at statuerne blev lavet af en gruppe mennesker, der kom senere.*
J: Disse blev efterladt fra lemurianerne.
D: *Kom der så andre folk til denne ø?*
J: Åh ja, mange folk kom til denne ø. Og de vanhelligede nogle af stenene. De udøvede kannibalisme. De var som dyr af den laveste slags.
D: *Disse var ikke de oprindelige folk.*
J: Nej, disse var ikke de oprindelige folk fra dette land. Faktisk var der stadig rester af den lemuriske civilisation, da denne invaderende stamme kom. Og de blev spist af disse krigeriske, voldelige folk.
D: *Overlevede nogen af de oprindelige efterkommere?*
J: Ingen af dem overlevede. De blev fuldstændigt udslettet af den invaderende stamme. Ser du, havene omkring Påskeøen er fulde af dyreliv, men det er meget svært at opretholde liv på selve øen.

Og faktisk fangede disse krigeriske stammer disse mennesker og spiste dem.

D: *Så disse krigeriske stammer er forfædrene til de folk, der bor der nu.*

J: Ja, folket er efterkommere af denne krigeriske stamme. Lemurianerne var meget avancerede folk åndeligt og psykisk i forhold til moderne mennesker, men de levede primitivt. Jeg mener, de havde ikke de typer af opfindelser, som vi har. De havde by-lignende steder, men de blev bygget af materialer, der kunne udskiftes meget let. Som palmefibre og naturlige vegetationsmaterialer.

D: *Videnskabsfolkene har også fundet rester af det, de hævder er deres skrift, og de vidste ikke, hvor gammelt det er.*

J: Disse stammer tilbage til de gamle lemurianere, og de blev båret videre af deres efterkommere. Og så blev efterkommerne til sidst udryddet af de voldelige stammer. Ser du, de voldelige stammer mente, at de smagte godt. De betragtede dem blot som dyr, men alligevel bar disse mennesker gamle traditioner videre. Og nogle af deres seere skrev endda om tiden før. Og om den jordskiftning, der fandt sted, som splittede Lemurien.

D: *Så de beholdt skrifterne, men de vidste ikke, hvad de betød. Er det korrekt?*

J: Lemurianernes efterkommere vidste, hvad de betød.

D: *Men de andre folk ...*

J: Åh nej, de var bare dyr. De var krigeriske. Shamanerne fra de erobrende folk opfangede stedets ånder og måske fortolkede de nogle af skrifterne. Men de ... jeg vil ikke tale om det. De er for krigeriske, og de er for onde, og de er virkelig ... Jeg vil væk. Det, han viser mig ... de er simpelthen forfærdelige mennesker. De skar hjerterne ud af folk. Åh, det er simpelthen forfærdeligt.

John sagde, da han vågnede, at han så disse folk jage lemurianerne. Han så én af dem skære en mands bryst op og trække hans hjerte ud. Han begyndte derefter at spise det, mens det stadig bankede. Ikke underligt, at synet gjorde ham uvel.

D: *Okay. Jeg vil ikke have, at du skal se på noget, der forstyrrer dig.*

J: Vogteren siger, fortsæt.

D: Ja, skift emnet. Lad os skifte skærmen, så at sige. Lad os vise noget andet. Vi behøver ikke at se på det.

* * *

ARKEN I PAGTEN

D: *Der er skrevet meget i Bibelen om Arken i Pagten, og der er en masse mystik omkring den.*
Phil: Ja, vi er bekendte med dette område. Vi vil bede dig om at se den som en modtager, en radiomodtager, som var i stand til at oversætte eller modtage beskeder fra et højere plan og konvertere dem til et fysisk plan. Sådan at information kunne kanaliseres til disse mennesker på en måde, som sikrede den største præcision, fordi der ikke var nogen menneskelig bevidsthed, som denne information skulle passere igennem.
D: *Mener du, de talte til folk på denne måde?*
P: Det er korrekt. Det var en talt besked.
D: *Hvor kom planerne fra til at bygge denne?*
P: Det var en gave. Planerne blev givet for at bygge denne bolig for den. Der var håndværkere og kunstnere i stammen, som brugte deres talenter til at skabe denne bolig, dette receptakel. Men selve modtageren var designet af væsener, der hjalp med planetens evolution på det tidspunkt. Der blev givet instruktioner om, hvor det færdige produkt eller boligen skulle placeres, så det kunne aktiveres uden at blive set af disse mennesker. For dette blev gjort under dække af mørke. Folkene blev instrueret i, hvor de skulle efterlade denne pagt eller Arken, og den blev derefter aktiveret med denne modtager. Den tiltrak energi fra kosmisk kraft, som stadig i dag omgiver planeten og stadig er tilgængelig til dette formål. Du vil gerne vide, hvor denne Ark eller modtager befinder sig nu. Og det ville ikke være passende at afsløre dens placering på nuværende tidspunkt. Den er dog i gode hænder.
D: *Er den stadig på Jorden?*
P: Vi vil ikke give en placering på dette tidspunkt.
D: *Ifølge vores Bibel blev den farlig.*
P: Det ville ikke være korrekt. Den blev misbrugt. Den i sig selv var inaktiv og ikke farligere end et græsstrå. Men dens brug til

politiske formål eller hvad der ville være en passende betegnelse, ødelagde dens oprindelige formål.

D: I Bibelen står der, at folk døde, når de rørte ved den. Var der en slags kraft indeni?

P: Der var energi, som blev behandlet til dette gode, hvilket ville få en person til simpelthen at tjekke ud, eller til at dø af en overdosis af denne energi. Denne insisteren på, at døden ville indtræffe, var for at forhindre folk i at åbne Arken og opdage dens indhold. Og også for at skabe en aura af beskyttelse omkring denne enhed, så den ville blive behandlet med frygt og respekt.

Denne del af båndet var stærkt forvrænget, og transskriptionen blev umulig. Det lød som tung, høj statisk støj, der fuldstændigt overdøvede Phils stemme. Du kunne knap høre mine spørgsmål, men ikke hans svar. Resten af spørgsmålene om Arken og begyndelsen af mine spørgsmål om Bermuda-trekanten blev blokeret. Hvis der er en måde, ville jeg stadig gerne bruge denne manglende del, hvis det kan tydes. Der kan nu være en måde med computere til at adskille den statiske støj fra stemmen. Ved slutningen af denne side af båndet vendte lyden pludseligt tilbage. Da båndet blev vendt, var den anden side normal. Dette var en mærkelig oplevelse, fordi Phil havde sin båndoptager kørende på den anden side af sengen, og hans bånd var også utransskriberbart. Hvis der havde været noget galt med båndet, ville jeg tro, at begge sider ville være påvirket. Også, hvis der havde været noget galt med mikrofonen, hvorfor fortsatte problemet så ikke, da jeg vendte båndet?

En elektronikekspert sagde, at det kunne være sket, hvis båndoptageren var placeret ovenpå et tv eller en anden kilde til elektroniske udstrålinger. Men den stod på et lille bord ved siden af sengen, og der var ikke engang en radio i nærheden. Det ville ikke forklare, hvorfor lyden pludseligt vendte tilbage. Hvis årsagen var en slags elektronisk signal, ville jeg tro, at begge sider af båndet ville være påvirket.

Dette er sket igen med andre emner. Jeg har oplevet mærkelige ting med min båndoptager, som om den blev påvirket af ekstern energi (støj, der fader ind og ud, hastighedsændringer, to stemmer på samme tid osv.).

På grund af båndets forvrængede tilstand ville jeg prøve at genopfriske, hvad der blev sagt, hvilket normalt er umuligt. Ugen efter, da jeg begyndte sessionen med Phil, ville jeg vide, om de kunne fortælle mig, hvad der skete.

D: *Sidste gang vi besøgte dette sted, stillede vi mange spørgsmål om Arken i Pagten og Bermuda-trekanten og modtog meget interessant information. Men af en eller anden grund blev det ikke optaget på båndoptageren. Ved du hvorfor?*

P: Den information, der blev givet, medførte en energihvirvel, der lignede den, som ordlyden beskrev. Og skabte en hvirvel i dette område, der lignede den, der blev beskrevet i fortællingen. Dette er illustrativt for kraften af suggestion. For disse energier, som er på planeten nu, er af en sådan natur, at blot det at tænke på dem skaber den tanke fysisk. Dette er naturen af energierne på denne planet i øjeblikket, mens vi bevæger os ind i denne nye tidsalder af bevidsthed.

D: *Mener du planeten Jorden eller den planet, du taler fra? (Planeten med de Tre Spir)*

P: Denne fysiske planet her, planeten Jorden. Energierne på denne planet nu er af en sådan natur, at en tanke er en handling. Og dette er illustrativt for den forsigtighed, man skal udvise i brugen af disse energier. For de er meget kreative.

D: *Jeg vidste, at båndoptageren fungerede korrekt.*

P: Det er korrekt. Optageren reproducerede trofast det, den modtog. Og som du kan se, har din optager en bevidsthed, der ligger over og ud over det, som dine menneskelige sanser kan opfatte. Maskineriet og udstyret, der produceres på denne plan, hæver også deres bevidsthed. Deres energiniveau hæves naturligt, da det er af denne Jord og en del af denne Jord, og alt på denne Jord vil herefter være fyldt med disse energier.

Jeg sagde, at jeg gerne ville prøve igen og stille de samme spørgsmål, fordi jeg ville bruge informationen, men jeg måtte stole på min hukommelse, da jeg ikke havde en klar båndoptagelse.

P: Du må spørge, hvis du ønsker det. Der er ingen skade i at spørge.

D: Jeg spekulerer på, om der er en måde, vi kan forhindre det i at forstyrre båndoptageren igen?
P: Vi vil forsøge at fokusere klarere på de energier, der kanaliseres, og hjælpe med at begrænse de energier, der passerer gennem dette redskab. Der kan dog være nogle tilbagefald af denne tilstand, da dette redskab i vid udstrækning er ansvarligt for de energier, der kanaliseres. Han skal derfor blive bevidst om dette brede spektrum af energier og lære at begrænse det, der passerer igennem. Dette er ikke skadelig energi. Dette er simpelthen energi, der manifesterer sig på din båndoptager. Der er ingen fysisk skade ved dette.
D: Det er bare, at maskinen kan opfange det.

Jeg gik derefter videre med at stille spørgsmålene igen om Bermuda-trekanten og håbede, at der denne gang ikke ville være nogen forstyrrelser. Da jeg transskriberede det bånd, var alt fint. Mens jeg arbejdede med Phil gennem mange år, havde vi af og til oplevet usædvanlige hændelser med optageren, men ingen så drastiske som denne.

* * *

I løbet af 1980'erne og ind i 1990'erne fortsatte jeg med at stille de samme spørgsmål til andre personer, hver gang en passende situation opstod.

D: Der har været historier om, at Arken i Pagten var farlig. Var det sandt?
Brenda: Selvfølgelig var den det! Det var en energienhed.
D: Historier om folk, der blev såret, hvis de rørte ved den eller...
B: Hvis de ikke vidste, hvordan man betjente den og ikke var isoleret korrekt, ja, så kunne de komme til skade.
D: Ved du, hvad der til sidst skete med Pagten i Arken?
B: Den varede i flere århundreder. Det er svært at sige, hvad der skete med den, for mod slutningen, før den forsvandt, var der mere end én Pagtens Ark. En blev ved et uheld dumpet i en kløft. De transporterede den på rammen, som den blev båret på, og de

krydsede en smal bro over en kløft. En af mændene snublede ved et uheld, og den landede i bunden af kløften.

D: *Var det under vandringen gennem ørkenen?*

B: Efterfølgende. En blev opbevaret i et tempel i flere århundreder. Og nogle angribere kom ind i det land, og de måtte skjule den. En tredje eksisterer stadig, men den er skjult i hemmelighed, og kun en meget lille gruppe ved noget om den.

D: *Jeg vidste ikke, der var mere end én. (Åh, ja.) Eksisterede de alle på samme tid, eller lavede de en anden, efter at den ene faldt ned i kløften?*

B: De lavede den oprindelige, og de lavede andre i senere århundreder. Der er stadig én, der eksisterer. Den, der er i bunden af kløften, er nu en del af en gletsjer. Nogle gange ser folk den, når isen smelter. Og den, der blev skjult, er forseglet i en hule, og jeg kan ikke se, om den vil blive opdaget eller ej. Den tredje, der stadig eksisterer, er i en privat bankboks.

D: *Ved du, i hvilket land?*

B: Det er svært at sige. Et vestligt land med avanceret teknologi.

D: *Hvis nogen nogensinde fandt den i bankboksen, ville de så vide, hvad det var?*

B: Det er umuligt for nogen at finde den inde i bankboksen, fordi det er en privat bankboks. Den er på privat ejendom ejet af en ekstremt velhavende person.

* * *

BERMUDA-TREKANTEN

D: *Har du nogen forklaring på forsvindingen af skibe og fly i Bermuda-trekanten?*

Phil: Meget spekulation er blevet fremsat, hvilket i bedste fald er fejlagtigt. Dette område er en energihvirvel, en enorm og meget kraftfuld skabende hvirvel af de energier, der nu er på denne planet. Denne uregelmæssige adfærd skyldes delvist de maskiner, der ligger dybt under havet, inaktive og dog ikke helt sovende. Der er i de store energifløde, der passerer gennem denne planet, nok kraft tilbage fra denne maskine til at forårsage en fokuseringseffekt, som forårsager disse forsvindinger, så at sige.

Dette er simpelthen en passage gennem en døråbning til en anden virkelighed. De er ikke tabt i fysisk forstand, for de er stadig her, de er blot et andet sted. Der er en tro på, at de er døde en naturlig død, men de er simpelthen i en anden virkelighed, på et andet eksistensplan, i en anden tidsramme. Dette er en bøjning eller en døråbning, hvis du vil bruge den betegnelse. Disse mennesker er ikke blevet skadet, når de passerer igennem, bortset fra psykologisk, mentalt og følelsesmæssigt af denne hændelse. Deres fysiske energiniveauer ville være blevet hævet ved at passere gennem denne døråbning. Mange ville opdage, at de var blevet mere telepatiske og clairvoyante. For mange har fundet sig selv i en virkelighed, hvor disse overmenneskelige enheder er ganske normale. Deres manifesterede realiteter er sådan, at de passer med dem, de er sammen med. Som virkelighederne her kunne være meget anderledes, hvis sindet var indstillet på at tro, at disse ting ville være mulige. Så lige så sikkert som man tænkte tanken, at de kunne være mulige, så ville de blive til virkelighed. Det er simpelthen et spørgsmål om tro på, hvad der er virkeligt, og hvad der ikke er. Og det er, hvad der bestemmer, hvad der er virkeligt, og hvad der ikke er.

D: Der har været rapporter om, at flyenes instrumenter gik i uorden lige før dette skete.

P: Det er korrekt. Der er en forstyrrelse i dette magnetiske felt. Dette er et symptom på dette fænomen. Denne flux er resultatet af en bøjning af Jordens magnetfelter og andre energier, der er ukendte for mennesket på dette tidspunkt. Instrumenterne fungerer i nærværelse af disse felter i deres normale tilstand. Men i fraværet af en normal tilstand af disse felter fungerer instrumenterne ikke, som de var designet til. For felterne, som de fungerer på, fungerer ikke korrekt, så at sige.

D: De sagde også, at horisonten så mærkelig ud, og nogle gange så det, de fløj over, anderledes ud.

P: Mange ting ville selvfølgelig se mærkelige ud på grund af den stigende bevidsthed. Ikke kun fra den fysiske, men også fra den indre plans bevidsthed. Og således ville de ting, der i denne virkelighed er ganske lukkede og ikke ses for det meste, blive meget tydelige, når bevidstheden stiger, og de indre planer begynder at assimilere den information, de modtager, og derefter fodre denne bevidsthed til det bevidste selv.

D: Er denne bøjning der hele tiden? Mange mennesker flyver ind og ud af det område og sejler ind og ud uden problemer.

P: Den er ikke der hele tiden, det er korrekt. Den varierer, den er uregelmæssig.

D: Når disse mennesker passerede gennem denne døråbning, landede de et sted?

P: Det er korrekt. For der er fysisk masse, ligesom der er i denne virkelighed. De er stadig her på Jorden. Men de er blot i en anden virkelighed, en anden tid, hvis du vælger at bruge den analogi. De ville passere gennem øjet af stormen, så at sige, og finde sig selv et sted, de aldrig havde været før. De ville finde sig selv i en anden tid på Jorden.

D: Ved du, om disse mennesker rejste ind i fortiden eller fremtiden?

P: Det gør i virkeligheden ikke den store forskel, for der er, for at være helt ærlig, ingen fortid eller fremtid. Dette er blot et begreb, som mennesket har skabt for at kunne opfatte de begivenheder, som han kan forstå. Det ville ikke være korrekt at sige, at de er rejst ind i fortiden eller fremtiden. De befinder sig simpelthen "i en anden tid".

D: Jeg tænkte, at hvis et fly landede i fortiden, ville det være ret chokerende for folkene på det tidspunkt. Disse mennesker er sandsynligvis landet et sted, eller skibene er kommet til en kyst et sted, men de var i en anden tid.

P: Et andet plan, måske, ville være mere præcist.

D: Men det må have været skræmmende for disse mennesker, hvis de ikke havde forventet det.

P: De var utvivlsomt temmelig overraskede over denne dramatiske begivenhed. Men, som vi kan forstå det, har de fleste tilpasset sig hurtigt og føler ingen reel lyst til at vende tilbage til fortiden, så at sige. For mange af dem er trådt direkte ind i jeres fremtid, hvor Kristusbevidstheden findes. Det er et velkendt og observeret fænomen, sådan som det er på denne side. Folk her forsvinder simpelthen, folk der dukker simpelthen op. Der er lige så meget mystik på begge sider, med hensyn til hvem disse mennesker er, og hvorfor de bliver ved med at komme her. Og hvordan deres historier er ret fantastiske for disse mennesker.

D: Det må have været en overraskelse for folk i fremtiden at få disse mennesker til at dukke op pludseligt.

P: Fra fremtidens perspektiv ville det ikke være så meget en overraskelse. Da fremtiden allerede ved, hvad der er sket i fortiden. Det ville simpelthen være et spørgsmål om at indse, at endnu en person er trådt gennem døren. Og derefter byde velkommen og hjælpe disse mennesker med at tilpasse sig deres nye virkelighed.

D: Så nogle af disse mennesker lever måske stadig, eller de kan være blevet gamle i den tid.

P: Det er korrekt.

D: Er der nogen måde for dem at komme tilbage på?

P: På nuværende tidspunkt virker det ikke muligt, for døren er en smule skæv og ikke kontrolleret, men svajer blot i vinden, så at sige. Man skulle simpelthen være på det rette sted på det rette tidspunkt og håbe, at døren svajede på den rette måde. Dette ville kræve viden, som ikke er tilgængelig på denne planet i øjeblikket. De ville sandsynligvis ikke have lyst til det, selvom de kunne. For den bevidsthed, de nu befinder sig i, får denne virkelighed til at virke som børn, der leger med legetøj. For de er hævet langt ud over dette plan, vi er på her.

D: Var disse mennesker udvalgt til dette, eller kom de blot tilfældigt forbi døren, så at sige?

P: I det store kosmiske skema, i det universelle urværk, er der en grund til alt, hvad der sker. Så det kunne siges, at disse begivenheder skete af en meget gyldig grund. Men det ville ikke være korrekt at sige, at det var planlagt. For mange ting sker i livet, som ikke er planlagt, men som bliver meget passende på det givne tidspunkt. Det er simpelthen et spørgsmål om, at de ting, der sker, er de mest passende på det tidspunkt. Så det ville have været meget passende, at dette skete for disse mennesker. For at give et eksempel kunne det have været mest passende for nogle af disse mennesker at avancere. Måske var de klar til at avancere hurtigt til det næste plans bevidsthed. Mens vi skal afslutte denne fysiske inkarnation og derefter genfødes og opvokse i det miljø, de befinder sig i. Disse mennesker havde måske ikke brug for en sådan hændelse. De var simpelthen klar i deres indre plans bevidsthed og træning til, at denne ting skulle ske. Og så fandt de sig selv på det sted, hvor de var nødvendige.

D: *Ville der være nogen måde, hvorpå folk, der rejser ind i det område, kunne blive advaret om, at noget som dette kunne ske?*

P: Der ville være en bevidsthed på de indre planer til at vejlede én. Når man befinder sig i denne situation, kan man ikke sige, at der ikke blev givet en advarsel på de indre planer.

D: *Du mener inde i deres eget sind eller hvad?*

P: Det er korrekt. De ville være nødt til at lytte til sig selv, som det ville være passende for hele livet, at være i harmoni med sig selv og kende sig selv.

D: *Så der er virkelig ingen fysisk måde at vide det på. De er blot tilfældigvis på det forkerte sted på det forkerte tidspunkt.*

P: Ikke helt, for som det blev sagt, blev der givet en advarsel. Men advarslen blev ikke fulgt.

D: *Men der var et tilfælde, hvor piloter blev sendt ud for at lede efter nogle forsvundne fly. De havde ikke noget valg, de måtte tage ud og lede efter flyene.*

P: Vi skaber vores egen skæbne. Så det ville være korrekt at sige, at disse individer skabte omstændighederne for deres forsvinden, på samme måde som mange vælger deres egen død. For alle vælger deres egen død.

Dette koncept er uddybet i min bog Between Death and Life.

D: *Er der mange af disse bøjninger eller felter på Jordens overflade?*

P: Ikke i numeriske termer, nej. Dette er en isoleret hændelse.

D: *Du talte tidligere om maskiner under havet, som stadig fungerede delvist, og at det var en af de ting, der forårsagede dette.*

P: Det er korrekt. Du kunne forestille dig et spejl, et engang stort spejl, nu knust. Og et stykke af dette store spejl hænger nu i en tråd. Og som vinden eller vandstrømmene leger med dette spejl, fanger Solen, der skinner ovenover, lejlighedsvis spejlet og skinner for et kort øjeblik klart og tydeligt gennem luften eller vandet, alt efter hvilken analogi du vælger. Du kan se, at dette er en tilfældig hændelse og ikke kontrolleret af mennesker. På samme måde bevæger disse energistrømme sig eller leger med resterne af dette engang store samfund og forårsager denne hændelse.

D: Er dette et rigtigt spejl, eller er det en analogi?
P: Dette er en analogi. For spejlet i sig selv er af krystalkarakter.
D: Hvordan endte det oprindeligt under havet?
P: Dette var ikke oprindeligt under havet. Dette var i tiden med Atlantis. Noget af maskineriet fra det store kontinent. Det blev oversvømmet under ødelæggelsen og hviler nu ganske komfortabelt og sikkert i dybet.
D: Er det inde i en bygning af nogen art?
P: Det er på et plateau, hvor det oprindeligt blev rejst. Hele landmassen sank og tog med sig alt, hvad denne civilisation havde skabt.
D: Kan du forklare mere om, hvordan det så ud?
P: Der ville ikke være behov eller brug for at forklare det, da det ville være nytteløst at prøve. Det ville simpelthen ikke være muligt at give nogen tilfredsstillende forklaringer på, hvad man ville se visuelt. Det ligger simpelthen uden for menneskelig forståelse på dette tidspunkt.
D: Jeg forestiller mig en krystal i form af en pyramide. Jeg ved ikke, om det ville være nøjagtigt eller ej.
P: Så ville vi sige, at du kunne prøve at bruge denne analogi og visualisere med dit indre øje, hvad du ser, og dine opfattelser kunne være ganske nøjagtige. Vi vil ikke dømme dette, for det er din virkelighed, og sådan er det. For dette er igen af den natur af energier, som er, hvad man ønsker, og sådan er det.
D: Men du talte, som om den var ødelagt. Ville det være sandt, at den oprindelige krystal eller hvad det end er, der ligger dernede, er ødelagt?
P: Den er fragmenteret, ja. Det er korrekt.
D: Hvordan skete det?
P: Det ville være bedst at sige på dette tidspunkt, at det var bevidst, for at forhindre dem, der ønskede at bruge denne krystal, i at bruge den på en disharmonisk måde. For der var dem, der ønskede intet andet end at tilegne sig denne store kraftkilde for sig selv. Og så blev det set, at det var nødvendigt at opdele denne krystal for at forhindre dens brug på en destruktiv måde.
D: Så de ødelagde den med vilje?
P: Det er korrekt.
D: Skete dette omkring tidspunktet for nedsænkningen, eller før?

P: Samtidig med.
D: *Forårsagede ødelæggelsen af krystallen nedsænkningen?*
P: Der var samtidige begivenheder, der blev udløst af den disharmoniske brug af denne krystal, ved at bruge disse energier på en skadelig måde. Dette forårsagede til en vis grad kontinentets nedsænkning. Så der er en vis sammenhæng. Dog er det ikke en simpel årsag og virkning. De var på en måde adskilte hændelser, men alligevel forbundet.
D: *Ville de mennesker, der ødelagde den, ikke vide, at det ville forårsage en katastrofe som denne?*
P: Disse mennesker var blændet af deres grådighed og ambitioner og var ligeglade med konsekvenserne af deres dårskab. Så de fortsatte med at bruge disse energier på denne måde og betalte derefter prisen.
D: *Jeg troede måske, at de var uvidende og ikke vidste, at dette ville ske.*
P: Det var ikke i total uvidenhed, for der var dem, der uophørligt advarede mod brugen af disse energier på en sådan måde. Der var dem, der viet deres liv til forsøget på at oplyse folk om disse energier, efterhånden som bevidstheden om deres brug og magt faldt. Dog overskyggede uvidenheden hurtigt oplysningen, og disharmonien overtog harmonien.
D: *Ligger stykkerne på havets bund?*
P: Det ville være korrekt.
D: *Tror du, at nogen måske vil finde dem en dag?*
P: Der vil ske en genopståelse af dette land i løbet af tiden med omvæltninger. Og de oplysninger, der er gemt i templet til fremtidige generationer, vil igen blive opdaget og brugt. For det blev set, at dette land ville blive oversvømmet og utilgængeligt. Så denne viden blev gemt til de fremtidige generationer, som vil finde adgang til denne viden. Og så vil det blive givet til dem, der er af høj karakter og er parate og i stand til at bruge denne viden.
D: *Når videnskabsmændene eller andre finder denne viden, vil de så vide, hvad det er?*
P: Det kunne man håbe på. Dog er det noget, der vil blive besluttet på det tidspunkt.
D: *Er denne viden i form af en bog? Eller hvordan er den bevaret?*

P: Den er nedskrevet i sten. Den skal afkodes, for den er simpelthen på det sprog, som folket, der gemte den, brugte. Så det ville være nødvendigt at oversætte fra et sprog til et andet. Dog er dette ikke en uoverstigelig opgave, da meget af bevidstheden vil være intuitiv med hensyn til, hvordan dette skal opnås. Der vil blive gjort meget mere arbejde og bearbejdning på det mentale niveau, end der gøres nu gennem blot rationel tænkning.

D: Er templet der stadig, eller ville det være i ruiner?

P: Naturligvis, efter at have ligget flere kilometer under havet i mange tusinde år, ville det ikke være i særlig god stand. Dog ville det være i en tilstand, der kunne bevare informationen. Det ville være en nøjagtig vurdering for nu.

D: Men dette vil ikke blive opdaget før landets omvæltning?

P: Det er korrekt. Og det vil være på et passende tidspunkt, når de, der finder denne viden, vil være af højeste orden og vil bruge den i overensstemmelse hermed. Det vil ikke blive givet, før det er passende.

D: Indeholder denne viden historien om, hvad der skete med Atlantis?

P: Det gør den. Den indeholder historien og dag-til-dag beskrivelser af denne civilisation over mange tusinde år. Og et resumé af de sidste dage op til det sociale kollaps og den fysiske nedsænkning. Med en redegørelse for det, vil de, der finder informationen, forstå, hvad der skete med denne civilisation.

D: Hvad brugte de den til, da den fungerede i Atlantis-tiden?

P: Dette var en hovedkilde til energi. Mange energier kunne kanaliseres på det tidspunkt. Nogle energier kunne bruges til flere forskellige formål afhængigt af deres anvendelse. Der var helbredende energi, levitation, lys, opvarmning, fremdrift. Mange typer energier var tilgængelige, som nu er ved at vende tilbage til planeten.

D: Da den blev ødelagt, skabte den af en eller anden grund denne tidsbøjning.

P: Det er simpel tilfældig refleksion eller transmission af energierne. Vi vil gerne sige, at mange af dem, der levede på det tidspunkt, er inkarneret igen.

D: Der er mange mysterier, og vi leder efter svar.

P: Ofte stiller folk spørgsmål, men nægter at høre svarene. Mange stiller spørgsmålene, men tror ikke på svarene, og fortsætter derfor med at stille spørgsmålene, indtil de finder en, der vil give det svar, de ønsker at høre.

* * *

LOCH NESS UHYRET

D: *Et mysterium på Jorden, som folk er interesserede i, er Loch Ness-uhyret i Skotland. Kan du fortælle mig noget information om det?*
Brenda: Svaret er komplekst. Jeg prøver at få det organiseret. Der er flere væsener af denne slags på Jordens overflade. De lever generelt i dybe, ferskvandssøer. Der er et lignende væsen i en sø i Sibirien, som anses for at være den dybeste. Disse væsener bliver nede i dybet, og de har egentlig ingen grund til at komme op til overfladen.

D: *Er det en slags pattedyr eller hvad?*
B: Det er en ferskvands-akvatisk reptil. Og det er et meget gammelt dyr. Det har været på Jorden i lang tid. Det er meget lig nogle af insekterne på Jorden. Det udviklede sig til et vist punkt, og der var ingen grund til at udvikle sig yderligere. Så det forblev, som det er, gennem tiderne. Det er et blidt, harmløst væsen, der har en beskyttende farve, for at holde andre fra at skade det. Det spiser de vandplanter, der vokser i søen.

D: *Er der mange af dem? Jeg mener, formerer de sig hurtigt?*
B: De formerer sig noget, men de er ikke så produktive som andre dyr. De lægger æg på bunden af søen og i mudderet, og æggene klækkes. Faktisk er de en slags blanding mellem en reptil og en padde. De er tættere på en reptil end en padde. De lever mest i kølige vandsøer, fordi de kan lide de kølige temperaturer. Og der er flere, end folk giver dem ære for. De tror, de finder én her og én der, men der er flere end det. Ikke mange, men et par små samfund af disse væsener.

D: *Hvis de ikke er et pattedyr, behøver de vel egentlig ikke at komme op til overfladen for at trække vejret?*
B: Ikke rigtig. De kan. Dette er, hvordan de er lidt relateret til padder, fordi de har gæller og rudimentære lunger. Så de er i stand til at komme op til overfladen i et par minutter uden at blive kvalt, men de kan også trække vejret under vandet. Disse er akvatiske

væsener. De er blevet set på land, men væsenerne forlader sjældent søen.

D: *I et tilfælde havde de sonarrefleksioner i vandet. Sonar er som radar, den reflekterer store genstande. Hvad var det, de opfangede?*

B: Det er sandt, men ofte reflekterer sonar også, hvor vandet ændrer temperatur. Og hvis der er et lag vand med en anden temperatur, reflekterer det også derfra. Så de bør ikke stole for meget på nogle af målingerne.

D: *Med andre ord er alle de billeder og såkaldte beviser ikke pålidelige.*

B: Ifølge jeres videnskabsmænds standarder kan de ikke betragtes som pålidelige.

D: *De har hævdet, at det er et forhistorisk væsen.*

B: Det er det. Som jeg sagde, blev det "fastlåst" i evolutionen for mange tider siden. Der er andre væsener som det, I kalder Loch Ness-uhyret, eller det på det andet kontinent ... Lake Superior? Kolonien i den vandmasse. Plus der er en koloni i Lake Baikal i Sibirien. Der er andre spredt rundt, og der er lignende beslægtede væsener, der kan lide varmt vand i Amazonas-bassinet. De indfødte der har beretninger om det, men magthaverne afviser det som overtro.

* * *

D: *Hvad kan du fortælle mig om Loch Ness-uhyret i den store sø i Skotland?*

Phil: Disse væsener er indespærrede på den måde, at de nu ikke har noget sted at tage hen. Hvor de engang kunne rejse hele kloden rundt, finder de sig nu fanget - ingen ordspil her. Dog er der ingen andre væsener, der kan sammenlignes med denne særlige type væsen, tilbage i de frie oceaner.

D: *Hvor kommer de oprindeligt fra? Er de rester af dinosaurerne eller noget i den retning?*

P: Det er korrekt. I tidligere tidsaldre var der mange af disse væsener blandt verdens oceaner og have. Men i tiden med omvæltninger og forskydninger var det kun dem, der blev isolerede, der var i stand til at overleve på grund af ændringerne i havets saltindhold.

Og derfor kunne de ikke ændre sig, som de andre væsener omkring dem gjorde. Deres evne til at forblive i deres tidligere tilstand skyldes, at vandene, de blev fanget i, ikke fik dem til at ændre sig. De fik lov til at fortsætte, som de var og er.

D: *Er de mere padder eller pattedyr?*

P: De er mere beslægtede med delfiner og marsvin, da de har ryghvirvler og trækker vejret med luft. Dog er de mere slangelignende eller reptillignende i udseende og har ingen lemmer.

D: *Men vi burde se dem oftere, hvis de formerer sig, burde vi ikke?*

P: Der er ingen sammenhæng mellem antallet af optrædener og antallet af dyr. Det faktum, at de overlever den dag i dag, skyldes, at de er hemmelighedsfulde og ikke værdsætter den øvre verden. Der er mange, der tror, at disse er rester fra præ-kambriske tider. Dog er der mange, der er af nyere herkomst, men som ikke er blevet genkendt som sådanne.

D: *Du sagde, at de var overlevere fra omvæltningerne. Var det Atlantis, eller før Atlantis?*

P: Der var i de dage mange omvæltninger over hele planeten. I løbet af den tid gik mange væsener tabt på grund af ændringer i klimaet, i modsætning til ændringer i geologien. Men når vi taler her om disse væsener, som I kalder Loch Ness-uhyret, ville vi sige, at ændringer af begge slags fik dette til at ske. Fordi de varmere have, de oprindeligt kom fra, blev køligere, og dette forårsagede, at mange af dem i de åbne oceaner døde på grund af klimaændringen. Dog fandt de, der var i det pågældende område på det tidspunkt, at de kunne overleve ved at blive nær bunden, hvor vandet var meget varmere. De tilpassede sig dog over tid til det koldere klima, så de kunne overleve i det koldere vand i kortere perioder, som det i Loch Ness-søen.

D: *Atlantis-katastrofen skete altså meget senere i tid.*

P: Det er ikke korrekt. De katastrofer, vi taler om, skete over en meget bredere tidsperiode end bare den, der ramte Atlantis-kulturen. Hele scenariet strakte sig snarere over en million år end tusind år.

D: *Jeg forstår. Er der nogle af disse væsener tilbage i andre dele af verden?*

P: Der er mange væsener tilbage i mange forskellige dele af verden, som endnu ikke er kendt af jeres kultur. Dog er de kendt af andre kulturer, som er mere bevidste. Der er mange væsener på jeres planet, som I ikke er opmærksomme på.

D: *Er de alle havvæsener? Eller landdyr?*

P: Fordelingen er sådan, at flere af dem er pattedyr end fisk. Så det overordnede billede af det, I kalder "natur" i dag, er lidt skævvridende på grund af denne mørke fætter til naturen, som menneskeheden som helhed ikke er bevidst om.

D: *Er disse dyr normalt i steder som Afrika, Sydamerika, kontinenter, der ikke er så befolkede?*

P: De eksisterer over hele den kendte planet. Dog ikke nødvendigvis på planeten, men måske i planeten.

D: *De kan være under jordens overflade?*

P: Det er korrekt.

D: *Fordi det meste af verden, som vi kender den, er blevet udforsket. Og vi tror, der ikke er noget tilbage at opdage på overfladen.*

P: Det meste af den kendte verden er blevet udforsket. Men det, der er ukendt, er ikke blevet udforsket. Derfor er det ikke en del af verden, fordi det ikke er kendt for at eksistere.

D: *Så under planeten er der væsener, som vi ikke har kendskab til.*

P: Det er korrekt. Der er racer og kulturer, der eksisterer uden viden om dem, som I kalder "overfladebeboere".

D: *Er folkene under jorden rester af Atlantis? Eller er de racer, der var der før det?*

P: Der er begge dele. Nogle var der før, og nogle efter. Dog er de ikke i fuldstændig harmoni med hinanden. Så de har en tendens til at holde sig væk fra hinanden og er noget ukendte for hinanden på grund af deres egne unikke ønsker om at være adskilt. Det fulde omfang af interaktionen mellem dem på overfladen og dem, der bor under jorden, er ikke udbredt eller almen viden. Dog er der dem, der er fælles for hver gruppe, som ikke taler med nogen af grupperne.

* * *

D: *Kan vogteren af Biblioteket give os nogen information om væsener som Loch Ness-uhyret? Er disse væsener virkelige?*

John: Ja, de er virkelige. De er rester af primitive livsformer, der plejede at leve på Jorden under reptilernes tidsalder.

D: *Du mener ligesom dinosaurerne?*
J: Ja. Der er væsener både i havet, på land og endda i luften, som mennesket endnu ikke har opdaget. De søgte tilflugt i visse områder, og deres liv blev forlænget. Og de formerer sig.
D: *Jeg tænker på en bestemt, den der kaldes Loch Ness-uhyret.*
J: Der er omkring syv i Loch Ness-søen. (Ler) Det siger han, "tank". (Ler) Og de har formeret sig over tid. De lever i meget lang tid, hundredevis af år. De formerer sig ikke så ofte. Det kolde vand har noget med det at gøre.
D: *Hvordan formerer de sig?*
J: Som de fleste dyr gør.
D: *Jeg mener, er det et pattedyr, eller lægger det æg, eller hvad?*
J: De lægger æg under vandet. Det tager lang tid for dem at blive udklækket og vokse til voksne. Det tager næsten to år, ser det ud til. Der er rovdyr, fisk og den slags, som man skal passe på. Men de har en hule under en af klipperne i Loch Ness.
D: *Trækker de også vejret med luft, eller er de udelukkende akvatiske?*
J: De er hovedsageligt akvatiske, men de kan komme op til overfladen i korte perioder. Lidt ligesom flyvefisk, der kan hoppe op af vandet og derefter dykke ned igen. De har den evne. De behøver ikke trække vejret med luft. De får deres iltforsyning gennem vandet, for de har gæller.
D: *Der har været historier om, at de er kommet op på land. Sker det nogensinde?*
J: Lejlighedsvis. Det er sket før, og det kan ske igen.
D: *Der har været historier om, at de er blevet set omkring søen.*
J: Åh, de er blevet set. De kommer op af søen. Men de undgår fangst, fordi de er meget intuitive og stoler på deres instinkter.
D: *Der har været historier om, at de er blevet opdaget med sonar. Skete det virkelig?*
J: Ja. De eksisterer. Der er syv af dem lige nu, der bor i Loch Ness, i en hule under vandet ved en klippefuld side. De jager fisk, og de er store.
D: *Ja. Nogle mennesker har taget billeder af dem, når de kom op af vandet. Er der nogen andre specifikke steder, hvor der er mange af dem?*

J: Der er to eller tre i en sø i Afrika. Der plejede at være tolv. Der er to i den tropiske Amazonas-regnskov, i en sø nær Amazonasfloden. Og i Sydøstasien er der fire i floderne.
D: *Er disse væsener farlige?*
J: Til en vis grad, nej, de er ikke farlige. Men de spiser fisk og kunne tage fejl af en person for en fisk i vandet. Især de større typer.
D: *Du sagde også, at der var andre væsener fra denne tidsperiode, der har overlevet?*
J: Ja. Ikke alle af dem ligner Loch Ness-uhyret. De er reptillignende i form. Nogle ligner en stor øgle.
D: *Sagde du, at der var landdyr?*
J: Nej, de fleste af dem er akvatiske. Det er sådan, de fungerer, de lever på bunden af floder og søer og i huler.
D: *Du sagde, at disse var rester, overlevere fra dinosaurtiden.*
J: Reptiltiden.
D: *Er der nogen væsener, der overlevede, som hovedsageligt var på land og ikke akvatiske?*
J: Disse har muteret til moderne biologiske evolutionære dyr. Det er mest akvatiske dyr, der har overlevet fra denne periode. Der er et i luften, som I endnu ikke har opdaget. Den information vil blive fundet i den nærmeste fremtid. Det er som, "Spørg ikke flere spørgsmål. Det er en fil, der stadig er uåbnet." (Ler)
D: *Hvis det er i luften, hvorfor har vi så ikke set det?*
J: Det har været i stand til at gøre sig næsten usynligt. Det er grunden.
D: *Hvordan kan det gøre det?*
J: (Han smilede.) Jeg ved det ikke. Denne fil om dette emne er uåbnet. Og han siger, at der vil blive afsløret mere information i fremtiden. Der er også et væsen på land i Afrikas jungler. Et andet på land vil blive fundet i Andesbjergene. Han siger, at det vil pirre din nysgerrighed, men jeg kan ikke sige mere om dette, da det er en åben fil, og den bliver stadig behandlet.

* * *

YETI ELLER DEN FÆLE SNEMAND

Brenda: Der er andre væsener, der er fastlåste i evolutionen. Disse væsener kaldes af flere navne. Der er så mange navne på jeres sprog for dette væsen, at det er svært at vælge, hvilket der ville være det bedste: Yeti, Sasquatch, Bigfoot, Snemand. Det er forventeligt, fordi dette væsen er meget udbredt. Ethvert bjergområde, hvor der er sneklædte bjergtoppe, har dette væsen. Og dette væsen er ekstremt sky og bange for mennesker. Det er psykisk på den måde, at det kan mærke andre væsener på lang afstand. Normalt gemmer de sig, når de fornemmer andre væsener. Disse er på en måde beslægtet med mennesker. De er lidt som menneskets små brødre. De udvikler intelligens, og denne planet er i stand til at støtte mere end én intelligent art, hvis den nuværende dominerende intelligente art vil tillade det. Og det ville være til berigelse af planeten og til sidst til berigelse af det galaktiske samfund.

D: *Hvor kom dette væsen fra? Er det oprindeligt fra planeten?*

B: Ja. Da de gamle, de arkaiske væsener, hjalp arterne med at udvikle sig på denne planet, udviklede de en intelligent art, som nu er mennesket. Mens denne art udviklede sig, var de foruroligede over de voldelige tendenser, den viste. Og de bemærkede, at en parallel udviklingslinje også havde potentiale til at udvikle sig til en intelligent art, men uden den voldelige tendens. Så de fortsatte med at udvikle den art også. Når denne art når sit fulde potentiale, vil den være lige så intelligent som mennesket, men på forskellige måder. Og begge arter vil skulle foretage en stor tilpasning for at kunne omgås hinanden. Fordi denne art mangler den voldelige tendens, som mennesket har, og derfor er de ekstremt følsomme og sky.

D: *Men de tager længere tid om at udvikle sig end mennesket?*

B: Nej, de kom bare i gang senere.

D: *Vi hører mange historier om dem som værende voldelige.*

B: Normalt er det væsnets måde at skræmme folk på, så de kan komme væk og gemme sig, fordi de bare vil være i fred. På deres nuværende udviklingsstadie har det ikke taget dem længere tid end mennesket. Der er en mulighed for, at deres udvikling kan blive langsommere for at sikre, at de voldelige træk ikke ved et uheld bliver indført. Men nogle af de andre siger, at de måske har brug for nogle voldelige træk for at give dem den energi, de har brug for til at overleve modgang. Fordi den voldelige tendens i mennesket har hjulpet dem med at overleve forskellige slags modgang, siden han har opnået sin intelligens.

D: *Det er heller ikke rigtig godt at være fuldstændig passiv.*

B: Det er korrekt.

D: *I den måde mennesket breder sig ud og udvikler mere af landet på, invaderer han deres territorium?*

B: Ja, og har gjort det i ret lang tid. Derfor sagde jeg: "Hvis mennesket vil lade dem udvikle sig, vil de." Men de er gode til at gemme sig. De lever over hele planeten. De er i de meget høje, fjerntliggende bjerge samt i de dybe regnskove i de tropiske områder på planeten. De har tilpasset sig forskellige klimaer og højder, men de foretrækker de isolerede områder.

D: *Nå, folk er bange for ting, de ikke forstår, det er en af vores egenskaber.*

* * *

D: *Vi har hørt om nogle væsener, vi kalder Sasquatch og Yeti? Ved han, hvad jeg henviser til? Den Fæle Snemand, den slags væsener? De er kendt under mange forskellige navne.*

John: Han siger, ja, de eksisterer.

D: *Er de alle den samme type væsen, men bare fundet i forskellige dele af verden?*

J: Nej, de er ikke dyr. Han siger, de er udviklede væsener ligesom jer.

D: *Kan han give os nogle oplysninger om dem?*

J: Han siger, de er et meget blidt, spirituelt indstillet folk, fordi de er meget i harmoni med naturens ånder. Det er derfor, de næsten kan gøre sig usynlige. De har magten til at få sig selv til at blande sig ind i deres omgivelser og landskaber. De opsøger ikke aktivt mennesker, fordi de er bange for dem. Deres naturånder har fortalt dem, at mennesket har ledt denne planet på afveje og misbrugt hendes ressourcer. Så de holder sig væk fra mennesket. Men de kan godt lide den mad, mennesket har.

D: *Så de, der er fundet i forskellige dele af verden, er alle af samme type?*

J: Ja. De var primitive overlevere fra Lemurian-katastrofen.

D: *Ifølge beskrivelserne virker de meget dyriske.*

J: På et tidspunkt var vi alle. (Ler)

D: Så de har ikke udviklet sig? De har beholdt samme kropsform?
J: Til en vis grad har de udviklet sig. Men de har udviklet sig mere på et spirituelt og mentalt bevidsthedsniveau end et fysisk. Han siger, at de er en beskyttet race, en beskyttet minoritet, så at sige. For de er meget mere i harmoni med de lavere livsformer.
D: Beskyttet af hvem?
J: Naturånder.
D: Ifølge de beskrivelser, vi har, virker det ikke som om, de taler som vi gør.
J: De har telepatisk kommunikation. Noget som I mennesker har brug for tale til. Så de er ikke så uuddannede, som I tror. De laver kliklyde og lyde som dyr gør. Men de har telepatisk evne, som er meget stærkere, end mennesket har udviklet sig til nu. Ærlig talt er tale en meget begrænsende ting. Hvert enkelt ord, vi siger til en anden væsen, forstås kun af den væsens referenceramme for, hvad det ord betyder. Så i virkeligheden kan vi tale om én ting, og personen, der modtager informationen, kan få et helt andet billede, baseret på deres oplevelse af ordet. Når man har telepatisk kommunikation, så kommunikerer man det, man tænker. Det er meget, meget bredere end verbal tale. Vi mennesker er begrænset til stemmetale. Så vi har en stor, stor forhindring at overvinde.
D: Mange mennesker tror, de er voldelige.
J: Nej, han siger, at de grundlæggende ikke er voldelige, men de har dyriske karakteristika. De er bange for mennesker. De opfanger det følelsesmæssige miljø. De kan intuitivt eller telepatisk aflæse menneskers auraer eller omgivelser. Hvis de følte, at de ville blive misbrugt, ville dette forårsage negative reaktioner. Også hvis de blev trængt op i en krog. Og de fleste, hvad enten det er et menneske eller et dyr, kan ikke lide at blive trængt op i en krog.
D: Hvad med deres kost?
J: De spiser mange nødder og bær. Fisk. De spiser dem hele. (Han lavede en grimasse, og jeg grinede.) De spiser meget simpelt fra naturen. De kan også lide sommerfugle og insekter.
D: Vi har hørt historier om, at de brød ind i folks hønsehuse og den slags.
J: Ja. De spiser mindre livsformer. De har spist kyllinger. De spiser også rotter. (Igen lavede han en grimasse, og jeg grinede.)

Gnavere. Prærihunde. Men de spiser ikke kødædende dyr. De spiser kun dyr, der lever af planteføde.

D: *Jeg ville tro, at hvis nogen var udviklet nok til at have mentale evner, så ville de ikke... det lyder primitivt for mig.*

J: Døm ikke. (Han viftede med fingeren mod mig.) Vogteren siger: "Døm ikke! De er mere avancerede på så mange måder, som du ikke kan forstå." Fordi de er i harmoni med Jorden og jordens energier og naturånderne, og de har telepati. Det er også derfor, de er i stand til at undgå mennesker. Han sagde: "Vær ikke dømmende."

D: *Når de så virker primitive efter vores standarder, er de måske ikke det.*

J: Nej. Efter andre standarder er de ikke.

* * *

D: *Lad os skifte til en anden del af verden. Hvorfor er dyrene i Australien anderledes end i andre dele af verden? Der er dyr der, som ikke findes andre steder.*

Phil: Der er ikke noget egentligt svar på det spørgsmål, du stiller, simpelthen fordi vi ikke ser den sondring. Der er faktisk dyr på hvert kontinent, som ikke findes på noget andet kontinent. Dog betyder det ikke, at de er unikke på nogen måde i forhold til resten af dyrene på planeten. De befinder sig simpelthen et sted og ikke et andet. Vi vil gerne bede dig om at uddybe spørgsmålet.

D: *I Australien er der en teori om, at dyrene måske kom fra det ydre rum. At rumvæsener bragte dem, og det er derfor, de er anderledes der end i andre dele af planeten.*

Jeg hørte dette under min første tur til Australien i 1994. Der blev udgivet en bog på det tidspunkt, der fremsatte denne teori.

P: Der er faktisk dyr, der blev bragt fra andre planeter til denne planet. Dog, hvis vi skulle udelukke tilstedeværelsen af kun de dyr, der blev bragt fra andre planeter, ville der så slet ikke være noget på denne planet.

D: *Jeg tænker på det oprindelige koncept om befrugtning af planeten, men vi går ikke med den idé her, gør vi? Eller ikke? Jeg tænker på den fysiske transport af et dyr, måske efter tiden for befrugtning.*

Teorien om befrugtning af planeten Jorden findes i Keepers of the Garden og The Custodians.

P: Der er mange ting, for vi inkluderer her ikke kun dyreriget, men hele eksistensen af liv på jeres planet. Den er blevet forbedret gennem transporten af levende og levedygtige skabninger og væsener fra andre planeter og dimensioner. Så hele eksistensen af en bestemt type livsform på jeres planet skyldes eksistensen af denne livsform på en anden planet.

D: *Så Australien er ikke unik i forhold til resten af verden.*

P: Der har været mange forbedringer af livsformerne på denne planet, i modsætning til livsformerne på andre planeter. Ikke for at sige, at den ene måske er bedre end den anden, men måske blev de ændret for det særlige klima eller miljø, de skulle leve i. Måske er der på jeres planet mange, der finder, at dyrene måske er lidt mærkelige, ud fra jeres opfattelse af deres evner på nogle måder og deres udseende på andre måder. Dog ville vi bede jer om at se på det overordnede billede og se, at variationen i sig selv ikke er en indikator for, om disse skabninger oprindeligt levede på denne planet eller på en anden planet. Det overordnede billede af ligheden på jeres planet er meget anderledes end på andre planeter.

* * *

STONEHENGE

D: *Jeg ville gerne spørge om Stonehenge i England.*

Phil: Dette var simpelthen en skole for astronomi. Et sted, hvor dem, der ønskede at lære astronomi, kunne gøre det.

D: *Hvilken race byggede det?*

P: Det var af gælisk oprindelse. Denne viden blev spredt over hele verden på tidspunktet for Atlantis' synkning, og mange kulturer nød godt af spredningen af denne viden fra dem, der rejste verden rundt.

Den Snoede Univers ~ Bog Et

D: Var dette det eneste sted, hvor sten blev placeret på denne måde?
P: I den nøjagtige struktur, ja. Der er mange steder over hele verden, hvis funktion er identisk, men hvis form er forskellig. Pyramiderne i Sydamerika blev brugt til observation såvel som dem i Egypten. Der er flere steder på Jorden, der ligner dette.
D: Med Stonehenge, hvordan blev disse sten rejst?
P: Ved telepatiske midler, ved tankekraft. På samme måde som pyramiderne. De blev transporteret ved hjælp af telepatisk tankekraft fra stenbrudene til stedet. Dette blev konstrueret over en årrække. Det oprindelige formål blev glemt. Dog ikke for at sige, at der ikke blev fundet en funktion i disse monumenter, men det oprindelige formål handlede ikke om tid, men om afstand. At spore planeternes positioner, så det kunne bestemmes, hvor denne planet var i forhold til mange andre kendte steder i universet.

* * *

D: Ved du, hvad der skete med mayaerne? De var meget unikke. Det siges, at de pludselig forsvandt.
Phil: Svaret på dette spørgsmål er noget indviklet, for at bruge din analogi. Historien eller afslutningen er ikke færdig endnu. Men det er tilstrækkeligt at sige, at de ikke uddøde, men blev transporteret. Vi ønsker ikke at uddybe på nuværende tidspunkt om midlerne, men de blev transporteret.
D: Ved du hvorfor?
P: De valgte selv at flygte fra den ødelæggelse, som de kunne forudse ville ske med deres brødre under den spanske erobring.
D: Sker dette ofte med civilisationer i historien?
P: Ikke at det ikke har nogen præcedens, men det er ikke en regelmæssig forekomst. Skulle situationen opstå, hvor en civilisation som helhed har nået et niveau, at de, for civilisationens overlevelse, ønsker en sådan transport, så, ja, ville det ske. Ikke at der er nogen lov, der siger, at det skal ske. Dog gennem ønsket fra individerne selv om at beskytte deres bevidsthedsniveauer og deres præstationer, for at sætte dem bedre i stand til at videreudvikle deres forståelse og vækst og for at beskytte deres samfund, så ville de få denne mulighed, hvis det var i deres bedste interesse såvel som i de omgivende interesser.

Den Snoede Univers ~ Bog Et

* * *

AFGRØDECIKLER

D: *Hvad kan du fortælle mig om afgrødecirklerne, der er dukket op i England? Jeg ved, at de også dukker op andre steder, men de synes at være mere definerede der med symboler og er meget mere detaljerede. Kan du fortælle mig noget om, hvem der laver dem, og hvordan de bliver lavet?*

Phil havde været i dyb trance i næsten en time og havde svaret på mange spørgsmål, men pludselig åbnede han øjnene og virkede utilpas.

D: *Vil du ikke svare på det spørgsmål?*
P: (Han virkede meget utilpas.) Nej, det er bare ... Jeg ved ikke ... Jeg har det ikke særlig godt. Af en eller anden grund føler jeg mig næsten syg. Noget er ikke rigtigt. Jeg tror ikke, det havde noget med afgrødecirklerne at gøre. Selvom jeg får en fornemmelse af, at der var noget, da du stillede det spørgsmål.
D: *Vi har aldrig betragtet dem som skadelige, fordi de bare er i kornet.*
P: Men der er noget forbundet med det, der er skjult. Jeg er ikke sikker ... det er ikke menneskeligt. Der er en bestemt ... Jeg ved ikke. Dette er på et meget dybere og bredere niveau.
D: *Tror du, det var det, der generede dig?*
P: Jeg følte mig næsten syg, kvalm. (Han satte sig op.) Jeg kan gå tilbage. Jeg skal bare ... lad mig tage en pause her.

Phil rejste sig og gik på toilettet. Han var unik blandt mine forsøgspersoner ved, at han kunne vække sig selv fra en dyb trance, hvis han følte sig utilpas. Efter et par øjeblikke kom han tilbage. Den foruroligende følelse var forsvundet lige så hurtigt, som den var kommet. Da han lagde sig ned igen på sengen, slappede han af og gik straks tilbage i dyb trance. Jeg behøvede ikke gøre noget. Jeg gav beroligende forslag om, at han ville føle sig fuldstændig komfortabel og forstærkede det faktum, at han var beskyttet på alle tidspunkter.

P: Vi vil sige, at der er enheder på plads, som vil beskytte både dig og modtageren af denne information. Der vil ikke blive givet noget, der vil være skadeligt på nogen måde.

D: *Men han havde en fysisk reaktion. Det var det, der bekymrede mig.*

P: Behovet for en sådan enhed var ikke indlysende på det tidspunkt. Men forbindelserne blev for tætte for komfort, så at sige, da etableringen af en sådan forbindelse ville forårsage fysisk ubehag. Energierne fra dem, der blev forbundet til køretøjet, var ikke kompatible med køretøjets energi.

D: *Tror du, du vil være i stand til at besvare spørgsmålet nu? Jeg ville bare gerne vide noget om afgrødecirklerne. Hvem der lavede dem og med hvilket formål? Og måske hvordan de blev skabt.*

P: De højere former for kommunikation på din planet nu forstås at være i form af binære eller computer-sprog. I jeres almindelige trossystem anses de højeste former for kommunikation at blive opnået gennem jeres videnskabsfolk og forstås derfor ikke af masserne generelt. Disse afgrødecirkler har til formål at formidle til masserne den information, der bliver givet til jeres planet, så befolkningen som helhed forstår, at naturen af jeres eksistens er radikalt anderledes end den, der almindeligvis antages at være den accepterede opfattelse. At alt ikke er, som det ser ud. De, der ville påtage sig en sådan opgave, forsøger at kommunikere på en måde, der resonerer med hver enkelt person på et meget personligt niveau, på niveauer som hver enkelt person er åben overfor, og ikke blot givet.

D: *Hvem eller hvad skaber afgrødecirklerne?*

P: Det fulde svar på et sådant spørgsmål ville ikke være muligt i denne sammenhæng, da det ville være nødvendigt at give en hel diskurs om oprindelsen af den menneskelige race som helhed. Men vi kan sige, at disse symboler er relevante for livets historie på din planet. Det er en geografilektion i oprindelsen af jeres planetariske livsformer. Og der er dem, der nu langsomt begynder at genkende betydningen af disse symboler, i det de formidler betydninger. De er ikke blot tilfældige kunstværker. De er faktisk former for kommunikation. De, der er kyndige i denne form for kommunikation, vil langsomt komme til erkendelsen af, at de bliver kommunikeret til, og de vil derefter forstå den besked, der bliver overført om livets oprindelse på denne planet.

Den Snoede Univers ~ Bog Et

D: *Så det er symbolik. Lidt ligesom "tag os tilbage til vores rødder", så at sige?*
P: Det er korrekt.
D: *Er det mennesker fra Jorden, der gør det?*
P: Der har været forsøg på at duplikere dette. Dog er det ikke muligt at sige, at mennesker er oprindere af dette. Da den viden, der bliver overført, ikke har været kendt almindeligt på denne planet i århundreder.
D: *Hvem var oprindernes skabere? De, der laver de rigtige?*
P: De er af ordenen ... (leder efter ordet) ... sandhedens vogtere.
D: *Hvor er disse vogtere af sandheden placeret?*
P: Deres fysiske placering er ikke relevant. Dog er deres formål yderst relevant. De præsenterer jer nu, som en race, sandheden om jeres arv.
D: *Jeg gætter på, at jeg prøver at sige, er de rumvæsener på rumfartøjer?*
P: Og det er, hvad vi prøver ikke at sige. For det ville de bestemt ikke være. Dog vil vi sige, at de ikke er af Jorden.
D: *Men de er heller ikke af Vogterne?*
P: Det er korrekt. Ikke i den forstand, at de kommer et andet sted fra til her. De er herfra. De er allerede hjemme. Dog er de ikke af verden, som du kender den.
D: *Ville det være tilstrækkeligt at sige, andre dimensioner?*
P: De er af jeres verden, men ikke af verden, som vi kender den. Dog er der ingen grund til at afsløre deres sande eller relative placering, så der ikke vil være et forsøg på at kommunikere med disse væsener. Men med tiden vil der blive givet oplysninger om, hvor de kommer fra, så nogle kan søge dem for at opnå højere forståelser.
D: *Men de er ikke fra den åndelige verden, som vi går til efter døden?*
P: De er af den åndelige verden på samme måde, som hver af os er af den åndelige verden. Men de har manifesteret sig på en anden måde, end I finder jer selv i. Det betyder ikke, at de ikke manifesterer bestemte fysiske former for at kunne opfylde deres formål. Dog er de ikke bosiddende i fysisk form.
D: *Så de er mere eller mindre forbundet med Jorden, men ikke i en form, vi er bekendt med. Ville det være korrekt?*
P: Det er korrekt.

Den Snoede Univers ~ Bog Et

D: De er ikke en afdød ånd.
P: I den forstand, at de var af fysisk natur og derefter forlod det, nej. De er af en højere form, som ikke var i den fysiske form, som I kender den. Dog betyder det ikke, at de ikke var af fysisk form. For de var faktisk på et tidspunkt i deres evolution fysiske i natur, men ikke som I kender det.
D: Så de udviklede sig ud over dem, der er i rumfartøjer og os på Jorden. De udviklede sig mere eller mindre til et andet niveau, så at sige?
P: De er ikke over dem på rumfartøjer, men snarere udviklet på deres egen måde, til et niveau over det, de var før. Dog er der stadig mere at gå efter, og der er flere ting, de skal gøre, før de når dertil. Denne kommunikation (afgrødecirkler) er faktisk en del af deres forsøg på at formidle til dem i jeres verden virkelighederne af deres verden.
D: Kan du fortælle mig, hvordan afgrødecirklerne bliver lavet?
P: Processen i sig selv er ikke så mystisk, men den bruges blot i en skala, der ikke er almindelig i jeres verden. Der er dem, der er i stand til at dirigere energierne i koncentrerede former, så molekylestrukturerne i disse planter bliver ændret. Det ville være som at bøje en gren, sådan at bøjningskraften ikke er ekstern, men intern. Det er simpelthen en omlægning af strukturerne i sig selv og ikke af omgivelserne.
D: Vi tænker, det er brugen af en form for energi.
P: Det er korrekt.
D: Så det er ikke gjort med en maskine eller et fartøj eller noget.
P: Ikke i den forstand, som I opfatter det. Der er en virkelighed i, at maskiner er åndelige og ikke fysiske. Så i den forstand, i henhold til definitionen af jeres spørgsmål, vil vi sige maskiner, ikke i den forstand, som I kender dem. Dog udelukker det ikke konceptet af maskiner på det åndelige plan, som I kender det. Vi udelukker ikke åndelige maskiner.
D: Jeg gætter på, at jeg tænker på rumfartøjer.
P: Disse er ikke maskiner, der bruges til at transportere fra en dimension til en anden eller rejse. Men snarere at konceptet af maskiner i åndeverdenen mangler noget. Og vi vil sige, at der er en realitet i dem, som I kalder "maskiner" på åndeplanet, uden for den tredimensionale verden. De er faktisk fremstillet og tjener et

bestemt formål. Dog er de ikke, som du siger, tredimensionale, men er af højere energiproduktioner.

D: Der er rapporteret, at nogle mennesker bliver syge eller oplever fysiske symptomer, når de er i disse cirkler.

P: Det er korrekt. Det er den samme reaktion, som dette køretøj havde, da det nærmede sig disse energier. Der er dem, der simpelthen ikke er kompatible med disse energier. Det er simpelthen, at energierne i sig selv ikke er i harmoni med vidnets energier.

D: Da jeg var i cirklen, havde jeg en vidunderlig oplevelse. Det var meget fredeligt og meget vidunderligt, opløftende.

P: Der er dem, der er i harmoni, og dem, der ikke er det. Dog er dette ikke en dømmende vurdering, men snarere er der nogle toner, der er i harmoni med andre toner. Og så er der nogle toner, der ikke er i harmoni med andre toner.

D: Den fysiske reaktion, han havde, det var, som om der var noget ved energien, der ikke var godt.

P: Det er korrekt. Det er i den forstand, at det han forstår gennem sin oplevelse, var filtreret i det bevidste. Der var en enhed eller energi, der var ukendt, og blev opfattet som truende. Vi finder, at det er et produkt af denne frygt for det ukendte. De fysiske symptomer minder om det, man finder, når man er i disharmoni med mange former for virkelighed.

D: Så de er ikke negative.

P: Det er korrekt. Misforståelsen eller manglen på forståelse er forståelig. I og med at dette køretøj aldrig før har bedt om at kommunikere på det niveau. Det var en ny oplevelse.

D: Så hvis han faktisk skulle gå ind i afgrødecirklerne, som jeg gjorde, kunne han opleve en ubehagelig følelse, fordi hans energier ville være forskellige og ikke kompatible med cirklen.

P: Det er korrekt.

D: Ved du, hvorfor disse [afgrødecirkler] dukker op omkring områder som Stonehenge, Avebury og Glastonbury? De siger, at det er meget, meget gamle kraftpunkter. Men hvorfor dukker de op i disse områder i England mere overvejende end i andre dele af verden?

P: Der er på nuværende tidspunkt på din planet mange polære modsætninger af energivortexer. Der er nogle punkter, hvor energi går ind, og andre punkter, hvor energi går ud. Det er portene til floderne, der strømmer ind og ud af din planet. Der er på nuværende tidspunkt mange vortexer i den pågældende del af planeten, der tager energi ind, som en indgang. I disse vortexer vil energierne blive filtreret, så de energier, der tillades at komme ind, er harmoniske og tilpasset planetens behov og formål, som disse energier er rettet mod. Det er i disse vortexer, hvor man finder portvogterne, eller rettere sagt vogterne af porten, at disse manifestationer præsenterer sig selv. De bringer ny viden til din planet på dette tidspunkt.

Da Phil vågnede, bevarede han nogle minder om de oplysninger, han havde modtaget. Der er altid mere præsenteret, end der kan formidles til mig mundtligt. Derfor er det så vigtigt at stille de rigtige spørgsmål.

D: *Hvad var den følelse, du fik om afgrødecirklerne? Du sagde, at du ikke troede, det var et menneske, og at du ikke troede, det var en*
P: Men at sige, at de er i Jorden, er heller ikke helt rigtigt. Det er næsten, som om de er i en anden dimension. Og de ser ud til at have teknologi, måske fjerde-dimensionel teknologi. De er faktisk maskiner. De er fremstillet og fungerer ligesom maskiner her. Men de arbejder med energier på andre måder end vores maskiner på dette niveau. Deres maskiner er meget mere raffinerede og ikke så grove i deres handlinger. Og de arbejder med energi. Jeg mener, de ændrer bogstaveligt talt energierne.
D: *Forme dem på en måde?*
P: Forme dem. Ændre dem. Forandre dem. Men maskinerne selv er energier, der arbejder med energier. De er ikke grove fysiske former som vores, men lige så meget maskiner som vores maskiner er.
D: *Du var meget bestemt omkring, at de ikke var aliens i rumskibe.*
P: De er herfra. Det, jeg så, var på et højere niveau end der, hvor ånderne er. Det er næsten som en højere form for os.
D: *Lever de i en anden dimension?*
P: Måske. Jeg er ikke sikker. Det er, som om vores energi blev hævet, ikke så højt, at vi forlod det fysiske. Vi var stadig fysiske, men i en ultra-fysisk form. Ja, det er et godt udtryk: ultra-fysisk. Bedre energi. Det er det, det er. De er ikke rigtig fysiske efter vores

standarder, men de er ikke åndelige. De er hyper-fysiske. Deres energiformer har en meget højere frekvens end vores. Det er ultra-fysisk. Det ord passer perfekt.

D: *Så de er i stand til at observere os, men vi kan ikke se dem. (Ja) Vi har talt før om energiverdener og andre dimensioner. Nogle af dem kan eksistere side om side med vores. Hvis vi er i stand til at hæve vores bevidsthed, som de hævder, at vi vil ....*

P: Det er mere end blot vores bevidsthed. Det er, som om vores fysiske væsener skifter meget højere på en eller anden måde. Jeg er ikke sikker på, hvordan det er, men det er, som om vores atomer vibrerede dobbelt så hurtigt. Så hvis du hævede alt, satte bordet op, hvor elementerne var i deres vibration, i forhold til hvor mange elektroner der er. Jeg ved ikke, hvordan jeg skal definere det. Men hvis du tog energiniveauet af hvert atom og fordoblede det, så de alle holdt det samme relative energiniveau til hinanden, men alt var dobbelt så højt som vores. Det er derfor, vi ikke ville være i stand til at se dem, fordi de vibrerer for hurtigt. Jeg ser, at hele afgrødecirklen bliver lavet på én gang, ikke i segmenter eller lignende. Størrelsen af maskinen, der gør dette, er ikke den samme størrelse som selve afgrødecirklen. Men den er ikke fysisk, som vi forstår det. Den er ultra-fysisk.

Hele denne side af diskussionsbåndet begyndte gradvist at accelerere, så det var umuligt at transskribere. Det blev gradvist umuligt at forstå. Måske kunne det blive bremset nok til, at det kunne forstås. I det mindste var nogle af diskussionsdelene ikke vigtige nok til at bekymre sig om. Pludselig, omkring halvvejs igennem diskussionsbåndet, begyndte det at bremse igen, så jeg kunne transskribere. Jeg har ingen idé om, hvad vi diskuterede indtil dette tidspunkt.

P: ... en sten er en sten, og et træ er et træ. Men hvis du faktisk er herre over dine molekyler, og du forstår, at der er visse aftalte modeller, kan du omdanne dine molekyler til en anden model.

Her vendte båndets hastighed tilbage til normal for første gang. Flere minutter havde været en rasende sløring af lyde.

D: *Nå, det går tilbage til ideen om, at vi kan kontrollere cellerne i vores egen krop, og på den måde kan vi kontrollere sygdomme. Vi kan ændre cellerne.*

P: Præcis. Og du kan gå endnu længere. Du kan kontrollere molekylerne, og alligevel på et molekylært niveau eller atomniveau er der mønstre, der allerede er etableret, som ikke kan ændres.

Under optagelsen af sessionen skete det modsatte. Den blev gradvist langsommere til et punkt, hvor det var slæbende. Det var kedeligt, men det kunne i det mindste forstås nok til at blive transskriberet. Jeg skiftede båndoptagere, og effekten var den samme på begge dem. Så det var ikke mekanisk hastighedsændring af optageren. Det var bestemt noget, der påvirkede båndet. Blev maskinen påvirket af den samme energiflux, der påvirkede Phil og fik ham til at bryde trance, fordi han følte sig dårlig? Dette var lig det, der skete, da blot omtalen af afgrødecirkler dramatisk påvirkede Janice i kapitel 4. Der syntes bestemt at være en energipåvirkning af en slags forbundet med afgrødecirklerne, som ikke kun påvirkede mine emner, men også det udstyr, jeg bruger.

* * *

D: *Der er et fænomen kaldet "afgrødecirkler", eller som englænderne kalder dem "korncirkler". De ser ud til at dukke op omkring gamle hellige steder. Er der en forbindelse?*

Clara: Der er meget bestemte energimønstre skabt, nogle fra de andre hellige steder til korncirklerne, afgrødecirklerne. Der er et meget bestemt mønster i det. Det er noget som jeres - hvordan siger man? - anagram?

D: *Det er et puslespil?*

C: Ja, det er et puslespil, og det er skrevet i hveden. Så puslespillet er for dig at kigge på, og det hele er lavet med energier. Så når du kigger på dette "anagram", dette puslespil, er det for dig at finde ud af.

D: *Kan du fortælle mig, hvem eller hvad der skaber afgrødecirklerne?*

C: Alt, hvad jeg kan sige, er, at det er for det positive. Det er for kærlighed, det er for det gode.

D: Men er det fremmede væsener? (Nej) Kan du give mig nogen anden indikation?

C: Det er energierne inden i Jorden. Det er alt, hvad jeg kan sige. Jorden selv.

D: Og kunne det blive dirigeret af væsener som dig selv (Entiteten, der talte gennem Clara)? Fordi jeg betragter dig som en anden type end dem, der er i rumfartøjerne.

C: (Et snedigt smil.) Hvad tror du? Det er op til dig at afgøre.

D: (Latter) Jeg har en følelse af, at du har meget mere magt og viden. Men alligevel er nogle af de væsener, jeg har talt med på rumfartøjerne, også meget intelligente og meget vidende.

C: Ja, de er. De er meget intelligente, meget dygtige væsener. Mange af dem har været igennem en Jord-oplevelse på deres vej til en højere vibration. Og de flyttede fra Jorden til en anden planet, hvilken planet de end kommer fra.

D: Men jeg får stadig følelsen af, at det er styret af højere kræfter end væsenerne på rumfartøjerne.

C: Vi vil sige, at det er sandt.

D: For jeg kan ikke opfatte, at Jorden selv ville lave mønstrene. Måske ved at bruge Jordens energi, men den kunne ikke.

C: (Afbrudte) Det er korrekt. Jordens energi bruges i dette, i disse cirkler.

D: Og den prøver at give os beskeder. Er det, hvad du mener?

C: Ja. Hun har prøvet at give os beskeder.

D: Jorden. (Ja, ja.) Men nogle mennesker tror, det bliver gjort af rumfartøjer.

C: Vi vil sige dette. Det er gjort fra en meget højere kilde og en meget kraftigere kilde end rumfartøjer.

D: Jeg har været i cirklerne. Og for mig ser det helt sikkert ud, som om der er en energistråle eller noget, der drejer hveden. (Ja) Fordi det ser ud til at starte fra et centralt punkt og bevæge sig ud fra det.

C: Det er en meget kraftfuld kraft, meget større end et rumfartøj, der skaber dette, med moder Jordens energi. Og der er en besked, hvis man vil afkode beskeden inden i cirklerne.

D: Kan du fortælle mig, hvad beskeden kunne være?

C: Det er dit puslespil. (Vi begge grinede.)

D: Da jeg var i cirklerne, følte jeg mig meget fredfyldt og fyldt med en meget positiv energi. Men jeg har fået at vide, at når nogle mennesker går ind i cirklerne, bliver de nogle gange syge.
C: Det afhænger af, hvor personen er på sin egen rejse, på sin egen vej. Hvor deres rejse er, er hvad de vil føle. Hvis deres rejse er et sted med fred og harmoni, vil de føle sig vidunderligt og fredfyldt. Hvis de er inden for deres kontrakt og på deres rejse, som de kom her for at fuldføre. Hvis de ikke er det, vil de føle en trang til at bevæge sig, en trang til at komme væk fra det sted. Som de er i deres fysiske væren, vil de ønske at bevæge sig ind i et andet sted på deres rejse. Så hvis de, skal vi sige, bevæger sig negativt fra deres kontrakt, vil de ikke føle sig fredfyldte inden for cirklerne.
D: Så det ville forklare, hvorfor nogle af menneskerne følte kvalme og blev syge. Og de var meget utilpasse med at være i dem.

* * *

Denne session blev udført på et Bed and Breakfast-sted i den nordlige del af London. Sommeren 1992 var min første rejse til England, og jeg så meget frem til at se afgrødecirklerne efter at have afsluttet mine foredrag. Alick Bartholomew, min forlægger i England, var også medlem af Crop Circle Investigators-bestyrelsen. Han skulle tage mig med til de seneste afgrødecirkler, der var blevet fundet nær Milk Hill i Alton Barnes og Oliver's Castle-området.

Laura var en attraktiv blondine, som var en dygtig astrolog. Hun havde ingen problemer og ledte ikke efter noget specifikt. Da sessionen begyndte, blev hun ført tilbage til et meget almindeligt og dagligdags liv. Efter at have ført hende igennem dødssekvensen, beskrev hun åndeverdenen. På dette tidspunkt begyndte en anden entitet at tale gennem hende. Det var her, overraskelsen indtraf. I disse sessioner må man lære aldrig at tage noget for givet og altid være opmærksom på det uventede. Jeg vil aldrig lade en mulighed for at stille spørgsmål gå forbi, hvis væsenet ser ud til at have viden.

D: Må jeg stille et spørgsmål? Vi er meget interesserede i afgrødecirklerne, der bliver lavet her i England. Har du nogen oplysninger om, hvordan de bliver skabt?

L: Ja, vi har denne information. De bliver konstrueret som en del af et mønster, der nu bliver placeret inden for Jordens energifrekvens. Mønstret vil blive skiftet ind i bevidstheden hos mange mennesker på jordplanet. Dette vil fortsætte inden for energifrekvensen omkring Jorden. Efterhånden som hver eneste person forbinder sig med dette frekvensmønster, vil de blive ladet op. Deres egne frekvenser vil interagere med mønstrene i cirklen og andre konfigurationer.

D: *Hvordan bliver de skabt? Er der instrumenter involveret, eller hvad er metoden?*

L: Der er et energifrekvenssystem. Og hver person vil blive opmærksom på deres egne frekvenser i deres kroppe. Du har en bestemt frekvens. Det er dit eget mønster. Når du interagerer med andre mennesker, bliver du opmærksom på deres frekvenser. Er du klar over, at når du taler med en anden person på dit jordiske plan, vil du enten nyde deres selskab eller ønske at fjerne dig fra dem.

D: *Ja, det er sandt.*

L: Ah! Det er den direkte interaktion mellem energifrekvenser. Og når du opfatter en frekvens af kompatibilitet, kan den frekvens interagere med din egen. Og således kan I komme i kontakt med hinandens tankemønstre. Det er ingen tilfældighed, når du taler om tankemønstre. Disse frekvenser, disse tankemønstre, forbinder dig med alle andre intelligente livsformer i galaksen, i selve universet. Det er sådan, du kommunikerer, og også gennem energilinjerne. Det er det, der vil danne afgrødecirklerne og konfigurationerne.

D: *Så disse bliver skabt af folk i et rumskib?*

L: Det er korrekt, men også gennem dine egne tankemønstre. Forstår du det? Dolores, dine egne tankemønstre vil bidrage til dette komplette kommunikationssystem.

D: *Er det derfor, jeg skal være her i England på dette tidspunkt? Eller antager jeg bare noget?*

L: Nej, du antager ikke noget. Du har ret. Hvorfor ellers skulle vi have bragt dig sammen med andre cirkel-efterforskere? Husk, at hver person, du møder, vil dine egne frekvenser forbinde sig med deres. Og således fortsætter forbindelserne. Visse rumskibe og kapsler forbinder sig direkte med tankefrekvenserne hos alle livsformer på din Jord, og mange andre frekvenser foruden.

D: *Så mønstrene bliver virkelig skabt af tanken?*

L: Det er en måde at tænke på det på. Det er ikke altid let at formidle, hvordan denne kommunikation sker. Den nemmeste måde at tænke på det er som tankebølgesignaler.

D: *Med andre ord, det bliver ikke gjort af en slags maskine eller en stråle eller noget. Det er en teori, der er blevet præsenteret. Noget mekanisk.*

L: Det er ikke mekanisk. Der er forskellige mennesker, der har forsøgt med maskiner. De er velkendte. Men den maskine, vi taler om, ligner slet ikke de fysiske maskiner, der bruges på dit jordiske plan. Vi har brugt det ord, fordi det er i dit ordforråd. Og det er det nærmeste ord, vi kunne finde. Maskinerne, vi bruger, er langt mere sofistikerede og komplekse, end du overhovedet kunne forstå.

D: *Så jeg ser det sandsynligvis på en forenklet måde, men jeg ville stille disse spørgsmål, fordi de er blevet præsenteret for mig. Så er det en kombination af at arbejde med visse menneskers energier, der skaber disse mønstre.*

L: Det er korrekt.

D: *Folk tror, at mønstrene er som et sprog, og at de prøver at kommunikere en besked til os. Er der en besked i cirklerne?*

L: Besked en, der bliver formidlet, er, at alle mennesker har en rolle at spille. Og uanset hvilket symbol du vælger at se, uanset hvilket værktøj vi kan bruge til at tiltrække din opmærksomhed, for at ændre dine bølgemønstre, vil vi forsøge at bruge. For nogle er det en stråle, som du brugte termen. For andre er det de gamle symboler. For andre er det blot en udfladning af kornet. Uanset hvad der er nødvendigt for at tiltrække din opmærksomhed, vil blive brugt. For når din opmærksomhed er opnået, kan dine tankemønstre interagere med vores dimension. Og så kan der gives hjælp til enhver tid, for at hjælpe jer alle på jeres jordiske plan.

SEKTION FIRE:
VIBRATIONER, FREKVENSER OG NIVEAUER

Kapitel Ni
Opvågningen

Jeg havde mange sessioner i løbet af 1980'erne, og dele af disse blev brugt i mine mange bøger. Der var andre dele, der har ligget i mine arkiver og ventet på en logisk bog, hvor de kunne blive indsat. Vi dækkede mange emner med Pam, mens hun var i dyb trance. Forskellige entiteter kom igennem under sessionerne for at give os information og besvare spørgsmål.

Under denne session i 1988 så hun en skikkelse i en kappe, der mindede hende om Fader Tid. Selvom hun instinktivt vidste, at der ikke var noget køn på denne skikkelse, tænkte hun straks på det som mandligt. Han var klædt i hvide kapper, men glødede faktisk fra en intens indre energi. Vi spurgte, hvor han kom fra, og svaret var: "Hinsides det hinsides. Eller hvis du vil, Hallen af Evigheden."

D: *Ved du, hvem han er?*
P: Nej. Han sagde, at han er en af de essenser, der blev manifesteret for at facilitere kommunikationen. Og for at gøre det nemmere for mig, har han tilladt sig selv at blive til tæt og grov fysisk materie, fordi det er nemmere for mig at tale med et fysisk væsen end blot med et tomt rum i luften. Dette er ikke første gang. Han har vist sig for mange andre i mange andre tidsperioder på denne planet og andre, siger han, for ikke blot at facilitere kommunikation, men også for at inspirere og trøste. Så dette er ikke en opgave, der tages let, og det er ikke en solo-begivenhed. Men faktisk for kommunikationens skyld sker dette sjældent. Han viser sig mest i folks dagdrømme og drømme med det formål at inspirere og trøste.
D: *Ville det være korrekt at sige, at han er som en vejleder?*
P: Han føler, at betegnelsen "vejleder" er alt for begrænsende, men han indser, at vores opfattelse af vejleder er begrænset. Hvis vi udvidede vores forståelse af, hvad vejledere er, ville han acceptere den betegnelse.

Den Snoede Univers ~ Bog Et

D: *Jeg forsøger at placere ham i en eller anden form for kategori, formoder jeg.*
P: Ja. Han siger, at det er menneskeligt. (Hun lo.) Han sagde, at et af problemerne, vi har som begrænsede jordiske væsener, er, at vi forsøger at mærke, kategorisere og sætte ting, der er uendelige og evige, i bokse og rum. Og det er en meget begrænsende tanke. Hvis vi kunne øve os i at tænke på rum, der strækker sig for evigt, tidløshed, evighed og uendelige muligheder, så kunne vi måske begynde at nærme os en forståelse af, hvordan man definerer "vejleder". Ligesom at sætte et køn på en skikkelse begrænser på en måde den måde, vi tænker på skikkelsen. Ved at sætte nogen form for mærkat på noget, begrænser vi det. Han siger, at måske "ven" ville være en bedre måde at se på ham end "vejleder". For han ønsker ikke at dirigere os eller vejlede os, men hjælpe os på enhver måde, vi beder om.
D: *Har han nogensinde levet på Jorden i en fysisk krop?*
P: Nej, men han er tæt knyttet til jordiske væsener, der har bedt om hjælp. Der har ikke været behov for, at han skulle opleve den glemsel, der ledsager livet i fysisk form som menneske på denne planet.
D: *Så han har aldrig følt behovet for at have et fysisk liv, for at få denne erfaring?*
P: Aldrig følt behovet. Han siger, at han kun har ét ansvar, og det er at manifestere kærlighedens princip. Så at skulle være et menneske ville forsinke eller fjerne hans opmærksomhed fra hans meget større opgave.
D: *Jeg tænker på de forskellige niveauer og dimensioner og forsøger at placere ham fysisk et sted.*
P: Hvis du skulle betragte planeten som en bordtennisbold. Og udvide en koncentrisk kugle uden om, lad os sige på størrelse med en appelsin. Og derefter udvide udad derfra en anden kugle på størrelse med en basketball. Og så fortsætte med større og større kugler. Du kunne kalde dem planer eller niveauer. Og faktisk er nogle af planerne og niveauerne lige så langsomme og næsten lige så tætte og glemsomme som bordtennisbolden Jorden. Men han har transcenderet disse niveauer. Vanskeligheden ligger i at passere disse niveauer, fordi nogle af dem er klæbrige, næsten som sirupsagtig statisk elektricitet. Ligesom tøj, der hænger sammen i

tørretumbleren. Det er med kærlig hensigt, at han forsøger at trænge igennem disse niveauer til det mest tætte, så vi kan have denne kommunikation. Men i hans normale rige er han ikke bundet til det, vi ville betragte som et "niveau". Han er lys. Og lys kan trænge igennem – jeg ville sige næsten alle niveauer. Hans svar var, at lys kan trænge igennem alle niveauer. Ikke at kvalificere udsagnet.

D: *Når vi forlader vores fysiske kroppe, passerer vi også gennem disse forskellige niveauer, fra bordtennisbolden og udad?*

P: Ja, det gør vi. Som jeg sagde, er der klæbrige niveauer. Vi udsender hele tiden vibrationer, mange, mange vibrationer. Disse fortsætter med at flyde ud i alle retninger, sammenflettet med alle andres vibrationer og vibrationerne fra alt andet. Hver vibration har ikke kun kraft og energi, som vi kunne sammenligne med elektricitet, men den har også magnetisme. Så vores vibrationer bliver tiltrukket af lignende vibrationer. Hvis en stor procentdel af vores tanker har været på et bestemt vibrationsniveau, kan vi lettere blive tiltrukket af en specifik koncentrisk ring. Hvis vi dog har praktiseret at projicere vores tanker, følelser og ønsker til Alt Hvad Er, til universets største magt og kærlighed – af universerne, retter han – så kan vi, ligesom en fisk, der glider gennem vandet, transcendere mange, mange niveauer, fordi vores tanker er yderst kraftfulde vibrationer. De ekstremt kraftfulde vibrationer tiltrækkes af lige så kraftfulde vibrationer. Og vi kan bestemt transcendere mange af disse mere klæbrige niveauer.

D: *Er der nogen barrierer, der forhindrer os i at gå til et bestemt niveau?*

P: Vores tanker, vores frygt, vores overbevisninger og vores hensigt.

D: *Vil vi være i stand til at nå det niveau, han er fra?*

P: På nuværende tidspunkt kan vi gøre det med vores bevidsthed, som altid opholder sig på dette niveau, uden at vi ved det, vi der er 99% i søvne. Der er en enorm del af os, der altid befinder sig i lysets og evighedens rige. Det er vores ansvar at bringe dette til den "vågne" tilstand af vores bevidsthed.

D: *Jeg tænker, at vi er så koncentrerede om vores fysiske kroppe, at når vi dør, så at sige, og vi forlader den fysiske krop, vil vi kun bevæge os et stykke ud og derefter vende tilbage til det fysiske niveau.*

P: Det er helt klart en mulighed. Det afhænger af dit fokus. Dine bevidste tanker er den kraftkilde, som du og alle andre mennesker besidder. De tanker, du bevidst skaber, vil være en væsentlig faktor for, hvor du går hen, og om og hvor hurtigt du vender tilbage bevidst i fysisk form på denne planet.

D: *Du sagde, at vi var 99% sovende? Mener du alle mennesker?*

P: Naturligvis er der mennesker, der har opnået erkendelsen gennem deres tanker, deres kærlige hensigt, deres faktiske tro og troen på det evige kærlighedslys. Der har været mennesker på denne planet, der bestemt har været i stand til at overskride grov fysisk materie og ikke "dø", som du kender det. De er blevet kaldt "opstegne mestre", hvilket er et udtryk, der kan være lidt humoristisk, da det bare betyder, at de var i stand til at transcendere mange af de klæbrige lag. Det virker ikke muligt faktisk stadig at være i fysisk form på planeten og operere i lyset samtidig. Så for faktisk at nå denne tilstand må vi skille os af med det, der er materielt og tæt, og dette er blevet opnået af nogle mennesker. Det ville være at lade hver enkelt molekyle i den menneskelige krop, så at sige, skrue op for kraften. Hver molekyle ville blive fuldt lys. Og ved at tænde lyset bliver vibrationen så hurtig, at kroppen, såvel som den uendelige bevidsthed, transcenderer dette plan.

D: *Så kroppen forsvinder?*

P: Det er korrekt.

D: *Fordi der ikke ville være noget behov for en fysisk krop i den anden dimension.*

P: Det ville være meget distraherende. (Hun lo.) Du er klar over, at Jorden har tyngdekraft, som holder objekter med vægt til sig. For at rejse i rummet må du gøre noget ved tyngdekraften og vægten. Så de har faktisk evnen til at teletransportere, som hvirvlende glimmer. Adskille og samle igen i overensstemmelse med deres bevidste hensigt.

D: *Så det er som om hele kroppen dekomponeres. Jeg ved ikke, om det ville være det rette ord. Forsvinder.*

P: Ja, forsvinder er passende. Det skulle være en meget kontrolleret tilstand og kun i den forstand, at disse vibrationer kunne hæves til et niveau, der ville være ud over din fysiske opfattelsesevne. Det er blevet gjort, dog ikke af mennesker, du normalt ville anse for normale. Nogle mennesker har indset, at de faktisk er en del af Gudskraften. Når de i deres bevidsthed bliver det lys, de er, har de evnen til at adskille deres molekyler. Der er dem af avanceret natur, som kunne omarrangere deres molekyler. Dog ville dette ikke være normalt eller almindeligt. Der er meget lidt grund til at samle molekylerne igen til grov, tæt fysisk form. Når de er adskilt, betyder det at samle dem igen, at du på en eller anden måde skal vende tilbage.

D: *Nogle mennesker mener, at dette ville være en metode til at undgå døden.*

P: Der er intet behov for at undgå døden. For som du kan se, er der ingen sand død i den forstand, at der er noget, du ville undgå. Der er ingen åndelig død i den forstand. Og derfor ville den fysiske krop naturligvis ikke behøve at blive hævet til et andet niveau. Det ville være, som om du forsøgte at tage din frakke med dig, når du døde. Du har ikke brug for den, så hvorfor skulle du tage den med dig? Det ville ikke være nødvendigt at forsøge at transfigurere en krop for at tage den med til åndeplanet. Den ville ikke have nogen funktion eller anvendelse på det niveau. Men at forsøge dette i inkarnationsform i forsøget på at opnå mere viden, mens man stadig er sund eller stadig fungerer, så ja, det kunne være et værktøj. I den forstand kunne det involvere mange oplevelser langt ud over det, der ville blive betragtet som normale eller dagligdags oplevelser. Men igen, i sig selv har det ingen reel værdi.

D: *Hvad med den rapporterede transfiguration af Jesus. Var det hans faktiske fysiske krop?*

P: Den fysiske krop blev hævet langt ud over et niveau, der ville nedbrydes. For at fremskynde den naturlige nedbrydningsproces var det som om molekylerne simpelthen blev adskilt gennem en avanceret proces med energistimulation, således at molekylerne selv blev nedbrudt. Hvilket er den naturlige nedbrydningsproces i en fremskyndet form. Da Jesus viste sig for folk efter sin "død", var det muligt for ham at justere sin frekvens, eller mere præcist, frekvensen af hans ånd eller sjæl til dem, der ville bevidne ham. Han kunne justere den, så kun én person i en menneskemængde kunne se ham. Det kunne også justeres, så hele menneskemængden kunne se ham, hvis det var nødvendigt. Og dette bliver gjort mange gange i mange forskellige steder. Det var ikke unikt for Jesus-oplevelsen.

Jeg har haft mange sager, hvor udenjordiske væsener har været i stand til at gøre dette. De dør ikke, før de selv beslutter det, normalt fordi de er klar til at forlade og tage på et andet eventyr i en anden krop et andet sted. I disse tilfælde forsvinder deres krop, eller som de siger "disformulerer". Det er blevet set at bryde op i en glitrende substans eller i separate minutte molekyler. Jeg havde aldrig hørt om det blive gjort af et menneske, fordi den normale måde, vores sjæle kan forlade kroppen, er ved, at åndeformen forlader den fysiske krop for at blive nedbrudt.

D: *Når de fleste mennesker dør, efterlader de kroppen på Jorden, og ånden, essensen af dem, fortsætter.*
P: Det er korrekt. Det er det normale tilfælde. Det eksempel, vi beskriver, er en, der ikke er af de 99% sovende. Dette ville være en person, der har troen, ønsket og hensigten om at gøre dette. At transcendere og tage deres kroppe med sig. Andre mennesker ønsker også denne transcendens, men tror ikke, at de kan gøre det. Derfor kan de det ikke, og deres krop må fysisk dø. Dit trossystem er en stålaksel. Uden virkelig at tro, at dette er muligt, er det ikke muligt.

D: *De synes at have en tilknytning til kroppen, hvis de vil tage den med sig.*
P: Du synes at have besvaret dit spørgsmål, at det er en vigtig tilknytning for individet. Den menneskelige krop har et specifikt formål, og det er at opleve livet i den form. Han siger noget i retning af, at du bad om en fysisk form, og hver enkelt menneske manifesterede sig på den måde. Det er det vigtige ved det. Mennesker er ikke den eneste "art", og det er i citationstegn og sagt med humor. (Hun lo.) Men er ikke den eneste art, der er knyttet til fysisk form. Du må indse, at de mennesker, der bevidst har været i stand til at - lad mig bruge udtrykket "adskille" - bevidst den fysiske krop, ikke er i den 99% sovende tilstand. Hvis du faktisk vågner til viden og troen på, at du kan transcendere disse niveauer eller lag af væren og har været i stand til at opnå

denne præstation, så er du også vågnet til erkendelsen af, at du ikke behøver at slæbe rundt i det tunge og tætte materielle plan.

D: Det virker for mig som om evnen til at kontrollere sindet i en sådan grad ville være en sidste lektion. Ville det være korrekt?

P: Læring. Det ser ud til at være et spørgsmål om semantik. Og ordet "endelig" læring er selvfølgelig begrænsende, fordi man så tror, at det er slutningen på det. Men faktisk er det den største fysiske læring, vi kan opnå. Hvis, hvis det er ledsaget af hjertets tro. Så det skal gå ud over sindet. Sindet er et værktøj for ånden.

D: Men hvis man lærer at kontrollere sindet og kroppen i så høj en grad, ville det være den sidste fysiske læring.

P: Det er svært, fordi vi er som børn, der nærmer sig Stillehavet. Vi er som små bitte væsener, der ser ud over et enormt, enormt hav uden grænser. Og det virker så stort. Hans pointe, tror jeg, er, at vi bruger sindet som vores værktøj til at nå ånden. Men faktisk, når vi slipper vores søvnighed, er det ånden, der har brugt sindet. Hver gang du har en bevidst tanke om at hæve din vibration, har den tanke kraft og klarhed. Du har fokuseret på det, du ønsker at opnå. Den tanke går ud som en klar, lige pil. Den stopper ikke. Alle andre bevidstheder, der bliver opmærksomme på den klare, lige tanke, kan tilføje kraft til den. Men det faktum, at du havde den oprindeligt, betyder, at du skyder disse linjer ud, disse motorveje af harmoni og "hævet" vibration. Øget eller fremskyndet vibration. Så hver gang du gør den bevidste indsats, opnår du faktisk det, du har til hensigt, fordi du tror, det er muligt. Du kan bestemt gøre det, mens du har fysisk form. Hvis du faktisk kan lade dit sind acceptere det faktum, at virkelig hver eneste molekyle af alting er lys, og lys er synonymt med kærlighed, kan du bringe dette ind i dit trossystem og derefter arbejde med hver atom i din fysiske væren. Du kan skrue op for kraften. Du kan lade lyset skinne. Ved at skrue op for kraften, ved at tænde lyset, ved at fremskynde den vibration, kan du faktisk adskille din fysiske form.

D: Hvis, som du sagde, mennesker er 99% sovende, hvilke skridt kunne vi tage for at vågne op?

P: Han sagde: Godt spørgsmål! Oplysningerne er selvfølgelig blevet givet, men det er bestemt værd at gentage. Hvis vores sind er vores største værktøj, og hvis vi ønsker at bruge det til dets fulde

Den Snoede Univers ~ Bog Et

kapacitet, så ønsker vi bevidst at forbinde os med dem i lysets rige. Så vi sender de vibrationer ud. Vi øver os bevidst i at tænke på lys, på udvidelse, ud over stjernerne. Tænk ikke, at det slutter et sted, og så er der noget andet. Send det bare ud som en satellitprobe. Bare vid, at det vil blive, hvad vi har til hensigt. Vores intention er den utrolig stærke livline, vi kan sende ud. Det skal dog gøres på en disciplineret og fokuseret måde. Der skal være en eller anden form for kontinuitet.

D: Så hvad skal vi gøre hver dag?

P: Fokuser bevidst dine tanker på lys. Ikke kun lys udenfor, men lys, der stråler fra hver celle i din levende krop. Fra planeten selv, fra hver plante og hvert dyr, og fra selve luften og vandet. Tænk, at alt, hvad du kommer i kontakt med eller endda tænker på, i sin essens er lavet af lys. Og kernen i lys, bunden af alt, er kærlighed. Og kærlighed er en kraft, der er meget misforstået af mennesker, som sætter det i en meget lille, snæver kasse.

D: Hvordan tænker man på lys eller fokuserer på lys?

P: Hvordan fokuserer et menneske? Han griner, fordi han indser, hvor meget det spørgsmål betyder, og hvor indlysende det virker for ham. (Hun grinede.) Han sagde, at man ikke skal forsøge at visualisere, som at se en film, men at forsøge at forestille sig, at alting lyser. Tænk bare på glød. Måske vil det gøre det lettere.

D: Som at lede efter auraen?

P: Hvad jeg ser, når du stiller det spørgsmål, er meget lig røg, der kommer ud fra alting. Vifter og hvirvler og danner mønstre og spredes og fortsætter med at flyde. Så det er som glødende røg. Lysende fibre, der omtales i mange amerikanske indianerhistorier, eksisterer. Så hvis du tænker på glødende tråde, måske; hvis du faktisk ser auraen fortsætte for evigt! De fleste mennesker tænker på det som kun omgiver ting, men det er inden i og igennem og fortsætter. Det gennemtrænger alt.

D: På denne måde ville vi alle være forbundet, fordi hvis det fortsætter for evigt, ville hvert enkelt lys, så at sige, overlappe hinanden.

P: Det er rigtigt. Analogien med tapetet er ikke blevet misset.

D: Hvordan forklarer du analogien med tapetet?

P: Ikke helt så enkelt, som jeg er bange for, at vi måske ser et tapet. Tapetet synes at være relativt fladt, selvom det består af mange fibre, der væver ind og ud, rører ved krydsninger, danner mønstre og skaber design. Tapetet er faktisk holografisk, så det har dybde såvel som alle de andre dimensioner.

D: *Jeg stillede det spørgsmål, fordi jeg er blevet ført til rummet, hvor tapetet er. (Beskrives i "Between Death and Life")*

P: Vær venligst opmærksom på, at informationer gives til dig gennem andre mennesker i den form, de bedst kan fortolke, og derefter leverer informationen. Der er et sådant kærligt forsøg på at kommunikere til mennesker den utrolige storhed af Alt, hvad der er, at væsener vil bruge mange forskellige analogier, der bliver synlige for den person, du taler til. Og de vil være meget virkelige i deres sind. De er faktisk analogier, der bliver levende, om du vil. Så at faktisk tro, at et Akashic-arkivrum eksisterer i fast form, er vidunderligt, det føles godt, og det er en god analogi.

D: *Mange af disse samme analogier er kommet gennem forskellige mennesker.*

P: Det er korrekt. Men han sagde, at andre kærlige essenser "læser de samme bøger". Hvis de har fundet en teknik, der vil åbne et menneske op for disse andre muligheder og riger på en sådan måde, at de kan forstå og fortolke dataene, er de tilbøjelige til at bruge lignende teknikker med forskellige individer. Et problem, vi har stødt på i arbejdet med mennesker, er at verificere, validere og på en eller anden måde komme overens med logikken. Og dette er ret begrænsende og helt unødvendigt. Oplysningen er formålet. Oplysningen om det faktum, at vi i essens er lys, vi er kærlighed. Hver celle i vores kroppe, hver celle og molekyle af alting. Strømkilden, der driver alt liv, er lys. Så at vågne op til den viden og at ønske at operere i det rige, og at tro, at det er muligt, er alle faktorer, der vil bringe dig derhen.

D: *Så vi er fanget i karmahjulet, der holder os bundet her og forhindrer os i at transcendere.*

P: Absolut. Fordi det er den sovende tilstand på karmahjulet. Og det udtryk kræver også en del afklaring. Men for kontinuitetens skyld, på karmahjulet er mennesket sovende, og derfor uvidende.

D: *De indser ikke, at de kan stige af.*

P: Det er korrekt. Dog vil det ikke blive opnået uden sand tro. Du ser, tro er virkelige ting, ligesom tanker er. Indtil de udsættes for lys, er tro, om man så må sige, som reb, der binder os. Og vores større selv - jeg må sige, det er meget forvirrende at tale i termer af større og så igen større end det, og så igen større end det selv. Fordi det større selv, som jeg taler om, er bestemt ikke lys-cellet og i den englelige verden. Det større selv er blot endnu et mere bevidst selv, men endnu ikke udvidet til Alt, Hvad Er. Så du ser, her er terminologien meget kritisk for forståelsen. Jeg ville ønske, der var et andet udtryk, vi kunne bruge. Måske skulle jeg kalde det det "karmiske" selv. For det karmiske selv er det, der bestemmer, hvilke distraktioner vi holder fast ved.

D: *For de lektioner, vi skal lære.*

P: Som vi har besluttet, vi skal lære, gennem vores tro. Hvis der var nogen lærdom, vi kunne tage med fra denne session til andre mennesker, ville det være styrken af vores tro. Tro er et meget vanskeligt begreb, selv for mennesker at virkelig forstå. Hvad er tro? Det er ud over, hvad du tænker om noget. Det er, hvad du tænker og føler og har den indre viden om. Men det er endda større end det. Det trodser definition. Det ser ud til, at tro er motorveje. Vi holder fast ved disse motorveje af tro. Vores opgave som væsener, der forsøger at blive oplyste, er at sende tro-motorveje mod lyset. Tro er - det er så svært at udtrykke - meget stærke tanker. Jeg ser, at vores ven mener, at et af problemerne stammer fra semantik. At ved at sætte et ord på noget stort og grænseløst og uden skarpe kanter, har vi en tendens til at indsnævre disse motorveje.

D: *Hvorfor bliver al denne information tilgængelig nu?*

P: For det første er der blevet sendt et kald. Lidt på grund af det faktum, at vi på dette tidspunkt i menneskets historie har øjeblikkelig massekommunikation. Mange flere mennesker bliver intellektuelt bevidste om muligheden for, at større riger eksisterer. Når man først er blevet intellektuelt bevidst om, at denne mulighed eksisterer, vil det nysgerrige menneske gerne prøve. Så de sender ønske, hensigt og det afgørende: at spørge. Så på dette tidspunkt på planeten er der faktisk flere mennesker, der beder om kommunikation med de usynlige riger. Dog ser det ud til at være en indre trang, at vi får denne information. Der har i en længere periode været et ønske blandt de englelige riger om bevidst at have kommunikation og kontakt med mennesker. Så denne trang er ikke nødvendigvis en ny trang. Ønsket fra de englelige riger har eksisteret i meget lang tid. Jeg kan i øjeblikket ikke skelne grunden til trangen, om den har stået på længe, eller om noget er nært forestående. At se på en potentiel planetarisk katastrofe, som mange har spekuleret i som grunden til denne kommunikation, er ikke hensigten på dette tidspunkt.

* * *

Pam: Det ser ud til, at Gud, kraften, det genererende kraftværk af Alt, Hvad Er, kendt under mange navne - men vi vil bare kalde den kraft Gud for nu - også er nysgerrighed. Nysgerrighed er en utrolig kraft. Så når du tager den mest magtfulde kraft, der findes, og bruger bare en del af den, er den nysgerrighed i stand til at manifestere i fysisk form alt, hvad kraften fokuserer på. Så derfor har du en myriade af livsformer, fordi Gudskraften er en meget nysgerrig kraft. Og selve tanken om noget, tanken om noget som helst, fører til manifestation. Tanken skaber, og vi er en af mange, mange, mange, mange tanker.

* * *

Phil: Der er liv i alt, hvad der er. Der er selvfølgelig det, som man ville kalde livløst. Men den skelnen, der foretages her, er på et niveau, der er langt ud over menneskelig forståelse. Ikke desto mindre, fra de højere bevidsthedsplaner er det tydeligt, at alt på en eller anden måde er bevidst. Her skelner vi mellem bevidst og levende. Fra jeres synspunkt ville det være svært at opfatte bevidsthed på det niveau. Dog er det faktisk sandt, at alt, selv sten, har bevidsthed, måske ikke på et niveau, hvor I kan opfatte det. Og derfor, hvis det skulle forstås, kunne det siges, at ja, selv stenene er levende, hvis denne bevidsthed udgør liv. Der er, hvad I ville kalde en livskraft, som er adskilt og forskellig fra det, vi kalder bevidsthed. Dog, fra jeres perspektiv er bevidsthed og liv noget forbundet, idet de ser ud til at være en og samme ting.

* * *

Pam: Musik er bestemt en stor kunstform. Det er en form for interstellar kommunikation såvel som planetarisk kommunikation.

D: Kan du forklare, hvordan det er interstellart?
P: Lyd er en vibration, som du allerede ved. Vibrationer strækker sig ikke udad og stopper derefter ved et X-punkt. En vibration fortsætter med at gå ud. Det er svært at forstå, at den går ud for evigt, fordi vores begrænsede menneskelige hjerner ikke tænker i termer af evighed og uendelighed. Dog er hvalens sang mønstret, harmonisk og fuldstændig planlagt. Og denne vibration fortsætter på en harmonisk, mønstret og planlagt måde. Derfor strækker den sig udad, og de, der er modtagelige for at modtage dette mønster og denne harmoni, gør det.
D: Betyder det, at væsener i det ydre rum kan opfange det og forstå det?
P: Absolut.

* * *

Phil: Det er egentlig ikke nødvendigt at spise noget. Kloden, som vi lever på, lever i et levende plasma. I dette plasma findes alle de nødvendige elementer for liv. Dette er ud over, hvad vi tænker på som luft, vand, lys. Men lad os sige, at alle nødvendige næringsstoffer findes i en usynlig form overalt på Jorden. Problemet er, at dette plasma påvirkes af tanker og faktisk fysisk forurening, og i mange dele af kloden er det ikke længere rent. Det, I kalder "rumvæsener", behøver ikke fysisk at spise. De kan modtage plasma fra kosmos, uforurenet, uforvrænget livskraft. (Dette blev udforsket i "The Custodians").
D: Mange af rumvæsenerne har fortalt mig, at de ikke har brug for mad, som vi gør. Det ser ud til at være en menneskelig egenskab. De kan leve af luft, atmosfære og lys.

Aliens bliver ved med at sige, at vores kroppe bliver mere lysende for at undslippe dimensionens tæthed, og at vores kost ændrer sig for at imødekomme dette. Fremskrider vi til den tilstand, hvor vi også vil eksistere af lys? Er det planen?

* * *

En del af en session med LeeAnn i 1989, som vi troede ville være en UFO-oplevelse, fordi det var det, vi undersøgte, viser, at vi ofte ikke får, hvad vi forventer. Det viser også, at personen ofte ikke tages om bord på et fartøj, men et andet sted, der bestemt ikke er Jorden. (Som Clara i Kapitel 5.)

LeeAnn huskede bevidst at have set et smukt gyldent lys lige da hun skulle sove. Det havde en meget varm, fredfyldt og beroligende effekt, mens hun faldt i søvn. Værelset var mørkt, så det kunne ikke være kommet fra en normal kilde. Hun huskede brudstykker af en drøm den nat om at være i et meget hvidt, meget sterilt rum. I en del af drømmen så hun et visuelt billede af en vulkan eller lava, og da hun vågnede, havde hun ordet "hologram" i tankerne.

Vi havde allerede udforsket andre oplevelser, der skete lige efter, hun troede, hun var faldet i søvn. En af disse blev rapporteret i The Custodians, da hun blev taget ombord på et rumfartøj. Jeg forventede, at dette ville være forbundet med den type oplevelse, så da hun var i trance, førte jeg hende tilbage til den nat, hvor hun skulle sove. Pludselig var det ikke længere mørkt, det var lyst, men hun kunne ikke fastslå, hvor lyset kom fra. Derefter så hun sig selv siddende på et sted, der lignede et auditorium, men hun vidste ikke, hvordan hun var kommet dertil. Det var et sterilt og rent rum, og hun sad på trin, der lignede tribuner, bortset fra at de var solide og formstøbte. Værelserne var adskilt af gennemsigtige vægge, der ikke var lavet af glas, men de strakte sig i en uendelighed, som et spejlkabinet. Atmosfæren var meget rolig og stille. Hun blev overrasket, da jeg spurgte hende, hvordan hun var klædt.

L: Bare i lys. Jeg gætter på, at det ligner en kåbe. Ikke rigtig klædt på, men heller ikke afklædt. Jeg ved, at der er folk her. Jeg ser dem ikke, men jeg kan mærke dem. Så der må være nogen her. Jeg kigger rundt, og jeg burde kunne se dem.

D: *Hvis du kunne spørge dem, hvordan du kom herhen, hvad ville deres svar være?*

L: (Lang pause) Det er en god en. Jeg må opdigte denne her. (Langsomt, som om hun hørte og gentog.) Det er en manifestation af at transcendere de fysiske grænser for din krop for at vove dig ind i rummets og tidens riger. Hvor enheden kaldet – dette giver ingen mening – universets enhed. Enden på at være ... hel. Det giver ingen mening.

D: *Det er okay, hvis det ikke giver mening. Måske kan vi forstå det senere. Var det det svar, du fik?*

L: Ja. Uanset hvad det sagde.

D: *Er du der i din fysiske krop?*

L: Nej, det tror jeg ikke.

D: *Så du rejste derhen i en form for åndelig form?*

L: De siger. Nå, den fysiske krop er ikke her. (Lang pause) Jeg gætter på, at det handler om ... Jeg forstår det ikke, men jeg vil gerne sige, hvad der er præcist. Energien i din ånd er sådan, at du bare er en kraft, og du er i stand til at rejse gennem dimensioner og gennem rummet, uden at du egentlig ved hvordan. Og når du er klar, så er du klar. Og det er ikke ved vilje eller valg. Du kan ikke tvinge dig selv. Det sker bare. Jo mere du prøver at gøre en bevidst indsats, jo mere skubber du dig selv tilbage mod muren.

D: *Så det sker ikke, før det er klar til at ske.*

L: Rigtigt. Så du har brug for den adskillelse. Den tankegang, objektiv og subjektiv.

D: *Har disse væsener noget at gøre med dette?*

L: Jeg gætter på, at de har. Vi er her for at lære, for at tjene, fordi de kaster lys og leder. Og for at vide, så vi kan være til tjeneste.

D: *Det er gode ting. Hvorfor ville de have dig til at komme herhen?*

L: Fordi forandringer vil ske. Forandringer sker. Inden for planetens udvikling, alt for planetens forbedring. I den tidsalder, vi er i, skal folk vises gennem dit eksempel, deres enhed med universet og faderen. Og på det tidspunkt vil planeten have det godt. Vi har taget meget og har misbrugt, og nu skal hun renses. Og vi er her for at hjælpe, ved eksemplet, ikke ved prædiken. Og venlighed frembringer venlighed.

D: *Men de fortalte dig, at der sker forandringer?*

L: Ja. Jeg vil virkelig ikke vide noget om dem, men jeg gætter på, at jeg er nødt til det.

Hun holdt en pause, da det så ud som om, hun observerede noget. Derefter begyndte hun at beskrive vulkanudbrud og jordskælv. Også eksplosioner og brande forårsaget af gasser, der kom fra undergrunden. Der var mange dødsfald, men midt i det hele så hun rumskibe evakuere folk til et større skib højere oppe i himlen. De blev derefter transporteret til andre planeter i andre galakser.

L: De kommer for at give hjælp. Vi hæver vores vibrationsniveauer, eller de hæver vores vibrationsniveauer, nogen gør, noget gør. Og så er du bare "wusch" deroppe. Og da du bare er en energikraft, svinger du med en højere hastighed. Og kroppens fysiske tæthed er ikke så tæt, som den er lige nu, men du er stadig den samme væren. Jeg gætter på, at du skal være sådan, fordi hvis du ville skifte planet, så gætter jeg på, at de har en anden atmosfære. Det er ikke så tæt, og strukturen af din væren skal ændres. Vibrationsniveauet skal ændres mere til en lysfigur end til et tæt stof som os. Og jeg gætter på, at det er det, der sker. Og det er sandheden, fordi folk kan gøre det, selv når de er på dette plan. De kan ændre deres krops tæthed. Og folk går gennem vægge og sådan noget. Der er folk, der gør det, rigtige folk. Så jeg gætter på, at hvis du har en mere højt udviklet art – eller "væsen" er et bedre ord – er de i stand til at hjælpe med det, vi allerede ved, fordi du iboende ved alt. Og ved at hæve vibrationsniveauet ville det under alle omstændigheder ikke betyde noget, fordi selvom de fysiske kroppe døde, ville de bare bevæge sig videre til et andet sted.

D: *Men i dette tilfælde tager de den fysiske krop med sig.*

L: Ja, men de omarrangerer partiklerne for at imødekomme overførslen.

D: *Tager de alle overlevende på planeten med?*

L: (Trist) Nej, det gætter jeg på, de ikke gør. Jeg ville gerne tro, at de ville. Mange fysiske kroppe gik tabt i ødelæggelsen. De tager ikke alle med.

D: *Er der en grund til det?*

L: De mennesker, der er mere udviklede, er dem, der bliver taget med. Jeg kan heller ikke tro det, fordi det ikke ser ud til at passe. Jeg gætter på, at det gør. Hvem er jeg til at dømme?

D: *Dem, der er mere udviklede, er dem, der kan gennemgå denne overgang.*

L: Jeg gætter på det. Og jeg ser en regression på planeten. De fysiske mennesker går tilbage til en mere primitiv, mere dyrisk tilstand, som vi plejede at være.

D: *Mener du dem, der er blevet på planeten?*

L: Ja. Tilbage...før selv hulemennesket.

D: *Er der en grund til, at de går tilbage?*

L: Efter dette ændres den faktiske fysiske atmosfære på planeten. Og for at understøtte det fysiske menneskeliv ændrer den menneskelige art sig, fordi planeten bliver mere tæt. Luften er mere tæt på grund af alle de ting, der sker. Tingene starter bare forfra. Jeg kan ikke tro, at vi starter forfra.

D: *Nå, måske er dette et alternativ. Måske prøver de at vise os de forskellige ting, der kunne ske. Men sker dette for alle de mennesker, der er tilbage på Jorden?*

L: Jeg vil ikke sige "alle". Kun fordi det ville tage så lang tid, hvis alt... Men nej, bare nogle, bare nogle. Det er, hvad det er. Den rationelle hjerne siger, det er som fødselsdefekter på grund af hvad der er sket. Og atmosfærerne har ændret sig. Men der skal være højere livsformer, menneskelige former.

D: *Tror du, de viser dig, hvad der ville ske med nogle af de mennesker, der overlever?*

L: Nej, ikke de overlevende. Dette er afkommet af de overlevende, tror jeg.

D: *Lad dem vise dig de andre, der ikke udviklede sig i den retning.*

L: (Pause) Jeg kan ikke se, hvordan sådanne modsætninger kan eksistere. Jeg tror ikke, jeg er på Jorden længere. Menneskerne er for lette. Let i den fysiske struktur, næsten ånd af en ånd. De er ikke tætte nok til at bebo Jorden. Men måske vil Jorden med forandringen blive himlen, ikke?

D: *De mennesker, du ser nu, er dem, der blev taget væk? Og de eksisterer et andet sted.*

L: De mennesker, der er lettere, er mere udviklede og bliver taget væk. Jeg ved ikke, hvem der kan træffe den beslutning. Det er et meget dejligt sted. Roligt. Mere gasagtigt. Det er mere som at eksistere i en gasform, med blå, lavendel og lilla nuancer. Og du gør ikke ting som på Jorden, fordi du ikke er bundet. Du har ikke engang huse. Og du har former, men viden erhverves. Det er bare gennem tanke. Der er ingen fysiske, håndgribelige bøger eller noget. Der er intet, der har nogen tæthed undtagen den gasformige tilstand. Og det er et meget frit, meget svævende sted, hvor alle er venlige og alle er glade.

D: *Og der er ingen fysiske, solide strukturer?*

L: Ja, der er nogle derovre. De krystalting, jeg fortalte dig om før. Jeg tror ikke, de er af glas. Så smukke, faktisk ret udsmykkede i strukturen. Krystaltårne. Der er nogle store ting, der strukturelt ser mere ud som et romersk design, med søjler. De er ikke lavet af marmor, som romerne gjorde. Det er en blålig slags glas, lyseblåt glas. Det er meget smukt.

D: *Hvad bruges de strukturer til?*

L: Jeg gætter på, de bruges til læring. Det var bare det, der dukkede op, før du stillede spørgsmålet, fordi jeg vidste, at du ville spørge. Men læringen foregår gennem lyd, ikke bøger.

D: *Tror du, at alle de mennesker, der blev taget væk af fartøjerne, kom til dette sted, eller tog de andre steder hen?*

L: Åh nej, de kommer ikke alle herhen. De tager alle hjem til deres egne steder. Men ikke alle er herfra.

D: *Mener du, at alle disse mennesker er fra andre steder? (Sikkert) De er ikke oprindeligt fra Jorden?*

L: Åh, jeg er sikker på, at der er nogle mennesker, der kun er fra Jorden. Alt er inden for denne mulighedsramme. Men ikke alle vil tage til denne planet. Hvem ved, hvor vi oprindeligt kommer fra.

D: *De vil rejse til en atmosfære, der er velkendt for dem?*

L: Ja. Deres hjem. Alle vil det, fordi de rejser i grupper og bliver forenet igen med svigermødre. (Griner) Familiemedlemmer. Det er aldrig afsluttet.

D: *Men denne tilstand er ikke, hvad vi kalder "dødens" tilstand.*

L: Åh nej, det er en fysisk tilstand. Ikke tæt fysisk som denne krop er tæt fysisk.

D: *Jeg forsøger at forstå dette. Alle disse mennesker bliver taget ombord, de bliver transcenderet på en eller anden måde, molekylerne bliver nedbrudt og på en eller anden måde taget ombord på disse rumskibe. (Ja) Men det var ikke alle. Alle dem, der blev taget ombord på rumskibene, bliver bragt tilbage til deres oprindelsessted?*

L: Ja. De kom til Jorden for at hjælpe med udviklingen af arten, fordi arten, som den udviklede sig, glemte guddommen. Så de sendte andre for at hjælpe med den åndelige udvikling, som ikke var der fra begyndelsen. Jeg gætter på, at det giver mening.

D: *Og der var mange af disse?*

L: Åh, ja, mange, mange. En del af mig sagde, at det var de mennesker, der blev hentet, fordi deres vibrationsniveauer var højere. Men personligt kan jeg ikke se, hvordan nogen vil blive efterladt. Men hvem skal dømme? Gud i sin guddommelige visdom kunne tage alle med, fordi vi alle er ét.

D: *Ja. Men ser du nogen af disse mennesker blive vendt tilbage til Jorden, eller tager de alle et andet sted hen? Jeg tænkte, at det var en midlertidig ting.*

L: Folk vil blive vendt tilbage til Jorden, folk, der vælger at komme tilbage. Fordi det, jeg ser nu, er en meget primitiv kultur. Og jeg gætter på, at de mennesker, der bliver vendt tilbage, er dem, der ønsker at komme tilbage for deres egen udvikling, som ved, at planeten har ting at tilbyde, som de har brug for at lære eller huske. Og de mennesker, der kommer tilbage, tror jeg, vil være lederne eller lysvæsnerne i en tid. Til at hjælpe hvem, ved jeg ikke, medmindre en anden art vil udvikle sig.

D: *Bliver disse mennesker bragt tilbage af rumskibene i de fysiske kroppe, som de forlod i?*

L: Nej, jeg ser dem ikke i de fysiske kroppe, de forlod i. (Hun sukkede.) Nej, de vil ikke være i deres samme fysiske kroppe. Det bliver én højt udviklet art og én mindre udviklet art. Det er næsten som om englene vil se efter den nye art, der vil være her. Og hvis de er i harmoni, så ... Jeg ved det ikke. Jeg tror, planeten vil være meget anderledes. Jeg ved det ikke. Jeg ved det ikke. Jeg ved det ikke.

D: *Du sagde, at du så overlevende, der blev til disse dyrelignende mennesker, regresserede til en primitiv tilstand. Bliver hele verden sådan, eller er der nogle, der fortsætter civilisationen?*

L: Det lader til, at civilisationen starter forfra.

D: *Du ser det ikke fortsætte i måske isolerede dele af verden?*

L: Nej. Verden er tilbage til den tilstand, hvor bygninger, teknologi, biler og fly ikke længere findes. Tilbage til en tilstand, hvor buskene lige er begyndt at spire, og træerne lige begynder at vokse. Det er næsten som i begyndelsen igen. Det er som at gå ind i skoven og finde et lille stykke skov, hvor folk ikke har gået eller forstyrret, og alt er meget nyt og frisk. Sådan er hele planeten.

D: *Tror du, alt blev ødelagt?*

L: Dette er tid længere fremme. Lige efter ... hvad ser jeg? Jeg ser, at der er mere vand på planeten. Eller flere landmasser dækket af vand.

Jeg bad hende derefter beskrive, hvordan verden så ud med hensyn til de dele af kontinenterne, der stadig ville være over vand. Det fantastiske var, at hun beskrev næsten nøjagtigt det samme, som jeg rapporterede i bind to af "Samtaler med Nostradamus". Hun kunne ikke have fået denne information fra bogen, da den endnu ikke var udgivet, da vi havde denne session i 1989.

D: *Dette kunne være muligheder. De behøver ikke at være konkrete sandheder. Har de nogen råd?*
L: Rådene er meget enkle og er blevet undervist gennem århundrederne: Behandl andre, som du selv ønsker at blive behandlet.

Denne gyldne regel kan findes i de syv grundlæggende religioner på vores planet:

BRAHMANISMEN: Dette er essensen af pligt: gør intet mod andre, som ville forårsage dig smerte, hvis det blev gjort mod dig. (Mahabharata 5:1517)
BUDDHISMEN: Skad ikke andre på måder, som du selv ville finde skadelige. (Udana-Varga 5:18)
KONFUCIANISMEN: Sikker på, at det er maksimalen af kærlig venlighed: Gør ikke mod andre, hvad du ikke vil have dem til at gøre mod dig. (Analects 15:23)
TAOISMEN: Betragt din nabos gevinst som din egen gevinst og din nabos tab som dit eget tab. (Tai Shang Kan Ying P'ien)
ZOROASTRISMEN: Den natur alene er god, som undlader at gøre mod en anden, hvad der ikke er godt for sig selv. (Dadistan-I-dinik 94:5)
JØDEDOMMEN: Hvad der er hadefuldt for dig, gør ikke mod din næste. Det er hele loven; alt andet er kommentarer. (Talmud, Shabbat 31 a)

KRISTENDOMMEN: Alt, hvad I vil, at mennesker skal gøre mod jer, gør det også mod dem; for dette er loven og profeterne. (Matthæus 7:12)

ISLAM: Ingen af jer er en troende, før han ønsker for sin bror, hvad han ønsker for sig selv. (Sunnah)

D: *Nogle gange har de enkleste råd den største visdom.*
L: Hvis vibrationshastigheden på planeten ændrer sig, ved at mennesker bliver kærligere, eller mennesker anerkender Gud i alle, vil vibrationshastigheden på planeten ændre sig. Og ved at hæve dette niveau vil planeten Jorden blive helbredt i nogen grad. Og den rensning, der burde finde sted på grund af, hvordan vi har mishandlet planeten, behøver ikke nødvendigvis at finde sted. Tak planeten for dens godhed, for der er ingen adskillelse mellem os og vores planet. Skab ikke adskillelsen. Vi er alle ét sammen. Planeten, os, fuglen, hunden, der er ingen adskillelse mellem noget. Kun forskellen i manifestation af form. Og hvis folk indser det, ville vi have Himlen på planeten.

Da LeeAnn vågnede, diskuterede hun sin opfattelse af det sted, hun befandt sig i, umiddelbart efter at være faldet i søvn.

L: Det så ud som en spejlsal, men det var ikke glas, som når du ser i et spejl og bliver ved med at se refleksionen igen. Det var mere som en tunnel, hvor man kunne blive ved med at se ned, og det var opdelt i sektioner. Rummet var rundt eller buet med de formede trin, og gangen fortsatte foran mig.

Fordi hun tidligere havde nævnt konceptet med et hologram, undrede jeg mig over, om denne spejlsal havde noget at gøre med at projicere de katastrofebilleder, hun så. Jeg forklarede konceptet for hende. Hun vidste ikke engang, hvad et hologram var.

D: *Tilsyneladende skulle du se dette af en eller anden grund. Generer det dig?*
L: Nej. (Latter) Jeg fandt det selv på.

Jeg grinede. Dette var den bedste måde at integrere noget, der kunne være foruroligende. Hvis emnet ikke tager det for seriøst, vil det ikke forstyrre deres liv. Senere, når de er klar til at udforske det mere dybtgående, vil deres sind være i stand til at håndtere det.

LeeAnn vidste ikke, at jeg havde arbejdet med andre om kortene over jordforandringerne, og at vi havde fokuseret på de samme former for kontinenterne og tilstandene i verden, som hun havde beskrevet. Jeg tog hende senere med for at møde en af de andre deltagere i dette projekt. Da hun talte med Beverly om disse ting, blev hun forbløffet over, at nogle af de ting, hun huskede, matchede, hvad Beverly havde modtaget. (Beverly var kunstneren, der tegnede kortene over jordforandringerne i "Samtaler med Nostradamus, Bind II").

Selvom der er store ligheder, kan jeg stadig lide at tænke på disse katastrofale scener som værende alternative fremtider, sandsynligheder og muligheder i stedet for sikkerheder. Jeg ønsker ikke, at dette skal være vores fremtid, og vi kan tage rådene om at behandle Jorden som en levende væsen og være venligere over for den og over for hinanden. Måske kan vi så undgå denne slags fremtid.

Tilsyneladende tager rumvæsenerne ingen chancer. De forbereder sig på ethvert værst tænkeligt scenarie. Måske forstår de menneskets natur bedre end vi gør.

Kapitel Ti
Stedet Kaldet "Hjem"

Flere personer er uventet taget et andet sted hen, i stedet for at gå ind i et tidligere liv, mens de gennemgår denne form for terapi. Det er bestemt ikke Jorden, men hver af dem betragter det følelsesmæssigt som deres "hjem". Ofte synes det at være et så fjendtligt miljø, at denne beskrivelse er svær at forklare, men der er ingen tvivl om de stærke følelser, personen føler, når de ser det igen. Første gang dette skete, var med Phil i "Keepers of the Garden", hvor han så Planet of the Three Spires. Den følelsesmæssige forbindelse var overvældende. Det skete igen med Clara i Kapitel 5, da hun så en lignende planet med spirelignende strukturer. Hun havde også en stærk følelsesmæssig reaktion. Hvis vi benægter reinkarnationens eksistens, ville dette være svært at forklare. Hvis personen kun havde levet ét liv på planeten Jorden, ville dette blive betragtet som det eneste hjem, de nogensinde har kendt. Hvorfor ville de så have en så kraftfuld og føleslesladet forbindelse til en øde, meget fremmed planet, der slet ikke ligner Jorden? Når de ser det, er der en stærk hjemve og et ønske om at blive der, i stedet for at vende tilbage til deres nuværende hjem på Jorden.

Jeg kalder disse mennesker "Stjernebørn", selvom jeg godt ved, at dette er et bredt begreb. De betragter denne planet som det fremmede miljø. De ønsker ikke at være her. De er blide mennesker og forstår ikke, hvordan mennesker kan være så hjerteløse over for hinanden; hvordan verden kan have så meget vold. De længes efter at tage "hjem", selvom de ikke rigtigt ved, hvor "hjem" er. I de fleste af disse tilfælde, når de er i trance, siger de, at de oplever deres første liv på Jorden, eller kun har haft få liv her. Hver af disse stjernebørn siger, at de meldte sig frivilligt til at komme her og opleve livet i håbet om, at deres livskraft, der ikke har kendt vold, vil have en positiv effekt på Jorden. De kaldes infusionen eller transfusionen af nyt blod. De meldte sig frivilligt, men de ved det ikke bevidst og er derfor meget ulykkelige her. Mange af dem forsøger at begå selvmord for at undslippe, hvad de betragter som en uudholdelig situation.

Den Snoede Univers ~ Bog Et

Siden mine bøger er blevet oversat til mange sprog, modtager jeg nu breve fra folk over hele verden, der oplever de samme følelser. De troede, de var de eneste i verden, der havde disse følelser, og følte sig virkelig alene, fordi disse følelser ikke gav mening for deres familie og venner. Det var en vidunderlig åbenbaring at læse mine bøger og opdage, at de ikke var alene, og at der faktisk var mange andre, der gik igennem den samme uro.

Siden jeg arbejdede med Phil i slutningen af 1980'erne, har jeg opdaget mange af disse stjernebørn over hele verden. Nogle gennemgår de samme følelser som Phil. Andre synes at have tilpasset sig og er ganske glade for at være her. Sidstnævnte er yngre, så måske er de styrende kræfter blevet bedre til at hjælpe dem med at tilpasse sig. I hver af disse tilfælde sagde deres underbevidsthed dog, at hovedårsagen til, at de var her, var at fungere som en kanal for den energi, der er nødvendig i den nuværende tid under Jordens evolution. Mange har fortalt mig, at vi gennemgår dramatiske ændringer, efterhånden som Jorden ændrer sin vibration og forbereder sig på at hæve bevidstheden hos folk på vores planet til en højere dimension. Stjernebørnenes energi er nødvendig for at hjælpe med at stabilisere denne overgang.

Under en session sagde en mand, at han havde afsluttet sin karmiske gæld og ikke behøvede at være her, men var en del af kollektivet sendt af Kilden. Andre er informationssamlere, selvom dette er ukendt for deres bevidste sind. Et eksempel på dette var en prostitueret klient i London i 2000, der rapporterede en ekstremt traumatisk barndom og liv. Hun ønskede bestemt ikke at være i den fysiske verden og havde forsøgt selvmord for at forlade den. Men i trance sagde hun, at hun var blevet sendt for at indsamle information om menneskelig adfærd. Hvilken bedre måde at undersøge denne side af menneskeheden på end som prostitueret? En anden kvindelig klient forsøgte selvmord på en mere subtil måde. Hendes krop var langsomt ved at dræbe hende, da alle hendes organer udviklede alvorlige problemer. I trance beskrev hun, at dette ikke var hjem, og hun gik til sit opfattede "hjem": en smuk vandverden, hvor hun svømmede i tilfredshed uden bekymringer. Da hun blev sendt til denne verden for at bo i en tung, tæt krop, gjorde hun oprør mod det og forsøgte at ødelægge kroppen i et forgæves forsøg på at vende hjem.

Meget af dette gav ikke mening for mig i de tidlige dage af mit arbejde. Senere, da jeg modtog mere kompliceret information om dimensioner og andre realiteter, begyndte det at have en underlig form for logik. Da jeg absorberede mere og mere information, mødte jeg flere af disse typer sjæle, ofte under usædvanlige omstændigheder.

Jeg fandt to tilfælde, hvor personer var vidne til ødelæggelsen af en planet. I Singapore i 1999 havde jeg en sag med en kinesisk kvinde, der hele sit liv havde en utrolig følelse af tristhed. Hendes forældre bemærkede, at hun aldrig smilede som barn. Hun havde også en følelse af tyngde i brystområdet, som var næsten smertefuldt. I sessionen så hun sin hjemplanet eksplodere. Chokket forårsagede smerten i brystområdet, og tristheden kom fra den overvældende erkendelse af, at hun aldrig kunne vende "hjem", og at alle de mennesker, hun kendte, var væk.

Denne sag havde større gyldighed, fordi litteratur om UFO'er og det paranormale ikke er let tilgængeligt i Singapore. Jeg var en af de første forfattere, der holdt foredrag der på et nyåbnet metafysisk center. Regeringen er meget kontrollerende med hensyn til, hvilken type materiale der kan skrives om eller holdes foredrag om. 1999 var det første år, hvor foredrag af denne art blev tilladt. Alligevel blev jeg fortalt af ejeren af centret, at jeg kunne holde foredrag om alle mine andre bøger, men ikke om UFO'er. Jeg tog dog mine UFO-bøger med, som alle blev solgt, så jeg formåede at få informationen ind i landet. Min kvindelige klient havde ikke været udsat for sådanne skrifter, og hun var chokeret over sessionen, fordi det var den mærkeligste forklaring, hun nogensinde ville have kommet med selv.

I Memphis i 2000 stødte jeg på et andet tilfælde med lignende drastiske konsekvenser. En kvinde genoplevede et liv som mand, hvor hun landede på en planet i et lille rumskib. Da hun gik udenfor, blev hun forbavset over at opdage, at sandet og jorden var blevet udsat for en utrolig varme, der havde forvandlet det til en glaslignende substans. Hun bemærkede, at det måtte have krævet en utrolig varmekilde at gøre det. Da hun så ruinerne af en by, begyndte hun at græde voldsomt. Alt, hvad der var tilbage, var forfærdeligt forvredne og brændte bygninger. Der var ingen tegn på liv nogen steder, og hun vidste, at alle var blevet fuldstændig forbrændt, så selv deres knogler ikke engang var tilbage. Alle var blevet fuldstændig incinereret. Dette var hendes (hans) hjem, og han havde forventet at finde familie og venner, men der var ingen.

Hun blev overvældet af følelser, og det tog et stykke tid at frigive dem, så hun kunne blive objektiv igen. Han gik til andre steder for at lede efter liv, men overalt var ødelæggelsen komplet. Den eneste resterende vegetation var planter med sværdlignende blade. Han huskede derefter, at han havde været vidne til årsagen til ødelæggelsen. Fra et større rumskib havde han set en enorm eksplosion rejse sig fra overfladen med store, bølgende grå skyer. Tilsyneladende var dette årsagen, men han vidste ikke, hvorfor det skete. Han besluttede at tage ned og se det og opdagede den frygtelige ødelæggelse af sin hjemplanet. I desperation ønskede han kun at komme væk fra det og vende tilbage til det større rumskib, der kredsede i den højere atmosfære.

Han var fuldstændig fortvivlet og græd, da han dokkede med det større rumskib. Han havde glemt, hvordan han skulle komme ind i det (formentlig på grund af hans følelsesmæssige tilstand). Til sidst, da han slappede af, fandt han sig selv inde i skibet. Det var sådan, han skulle komme ind, ved at bruge sit sind. Fuldstændig drænet og overvældet af følelser gik han til sine kvarterer og lagde sig ned på noget, der lignede en vinduesbænk. Han ville bare sove og slippe væk fra angsten over scenen.

Vi kunne ikke følge historien videre, fordi han trak sig tilbage til søvn og glemsel. Vi forfulgte derefter andre emner relateret til klientens problemer. Disse sager viser, at ødelæggelsen af en hjemplanet er sket flere gange i universets utroligt lange historie, og dette kan bære over i dette liv som ekstrem tristhed, følelsen af ikke at høre til, eller længslen efter at tage "hjem", uden at vide, hvor "hjem" er. Tilpasningsperioden til en ny verden er ofte svær og er skjult i underbevidsthedens optegnelser.

* * *

Dan var en ung mand fra Australien, som havde sendt mig insisterende e-mails fra forskellige lande og spurgt om min rejseplan, så han kunne finde mig i USA. Han rejste rundt i Sydamerika og kom til USA i juni 2000. Jeg forsøgte at afholde ham fra at komme til USA blot for at se mig, men hans e-mails var vedvarende. Han planlagde at

Den Snoede Univers ~ Bog Et

ankomme til Los Angeles og leje en bil for at køre til Chicago, hvor jeg skulle tale ved en Dowser's Conference. Han sagde, at hvis han gik glip af mig, ville han følge mig til Arkansas. Så jeg gik med til at arbejde med ham og bookede en session på det tidspunkt, han regnede med at ankomme. Jeg fraråder normalt denne type adfærd, men da han var så insisterende, følte jeg, at jeg skulle gøre en undtagelse, fordi han rejste så langt.

Han boede på et hostel nær konferencecentret, og næste morgen kom han lidt for sent på grund af trafikken, så vi startede ikke til tiden. Vi indså ikke, hvor betydningsfuldt dette var, før senere. Organisatoren af konferencen tillod mig at bruge hans værelse til private sessioner, fordi vi boede (sammen med flere andre) i et privat hjem et godt stykke fra konferencestedet. Jeg havde planlagt to sessioner om dagen, og Dan var den eneste den dag, fordi det var konferencens sidste dag.

Under diskussionen før sessionen fortalte han mig, at han var fra Australien, men havde fået et vidunderligt job som grafisk designer for en stor virksomhed i London. Jobbet startede fint, men efter et stykke tid begyndte presset fra tidsplaner og livet i den store by at tage sin vej. Det påvirkede hans helbred. I stedet for at vende tilbage til Australien besluttede han at sige sit job op og rejse. Fordi han var en værdifuld medarbejder, gav hans chef ham orlov og sagde, at han kunne komme tilbage til arbejdet, når han havde fået det hele ud af sit system. Dette var grunden til, at han først tog til Sydamerika og rejste rundt med rygsæk i hele landet. Hans kæreste fulgte ham på en del af rejsen, men de barske levevilkår var ikke tiltalende for hende, og hun forlod ham til sidst i Argentina. Han fortsatte resten af eventyret alene og ankom endelig til USA. Han havde nøje overvåget sit tildelte budget og havde besluttet at vende hjem til Australien efter at have forladt USA. Vi havde flere ting, vi skulle udforske under denne session.

I min normale rutine vil personen stige ned fra en sky og finde sig selv i et passende tidligere liv, som vi kan udforske for at finde årsagen til deres problemer. Men i stedet for at komme ned til et jordisk liv, fandt Dan sig selv et helt andet sted.

Dan: Jeg forlod skyen, men jeg gik ikke nedad. Jeg ser et stort, klart lys med en silhuet. Og måden, de lysstråler kommer igennem silhuetten på, splintrer lyset, så jeg kan ikke se nogen detaljer. Jeg føler, at jeg er i rummet.

D: *Men du kan også flyde gennem rummet, hvis det er der, du vil hen.*

Dan: Jeg forestiller mig en slags døråbning i rummet. Så måske skulle jeg gå derhen. Jeg føler, at jeg svømmer mod en strøm for at komme dertil. Det er næsten som om mit sind ikke tillader mig at gå derhen. Eller også ved jeg ikke hvordan.

Jeg gav forslag, der forstærkede, at han var sikker og beskyttet og kunne udforske, hvad han ville, i sikkerhed.

Dan: Jeg er ikke sikker på, om jeg er gået igennem den eller ej, men nu kan jeg se en massiv, meget enorm grøn planet. Den er for det meste i formørkelse, i skygge, så jeg kan kun se kanten af den. Den er meget langt væk. Der er smukke stjerner bagved og en klar sol til venstre. Og den kaster en skygge. Jeg kan se kanten af planeten, og den er en smuk grøn, som en smaragd. Jeg ser en tekstur. Den er ikke glat; den ser ujævn ud, som en science-fiction-måne. Jeg flyver over en ørken mellem nogle strukturer, der ikke har nogen anden funktion end at fungere som en port, en markør, så at sige.

D: *Er de en del af en mur?*

Dan: Nej. Det er to søjler. Ikke ulig Washington-monumentet, men sandfarvede og stående side om side. Som en døråbning, men uden en overligger eller en dør som sådan. De er bare markører.

Her var igen en planet med fremtrædende spir-lignende strukturer som dens dominerende træk.

D: *Flyver du gennem den dør?*

Dan: Eller over den, lidt som en ørn. Når jeg ser på det, føler jeg en slags længsel, så at sige. Disse to søjler står på en slette, som en ørken. Og et smaragdhav er til højre fra min position. Der er en bugt længere ude i det fjerne. Det er ikke en strand som sådan. Det er som om ørkenen bare stopper. Og så lidt længere inde er der klipper, som en klippeudstikker ind i havet. Og det er meget stort.

D: *Skal du gennem porten, søjlerne, for at komme dertil?*

Dan: Nej, det er som et vejskilt. Du er her. Dette er – for at bruge et bedre ord – dette er mit hjem.

D: *Du sagde, at der var en følelse af længsel, da du så de to søjler.*

Dan: Ja. (Følelsesladet) At se dette sted igen bragte min tidligste hukommelse om at føle mig helt komfortabel op. Jeg prøver at udforske videre, men det er som om jeg har taget et foto i min hukommelse, og jeg holder fast i det.

Dette gav mig bestemt følelsen af deja vu, fordi dette var den samme følelsesmæssige beskrivelse, som Phil og Clara gav. Logisk var der intet ved dette sted, der ville inspirere den type følelse. Men for længe siden lærte jeg, at logik intet har med det at gøre. Følelser fortrænger logik.

Dan: Og jeg ved, at på dette sted har jeg ikke en krop. Jeg prøver at se på mig selv, og jeg ved, at jeg bare er essens. Jeg føler næsten, at jeg er planeten. Jeg er dette sted, så at sige. Og her er havet ligesom vores, men det er fuldstændig smaragdgrønt. Og ørkenerne er ligesom vores, men de er ikke kendte for denne person. Det er anderledes, men velkendt. Og jeg føler mig som en ørn, der ser på alting. Jeg kan se så langt.

D: *Er der nogen byer, eller er det bare land?*

Dan: Hvis jeg kigger ud i ørkenen, ser der bare ikke ud til at være nogen. Ingen bygninger, bare ørken. Og hvis jeg skal være ærlig, føler jeg, at søjlerne næsten er som en stemmegaffel for energi. Og mit væsen kender denne gaffel, denne tone, denne vibration. Og det bringer mig tilbage, hver gang jeg har brug for at være der, fordi det er som et fokus, som en krystal. Det er meget komfortabelt her.

D: *Det er godt. Men føler du andre væsener som dig selv på dette sted?*

Dan: Jeg føler, at jeg ikke er alene. Jeg føler mig mere stabil, mere komfortabel. Som om jeg er så glad for bare at være der. Jeg føler, at jeg er alt andet. Jeg kan ikke undgå at føle den følelse indeni, hvor jeg er velkommen. Jeg bare er. Det er virkelig svært at beskrive.

D: *Men du føler dig som ren energi uden en krop?*

Dan: Ja, for jeg kan ikke relatere til noget. Jeg er alle ting, som det var. Klippernes stilhed, ørkenens varme, havets rullen. De er alle komfortable og bare dejlige.

D: *Hvad laver du der?*

Dan: Bare eksistere. Men måske er det, fordi jeg kun fokuserer på én del, fordi det er så behageligt at gøre det. Hvis jeg skulle sige, at jeg havde et formål, kunne jeg ikke fortælle dig et, fordi det bare er at være der. (Pause) En ting med disse søjler er, at jeg føler, de hjælper mig med at rejse. For eksempel, hvis jeg ville komme herhen, kunne jeg bruge disse søjler, fordi jeg kender dem så godt, til at få mig tilbage dertil. Det er bare et eksempel. Jeg siger ikke, at det er det, jeg har gjort.

D: *Du mener at rejse fra, hvor du var?*

Dan: Til hvor jeg vil hen. Hvor som helst. Det er ligesom en forlygtepæl. Disse søjler er som det lys, vi efterlader tændt til pizzamanden. Du ved, her er du.

D: *For at identificere et sted. Men hvordan kan de hjælpe dig med at rejse til andre steder?*

Dan: Jeg tror ikke, de faktisk hjælper mig med at rejse som sådan. Det er bare en måde at komme tilbage på. Nu får jeg billeder af smukt lys. Bare lys. Jeg får nu et andet billede, så jeg har forladt stedet. Fra en tredjeparts perspektiv kan jeg slags se noget ske, og jeg tror måske bare, det er en illusion af, hvordan det fungerer. Men det er som en slags vandmand, fordi det er slags kugleformet. Der er disse små spidse tråde eller tentakler, der holder mig forbundet til det sted. Men ikke forbundet. Ligesom når folk går i hulerne i havet, og de efterlader en rebline for at guide dem tilbage til overfladen. Det er det, det er.

D: *Det er en illustration. Du har ikke en krop, men du er forbundet med det sted. Men tilsyneladende må du have forladt det sted på et tidspunkt. Lad os forlade den scene, og jeg vil have dig til at gå til det tidspunkt, hvor du forlod det sted, du betragter som dit hjem.*

Dan: Instinktivt havde jeg bare brug for en forandring. Det var det første, der kom. Det var bare tid. Jeg ved ikke hvorfor.

D: *Det var ikke en hændelse eller noget, der skete?*

Dan: Har du nogensinde suget et papirserviet op med en støvsuger? (Ja) Det er den slags følelse, jeg får. Som at se det forsvinde gennem et rør og føle min energi bare suse ud. Så jeg er ikke sikker på, om det var et bevidst valg. Nu vil jeg næsten græde, fordi det gør ondt. Hele denne ting gør bare ondt. Adskillelsen.

D: *Det er godt, for når vi får en følelse, ved vi, at vi rammer noget vigtigt. Men du sagde, det var som om energien blev suget op. Du mener væk fra det sted?*

Dan: Ja, hvis jeg skulle beskrive, hvad jeg ser, ville jeg sige, at jeg var optaget af at se på mine smukke søjler og mit smukke hav, og så pludselig er jeg bare ikke der. Jeg kan ikke føle, at det valg bliver truffet. Og jeg ser ting som galakser og vidunderlige scener, som jeg altid stirrede på i bøger. Bare stirrede og undrede mig.

D: *De er så smukke.*

Dan: Ja, de er. De er for smukke. Når jeg prøver at tænke på, hvornår jeg forlod mit sted, ser jeg de ting. Og jeg ved, at det er en korrekt vision, fordi det er som et minde. Det er, som om jeg næsten er som et fly, der lander, eller en ørn, fordi der ikke er nogen lyd. Men jeg kan se de søjler og føler mig bare rigtig godt tilpas. Og siger: "Her er jeg igen." Fremragende. Og så venter jeg bare, indtil næste gang jeg kan komme herhen. Men da jeg talte om det sug? Det føles ikke behageligt. Jeg er ikke sikker på, hvor det tager mig hen. Jeg kan føle det nu. Det er en erkendelse af, at jeg ikke kommer tilbage.

D: *Men vi ved, at det er der, og du kan besøge det, når du vil med dit sind.*

Dan: Ja, men det hjælper ikke. (Snøftende)

D: *Du sagde, det er følelsen af energien, dig selv, der bliver suget op. Og denne gang ved du, at du ikke kommer tilbage. Lad os følge den følelse.*

Dan kæmpede derefter med at gå videre til noget andet. Han ønskede virkelig ikke at forlade dette sted igen efter at have været adskilt fra det så længe. Til sidst, efter at forslagene blev anvendt, slappede han af og fandt sig selv i et usædvanligt liv. Han antog, at det var Egypten, fordi der var pyramideformede bygninger, der var en del af en travl by. Det kunne have været en meget ældre civilisation. Han boede i en enorm pyramidebygning, som havde mange store rum og underjordiske ramper og tunneler. Han var meget ensom og kede sig med at bo alene i denne store bygning.

Dan: Han er ikke her hele tiden. Jeg ser en stor lysende kugle. Jeg ser den bevæge sig gennem rummet. Og jeg ser os i direkte kommunikation. Jeg ved ikke, hvad vi siger. Jeg ved ikke engang, hvorfor vi siger det. Måske er det bare råd, eller at jeg fortæller ham, hvad der sker, som nyheder.

D: Fra Jorden, eller fra det sted, hvor du er?

Dan: Fra dette sted. Dette er ikke Jorden. Jeg er ret sikker nu. Ting her er for store. Vi har store ting på Jorden, men dette sted er meget større. Jeg fortæller ham, hvad der foregår, og måske hvordan vi skal håndtere det. Men jeg får stadig denne overvældende følelse af ufuldstændighed. Ærligt talt, det er som om det, jeg gør, ikke rigtig betyder noget, og det er så kedeligt.

D: Men kommer denne store lysende kugle nogle gange ind i det rum?

Dan: Ja, jeg tror, han har evnen. Og nu får jeg billeder af en meget veltrænet muskuløs person. Stor og stærk. Hvis jeg så på mig selv, ville jeg sige, at jeg er gennemsnitlig, og han er enorm. Jeg tror, han er meget vigtigere end jeg. Jeg tror, han styrer dette område.

D: Men når han kommer der, ligner han dig?

Dan: Ja, men større. Jeg tror ikke, jeg er særlig vellidt af nogen. Jeg tror ikke, han behandler mig med særlig meget respekt. Lidt som en tjener. Ingen høflighed overhovedet. Jeg føler mig så ensom her. Og jeg får samme fornemmelse, som jeg har her på Jorden. Det er bare, at jeg vil væk. Jeg vil have, at det skal stoppe. Jeg føler mig virkelig fanget, men ikke fængslet. Det skal jeg gøre klart. Jeg føler, at jeg er komfortabel. Min position er god. Men jeg er ligesom en vært for denne store person. Jeg fortæller ham ting, og hvis folk vil se ham, skal de komme igennem mig. Og jeg fortæller dem, om de kan blive set. Og det er bare kedeligt.

Uventet bankede nogen på hotelværelsesdøren. Jeg havde sat "Forstyr ikke"-skiltet på døren, og det var for sent på eftermiddagen til, at stuepigen kom. Men bankningen fortsatte, så jeg gav Dan instruktioner om at pause et øjeblik, og at lydene ikke ville forstyrre ham. Jeg gik for at se, hvem det var. Det var konferencedirektøren og hans kone. De havde taget en vogn med og ville hente deres bagage. De skulle tjekke ud, eller de ville blive opkrævet for en ekstra dag. Jeg havde ikke tænkt på det, da jeg planlagde sessionen, så jeg var i en knibe. Jeg spurgte dem, om de kunne komme tilbage om cirka femten minutter, så jeg kunne bringe Dan ud af trance. Jeg kunne virkelig ikke lide det, fordi vi endnu ikke havde haft en chance for at arbejde på nogle af hans problemer. Men jeg havde ikke andet valg end at bringe ham tilbage til bevidsthed. De gik, men jeg vidste, de hurtigt ville vende tilbage.

Jeg orienterede Dans personlighed tilbage til hans krop og bragte ham op til nutiden. Jeg kunne virkelig ikke lide at skulle arbejde under forhastede forhold, velvidende at jeg ikke gjorde det bedste arbejde. Jeg følte, at det var bedre at bringe ham tilbage til bevidsthed i stedet for at forsøge at haste og ikke udføre arbejdet effektivt, så jeg gav forslag til hans underbevidsthed for at hjælpe ham, så han kunne lære at leve med de menneskelige følelser. Alligevel vidste jeg, at jeg havde brug for mere tid til at gøre forslagene mere effektive, især da jeg ikke havde fundet årsagen til hans problemer. Jeg følte, at jeg svigtede Dan. Hvis vi havde haft den normale tid, jeg normalt afsætter, ved jeg, at vi kunne have fundet svaret.

Jeg vækkede ham lige i tide, fordi de kom tilbage og bankede på døren. Han var lige så utilfreds som jeg, fordi han også følte, at han ikke havde fundet svarene og ikke havde afsluttet sessionen. Vi gik nedenunder til bordet på konferencen, hvor min datter Nancy solgte mine bøger. Vi vidste, at der ikke var andet valg end at have en anden session for at afslutte de løse ender. Jeg følte, at jeg skyldte ham det, og vidste også, at jeg ikke kunne opkræve ham for en anden session, fordi jeg følte mig ansvarlig for, hvordan denne endte. Så jeg gik med til at lade ham komme til Arkansas til mit hus, hvilket jeg aldrig tillader fremmede at gøre.

Jeg fortalte Dan, at han skulle ringe, når han var i nærheden, og vi ville møde ham og bringe ham op på bjerget til mit hus. Jeg er meget forsigtig med at lade nogen af mine læsere eller fans vide, hvor jeg bor, ellers ville jeg ikke have nogen privatliv overhovedet. Men jeg stolede på min intuition om, at han var en flink ung mand, og han var kommet halvvejs rundt om jorden for at arbejde med mig. Han havde boet på hostels, der var meget billige sammenlignet med hoteller, men der var ikke sådanne steder i Huntsville.

Da han ringede, havde jeg virkelig glemt, at han ville ankomme så hurtigt. Vi var mere bekymrede for vejret. Jeg fortalte ham, at bækken var steget, og at hovedvejen til vores hus var ufremkommelig.

Den Snoede Univers ~ Bog Et

Det ville tage et stykke tid, før nogen kunne komme ned til byen for at føre ham op ad bjerget via bagvejen. Det er den eneste måde at komme til mit hus på, når bækken stiger, og det tager cirka en time længere. Han sagde, at han ville vente i den lille købmandsbutik, indtil nogen kom ned. Først bad han om vejledning til at komme op til vores bjerg, men jeg fortalte ham at glemme det. Det er umuligt at give en fremmed retning over bagvejene, hvis de ikke kender området. Han endte med at vente der i over to timer, før vi kunne komme til ham. På vej tilbage til mit hus kørte Nancy min bil, og jeg kørte med ham, så jeg kunne pege på de lokale seværdigheder undervejs. Området er meget isoleret, naturligt og rustikt, men jeg nyder privatlivet, fordi jeg bruger så meget tid på at rejse og holde foredrag i store byer konstant omgivet af menneskemængder. Når jeg er hjemme, nyder jeg isolationen.

Jeg havde besluttet at lade ham blive i mit gæsteværelse for natten, men han insisterede på at slå sit telt op i haven. Han håbede faktisk, at det ville regne igen om natten, så han kunne se, om det var vandtæt. Jeg gav ham aftensmad, og det var sent om natten, før vi kunne holde sessionen. Han var afslappet, og det var nemt at bringe ham i trance igen. Denne gang vidste jeg, at vi ville have mere tid til at udforske hans problemer, og der var ingen chance for at blive forstyrret. Jeg håbede, at han ville vende tilbage til den samme scene, og han gik derhen med det samme.

Dan: Jeg kigger på indgangen til mit kammer. Der er ingen designs eller noget på væggen. Det er meget enkelt. Væggene er helt sikkert af sten. Igen kan jeg virkelig mærke det under mine fødder. Det er køligt, og det er dejligt. Der er noget, der ligner lanterner. Jeg tror, de genererer lys, ikke ild. Det er en form for kemisk proces. Det er bare et dejligt lys. Det generer ikke mine øjne.

D: Det er anderledes, men det er ikke som en flamme?

Dan: Nej, det er bestemt ikke ild. Jeg kigger lige på det nu. Og det er en slags ... jeg vil sige fluorescerende lys, men det er det ikke. Det er blødere. Det er et langt gyldent rør med en glødende glasagtig krystalinsk ting på toppen. Så vidt jeg forstår, producerer de kemisk lys. Jeg tror ikke, der er meget strøm involveret, og der bruges ingen ledninger. – Ja, dette er mit sted. Det samme vindue, og der er intet, der blokerer min udsigt, undtagen når jeg kigger udenfor, er der en pyramide til højre for mig. Der er en pyramide til venstre, som er mindre. Og en pyramide ved siden af den til venstre, som igen er mindre.

D: *Der er tre så?*

Dan: Der er fire inklusive min. Den ved siden af mig er meget større end min. Og min er forbundet til den største og til de to andre. Og jeg skal gå ned fra mit kammer for at komme til dem. De er forbundet med en række tunneler med disse lanterner langs dem, som korridorer. Jeg skal gå ned på en eller anden måde. Jeg prøver at visualisere, hvordan det sker. Skakter, tror jeg, men jeg kan ikke se nogen trapper.

D: *Men det fører dig under jorden?*

Dan: Ja. Hele stedet føles på en måde overlagt.

D: *Overlagt? Hvad mener du?*

Dan: De er ikke nødvendigvis til at bo i. De er som fæstninger, der fokuserer ... et fokuspunkt for energi. Og jeg husker, at denne større person, vi talte om, rejser langs energi, hvis du vil. Han har evnen til bare at blive energi. Jeg træder ud af mit kammer på en platform, og det er som en elevator. Jeg kan se blinkende lys. Dette går hurtigt ned under jorden.

D: *Du sagde, at du gav denne person information?*

Dan: Ja, det er mit job. Det er klarere nu. Jeg formidler mellem de mennesker, der behandler ham som en guddom - og jeg ved, at han ikke er en guddom. Jeg ved, at han er lige så meget en del af universet som nogen af os. Måske er det, at jeg har glemt, hvordan man gør, hvad han gør. Jeg kan af og til se denne store lysklump. Og folk - jeg vil ikke sige "almindelige mennesker" - men grundlæggende folk, der ikke deler hemmelighederne, hvis du vil. De tilbeder ham meget. De tror, han er en gud. Og jeg ved, han ikke er det. Men der er intet, jeg kan gøre ved det, fordi jeg har glemt nogle af hemmelighederne. Og han vil sandsynligvis ikke fortælle mig det. Det er en magtkamp i gang. Jeg kan endda se argumenter nu, der blinker foran mig. Jeg siger, at det ikke er rigtigt, og han er ligeglad.

D: *Det er ikke rigtigt, at de tilbeder ham, mener du?*

Dan: Ja, fordi alle ting i universet er lige. Men fordi han kan gøre ting, de ikke kan, tror de naturligvis, at han er en slags gud. Og jeg er stadig nødt til at holde ham informeret. Jeg ved bare, at jeg vil ud af denne situation igen. Det er ikke en god følelse. Jeg tænker på at flygte nogle gange, men det er bare mangel på engagement og frygt. Og mangel på et sted at tage hen, tror jeg.

D: *Hvor ville du tage hen?*

Dan: Det er det. Jeg har ingen idé om, hvor jeg ville tage hen. Jeg er ret sikker på, at jeg er den eneste, der ved, at han ikke burde blive tilbedt på den måde, han bliver tilbedt. Og de hemmeligheder, han har, burde blive delt som et løftende ideal og ikke brugt som et punkt af "Jeg er bedre end dig." Han bruger folk til at trække energi fra, tror jeg. Jeg er ikke sikker på, om det er den rigtige måde at sige det på, men det er som et ego-trip. "Se på dette. Se, hvad jeg kan gøre. Jeg er dette. Derfor er jeg bedre." Jeg prøver at arbejde med ideen om, at han kommer fra et andet sted. Og jeg tror, det er mere et andet rum end et andet sted. Det er mere, at han har udviklet denne idé om universel ... det er svært at sætte i ord. Lad os bare sige, at der er en universel energi. Og når man er i den flod, kan det gøres godt, eller det kan gøres dårligt, eller det kan slet ikke gøres. Og han har gjort det dårligt, fordi han er sprunget ind i floden. Det har givet ham disse kræfter, som vi måske ved at se på ham siger, "Åh, wow, det er ret fantastisk. Du skal være en gud for at gøre de ting." Og så i stedet for at bruge den kraft, der er kommet frem ved selvbevidsthed – Det er mere end det. Det er viden og væren. – I stedet for at gøre det og være ydmyg med det, er han fuldstændig egocentrisk med det. Og her er jeg, vidende at jeg er på denne lignende kraft, eller i det mindste er kommet fra et sted. En svag hukommelse om en anden eksistens, eller bare forståelse af de kræfter, universet rummer, og bevidsthederne, hvis du vil. Og fortæller ham, at det ikke er en god ting. Og han nedgør mig for det. Han elsker det. Det er som om det ikke rager mig. "Hvad vil du gøre ved det?" sådan en ting. Denne arrogance.

D: *Men du sagde, han ikke er der hele tiden. Han kommer og går.*

Dan: Han behøver ikke at være der hele tiden. Han kan rejse, hvorhen han vil. Det er ingenting. Når man forstår princippet om universet, er der faktisk intet, der forhindrer dig i at være hvor som helst når som helst. Det er fundamental materie og energi. Og som vi forstår det, er der ingen forskel mellem de ting.

D: *Medmindre vi sætter begrænsninger på det selv.*

Dan: Tja, vi kan begrænse materie til en form, men der er ingen forskel mellem den materie og energi. Når man forstår, at bevidsthed er den adskillende faktor mellem enhver form for form, så når den bevidsthed når et rum, hvor den er i stand til at kontrollere den form, hvad er da forskellen mellem noget i formen? Der er ingen. Det er bare en samling energi placeret i fysisk materie.

D: Du sagde, når du kan kontrollere eller når du ikke kan kontrollere?

Dan: Når du kan. Når du forstår.

D: Når du forstår, kan du kontrollere energien?

Dan: (Sukker) Nå, jeg siger "kontrollere", men det er ikke ordet, fordi det er bare, hvad vi forstår. Men det er mere, at du er energien. Du er det, så du kan være det. Formen af den fysiske materie er bare fysisk energi. Tid er energi. Vi er energi. Bevidsthed er energi. Og vi kan dirigere det ind i en form. Når du placerer dette i sin rene kilde, bevidsthedens kilde, kan du omdirigere det hvor som helst. Det behøver ikke nødvendigvis at være ét sted på én gang. Det kan være, hvad du vil have det til at være. Hvis du ønskede det, kunne du eksistere i en evighed uden at blive savnet fra en del af tiden. Hvad jeg ser foran mine øjne, er ideen om en elastik, der strækkes. (Håndbevægelser) Og du holder den ene ende med dine fingre væk, så den del ikke påvirkes af strækket, og den forbliver i sin normale form. Så trækker du i den ene ende, og den bliver tyndere, men den anden ende, som du holder med fingrene, påvirkes ikke. Så det ligner en gummibånd. Men den anden side ligner et langt, tyndt stykke lys gummi. Så hvad jeg prøver at sige er, at vi er kontinuerlige gennem bevidsthed. Og vi kan - "skubbe? trække? manipulere?" - Men vi kan manipulere dette ved at sige, "Nå, jeg eksisterer i denne del af båndet. Jeg eksisterer i den del af båndet. Jeg kan blive i denne del i en evighed. Jeg kan leve denne del i et millisekund." Men der er stadig ingen forskel på det bånd, det er stadig en del af den samme fysiske materie. Det er bare deformeret, adskilt, splittet.

D: Det er kompliceret. Betyder det, at i den form behøver det ikke at have en krop?

Dan: Det vender tilbage til ideen om, at jeg kan eksistere som et græsstrå og være en del af den energi og samtidig være et energisk væsen af ren lys i forskellige tidsrum. Hvad der skelner mellem de to energier, er min bevidste væren.

D: *Dette går tilbage til ideen om, at der ikke er nogen tid, og alt sker på én gang?*
Dan: Tid er bare en energi, der snurrer. Det er pulsationen af materie. Så vidt denne krop her forstår det, er det, hvad der føles mest korrekt, at det er den faktiske rejse af materie, fysisk materie. Så derfor er der ikke rigtig tid som sådan, men det eksisterer på et kausalt plan - jeg ved ikke engang, hvad det betyder - men det eksisterer kausalt. Så hvis der er materie, er der tid. Hvis der er energi, er der tid. Hvis der er bevidsthed, er der ingen tid, fordi vi skaber vores fysiske verdener ud fra bevidsthed.
D: *Fra bevidsthed. Så hvis der ikke er bevidsthed, er der ikke tid? Er det, hvad du ser?*
Dan: Nej. Der er bevidsthed, der er ingen tid. Tid er materiel. Hvad jeg ser foran mine øjne, er en stor spindende gasbold. Jeg er ikke helt sikker på, hvorfor det er relevant i øjeblikket, men hele min krop ryster som et blad.

Dette må have været indre, for hans fysiske krop viste ingen tegn på andet end afslapning.

Dan: Konceptet er svært at formidle. Vi kan kun begrænse det ved vores fantasi, fordi det bare ikke har nogen grænser. Så vi kan kun forestille os det, og dermed begrænse vores opfattelse af det, for at prøve at fatte det. Så vi er i det. Der er ingen tid som sådan. Så vi kan eksistere frit – det bedste ord, det eneste ord, der kommer – er: vi kan eksistere frit. Prøv nu at materialisere en bevidst tanke – bare bevidsthed. Der er ingen andre ord. "Tanke" er forkert, fordi tanke også er energi. Men bevidsthed i sig selv er som der, hvor universet – nå, vores univers i hvert fald – er defineret, før det sker.
D: *Før det sker.*
Dan: Som tanke til at ske, er det bedste. Det er de frieste ord, jeg kan sige. Bevidsthed definerer det, for at det kan ske.
D: *For at det kan ske. Men bevidstheden er den energi, du taler om. Er det, hvad du mener?*
Dan: Bevidsthed definerer energi, hvis du vil.
D: *Men dette betyder ikke fysisk bevidsthed. Det er som en energibevidsthed?*

Dan: Tanke er energi. Men hvem har tanken? Jeg stillede det spørgsmål, fordi jeg prøver at illustrere et punkt. Hvor vi er nødt til at sige, "Nå, tanker er energi. Men hvem tænker den tanke?" Og jeg prøver at antyde, at denne krop tror eller føler, at bevidsthed er den tænker. At bevidstheden i sig selv er drivkraften bag al skabelse, som vi kender det. Uanset om det er metafysisk, spirituelt, energetisk, fysisk, materielt. Alle disse ting er afledt af bevidsthed. Det er gennem bevidsthed for at lære eller gennem bevidsthed for at eksistere, at disse ting eksisterer. Som at slå en mønt. Du kan ikke have den ene side af mønten uden den anden. Så nu bliver jeg vist gasbolden igen, der snurrer for at skabe en kraft. Den kraft bliver tættere, bliver det, vi forstår, eller i det mindste hvad jeg forstår – fordi mit bevidste sind råber af mig nu, og jeg prøver at ignorere det, men det er sværere. Jeg kan se det snurre. Jeg kan se det skabe. For at der kan være den materie, skal den eksistere i en periode. Periode? Den skal eksistere. Så vi griber fat i et koncept om tid, fordi vi er begrænsede? (Han var ikke sikker på det ord.)

D: Det ville give mening. Vi er begrænsede i vores fysiske kroppe, mens vi er på Jorden, i denne dimension eller hvad det er.

Dan: Det behøver ikke nødvendigvis at være sådan ... men ja, jeg tror, det er sådan.

D: Vi er begrænsede, men i den anden tilstand er vi det ikke?

Dan: Bevidsthedstilstand, ingen grænser. Det er næsten som – for at finde bedre ord – en legegruppe. Det lyder trivielt, det ved jeg, men vi er altid perfekte. Alligevel har vi lektioner at lære. Bevidsthed fremmer vækst? Jeg tror, "vækst" er det, der kommer – medmindre jeg vil sige "manifestation" – men jeg tror, at det ligger et sted mellem de to. Bevidsthed skaber noget mellem ideen om vækst og manifestation, ved at være legesyg, kreativ, energisk. Og for at forstå sig selv skaber vi andre ting, der er anderledes end det, den er. Jeg bliver nu taget direkte tilbage til planeten, hvor jeg blev suget væk som et stykke papir. Og nu er jeg nødt til at skabe flere ting for at vokse. For at blive mere kreativ eksisterede jeg der i – Gud ved hvor længe – det siger bare ordet "æoner" til mig.

D: Du eksisterede der i samme form for energi som denne anden person? Eller ville det give mening?

Dan: Jeg får en fornemmelse af, at denne væsen, som vi taler om, den, der er så egocentrisk – det er der, vi er tilbage til nu – han er tæt på en tilstand af total essens, men stadig mere en individuel som dig og mig. I stedet for at eksistere helt, som jeg gjorde i den eksistens på den planet med "papirsugeeffekten." Jeg kunne mærke en individualitet omkring mig selv, men også meget mere som energi. Meget mere, meget mere. Men jeg prøver at definere denne person for dig.

D: Men han danner en krop nogle gange, gør han ikke?

Dan: Ja, han er fuldt i stand til det. Det er som magi.

D: Men da du var på den anden planet, hvor du følte dig som en del af alt, var du den samme slags energi, han er nu, eller var du mere avanceret?

Dan: Jeg vil sige: mere simpel. Der var ingen intellekt. Der var ingen dom over noget. Det var som om, jeg var et spædbarn. Mere ukompliceret. Jeg forstod ikke engang ideen om et fysisk rige, som sådan, som en materiel krop.

D: Det var noget, du aldrig havde oplevet?

Dan: Aldrig. Men denne her, jeg tror, han er nået til dette stadie, fra at være humanoid, menneskelig, op til denne idé om energiske sjæleniveauer. Og han har stadig vækst at gennemgå.

D: Så han var ikke på det punkt, hvor du var.

Dan: Jeg tror, de er to forskellige ting. Jeg tror, der er en idé om den enkleste livsform, man kan forestille sig, som er så naiv og lunefuld, legesyg, blid.

Det lød som om, du beskrev en elementær energi. Var det, hvad du var på den planet? Bare den mest grundlæggende form for energi?

Dan: Den første eksisterer og har kun nogensinde eksisteret på den måde. Den er der. Og den anden, denne væsen, har udviklet sig så meget i sine fysiske evolutioner, at han virkelig begyndte at fare vild i de kræfter, som det bevidste univers har at tilbyde. Og han bliver så opmærksom på, at han kan bruge dem. Der er andre væsener som ham.

D: Det er derfor, han blev egocentrisk.

Dan: Jeg tror, det er, hvad der sker.

D: De har så meget magt, og de nyder at bruge den, og de kan lide at blive tilbedt.

Dan: Selvfølgelig! Det ville jeg også. Jeg ville danse og synge og vise mig frem, hvis jeg kunne svæve eller gløde.

D: Hvorfor var du nødt til at forlade den eksistens på den anden planet, hvis den var så simpel og ukompliceret?

Dan: Jeg tror, det havde at gøre med vækst. Vi har en idé om, at målet er at eksistere i disse former, hvor ren energi er alt, hvad vi er. Og vi kan være vidunderlige og herlige. Men for at bevidsthed kan vokse på en kreativ måde, er vi nødt til at skabe. Lad mig illustrere det ved at spørge, "Hvad skabte jeg, undtagen oplevelser?" Der var ingen kærlighed. Der var ingen eventyr. Der var lidt undren, fordi jeg kunne mærke, at jeg ville rejse og se andre steder og bare opleve deres miljø et stykke tid. Men jeg længtes efter at vende tilbage til min komfortzone, fordi det var, hvad det var.

D: Det er derfor, det sted føltes som hjemme.

Dan: Altid. Jeg begynder nu at mærke det fra et mere objektivt synspunkt, snarere end de følelser, jeg havde sidste gang. Jeg begynder at mærke, at jeg var der i en ekstremt lang tid. Jeg kan virkelig ikke sætte det i tal. Det var for længe. Var det pointen, tror du, at det var for længe? Ja, det tror jeg. Måske fik jeg muligheder for at forlade det af egen fri vilje. Og jeg var sådan, "Åh, jeg vil virkelig ikke gå." Og pludselig, tror jeg, blev beslutningen taget for mig. Jeg får at vide, at det var svært for mig at glemme.

D: Det er derfor, du havde denne følelse af ikke at høre til, og ønskede at tage hjem, fordi du stadig havde den hukommelse. (Ja) Og da du var sammen med dette andet væsen, havde du en hukommelse om, at du på et tidspunkt kunne gøre mere end ham.

Dan: Det er næsten rigtigt. Men jeg havde ingen idé om, hvordan man skabte en fysisk inkarnation. Han havde alle ideer. Han kunne komme som vinden og tage form. Bare et øjeblik var han der ikke, og det næste sekund kunne han være. Og jeg var vidne til det. Jeg kan se lysændringer og kroppen blive dannet ud af det lys. Og ham, der træder frem fra det. Ikke som en døråbning. Jeg tror ikke, det var sådan. Noget vedblev med at sige: pyramiderne blinkede lige op. Måske var det arrangementet af de pyramider og rækkefølgen, de var i. Det var: stor, lidt mindre, lidt mindre, lidt mindre, i en halvcirkel. Måske hjalp det ham med at få en idé om, hvor han skulle være. Jeg ved det virkelig ikke. Men jeg fik bare det billede.

D: *Den måde, de var arrangeret på?*

Dan: Ja, pyramiderne hjalp.

D: *Du sagde, det var som et energifokuspunkt? Så han kunne bruge det på en eller anden måde?*

Dan: Det tror jeg. Han ville altid materialisere sig i sin pyramide, aldrig i min. Heller aldrig i de andre.

D: *Hvilken en var hans?*

Dan: Den største. Og folk beundrede ham, og det gjorde mig syg.

D: *Så hver gang han dukkede op, var det som om guden var vendt tilbage. (Ja) Du skulle tilbede ham ligesom de andre.*

Dan: Ja, han havde en idé om, at jeg vidste noget. Og jeg tror, det er derfor, jeg rådgav ham, fordi jeg havde nogle evner. Og jeg gætter på, at når du når et niveau som hans, kan du se auraer ligesom du kan se alt andet. Og du kan læse mennesker, og derfor er det også lettere at kontrollere dem. Og det er nemt at misbruge det. I stedet for at ære den persons individualitet på deres rejse, udnytter du den.

Efter et stykke tid stoppede det andet væsen med at komme. Der var ingen forklaring, og Dan blev efterladt siddende og ventede, kedsom og uden at vide, hvad han skulle gøre næste gang. Folk begyndte at vende sig til ham for råd, men han havde ingen at give dem.

Dan: Jeg var forvirret. Han var væk, og de begyndte at se på mig som denne guddom. Jeg sagde: "Nå, styr det selv." Det kunne de ikke lide. Så jeg gemte mig grundlæggende. Jeg er i denne store pyramide og gemmer mig for alle disse mennesker, velvidende at ingen kan komme til mig. Medmindre de blev ført ind i disse komplekser, vidste de ikke, hvordan de skulle komme ind. De havde brug for en gud. Og jeg ville ikke være en hykler. Efter år med at fortælle denne fyr, at han ikke skulle være sådan, ville jeg ikke blive den fyr, selvom jeg ikke havde hans kræfter, og jeg blev ældre. Men samtidig kan jeg mærke, at jeg heller ikke gjorde noget for at hjælpe. Og det gjorde mig lidt ked af det. Jeg er i en cyklus, hvor jeg bare ikke ved, hvad jeg skal gøre. De vil have denne guddom. Jeg er i et energifokuseringssystem af disse pyramider. Jeg forestiller mig, at det måske hjælper, måske forstærker det. Følelsen, jeg får, er som råb i mine ører. "Hvor er du? Hvornår vil du hjælpe os? Få det til at ske." Jeg ville sige "regn" der, men jeg er ikke sikker.

D: De forventede, at han ville hjælpe med at løse alle deres problemer.
Dan: Ja. Og måske var han på det stadie, hvor han kunne gøre det. Jeg husker ham stå der og skabe mirakler. Ensomhed er det første ord, der kom til mit sind.
D: Hvad betyder det?
Dan: Nå, jeg var helt alene. Efter han forlod, var der ingen. (Stort suk) Der er ideen om, at jeg ikke rigtig gør det bedste ud af dette.

Det var tydeligt, at dette førte ingen vegne. Ingen ny information blev tilføjet. Så jeg fik Dan til at gå til den sidste dag i hans liv i det liv.

D: Hvad laver du nu, og hvad ser du?
Dan: Jeg ligger bare i sengen og dør alene. Og hemmelighederne dør med mig. Der er ingen måde for folk at bruge det, jeg har i disse pyramider, fordi jeg ikke har vist dem noget. Eller jeg har ikke lært nogen noget. Det er bare mig alene. Og det er det. Jeg har mine øjne lukkede.
D: Hvad fejler dig, da du dør?
Dan: Jeg er bare gammel. Jeg får en følelse af fortrydelse og ensomhed og bare komplet sorg. Jeg ser på mit ansigt lige nu, og der er et par tårer i mine øjne, og de lukker bare. Og jeg ser ud, som om jeg ikke ved, hvad der sker. Jeg kunne have gjort det bedre.
D: Hvad mener du med komplet sorg?
Dan: Som om hele dette var spildt. Som om hele din eksistens siger: "Du burde have gjort det bedre," eller "Jeg ville ønske, det ikke var, som det var." Og den sorg strømmer op i dig. Og det er, hvad jeg kan se i mine øjne, når jeg ser dem lukke.

Derefter førte jeg ham til det, der lå ud over dødens oplevelse, og fik ham til at se tilbage på hele livet for at se, hvad lektionen var.

Dan: At gøre noget. At få det bedste ud af enhver situation, du har skabt. Folk vil være, hvad de vil være. Og det er op til dig at være, hvad du vil være. Så du kan tage ansvar for dig selv, eller du kan lade være med at gøre noget. Og det bringer dig ingen steder. Hvilket er værre, ikke at opnå noget, når du ved, du kan. Jeg tror, det er ret relevant i mit liv nu. Alle skal gøre, hvad de skal gøre. Og du kan blive besejret af det og aldrig gøre noget. Hvis du vil se på hver eneste fejl, du har, har du stadig det input at give, den hjælp at tilbyde. Og det er værre, hvis du ikke engang gør noget og ikke prøver.

Efter dette arbejdede jeg med Dan og hans underbevidsthed for at opdage kilden til hans problemer og hvordan man løser dem. Resten af sessionen var meget vellykket. Jeg vidste, at alt, vi havde brug for, var tilstrækkelig tid til at arbejde på det, hvilket blev nægtet os i Chicago på grund af den pludselige afslutning af sessionen.

Derefter bragte jeg Dan frem til fuld bevidsthed. Efter at have talt i et stykke tid gik Dan udenfor til sit telt, hvor han sov som en sten indtil morgenen. Efter morgenmaden forlod han for at udforske mere og tage på sightseeing i New Mexico og Arizona Indianerland, før han vendte tilbage til Los Angeles for at aflevere sin lejebil og tage tilbage til Australien.

Uger senere sendte han mig en e-mail og fortalte, at sessionen havde været en succes og havde gjort en betydelig forskel i hans liv. Han var nu ikke bange for, hvad fremtiden kunne bringe. Gennem vores mærkelige møde gav han mig også en interessant information om det sted, han betragtede som "hjem".

* * *

Da jeg søgte gennem mine arkiver for at finde sager, der skulle med i denne bog, fandt jeg denne fra 1990. På det tidspunkt indså jeg ikke dens relevans, men nu ser jeg, at det er endnu et stykke af puslespillet om Stjernebørn. Meget af mit materiale må vente i årevis, før det finder sin plads.

Robert var en flot ung mand, der så ud til at være i slutningen af trediverne eller begyndelsen af fyrrerne. Han var Vietnam-veteran og havde haft mange problemer, som han relaterede til krigen. Siden hans

Den Snoede Univers ~ Bog Et

hjemkomst havde han ikke været i stand til at holde et job og var på invalidepension. Han tilbragte meget tid på Veterans Administration Hospital, hvor lægerne fandt ud af, at hans fysiske problemer (mest mave- og tarmproblemer samt nervøsitet) var forårsaget af mentale problemer (eller psykosomatiske). De havde forsøgt at spore det for at finde ud af, om nogen specifik hændelse i Vietnam forårsagede det. De havde været uden succes, fordi han nægtede at tale om noget, der skete under krigen. De prøvede hypnose og var uden held. Deres eneste løsning var at sætte ham på medicin.

Hans kæreste advarede mig om, at jeg sandsynligvis ville møde de samme forhindringer, fordi han stædigt nægtede at nærme sig emnet Vietnam. Jeg fortalte hende, at det ville være okay, fordi vi ikke engang behøvede at udforske det område. Vi ville kigge ind i hans tidligere liv og se, om der var en ledetråd der. Jeg tror, dette hjalp ham med at slappe af, fordi han ikke så mig som en trussel. Forklaringen, der kom frem, ville aldrig være blevet forstået af lægerne på VA alligevel. Så hans underbevidsthed beskyttede ham klogt ved ikke at tillade denne historie at blive afsløret for de forkerte mennesker. Han ville sandsynligvis være endt som en patient på et psykiatrisk hospital. Måske var dette grunden til, at hans underbevidsthed tillod ham at fortælle det til mig, fordi han var sikker. Uanset årsagen var dette, på trods af mange års terapi og behandling af VA-læger, første gang denne forklaring (eller nogen forklaring) blev tilbudt for hans krigsrelaterede problemer.

Jeg tog til det hus, hvor Robert boede sammen med sin kæreste og hendes to drenge. Han havde sin egen del af huset, som en lille lejlighed, hvor han kunne være alene, hvis han ønskede det. Det var her, vi gennemførte sessionen. Efter at han var i en dyb trance, kom han ind i en mærkelig scene, der ikke lød jordisk. Det tog en del spørgsmål for at prøve at afgøre, hvor han var. Så blev det åbenlyst for mig, at han ikke var gået ind i et tidligere liv, hvilket er den normale procedure for en første regression. Han havde tilsyneladende sprunget de tidligere oplevelser over og befandt sig et sted, der lød som åndeverdenen, hvor sjælen går mellem liv. Det lød specifikt som det område, hvor skolerne er placeret. Måske tænkte hans underbevidsthed, at hans svar ville komme lettere fra dette område snarere end fra at udforske et specifikt tidligere liv.

Den Snoede Univers ~ Bog Et

Han befandt sig i et stort sted med høje hvide vægge og forskellige nuancer af lys, der kom fra en ukendt kilde. Han så, at han var klædt i en hvid klædning, der syntes at være en del af ham snarere end et tøj.

R: Min krop behøver ikke blive beskyttet af tøj.
D: *Hvorfor er det sådan?*
R: Min krop er én.
D: *Er det en fysisk krop?*
R: Nej, ikke rigtigt. Den fungerer som en fysisk krop, men den er slet ikke fysisk.
D: *Kan du forklare, hvad du mener?*
R: Jeg har energi inde i mig. Jeg kan mærke varmen fra min energi. Jeg kan se mine arme. Jeg føler, at jeg kan passere gennem ting. Men ikke hele tiden. Kun når jeg har brug for det.
D: *Hvor tror du, at denne struktur er?*
R: Det må være en slags bolig. Eller en kommunikationsstation. Eller et auditorium.
D: *Hvad mener du med en kommunikationsstation?*
R: Jeg venter på at gå til en terminal. Jeg skal hente information der, før jeg fortsætter ...
D: *Hvor skal du hen?*
R: Det er ikke op til mig at beslutte.

Han havde en følelse af, at han var nødt til at vente på, at nogen kom og fortalte ham, hvor han skulle hen, eller eskorterede ham. Han så, at der var mange gange, og han var ikke sikker på, hvilken han skulle tage uden nogen til at give ham retning. Selvom det egentlig ikke betød noget, "Fordi jeg vil være her eller der. Det er ligegyldigt, hvor jeg er." Der var en usikkerhed om, at hvis han gik alene, kunne han bryde en eller anden form for regel. Til sidst besluttede han sig for at gå ned ad en af de buede gange. Han fandt sig derefter i et stort åbent område.

R: Jeg står foran noget. Jeg ser mennesker, men de ligner ikke mig. Måske ligner de mig nu. De sidder oppe over, så de kan se ud over hele stedet, alle gangene. De har auraer. Der er gule auraer, blå auraer, grønne auraer. Og hvide auraer. Én person i hjørnet har en virkelig hvid aura.

D: Har de tøj på?
R: Nej. Det er det samme som med mig. De behøver ikke tøj. Det er som om de har en informationsbod, og de sidder over alle andre, så de kan se, hvem der kommer og går. Og du kan også se dem. Det er som et receptionsområde. Jeg spørger, hvad jeg skal gøre. (Pause) De sagde, "Bliv ikke bekymret. Du vil tage af sted, når tiden er rigtig for dig. Du vil vende tilbage til skolen."
D: Forstår du, hvad de mener?
R: Jeg føler, at alle bliver trænet, går i skole for at lære mere om, hvad kærlighed er, hvad livet er, hvad Gud er. Men mit begreb om Gud er ikke deres begreb.
D: Hvad mener du?
R: Gud er overalt.
D: Hvad er deres begreb?
R: Vi er Gud. Men vi skal tilbede Gud. Vi beder ikke for Gud.
D: Kan du stille dem nogle spørgsmål for mig?
R: Jeg vil prøve.
D: Spørg dem, hvor dette sted er.
R: Det er i en anden dimension. Ikke nødvendigvis hvor det er. Det er i vores solsystem, men solsystemet er ikke, hvad vi opfatter det som. Vores galakse har forskellige solsystemer. Og dette sted er bare en terminal, et informationsområde, for alle de forskellige verdener i vores ene særlige univers.
D: Er de fysiske?
R: De er ikke rigtigt fysiske, ligesom jeg ikke er fysisk.
D: Kan de fortælle dig, hvor du skal gå i skole?
R: De finder ud af, hvad min baggrund er, og hvordan jeg kan gavne hele universet. Og hvordan jeg kan komme videre. De ville vide, om min videnskabelige baggrund på Jorden virkelig er det, jeg ønsker at have som min baggrund. Eller om det er min spirituelle natur, jeg virkelig ønsker at forfølge i mit liv. Min baggrund i biologi og medicin er interessant for mig, men det er mere interessant at hjælpe folk åndeligt med at genfinde sig selv.
D: Har du haft erfaring med biologi og medicin i dit arbejde?
R: På Jorden har jeg grader i sygepleje og biologi, mastergrader. Men jo mere jeg lærte, desto mindre vidste jeg. Der er så meget at lære. Vi kan ikke begribe alle de koncepter, der er åbne for os på Jorden,

fordi vi er meget begrænsede og umodne. – Jeg står bare her. Jeg føler mig lidt fjollet. Det er som at vente på at komme på toilettet.

D: *(Ler) Ja, men vil de sende dig tilbage til Jorden, når de finder ud af, hvad din baggrund er?*

R: Nej, jeg skal videre. Til en anden verden. Der er forskellige verdener. Der er hundreder og hundreder og tusinder af verdener, du kan tage til.

D: *Hvordan har du det med det?*

R: Nå, jeg vil få venner, uanset hvor jeg går. Det ville være rart at vide, at jeg er sammen med nogle venner, men vi er alligevel alle på den samme vej. Og måske kan jeg bare fortsætte og få mine egne venner igen.

D: *Hvad med andre liv?*

R: Jeg har levet andre liv. Jeg har altid været inden for videnskab, medicin og metafysik.

D: *Så der er meget viden at trække på, er der ikke?*

R: Ja. Jeg føler, at jeg er meget intelligent. Og det er derfor, de ikke ved, hvor de skal placere mig. Fordi min intelligens ikke matcher det, jeg gjorde på Jorden. Jeg har altid holdt mig selv tilbage.

D: *Mener du, at du havde meget potentiale, som du ikke brugte?*

R: (Ja) Og de vil placere mig et sted, hvor jeg kan bruge det?

D: *Uh-huh. Så du kan være glad.*

R: Ja.

D: *Tror du, at du ville være glad, hvis du brugte alt dit potentiale?*

R: Ja.

D: *Kan du ikke gøre det, mens du er i live på Jorden?*

R: Jeg ved ikke, hvilken retning jeg skal gå, bortset fra den, jeg allerede går.

D: *Hvis du har meget potentiale, ville det være en skam at spilde det, ikke?*

R: Det er aldrig spildt. Viden er aldrig spildt. Det er en af glæderne ved viden og uddannelse. Det er altid der. Det er fakta eller sandheden.

D: *Du mister det aldrig. Du kan altid trække på det, hvis du har brug for det. Har du været på dette sted før?*

R: Jeg har måske været i et par områder længere nede ad gangen. Jeg har aldrig været i netop dette særlige område.

D: *Hvornår går du derhen?*

R: Efter du dør.
D: *Det var, hvad jeg troede, det lød som. Men de er ikke sikre på, hvad de vil have, at du skal gøre næste gang?*
R: Jeg skal bruge den afbalancerede viden, jeg har akkumuleret, til at hjælpe andre mennesker, der aldrig har haft muligheder som dem. Jeg har været meget heldig.
D: *Har du altid levet på Jorden i det fysiske liv?*
R: Nej. Jorden er bare en meget lille verden. Det er en udfordring at leve på Jorden.
D: *Måske er det derfor, folk bliver sendt hertil.*
R: Alle har brug for en udfordring, og Jorden er en af udfordringerne. Det ser altid ud som om, vi kan håndtere denne udfordring. Men når vi er her, bliver vi så frustrerede, fordi udfordringerne er større, end vi faktisk troede, de ville være. Når man ser ned på Jorden ... det er sådan en lille planet, men den rummer så meget kaos, at ét menneske virkelig ikke kan ændre det.
D: *Ét menneske kan nogle gange gøre mirakler. Man ved aldrig, før man prøver. Føler du, at du har levet andre steder mere, end du har levet på Jorden?*
R: Jeg har udforsket Jorden flere gange, men næste gang kommer jeg ikke tilbage til Jorden. Jeg vil tage videre til et andet sted.
D: *Hvad med de steder, du har levet før? Var der en favorit?*
R: Jeg har altid nydt vandet. Vandet og træerne. På denne anden verden er der forskellige ... det ligner ikke de samme træer. Disse træer ligner alle Douglasgran. Og vandet er blåt på grund af oxygen og hydrogen.
D: *Hvordan er de mennesker, der bor der?*
R: De er som mig nu.
D: *Du mener den energitype?*
R: Ja. Der er fysiske ting. Dyr. Men der er ikke noget, der kan skade mig, som på Jorden.
D: *Hvorfor er du ikke fysisk og mere solid på den verden?*
R: Fordi vi ikke har noget affald, vi har ikke noget mad. Vi optager energi. Dette forhindrer kroppen i at blive tættere.
D: *Og det var et af dine yndlingssteder?*
R: Ja. Fordi du bare kan sidde og dufte til træernes og vandets duft. Det er så fredfyldt.
D: *Men opnåede du noget, mens du boede der?*

R: Ja. Jeg hjalp andre mennesker.
D: *Havde den verden udfordringer?*
R: Alle verdener har udfordringer. Nogle udfordringer er ikke nødvendigvis af ondskabsfuld natur, som på Jorden. Andre verdener har udfordringer, hvor du skal vide, hvad der er rigtigt, og hvad der er forkert. Du har forskellige veje at gå ned ad. Men du skal sørge for, at Guds kærlighed er inde i dig, og du vælger den vej. For hver gang vi vælger den vej, forstærker det vores godhed, som vi har indeni.
D: *Og det er meget vigtigt. Men du sagde, at de væsener i det rum forsøger at hjælpe dig.*
R: Ja. Det er deres opgave. Det er deres job at hjælpe med at placere folk. Der er skærme deroppe i skrivebordsområdet. Jeg må ikke kigge på skærmene. Jeg har en følelse af, at de kigger på noget. Det er som om, jeg bliver programmeret. Min hukommelse om alt, hvad jeg har tænkt på, og hvad jeg er, det kører de igennem. De sletter de dårlige dele og lader de gode dele blive. Jeg behøver egentlig ikke at huske de dårlige dele længere, fordi det hører til den fysiske natur.
D: *Jeg går ud fra, at de ved, hvad de laver. Er det som en maskine?*
R: Det nærmeste, jeg kan tænke på, er som en computer. Manden ved terminalen prøvede at sige noget, men han sagde det ikke særlig godt. (Pause) Det er ikke en computer. Det er tankemønstre, der vibrerer på en bestemt bølgelængde, kun kendt af dem. Det er som et fingeraftryk.
D: *Så hver person har deres eget individuelle tankemønster eller vibration?*
R: Det er bygget ind i som en terminal på en computer. Det går gennem forskellige verdener. Det går til den verden, som er hovedstaden i vores univers.
D: *Det er en slags clearing-house. Og de analyserer dine talenter og alle de ting?*
R: Ja. Det her kommer til mig: Jeg er måske ret god til at tale med mennesker og trøste dem. Og at diskutere filosofi af spirituel karakter, som jeg kan bruge gennem min videnskab, min uddannelse og min tørst efter viden om det spirituelle.
D: *Hvad sker der så?*

R: De vil give mig en opgave. Jeg har noget hviletid. Jeg skal foretage mine tilpasninger.

D: *Nå, det er godt at vide, at nogen hjælper.*

R: Der er altid nogen, der hjælper. Der er nogen, der hjælper mig lige nu. De er forskellige energier. De er lige ved siden af mig. De er en anden energi end mig. Det er ikke rigtig energi, men det er energi. De føles meget trøstende. De har været med mig på Jorden.

D: *Er disse energier ligesom de andre?*

R: Nej. Dem ved skrivebordene har mere en kropsform. Ikke hvide. De er en slags mudret farve. Måske en teal-farve? Blå-grønlig. De er slags faste, men ikke faste. Du kan ikke rigtig stikke din arm igennem dem. Men den anden energi, der er med mig, er mere en lysenergi. Det er, hvad det er. Det er lys! Rent lys. De er altid med mig. De vil være en del af mig.

D: *Tror du det?*

R: Ja. Men jeg taler stadig ikke deres sprog. Der er ingen tale mellem os. Det er tanker.

På dette tidspunkt besluttede jeg at føre ham frem til en tid, hvor han havde afsluttet sin hvile og var klar til at acceptere sin næste opgave. Han kunne fremskynde hvileperioden, men stadig få fordelene ved den. Jeg behøvede ikke at tælle ham derhen, fordi han afbrød mig, før jeg havde afsluttet instruktionerne.

R: (Afbrød) Ja, jeg er lige der, lige på kanten og ser ud i rummet. Jeg er med nogen. Og jeg skal være lige ved deres ... Jeg ved ikke hvad ... Jeg bliver omsluttet af det. Jeg skal blive omsluttet. Okay. Jeg kan tage afsted nu. Jeg kan tage afsted. Det er som englevinger. Det er engle, men det er ikke engle. De er bare anderledes. Det er en slags rangorden. Alle har deres opgave. Alle har forskellige pligter for at hjælpe hinanden. Og de føler altid medlidenhed med folk, der bor på Jorden. Men de føler også en slags jalousi, fordi de ikke kan opleve de følelser, vi har oplevet.

D: *Disse lysenergier?*

R: Ja. Lysenergierne. De har ikke oplevet følelser, og at græde og grine, som vi har oplevet det. Og smerten. De ved ikke, hvad smerte er. Måske føler jeg, at jeg er lidt bedre end dem. Men jeg har ikke de kræfter, de har. Jeg skal blive omsluttet af denne energi og blive taget afsted uden at blive brændt, fordi vi rejser så hurtigt. Der skal være en smule friktion. (Er dette hans egen opfattelse? Fordi en ånd ikke ville blive såret.) Og det holder mig sikker. Det holder dem sikre.

D: *Fra vores menneskelige perspektiv ville man tænke, at de var heldige ikke at have oplevet følelser. Det virker mærkeligt at tænke på dem som værende jaloux.*

R: Måske er de mere medfølende, og det er, hvad jeg føler.

D: *Og du rejser gennem rummet eller hvad?*

R: Jeg kan tage afsted når som helst. Jeg venter på dig.

D: *Venter på mig? Hvorfor?*

R: Jeg ved det ikke. Jeg troede bare, jeg gjorde det. (Jeg grinede) Okay. Vi er klar. Skal du tage med?

D: *Jeg går ud fra det, hvis du er klar. Jeg er bare en guide, der tager dig gennem disse mange forskellige ting. Det er alt, jeg er.*

R: Okay. Lad os gå!

D: *Og de holder dig sikker. Fortæl mig, hvordan det er, mens du tager afsted.*

R: Det føles som mit hoved ... Whoaaa! Det føltes som et stort sus. Vi er på en strand nu.

D: *Oh! Det var hurtigt, var det ikke?*

R: Ja. De rejser virkelig hurtigt. Og vi er på en strand. Og jeg vil bare blive ført til, hvad jeg skal gøre. (Pause) Jeg er ikke et spædbarn. Jeg har ingen alder. Jeg føler mig som en voksen, men der er ingen alder. Der er egentlig ingen tid. Der er tid til hvile. Det er ikke den tid, vi tænker på.

D: *Hvor er denne strand?*

R: Det er på en verden. Og der er forskellige træer. Jeg er ved vandet, fordi det er der, jeg gerne ville være. Jeg har brug for at gå ... og der er en bolig oppe over. Den har et bredt fundament, og den er ... ikke pyramideformet, men den har forskellige niveauer, der bliver mindre mod toppen. (Håndbevægelser) Og der er en lille fyrtårnsagtig ting deroppe, en lille beacon. Du føler dig ikke som dig selv, når du går, men du går. Det føles bare som om, jeg går. Men jeg har egentlig ikke en solid hud med hår på. Det er bare ... (svært at forklare.) Du kan gribe fat i det.

D: *Så det har en vis substans. – Fortæl mig, hvordan boligen er.*

R: Der er trapper, der går op, trin. Bygningen er blå, med en gul trim. Der er store panoramavinduer. Store, store dobbeltdøre, som er gule. Den er meget stor. Meget smuk. Masser af lys. Meget behagelig at se på. Jeg ville nyde dette sted. Der er andre mennesker, der siger, "Hej!"

D: Kender de dig?

R: Ja. De kender mig. De ventede på mig. Mange af dem kender jeg, men de har ikke deres navne længere. Jeg ved bare, at jeg har kendt dem før. Og det føles godt at være sammen med folk, jeg plejede at kende. De valgte det samme sted, som jeg gjorde.

D: Er dette en fysisk verden?

R: Ret fysisk, ja.

D: Er folkene alle som dig?

R: Ja. Der er et par mennesker derovre, der er højere. De ser klogere ud. De kunne være overordnede.

D: Har de alle samme type energikrop uden nogen træk?

R: De har ikke rigtig brug for træk. Jeg har ikke rigtig brug for træk. Vi har ører, men vi taler ikke rigtig. Vi har øjne, og vi ser. Vi har lugtesans. Og det føles som om, jeg har så mange forskellige sanser. Flere, end jeg har nu på Jorden. Det bliver rart at opleve. Vi er der alle for at blive undervist og undervise hinanden.

D: Hvilke slags sanser har du, som du ikke har på Jorden?

R: Det er svært at forklare. Lugtene ... alle og alt har en forskellig lugt. Og det er korreleret med lyset, ser det ud til. Så jeg behøver ikke rigtig at gå så meget ind i det. Berøring har samme vibrationsniveau som lugten. Alle har en aura, som om de er indkapslede.

D: Hvad skal du lave der?

R: Jeg skal studere og tale og lære. Med disse andre mennesker diskuterer vi vores tidligere liv. Og vi skal instrueres i, hvordan vi skal leve på denne planet.

D: Så du vil blive på den planet et stykke tid?

R: Ja, indtil vi mere eller mindre består vores eksamener. Andre mennesker består dem måske ikke så hurtigt, som jeg gør. Og jeg består dem måske ikke så hurtigt som nogle andre.

D: Så der er ikke noget fastsat tidspunkt?

R: Nej, der er ingen tid.

D: Ved du, hvad du skal gøre, når du har bestået dine prøver?

R: Nej, det bliver besluttet på det tidspunkt. Jeg nyder søgen efter viden.

Jeg tænkte ikke, at vi kunne lære noget yderligere, hvis han skulle blive på det sted et stykke tid. Sessionen nærmede sig slutningen, og vi havde stadig ikke fundet årsagen til hans fysiske problemer i dette nuværende liv. Så jeg bad ham om at forlade den scene, så jeg kunne tale med hans underbevidsthed og måske få mere konkrete svar.

D: *Jeg vil gerne stille din underbevidsthed nogle spørgsmål vedrørende dit liv på Jorden på nuværende tidspunkt. Ville det være i orden?*
R: Lad mig komme tilbage til Jorden.

Jeg orienterede ham tilbage til nutiden og instruerede hans bevidsthed om fuldstændigt at vende tilbage til hans krop. På dette tidspunkt begyndte han at bevæge sig, og jeg ønskede ikke, at han skulle vågne endnu.

D: *Jeg vil have dig til at forblive i denne tilstand, så jeg kan tale med din underbevidsthed og stille den spørgsmål.*
R: Jeg har stadig minder om det.
D: *Åh, det var meget smukt. Jeg vil gerne tale med Roberts underbevidsthed, tak. Hvorfor blev Robert vist de scener?*
R: Fordi han kan fortælle folk på Jorden, at livet er evigt. Og at vi er balancerede og lever det liv, vi har her på Jorden. Vi, i denne fysiske krop, behøver ikke at være negative. Vi kan være positive. Og når vi kender kærlighed og giver kærlighed, oplever vi, hvad der er ud over denne verden. Vi skal vide, at vi er spirituelle, vi er balancerede. Fra videnskaben ved han, hvorfor himlen er blå, og bladene er grønne. Hvorfor ormene går ind og ud. Han kender hver del af kroppen, hver muskel, hver knogle. Men han har aldrig udviklet det, han har tænkt på som sin spirituelle natur. Ikke religiøs tro, men spiritualisme. Han vidste, at der altid er liv efter denne verden. Ikke nødvendigvis på denne verden. Hvis du kommer tilbage til denne Jord, vælger du at komme tilbage. Eller du får mere eller mindre at vide, at du skal komme tilbage, fordi du ikke har opfyldt og lært den viden og de udfordringer, som

denne ulydige verden indebærer. Det er at gå i skole. Det er alt, hvad vi er. Når vi uddanner vores unge børn, helt fra starten, lærer vi. Vi går altid i skole. Hvad vi starter som spædbarn og bærer videre gennem vores voksne liv, fortsætter vi i et andet liv efter fødslen. Vi lærer altid. Og nogle mennesker nægter at lære. Det er som det gamle ordsprog, at du kan tage æslet til vandtruget. Du kan stikke dens næse og mund lige i vandet, men du kan ikke få den til at drikke det. Før den finder ud af, at vandet slukker dens tørst.

D: *Nogle gange bliver folk bare ved med at begå de samme fejl.*

R: Ja. Du kan støde deres hoved ind i væggen. I Roberts tilfælde har han levet flere liv på andre verdener end på Jorden. Han kom bare til denne verden, fordi det er en udfordring, fordi han hurtigt bliver keder sig.

D: *Tror du, det er en del af hans fysiske problemer, fordi han ikke er vant til en fysisk krop?*

R: Det er muligt, gætter jeg på. For pokker, jeg ville ikke være her. (Griner) Jeg er lidt enig, fordi jeg ikke vil have denne krop. Men jeg sidder fast med den.

D: *Ja, i hvert fald for nu. Og du skal lære at leve med det. Men det ser ud til, at han i andre liv ikke havde denne slags krop at bekymre sig om.*

R: Nej, han følte ikke smerte. Smerte er helvede.

D: *Han vidste ikke, hvad det var.*

R: Nej, der er ingen smerte derovre. Du skal være fysisk for at forstå smerte.

D: *Måske er det noget, han kom for at lære.*

R: Det er det. Og alle andre skal også lære om Roberts smerte, fordi Robert kan håndtere smerten. Men han har svært ved sine stoffer. Der er en fysisk afhængighed af stoffer. Når han får styr på denne Vietnams-stress, som hans krop gennemgår, beder han måske VA om at blive indlagt et stykke tid. Fordi den stakkels fyr har været på stoffer i så mange år for at prøve at bekæmpe denne smerte. Og denne smerte vil aldrig forlade ham, før han dør.

D: *Tror du det, eller har du noget at sige om det?*

R: Det er hans skæbne. Han skal føle smerten, fordi han kan håndtere smerten. Og folk skal lære af ham.

D: *Synes du ikke, det virker ret grusomt?*

R: Det er slet ikke grusomt, fordi der ikke er tid. Når en person dør af kræft, fordi han røg for mange cigaretter, lærer folkene omkring ham en frygtelig hård lektie. Og det gør han også. Men alle fortsætter. Det betyder virkelig ikke noget, fordi det kun er et glimt af et par sekunders reel tid.

D: *Hvis han havde liv, hvor han ikke havde en fysisk krop, tror du, det var derfor, det at tage til Vietnam var så stressende?*

R: Ja. Men det var noget, han ønskede at gøre, og han blev bedt om at gøre. Han vidste, at han ikke skulle dø, men han vidste det ikke rigtigt. Der var død overalt omkring ham.

D: *Og det bragte frygt.*

R: Ja, men det var det, der holdt ham i gang. Det var det, der fik ham til at gøre, hvad han gjorde. Frygtens udfordring. Der er ikke mange steder i universet, hvor der er krig. Jorden er et af de eneste steder, hvor du kan opleve krig som menneske. Det skete for mennesket for længe siden, da hele verden gik i forfald.

D: *Hvad mener du med, at hele verden gik i forfald?*

R: Der var andre væsener, der kom ned for at hjælpe os. Og de prøvede at parre sig, og de prøvede at lege Gud.

D: *Og de var dem, der bragte disse situationer?*

R: Ja. De ville lege hær, cowboys og indianere. De skabte et mønster. Mennesker er i bund og grund dyr, og det er svært at bryde mønsteret. Det har at gøre med at udvikle sig ud af mønsteret. Det er som en dårlig vane. Når du først begynder at bide negle, som Robert gør, er det svært at bryde det. Eller at sige et bestemt bandeord. Det er svært at bryde det.

D: *Så det er en vane for den menneskelige race, mener du.*

R: Ja. Det er alles problem.

D: *Det blev bragt hertil af andre væsener?*

R: Ja. De vidste det ikke. Det er egentlig ikke deres skyld. Jeg tror, det skete bare.

D: *Og nu er dette i mønstret for Jordens folk.*

R: Ja. Det bliver bedre. Jorden har haft nogle succeser i sine evolutionære mønstre. Mænd kan godt lide at kæmpe. Og dette er et af de steder, hvor du kan opleve det. Der er mange oplevelser på Jorden, som du kan gå igennem, som sult, krig. Der er andre oplevelser. At være gudelignende i politikken. Eller du kan opleve bare en behagelig, behagelig følelse af familieliv.

D: Ja, du har mange valg. Så jeg får følelsen af, at da han tog til Vietnam...
R: Det var mit valg.
D: Men du var ikke forberedt på stressen.
R: Nej, nej. Ingen fortalte mig, hvor slemt det var.
D: Men det ser ud til, at du lærte en lektie af det. En lektie, der vil være værdifuld for dig.
R: Ja, fordi jeg ved, hvordan krig er. Jeg ved, hvordan det er at kæmpe. Så når jeg går til en anden verden, og hvis nogen bliver vrede eller begynder at vise en – man kan kalde det en "recessiv" egenskab – så vil jeg vide, hvordan det er. Og jeg kunne hjælpe disse mennesker med at komme videre.
D: Det er meget værdifuldt. Men tror du virkelig, at Robert kom ind i dette liv for at opleve det ubehag, han oplever?
R: Ja.
D: Men ville det ikke være lettere, hvis vi kunne hjælpe ham med at leve med det?
R: Det vil blive lettere, som tiden går.
D: Tror du, at hvis han forstår, hvor det kommer fra, og årsagen til det, vil det gøre det lettere for ham at håndtere?
R: Men han har mange fysiske problemer.
D: Men kan du som det underbevidste ikke hjælpe ham med disse?
R: Kun hvis han kan gå til underbevidstheden og bede om vejledning og bede om, at de naturlige endorfiner i hans krop hjælper. Han vil få smerten, så nogen anden kan opleve at hjælpe ham.
D: Men stadig ville det være godt, hvis vi kunne lindre det. Vi ønsker ikke at gøre livet elendigt, mens han lærer disse lektier.
R: Roberts liv er ikke elendigt. Han har det godt.
D: Mener du det? Jeg ved ikke, om han ville være enig. Men det vigtige er, at hvis han ønsker lindring fra ubehaget, kan han gå til underbevidstheden og bede om, at de naturlige endorfiner hjælper ham.
R: Ja. Lige nu har han ikke nogen smerter.
D: Ja. Disse endorfiner er meget kraftfulde. De er meget mere kraftfulde end at tage nogen form for medicin. Fordi de er naturlige, og de kontrolleres af underbevidstheden.

Den Snoede Univers ~ Bog Et

Jeg plantede derefter forslaget om, at når han havde brug for lindring, kunne han slappe af og bede underbevidstheden om at frigive de naturlige endorfiner. Underbevidstheden forsøgte at argumentere med mig: "Ja, men Robert er så følsom over for alle andres smerte."

Jeg kunne forstå hvorfor, fordi Robert var en meget følsom og medfølende person. Efter meget diskussion gik underbevidstheden med til at gøre sin del, hvis Robert ville samarbejde. Det endelige resultat er altid op til personen. Hvis de af en eller anden grund ikke virkelig ønsker at helbrede sig selv, så kan intet, jeg gør, hjælpe.

Jeg arbejdede aldrig med Robert igen. Jeg hørte om ham fra tid til anden. Han oplevede stadig vanskeligheder og var ind og ud af VA-hospitalet. Det så ud til, at han virkelig ikke ønskede at give slip på lektien om smerte, selvom hans underbevidsthed var villig til at arbejde med ham om problemet. Jeg vil dog gerne tro, at det hjalp ved at frigive de naturlige endorfiner i de tider, hvor han havde brug for dem, så han ikke ville være så afhængig af medicinen. I det mindste vidste han nu nogle af grundene til, at han oplevede denne del af sit liv. Måske havde hans underbevidsthed ret, da den sagde, at smerten aldrig ville forlade ham, før han døde. Hvis det er tilfældet, håber jeg, at han lærer sin lektie og også lærer andre om smerte og om at leve med nogen, der har kroniske smerter. Hvis det er årsagen, så har det værdi, fordi det lærer. Det er virkelig, hvad det hele handler om: at lære lektier og gå videre derfra. Hvis vi lærer en lektie godt, behøver vi ikke gentage den.

Jeg kan igen fuldt ud forstå, hvorfor Roberts underbevidsthed ikke ville tillade denne historie at komme frem, da han arbejdede med VA-lægerne. Måske kunne det at høre denne historie gøre dem mere forstående og mere åbne for at lede efter årsagen til krigsstress på usædvanlige steder med usædvanlige forklaringer.

* * *

TILBAGE TIL TÆPPEVÆRELSET

Jeg tilbragte marts måned i år 2000 med at holde foredrag i alle de større byer i Australien. Jeg prøver at tage nogle private sessioner, når jeg rejser, fordi der altid er en venteliste af mennesker over hele verden, der ønsker terapi. Norma havde skrevet til mig efter at have læst nogle af mine bøger, og vi lavede en aftale om at have en session, mens jeg var på Gold Coast. Hun havde mange personlige og fysiske problemer, hun ønskede at finde forklaringer på. Hun havde også været fascineret af beskrivelsen af åndeverdenen, som vi træder ind i, når vi forlader dette liv, som beskrevet i min bog Between Death and Life. Hun ønskede at se disse steder selv, især Visdommens Tempelkomplekset med dets vidunderlige bibliotek og tæppeværelse. Jeg fortalte hende, at dette måske var muligt. Jeg skulle først tage hende gennem et tidligere liv og derefter se, hvor hun tog hen efter døden. Dette er den fremgangsmåde, jeg har fundet fungerer bedst, hvis vi ønsker at udforske åndesiden.

Hun gik hurtigt i en dyb tilstand og genoplevede et tidligere liv i det victorianske England, som forklarede mange af de personlige karmiske relationer, hun var involveret i i dette liv. Der var mange detaljer: datoer, navne og steder i London, som kunne tjekkes og bekræftes. Jeg har nu lavet så mange regressioner, at denne type detaljer ikke længere overrasker mig. Det vigtige er den terapi, der opnås ved at genopleve traumet og følelserne fra livet. Jeg overlader det normalt til personen selv, om de ønsker at undersøge og bekræfte det. Jeg har ikke længere brug for beviser og tjekker ikke disse ting, medmindre det er værdifuldt at inkludere det i en bog. Der vil aldrig være nok bevis til at overbevise en ægte skeptiker, og en troende har ikke brug for bevis. På dette punkt i mit arbejde er jeg mere fascineret af det ukendte, som alligevel ikke kan bevises.

Da jeg tog hende til slutningen af det liv, døde hun fredeligt som en gammel kvinde i sit hjem omgivet af sin familie. Da hun drev væk fra den fysiske krop, bad jeg hende beskrive, hvad der skete.

N: Der er et lys. Skikkelser i klæder, og der er kærlighed og fred. De tager hende til et sted, der er meget stille og fredfyldt. Der er ingen omkring. Det er bare stille og meget tåget.

Dette lød som det sted, som andre har beskrevet som Hvilepladsen, en slags tilflugtssted, hvor sjæle kan hvile et stykke tid, før de går videre til en anden destination, enten på den side eller ved at vende tilbage til en anden krop i et nyt liv.

D: Et sted, hvor hun bare kan hvile et stykke tid?

N: (Blidt) Ja. Det er rart.
D: *Efter det skal hun så tage et andet sted hen?*
N: Ja, det er tid. Hun skal nu til vidensrummene.
D: *Jeg har hørt om disse steder. Norma ønskede at have mindet om, hvordan de så ud. Hvad viser du hende?*
N: Der er søjler. Og masser af bøger. Og en kuppel ... og mennesker. Og det er meget ... tungt, fyldt med viden. Det er stort. Det fortsætter for evigt. Det har mange rum ud over stenområdet. Der er gangstier, bøger, borde og mennesker.
D: *Hvem taler jeg med? Hendes underbevidsthed eller .... ?*
N: Norma er bevidst om Norma, men jeg er hendes højere selv.
D: *Jeg kalder det underbevidstheden. Det er den del, der har al informationen, ikke sandt?*
N: Ja.
D: *Det er det, jeg gerne vil tale med. Jeg er bekendt med nogle af delene af dette sted. Er der et rum, der kaldes "tæppeværelset"?*
N: Åh, ja.

Dette blev beskrevet i Between Death and Life som et livets tæppe, hvor hver persons liv er repræsenteret som en tråd. Den måde, det væves sammen på, er en levende beskrivelse af, hvordan alles liv påvirker hinanden. Vi er én, og samtidig er vi alle forbundne.

D: *Hun spekulerede på, om hun kunne se det rum?*
N: Hun går derhen hele tiden.
D: *Gør hun?*
N: Ja.
D: *Hun ved det ikke, gør hun?*
N: Hun gør, men hun troede det ikke.
D: *Kan du vise hende, hvordan rummet ser ud?*
N: Det er et rum fyldt med lys. Det har ikke et loft, for tæppet er meget højt. Og det er meget langt. Det fortsætter langt. Der er ingen ende. Og det bevæger sig. Det er levende.
D: *Hvad mener du?*
N: Det er levende med lyset, og trådene er levende ting. De er ikke ... materielle. De har følelser, tanker, farver og liv.
D: *De tråde, der udgør vævningen af tæppet?*

Den Snoede Univers ~ Bog Et

N: Ja. De er vibrerende. Nogle af dem er så lyse. Og de er alle forskellige tykkelser, og de har energi, entitet. Deres egen energi. Hver enkelt er unik og smuk. Og de skaber denne bevægelse og liv. Smukke mønstre. Det ændrer sig som en film på lærredet.

D: Så det er som en levende ting, snarere end bare et stykke stof.

N: Åh, det er ikke et stykke stof. Et tæppe er endda en underdrivelse. Det beskriver det slet ikke.

D: Det er noget, vi kan forstå med vores begrænsede viden. Men hvis trådene, strengene, er levende, hvad repræsenterer de?

N: Åh, de er smukke. De er mennesker, deres liv, deres sjæle. De repræsenterer alt, hvad vi er.

D: Så det er et eksempel på, hvordan det hele er sammenvævet?

N: Åh, ja. Det er meget, meget indviklet. Mere end vi nogensinde har forestillet os. For hvert liv, hver eksistens, hver tanke, hver handling, alt hvad vi er, hvad vi vil være, hvad vi har været, er repræsenteret i hver streng. Og vi er alle de ting også.

D: Repræsenterer det kun det nuværende liv, eller er strengen sjælens historie?

N: Ja, og fremtiden og ... sjælen. Det er den.

D: Men hvis det allerede er vævet sammen, betyder det så, at alt er forudbestemt?

N: Åh, nej. I nogle områder af strengen er det forudbestemt, afhængigt af sjælens sidste rejse på det tidspunkt, fordi nogle liv, den vælger at føre, ikke har fri vilje.

D: De har ikke? Eller ved de ikke, at de har?

N: De har ikke fri vilje.

D: Så ikke alle entiteter har fri vilje?

N: Det er korrekt. Det afhænger af det liv, den vælger. Hvis den vælger et menneskeliv, har den fri vilje. Men hvis den vælger en anden eksistens, har den i nogle tilfælde ikke fri vilje. Så derfor ændrer strengen sig i sin tekstur, sin illumination, sin farve, sin tykkelse og sin forbindelse til andre tråde. Det er meget komplekst.

D: Så det hele afhænger af, hvilken lektion sjælen lærer på det tidspunkt.

N: Vi ville ikke kalde det en "lektion" som sådan. Vi ville kalde det ... erindring. For sjælen ved alt. Den ved alt. Den ved alt om alt, hvad der er at vide. Den husker det bare ikke altid. Og afhængigt af det liv, den vælger at leve, husker den nogle gange, og nogle gange gør den det ikke.

D: *Hvis det er et menneskeliv, ville det blive forvirrende, hvis vi huskede alle de ting.*

N: Det er et liv, som sjælen vælger, når den ønsker at rense meget. Den ville ikke vælge et menneskeliv ellers, for det er en svær eksistens at vælge på mange niveauer. Det er også et meget stimulerende liv at vælge. For det er meget fyldt. Fyldt med følelser og fornemmelser og tekstur og vibrans. I mange andre liv, som en sjæl vælger, er der ikke meget variation. Der er ikke meget tekstur. For de har nogle gange ikke den tredje dimension at relatere til. De kender ikke til den tredje dimension.

D: *Skal de gennemgå den slags liv, før de kommer ind i et jordliv?*

N: Ikke nødvendigvis. Det afhænger af sjælens valg. Og selvfølgelig har mange sjæle valgt mange jordliv og sidder fast i den tredimensionelle cirkel. Og de kender ikke engang til andre eksistenser, hvilket skaber flere karmiske forbindelser og derfor tvinger dem til at vende tilbage til Jorden. For sjælen kan det være frustrerende, for den forstår på den anden side, at der er andre liv, der kan leves. Men de er så låst til jordplanet, at de ikke kan forlade det.

D: *De skal først afslutte alt det.*

N: Ikke altid al karma skabt af den karmiske kraft. Men meget af tiden er der så meget at gøre, at hvis de ikke skulle have endnu et jordliv, ville de miste muligheden for at få en krop til at vende tilbage til. Og de ville miste de forbindelser, de skal skabe. De kunne måske miste muligheden for at indgå en kontrakt med den næste sjæl, de skal forbinde sig med. De har en tendens til at blive i lignende cirkler. Og dem, som Norma, der ved, at de ikke behøver at være her så ofte, har en tendens til at bevæge sig i cirkler af lignende sjæle og også rejse ud af dem.

D: *Men hvis de mister muligheden for at forbinde sig, ville det tage meget lang tid, før de fik muligheden igen. Og den karma skulle betales tilbage og ryddes op. Er det, hvad du mener?*

N: Ja. Norma er meget bevidst om dette. De, der sidder fast i den tredje dimension, er ikke virkelig bevidste. De ved det et eller andet sted i deres viden, især mellem livene, at der er andre liv, de kan føre. Men de ved, at de skal blive i jorddimensionen for at opfylde de

Den Snoede Univers ~ Bog Et

karmiske gældsposter. Ellers vil de gå glip af muligheden og blive nødt til at forblive i åndeform i lang tid. De kan gå til andre fremmede liv, andre dimensionelle liv. Men de ved, at det begrænser dem, fordi de mister forbindelsen med de liv, der er jordbundne, som de skal opfylde.

D: *Men i de andre liv, hvor de ikke engang er bevidste om den tredje dimension, skaber de også karma?*

N: Åh, ja! (Eftertrykkeligt) Åh, ja! Det er en del af sjælens rejse at skabe karma.

D: *Og at arbejde det ud.*

N: Det er for at løfte sjælens vibration og bringe den hjem til Gudskraften.

D: *Men i de andre liv skaber de ikke den intense karma, som vi gør med den menneskelige krop?*

N: Det kan være lige så intenst, ja. Og nogle gange kan de sidde fast i et fremmed liv.

D: *Af samme grunde?*

N: Åh, ja!

D: *Men som jeg er klar over det, kan de i nogle af de fremmede liv leve så længe, de ønsker.*

N: Ja.

D: *Så de ville have masser af tid til at ordne tingene.*

N: Vi taler om lavere fremmede livsformer.

D: *Kan du fortælle mig om det?*

N: Der er nogle, der er som kolonier af myrer, på en måde. Som ikke nødvendigvis har kroppe. De er energi, men af én bevidsthed, så at sige.

D: *Som en gruppe?*

N: Ja. Og de bevæger sig måske som en flok fugle. Og måske som myrer. De forbinder sig med hinanden som en koloni. De bevæger sig som én, men som individuelle enheder. Og de har ikke de karmiske indviklinger, som menneskeformen har. Det er mere som en gruppes karma, hvor de bliver enige om at udføre visse opgaver sammen som en gruppe. Så hvis det ikke opfyldes, bliver det ikke integreret og frigivet.

D: *Er der andre lavere typer af fremmede livsformer?*

N: De kan være arbejdere for højere livsformer. Men ironien er, at sjælene i de højere livsformer nogle gange kan vælge at være en arbejder. De bevæger sig mellem forskellige niveauer, så at sige. Det er en misforståelse, at en sjæl bevæger sig opad. Det er ikke fra én højere livsform til den næste højere livsform. Det er ikke sådan.

D: *Vi har en tendens til at tænke sådan.*

N: Nej, det hopper og vrider sig. Af alle mulige grunde vil en sjæl vælge en rejse. Nogle gange bare for sjov, for oplevelsen.

D: *For at gå tilbage og opleve noget, der er anderledes på det tidspunkt.*

N: Ja, det tilføjer til tæppet. Det tilføjer til sjælens kompleksitet.

D: *Variationerne.*

N: Ja, det tilføjer. Det giver. Det fylder. Det gør sjælen mere komplet. Det er et andet stykke af puslespillet.

D: *Det giver mening for mig. – Norma undrede sig over, om hun havde en galaktisk forbindelse.*

N: Åh, ja! Hun er bevidst om de galaktiske livsformer, hun har været, men hun er ikke bevidst om detaljerne på et bevidst niveau. Hun ved meget om sig selv. Og hun lærer meget i dette liv. Medmindre hun virkelig ønsker at vende tilbage til den tredje dimension, vil hun ikke have brug for at komme her igen.

D: *Så hun er mere eller mindre ved at afslutte sit arbejde her?*

N: Der er aldrig nogen afslutning som sådan, fordi du kan komme og gå, som du vil. Men hun nyder frihedens aspekt i denne rejse.

D: *Så når som helst kunne en sjæl beslutte, at den ikke vil have flere jordliv, og gå videre og prøve noget andet.*

N: Kun hvis den har renset meget af sin karma. For som vi sagde, kan du være låst til jordplanet i mange liv. Fordi jo flere liv, du lever, jo mere er du låst her, på grund af den karma, du skaber.

D: *Så det er bedre, hvis du rydder det hele op, hvis du vil videre til et andet sted.*

N: Og mange sjæle er bevidste om dette. Ikke på et bevidst niveau, selvfølgelig; det er derfor, de presser så meget ind i ét liv. Mange sjæle, der er her på dette tidspunkt i Jordens evolution, har haft udenjordiske liv. Og mange er ikke helt bevidste. Flere er nu på dette jordplan end nogensinde før, for de er her af en grund: for at hjælpe med at løfte vibrationerne på Moder Jord.

Den Snoede Univers ~ Bog Et

I Keepers of the Garden sagde Phil, at mange sjæle, der aldrig havde kendt jordliv, havde meldt sig frivilligt til at komme for at hjælpe Jorden på dette tidspunkt i dens historie. De var infusionen eller transfusionen af nyt blod, dem, der aldrig havde kendt vold. Fordi de ikke har dette i deres sjæls historie, kan de hjælpe med at ændre vibrationerne på Jorden og hæve den til en højere dimension, hvor sådanne ting som vold er umulige.

D: *Dette er, hvad jeg har fået at vide. At vi bevæger os væk fra volden og går ind i en anden evolutionær periode for Jorden?*
N: Åh, ja, og Moder Jord har skabt dette.
D: *Fordi hun også er en levende enhed?*
N: Selvfølgelig.
D: *Som mange mennesker ikke er klar over.*
N: Nej, og hun må interagere med de andre planeter i denne galakse. Og selvfølgelig også ud over det. Det er større, end du tror.
D: *Ja. Jeg har hørt, at der ikke kun er tæppeværelset, som repræsenterer sjælene, men at det er mere komplekst end det.*
N: Åh, ja. Tæppeværelset repræsenterer kun de sjæle, der arbejder i dette univers og de mange universer ud over. Men der er mere end det.
D: *Er der andre tæpper, som et eksempel, som en analogi?*
N: Det er sådan, men det er en meget forenklet forklaring. Ord kan ikke beskrive det. Forestil dig eller visualiser universet og stræk det til det uendelige. Og du vil få en idé om, at hver stjerne repræsenterer et liv, en sjæl. Og du vil kun lige berøre, hvad det hele handler om.
D: *Men stjernerne er fysiske objekter, ikke sandt?*
N: Ja, men vi bruger universet som et eksempel på, hvor mange og hvor komplekse sjælerejser er. Hvis du visualiserer eller forestiller dig, at hver stjerne repræsenterer en sjæl og dens rejse til det uendelige, vil du forstå, hvor enorme vi virkelig er.
D: *Ingen begrænsninger egentlig, medmindre vi pålægger dem os selv. Er det korrekt?*
N: Hvert liv, der vælges af sjælen, repræsenterer en begrænsning af en grund, en lektion, til renselse eller til at bringe os tættere på kilden, fordi det er vores sjæls formål.
D: *At vende tilbage til kilden?*

N: Ja.
D: *Men vi har meget at gøre, før vi kan vende tilbage dertil, ikke?*
N: Og er det ikke eventyret?
D: *Ja. Alle forhindringerne og bumpene undervejs.*
N: Norma har været mange livsformer af alle beskrivelser. Og hun er bevidst om dette. Hun har allerede forbundet sig med dem. Det, hun ikke forstår, er storheden af hendes væsen. Hun tror, at det at vælge denne menneskelige form på nogle måder er en nedvurdering. Hun tror ikke helt på, at hun kan være så stor, når hun ved, hvem hun er i menneskelig form, med de fejl og blokeringer, der følger med det menneskelige liv, hun lever.
D: *Er det ikke sandt for os alle?*
N: Åh, ja. Men mange sjæle genkender ikke engang deres storhed og har ikke engang rørt ved det faktum, at de er store. For, selvfølgelig, vi er det alle.
D: *Men i den henseende er vi alle større på de andre planer, de andre dimensioner. Når du siger "storhed", hvordan definerer du det?*
N: Alle sjæle er store, selvfølgelig, fordi de er en del af kilden. Mange sjæle forstår eller ved ikke om deres storhed og kan derfor ikke føle den uro, som Norma føler. For de har det ikke i deres bevidsthed. Den uro, hun føler, er, at hun bevidst er klar over, hvor stor hun er. Hun kan ikke forlige sig med det faktum, at hun er i en menneskelig krop, og at en del af hendes rejse er at integrere storheden. Den storhed, vi taler om, er hendes plads i denne plan. Hun er en del af et større billede, sjælen, der er Norma.

Dette lød bekendt. Underbevidstheden eller det højere selv har sagt det samme om mange af mine andre klienter. Tilsyneladende er vi alle meget større, end vi giver os selv kredit for. Hvis vi bare kunne genkende denne guddommelige gnist i andre, ville der ikke være nogen fordømmelse, ingen fordomme. Vi ville se, at vi alle er sjæle på rejser, der arbejder på forskellige faser af karma. Alle forsøger at vende hjem til Gudskilden.

N: Hun har truffet mange vigtige beslutninger, der påvirker mange sjæle.
D: *I andre livstider?*

N: Det går ud over de mange livstider, når hun er "Hvem vi er". Hun forstår, at hun ikke behøver at være i livsform for at træffe beslutninger. Hun har truffet disse beslutninger i sjæleform for mange sjæle.

Tilsyneladende når vi træder ind i jordens eksistens, den tredimensionelle virkelighed, eksisterer vi med en facade som skuespillere, der spiller forskellige roller. For nogle er det eventyret i oplevelsen, rejsen. For andre er det fangenskab i en illusion, der antager alle virkelighedens kvaliteter. Uanset hvordan vi opfatter det, skaber vi automatisk karma bare ved at leve i denne dimension og er fanget i denne virkelighed, indtil vi betaler gældene tilbage. Der sker så meget mere bag kulisserne, end vi nogensinde kan forstå. Men det er blevet sagt: "Hvis vi kendte svarene, ville det ikke være en test." Og så længes vi efter at vende tilbage til det vage sted, vi betragter som "hjem", uden bevidst at vide, at dette ikke kan ske, før vi har fuldført vores arbejde her.

SEKTION FEM:
METAFYSIK ELLER KVANTEFYSIK?

Kapitel Elleve
Parallelt Universer

Jeg blev ledt ind i denne mærkelige og meget dybe diskussion i 1980'erne, mens jeg udforskede Tuins liv, jægeren, som danner grundlaget for min bog The Legend of Starcrash. I det liv dræbte han og bragte et meget usædvanligt dyr tilbage til landsbyen. Et som folkene aldrig havde set før eller siden. Stammenes shaman bemærkede, at det var en meget mærkelig hændelse og ønskede at vide alle detaljer om jagten. Han var så imponeret, at han bad slagterne og skindbehandlerne om at være meget omhyggelige, når de tilberedte kødet. Han ønskede, at kraniet skulle bevares og derefter bruges under ceremonier, der ærede vintersolhvervet. Alle detaljer præsenteret af Tuin antydede en paranormal oplevelse af højeste grad. En, som han aldrig havde oplevet før, men som han villigt accepterede. Realiteten af det kunne ikke benægtes af folket, fordi beviset var synligt gennem det bevarende kranium og skindet. Beskrivelsen var så mærkelig, at jeg også vidste, at det ikke var et dyr, der nogensinde havde levet på planeten Jorden, i det mindste ikke inden for kendt historie. En zoolog bekræftede også mine mistanker. Hvis dyret ikke var fra Jorden, hvor kom det så fra?

Efter at Tuin døde og gik over, var jeg i stand til at stille ham mange spørgsmål om de mærkelige begivenheder, der fandt sted i hans landsby. I denne tilstand havde han adgang til viden, som er nægtet de dødelige. Jeg spurgte ham om det mystiske dyr. Det svar, der kom frem, var så komplekst, at jeg vidste, det ikke hørte hjemme i den bog. Jeg sammenfattede det i de mest enkle detaljer, fordi jeg troede, det ville være så kompliceret, at det ville distrahere fra bogens formål. Det tilbydes her i sin helhed. Jeg kan ikke forklare det yderligere. Bare at lytte til det forvirrede mig og efterlod mig svimmel. Jeg følte mig helt ude af balance bagefter. Ideen var så fremmed for min tænkning, at det forstyrrede mig og fuldstændig forvirrede mit logiske sind. Selvom konceptet kan virke revolutionerende for mig, kan det virke ret simpelt for en anden, en der ikke har problemer med at forstå komplekse teorier. Mange mennesker vil sikkert sige, at det ikke er en

Den Snoede Univers ~ Bog Et

ny teori overhovedet, det er kun nyt og forbløffende for mig. Så vær det. Jeg spurgte den afdøde Tuins ånd, om den kunne forklare mysteriet omkring det mærkelige dyr.

Beth: Det var en sjælden hændelse. Du må forstå, at vores univers ikke er det eneste. Talrige parallelle universer eksisterer ved siden af vores, men fordi de vibrerer ved forskellige hastigheder, er de normalt usynlige for menneskelige øjne. Universerne krydser hinanden, men normalt er krydsningspunkterne ikke kompatible. Derfor er indbyggerne i de to forskellige universer ikke opmærksomme på krydsningen. Der kan være nogle små ændringer, som en eller to personer bemærker, men det vil ikke være noget stort. På dette særlige tidspunkt var det en sjælden hændelse af en kompatibel krydsning. Og da Tuin var ude at jage, befandt han sig i to universer samtidig, men var ikke klar over det. Det dyr, han dræbte, var en indbygger i det andet univers. Men da krydsningen var kompatibel, var han i stand til at transportere dyret ind i dette univers uden at ødelægge dets grundlæggende matrix.

D: *Mener du, at det andet univers også var et fysisk univers?*

En anden person beskrev universer, der kun består af energi.

B: Ja, det var et fysisk univers bygget på en anden grundlæggende matrix. Men da krydsningen var kompatibel, blev dyrets matrix ikke ødelagt, da det blev bragt over til dette univers. Det er det, der gør denne hændelse så sjælden. Hvis krydsningen ikke er kompatibel, bliver den grundlæggende matrix af alt fra det andet univers ødelagt, og det eksisterer ikke længere i dette univers.

D: *Hvad mener du? Ville det bare forsvinde eller hvad?*
B: Ja. Det ville blot opløses til ingenting og frigive energien i æteren.
D: *Ville nogen se det som en mirage eller noget lignende?*
B: Måske. Under visse omstændigheder ville de se det, og så ville det virke som om det flimrede og forsvandt til ingenting.
D: *(Jeg prøvede at forstå.) Siger du, at dette andet univers eksisterer side om side med dette?*

Den Snoede Univers ~ Bog Et

B: Ja, der er et uendeligt antal universer, der eksisterer side om side med dette. Og de er alle sammenvævet som et stykke stof. (Suk) Dette sprogs udtryk er ikke tilstrækkelige.

D: *Det har jeg fået at vide før.*

B: (Leder efter ordene.) Jeg bliver nødt til at misbruge nogle termer for at forsøge at få dette budskab igennem. Disse forskellige universer – universi?, universer, hvad det end er – er sammenvævet som et stykke stof til et gigantisk kosmos, som indeholder totaliteten af al eksistens. Men disse universer er levende, og derfor bevæger og ændrer de sig hele tiden, så det er som et levende stykke stof. Og når de bevæger sig og ændrer sig, skifter deres relationer til de andre universer også hele tiden. Og da der er et uendeligt antal af dem, er forholdet aldrig det samme to gange. Og for at der kan være en kompatibel krydsning, som ved denne ene hændelse med Tuin, skal der være et meget usædvanligt sæt variabler, der eksisterer samtidig. Da det sker så sjældent, kan det ikke udtrykkes i procenter; tallet er for lille. Og så er dette univers stadig side om side med dette univers i relation til det, men det er et andet forhold nu, fordi det har skiftet sammen med alle de andre universer gennem tidsaldrene i dette gigantiske kosmos. Forstår du?

Jeg mumlede, at jeg gjorde det, selvom jeg virkelig ikke gjorde det. Denne overraskende information var så kompliceret, at jeg fik hovedpine af at forsøge at følge med.

D: *Men du sagde, at dette sker til tider, og folk er ikke klar over det?*

B: Ja. Dette univers krydser andre universer hele tiden. Det handler bare om hvornår og hvor. Hvornår: hvert øjeblik. Dette univers krydser altid med mindst ét andet univers på et tidspunkt, hvis ikke flere. Og da der er et uendeligt antal universer, og de krydser hele tiden, er det ganske rimeligt, at flere af disse krydsninger finder sted på eller nær denne planet, hvor det kan observeres af mennesker. Men om krydsningen er kompatibel nok til at man kan observere noget direkte, er ikke så almindeligt. Normalt er det en meget lille ændring, som folk med meget almindelige sanser ikke ville bemærke. Kun en person, der er særligt opmærksom, ville bemærke denne meget lille forskel. Og det er normalt ikke noget jordrystende eller noget, der ville betyde noget. Det ville bare være en meget lille ting, som måske en eller to personer ville bemærke, men de vil ikke kommentere det, fordi det er sådan en lille ting, og de føler, at andre ville tro, at de havde taget fejl af, hvad de observerede fra starten.

D: *Kan du give mig en idé om, hvad de måske oplever?*

B: Ja. For eksempel går en person en dag og lægger mærke til dette træ. Det har en bestemt form, som er særpræget og særligt smuk. Og de går samme sted en uge senere og opdager, at træet ikke længere er der. Eller måske er formen radikalt anderledes, men det er ikke noget, de rigtig kunne bevise på den ene eller anden måde. Det er bare en lille ting som det, men det er anderledes end før. Hvad der skete, er, at på det sted, hvor træet var, havde det krydset et andet univers, og effekten ændrede enten træet eller ødelagde dets matrix, så det ophørte med at eksistere. Eller måske eksisterer det i en ændret form i det andet univers nu.

D: *Tuin sagde, at hver gang han kom forbi dette dyr, havde han en mærkelig følelse med sine sanser. Han vidste, at noget usædvanligt var i gang.*

B: Ja, han var meget højt udviklet psykisk, og derfor var han klar over, at han var i to universer samtidig, men han vidste ikke, hvordan han skulle udtrykke det verbalt. Han var ikke helt sikker på, hvad han vidste. Han vidste, hvad han vidste, uden egentlig at vide, hvad han vidste.

D: *Ja, han vidste ikke præcis, hvad det var. Men du mener, at dette var meget usædvanligt, at han var i stand til at bringe dyret tilbage til folkene i landsbyen?*

B: Ja. At kunne bringe dyret helt tilbage til sit univers uden, at dyret opløstes til ingenting, er ekstremt usædvanligt. Det sker sjældent. Det sker, men bare ikke meget ofte.

D: *Selvfølgelig var folkene også meget sultne på det tidspunkt. Dette kunne måske have været en del af det.*

B: Ja, deres psykiske evner hjalp utvivlsomt dyret med at overgå.

D: *Så i mange år efter blev dyrets hoved og skind brugt af den vise mand, så det var bestemt noget fysisk. Så når noget som dette sker, sker det meget sjældent i nærheden af mennesker, hvor de ville bemærke det?*

B: Nå, det sker i nærheden af mennesker, men normalt er ændringerne så små eller så mindre, at de fleste af dem ikke bemærker det. Mennesker har en tendens til kun at se, hvad de ønsker at se. Og hvis noget anderledes er sket, og de ikke ønsker at se det, vil de ikke. Eller de er for travle til at bemærke det.

D: *Eller de tror, de har forestillet sig det. Er der nogensinde en chance for, at et menneske krydser over til det andet univers?*

B: Det sker hele tiden. Mange gange vil mennesker, der går ned ad gaden, krydse over til et andet univers. Flere af universerne, især dem, der ligger tættest på dette, er så ens, at de praktisk talt er identiske. Så nogle gange, når de overlapper hinanden, kan folk krydse over til det andet univers midlertidigt og derefter krydse tilbage uden at ødelægge deres matrix. Den permanente overgang er det, der er så sjældent, som med dyret. Og mange gange vil de være i et andet univers og tænke, "Gud, jeg troede virkelig, at dette-og-så var sket." Og nogen siger: "Nå, nej, det er aldrig sket. Du laver det bare op." Og så et par dage senere nævner de dette igen, og en anden siger: "Nå ja, du har ret, det skete." Nå, i den periode på et par dage, hvor alle sagde, at det ikke var sket, var de i et andet univers, hvor det ikke var sket.

D: *Dette ville være forvirrende for et menneske.*

B: Ja. Det ville få dem til at tro, at de måske forestillede sig ting. Derfor ville de hurtigt afvise det fra deres sind og glemme hændelsen, så de ikke ville være bevidst klar over, at de havde været i et andet univers.

D: *Men det lyder, som om universerne er identiske, hvis de har de samme mennesker i begge.*

B: Normalt ja, og normalt vil det kun være et par ting, der er lidt anderledes.

D: *Så det ville betyde, at vi alle har en modpart eller mere end én modpart, der ligner os?*

B: Ja. I de fleste universer har vi en identisk modpart, hvis grundlæggende oplevelser ville være meget ens.

D: *Det har jeg fået at vide før.*

B: Ja. I de fleste universer har vi en identisk modpart, hvis grundlæggende oplevelser ville være meget lignende. I nogle universer har vi ikke en modpart, men det er sjældent, at vi støder på disse universer. Når vi gør, er det en meget chokerende oplevelse. Når du går hen til en person, som du ved, at du kender, og du ved, at de kender dig. Og du hilser på dem, og de stirrer på dig, som om de vil sige: "Hvem er du? Jeg kender dig ikke. Jeg har aldrig set dig før."

D: Det ville være meget forvirrende. Men så er det muligt, hvis man krydser over, at krydse tilbage igen.

B: Ja. Normalt varer krydsningen kun en meget kort periode, måske nogle få timer eller endda så længe som et par dage. Men det er som regel en meget midlertidig krydsning. Og generelt fortsætter de mennesker, der krydser over, bare med deres liv og deres daglige aktiviteter. Og de er ikke rigtig bevidste om, hvornår de krydsede over og krydsede tilbage. Selve krydsmomentet er meget tvetydigt. Men nogle mennesker kan huske noget mærkeligt, der skete, mens de var der.

D: Lægger de bare mærke til, at de føler sig lidt mærkelige, eller hvad?

B: Nogle gange lægger de ikke engang mærke til det. Nogle gange bemærker de bare noget, for eksempel en bestemt bygning, der eksisterer i deres univers. Og de bemærker, at en dag, mens de går, er der ingen bygning, og der har aldrig været en bygning der. Et par dage senere bemærker de, at bygningen er der igen. Og på denne måde ville de vide, at de midlertidigt var i et andet univers, hvor der ikke var blevet bygget en bygning, hvor der havde været i deres univers.

D: Med andre ord er de ikke helt identiske.

B: Korrekt. De er aldrig helt identiske. Der er altid mindst én ting, der er anderledes. Og den ene ting, der er anderledes, er nok til at skabe et andet univers. Nogle gange kan det være så lille som et sandkorns position på en strand, der er forskellig, for at det er et andet univers. Og hvad der gør det endnu mere komplekst, er, at der altid skabes nye universer. For hver handling, der udføres, er der mere end ét muligt udfald. I dit univers realiseres ét udfald, men al energien fra de andre udfald skal gå et sted hen. Og så forårsager disse andre forskellige udfald, der ikke blev realiseret i dit univers, at et andet univers opstår, der er praktisk talt identisk med dit univers, bortset fra at dette særlige udfald er anderledes. Og herfra fortsætter universet med at udvikle sig i sin egen retning.

D: *Mener du, at én person kan få dette til at ske? Eller skal det være mange mennesker?*
B: Nej, bare én person. Alt. Det sker hele tiden. Det gigantiske kosmos vokser kontinuerligt. Og det er uendeligt komplekst, så én bevidsthed ikke kan forstå det. For eksempel i dette univers, lad os sige, at din næse begynder at klø. Nu kan du gøre flere ting. Du kan gnide din næse, eller du kan kradse den, eller din krop kan beslutte at nyse. Alle disse tre ting vil ske i dette univers. Lad os sige, at du beslutter at nyse, og du gør det. Men energien fra de andre to mulige udfald skal gå et sted hen. Og derfor opstår der i det øjeblik to andre universer, hvor du i det ene gned din næse, og i det andet kradsede din næse. Og det er den eneste forskel på dette tidspunkt mellem de to universer og dette. Og så fortsætter de med at udvikle sig. Og de vil være lidt forskellige, men de vil stadig være meget lig dette.
D: *Det lyder som om, det kan blive meget kompliceret.*
B: Det er det.
D: *Jeg har altid troet, at vi mange gange i vores liv kommer til vejkryds. At vi træffer en beslutning om at gøre én ting, og alligevel kunne vi have flere andre beslutninger, der ville sætte os på en anden vej. Betyder det, at den anden beslutning også bliver en realitet?*
B: Ja, de andre beslutninger bliver også til virkelighed, men ikke i dit univers. Du når et vejkryds, som du kalder det, og du har en vigtig beslutning. Og du kan gøre én af flere ting. Afhængigt af hvad du gør, kan det meget vel bestemme den generelle retning for resten af dit liv. Du træffer beslutningen om at gå en bestemt vej. Så snart du træffer denne beslutning om at gøre én bestemt ting, forårsager den potentielle energi, der var gemt bag dette, at andre universer opstår, hvor alle disse andre beslutninger også bliver til virkelighed. Så der nu er alternative "dig", der går disse forskellige veje. Og deres liv vil være forskellige fra dit, fordi de traf en anden beslutning, og de gik i en anden retning. Og derfor forårsager det, at universet er anderledes, og nogle gange kan virkningerne være meget vidtrækkende. Til det punkt, hvor det overraskende nok på kort tid viser sig, at det univers er meget anderledes end dit.
D: *Ja, fordi dit liv kunne gå i en helt anden retning.*

B: Og have en helt anden effekt på de mennesker omkring dig. Det er en sneboldeffekt, som derfor har en anden effekt på de mennesker omkring dem, osv. osv.

D: *Men du er ikke rigtig ansvarlig for dine beslutninger.*

B: Nej, nej. Du træffer den beslutning, som du føler er bedst for dig. Under dine omstændigheder kan det være det. Og de andre omstændigheder opstår, hvor de andre sider af beslutningen er bedst for de omstændigheder, der også opstår. Men nogle gange træffer du en beslutning og indser, at du traf den forkerte beslutning, at du ikke valgte den bedste omstændighed. Når du indser dette, hvad der er sket, er, at denne særlige gren af dit liv skilte sig fra et andet univers, fra dit oprindelige univers. Og det oprindelige "dig" tog den rigtige beslutning, og du udførte den alternative beslutning med den energi, der var gemt der. Du levede med det og arbejdede dit liv omkring det, så godt du kunne.

D: *Er det muligt at få den anden tilbage? (Nej) Er det ikke muligt at fusionere de to sammen igen?*

B: Nej. Men det er ikke så fatalistisk, som det lyder. For selvom du tog den forkerte beslutning, eller du føler, at du tog den forkerte beslutning, kan du stadig få det bedste ud af det. Fordi du stadig har beslutninger at træffe hvert øjeblik af dit liv, vil det at træffe disse beslutninger klogt hjælpe med at holde dit liv på den sti, du ønsker, det skal være på.

D: *Så det er stadig muligt at vende dit liv rundt og gå den anden vej, hvis du vil.*

B: Ja, du vil bare være i et andet univers end det alternative dig, der tog den beslutning, som du gerne ville have taget.

D: *Nå, det lyder, som om din fysiske krop er mange steder på forskellige tidspunkter. (Ja) Er det en nøjagtig kopi af denne krop? Jeg prøver at forstå dette i mine begrænsede jordiske termer.*

(Jeg lo nervøst. Dette blev ekstremt kompliceret og foruroligende.)

B: Det starter med at være en nøjagtig kopi, men efter et stykke tid sker der forskellige ændringer. For eksempel i ét univers kunne du få en skade, som du ikke får i dette univers, hvilket ville gøre en forskel. Det er meget kompliceret. Det sværeste af alt er at forsøge at relatere de forskellige alternative dig i de alternative universer til dit sande jeg, til din sjæl. Det er én ting, der gør karma så kompliceret. På grund af karmas træk skal du opleve alt mindst én gang for at udvide din erfaring og arbejde hen imod dit mest sande høje jeg. I hvert liv oplever du næsten alt på én gang. Men du skal stadig opleve alle disse forskellige ting i de rette proportioner for fuldstændigt at runde dig ud til, hvor du vil være en fuldendt person. Derfor skal du vende tilbage flere gange gennem flere liv. Og du ender med at eksistere i flere universer hver gang. Men sådan er det. Dette sprog er bare ikke tilstrækkeligt.

D: Men hvis alle disse forskellige andre modparter lever separate liv, og alligevel er de alle dele af os, hvorfor er vi så ikke bevidste om dem? Hvorfor kan vi ikke kommunikere og vide, at de eksisterer?

B: Fordi det ville være for svært og for kompliceret for jeres begrænsede menneskelige sind at acceptere. Det ville være for overvældende. Der er mange, mange begreber ud over, hvad I accepterer som virkelighed, som I ikke har lov til at vide om, fordi de fuldstændig ville overbelaste den menneskelige psyke. Det er nok for jer at fokusere på det nuværende liv og de omstændigheder, I lever i. Men vær opmærksom på, at det sande jeg, jeres sjæl, ved alt om, hvad jeres utallige modparter gør, og holder perfekt styr på det. Jer som mennesker behøver ikke bekymre jer om kompleksiteten af det.

(Taknemmelig for små velsignelser! I midten af al denne komplicerede information blev jeg mindet om noget, en anden af mine emner sagde. Han sagde, at jeg aldrig ville få svarene på alle mine spørgsmål, fordi noget viden ville være som gift snarere end medicin. Det ville skade snarere end oplyse. Så jeg formoder, at mennesket aldrig vil være i stand til at håndtere den fulde mængde information fra Guds sind.*)

D: Det virker forvirrende at tænke på, at en anden modpart af dig selv, en fysisk modpart, gør ting, som du ikke er bevidst om.

B: Det er sandt. Du kan undre dig over, når du krydser over til et andet univers og interagerer med et alternativt sæt mennesker, ville de mennesker, du normalt interagerer med, ikke savne dig? Men når du krydser over, har din modpart også krydset over, og derfor bliver du ikke savnet.

D: *Jeg undrede mig over det, om man kunne møde sit eget jeg.*

B: Nej. Fordi når du krydser over, dannes der et vakuum, der skal udfyldes, og derfor krydser din modpart automatisk over for at udfylde vakuummet, indtil spændingen når det punkt, hvor du skal krydse tilbage til det univers, du hører til.

D: *Vil de andre mennesker bemærke nogen forskel?*

B: Måske. En lille fejl, en subtil forskel, normalt i minder og lignende. De ville sige: "Kan du huske, da det-og-det skete?" Og din modpart kunne sige: "Hvorfor nej, det skete aldrig for mig." Og de ville bare tilskrive det en fejl i hukommelsen eller lignende.

D: *Hvis din modpart blev trukket gennem vakuummet, ville den så heller ikke vide, at den var i et alternativt univers?*

B: Ikke medmindre du og din modpart var en af de få mennesker, der satte to og to sammen, så at sige, og indså: "Hov, alt er ikke helt, som det burde være. Måske er jeg i et alternativt univers." Og det, der gør dette interessant og skulle hjælpe dig med at forstå dine medmennesker, er, at du til enhver tid kan have med en af dem at gøre fra et af deres alternative universer. Så hvis du siger noget, og de ikke husker det, i stedet for at blive utålmodig med dem, så husk, at med denne særlige en, måske er det ikke sket for dem endnu. "Nå, jeg taler med en af deres modparter. Om et par dage …."

D: *Kunne den anden også have en helt anden personlighed?*

B: Nej, personligheden er generelt den samme. Nogle gange vil forskellige aspekter af personligheden udvikles en smule anderledes på grund af et andet sæt oplevelser, men normalt er personligheden grundlæggende den samme. Fordi personligheden er en af de ting, der forbinder din fysiske krop med dit sande jeg.

D: *Jeg tænkte, at hvis de mødte nogen, der lignede dig, men var helt anderledes, ville folk så tro, at der skete noget mærkeligt.*

B: Korrekt. Men det sker aldrig, fordi personligheden grundlæggende er den samme. Måske nogle af detaljerne kan være anderledes. For eksempel i et univers kunne nogen være venlig og udadvendt og meget snakkesalig. Men deres alternative selv kunne stadig være venlig, men ikke så udadvendt. De kunne være mere genert og ikke så snakkesalig. Det ville bare være en mindre ændring som det.

D: Ja, og din familie eller mennesker ville bare tænke, nå, han er i et humør eller noget.

B: Præcis.

D: Men er der nogensinde et tilfælde, hvor de to modparter kan møde hinanden?

B: Jeg tror ikke, det er muligt.

D: Jeg tænkte på historier eller legender, vi har hørt, som doppelgangerne. At se sin dobbeltgænger.

B: Ja. Når du ser din dobbeltgænger sådan, er det, når de to universer skærer hinanden, og I stadig hver er i jeres separate univers. Og du ser dem, men det er ikke særlig almindeligt.

D: Det er nok derfor, det er så sjældent, når det er blevet rapporteret.

B: Ja. Normalt vil det, der sker, være, at nogen anden ser din dobbeltgænger og fortæller dig om det senere.

D: Åh. Jeg har hørt om tilfælde som det. De vil sige: "Vi så dig i det og det sted." Og du siger: "Jeg var ikke der. Jeg var hjemme hele dagen."

B: Præcis. Du var hjemme, men du var i et alternativt univers, og dit alternative selv var ude og vandre rundt.

D: Det ville forklare mange af disse mærkelige tilfælde, vi har hørt om. Men i tilfældet med Tuin, var dyret helt anderledes end noget dyr på Jorden på det tidspunkt.

B: Ja. Det var en anden grund til, at det var så sjældent, at dets matrix overlevede og permanent krydsede over, fordi der ikke var nogen modpart i dette univers. I hvert fald ikke på Jorden. Nu er der en mulighed for, at dyret i det pågældende tilfælde har en modpart i dette univers, men på en anden planet. I hvilket tilfælde, når dette dyr krydsede over og blev permanent overført, krydsede dets modpart enten selv over til et andet univers, eller det ophørte med at eksistere på det tidspunkt.

D: Et andet jordisk dyr ville ikke have krydset over i dets sted?

B: Nej, fordi det ikke var modparten til dette dyr.

D: Det skulle være en nøjagtig modpart så. Men det skete på et tidspunkt, hvor landsbyen havde brug for mad, og de spiste det. Det skadede dem ikke på nogen måde. Det er meget interessant, men også meget kompliceret.

Den Snoede Univers ~ Bog Et

B: Ja. Jeg føler, at jeg måske har efterladt nogle fejlagtige indtryk i dit sind på grund af dette sprogs utilstrækkeligheder.

D: *Nå, det er muligt. Andre personer, jeg har talt med som dette, har også sagt, at sproget er utilstrækkeligt til at forklare tingene. Nogle gange er de nødt til at bruge analogier for mig.*

B: Sandt. Meget utilstrækkeligt også. Det efterlader snarere forsimplede forestillinger i dit sind.

D: *Ja, men nogle gange er det den eneste måde at forklare tingene på, selvom det ikke er helt præcist.*

B: Det er sandt. Jeg ønsker ikke, at du skal føle skyld eller begrænse dig selv i dine handlinger blot på grund af de alternative ting, der også finder sted. Fortsæt med at leve dit liv, som du altid har gjort, fordi det er den naturlige måde i det gigantiske kosmos. Faktum er, at når du blev født i dette univers, blev du også født i flere andre universer. Og derfor vil handlinger og beslutninger, som du træffer, forårsage, at et andet univers kommer til at eksistere eller måske ændrer et andet univers, der er tilstrækkeligt ens. Dette er ikke for at skræmme dig, fordi det sker hele tiden overalt.

D: *Så det er en naturlig ting, med andre ord.*

B: Ja, og det er en del af at arbejde med din karma. Det er heller ikke som forudbestemmelse. Du og alle dine alternative jeg'er har friheden til at vælge i de beslutninger, der opstår i jeres liv. Og selvom du træffer én beslutning, betyder det ikke automatisk, at et alternativt jeg skal træffe den anden beslutning. Hvis et andet alternativt jeg træffer den anden beslutning, så er det fordi, de valgte at gøre det. Det er deres frie valg. Og det ender som regel med at balancere på den måde. Af og til vil du og dine alternative jeg'er vælge den samme vej, og den anden vej blev ikke valgt. Så vil et nyt univers opstå, hvor den anden vej blev valgt for at holde energien i balance. Forstår du det?

D: *Jeg forsøger. Det vil tage lidt tid at fordøje og absorbere det, prøve at forstå det. Hver gang jeg bliver præsenteret for en ny idé, sker dette. Jeg er nødt til at gå det igennem, før jeg virkelig forstår det.*

B: Du er velkommen til at stille flere spørgsmål, når du har fordøjet det. Det er vigtigt, at du forstår det.

D: *Jeg føler, at jeg er blevet ledt til at give denne information videre til mange mennesker.*

B: Ja, og det er vigtigt, at du forstår det så klart som muligt inden for begrænsningerne af dit sprog. Så når det bliver formidlet til andre mennesker, vil de få en klar forståelse og ikke en forvirret forståelse. For dette særlige koncept kunne forstyrre de religiøse institutioner i dit univers. Og det kunne skabe meget, meget unødvendig uro.

D: *Du taler hele tiden om disse alternative mennesker. Kunne én have én beskæftigelse og en anden en anden beskæftigelse? Eller ville det være meget ens?*

B: Åh, det afhænger af det. Det er ikke usædvanligt, at de har lignende beskæftigelser. For eksempel, i dette univers er en person dygtig til at arbejde med sine hænder, og derfor arbejder de måske med elektrisk arbejde. I et andet univers arbejder de måske ikke med elektricitet, men laver noget andet, hvor de også arbejder med deres hænder. De kunne være håndværkere eller træarbejdere eller noget lignende. Eller hvis nogen i dette univers er ingeniør, men har en hobby som musik. De er meget passionerede omkring musik, men det er kun en hobby for dem. Så i et andet univers kan de være musiker i stedet for ingeniør. Så hvad end dine grundlæggende tendenser er i din personlighed, vil de også afspejles på tværs af universerne. Hvis det er en flerdimensionel personlighed, hvor personen er i stand til at gøre mange forskellige ting, kan deres modparter i andre universer gøre noget radikalt anderledes, fordi evnen til at gøre det er en del af deres personlighed.

D: *For eksempel, nu er jeg forfatter. Kunne en anden del af mig stadig være hjemmegående og ikke interesseret i at skrive?*

B: Nej, interessen for at udvide sig selv ville stadig være der. Du vil måske ikke nødvendigvis tage retningen mod skrivning i et andet univers. For eksempel, i dette univers ønskede du ikke blot at forblive hjemmegående, men ønskede at udvide din horisont og gøre noget mere tilfredsstillende, så du blev forfatter. I et andet univers ville du have denne samme grundlæggende personlighedsdrift til ikke blot at forblive hjemmegående. Du ville ønske at udvide dig selv og gøre noget andet, så du kunne have startet med frivilligt arbejde. Eller måske i et andet univers kunne du være blevet involveret i håndværk og sådan noget i stedet. Eller, jeg opfatter, at du er interesseret i psykiske ting. I et andet univers kunne du være blevet involveret i psykiske ting i stedet for at skrive om dem, men blot udføre dem.

D: *Og da jeg tænkte på disse forskellige alternativer, jeg kunne tage, blev de en realitet et andet sted?*

B: Ja, hvis de ikke allerede var en realitet et andet sted.

D: *Ummm, det kunne blive meget kompliceret.*

B: Det er meget komplekst. Og jeg føler stærkt, at du ikke vil være i stand til at absorbere det hele denne gang. Du vil sandsynligvis skulle vende tilbage og stille mig flere spørgsmål, hvilket er helt fint. Det er vigtigt, at du forstår dette og at det er klart. Enhver beslutning, du træffer, er rigtig. Der er ikke noget, der hedder en forkert beslutning. Du kan måske senere føle, at du kunne have truffet en bedre beslutning. Men på det tidspunkt var den beslutning, du traf, rigtig for dig. Så føl ikke skyld over såkaldte fejl, du har begået i fortiden, for der er ingen fejl i beslutningstagning.

D: *Fordi den anden side af beslutningen eksisterer et andet sted.*

B: Ja, det er alt sammen balanceret. Og når der kommer en større beslutning i dit liv, vil en form for denne beslutning normalt opstå i nogle af dine alternative liv i de alternative universer. Så normalt vil de fleste aspekter af beslutningen være repræsenteret i det endelige resultat. Af og til vil et af aspekterne ikke være repræsenteret, og derfor vil et nyt univers komme til at eksistere for at repræsentere den side af beslutningen også. Når det sker, vil du ikke være klar over det, fordi det bare er en naturlig ting. Og dit liv vil fortsætte i den retning, og du vil ikke indse, at der er en ekstra alternativ version af dig. Det er en automatisk proces, og der er ingen fysiske fænomener forbundet med det, så du ved ikke, hvornår det sker.

D: *Nogle af de spørgsmål, jeg stiller, kan virke meget simple og meget naive.*

B: Det er forventeligt, så du forstår det. Du er nødt til at starte et sted.

D: *Er disse andre alternative personligheder alle forbundet med de samme familiemedlemmer? (Ja) Det ville ikke være en anden familie eller en anden ægtefælle eller børn eller noget lignende?*

B: Af og til. Normalt er det en balanceret repræsentation. For eksempel, hvis du på et tidspunkt i dit liv havde et valg mellem at gifte dig med en mand eller en anden mand. Og du besluttede dig for den ene mand, i de andre universer vil flere alternative versioner af dig vælge den samme mand. Og normalt vil flere alternative versioner af dig vælge den anden mand. Derfor vil deres universer være forskellige i den retning, fordi en alternativ version af dig besluttede sig for den anden mand. Derfor ville familien være anderledes på den måde. Så ja, der er versioner af dig, der har forskellige familier, forskellige forfædre og sådan, fordi af disse forskellige beslutninger. Men samtidig er der andre universer, hvor de samme beslutninger blev truffet, så de samme familiemedlemmer ville være involveret.

D: Så hvis du krydsede over til et univers med en anden mand og familie, ville det være meget forvirrende.

B: Ja, det ville det. Men det sker ikke særlig ofte, fordi det univers er så radikalt anderledes, at det ville være sværere for dig at krydse over succesfuldt. Normalt sker de nemmeste utilsigtede overgange med universer, hvor alting er meget, meget ens, næsten identisk.

D: Har det noget at gøre med vibrationsniveauer?

B: Ja, komplementære vibrationer, komplementære energier. Et univers, hvor lignende beslutninger er blevet truffet i fortiden. Ligesom i dit univers, hvor alting ser ud til at være meget tæt på det samme, med kun få mindre, meget subtile forskelle her og der, er det meget lettere at skære sig sammen med dette univers. Og skære sig sammen på en sådan måde, at der er en åben portal, som du kan passere igennem. Der kan være tilfælde, hvor dette univers skærer sig sammen med et andet univers, så du måske kan observere ting, der sker, men det vil ikke være en åben portal, hvor du kan interagere med ting, der sker.

D: Du kan se igennem, men ikke gå igennem?

B: Korrekt. For eksempel, du kan en dag gå og observere noget, der er anderledes, end du husker det. Men du går ikke over for at undersøge det, du fortsætter bare med at gå. Du undrer dig over det, og der er ingen at spørge om det. Derfor har du interageret med det univers. Du har blot observeret noget anderledes. Eller hvis der er andre mennesker omkring, ville det ikke falde dig ind at spørge dem om det. Eller hvis du gør, vil det virke som om de ikke hører dig, fordi portalen ikke er åben, så du kan interagere.

D: Ligesom et vindue, du kan se igennem, men ikke træde igennem?

Den Snoede Univers ~ Bog Et

B: Korrekt. Og du ville ikke være i stand til at fortælle, hvor dit univers ender, og det andet univers begynder. Du vil bare tro, at du kigger over gaden eller noget lignende. Og et eller andet sted mellem dig og det sted er, hvor de to universer skærer hinanden.

D: *Du sagde dog, at nogle gange ser du noget, og det begynder at se flimrende ud og så forsvinder det bare?*

B: Ja, det er når sammenfletningen nærmer sig en afslutning, og universerne trækker sig fra hinanden. Dette ville også forklare mange af de hændelser, du kalder spøgelser og mirager. Du har et fænomen kendt som Bermuda-trekanten. Det område skærer sig af en eller anden grund konstant sammen med et andet univers. Der er en usædvanlig magnetisme der, og det får disse fly til at flyve ind i det andet univers. Og det meste af tiden opløses deres matricer.

D: *Så eksisterer folkene ikke længere, når de går igennem der?*

B: Korrekt. De går over på det tidspunkt.

D: *Og flyet, skibene eller hvad det nu er, det hele opløses? Det eksisterer ikke længere på den anden side?*

B: Efter at det er passeret ud af dette univers og ind i det andet univers, eksisterer det ikke længere i dette univers, fordi det er passeret ud. I det andet univers kan det ikke eksistere, fordi vibrationerne ikke stemmer overens, og deres modparter er stadig derovre. Så en af dem må give op. Normalt er det den, der for nylig er krydset over, der opløses. Nogle gange er det den anden, der opløses, men det sker ikke særlig ofte. Dette er forklaringen på nogle af de beretninger, du har hørt om, hvor nogen går hen over en mark eller noget og så forsvinder ud i den blå luft. Deres modpart er lige krydset over til dette univers, og de skulle gå et sted hen. Og når de forsvinder ud i den blå luft, er de normalt enten krydset over til det andet univers, eller deres matrix er opløst.

D: *Men dette er kun opløsningen af den fysiske krop. Sjælen kan ikke skades på nogen måde, kan den?*

B: Nej, nej. Det er kun den fysiske krop.

D: *Betegnes det åndelige plan som et af disse parallelle universer?*

B: Der er uendelige universer på det fysiske plan, men på det åndelige plan er det i bund og grund ét univers. Vi kan interagere med alting. På det fysiske plan arbejder nogle mennesker deres karma ud ved at leve flere alternative liv i forskellige parallelle universer.

Især hvis de ønsker at arbejde med særlige detaljer i en bestemt del af deres karma. Og de forskellige beslutninger, de træffer i de forskellige universer, har balanceret sig på en måde, der hjælper deres karma. Nogle gange, da alle disse universer er på et fysisk plan, ophæver beskyttelsesbarriererne mellem dem sig nogle gange. Og den person, de taler med, er allerede gået bort fra dette ene univers, men lever stadig i det andet univers. Det er svært at forklare.

D: Jeg troede, når de døde i ét univers, så døde alle deres forskellige alter egoer også.

B: De dør alle inden for samme generelle tidsramme, men ikke nødvendigvis på én gang. Det afhænger af, hvor lang tid det tager dem at arbejde på det aspekt af karmaen, de arbejder med, i de forskellige universer. Det tager normalt omtrent samme tid, men det er ikke en klar afslutning, fordi tid ikke har nogen betydning på denne side. Så der er nogle gange nogle uoverensstemmelser som denne. Men normalt vil de optræde, fordi det ikke ofte sker, at disse uoverensstemmelser sammenfalder med, at energibarriererne nogle gange ophæver sig selv.

D: Så hvis du ser nogen og senere finder ud af, at de døde uger tidligere, kan du måske se en alternativ version af dem?

B: Ja. En anden forklaring er, at når en ånd er død for nogle få uger siden, og de endnu ikke har tilpasset sig til at være på det åndelige plan, kan deres åndelige ekko nogle gange være særligt overbevisende eller særligt kompatibelt med den fysiske vibration af tingene.

D: Være fysisk nok til, at nogen kunne røre ved dem og tale med dem? (Ja) Dette passer også med, at Jesus gjorde sig selv synlig nok til, at folk kunne røre ved ham, da han formodedes at være kommet tilbage efter opstandelsen.

B: Ja. Da Han først kom tilbage, var Han endnu ikke fuldt tilpasset til det åndelige niveau. Og det er derfor, Han sagde til de første mennesker, der ville røre ved Ham, at de ikke skulle røre Ham, fordi Han endnu ikke var steget op til Sin Fader. Men senere, da Thomas ville røre Ham, havde Han foretaget nogle andre justeringer af sit åndelige ekko, så Han kunne blive berørt.

D: Det har altid været forvirrende. Hvis de var døde, hvordan kunne de så være så fysiske? De har også tilfældene med de

spøgelseshåndværkere, hvor de faktisk kommer ind i bilen og kører og taler med folk.
B: Ja. Og så forsvinder de.
D: *Ville det være noget lignende? (Ja)*

Denne strøm af underlig information efterlod mig mentalt udmattet. Jeg følte, at min hjerne var blevet snoet og bøjet som en kringel. Intet havde nogensinde forstyrret mig så meget som denne lavine af information. Jeg vidste, at det ville tage lang tid, hvis overhovedet, for mig at absorbere, sortere det og forstå det. Måske vil andre læsere ikke have de samme vanskeligheder, og det vil passe ind i deres virkelighedsopfattelse, eller i det mindste være plausibelt nok til at åbne deres sind for radikale tanker.

Da Beth vågnede, var det eneste, hun huskede fra sessionen, et mærkeligt mentalt billede. Hun ville fortælle mig om det, inden det forsvandt.

B: Billede af elektroniske modeller af atomet, hvor det viser de forskellige elektroniske skaller og elektronernes baner, der går, "Whirrrrr", rundt i alle retninger. Forestil dig nu disse elektrons baner, i stedet for at være elektriske tråde, som de er afbildet, forestil dem som sølvbånd i stedet. Og forestil dig dette på elektronens niveau, disse sølvbånd, som er omkring en fjerdedel af en tomme brede, vil jeg sige. Og hele billedet er omtrent seks tommer rundt. (Hun lavede håndbevægelser for at vise størrelsen.)
D: *Det ville være større end en baseball.*
B: Omtrent på størrelse med en god grapefrugt eller en melon. Og disse sølvbånd, der er omkring en fjerdedel af en tomme brede, bevæger sig rundt i alle retninger. Roiling og undulerende lidt og i konstant bevægelse som om de indeholder en eksplosion af sølvbånd. Der er ingen måde at tælle dem på, det er et uendeligt antal af dem. Det er billedet i mit sind.
D: *De er slags sammenflettede eller hvad?*
B: Ja, der vil være et, der går sådan her, og et andet, der overlapper, og et andet, der overlapper, og et andet, der overlapper. (Håndbevægelser.) Og de er alle sammenflettet og overlapper og krydser hinanden. Og skiftene mellem dem og forholdene mellem dem ændrer sig konstant og ændrer vinklerne og sådan noget.

D: *Dette kan være et andet visualiseringsbillede, de forsøgte at give mig for at vise, hvordan de forskellige universer fungerer. De talte om et klæde med alle trådene, der flettes sammen.*
B: Ja, jeg så også trådene gøre dette.
D: *Dette må have været billedet i dit sind, men de kunne ikke helt få det igennem, så de gav mig ideen om et klæde, fordi det var nemmere at beskrive.*
B: Ja. Måske har vi brug for begge begreber for at hjælpe med at forklare, hvordan det er.

* * *

Information om det samme emne fra en anden kilde.

D: *Hvis vi hver især lever på forskellige eksistensplaner på samme tid, er det så det, der er kendt som parallelle liv?*
Phil: Det er korrekt. I den forstand, at hver af jer, på dette tidspunkt i jeres liv, blot er facetter af jeres sande, hele selv. I er fokuspunkter af bevidsthed. Jeres totale bevidsthed er langt ud over noget, I kan fatte eller forestille jer på jeres niveau. Derfor er det let at se, at når jeres bevidsthed vokser, når I udvider jeres forståelse af den åndelige stige, vil I opdage, at jeres bevidsthed overlapper med andres bevidsthed. Sådan at I på det ultimative niveau faktisk er på Gud-niveauet, hvor alt er ét. Jeres bevidsthed på jeres niveau er simpelthen et fokuseret punkt af denne totale åndelige bevidsthed. Og derfor kan det ses, at på forskellige niveauer vil jeres bevidsthed faktisk overlapper med andres, sådan at alt til sidst er ét. Derfor er alle liv i sidste ende samtidige.
D: *Du har engang sagt, at vi blot er toppen af vores egne isbjerge.*
P: Det er korrekt.
D: *Når de forudsete ændringer på Jorden indtræffer på vores planet, hvordan vil det så påvirke de parallelle eller sammenvævede universer?*
P: Der vil være oplevelser på dette specifikke plan, som vil blive erfaret på dette plan. Dog vil oplevelsen som helhed blive delt på et meget dybere niveau. På et race-niveau såvel som på et dybere, universelt niveau. Selv nu bliver oplevelser på andre planeter og i andre områder af jeres univers delt af et dybere aspekt af jer selv.

Et niveau højere oppe ad stigen af jer selv. Når - og dette er igen på et individuelt niveau - hver af jer oplever denne overgang, som hver især til sidst skal opleve, vil I opdage, at der er andre på andre planer, som har oplevet lignende overgange. Og de vil være i stand til at tilbyde opmuntring og energi, så I vil få hjælp i de bestræbelser, I har brug for.

* * *

Mere information kom frem, da Beth besøgte Biblioteket på åndens plan under en session i 1986.

B: Det er længe siden, vi mødtes i biblioteket. Al viden er her, skinnende og klar og klar til at blive lært. Hvis spørgsmålet findes et andet sted, vil jeg projicere mig selv derhen i stedet. Det er intet problem.

D: *En gang spurgte jeg dig om UFO'er og rumskibe fra det ydre rum. Og dengang blev du ret vred på mig, fordi jeg ikke kunne forstå begrebet dimensioner. (Ja) Du sagde, at disse skibe kom fra mange dimensioner, og du sagde, at jeg var ret uvidende om emnet. (Grin) Kan du oplyse mig?*

B: (Irriteret) Jeg vil prøve. Et problem er de planetariske påvirkninger, du blev født under. Det får dig til at holde meget fast i det, du opfatter som virkeligheden, hvilket undertiden fremstår som tæt eller stædig. Det kan være frustrerende. Jeg vil forsøge at forklare dig om dimensioner. Hvor du er, på den vej i livet, du befinder dig på i øjeblikket i din udvikling, opfatter du tre dimensioner visuelt. Det er højde, bredde og dybde. Og dine videnskabsfolk antager, at den fjerde dimension er tid, som udfylder rummet i den genstand, du ved, er der, men som du ikke direkte kan se, da lys bevæger sig i en lige linje på dit eksistensniveau. Af bekvemmelighed har dine vise mænd navngivet disse dimensioner: den første, anden, tredje og fjerde dimension, og de antager, at det er alt, der findes. Med deres begrænsede forståelse af universets natur og deres begrænsede forståelse af de involverede matematikker, er det tilstrækkeligt til at udarbejde deres ligninger. Dog findes der mange forskellige måder at opfatte virkeligheden på, mange forskellige måder at opleve "det, der er".

Og hver af disse forskellige måder indeholder og involverer forskellige dimensioner. Disse forskellige dimensioner er ikke nødvendigvis længde, bredde, dybde og tid. Disse etiketter gælder kun for fire dimensioner, når der i virkeligheden er mange dimensioner. Forstår du indtil videre? (Ja) Kombinationerne af disse forskellige dimensioner indeholder forskellige grene af megauniverset, som jeg har beskrevet for dig før. Kan du huske det med universet, og hvordan det altid forgrener sig og deler sig og væver sig sammen på grund af tidens natur?

D: Ja. Og så er de parallelle universer alle sammenvævede?

B: Præcis. Disse parallelle universer involverer ikke kun de samme dimensioner, som du er bekendt med, men også andre parallelle universer, der involverer alle de andre dimensioner, som du ikke har mulighed for at opfatte. Disse andre universer indeholder også intelligent liv, højere livsformer, som også arbejder sig gennem karmacirklen. Væsenerne i nogle af disse universer er meget mere avancerede end jer, åndeligt, mentalt og intellektuelt. Som konsekvens heraf har mange af dem opdaget en måde at rejse fra deres univers til jeres univers ved at bruge visse vidunderlige enheder til at ændre de dimensioner, de opfatter. Og ved at ændre de dimensioner, de opfatter, til de dimensioner, I opfatter, sætter det dem automatisk i jeres univers. Det er svært at forklare. Som en konsekvens heraf bliver de derfor sagt at være fra forskellige dimensioner. Fordi deres univers optager den samme plads, så at sige, som jeres univers, med et andet sæt dimensioner, så intet kolliderer. For at bruge en analogi fra jeres verden: På en tåget dag, er det som at have et stykke gaze hængende i tågen med noget dug på gazen og noget dis i tågen. Nu fylder gazen, duggen, disen og tågen alle den samme plads, men de er stadig adskilte fra hinanden. Det er sådan, det er med de forskellige dimensioner. Dit sæt af dimensioner kan være gazen, for eksempel. Et væsens sæt af dimensioner kan være tågen, og tågen er overalt i gazen og i gazen, men den kolliderer ikke med gazen. Og alt, hvad dette væsen kan opfatte, er tågen. Derfor er det ikke bevidst om gazen og kolliderer ikke med den. Hvorimod alt, hvad du er bevidst om, er gazen og fibrene, der udgør gazen. Du er ikke bevidst om tågen, der er rundt om og igennem gazen og omringer hver af fibrene i gazen. Og du er heller ikke bevidst om duggen, der har kondenseret på gazen, fordi det er uden for din opfattelse. Forstår du?

D: *Det er svært. Videnskabsfolkene i vores tid tror, at disse UFO'er kommer fra det fysiske rum, som vi kender det.*

B: De kommer fra det fysiske rum, men ikke som I kender det. De ændrer deres opfattelse af virkeligheden for at falde sammen med jeres opfattelse af virkeligheden, hvilket får dem til at dukke op i det rum, som I kender det. En måde, de kan opnå de fantastiske hastigheder, de bruger til at rejse, er ved delvist at opfatte begge universer, så de er i stand til at forkorte afstanden mellem punkterne. Jeg ved, at det lyder fuldstændig forvirrende, men det er den eneste måde, det kan forklares på med jeres sprog. Når jeg ser på de såkaldte "visuelle" repræsentationer af det i dette bibliotek, er de involverede begreber meget elegante og simple, ligesom de fleste store begreber, der udgør universets grundlæggende byggesten. Men når jeg begynder at forsøge at forklare dem med ord, lyder de meget mere komplicerede, end de egentlig er. Fordi jeg prøver at forklare, hvad der ikke er, såvel som hvad der er, for at give et præcist mentalt billede.

D: *Jeg forstår. Men forskerne tænker på UFO'er som værende fra andre planeter. Jeg ved ikke, om de kan forstå dette koncept.*

B: De har brug for at være meget klare omkring dette emne med de forskellige dimensioner. Jeg har kun brugt etiketterne på de fire dimensioner, som I har. De tre, som I opfatter visuelt, er alt, hvad I kan opfatte med jeres fem sanser. I har simpelthen ingen begreber noget sted i jeres hjerner eller i jeres sprog til at håndtere andre dimensioner. Derfor har jeg ikke givet dem nogen etiketter. Men jeg vil sige dette for at hjælpe forståelsen: Det, I betragter som en del af dimensionen kaldet "tid", omfatter faktisk flere dimensioner. Jeres verden og univers indeholder ikke kun fire dimensioner. Det består af mange flere dimensioner end det, men de andre er samlet under den etiket, I kalder "tid". Derfor sker der ofte mærkelige ting, som er uforklarlige på grund af disse forskellige dimensioners natur, der interagerer med hinanden, som I opfatter som én dimension. Derfor virker det konfliktfyldt, ulogisk og forvirrende for jer nogle gange. Disse dimensioners forskellige natur, som I kalder "tid", er disse ekstra dimensioner. I er i stand til at opfatte dem, men jeres forskere forsøger at rationalisere dem væk. Men jeres krop er udstyret til at opfatte dem, og det er denne opfattelse af disse andre dimensioner, der giver anledning til det, I har mærket som "psykiske evner". Disse psykiske evner er ikke noget ekstraordinært. De er på linje med jeres evne til at opfatte dybde, længde og bredde. Disse psykiske evner er jeres tuning ind til disse andre dimensioner, som I har samlet under begrebet tid.

D: Dette er sandsynligvis et emne, der kunne fortsætte i et stykke tid.

B: Det kunne det. I flere sessioner. Flere af dine bånd.

D: Det vigtigste er, at jeg kan skrive det, og lade dem, der kan forstå det, forstå det, selvom jeg ikke kan forstå det hele.

B: Dem, der er højere uddannet, kan have sværere ved at forstå det, fordi de er mere fastlåste i deres ideer.

* * *

Information fra Phil under en session i 1996 i Hollywood, hvor han boede på det tidspunkt. Jeg havde forsøgt at mødes med ham i et stykke tid, men min rejseplan tillod det ikke. Min primære fokus i denne session var at binde nogle løse ender sammen og finde manglende brikker, som jeg kunne bruge i denne bog. Det tog mange år at samle brikker fra forskellige mennesker over hele verden for at bringe disse koncepter frem og klarlægge dem, så godt vi kunne med vores forståelse.

Phil kom til mit hotel efter, at han havde fået fri fra arbejde. Efter at vi havde indhentet de seneste måneders begivenheder, startede vi sessionen. Da han slappede af på sengen, begyndte han at tale, før jeg gav ham hans kodeord. Jeg behøvede ikke bruge vores normale procedure. Han startede, før jeg overhovedet havde tændt båndoptageren. Dette var kun sket én gang før, i de tidlige dage af vores arbejde, da vi arbejdede på historien om Jordens såning.

P: Du er en optegnelsesfører, og der er nu dem, der ville facilitere denne indsats. Du må stille de spørgsmål, som du opfatter som dine.

D: Jeg ville gerne have dem til stede, der kunne give information i analogier, hvis muligt, for at gøre det lettere for den gennemsnitlige person at forstå.

P: Det er korrekt. Det har, som du selv tidligere har bemærket, altid været vores varemærke. At bruge dine forenklede symboler til at formidle de abstrakte begreber, som vi ville overbringe dig. Vi finder, at det måske er lettere for det menneskelige sind at visualisere det, der er velkendt, i modsætning til at forsøge at konceptualisere det, der er abstrakt. Det er nødvendigt på grund af din menneskelige sinds unikke struktur - og vi vil præcisere her, at vi ikke taler om hjernen, men snarere sindet selv. De mentale processer, som er iboende i din menneskelige eksistens, er ikke konventionelle. De er noget modificerede fra den accepterede norm for, hvad vi ville kalde den "universelle virkelighed".

D: *Jeg er involveret i et projekt, og jeg prøver at forstå mange meget komplicerede koncepter. Kan du forklare begrebet samtidig tid?*

P: Vi ser virkeligheden som værende noget fejlagtigt repræsenteret i din konventionelle visdom, som dit menneskelige sind søger at definere. Dette er både en hindring og en hjælp i dit ønske om at forstå. Vi vil bede dig forestille dig en disk, der ligger fladt, så toppen af denne disk er synlig for dig.

D: *At se ned på den?*

P: Det er korrekt. Tegn derefter et punkt på en afstand fra diskens centrum langs en radius fra centrum til omkredsen eller ydersiden af disken. Drej derefter denne disk, og bemærk, at den vej, der tilbagelægges af dette punkt, ser ud til at fortsætte uendeligt i én retning. Vi ville beskrive dette som uendelighed. I den opfattede retning har der aldrig været nogen ændring, og slutningen er aldrig blevet mødt. Du har aldrig mødt dig selv på denne vej. Derfor er der for den, der er placeret på dette punkt, ingen ende eller begyndelse. Der er simpelthen bevægelse eller bevægelse i en opfattet fremadgående retning. Derefter skal du forstå, at denne opfattelse kun skyldes, at du befinder dig på planet for din rejse. Hvis du fjernede dig selv fra den plan, eller tog perspektivet af den, der ser ned på disken, i modsætning til den, der er på disken, ville denne opfattelse være indlysende. Den tilsyneladende uoverensstemmelse er, at der faktisk er en begyndelse og en slutning. Enhver position på den disk kunne bruges som reference, eller begyndelse eller slutning. Det er simpelthen ikke indlysende fra den position på disken. Når man fjerner sig fra den

Den Snoede Univers ~ Bog Et

tilsyneladende virkeligheds plan, bliver den sande virkelighed tydelig.

D: Så den, der er på disken, ville det være sådan, som vi opfatter det?

P: Det er sådan, det opfattes, ikke sådan, du opfatter det.

D: Fordi vi opfatter det som en lineær fremgangsmåde.

P: Det er korrekt. Opfattelsen er simpelthen fra et bestemt synspunkt og ikke fra en virkelighed. Vi oplever, at mange på jeres plan søger at definere deres virkelighed ud fra deres synspunkt. Der findes bredere virkeligheder, der går ubemærket hen, simpelthen fordi folk nægter at ændre deres synspunkt. Og det er noget, der ikke er muligt for dem, der modsætter sig evnen til at gøre det.

D: Jeg tror, at en af de komplikationer, vi har med at forstå samtidig tid, er ideen om, at i stedet for at udvikle sig i en lineær fremgangsmåde, sker alt faktisk på samme tid. Det er, hvordan vi definerer samtidig tid.

P: Selve konceptet er noget upræcist. Jeres definition af hændelser er i sig selv ikke helt i stand til at forstå virkeligheden af eksistensen. Når vi siger "sket", er selve ideen om hændelser definerende. Hændelse er lige nu, i modsætning til eksistens, som er udefineret. Opfattelsen af hændelser er igen noget begrænsende, da ordet "hændelse" har brug for både en begyndelse og en afslutning. Selve definitionen af "hændelse" angiver begyndelsen af en begivenhed og slutningen af en begivenhed. Derfor vil vi bede jer om at slippe både disse begyndelses- og slutpunkter og simpelthen indse, at der er det, der er. Derfor eksisterer alt samtidig, i stedet for at alt sker samtidig.

D: En af de vanskeligheder, jeg har med dette, er, at vi i vores virkelighed, som vi opfatter det, vokser fra en baby til et barn til en voksen. Og det er lineært. Hvis alt eksisterer på samme tid, hvordan kan det så defineres?

P: Der findes mange forskellige scenarier i dit liv, som du bevidst opfatter på en enkelt måde. Og her refererer vi til vores anden udtalelse om, at dine mentale processer er noget modificerede fra de generelle accepterede universelle realiteter. Dine mentale processer definerer i sig selv det, du opfatter. De tillader kun en meget lille del af virkeligheden på ethvert givet tidspunkt. Der er dem, der kan se et meget bredere spektrum af eksistens uden disse begrænsende faktorer, hverken begyndelse eller slutning, men total eksistens. Vi taler her om mange, der er på meget højere og avancerede bevidsthedsplaner. Dog er det muligt for dem på dit plan at forstå dette og endda opleve det i en eller anden grad, når de åbner deres sind for at bryde barrieren af begyndelse og slutning. Universet eksisterer. Det begynder ikke, og det slutter ikke. Det eksisterer simpelthen.

D: *Men i vores virkelighed ser vi os selv starte som en baby, og kroppen vokser og ændrer sig. Modsiger det ikke ideen om, at alt sker på én gang?*

P: Fødselsoplevelsen er meget analog med de mentale begreber eller mentale funktioner i din oplevelse. Der er en defineret begyndelse og en defineret afslutning, en fødsel og død. Og dit liv defineres af alle de punkter, der falder mellem de to grænser. Hvis du fjernede dig selv fra dette definerede sæt af grænser og kiggede på din totale eksistens, ville du se, at fødsels- og dødsmarkeringerne simpelthen er definitioner og ikke virkeligheder. Din sjæl eksisterer både inden for og uden for de markeringer, du beskriver som fødsel og død. Du tager derfor et højere eller bredere perspektiv og ser, at du eksisterer, uanset om du er i live eller ej.

D: *Ja, det er ting, jeg kan forstå. Jeg kan bare ikke sætte det ind i de rammer, der omfatter samtidig tid, hvor alt ville ske på én gang.*

P: Eksistensen af termer som "hændelse" eller "begyndelse og slutning" er noget definerende, da de får dig til at tænke i disse termer. Vi ville bede dig om at bruge andre termer, som "eksistens", der ikke definerer en begyndelse eller en afslutning, men blot relaterer eksistensen af virkelighed. Virkeligheden eksisterer. Den begynder ikke, og den slutter ikke. Jeres definition af samtidig tid er blot et forsøg på at se hele billedet i to-dimensionelle termer, hvilket er noget forvirrende, da der virkelig er dette koncept, men ikke i jeres termer.

D: *Vi er nødt til at forholde os til de termer, som vores sind forstår på det engelske sprog. Okay. Lad os gå videre til et andet emne. Jeg prøver at forstå konceptet om parallelle liv, endda parallelle universer. Måske er det to helt forskellige ting, men lad os starte med parallelle liv. De siger, at disse er liv, vi oplever på samme tid. Og der kommer igen begrebet tid op. Men de er i forskellige tidsperioder og kan endda overlappe hinanden.*

P: Dette er faktisk et lignende koncept, idet parallel tid og parallelle universer er de samtidige tid og universer, som vi talte om tidligere. Det er simpelthen et spørgsmål om at fokusere din opmærksomhed på et bestemt aspekt af det, der er summen af alle dine oplevelser. Vi vil igen referere til analogien om cirklen, hvor ethvert punkt, der defineres på cirklen, kan være enten en begyndelse eller en afslutning. Det er ikke defineret ved sin karakter som det ene eller det andet. Det er simpelthen der. Forstå derefter, at alle punkter på den cirkel eksisterer samtidig på den cirkel. Og de er hverken begyndelse eller slutning i sig selv, men kun ved definition. De er ikke i sig selv et punkt. De er simpelthen en definition.

D: *Vi tror, at vi træder ind i en krop som en ånd og oplever det liv. Men hvis vi også eksisterer, lever et andet liv, der er parallelt med det, hvordan kan det så defineres? Jeg tænker på én sjæl, der træder ind i én krop på én individuel tid.*

P: Din virkelighed, dig, din personlige virkelighed, kunne defineres som en cirkel. Du, i din bevidste tilstand, kan kun forstå det punkt eller segment, som dit sind er i stand til at opfatte. Din bevidsthed er kun i stand til at opfatte det, der er lige foran dig. Det betyder ikke, at du ikke kan se ud over din egen næse, men vi ville bruge denne analogi i forhold til det overordnede billede. Alt, hvad du er, og alt, hvad du har været, og alt, hvad du skal blive, er på den cirkel. Men din opfattelse af det er simpelthen det, der er lille nok til, at dit bevidste sind kan opfatte det. På højere planer er du opmærksom på summen af hele din eksistens. Men dit bevidste sind, på det plan, hvorfra du taler, er kun i stand til det, der er mest umiddelbart for dit bevidste sind.

D: *Jeg fik lige en tanke. Når jeg udfører hypnose og tager personen til andre liv, er det så en måde at ændre fokus på? Ligesom at skifte kanal på et fjernsyn.*

P: Det er helt rigtigt. Det er faktisk den samme person eller energi. Bevidstheden er simpelthen rettet fremad eller bagud langs denne cirkel. Denne væren eksisterer. Den begynder ikke, den slutter ikke. Den eksisterer simpelthen. Du ændrer blot dit fokus eller perspektiv fra et afsnit af denne eksistens til et andet. Der er ingen brud i eksistensen. Den er kontinuerlig og uendelig i begge retninger. Du kan dog fremme din opfattelse for at imødekomme det, du søger. Den viden, du søger, vil findes på en anden del af cirklen.

D: *Så det er, som om underbevidstheden har kendskabet, summen af alle livstiderne.*

P: Underbevidstheden er summen af alle disse livstider. Den er selve cirklen. Det bevidste bevæger sig blot til den del af cirklen, hvorfra du søger information. Og relaterer derefter det, der er i den del af cirklen. Vi ville præcisere, som i dit spørgsmål, at i tilfælde af mentale forstyrrelser eller sygdom, hvor opfattelsen er forvrænget, vil det at bevæge sig til en anden del af cirklen forårsage en forvrængning i opfattelsen. Vi taler her med den antagelse, at virkelighederne præsenteres, som de virkelig er, og ikke gennem en forvrænget linse af falsk indtryk. For det er faktisk muligt. Linsen eller det bevidste sind skal være klart og uforvrænget, så informationen fra de forskellige punkter på denne cirkel præsenteres korrekt.

D: *Så det lyder, som om vores koncept om underbevidstheden virkelig er forkert. Er underbevidstheden mest nært knyttet til sjælen eller ånden?*

P: Der er faktisk ingen forskel. Sjælen og ånden er identiske. Underbevidstheden, i din definition, er simpelthen intelligensen eller bevidstheden om den sjæl. I din definition er bevidstheden om din sjæl defineret som underbevidstheden. Faktum er, at din sjæl er din bevidsthed. Det er en af snubletrinene i at lære universets virkeligheder. Det er, at din bevidsthed er din virkelighed. Det er ikke sådan, at du opfatter universet gennem din bevidsthed; virkeligheden er din bevidsthed. Du er, hvad du tænker. Det er din sande virkelighed.

D: *Vi tænker, at underbevidstheden er som en optegnelsesholder, vogteren af kroppens systemer, og forbliver objektiv på den måde. Det er som en beskytter af kroppen. Men jeg har åbenbart ikke korreleret det med at være den egentlige sjæl eller ånd.*

P: Eksistensen af din bevidsthed bekræfter, at du er. Du tænker, derfor er du. Og alligevel er du, og alligevel ved du det ikke. Derfor tænker du, derfor er du ikke.

D: *Ofte når jeg kontakter underbevidstheden direkte og spørger den om oplysninger om kroppen, synes den at være meget objektiv og distanceret.*

P: De følelsesmæssige aspekter af at leve i et miljø som det, du befinder dig i, kræver, at der er en form for grænseflade for at kunne fungere med de realitetsstrømme, der snurrer omkring dig. Disse følelser tillader optagelse af information fra det, der behandles omkring dig, for at blive assimileret i din sjæls eksistens. For at oversætte eksistenserne omkring dig til en måde, der kan opfattes af din bevidsthed.

D: Jeg tror, det gør det lidt lettere. Et andet spørgsmål i samme retning. Kan du give mig en beskrivelse eller definition af andre dimensioner, som eksisterer tæt på os, selvom de er usynlige for os?

P: Der er mange dimensioner omkring dit definerede virkelighedsområde. Vi vil bede dig om at vælge det, du opfatter som mest relevant, og definere det i termer, som du måske kan forstå. Der er faktisk mange dimensioner, både over og under din dybdeopfattelse. Men det er ikke at sige, at en er større eller mindre end en anden.

D: De siger, at der er mange dimensioner, der eksisterer meget tæt på os, men usynlige for os, og alligevel er de meget lig vores. Giver det nogen mening?

P: De er tilgængelige for dig, dog måske ikke åbenlyse for dig. Der er mange aspekter af disse andre dimensioner, der overlapper fra én dimension til en anden. Og alligevel er der mange flere aspekter, som er unikke for den særlige dimension. Der er tidspunkter, hvor dine følelsesmæssige tilstande får dit sind til at udvide og forstærke din opfattelse af verden omkring dig. For eksempel finder mange mennesker, at det at se en bestemt solnedgang på et bestemt tidspunkt i deres liv, eller måske tid på dagen eller året, vil give dem en følelse af bevidsthed, der ikke er almindelig i deres liv. En samhørighed med naturen, der er usædvanlig. Eller måske i de, der søger disse oplevelser, at blive ét med naturen. De har afstemt deres bevidsthed med den særlige tråd, der løber fælles for alle disse universer. Derfor føler de, at deres eksistens udvides til det punkt, hvor de føler, at de er i mange andre dimensioner på én gang. Og det er de faktisk. De er bevidste om det.

D: Så det virker som om, det bringer det samme koncept op omkring, hvor vores fokus er. De andre dimensioner er der alle, men vi kan ikke opfatte dem på grund af vores fokus.

P: Det er korrekt.
D: *Så det virker som om, at de tre emner hænger sammen.*
P: Det er korrekt. Det overordnede omfang af denne samtale handler mere om opfattelse i stedet for virkelighed. Virkelighederne i universet er der for alle at opfatte. Men den individuelle vækst og forståelse af den person, der forsøger at forstå det på et givet tidspunkt, vil afgøre, i hvilken dybde, bredde eller højde de vil være i stand til at opfatte disse andre virkeligheder.
D: *Så når de taler om at hæve vores bevidsthed, betyder det så, at vi vil blive mere bevidste om disse andre virkeligheder?*
P: Det er korrekt.

* * *

Diskussion ved et af gruppe møderne i 1980'erne.

Q: *Nogle gange tænker vi på at have forskellige aspekter af os selv, som meget vel kunne leve her på Jorden samtidig med os. Hvor ofte er det tilfældet?*
Phil: Mit umiddelbare svar var, meget ofte. Meget oftere, end vi er klar over. Faktisk, jo flere tankeprojektioner vi sender ud i disse områder, jo mere "kraft" giver vi den evne. Dog har vores aspekter et eget liv. De eksisterer, og oftest er de ikke bevidste om deres andre aspekter. Os og andre.

* * *

Under en anden session med Phil i 1999.

D: *Jeg har samlet information om forskellige dimensioner, og jeg ville udvide på det. Jeg ved, i min begrænsede måde, at de andre dimensioner, der omgiver vores planet, er fysiske verdener, med fysiske mennesker, der bor på dem. Men de vibrerer med forskellige hastigheder og er usynlige for os. Kan du give mig flere oplysninger om det?*
Phil: Der er en vis cirkulær virkelighed i det faktum, at der ikke er nogen følelse af endelighed i den sande virkelighed. Der er mange nuancer af virkelighed, som udtrykkes på forskellige måder. Men

at sige, at en dimension er fysisk, i modsætning til åndelig, er noget misvisende. Begrebet synes at blive forstået som fysisk værende forskelligt fra åndeligt. Det er simpelthen det, at det, du kalder "fysisk", har visse karakteristika, som er lidt adskilt eller forskellige fra det, du kalder "åndeligt". Men de er én og samme. Det er simpelthen et spørgsmål om, at der er visse forskelle, som adskiller den ene fra den anden. Hvis du skulle definere den sande virkelighed af grønt vand i modsætning til blåt vand, kunne du sige, at grønt vand bestemt ikke er det samme som blåt vand. Men det er åbenlyst, at den sande bestanddel af hver, som er vand, er helt identisk. Der er simpelthen forskelle mellem de to, som adskiller dem. Så kunne du sige, at blåt vand virkelig er forskelligt fra grønt vand?

D: *Jeg har hørt, at der er andre væsener, der lever i disse andre dimensioner. De er usynlige for os, men de lever i det, de betragter som en fysisk verden.*

P: Det er korrekt. Det er ligesom radiobølgerne i din luft, der alle eksisterer samtidig, og alle indeholder forskellig information, forskellige virkeligheder, men dog kan eksistere i det samme rum samtidig. Det er simpelthen et spørgsmål om en forskel i frekvens. Der er ingen forstyrrelse, medmindre frekvenserne forsøger at dele den samme frekvens på samme tid.

D: *Dette forårsager det, vi kalder "støj" eller overlapning?*

P: Ja. Problemer.

D: *Sker dette med dimensioner?*

P: Lejlighedsvis. Men heldigvis er der i skemaet af ting beskyttelsesforanstaltninger, der forhindrer dette. Dog er det muligt med et lejlighedsvist overlap.

D: *Hvad ville der ske, hvis det skete?*

P: Væsener fra forskellige dimensioner kunne interagere og blive opmærksomme på hinanden gennem deres egne sensoriske opfattelser. Sanserne, som du kalder dine "fem sanser", er instrumenter, der er indstillet til frekvenserne på dit eksistensniveau. De væsener, der bebor andre eksistensniveauer, har sensoriske organer, der er indstillet til deres egen specifikke frekvens af eksistens. Hvis disse niveauer af bevidsthed på en eller anden måde skulle overlappe eller dele den samme frekvens, ville sanseelementerne hos hver blive indstillet til den samme frekvens.

Og væsenerne på hvert plan ville blive opmærksomme på hinanden.

D: *Ville de vide, at noget usædvanligt var sket?*

P: Måske, men ikke nødvendigvis. Der er mellem dimensionerne små ændringer. Mellem på hinanden følgende dimensioner bliver de større ændringer mere synlige. Så væsener fra flere dimensioner ville, hvis de var i stand til at forstå det, de så, indse, at der virkelig sker noget meget ejendommeligt. Dog, fordi ændringerne er så subtile mellem dimensionerne, er hver efterfølgende dimension kun lidt anderledes end den næste. Det kunne muligvis være, at man ikke, i det mindste i starten, ville være klar over, at de havde fundet sig selv i en anden dimension.

D: *Men det er muligt at gå frem og tilbage.*

P: Det er korrekt.

D: *Vi har hørt, at der nogle gange er vinduer, der gør det lettere at gå fra én dimension til en anden. Er dette sandt?*

P: Der er åbninger, der er nyttige til at lade væsener, der har viden og bevidsthed, kunne manifestere dette såkaldte "vindue". Der er dog ikke i din terminologi et bestemt sted, der kan defineres som et eksisterende fænomen i sig selv, der er statisk, som du kan få adgang til når som helst blot ved at gå hen til det. Energierne kan manipuleres, således at et vindue kan genereres. Men det er ikke et naturligt forekommende fænomen. Der var, som du er opmærksom på, et eksperiment udført af din flåde, som almindeligvis kaldes "Philadelphia-eksperimentet". Dette er et eksempel på et eksperiment med disse "vinduer". Der er de væsener, der åndeligt er i stand til at passere fra én dimension til en anden. Dit bedste eksempel ville måske være Jesus, som kunne få adgang til mange forskellige niveauer. Efter hans opstigning kunne han vende tilbage til dit plan bevidst og dukke op. Selvom han måske ikke længere var fra dit plan, kunne han komme til dit plan.

D: *Mener du, at regeringen fandt en måde at åbne vinduet for at gå frem og tilbage med Philadelphia-eksperimentet? Eller skabte de et vindue?*

P: Vi ville sige, at et vindue blev åbnet. Men evnen til at komme tilbage var ikke helt så finesseret som evnen til at åbne det. Der var katastrofale resultater på grund af manglende evne til korrekt at manipulere dette fænomen. Det er en naturlig - i universel forstand - tilstand. Disse planer er simpelthen naturlige og almindelige. Men det er dit forståelsesniveau på nuværende tidspunkt, der gør dem eller dette koncept noget overnaturligt. Intet kunne være fjernere fra sandheden. Det er grundlaget for virkeligheden i universel forstand.

D: Men regeringen fandt en måde at gøre dette på.

P: Der er dem, der arbejder på at manipulere disse energier. Der er nogle, der har haft succes i større eller mindre grad. Men på grund af den manglende åndelige bevidsthed, som er nødvendig, er der endnu kun en meget grov grundlæggende forståelse af dette fænomen.

D: Fortsætter eksperimenterne?

P: Det er korrekt. Det er muligt på nuværende tidspunkt at transportere energi eller materie gennem dimensionerne. Men de åndelige realiteter, der gør dette fænomen muligt, er endnu ikke forstået. Grundlaget for forståelsen på dette tidspunkt har været teknologisk. Den åndelige komponent er ikke blevet forstået. Der har været eksperimenter, der har fejlet. Og deltagerne var på en måde i værre form bagefter end før. Deres sjæl eller ånd har evnen, eller måske ressourcerne, til at helbrede disse ofre for disse eksperimenter, når de er passeret gennem det dimensionelle plan til det, du kalder det "åndelige" plan. Der har været tilfælde, hvor individer blev fuldstændig tabt til en anden dimension og i essensen blev fanget i en anden dimension.

D: Hvordan kunne de være fanget, hvis sjælen kan gå, hvor den vil, og gøre, hvad den vil?

P: Det er de fysiske komponenter, vi taler om. Der er tilfælde, hvor den fysiske krop bliver fuldstændig transporteret til en anden dimension med sjælen intakt.

D: Det er det, du mener. Den fysiske krop blev fanget i en anden dimension og kunne ikke komme tilbage.

P: Det er korrekt. Din forståelse er tilstrækkelig til, at vi kan se det, du beskriver. Og ja, det er sandt, at de nogle gange overlapper hinanden. Men på nuværende tidspunkt er det ikke teknologisk muligt for nogen på dit plan at forsøge dette regelmæssigt. Det er faktisk en af de måder, hvorpå de, du kalder "aliens", er i stand til at manøvrere over store afstande. Det er blot et spørgsmål om at gå mellem dimensionerne og finde de portaler, der eksisterer i deres naturligt forekommende tilstand. Vi ønsker her at definere forskellen mellem det, vi beskrev som et vindue, og det, vi beskriver som en portal.

D: Ja, jeg vil gerne vide forskellen.

P: I den sammenhæng, som vi talte tidligere, var et vindue en enhed, der tillod en at passere fra et eksistensplan til et andet. Dette er ikke en naturligt forekommende enhed. En portal er derimod et naturligt forekommende fænomen, meget lig en tunnel, hvor det, du ville kalde "afstand" på et bestemt plan, kan krydses. Man ville være i stand til at rejse store afstande ved at gå gennem disse portaler. Men disse portaler er på det samme plan. De transcenderer ikke de separate virkelighedsplaner. Når man er ankommet til destinationen på det pågældende plan, er det nødvendigt at konvertere til det plan, man ønsker at ankomme til.

D: Det er den del, jeg har forvirring med. Dette er forskelligt fra andre dimensioner, dette er på det samme plan.

P: Portaler er på det samme plan. De transcenderer ikke planer. Der er portaler inden for planerne selv, men portalerne spænder ikke over planerne.

D: Og dette er forskelligt fra at gå mellem dimensioner.

P: Det er korrekt.

D: Jeg er stadig lidt forvirret over det. Hvis vi tænker på det samme eksistensplan, ville de fremmede så komme fra en fysisk stjerne eller en del af galaksen, der er derude nu. Men snarere end at rejse med lysets hastighed eller hvad det nu er, ville de bare finde en portal?

P: Det er korrekt.

D: Så de er på dette fysiske eksistensplan snarere end i en anden dimension. De fandt bare disse døråbninger, så de kan gå frem og tilbage hurtigere.

P: Det er korrekt.

D: Alt dette forvirrer mig, men jeg fik lige en idé. Ved at bruge planeten Venus som eksempel, ser det i "vores" dimension ud til, at der ikke er liv der. Kunne det være muligt, at i en "alternativ" virkelighed eller en anden dimension, kunne der være mennesker, der bor der?

P: På det niveau, hvor du oplever virkeligheden, ville der ikke være. Men på højere dimensioner er der faktisk mange livsformer på mange af planeterne, der blot er på et andet udtryksniveau. Det ville simpelthen være, at udtrykket, som det manifesterer sig på dit niveau, ikke formidler eller udtrykker essensen af det, du ville kalde "livsformer". På de lavere niveauer af det udtryk er der simpelthen gas og sten. Men ligesom et isbjerg kun anses for at være delvist synligt, er det kendt, at hele udtrykket af isbjerget ikke er synligt. Det niveau, hvorpå du ser virkeligheden på Venus, er simpelthen en del af det, der er under vandet, så at sige. Der er dele af det samlede udtryk, som er usynlige for dig, fordi dine opfattelser ikke er i stand til at fatte virkeligheden af de højere eksistensplaner.

D: Så i en alternativ virkelighed, en anden parallel verden, så at sige, kunne der være en fysisk race, der bor der?

P: Det er korrekt. Og i analogien med isbjerget ville vi inkludere, at isbjerget transcenderer eksistensplaner.

Da Phil vågnede, diskuterede han den del af sessionen, han huskede.

P: Hovedbudskabet, jeg fik, var det faktum, at der er en forskel mellem dimensionerne. Men at der inden for en dimension er bevidsthedsniveauer selv inden for en dimension. For eksempel er der ting, vi ikke er opmærksomme på i denne dimension, for slet ikke at tale om de andre dimensioner. Det er ligesom spektret af lys, der er et lys i denne dimension, og vi er måske kun opmærksomme på bestemte dele af spektret. Vores bevidsthed er begrænset til en meget lille del af denne dimension. Vi er ikke helt opmærksomme på alle elementerne i denne dimension, og meget mindre de andre dimensioner. Og så konceptet med portaler er inden for en dimension. Du kan rejse store afstande inden for denne dimension, men der er ikke portaler fra denne dimension til den næste. Men der er grader af ... det er næsten som om der er dimensioner inden for dimensioner. Der er niveauer inden for denne dimension, der ændrer sig nok til, at de ville være forskellige fra de andre niveauer inden for denne dimension.

D: Lidt som at læse en oktav. Hver tone ville være en dimension, men det er stadig sikkert inden for en oktav. (Ja) Jeg satte virkelig pris på din forklaring om portalerne i modsætning til vinduerne.
P: Vandet syntes at være den nemmeste måde at forklare, hvordan vi tænker på åndeligt og fysisk. Det er grundlæggende den samme virkelighed, bare i en anden form.

Vi var alle enige om, at vi voksede og udviklede os til, at vi kunne håndtere og forstå kompliceret information nu, som vi aldrig kunne have forstået i begyndelsen af vores arbejde.

* * *

ARTIKEL, DER OPTRÆDTE I THE DAILY TELEGRAPH,
London - 11. OKTOBER 1995

"VELKOMMEN TIL DEN NÆSTE VERDEN"
Af Dr. Michio Kaku

Einsteins tyngdekraftsteori, som giver os Big Bang-teorien og sorte huller, er blevet udsat for den mest strenge test hidtil og bestod med glans.

I den seneste udgave af Physics Today meddelte astronomer fra Harvard, MIT og Haystack Observatory stolt, at de havde bekræftet Einsteins teori med en imponerende nøjagtighed på 0,04 procent ved at måle bøjningen af radiobølger fra kvasaren 3C279 nær kanten af det synlige univers. Men der er en vis ironi i denne meddelelse. Hver succes fremhæver blot et gabende hul. Selv mens videnskabsfolk hylder stadig mere nøjagtige tests af Einsteins teori om krumt rum, vidste Einstein selv, at hans teori brød sammen ved Big Bangs øjeblik. Teorien havde lerfødder.

Relativitetsteorien var værdiløs, indså han, når det kom til at besvare det mest pinlige kosmiske spørgsmål i hele videnskaben: Hvad skete der før Big Bang? Spørg enhver kosmolog dette spørgsmål, og de vil løfte hænderne, rulle med øjnene og beklage: "Dette er måske for evigt uden for videnskabens rækkevidde. Vi ved det simpelthen ikke."

Indtil nu, altså. En bemærkelsesværdig enighed er for nylig ved at udvikle sig omkring det, der kaldes "kvantekosmologi", hvor videnskabsfolk tror, at en fusion af kvanteteori og Einsteins relativitet kan løse disse vanskelige teologiske spørgsmål. Teoretiske fysikere går, hvor engle frygter at betræde.

Især dukker der et tiltalende, men overraskende nyt billede op i kvantekosmologien, som måske kan syntetisere nogle af de store skabelsesmytologier.

Der er to dominerende religiøse mytologier. Ifølge den jødisk-kristne tro havde universet en bestemt begyndelse. Dette er Genesis-hypotesen, hvor universet blev klækket fra et kosmisk æg. Men ifølge den hindu-buddhistiske tro på Nirvana er universet tidløst; det har aldrig haft en begyndelse, og det vil heller aldrig have en afslutning.

Kvantekosmologi foreslår en smuk syntese af disse tilsyneladende fjendtlige synspunkter. I begyndelsen var der Intet. Ingen rum, intet stof eller energi. Men ifølge kvanteprincippet var selv Intet ustabilt. Intet begyndte at henfalde; det vil sige, det begyndte at "koge" med milliarder af små bobler, der dannede sig og hurtigt udvidede sig. Hver boble blev til et ekspanderende univers.

Hvis dette er sandt, er vores univers faktisk en del af et meget større "multivers" af parallelle universer, som virkelig er tidløse, ligesom Nirvana. Som nobelprisvinderen i fysik, Steve Weinberg, har sagt: "En vigtig implikation er, at der ikke var en begyndelse; at der var stadig større Big Bangs, så (multiverset) fortsætter for evigt - man behøver ikke at kæmpe med spørgsmålet om, hvad der var før Big Bang. (Multiverset) har simpelthen altid været her. Jeg finder det et meget tilfredsstillende billede."

Universer kan bogstaveligt talt springe frem som en kvantefluktuation af Intet. Dette er fordi den positive energi, der findes i stof, balanceres mod den negative energi fra tyngdekraften, så den samlede energi af en boble er nul. Således kræver det ingen nettoenergi at skabe et nyt univers.

Alan Guth, ophavsmanden til inflations-teorien, bemærkede engang: "Det siges ofte, at der ikke er noget som en gratis frokost. Men universet selv kan være en gratis frokost."

Og Andre Linde fra Stanford har sagt: "Hvis mine kolleger og jeg har ret, kan vi snart sige farvel til tanken om, at vores univers var en enkelt ildkugle, skabt i Big Bang."

Selvom dette billede er tiltalende, rejser det også flere spørgsmål. Kan der eksistere liv i disse parallelle universer? Cambridge-kosmolog Stephen Hawking er tvivlsom: Han mener, at vores univers kan sameksistere med andre universer, men at vores univers er specielt. Sandsynligheden for at danne disse andre bobler er uendeligt lille.

På den anden side mener Weinberg, at de fleste af disse parallelle universer sandsynligvis er døde. For at have stabile DNA-molekyler skal protonen være stabil i mindst tre milliarder år. I disse døde universer kunne protonerne være henfaldet til et hav af elektroner og neutroner.

Vores univers kan være et af de få, der er kompatible med liv. Dette ville faktisk besvare det ældgamle spørgsmål om, hvorfor de fysiske konstanter i universet ligger i et smalt bånd, der er kompatibelt med dannelsen af liv. Hvis elektronens ladning, tyngdekraftkonstanten osv. blev ændret en smule, ville livet have været umuligt. Dette kaldes det Antropiske Princip. Som Freeman Dyson fra Princeton sagde: "Det er som om universet vidste, at vi ville komme."

Den stærke version af dette hævder, at dette beviser eksistensen af Gud eller en almægtig guddom. Men ifølge kvantekosmologi er der måske millioner af døde universer. Det var derfor en tilfældighed, at vores univers havde betingelser, der var kompatible med dannelsen af stabile DNA-molekyler.

Dette efterlader dog muligheden åben for, at der findes parallelle universer derude, som næsten er identiske med vores, bortset fra en skæbnesvanger hændelse. Måske mistede George III ikke kolonierne i et sådant univers.

Jeg kan dog beregne sandsynligheden for, at du en dag kunne gå ned ad gaden, blot for at falde ned i et hul i rummet og træde ind i et parallelt univers. Du ville skulle vente længere end universets levetid på, at en sådan kosmisk begivenhed skulle ske.

Som biologen J.B.S. Haldane bemærkede: "Universet er ikke kun mærkeligere, end vi antager, det er mærkeligere, end vi kan antage."

* * *

Dr. Michio Kaku er professor i teoretisk fysik ved City University of New York og forfatter til Hyperspace: en videnskabelig odyssé gennem den 10. dimension (Oxford University Press).

Det ser ud til, at de store videnskabelige hjerner i det mindste har en del af billedet.

Kapitel Tolv
Energi og Assisterende

Meget af den information, der er inkluderet i denne bog, blev samlet i løbet af 1980'erne, da jeg var en spirende efterforsker. Jeg var overbevist om, at jeg havde alle svarene på livets spørgsmål gennem mit arbejde som tidligere-livsterapeut. Al bevisningen bekræftede mig i reinkarnationens eksistens, men jeg havde placeret livene i en lineær progression (eller regression), da det var den eneste måde, vores sind kunne forestille sig det på. Jeg havde dannet mine meninger og teorier baseret på de sager, jeg havde arbejdet med. Så, da jeg begyndte at arbejde med Phil, blev mit velordnede trossystem forstyrret. Mit arbejde med ham resulterede i min bog Keepers of the Garden, som præsenterede mig for en radikalt anderledes forståelse af livets begyndelse på jorden. Der var meget mere, der ikke blev inkluderet i den bog. Jeg begyndte at modtage informationer og blev udsat for koncepter, jeg aldrig før havde hørt om. De truede med at vælte min sikre verden. Først var jeg så sikker på, at jeg havde alle svarene, at jeg ikke ville udforske nye teorier, der ikke passede. Jeg kunne have forkastet dem, men besluttede mig i stedet for at holde et åbent sind og dykke dybere. Jeg indså, at hvis jeg nægtede at undersøge informationen, ville jeg ikke være bedre end de religiøse institutioner, der hævder, at de har den "eneste" sandhed. I stedet for at smide det uoverensstemmende materiale ud, lagde jeg det til side til senere at blive undersøgt. Tiden er nu kommet til at gennemgå det og forsøge at forstå det, så godt som vores begrænsede menneskelige sind kan.

I stedet for at være isoleret information fra Phil, begyndte det at dukke op fra mange forskellige personer over hele verden, som om det var en uopdaget sandhed og viden. Jeg ved, at jeg aldrig kunne have forstået det i begyndelsen af mit arbejde, og jeg kunne have smidt det væk. Nu, efter mere end tyve års forskning, indser jeg, at jeg er blevet fodret med små portioner, indtil jeg var klar til at fordøje den mere komplicerede information. Selv hvis jeg ikke forstår det fuldstændigt, og jeg er sikker på, at jeg kun har en lille del af et meget større billede, er jeg nu klar til at præsentere det for at få andre til at tænke.

I de tidlige dage af mine eksperimenter i 1980'erne havde vi ofte gruppemøder i Billie Coopers hus i Rogers, Arkansas. Der ville jeg sætte Phil i trance, og enhver kunne stille spørgsmål. Der ville ofte være mange mennesker til stede, og naturligvis handlede deres spørgsmål ofte om deres personlige problemer (arbejde og kærlighedsliv). Men lejlighedsvis blev der stillet mere komplekse spørgsmål, og jeg har isoleret disse for at præsentere dem i denne bog, fordi jeg så, at de fulgte en fælles tråd.

Det følgende ville ofte ske, når vi bad den talende entitet om at identificere sig selv.

P: Vi taler her som en kollektiv energi. For der er ingen grund til personificering. Der er intet begreb om "jeg" her, for alt er "vi".
D: Hvor mange er I?
P: At tildele et fysisk antal ville være meningsløst. For ved at gøre det ville I forsøge at definere grænserne for personlighed, som om der var x antal personligheder. Og fra vores opfattelse er dette ikke korrekt. Der er ingen skelnen. Vi eksisterer blot sammen. Der er ingen skelnen mellem en personlighed og en anden, eller begyndelsen af en personlighed og en anden. Det er blot en delt og sameksisterende eksistens. Der er ingen skelnen. Igen siger vi, vi er ikke lineære i tid eller afstand og er på en måde ude af stand til at oversætte dette koncept. Vi eksisterer blot. Vi forsøger ikke at definere vores eksistens. Det er på jeres side, at I skal identificere og adskille jer selv og isolere jer selv, så I bliver til "jer". Vi er os. Vi på dette plan har ingen, hvad I ville kalde, identitet, for på dette niveau er der intet behov for identifikation. Genkendelsen af identitet er øjeblikkelig og fuldstændig. Der er ingen grund til at sætte en etiket på. For når man sætter etiketter, fokuserer man mere på etiketten end på identiteten. Dette gøres på jeres plan, fordi I ikke har bevidstheden. Tænk ikke på etiketten, men på energien. Hvis I var som os, ville I nu sidde i dette rum, kunne sidde i total mørke og gå ind og ud af hvert rum, og I ville alle straks genkende i total mørke, hvem der sidder, og hvem der bevæger sig rundt. Forstå venligst, at det, jeres bevidsthed omfatter, er så omfattende og er meget mere, end jeres bevidste sind kan fatte. I er faktisk ét med universet. Og derfor bør I ikke

blive overrasket over at finde ud af, at der er mange aspekter af jer selv, som I aldrig har været bevidste om.

D: *Ville dette inkludere, hvad vi tænker på som tidligere livsoplevelser?*

P: Disse kunne være erindringer, intet mere end erindringer, som deles, fordi I alle er forbundet, hver og en af jer, på jeres indre plane af bevidsthed. Erindringen om en af jer deles af hver og en af jer. I kan huske hinandens tanker på et meget dybt niveau. Og derfor kan I opleve, at jeres tidligere liv faktisk ganske nøjagtigt kan kaldes en erindring om en, der har levet den eksistens. Vi ville sige, at der ikke er noget, der hedder tidligere liv, for fra vores perspektiv er alt sket, alt sker, og alt vil ske samtidig. Da vi ikke har noget begreb om tid, har hver af jer allerede været hinanden og er hinanden i jeres fremtid. Vi ved, at dette ikke er helt klart for jer på nuværende tidspunkt. Men hver af jer vil få information i den nærmeste fremtid, hvor hver af jer vil blive udfordret til at undersøge dette koncept: at fortiden og nutiden er samtidig med fremtiden.

D: *Det er det, der bliver forvirrende. Hvordan kan det være, at vi er i stand til at kontakte et bestemt tidligere liv gentagne gange? Hvorfor ville vi ikke gå til forskellige hver gang, jeg fører personen tilbage?*

P: I kunne også følge en enkelt tone gennem hele en symfoni. Hvis I kunne forestille jer at høre en enkelt tone spillet på et enkelt instrument og følge denne tone gennem hele symfonien, ville I se denne tone dukke op igen, eller mere præcist høre den dukke op igen gennem hele symfonien. Og I ville faktisk kunne identificere denne enkelte tone som en separat identitet. På samme måde kan I genkalde disse, hvad I ville kalde, tidligere liv gennem hele jeres historie, simpelthen ved at indsnævre jeres perspektiv til det bestemte område, I vælger. Det bevidste valg kan virke tilfældigt; dog er det i virkeligheden sådan, at I har programmeret jer selv til at vende tilbage til det særlige segment hver gang I vender tilbage der.

D: *Kan vi bruge ordene "vibration" eller "energi"? At de, der kan gennemgå mange tidligere liv, blot er i stand til at gennemgå flere af disse energiniveauer end andre?*

P: Det er korrekt. Hver af jer kunne følge mange flere linjer, end I overhovedet kan forstå. Det er muligt. Dog er der nødvendighed i at begrænse ens oplevelser til kun de områder, der bringer forståelse og oplysning. Og derfor ville det være klogt at se bort fra de liv, der ville bringe disharmoni, for det er ikke den tilsigtede hensigt. Hvis I straks tillod jeres bevidsthed at tage alt det ind, der er tilgængeligt for jer, ville I blive overvældet. For der sker langt mere, end I overhovedet kan forstå, selv nu mens vi taler, i hver af jeres egne separate personligheder. For i den hvide farve er der mange, mange separate farver, og I kan let trække én farve ud af det, der er hvidt. På samme måde har I selv trukket eller isoleret en bestemt energi, som er en komponent af jeres Højere Selv. Og således blev denne energi bragt ned til jeres niveau, dette aspekt af personlighed, så at sige. Det var faktisk en del af jer selv, som blev givet frit spil på dette niveau. I, som sidder i dette rum, er blot spidserne af et enormt isbjerg. Og hvis I var mere bevidste og bevidst i stand til det, kunne I bringe mere af det, der er under overfladen, op til jeres niveau og omvendt. Det, som I har isoleret som jer selv, kunne gå til de højere niveauer, hvor jeres andre aspekter af energi befinder sig. Mange af jer gør dette på et tidspunkt. Det er ikke, som om I oplever en anden. Det er, som om I oplever en del af jer selv, som I aldrig har set før.

D: *Er det så muligt at gennemgå et liv, der endnu ikke er sket?*

P: Det er korrekt. I kan tage hvor som helst hen, I vil: fortid, nutid, fremtid, på jorden eller i rummet. Det er ligegyldigt. Overalt. At gå ind i fremtiden kan virke vanskeligt i starten, simpelthen fordi I ikke er vant til at tænke på den måde. Så ja, I kunne let føres tilbage til et fremtidigt liv.

D: *Fremgang.*

P: Det ville være et spørgsmål om semantik. Men som nævnt tidligere, er alt allerede sket, og intet er endnu sket samtidig. Tid er faktisk en relativ faktor.

D: *Kan du beskrive samtidig tid på en måde, som mennesker på dette plan let kan forstå?*

P: Vi vil forsøge. Hvis I ville, så overvej forskellen mellem en lige linje og en cirkel. Hvis I tegner en linje og forbinder to punkter på en lige linje, vil I opdage, at der ikke er mulighed for parallelisme i den forstand, at alle er på samme plan. Men hvis I forbinder to punkter i en cirkel, ville der faktisk være mulighed for, at to punkter kunne forbindes med en lige linje. Hvis I ville overveje tid som et begreb, og i den kontekst som en cirkel, så ville det være muligt, at to punkter i tiden kunne forbindes. Antag, at denne cirkel så blev til en spiral, sådan at enderne blev uendeligt forlænget til det punkt, hvor de faktisk er det samme punkt. Så kunne dette spiralbegreb forestilles, så I kunne se, at der selv inden for en cirkel måske kunne være en lineær progression fra det ene punkt til det andet. Dette tidbegreb er et, der er særligt fysisk i sin natur, da alt i den fysiske verden skal overholde visse grundlæggende begreber: en begyndelse og en ende. Liv og død. Sort og hvid. Plus og minus. Det er nødvendigt at adskille virkelighederne fra den åndelige verden, sådan at disse virkeligheder forbliver i det fysiske, så en polariseringsproces kan opnås. Der er i denne proces et dualitetsbegreb, der gives. Plus og minus, og så videre. Derfor er der den frie vilje, mens der i en cirkel ikke er fri vilje, fordi der ikke er nogen begyndelse og ingen ende, og ingen sort og ingen hvid. I det fysiske har I den ene eller den anden ende, hvis I kan følge dette koncept. Den frie vilje er ikke målet, der retfærdiggør midlerne. Det er simpelthen et biprodukt af virkeligheden af polariseringer. Den frie vilje udviklede sig simpelthen fra det faktum, at der er polariteter i den fysiske verden. Tid er dog ikke polariseret. Der er ingen plustid og ingen minustid. Der er simpelthen en idé om, hvad der er nu, og hvad der er dengang. Hvilket, selv mens vi taler, ændrer sig fra det, der er nu, til det, der er dengang. Så hvordan kunne der være et "nu"? Tiden står aldrig stille, så automatisk bliver begrebet om nu simpelthen kastet ud af vinduet. Nu bliver øjeblikkeligt i går eller fortid. I det øjeblik, I indser, at nu er en tanke, er det allerede blevet fortid. Så der er ingen grund til at bekymre sig om nu. I lever altid i fremtiden, hvis I vælger det.

D: *Men jeg har hørt, at vi har mange mulige fremtider.*

P: Det er korrekt, men mange gange kan I observere dem, der er mest tilbøjelige til at ske for jer, ud fra den retning, jeres liv har bevæget sig indtil det tidspunkt. Og der er også fri vilje, som dikterer alt, hvad der skal ske.

Den Snoede Univers ~ Bog Et

D: *Et spørgsmål fra gruppen: Jeg har været optaget af energier, plus og minus, mandlige og kvindelige, som vi udtrykker dem nu. Er der måder, hvorpå vi kan balancere disse energier inden i os?*

P: Først og fremmest skal man være opmærksom på, at mange er polariserede af en grund. Der er i naturen, ligesom i åndeverdenen, dem, der er mere af den ene end den anden. Og så er der dem, der er ligeligt afbalanceret. Måske kunne vi bruge yin og yang som eksempler her. Er det mindre ædelt at være helt yin, end det er at være helt yang? Eller er det mere ædelt at være en total balance mellem de to? Det er ikke mere rigtigt at være mere af den ene end den anden, og det er heller ikke mere rigtigt at være helt ligelig. Der er kun det, der er mest passende. For hver bestemt lektion bør du trække på det, der er mest passende, enten yin eller yang. Vi ser, at dit spørgsmål handler om at harmonisere dig selv. Det vil sige, at blive mere afbalanceret i dine energier. Men vi ville advare dig mod at tro, at midten af vejen nødvendigvis er det mest ønskværdige sted at være.

D: *Hvilket bringer spørgsmålet om homoseksualitet op.*

P: Dette er blot et spørgsmål om energier, idet der er mandlige og kvindelige energier. Og i en mand, når han er begavet med overvejende kvindelige energier, udviser han denne karakteristik, som er overvejende til stede i kvinder. Dette er så årsagen til tiltrækningen til mænd, fordi modsætninger tiltrækker hinanden, uanset om de er i mandlige eller kvindelige kroppe. Og derfor kan dette nedbrydes til et energiniveau af kvindelig energi, der er til stede i en mandlig krop, som er tiltrukket af mandlig energi i en mandlig krop.

D: *Du sagde, det er en kvindelig energi. Hvad mener du med det?*

P: Polariseringen eller dispositionen af sjælen er givet som en mere overvejende kvindelig energi.

D: *Ville det betyde, at sjælen har haft flere kvindelige liv eller mere kvindelig erfaring?*

P: Denne sjæl ville sandsynligvis have det, men det er ikke nødvendigvis antallet af liv, der har programmeret sjælen til mere kvindelig energi. Der er ved skabelsen af sjæle et præg af personlighed, der normalt er mere mandlig eller mere kvindelig eller noget mere neutral.

D: *Så de tidligere liv har ikke noget at gøre med dette?*

P: Ja, de har meget at gøre med det, for de er erfaringer, som huskes og derfor programmerer individets udtryk af energierne. Men livene bestemmer ikke, om entiteten er mandlig eller kvindelig.

D: *Jeg har fundet, at hvis en sjæl har haft flere liv af det ene køn end det andet, var det vanskeligere for dem at håndtere.*

P: Det er korrekt, for der er større bekendtskab med det modsatte køn. Det kunne forårsage forvirring, da der i dette samfund er meget programmering, der tvinger en til enten at være en mand eller en kvinde, og ikke en blanding af de to med de krydsede køn.

D: *Er dette den hovedårsag til homoseksualitet, eller kunne der være andre forklaringer?*

P: Dette er den mest fremherskende. Dog er der tilfælde, hvor en vælger at inkarnere i en sådan krydsrealitet for at lære lektioner. Mange lektioner er: mådehold, tolerance, tålmodighed, ydmyghed osv. Det kan ikke blot være et spørgsmål om valg, men også om nødvendighed.

Spørgsmål: Der er en teori om, at planeten Jorden er omgivet af et bånd af energi. Og i dette bånd er der optaget hver handling, hver tanke, og alt, hvad der nogensinde er sket. Og at enhver person kan modtage information blot ved at tappe ind i det. Er det korrekt?

P: Det er en korrekt påstand. Ja, bestemt, for der er, hvad man kunne kalde en aura omkring denne planet, som kontinuerligt bygges op fra følelserne og holdningerne hos de indbyggere, der lever på denne planet. Og så reflekterer denne aura som helhed den race, der befolker planeten nedenunder. Meget ligesom din egen aura som helhed reflekterer din personlighed. Det vil sige, den energi, der bor i din aura.

D: *Vores aura er påvirket af de energier, som vores krop skaber?*

P: Det er korrekt.

D: *Hvad med energierne, der omgiver Jorden?*

P: Er de fremtidige energier, som endnu ikke er blevet kanaliseret til et fysisk niveau? Svaret er ja. For jeres fortid, nutid og fremtidige progression er en proces, en slags industriel proces, der tager energierne fra et højere plan og kanaliserer dem ned til et lavere plan gennem jeres handlinger. Og så er jeres aura et resultat af denne proces. Dog har energierne altid eksisteret og vil altid eksistere. De er fra jeres perspektiv blot genkanaliseret fra et niveau til et andet. Jordens aura består af de energier, som er blevet behandlet fra de højere til de lavere energier. Så disse er biprodukter af den menneskelige erfaring. Ligesom røgen fra en skorsten.

D: *Kunne du forklare forskellen mellem de højere energier og de lavere energier?*

P: De højere energier er, hvad du måske ville kalde "Gud" eller "sandhedsbevidsthed" eller "oplysning". Det, der bare er. Disse er frekvenser af den højeste orden og tappes gennem jeres sind og bevidsthed. De lavere energier er energier fra det højere plan, der er blevet bragt ned til et lavere plan. De er et biprodukt af den menneskelige oplevelse. De er stadig energier, men de er blevet bragt til et niveau, der er tættere på jeres eget. Vi taler her om energier på mange forskellige måder. Musik, matematik, forundring, kærlighed, had. Disse er alle energier.

D: *Og jeg forstår, at alt er registreret. Intet går til spilde, og intet bliver glemt. Er det korrekt?*

P: Intet går nogensinde tabt. Mange ting bliver dog ikke brugt. For eksempel, hvis kærlighedsenergien omkring jeres planet blev brugt oftere end had- eller frygtenergien, så ville vi opfatte, at auraen omkring jeres planet ville være markant anderledes og have et højere samlet energiniveau. Det er som om, at disse biprodukter, disse auraer, der udsendes, er indikatorer for de energier, der er blevet behandlet.

D: *Hvis denne planet blev ødelagt, hvad ville der så ske med disse energier?*

P: De ville simpelthen blive returneret til universet og blive behandlet på en anden måde et andet sted, på et andet tidspunkt, som du ville sige. Energi kan ikke ødelægges. Det ville dog være nødvendigt, at energierne blev omdirigeret. For de ville drive formålsløst gennem universet, hvis de ikke blev genkanaliseret og genanvendt til et andet område eller plan, så de kunne returneres til en brugbar formål.

D: *Så disse energier går ikke tabt; de ændrer sig blot. De ville ikke forblive i samme form. Kan du uddybe, hvad vi kalder vores "sjæl"? Ville dette være den samme energi, som du har talt om?*

P: Der er en adskillelse her. Vi taler om energier på en meget fri måde, som sjælen bearbejder. Sjælen her ville være den fungerende maskine, hvis man kan sige det sådan. Energierne ville være brændstofferne, der driver sjælen. Sjælen er en gnist, et fragment af den oprindelige Ene Sjæl. For alt var på et tidspunkt simpelthen samlet og sammen. Og i det, du kalder begyndelsen af skabelsen, blev denne helhed splittet. Og hver af jer blev sendt ud for at begynde at opleve livet som separate identiteter. Og i det, som du kalder begyndelsen af skabelsen, blev denne helhed splittet. Og hver af jer blev sendt ud for at begynde at opleve livet som separate identiteter. Dette er, hvad du har kaldt tidspunktet for Faldet, hvor viden blev tabt, og bevidstheden blev vendt ned mod Jorden. Og disse højere energiplaner blev ignoreret og forkastet. Så du kan se, fra et strengt analogisk synspunkt, at der var et definitivt fald i bevidstheden fra de højere planer til de mere jordiske planer. Der var ikke, som man tidligere har følt, en fremkomst af ondskab, da dette fald fandt sted. Det var blot, at opmærksomheden hos dem, der boede der, blev skiftet fra de højere til de lavere planer. Det er, hvad der menes med Faldet. Dette er ikke en dom over rigtigt eller forkert. Det er blot en kendsgerning, der er i sandhedens rige. Og så kan du se, at når du mister synet af, hvem og hvad du er, så vil du tendere til at fare vild, som menneskeheden har gjort på denne planet i mange årtusinder nu. Faldet er således blot en glemsel af den sande identitet. En sænkning af bevidstheden og en glemsel af, at alle i virkeligheden er en del af helheden.

D: *Hvad forårsagede splittelsen, opbruddet, i første omgang?*

P: Dette var en intentionel handling fra hele Sjælen, den Ene Hele Sjæl, så erfaringen kunne blive mangfoldig. På det tidspunkt blev der følt et behov for mere mangfoldig erfaring. Det blev erkendt, at for at én skulle kunne forstå Alt, Der Er fuldt ud, ville mere erfaring være nødvendig.

D: *Denne sjæl, der splittede i begyndelsen, kom for at opleve Jorden og tog form som en krop. Derefter bliver kroppen og sjælen adskilt ved døden. Vi ved, hvad der sker med kroppen. Hvad sker der med sjælen på det tidspunkt?*

P: Dette er meget individuelt. For mange sjæle – vi ville kalde dem splinter – opdager, at de har regredieret længere væk, end hvor de oprindeligt befandt sig. Og de finder sig selv længere væk fra sandheden, end da de først inkarnerede. Og derfor skal de gives lektioner, der vil slette de fejl, de har begået. Andre opdager, at de er blevet mere oplyste og derfor er afstemt med det niveau, som er den Ene Sjæl.

D: *Skal dem, der regresserer, komme og bebo en krop igen?*
P: Nej, for der er intet "skal". Hvis det er mest hensigtsmæssigt, ja, så kan det være det bedste at gøre. Men der er ingen regel, der siger, at man skal inkarneres.

D: *Hvad sker der til sidst med den individuelle sjæl?*
P: Det ultimative mål er for alle sjæle at vende tilbage til den Ene. Og dermed bringe med sig alt, hvad der er blevet oplevet. Det er, som om hver af jer er ude for at samle erfaringer og gemmer dem til en fremtidig dato, når hver og en af jer vil vende tilbage med jeres samling af oplevelser. Og så vil alt, der er blevet oplevet fra begyndelsen til slutningen af skabelsen, blive delt. Det er en symfoni af oplevelse.

D: *Denne oprindelige sjæl, der splittede, ville det være det samme som vores koncept om Gud?*
P: Det er korrekt. Det er Den Ene, Alt, Der Er, Sandheden, Lyset. Mange har deres egne specifikke betegnelser. Man kunne sige, at jeres identiteter er separate fra denne Gud. Dog er hver af jer i virkeligheden en individuel del eller del af det, som I kalder Gud. Der er ingen Gud uden hver af jer. For hvis hver af jer simpelthen ophørte med at eksistere, så ville Gud Selv ophøre med at eksistere.

* * *

Denne session fandt sted i 1987, efter at Phil havde tilbragt mange måneder i Californien med at arbejde forskellige steder, herunder i filmbranchen, mens jeg var fuldstændigt opslugt af mit arbejde med Nostradamus-informationen. Han var flyttet tilbage til vores område og ønskede at begynde at arbejde sammen med mig igen. Vi havde ikke noget specifikt emne at fokusere på, så vi besluttede os for blot at se, hvor denne session ville føre os hen. Jeg brugte hans nøgleord og elevator-metoden. Da elevatordøren åbnede sig, så han et strålende hvidt lys.

P: Det er helt hvidt lys. Ren energi. Dette er en energiplane eller en eksistensdimension, hvor vi, som måske kunne kaldes "Assistenterne," befinder os. Vi er i essensen rene energiformer uden nogen fysisk konstruktion, men blot energi og sammensat af tanker.

D: *Hvad mener du, når du siger, at I er assistenter?*

P: Vi er dem, der kommer for at assistere i de opgaver, som I har påtaget jer. Det vil sige at søge den viden, der er tilgængelig for dem, der spørger. Vi er flydende i natur, i den forstand at vi kan tilpasse os til de energier, vi finder omkring os. Vi kan tilpasse os de energier, der har kaldt os. Det vil sige jer selv. Vi er assistenter. Vi bringer den energi med os, som er mest befordrende for det arbejde, I er ved at deltage i. Vi hjælper med at balancere energierne og bringer derfor det, der er mest passende til den særlige situation, vi måtte befinde os i. Igen siger vi "vi", da vi er en kollektiv bevidsthed og ikke en enkelt identitet. Vi abonnerer ikke på konceptet om en enkelt identitet, som i menneskelige termer ville betyde isolation, for vi er bestemt ikke isolerede. Vi er i konstant kommunikation og samspil med alle andre former for energi på alle tidspunkter. Der er ingen isolation eller adskillelse. Vi taler blot fra den eksistensdimension, vi befinder os i, til jeres eksistensdimension, som I befinder jer i.

Jeg vidste ikke rigtig, hvordan jeg skulle stille spørgsmål. Dette var noget, jeg aldrig havde stødt på før. Jeg forsøgte at relatere det til noget, jeg var bekendt med i mit arbejde. Jeg vidste aldrig, hvad jeg kunne forvente næste gang, da jeg hele tiden blev ført ind i ukendt og uudforsket territorium.

D: *Har I nogen forbindelse til vores guider eller beskyttere?*

P: Der er måske en differentiering her, da vi ikke er jer selv eller dele af jer selv. Vi er faktisk adskilt fra den del af jer selv, og alligevel er vi en del af jer selv, da vi er en del af helheden, en del af hele skabelsen. Derfor er vi i visse henseender en del af jer, og alligevel i andre henseender ikke det. Vi er af og dog ikke af det, som I kalder "jordenergier."

D: *Mener du så, at vores guider eller beskyttere er aspekter af vores egen sjæl, vores eget selv?*

P: Det er korrekt. For I er faktisk jeres egne guider, i den forstand at jeres højere selv altid passer på jeres lavere selv. I, der søger at identificere jer selv på ét bevidsthedspunkt, er blot en facet af jeres totale selv. I, ved at søge at identificere og isolere jeres bevidsthed, adskiller den del af jer selv fra jeres hele selv. Dette er, hvad vi ville kalde ... vi finder, at begrebet ikke kan oversættes her. Dog ville konceptet være en adskillelse fra helheden eller personalisering.

D: *Som energier, har I nogensinde haft liv på Jorden eller adskillelse eller identitet på den måde?*

P: Vi deler i jeres isolation, i den forstand at vi igen er en del af jeres eksistens. I den henseende, ja, vi har oplevet mange inkarnationer. Vi er dog ikke, hvad I ville kalde "indbyggere" på et bestemt plan. Vi er faktisk multidimensionelle og omfatter mange forskellige bevidsthedsniveauer samtidig. Derfor kunne vi ikke sige, at vi nogensinde har været, som I måske ville sige, personliggjort.

D: *Jeg forsøger at skelne. Jeg troede, at I måske engang havde haft jordiske identiteter og derefter udviklet jer til en højere energi, som I er nu. Er det ikke korrekt?*

P: Vi kunne sige, at vi aldrig er blevet fraktionerede. Vi taler fra et niveau, der er multidimensionelt og ikke opsplittet eller splintret i individuelle energienheder. Vi er simpelthen bevidste om mange forskellige niveauer samtidig. Så selv nu taler vi på jeres eksistensniveau, mens vi samtidig er på et andet niveau. Det er, hvad I måske kunne kalde "trans-bevidsthed."

D: *Så er denne energi den eneste eksistens, I nogensinde har haft?*

P: Vi har udviklet os fra et lavere bevidsthedsniveau til en mere omfattende energiform. Men vi har altid været en form for trans-bevidst energi. Vores eksistens har altid været i en assistent-tilstand. Vi assisterer og bringer det, der er nødvendigt, til dem, der beder om det. Vores eksistens er en slags serviceindustri, hvis man kan sige det sådan.

D: *Selvfølgelig er jeg altid begrænset af vores konventionelle tankegang, så bær venligst over med mine spørgsmål, hvis de lyder uvidende. Men vil I blive betragtet som det niveau, vi anser for at være "engle"? Jeg ved, at vores koncept sandsynligvis er meget begrænset.*

P: Vi føler, at det i jeres terminologi faktisk ville være passende for nogle at sige, at vi virkelig er engle. For i jeres terminologi er en engel en, der kommer for at assistere i nødens stund. En budbringer fra Gud. En velgører. Der er selvfølgelig mange forskellige idéer om, hvad en engel er. Men for at illustrere formålet ville vi tillade os selv at blive klassificeret som engle, hvis det var passende.

D: Selvfølgelig har vi dette mentale billede af, at engle har menneskelig form.

P: Det er intet andet end ren energi, der tiltrækkes af en anden energi. Det er en simpel sag om tiltrækning af lignende kræfter. Måske kan det forklares med udtrykket "nukleart niveau." Energierne er i sandhed nukleare i essensen. Nukleare, brugt her i betydningen af... Vi finder, at denne tankegang måske ikke er nøjagtig, og vi vil gerne trække den tilbage. Vi vil sige, at det koncept, vi forsøger at beskrive, er af en mere elektrisk natur. Ligesom elektriske ladninger frastøder hinanden, og modsætninger tiltrækker hinanden. På denne måde kan man se, at når der er en forskel i energier, vil overskuddet naturligt tiltrækkes af underskuddet. Dette er grundlaget for jeres polære modsætninger. Den ene har en overskydende natur, den anden er af en underskydende natur, og derfor vil de naturligt tiltrækkes.

D: Så når vi bruger elektricitet, anvender vi en del af det, I repræsenterer? Ville det være nøjagtigt?

P: Det er mere korrekt at sige, at I bruger et koncept af, hvad vi er. Princippet er det samme, men ikke nødvendigvis at bruge en del af os selv, som om vi var en del af den elektriske strøm, der flyder. Men da al energi er en del af helheden, er det i den henseende korrekt at sige det.

D: Så den måde, vi bruger elektricitet på, ville være den måde, vi kunne anvende jeres tjenester på?

P: Måske kunne man bedre forklare det ved at bruge biologien i jeres immunsystem. Når der er brug for et bestemt forsvarssystem i en del af kroppen, mobiliserer kroppen som helhed sit stofskifte for at producere og sende det nødvendige enzym eller protein til at danne de specifikke antistoffer, der er nødvendige for at afværge en infektion. På samme måde reagerer kroppen som helhed på en infektion ved at sende det nødvendige forsvar til det område, der har brug for det. På samme måde kan universet som helhed mobilisere og sende enhver særlig energiform til ethvert bestemt sted i universet, hvor den er nødvendig, for at hjælpe med at helbrede det, vi ville kalde "disharmoni". I denne analogi kunne vi sammenlignes med antistoffer, der sendes for at helbrede disharmoni.

D: Jeg får altid et klarere billede gennem disse analogier. Jeg har hørt om elementarer. Har I nogen forbindelse til den type energi?

P: Som vi sagde tidligere, er der altid en forbindelse mellem alle niveauer og former for energi. Der er blot en lokalisering af en bestemt energi til en bestemt form for behov. Og så er vi i kontakt og bevidste om den energi, som I kalder "elementarenergier." Men vi er ikke det, I ville kalde elementarenergi. Fra jeres perspektiv er vi langt over dette niveau, men vi omfatter det samtidig.

D: Jeg spekulerede på, om I var af samme natur. Jeg har hørt, at elementarenergi er meget grundlæggende og ikke har den intelligens eller forståelse, som I synes at have.

P: Måske ser I kun på den ene ende af et spektrum, når I isolerer eller singulariserer det, I kalder "elementarenergi." I ser blot på et bestemt aspekt af en total energi og beskriver det som elementar. Det er dog en del af en mere komplet helhed.

D: Jeg har forstået, at elementarenergi mest er forbundet med vores Jord.

P: Det ser ud til, at I opfatter det som lavere livsformer, såsom jeres græs og planter eller bestemte former for, hvad I måske kalder "lavt liv" på jeres planet. Der er naturligvis også energi, der er forbundet med højere livsformer, som jeres katte og hunde, og endda den energi, der er forbundet med de højeste livsformer, nemlig jer selv. Der er ingen skelnen mellem energierne i den forstand, at de alle er en del af helheden. De er blot forbundet med et eller flere bestemte bevidsthedsniveauer. Det ville være en grov unøjagtighed at sige, at græsset ikke er bevidst, for det er det bestemt. Den jord, I går på, er i sandhed bevidst. At benægte dette ville være at placere jer selv i en position som Gud, altomfattende, altvidende, og alt andet værende uvidende. Dette er ikke korrekt. Alt i hele skabelsen er bevidst. Om I opfatter det eller ej, er helt op til jer selv. I har evnerne til at blive bevidste om hele skabelsen, fra de laveste til de højeste former for bevidsthed. Og det er ikke nødvendigvis begrænset til jeres specifikke Jord. I kunne meget muligt blive bevidste om hele skabelsen blot ved at anerkende, at alt, der eksisterer, er bevidst.

D: *Det ville selvfølgelig gøre livet vanskeligt i vores fysiske eksistens.*

P: Vi føler, at det måske ville gøre jeres liv rigere og mere fyldestgørende, fordi I ikke længere ville føle jer så alene og afskåret. For I ville være i et broderskab igen, som er jeres skæbne. I er måske blevet isolerede gennem mange fejl, som ikke er jeres egne, eller måske gennem uheld. Men i sidste ende er det individets ansvar, hvor bevidst han eller hun bliver. Hvis man vælger at benægte andres eksistens, er det deres prærogativ. Men så skal de være i stand til at… Vi ønsker at ændre dette, da vi ikke ønsker at antyde en betydning af straf. Vi ønsker ikke at udtrykke dette koncept. Vi forsøger at antyde, at man skaber sin egen virkelighed. Og så kan man se, at når man skaber sin egen virkelighed, skal man leve i den.

D: *Ja, nogle mennesker ville måske opfatte det som en straf. Men hvis man selv har skabt det, må man tage konsekvenserne.*

P: Det er korrekt.

D: *I taler hele tiden om helheden. Er det, hvad vi anser for at være Gud?*

P: I en mere oplyst tilgang er helheden faktisk det, I ville kalde "Gud," idet Gud ville være altomfattende. Men vi føler, at jeres nuværende eller aktuelle koncept om Gud måske er mere generaliseret som en abstraktion af menneskelige egenskaber, der er ophøjet til en skaberstatus.

D: *Jeg spekulerede på, om I kunne betragtes som skabere eller medskabere.*

P: Der er selvfølgelig noget sandhed i det, du siger. Men vi føler, at det ville være upassende at betegne os selv som sådan.

D: *Så I er ikke nået så langt? Jeg forsøger vist at placere jer et sted fysisk.*

P: Vi har aldrig været skabere. Vi er ikke skabere. Vi er faktisk måske… men vi vil gerne præcisere dette. Der er i øjeblikket en… (Pause).

D: *Hvad? Er det en misforståelse eller hvad?*

Et dybt åndedrag, og pludselig åbnede Phil sine øjne. Han var vågen. Det var usædvanligt for ham at gøre det så pludseligt. Jeg spurgte ham, hvad der var sket.

P: (Han var nu helt vågen.) Det blev afbrudt. Det var, som om de var ved at sige noget, men så blev energifelterne forstyrret.

D: *Tror du, det var noget, de ikke burde tale om?*

P: Nej, det var, som om der var interferens. Det sker nogle gange, når forskellige energier kommer og går. Det er lidt sart at få det afbalanceret, og hvis en ekstern energi kommer ind, bryder det forbindelsen.

D: *Som statisk elektricitet eller hvad?*

P: Nej, det er ikke elektrisk energi. Det er mere som tankeenergi.

D: *Noget, du tænkte på?*

P: Nej, det var bare ekstern energi. Det var ikke dårligt, det var som om forbindelsen blev brudt.

Det var aldrig klart, hvad der forårsagede interferensen, men Phil mente, at vi skulle afslutte sessionen for dagen. Det var i orden med mig, da hele sessionen havde været en belastning for mig. Vi diskuterede et emne, der var meget kompliceret for mig at forstå, og jeg havde svært ved at formulere spørgsmål. Så jeg sukkede lettet, da jeg forlod hans hus. Jeg vidste, at jeg havde brug for tid til at fordøje og i det mindste delvist assimilere informationen. Jeg anede ikke, at jeg endnu ikke havde set det sidste af denne mærkelige energi.

Vi havde planlagt et særligt møde hos Billie Cooper den aften. De havde også savnet vores sessioner med Phil, mens han boede i Californien, så de var ivrige efter at få ham tilbage. Der var mange til stede, som aldrig havde set dette fænomen, så der var en luft af nysgerrighed i rummet, da vi begyndte. Jeg brugte igen hans kodeord og elevator-metoden. Da døren åbnede, var det strålende lys tilbage, næsten som om det aldrig var forsvundet. Da jeg ikke havde haft tid til at forberede spørgsmål, løb mine tanker om, hvordan jeg skulle begynde.

D: *Er dette det samme lys, vi så i eftermiddags?*

P: Det er korrekt.

Den Snoede Univers ~ Bog Et

D: Tror du, at denne energi er den rette til at besvare de spørgsmål, der måtte blive stillet i aften?

P: For denne gruppe på dette tidspunkt ville dette være en mellemmand mellem det, I spørger om, og det, I vil modtage. For ofte vil man spørge om noget, der er upraktisk at give, og derfor skal man modtage det, der er tættest på det, der er blevet spurgt om.

D: Da vi kontaktede denne energi i eftermiddags, sagde de, at de var af en assisterende natur. Assisterende energi er den energi, der bruges, når man vil skabe ting i sit liv og få dem til at ske. Dette er energien, der kaldes frem og bruges, og den kan bruges på mange måder. Har jeg ret i min definition?

P: Vi vil sige, at det er korrekt.

D: Det er en energi, der omfatter multidimensioner i stedet for at være på ét niveau. Derfor havde den langt mere viden end en enkelt energi ville have. Så måske er det den rette energi til at komme igennem i aften.

P: Vi vil sige, at en mere defineret forklaring ville være på sin plads. Vi ønsker at forklare, at denne energi ikke er af en lageragtig natur. Det vil sige, den er ikke en form for eller et lager for viden. Den er blot en kanal, gennem hvilken den viden passerer. Vi bringer det, der bliver bedt om. Vi opbevarer eller lagrer ikke denne viden. Måske er dette på jeres niveau en ubetydelig detalje. Men i fremtidige samtaler kan det blive ganske tydeligt, at der er en betydelig forskel mellem dem, der kanaliserer denne viden, og dem, der lagrer eller modtager den.

De spørgsmål, der blev besvaret, er integreret i de forskellige kapitler af denne bog.

* * *

Mange gange ved disse møder kom der ånder eller hvad de end var, frem, som var nysgerrige på os. De ville ofte underholde og forbløffe os ved at stille os spørgsmål. Nogle af disse spørgsmål var ekstremt svære at svare på, da de ofte omhandlede koncepter i vores kultur, som vi normalt ikke tænker så meget over. Når dette skete, kunne vi virkelig forstå den udfordring, vi udsatte dem for ved nogle af de spørgsmål, vi stillede dem. Men det er bemærkelsesværdigt, at de altid var i stand til at finde svarene øjeblikkeligt, mens vi famlede, diskuterede og ofte blot trak på skuldrene i resignation, når de vendte spørgsmålene mod os.

P: Der er ingen grund til at frygte os, da vi taler gennem denne mand. Han gør dette frivilligt og uden frygt for nogen negative konsekvenser. Dermed bringer han denne energi gennem sig for at dele den med jer, da han har fundet sandheden i denne energi og derfor ønsker at dele den med andre. Ved at give modtager han umådeligt. Der er igen ingen grund til at frygte os. Vi er blot nogle, der har opnået et niveau langt over det, der findes i den inkarnerede natur på jeres planet nu. Vi er her for at bringe sandhed og oplysning. Og for at hjælpe med at hæve bevidstheden på jeres planet, så uvidenheden og overtroen, som synes at herske, kan fordrives og erstattes af viden og sandhed. Vi kommer i fred, harmoni og kærlighed. (Stemmen var dybere og lød anderledes end Phils. Det gav mig kuldegysninger.) I overvåges i øjeblikket af en, der er langt større end noget, der nogensinde er oplevet i dette rum. Der er på dette tidspunkt en Overvåger, en vogter nu tildelt dette rum for at beskytte dem, der er samlet her og ønsker at lære. (Stemmen blev stadig dybere. Den var slet ikke som Phils normale stemme. Dette var også tydeligt for de andre i rummet.) Vi vil nu spørge jer: Ville det være muligt for os at stille jer spørgsmål?

Dette var uventet, men da jeg kiggede rundt i rummet, nikkede de andre enige og signalerede, at vi skulle prøve denne anderledes vinkel.
Et medlem af gruppen spurgte: "Er I essensen af liv, der har været levet på jorden?"

P: Det ville være en nøjagtig udtalelse, ja. Hvis I kunne forestille jer den kollektive bevidsthed af hver af jer i dette rum nu, sammen uden jeres fysiske kroppe. Hvis jeres bevidsthed blev fjernet fra jeres kroppe, ville I blive forenet af en fælles interesse eller et fælles mål. Og sådan er det med os. For vi finder, at vores energier er ens i vibration og meget kompatible, selvom de ikke er identiske. Vi arbejder blot meget godt sammen som én enhed, deler information og ideer og tilbyder det, vi er bekendt med på ethvert givet tidspunkt. Der gives ingen identitet, og der er ingen behov for det. Vi eksisterer blot.

D: *Og I ønsker at stille os nogle spørgsmål?*

P: På dette tidspunkt ville vi sætte pris på muligheden. Men vi vil give jer mulighed for at forberede jer på dette aftalte møde i aften. Med andre ord, I må gerne gå først.

D: *Uanset hvordan I vil gøre det. Jeg tror, der vil være tid for os alle.*

P: Der er et område, vi gerne vil dække i aften, hvis det er i overensstemmelse med jeres gruppes ønsker. Og det ville være inden for området seksuel bevidsthed, eller med andre ord, kønsidentitet. For vi her har ikke nogen kønsidentitet. Vi er blot æterisk spirituel energi og finder det ret fascinerende – uden nogen form for respektløshed – at I ser jer selv som enten det ene eller det andet. I synes at have et stærkt behov for at adskille jer selv i henhold til kønsidentitet. Dette finder vi meget interessant. Det virker som om, der er en form for splittelse i jeres egen identitet. Vi føler, at I har mistet jeres sande identitet, når I skal relatere til hinanden på disse vilkår. Dette er blot en observation fra vores referencepunkt. Og det er blot det emne, vi tænkte, vi kunne bringe op til diskussion, hvis I finder det passende.

D: *Hmm, et ret mærkeligt emne. Jeg tror ikke, vi nogensinde har tænkt over det, har vi?*

Et medlem af gruppen meldte sig: "Må jeg uddybe lidt, tak?"

P: Vi ville håbe, at du ville. Og dermed give os indsigt i denne tilsynekomst, så vi måske kan komme til en bedre forståelse af det fra vores niveau.

Medlemmet fortsatte: "Sådan som jeg forstår det, vil I gerne diskutere det fysiske område. Og da I er æterisk energi, er I ikke bekymrede for fysiske ting, så I behøver ikke at bekymre jer om kønsidentitet. Men i et fysisk område er dette meget vigtigt, fordi det repræsenterer vores egentlige identitet. Så I er kommet ind på et diskussionsområde, som måske er lidt fremmed for æterisk energi. Så længe vi er begrænset til fysiske kroppe, er dette en meget vigtig del af vores væsen, og vi er nødt til at tage det i betragtning. Giver dette mening for jer?"

P: Vi assimilerer dette svar. Og vi vil svare således: Vi forstår jeres bekymring. Vi forstår jeres behov for at identificere eller anerkende jeres fysiske aspekt. Dog føler vi – og vi prædiker ikke her, blot gør en observation fra vores referencepunkt – at der ikke længere er så meget en følelse af forvaltning og omsorg for disse fysiske kroppe, men mere en følelse af identitet tildelt disse fysiske kroppe. Det virker som om, at den fysiske krop i sig selv er blevet givet en identitet."

D: *Det er sandt. Den har fået en identitet, fordi det er sådan, vi genkender os selv, når vi er begrænset af tid og materielle ting. Må jeg stille et spørgsmål? Har nogen af jer energier nogensinde været i en fysisk krop?*

P: Det er ikke korrekt, for vi har aldrig været på et niveau, hvor det fysiske kunne manifestere sig. Vi er af en energi, der simpelthen ikke er egnet til dannelsen af fysisk materie. Det er en elektromagnetisk energi og ikke af den struktur eller sammensætning, der ville kunne facilitere dannelsen af fysisk materie. Der er ingen blandt os på dette tidspunkt, der nogensinde har oplevet det, I ville kalde en "fysisk" inkarnation, selvom det ikke betyder, at vi ikke har været på jeres planet før. Det har vi, men ikke i menneskelig form. Der har været mange andre former end menneskelige på jeres planet, som bar bevidsthed. Men I har ingen optegnelser over disse former, da ingen er blevet givet til at blive optegnet."

Medlem: Hvad er jeres oprindelse så?"

P: Vi taler fra essensen af sandhed, fra Den Ene Sande Gud, som I ville sige det i jeres sprog. Vi stammer fra dem, der bringer sandhed, fra lysets legion, eller som I måske ville sige, ærkeenglene. Vores budskab er information. Vi ville definere vores rolle her som sandhedsgivere. Der er mange andre enheder eller legioner, hvis ansvar kunne omfatte helbredsmæssige spørgsmål eller måske genopbygning eller rekonstruktion af planeter. Der er dem, hvis eneste funktion er udelukkende at konstruere universer."

D: *Skaber-niveauet.*

P: Det er korrekt. Der er mange forskellige ekspertiseområder at trække på. Da I søger information, har I kontaktet os, sandhedsgiverne. Og her er vi.

Medlem: *Jeg tror, jeg forstår det. Vi har ansvar i vores fysiske verden. Hvilket slags ansvar har I? Jeg ved, at I ikke er begrænset af tid som os. Hvad beskæftiger I jer med? Hvad gør denne energi?*

P: På dette plan er der meget arbejde og opmærksomhed rettet mod dannelsen og skabelsen af underordnede energier, eller for at sige det på en anden måde, skabe ringe eller cirkler i en dam. Vores arbejde, hvis vi kan bruge en grov analogi, er simpelthen at kaste sten i vandet og få cirklerne til at stråle udad fra der, hvor stenene eller småstenene er landet. Det er i disse koncentriske cirkler, der stråler udad, hvor vi udmærker os eller er bedst. Naturligvis forstår I, at dette er en simpel analogi. Men formålet er at skabe energimønstre, som er nyttige for de livsformer og energier, der er på et niveau lidt under vores. Med andre ord skaber vi et meget gunstigt miljø eller atmosfære i disse energicirkler, så de, der arbejder under os, har et gæstfrit miljø at arbejde i. Det er en kæde af arvelige miljøer, meget lig jeres naturlige kæde af hierarkier i jeres fysiske verden. Giver det mening?

Gruppens medlemmer reagerede med, at det gjorde det.

D: *Det er lidt kompliceret. Men er det også energier, som vi selv kan bruge til at skabe ting?*

P: Ikke direkte. For de energier, vi beskæftiger os med, er på et niveau meget højere, end I kunne manipulere direkte. Men gennem situationer som denne, hvor der er en brobygningseffekt, kan vi udveksle koncepter og analogier samt visualiseringer og rationaliseringer og så videre. Så vores realiteter og sandheder kan bygges bro over til jeres forståelsesniveau og omvendt.

D: *Det er derfor, det virker så fremmed for jer at se vores forskellige koncepter.*

P: Det er korrekt. Vi undskylder her, for vi ønsker virkelig ikke at prædike, men blot at observere. Men vi føler, at der er blevet lagt for meget vægt på kønsidentitet. Og det er blevet trukket væk fra den sande identitet, bevidstheden eller Gud-selvet eller Kristusidentiteten, eller en af mange hundrede tusinder af termer, der

Den Snoede Univers ~ Bog Et

gives til det, som er. Det, som er jeres sande identitet, den energi, der er energi, som vi selv er. Selvfølgelig ved I, at jeres fysiske kroppe ikke er andet end et redskab eller et værktøj. Det ville være, som hvis I, mens I kører i jeres bil, antog bilens identitet og ikke blot var en passager i bilen. (Latter) I ville så føle, at I er en Buick. I er store. I er røde. I ville føle jeres fire dæk under jer. Og I ville mærke hver eneste ridse og bule på jer. Dette er selvfølgelig igen en meget simpel analogi. Men vi føler, at den tilstrækkeligt – i det mindste fra vores synspunkt – opsummerer vores opfattelse af, hvordan den fysiske virkelighed synes at have overgået den spirituelle virkelighed.

D: *Ja, men når man går ind i den fysiske krop, glemmer underbevidstheden den anden del og fokuserer kun på det fysiske. Dette er en af de risici ved at træde ind i det fysiske.*

P: Det er en fuldstændig korrekt erklæring. Det er faktisk en fare, en der ikke nødvendigvis altid er en given, men en som er meget udbredt.

Et andet medlem af gruppen indskød: "Siger I, at vi er blevet så involveret i kroppen, som bærer vores ånd, at vi føler og citerer hver ridse, hver bule, og er stolte af vores farve og så videre, frem for at være involveret i den sande identitet, ånden?"

P: Det er korrekt, og en meget oplyst indsigt i et meget reelt problem på denne planet. Den sande identitet bor inden i det fysiske. Og det er meget sjældent, at et individ genkender sin sande identitet som den energi, der er indeni, og ikke som køretøjet udenom.

D: *Giver vi så for meget vægt til adskillelsen mellem det maskuline og det feminine i stedet for at integrere begge dele i vores væsen?*

P: Det er fuldstændig korrekt. For i denne identitetsadskillelse er der givet sociale love, som dikterer, at energier, der er indkapslet i maskulin energi, skal forholde sig på en bestemt måde i forhold til de energier, der er indkapslet i et feminint køretøj, efter samfundets konventioner. Og vi kunne bruge som eksempel jeres skikke omkring dating og kropssprog og så videre. Det er på dette tidspunkt, i dette område af jeres planet, den accepterede norm, at hele fokus er på køn med modsatte identiteter. Og det er ikke accepteret, at køn med samme identitet er bevidste om hinanden, som det er på vores plan. Vi føler, at der har været meget forkert tilpasning på grund af denne fejlagtige identifikation. Det, vi taler om her, er ikke noget i form af seksuelle forhold, men blot om at være venner. Mange mænd er bange for at være venner, fordi de begge er mænd. Og mange kvinder er bange for at være venner, fordi de begge er kvinder. Og dog er mange kvinder og mænd bange for at være venner, fordi de frygter, at der er bagtanker. Så I kan se, at der er meget misforståelse på grund af denne fysiske identifikation.

D: *Har I balancen mellem de maskuline og feminine energier i hver af jer?*

P: For alle praktiske formål er der ikke noget, der hedder maskuline og feminine energier på dette niveau. Der er simpelthen energier. Der er ingen skelnen.

Medlem: *Jeg ville tro, at for at kunne genkende det, måtte I have haft nogen erfaring med det. Er I energier, der blev skabt af højere energier, eller er I dem, der blev skabt på grund af tankemønstre fra Jorden?*

P: Vi blev skabt af Mesteren, af Den Ene. Den øverste Gud over al skabelse. Vi er ikke, som du måske antager, af jordiske energier, for vi kommer fra et plan langt over det, der kunne nærmes af jordiske energier. Men som du bevæger dig længere væk fra maskulin-feminin niveauet af eksistens, bliver forskellen mellem mand og kvinde mindre og mindre. Til det punkt, som vi er her, hvor der ikke længere er nogen forskel. Det er simpelthen for jeres formål med formering, at der er blevet givet denne forskel. Men i det spirituelle er der ikke behov for formering. I det spirituelle er der ingen behov for forskel, og jo længere du bevæger dig væk fra din fysiske plan, jo mindre bliver forskellen, indtil der ikke længere er nogen forskel.

D: *Det er en af de lektioner, vi har valgt at lære og opleve, ved at komme til dette plan og ind i disse fysiske kroppe med forskellige køn. Tilsyneladende har I som energier ikke valgt at opleve disse ting, men det er en del af vores læring.*

P: Der er intet valg i denne sag. For selv hvis vi ønskede at inkarneres, kunne vi det simpelthen ikke. Det er et spørgsmål om fysik.

D: *Ville I ikke få lov til det, eller ville I ikke kunne gøre det?*

P: Det ville ikke være muligt for vores energier at blive indeholdt i en fysisk krop. Det er et spørgsmål om vibration. De fysiske kroppe, som rummer jeres energier, vibrerer på et niveau, der er alt for langsomt til at rumme vores energier. Det ville være som at forsøge at holde vand i en spand lavet af net. Vi træffer ingen dom her, for vi forstår jeres grunde til at være inkarneret i det fysiske. Der er mange lektioner at lære her. Men vi føler, og igen siger vi dette med så meget kærlighed, som vi kan, at der simpelthen ser ud til at være en overidentifikation med de fysiske køretøjer fra vores perspektiv. Og mindre vægt på energiaspektet af jeres identiteter. Måske er vi forudindtaget i vores opfattelse, fordi vi ser det fra en position, der er fjern fra det.

D: *Jeg troede måske, at I var en udviklende energi. At der måske på et tidspunkt ville komme et punkt, hvor I ville inkarnere i en krop.*

P: Hvis det var muligt at bringe en fysisk krop op på et niveau, som kunne rumme os, ville det være muligt. Men på dette tidspunkt, i det mindste i vores erfaring og i de niveauer af fysisk materie, vi har oplevet, ville det ikke være muligt.

D: *Hvad er forskellen mellem den åndelige energi, der bor i vores kroppe, og jeres type energi?*

P: Det er simpelthen en forskel i vibrationsfrekvens. Vi finder i jeres diskussion stor oplysning. Og vi sætter pris på jeres ærlighed og åbenhed. Vi kan også godt lide at observere ind imellem, så vi kan lære af jeres diskussioner. Vi værdsætter dette, for der er ikke ofte dem, der kommer til vores niveau for at dele jeres sandheder, jeres koncepter med os. Selvom de ikke er vores, værdsætter vi at dele dem med jer, for de oplyser os også. Der er tilsyneladende ideen om, at vi er overlegne på en eller anden måde, fordi vi er forskellige. Det er ikke sandheden. Vi er på en anden vibration, måske lidt fjernet fra jeres, men det gør os ikke overlegne. I Guds rige er der ingen overlegne og underlegne. Der er simpelthen dem, der eksisterer i deres passende form og rum, og som blot gør det, der skal gøres. Der er intet koncept om bedre eller mindre end. Dette er et særligt menneskeligt koncept.

Medlem: *Er I en fuldkommen væsen, og har I en vej til udvikling på jeres niveau? Vil I vende tilbage til kilden for al energi i universet, eller vil I forblive på dette niveau?*

Den Snoede Univers ~ Bog Et

P: Først vil vi sige, at der er flere antagelser, som vi finder ikke helt nøjagtige. Vi er ikke fuldkomne væsener og langt fra det. Vi er også lærende væsener. Vi er opstigende væsener. Vi er på en udviklingsvej, som man kunne sige. Vi har ikke det endelige svar. For hvis vi allerede havde opnået det sidste trin, ville der ikke være nogen måde, vi kunne kommunikere gennem dette medium og lade ham overleve det. Det er en energi langt ud over noget, der kunne rummes i en fysisk form. Den fysiske form ville simpelthen fordampe, hvis denne energi forsøgte at bo i en krop. Den ville simpelthen hæve vibrationerne af de fysiske molekyler til et niveau langt ud over, hvad de kunne opretholde, og ville derefter blive opløst. Vi ønsker ikke at skræmme eller forurolige jer, men blot at give jer en fornemmelse af denne energis kraft. For energien ville være så intens, at den ville få alle i dette rum til simpelthen at fordampe. I har ingen opfattelse af kraften i den samlede Gud-energi. Den er alt for kraftfuld til at blive bragt til dette niveau. Denne energi driver hele universet, al skabelse. Og som sådan, selv i en lille form, hvis den blev bragt til dette niveau, ville den ikke gøre noget godt. På et tidspunkt i jeres udvikling – og dette inkluderer alle i dette rum i fysisk forstand – vil hver af jer ikke blot opnå dette niveau, som vi taler fra, men vil overgå det, ligesom vi selv vil. Vi er også en udviklende art. Vi er på en opstigende sti og er ikke fuldkomne. Men vi er mere oplyste fra det synspunkt, at vores perspektiv er meget bredere end jeres. Der er de ting, som I har intim viden om, som vi ikke har nogen viden om. Og det er ved at kommunikere, at vi giver og tager af denne viden. Vi lærer af dette, ligesom I gør. Vi kunne lige så let gruppere os sammen og kontakte en af jer, så vi kunne stille jer spørgsmål. Og gør det ofte.

D: *Så vil vi på et tidspunkt opnå det niveau?*

P: Det er korrekt. Dog gives det ikke; det skal læres. For ved at øge din viden og bevidsthed stiger din vibrationsfrekvens. Og jo mere du bliver afstemt til det absolutte, til den ene sande Gudsidentitet, desto højere vil din vibration stige. Og således vil du gennem din proces af åndelig evolution til sidst opnå den vibration, som vi nu resonerer på. Men det er en forudsætning, at vores niveau er det, du ønsker at udvikle dig til. Der er mange andre områder og niveauer, som du også kan udvikle dig til. Forestil dig, at du står ved foden af et enormt bjerg med mange, mange forskellige stier at klatre op ad. Du står ved foden af en sti, der forgrener sig i et utal af andre stier. Alle fører til sidst til toppen, men ikke nødvendigvis til det samme sted på toppen. Måske er der på det højeste niveau et plateau, så du kan befinde dig mange forskellige steder på dette plateau. Så er hver af jer et sted under plateauet, måske nær bunden, for at bruge vores analogi. Og du kan se, at der allerede er en vis afstand mellem dig selv og bunden. Fordi du ved at nå dette niveau, hvor vi kan kommunikere, allerede har tilbagelagt en vis afstand. Så kan du se, at med bjergsiden dækket af forskellige stier, er der mange måder at gå fremad i din opstigning. Vi er måske til den ene side og på et højere niveau end dig, hvis du vælger at placere os der. Og vi føler os beærede over, at du ville gøre det. Så kan du se, at måske ville du ønske at følge stien eller stierne, så du kunne nå vores samme punkt på siden af dette bjerg. Men der er en mængde valg, så du ville ikke nødvendigvis behøve det eller måske ønske det. Til sidst ville du selv nå plateauet, måske på meget kortere tid, eller måske længere tid, for at bruge din terminologi. Til sidst ville vi alle nå plateauet. Dog er det ikke sikkert, at vi ville være på det samme sted på plateauet. Giver det mening?

(Der var meget enighed fra gruppen.)

D: Men I skulle ikke igennem den evolution, som vi skal igennem.
P: Det var ikke, hvad du ville kalde sammenligneligt. Dog har vi selv udviklet os fra noget mindre til noget større. Der er energier mere kraftfulde end det niveau, vi har opnået, som du end ikke kan forestille dig.
D: Hvor kommer disse energier fra? Hvor har de deres oprindelse?
P: Der er ingen plads- eller tidsramme for disse energier. De er en konstruktiv form for energi. De er med til at skabe og konstruere universer. De er konstruktive energier i den forstand, at de hjælper og arbejder på at skabe universer – fysiske realiteter og de spirituelle nødvendigheder, der ledsager disse fysiske realiteter. De er byggere af universer.
D: Fra skaberniveauet? Medskabere?

Den Snoede Univers ~ Bog Et

P: Ikke sådan, for de er ikke fra skaberen. Dog er de assimilatorer, måske er det en mere præcis betegnelse. For de skaber ikke selv de materialer, som udgør et univers. De samler dog disse energier og realiteter for at konstruere et univers. Det betyder ikke, at de skaber ud af ingenting, som man ville på et skaberniveau, men de er mere af ingeniørstatus. De er bygherrer, måske, men ikke skabere.

D: *Tidligere sagde du, at I gerne ville stille os nogle spørgsmål.*

P: Måske burde vi samle os lidt, for vi er lidt spredte lige nu. Vi kunne måske samle vores ressourcer og se, hvad der er mest relevant for os at spørge om, ligesom I gjorde før denne session. En meget lignende situation vil opstå på vores side, hvis I ønsker det. Vi vil foretrække en kort periode til at samle vores energi i et fokus. (Pause) Vi vil sige, at vi har meget lidt forståelse af jeres koncept om retfærdighed. For hvad der er retfærdigt for én, er ofte ikke retfærdigt for en anden. Og alligevel kan det måske i morgen være helt omvendt. Hvordan kan det være, at jeres retfærdighedsstandarder kan være så fleksible?

Det var et stort spørgsmål. Der var meget diskussion om, hvorvidt nogen i gruppen ønskede at gå ind i det.

D: *Det er et svært spørgsmål, men vi har også stillet jer svære spørgsmål. Nu er rollerne byttet.*

Medlem: Jeg må indrømme, at der er meget lidt retfærdighed, der ses og anerkendes. Jeg tror, det skyldes vores menneskelige natur. På grund af menneskelige bekvemmeligheder vil vi have, at alt skal være retfærdigt for os selv. Og vores tendens er at tænke på os selv, før vi tænker på andre. Så indtil vi når til et punkt, hvor vi accepterer andre mennesker, er det svært for os at være retfærdige. Og nogle gange, selv når vi prøver at være retfærdige, modtages det ikke af andre på den måde, det var tilsigtet. Så retfærdighed bliver mere et koncept end en realitet.

D: *Du mener, det er en egoistisk ting, med andre ord.*

Medlem: *Det er det, der får det til at virke egoistisk, ja. At være uretfærdig.*

P: Vi kunne måske sige, at jeres koncept om retfærdighed er ret dynamisk. I den forstand, at det ændrer sig, måske fra time til time, med de situationer, I befinder jer i. Så kunne det også siges, at retfærdighed synes at være et meget individuelt koncept, som groft er blevet generaliseret af jeres samfund som værende givet af Gud selv? Så hvad der er retfærdigt, er godt, og derfor er det givet af Gud.

Medlem: Jeg tror, det er sandt.

D: Jeg tror, vores opdragelse påvirker det meget, også. Den måde, vi er opdraget på.

P: Vi føler måske, at det er derfor, Gud er så misforstået på jeres niveau. At hans domme og dekreter måske virker som simple menneskelige ... vi leder her efter ... der er ikke noget helt præcist koncept til at beskrive dette.

D: Måske er det derfor, det er så svært at forklare. (Latter)

P: Vi vil sige, at jeres koncept om retfærdighed måske er en form for lakmusprøve, der bruges til at tillade jer selv den mest komfortable passage gennem enhver given tid. For at lindre ubehag, med andre ord.

Et andet medlem: Jeg har en anden opfattelse af retfærdighed. Hvis én ting eller én fordel er retfærdig for én person, så burde det være den samme fordel for alle involverede. Men vores samfund lader det ikke ske på den måde. Det kommer fra, mere eller mindre, hvem du kender for at få flere fordele. Og det er ikke retfærdigt. Og jeg taler ikke for mig selv. Jeg taler for hele USA eller hele verden. Dette er mit koncept om retfærdighed. Ikke, "Hey, jeg blev snydt i supermarkedet, og det er ikke retfærdigt," fordi jeg ikke er den eneste, der oplever det. Jeg taler måske i gåder.

Medlem: Og vi er også individer, så vi ser på hver ting separat, fordi de er individer, og ingen af os tænker ens.

D: Ja, det er det, der gør det svært at sige, hvad der er retfærdigt og hvad der ikke er. Vi kan ikke have en generel beskrivelse, fordi vi alle er så forskellige. Jeg ved ikke, om vi svarede godt på det spørgsmål.

P: Vi føler måske, at vi vil gå tilbage til tegnebrættet. (Latter fra gruppen.)

D: Jeg er ked af det. Vi har nok gjort jer mere forvirrede end nogensinde. (Latter)

P: Det er korrekt. Igen er vi ikke her for at diskutere moralske spørgsmål. For fra jeres perspektiv har vi ingen moral. Der er ikke brug for moral, fordi moral blot er love, der er oprettet for at regulere adfærd. Og i vores eksistens er der ikke behov for disse ydre styrende påvirkninger. Det er ikke-eksisterende. Det er ikke nødvendigt. Så vi vil ikke vælge at påtvinge vores kunstige moral, som ville være nødvendig for at relatere til jeres meget virkelige moral. For vi har ingen sådan autoritet til at gøre det. Vi har ingen reel erfaring med at have moral. Altid når der er nogen, der ønsker at lære, vil vi dele det, vi ved er sandt for os og for jer. Der er mange ting, der er sande for jer, som ikke er sande for os. Og igen, mange ting, der er sande for os, som ikke er sande for jer. Dog er der mange ting, vi kan dele, som er sande for os begge.

D: *En fælles mødested.*

P: Det er korrekt. Vi ville være meget beærede over at komme igen, for altid i disse udvekslinger lærer vi lige så meget, hvis ikke mere, fra jer. Vi forstår ofte ikke jeres koncepter, før vi kan forklare dem fra vores synspunkt.

På dette tidspunkt skete en mærkelig overgang. Med et dybt åndedrag og et suk begyndte Phil at tale med sin normale stemme, som var højere og livligere. Det var tydeligt for alle, at den anden energi var væk, og en anden havde taget dens plads. Denne energi foretrak at svare på de dagligdags spørgsmål, der vedrørte jordplanet. Den anden energi havde været til stede i over en halv time. Da den forlod, var ændringen øjeblikkelig og fuldstændig. Spørgsmålene fortsatte med, at hver person stillede personlige spørgsmål om deres daglige liv.

Båndoptageren var blevet efterladt tændt, og da Phil vendte tilbage til vågen tilstand, sagde han, at én ting, han huskede, var, at der foregik meget mere, end han havde talt om. Det var, som om disse energier talte meget indbyrdes, enten om, hvad vi spurgte om, eller hvad vi sagde. Det var dog ikke som tale. Han havde bare følelsen af diskussion. Han ville sandsynligvis ikke have været i stand til at gentage det alligevel.

Phil huskede, at gruppen af enheder bad os om at definere, hvad retfærdighed var. Han havde indtrykket af en gruppe, der nogle gange babblede så meget, at han ikke kunne skelne en enkelt individuel stemme. Det virkede som om, de sagde, "Hvorfor er det i orden at dræbe en mand på slagmarken og ikke et barn i moderens liv?" Dette var årsagen til spørgsmålet om retfærdighed. For at hjælpe med at løse deres følelse af frustration over vores tilsyneladende dobbelte standard.

* * *

Under et andet møde havde et medlem af gruppen et spørgsmål: "Mange gange, når jeg vågner fra en dyb søvn, føler jeg, at jeg vibrerer, eller at min krop pulserer i en høj hastighed. Hvad forårsager dette?"

P: Din sjæl, som du kalder den, vender tilbage fra en højere ladet tilstand, fra at være på astralplanet, som er et højere niveau af bevidsthed. Og du vender tilbage til et lavere niveau af bevidsthed, så din sjæl kan vende tilbage til din krop. For din krop vibrerer på en bestemt frekvens, og mens din sjæl er i din krop, er det nødvendigt, at din sjæl er tæt på den vibrationsfrekvens. For hvis din sjæl vibrerede for hurtigt For hvis din sjæl vibrerede for hurtigt, ville den adskille sig fra din krop. I din drømmetilstand pisker dine drømme ofte din sjæl op til et højere energiniveau. Og derfor adskiller du dig fra din krop og oplever astralprojektion. Din sjæl og krop skal vibrere på, ikke nødvendigvis, en lige frekvens, men på en lignende eller tæt frekvens. Ofte når du er i en depressiv tilstand, har din sjæl sænket sin vibration under kroppens frekvens, og derfor føler du dig nedtrykt eller i dårligt humør. Dine øjeblikke af opløftelse opstår ofte, når din sjæl vibrerer på en frekvens, der er højere end din krop.

D: Så ved at vibrere hurtigere og adskille sig fra kroppen, er det disse uden-for-kroppen-oplevelser, som folk har?

P: Det er korrekt. For når du adskiller dig fra din krop, vibrerer du på en frekvens, der er højere end den, din krop kan opretholde eller tåle, og derfor sker adskillelsen.

At vende tilbage fra en uden-for-kroppen-oplevelse kan også skabe midlertidig lammelse, indtil forbindelsen mellem hjernen og kroppen genoprettes.

* * *

Flere personligheder

Spørgsmål: Jeg har altid følt mig meget utilpas på dette plan, som om jeg er fem forskellige personer.
P: Det er måske nødvendigt for dig at identificere dine forskellige selv. Overrasker denne tanke dig? Der er faktisk separate enheder eller identiteter i dig, ligesom mange mennesker har flere personligheder. Dette er ikke et fremmed begreb. Men det ser ud til, at det i dette samfund er blevet lidt plettet af ideen om, at flere personligheder automatisk betyder skizofreni eller en mental sygdom, hvilket slet ikke er tilfældet. Det er en simpel naturlig aspekt, som er meget udbredt i alle samfund og i alle typer af dyr, menneskelige eller andre. Du, hvis du ønsker, kan identificere flere identiteter i dig selv. Én, som er genert og introvert, som kan lide at blive hjemme og strikke eller hækle, eller hvad du nu kan lide at lave. Og så er der de tidspunkter, hvor du foretrækker at gå ud og feste og have det sjovt. Og det er ikke forkert. Det er ikke mere forkert end at blive hjemme og være en hjemmetype. Ingen af delene er forkerte. Hver især taler deres egne sandheder og har deres egen berettigelse. Der er de aspekter af dig, som vælger at være studerende og tørster efter viden. Det aspekt af dig, som er meget moderligt og meget kærligt, og alligevel med et fingerknips kan være lige så koldt som blå stål. Ringer dette en klokke for dig? Er det unaturligt at være meget kærlig det ene øjeblik og meget kold det næste? Hvis man finder sig selv i en position, der kræver dette, er det så unaturligt, eller er det ikke? Det er det ikke. Selvfølgelig er det ikke. Der er ingen grund til at frygte flere personligheder, for det er simpelthen et aspekt af dig selv. Vi vil opfordre dig til at identificere disse separate personligheder eller personlighedstræk. De vil endda tildele sig selv navne, hvis du ønsker det, og have det, du kunne kalde "separate" identiteter. Disse er simpelthen facetter af din samlede personlighed. Og det er denne kombination af facetter, der udgør hele personligheden. Når en personlighed ikke er sund, så er disse facetter ude af sync eller kommunikerer ikke med hinanden. De arbejder ikke sammen. En sund personlighed har denne sammensætning af facetter, der er i harmoni. Der findes ingen diamant med kun én facet, ligesom der ikke findes et menneske med kun én

Den Snoede Univers ~ Bog Et

personlighed. Det er umuligt. For den menneskelige personlighed kræver i sig selv flere facetter. Regnbuen kan bruges som en analogi for harmoni. Dette fænomen giver indtryk af den cirkulære eller måske halvcirkulære form med de forskellige farver overalt. Det er harmoni. Summen af farvespektret i en cirkulær form, der repræsenterer helheden. Det vil sige, at cirklen er uendelig og repræsenterer Gud. Derfor vises halvdelen, og halvdelen er ikke synlig, hvilket igen er sandt for din egen natur. Det betyder, at I selv er både fysiske og åndelige. Halvdelen er synlig, og halvdelen er det ikke. Og alligevel i hver og en af jer indeholder I det, der ikke er synligt, sammen med det komplette spektrum af alt, hvad der er.

* * *

En anden version af flere personligheder fra en anden subjekt.

D: *Har du nogensinde hørt om, hvad der kaldes en "flere personligheder"? De ser ud til at have mange personligheder i én krop.*
Brenda: Ja. Jeres psykologer er på rette spor med at spore årsagerne og grundene til dette. Disse flere personligheder skyldes ånder, der har en særlig tung byrde af negativ karma. Og i processen med at forsøge at benægte dette over for sig selv, splitter de sig selv op i det, der ser ud til at være separate enheder, men i virkeligheden er det forskellige grene af den samme enhed. Det er som at have en blomst med mange kronblade. Jeg vil bruge denne enheds hånd til at illustrere. (Hun løftede hånden og pegede på de forskellige fingre og håndleddet, mens hun gav sin analogi.) Du har en blomst med mange kronblade, og kronbladene er forbundet ved basen (håndleddet). Men blomsten er positioneret, så du kun ser kronbladene fra midt på og op til spidserne, og de ligner separate objekter. Du kan ikke se, hvor de er forbundet sammen i bunden. Disse flere personligheds-ånder ser ud til at være separate enheder, fordi du kun ser den del, der ser adskilt ud. Men ved basen, ved åndens kerne, er de alle forbundet til én ånd. Og som jeg har nævnt, har ånden en særlig tung byrde af negativ karma, som de har udviklet. Og de forsøger at benægte dette over for sig

selv og ønsker at undslippe deres nuværende karmacyklus. Så de bliver ved med at slå ud i alle retninger. Og disse forskellige retninger, som ånden slår ud i, viser sig som forskellige personligheder i den krop, som ånden besætter.

D: *Jeg har teorien om, at måske disse personligheder var fragmenter eller spejlbilleder af personligheder, de havde i tidligere liv.*

B: Normalt, ja. Når ånden slår ud i den forskellige retning, trækker den på de nylige tidligere liv, af tidligere personligheder, de brugte i andre fysiske eksistenser. Men da ånden slår ud vildt, er det normalt forvrængede versioner af disse personligheder, eller som du sagde, blot et fragment af det, fordi ånden ikke er organiseret. Ånden er i panik.

D: *De siger, at nogle gange er de andre personligheder mandlige, kvindelige, voksne eller børn. Det var derfor, jeg kom på den idé.*

B: Ja. Det var en god idé. Den er tæt på at være sådan, som det er. Fordi de trækker på deres tidligere minder, og ånden husker de tidligere liv. Og derfor kan de trække på forskellige aspekter eller måske bare et bestemt aspekt af én personlighed fra et tidligere liv for én af disse flere personligheder.

D: *Og de bringer dem ind for at hjælpe dem med at undslippe, så at sige, fra deres liv, deres karma.*

B: De tror, det hjælper dem med at undslippe, men det gør det ikke. Det er som at have en fisk, der spræller på din fiskeline. Det har omtrent lige så stor effekt.

D: *Psykiatere forsøger at forene dem tilbage til én personlighed. De siger, det er meget vanskeligt at gøre.*

B: Ja. Psykiatere er endnu ikke rigtig effektive med dette. De har den rette idé i tankerne, men de prøver at påføre lim på spidserne af de separate dele i stedet for at komme ned til bunden, hvor de allerede er forenede, og hele de revner, der er ved basen. Men det er en meget kompleks proces, og de har endnu ikke udviklet evnen til at gøre det. Men de er i det mindste på rette vej.

D: *Én ting, de har fundet som fællesnævner, er, at der tilsyneladende er en form for traumatisk begivenhed i personens liv, som forårsager, at dette sker i første omgang.*

B: Ja. Den traumatiske begivenhed fanger åndens opmærksomhed på den negative karmabyrde, den skal håndtere. Og derfor sker det i disse tilfælde, at hver gang der opstår en traumatisk begivenhed derefter, slår ånden ud i panik igen, og en anden personlighed opstår. Ånden indser ikke, at de kunne vende dette rundt og arbejde det til god, til positiv karma. De går bare i panik igen og slår ud igen, og dermed opstår endnu et fragment.

D: *Det lyder som om, de ikke arbejder med deres karma.*
B: Ja, det er sandt. De håndterer det ikke.
D: *De bliver ved med at kæmpe imod det.*

* * *

D: *Er der noget anderledes ved tvillinger, enten identiske eller ikke-identiske?*
B: Nej. Tvillinger er som ethvert andet familiemedlem og søskende. De er to ånder, der er karmisk tæt forbundet, fordi de arbejder noget ud sammen, ligesom mand og kone, andre søskende eller tætte relationer. Dog har identiske tvillinger, på grund af resonansen mellem de to kroppe, en ekstra dosis psykiske evner.
D: *Jeg har hørt én teori om, at identiske tvillinger kan være den samme sjæl, der har delt sig i to dele for at lære to forskellige lektioner.*
B: Ikke generelt. Normalt, hvis en sjæl har brug for at lære to forskellige lektioner, vil de bebo den samme krop, men i to forskellige universer. (Forklaret i kapitel 11.)
D: *Man siger, at nogle tvillinger er så ens, at de kan være adskilt på et helt kontinent og stadig gøre de samme ting.*
B: Det skyldes resonansen, der opstår mellem deres kroppe og mentale energier, på grund af universets generelle mønster. Når to ting er meget ens, vil der være en resonans mellem dem. Deres vibrationer er så ens, at det vil have lignende effekter og lignende resultater. Og det er derfor, tvillinger, der er adskilt ved fødslen og opvokset på hver sin side af et kontinent, og ikke kender hinanden, ender med at gifte sig med personer med samme navne, have lignende hobbyer, lignende job og sådanne ting på grund af resonansen.
D: *Nogle gange ser de ud til at have en mental forbindelse også.*
B: Åh ja. Som jeg sagde, har identiske tvillinger en ekstra dosis psykiske evner mellem dem. Simpelthen fordi deres sind vibrerer på samme niveau.

D: Så de er ligesom alle andre. De er to ånder, der kom tilbage for at være sammen.
B: Korrekt. Og at være i stand til at tænke ens og deres psykiske evner, det er som at plukke en streng og så bringe en stemmegaffel tæt på den, og stemmegaflen begynder at vibrere.
D: Jeg tænkte, at én måde jeg kunne bevise eller modbevise det ville være at regressere tvillinger og se, om de gik til den samme personlighed i det samme liv. Tror du ikke, dette ville ske?
B: Nej, jeg tror det ikke. De ville sandsynligvis overlappe hinanden flere gange i tidligere liv og nævne hinanden i andre relationer. I et tidligere liv kunne de have været mand og kone eller en anden type tæt forhold.
D: De ville være forskellige karakterer, så at sige, i det samme liv, men de ville ikke være den samme person.

* * *

Kristi Genkomst

Under en anden session hos Billie drejede diskussionen sig om at stille spørgsmål om Jesus.

Phil: "Det ville være passende at sige, at Han i enhver forstand var en mand. Og alligevel i enhver forstand også en kvinde. Han var fuldstændigt integreret og havde både en mands ønsker og en kvindes intuition og følelser. Vi taler her ikke nødvendigvis om seksuelle ønsker, men om menneskelige følelser. Dog var Han mere end menneskelig. Han var ikke, som du ville sige, et almindeligt menneske. - Kunne Mesteren ikke være her nu?"
D: "Vi tror, at Han er blandt os i ånden."
P: "Kunne Han ikke være fysisk til stede?"
D: "Mener du på Jorden?"
P: "Det er korrekt."
D: "Tja, vi har aldrig tænkt på det."
P: "Måske er Han kommet, og I har ikke genkendt Ham. Er det muligt?"
D: "Det kunne være. Det var min forståelse, at Hans ånd skulle bo i hver af os."

P: "Det er korrekt."
D: "Er det så adskilt fra at bo i en krop som en person?"
P: "Hvis ånden bor i en krop, er Han så ikke inkarneret?"
D: "Tja, hvis det ville være en universel inkarnation."
P: "Det er korrekt."
D: "Siger du, at Han er kommet tilbage til Jorden?"
P: "Han er her. Han er overalt omkring jer."
D: "Det er ikke bare som en enkelt person?"
P: "Det er korrekt."
D: "Vi troede, at du måske mente, at Han var kommet tilbage i fysisk form."
P: "Han er kommet tilbage i fysisk form. Men Han er ikke i, som du ville sige, én enkelt individuel krop. Han arbejder gennem hver og én af jer. Dette er i en meget bogstavelig forstand sandheden. Det er ikke blot en veltalende talemåde. Kristi kraft er i hver og én af jer nu inkarneret i dette rum."
D: Jeg fik lige en idé. Dette kunne være det, de mener med Kristi andet komme.
P: Det er korrekt. For i denne tilstrømning af oplysning er der virkelig i hver enkelt her en gnist af Kristus. For hver har et lille stykke af Kristus-ånden, der bor i dem, og således gennem hele menneskeheden. Når hele menneskeheden kommer sammen med én tanke, så vil der bogstaveligt talt såvel som billedligt være Kristi tilbagevenden.
D: Jeg tror, folk forventer, at Han er én enhed, én person, der vender tilbage igen.
P: Dette er en korrekt opfattelse, men det er en, som i dette tilfælde ikke er sand. Du opfatter situationen korrekt, men sandheden er, at det ikke er den sande situation. Det er mere end det. Det er faktisk det, og alligevel er det mere.
D: Så i stedet for at én person vender tilbage, er Han vendt tilbage i flere mennesker.
P: Det er korrekt. Som over hele planeten.
D: Faktisk så er Kristus allerede vendt tilbage.
P: Det er korrekt.
D: Det er bare en anden måde at se det på. Det er derfor, det ville kræve et andet begreb at forstå det. Han er allerede vendt tilbage i ånden hos flere forskellige mennesker.

P: I ånden hos mange milliarder mennesker. For denne ånd er virkelig over hele planeten nu, ikke hos en bestemt få.
D: På den måde kan de opnå meget mere end én person.
P: Det er korrekt. For ordet spredes gennem hele planeten samtidig. Og det arbejder sig fra indersiden og udad.
D: Kirken vil have os til at tro, at der kun ville være én person, der ville sprede budskabet, hver gang Han vendte tilbage igen. Der igen, Han ville blive tilbedt dog. Det er problemet.
P: Det er en præcis vurdering.
D: Dette ville være en anderledes måde at se på det, som Kirken ville have svært ved at acceptere.
P: Vi ville også have problemer med Kirken i dette tilfælde. For vi forsøger mange gange at nå dem, der virkelig og ærligt søger efter sandheden. Dog finder de, at de må vende sig udad i stedet for indad. De kan tilsyneladende ikke nå til dette begreb, der tillader dem at vende sig indad, hvor den virkelige sandhed findes.
D: Ja, de skal altid have noget eller en person, de kan se op til og tilbede. Det er den eneste måde, de kan fortolke det på. En statue, et billede eller en opfattelse af én person.
P: Det er korrekt. En prædikant eller taler eller statsmand eller læge eller en af mange andre former for heltedyrkelse.
D: Det gør det meget nemmere for nogle af dem, gætter jeg på, hvis de får ordet fra den ene kilde eller ideologi eller hvad det nu er. Og de behøver ikke at stole på deres egne tanker, deres eget sind.
P: Det er korrekt.
D: Det er et interessant koncept.

* * *

Q: Er Torinoklædet det autentiske ligklæde for Jesus?
P: Det er korrekt. Den relikvie, som kaldes eller tilskrives som Torinoklædet, er faktisk det ligklæde, som Mesteren selv blev indsvøbt i ved sin fysiske død. Det er præget af den energi, der blev udsendt fra den fremskredne nedbrydning af hans fysiske krop, således at der ikke ville være nogen fysiske spor tilbage af kroppen. Dette er i sandhed et rent naturligt fænomen. Det var noget avanceret i sin natur, fordi det ikke var sædvanligt. Det var dog ikke et mirakel.

Q: Kan du fortælle os, hvorfor nogle billeder og statuer, især af Kristus eller hans mor, ser ud til at producere tårer eller blod, og er der nogen betydning i det?

P: Der er igen denne bevidsthed, vi taler om, som gennemtrænger alt, hvad der er. Hele skabelsen er en del af den Gud-konceptet. Derfor er de faktiske fysiske elementer, som du taler om, også en del af den Gud-konceptet. De er i sandhed bevidste. Dog, ifølge din definition, er de muligvis ikke levende. Der er i disse ikoner en bevidsthed om Gud-konceptet. Bevidsthed om ikke kun deres egen bevidsthed, men også om de personer og entiteter omkring dem, inklusive jer selv, der også er bevidste. I jeres projektioner, når I ser på disse ikoner, overføres bevidstheden fra en til en anden. Eller bevidstheden fra de personer, der ser, overføres ofte til det ikon. Fænomenet i sig selv er en manifestation af denne bevidsthedsoverførsel. Tårerne er en manifestation af bevidstheden hos de personer, der ser på disse ikoner. Sorgens følelse er i sandhed ægte. Menneskehedens skam over korsfæstelsen af den, som kom for at frelse den meget race, som korsfæstede ham.

Q: Jeg forstår, at en statue producerede tårer, som kunne samles i en flaske. Hvad ville de vise, hvis de blev analyseret?

P: De ville i sandhed være tårer eller indhold, der kunne sammenlignes med menneskelige tårer.

D: Selvom de kom fra lærred og maling?

P: Det er korrekt. I er selv skabere. Dette er i sandhed et rent fysisk og helt naturligt fænomen. Det er overførslen af bevidsthed. Og i den forbindelse sker der en form for manifestation afledt af bevidstheden, eller den bevidsthed, der er blevet overført. Personerne selv overfører denne bevidsthed til ikonerne, det er ikke ikonerne selv, der faktisk græder. Men det er bevidstheden hos de individer, og styrken i deres tro, der overfører denne bevidsthed til ikonet.

D: Så mennesket er katalysatoren?

P: Mennesket er afsenderen af denne bevidsthed. Ikonet er katalysatoren.

D: Selv uden at de er bevidste om, at de faktisk gør dette?

Den Snoede Univers ~ Bog Et

P: Det er korrekt. Hvis ingen så på disse ikoner, ville der ikke være nogen overførsel af bevidsthed, og derfor ville der ikke være nogen mirakler at se.

Medlem: Så det er sandt, hvis ti procent af os beder for det samme...
D: Det bliver forstørret. Det er ikke kun fordoblet, men kvadreret.

P: Korrekt. Hver af jer bærer en gnist af denne energi i jer. En lille tidskapsel, måske, for at bruge ordene i jeres ordforråd. Et lille fragment af denne energi. Og ved at bede sammen, forbinder I disse små gnister og skaber et meget stærkere og mere magtfuldt niveau af denne energi. Så du kan se, hvordan det er, at når mennesker beder sammen, øges deres energi. Det er ved at forbinde denne gnist af skaberen, at dette sker.

Medlem: Så vi har alle en gnist af skaberen i os. En del af os er Gud.

P: Det er korrekt. Det er det, der holder dig i live. Vi vil gerne uddybe et meningsaspekt her. Mange på planeten føler, at for at manifestere noget, skal de blive så beslutsomme, at der ikke er nogen mulighed for, at noget andet kan ske. Fejlen i dette ligger i det faktum, at det, man siger, og det, man tænker, ofte er i modstrid med hinanden. Det, man virkelig tror, er ofte ikke helt det, man siger. Og derfor, når man siger noget, udløser det faktisk en reaktion, der kan være helt modsat af, hvad der blev sagt. Og så ved at være så fast i denne tro, manifesteres der noget, som kan virke helt i modstrid med, hvad der blev sagt.

* * *

P: Vi vil sige, at din tvivl fungerer som en slags beskyttelse, fordi du vælger ikke at tro og derfor tvivler. Informationen, som ofte er i konflikt med det, du har accepteret som virkelighed, kan være ubehagelig at integrere. Og du føler, at dette igen ikke er grundløst, men måske unødvendigt. Vi vil bede dig om at have mere tillid til dig selv. Forstå, at du ikke er her for at bedrage dig selv. Du er faktisk din egen lærer. Og du bør lytte og have mere tillid til det, du selv lærer dig. Du bør betragte dig selv mere som din egen bedste ven og fortrolige, snarere end rival.

* * *

Den Snoede Univers ~ Bog Et

Q: Mine spørgsmål er blevet besvaret, mens vi gik rundt i rummet. Jeg føler mig som da min søn gik i femte klasse, og han sagde: "Da jeg gik i tredje klasse, troede jeg, at jeg vidste alt." Og jeg sagde: "Nå, hvad så nu?" Og han sagde: "Nu ved jeg, at jeg ved alt." (Der var meget latter.)

P: Vi vil sige, at det er meget passende for den menneskelige oplevelse. For man ser det næste bjerg og siger: "Nå, jeg må bestige det," og så gør man det. Og så siger man: "Åh, der er et andet." Og så er hvert bjerg nedenfor blot en lille bakke. Dette er ikke helt den analogi, du gav, men vi er underholdt af begge. Og vi nyder dem, for vi er ganske underholdt af menneskelige anstrengelser med at bygge bjerge og blive utilfredse og så bygge et nyt. Viden fungerer på samme måde. En tredjeklasseselev bygger et bjerg af viden og ser og siger: "Wow, nu ved jeg alt." Og lo og behold, der er endnu et bjerg lidt længere mod øst. Og så bestiger han det, og dette tredje klasses bjerg virker så lille, og sådan fortsætter det. Vi bygger stadig bjerge her også. For det højeste bjerg bliver aldrig nået før perfektion. Det er det ultimative bjerg.

D: *Jeg er kommet til den konklusion. Jo mere du lærer, desto mere opdager du, at du har meget mere at lære.*

Kapitel Tretten
Brugen og manipulationen af energikraften

Denne session blev gennemført i 1989 med Beverly, en kunstner, som jeg havde arbejdet med mange gange. Jeg brugte hendes nøgleord og talte hende ind i tilstanden mellem livene, hvor vi kunne få adgang til information.

D: Hvad laver du? Hvad ser du?
Beverly: Jeg ser ikke noget endnu, men det føles som om, jeg gynger på blide bølger. Jeg er ikke i et hav, men i universet. Jeg kan kigge ned og se planeten. Den ser ud som alle de billeder, du ser af Jorden. Blå og hvid.
D: Er der noget anderledes ved den?
B: Nej. Den hænger bare i rummet, på et gitter af linjer, så at sige.
D: Hvad mener du?
B: Det er som om universet er opbygget af gitterlinjer over det hele. Og de bølger, de bevæger sig. De stiger og falder, som dybe bølger i havet. Jeg mener ikke bølger, der bryder. Jeg mener bølger, der bevæger sig fra meget dybt nede i vandet. De er blide, men meget dybe, langsomme bølgebevægelser i rummet. Og Jorden ligger indenfor dette gitter, ligesom alle de andre planeter, stjerner og sole.
D: Dette viser, at universet faktisk er levende, hvis det bevæger sig på den måde. Betyder det, at Jorden og de andre planeter også bevæger sig? Jeg tænker på bølgers bevægelse.
B: De bevæger sig ikke som rummet gør. De roterer og gør deres ting indenfor dette bølgende rum. Jeg har et eksempel til dig. Har du set de der glasbokse, der har vand i sig, der flyder frem og tilbage, som forretningsmænd nogle gange køber for at kigge på, fordi det er afslappende?
D: Ja, dem har jeg set.

B: De bevæger sig meget langsomt og jævnt, og alligevel går det op og ned, op og ned. Det er rummet.

D: *Forstyrrer det ikke de planeter, der er i det?*

B: Nej. De drejer og bevæger sig indenfor dette rum.

D: *Billedet af en seng er som om, de ligger på den.*

B: De ligger i det. Som i et hav kunne der være en fisk, der svømmer i det. Hvor der ville være vand over fisken og under fisken, og til højre og venstre. Måske hvis jeg sagde, at det var mere som luften, vi lever i, i stedet for en seng, ville det tydeliggøre det for dig.

D: *Okay. Fordi jeg havde billedet af Jorden, der gynger frem og tilbage, som et skib der bliver kastet rundt på havet.*

B: Nej. Det er en meget langsom bevægelse, men den er gennemtrængende. Med andre ord bevæger den sig overalt. Det er ikke en overfladebølge.

D: *Og dette er, hvad rummet består af? (Ja) Jeg tror, vi har ideen om, at rummet er stagnerende og tomt.*

B: Nej, nej. Det er levende, og det nærer. Det giver alt, der er i det, næring. Så det må være levende og bevægende.

D: *Hvordan nærer det?*

B: Intet kunne vokse i stagnation. Intet kunne udvikle sig eller ændre sig. Dets essens nærer det, der er i det, ligesom luften tillader os at trække vejret. Hvis luften ikke var der for at give os vores åndedræt, så ville vi også være døde.

D: *Så det samme sker i større skala, som om Jorden er en person. (Ja) Der er noget i rummet, der bidrager til livet. (Præcis) Jeg kan se, hvad luften giver os. Hvad giver rummet til Jorden, verdenerne? En energi?*

B: Dets tilstedeværelse er livskraft. Hvis fisken blev taget ud af dette sted, eller hvis vandet fordampede, ville fisken dø. Det er ikke sådan, at rummet giver os noget til at nære os. Dets tilstedeværelse tillader os at leve, og dermed nærer det os, for uden det ville vi ikke eksistere. Der er liv i det, og ja, det kunne kaldes en energi. Men jeg er bange for, at det ville være misvisende, fordi det ikke er en aktiv energi. Det er aktivt, men på et subtilt niveau.

D: *Men det er heller ikke passivt.*

B: Rigtigt. Som jeg sagde, det er aktivt på et subtilt niveau, mens vi tænker på energi som noget med kraftig bevægelse. Der er energi med kraftig bevægelse, der går igennem dette rum og igennem os.

Men det element i rummet, jeg har talt om, er mere en inaktiv energi, men ikke død. Eller mindre aktiv energi, end vi normalt tænker på.

D: *Hvad er denne stærkere energi, du sagde, der går igennem det hele?*

B: Den stærkere energi er mere som livskraften, den kreative drivkraft, der faktisk kan styres. Mens rummets livskraft ikke er styret, det er bare der. Det eksisterer bare.

D: *Den er meget neutral?*

B: Den er neutral, og alligevel har den positiv energi, for uden den ville vi ikke leve. Så man kan ikke sige, at den er totalt neutral, som i "stagnant" eller "død". Den har livskraft i sig og noget bevægelse.

D: *Men den er ikke styret.*

B: Korrekt. Det er som en konstant, hvor mere aktiv energi kan styres og fokuseres.

D: *Dette er den mere aktive energi, du taler om, som går igennem alt på alle niveauer?*

B: Det er en anden slags energi end den rumlige livskraft eller energi, ja.

D: *Og denne anden energi, der er stærkere og målrettet, går igennem alt på alle niveauer?*

B: Ja, det gør den.

D: *Selvfølgelig undrer jeg mig altid over, hvor noget sådant kommer fra. Alt må jo komme et sted fra, i vores måde at tænke på.*

B: Det er korrekt i vores måde at tænke på, og jeg kender ikke alle svarene på det. Men jeg tror ikke, det nødvendigvis skal komme et sted fra. Det er der, det er en givet ting, det har altid eksisteret og vil altid eksistere. Så hvor kunne du sige, det kom fra?

D: *Men du sagde, det var styret.*

B: Det er styrbart. Måske giver det mere mening eller er mere præcist. Det kan styres, og det kan ændres. Energi kan gå ind i en blomst og få den til at springe ud af jorden og vokse og blomstre. Den samme energi kan gå ind i en maratonløber, der løber. Den kan gå ind i en maler, der maler. Den kan gå ind i en fødsel og genskabe sig selv og fortsætte og fortsætte og fortsætte. Og i stedet for at være en udbredt energi, når den bliver en blomst eller en løber eller et nyt barn, er det styret eller fokuseret energi.

D: *Det var det, der forvirrede mig, da du sagde, det var styret eller styrbart. Jeg tænker altid, at nogen eller noget skulle styre det, for at give det retning.*

B: Har du set en snurretop spinne? Når den først begynder at spinne, genskaber den sin egen kraft, kan man sige. Selvfølgelig kan snurretoppe vælte. Men der er noget, jeg tror, der kaldes "centrifugalkraft", som gør, at når den først begynder at snurre, vil den fortsætte. Ligesom Jorden selv. Når den først begynder at snurre i sin bane, fortsætter den bare. Ingen behøver at blive ved med at skubbe den, som man ville gøre med et barn på en gynge. Den går ikke i stå. Og det ville være noget i samme stil med energi. Den fortsætter med at genskabe sig selv konstant. Hvor den oprindeligt kom fra – hvis den gjorde – ved jeg ikke.

D: *Så den behøver ikke at blive styret af en højere kraft af en slags?*

B: Det er ud over, hvad jeg kan tale om. For at bringe det ned til et mere forståeligt niveau, noget vi kan forstå, er, at energien styrer sig selv. Den er selv bevidsthed og styrer sig selv. Og hvis der er noget over og ud over det, ved jeg ikke, hvad det er.

D: *Du sagde, det var noget, du ikke kunne tale om. Er det noget, du ikke har lov til, eller bare noget, du ikke kender svaret på?*

B: Nej, det er bare for stort.

D: *For stort til at bringe ned på vores forståelsesniveau?*

B: Det er for stort for mig at forstå.

D: *Jeg gætter på, at det altid går tilbage til vores begreb om Gud.*

B: Jeg tror, vores begreb om Gud er meget fejlagtigt. Vi prøver at have det som en person eller én ånd eller én energi, der trykker på en knap for at tænde for tingene. Og jeg tror ikke, det er sådan, det fungerer. Men det er for stort for mig at begribe og dermed for stort for mig at forklare for nogen.

D: Så hvis denne energi er styrbar, er den styrbar af mennesker?

B: Energien er mennesket. Energien manifesterer sig som et menneske. Så det er ikke mennesket, der styrer energien, det er energien, der styrer mennesket.

D: *Jeg tænkte, at hvis energien var der, kunne det måske være, at den var der for, at vi kunne bruge den på en eller anden måde.*

B: Vi bruger den allerede selv. Jeg ved, det er svært. Jeg ved ikke, hvordan jeg skal forklare det.

D: *Medmindre du har en anden analogi?*

B: Måske. (Beverly var kunstner og brugte det, hun kendte til, for at give en analogi.) Hvis du hældte – jeg bliver nødt til at bruge tynd maling, for tyk maling ville ikke bevæge sig. Lad os sige, at du dryppede tynd maling på et stykke papir. Smukt farvet maling. Og det dryppede og spredte sig i forskellige retninger og skabte et smukt billede. Den maling, der er dryppet på papiret, er resultatet af, at energien drypper. Den energi styrer resultatet, der dukkede op på papiret. Maleriet på papiret styrer ikke energien, der dryppede det. Forstår du, hvad jeg mener?

D: *Ja, det tror jeg. Da det dryppede, gik det bare tilfældigt.*

B: Ja. Men så produktet, det færdige maleri – jeg tænker på et blækklatdesign, ikke et færdigt maleri, du arbejder på i mange timer. Men lad os sige, at du dryppede smuk maling ned fra himlen på dette kladdepapir, så det løb i forskellige retninger og dannede et mønster af skønhed. Det færdige mønster af skønhed styrer ikke den energi, der dryppede det. Så energi manifesterer sig som en menneskelig form, og energien selv har kontrollen. Den menneskelige form, som så ville være maleriet, styrer ikke det, der dryppede det.

D: *Jeg tror, jeg tænker på mennesker, der ønsker at ændre deres liv og skabe deres egne realiteter. Er det den type energi, de kunne bruge ved at styre det på en eller anden måde?*

B: Ja, men du kan ikke gøre det fra den forkerte ende, kan du se. Energienden er den ende, der har energien og gør arbejdet, ikke den ende med sugepapiret eller menneskets ende. Nu kan menneskets ende påvirke en ændring i sine resultater. Men det stammer ikke fra papiret eller den menneskelige krop; det stammer fra energien. Energien kunne slippe en anden dråbe maling og ændre det, der eksisterede øjeblikket før.

D: *Jeg prøver at finde ud af, om vi måske havde mere kontrol i vores liv, så vi kunne vide, hvordan vi skulle dirigere denne energi.*

B: Det har vi. Vi har kontrollen. Men kontrolknappen er i den anden ende, ikke i resultatenden. Den er i energienden. Måske misforstår jeg, hvad du siger, men jeg tror, du prøver at sige, at du vil have, at sugepapiret rejser sig og dirigerer energien, malingens strøm. Og sådan fungerer det ikke. Hvis du bruger mennesket som sugepapiret og brugen af malingens dryp som energikraften, så skaber dryppet af malingen på sugepapiret noget, der indeholder, hvad der var i det – malingen – på sugepapiret. Og det er der stadig. Men hvis der ikke længere dryppede maling, ville sugepapiret være stagnerende og permanent, præcis som det var. Det ville aldrig ændre sig. Og hvis sugepapiret prøvede at påvirke en ændring i energien, hvor den kom fra, ville det være umuligt. Energien – malingen – drypper kontinuerligt på sugepapiret for at ændre det. Sugepapiret ændrer ikke energien.

D: *Så hvordan kan folk skabe ændringer, hvis det skal være fra den anden ende? Hvordan kan de bruge dette og skabe ændringer i deres liv?*

B: Det er sådan, de gør det, med denne energikraft, der drypper malingen. Ser du, vi er begge forbundet. Men det er der, forandringen kommer fra – energikraften, ikke fra papiret eller den flade menneskekrop.

D: *Så hvordan kan de skabe en ændring? Jeg prøver at finde ud af, hvordan folk kan bruge denne energi til at hjælpe sig selv.*

B: Det gør de, men... måske har jeg givet dig en dårlig analogi. Papiret uden den dryppende maling ville være dødt papir. Nu er samspillet mellem energien og malingen, der drypper på papiret, en konstant udveksling af energi frem og tilbage. Men måden at trykke på knappen er ikke på overfladeenden – ikke på kroppen eller papirets ende. Knapperne trykkes fra den ende, hvor det drypper fra.

D: *Men hvordan kan vi få denne knap til at blive trykket?*

B: Vi er den knap. Vi er ikke papiret. Så vi trykker på den, hver gang vi drypper malingen.

D: *Så vi har kontrol med vores egne sind?*

B: Det er mere end sindet. Ja, sindet er en del af det, men der er en energi, der er endnu større end sindet, som omfatter det. Som sindet er inden for. Og det er større end sindet.

D: *Men ideen, ønsket, skal starte med det menneskelige sind. Som til hvad de ønsker at ændre, og hvad de vil skabe.*

B: Hvis vi går tilbage, fordi vi allerede har brugt eksemplet med malingen, der drypper, lad os sige, at det er fra en pipette, fordi det end ikke har en hånd. Eller fra en vandhane. Pipetten virker måske ikke. Men den drypper flydende maling ned på et stykke papir. Hvis den holder op med at dryppe, ville det stykke papir bare være dødt affald. Men den holder ikke op med at dryppe. Den fortsætter med at dryppe, og derfor ændrer papiret, som det falder på, sig konstant. Og de påvirker hinanden. Fordi energien, i form af maling, der drypper på papiret, giver energi til papiret. En energi frembringer sig selv, så den spreder sig og vender tilbage til kilden, pipetten. Så der er en konstant revolution der. Papiret i sig selv kunne ikke styre energien, fordi det intet er i sig selv. Det blev skabt ud af dråben til at begynde med. Forstår du lidt klarere?

D: *Jeg tror det. Jeg prøver bare at finde en anvendelig måde, hvorpå vi, som mennesker, kunne bruge dette. Jeg ved, at det er den nederste ende af skalaen.*

B: Nej, det er ikke den nederste ende af skalaen. Det er simpelthen den måde, mennesker bruger energien på dette niveau. Det er ikke bunden. Ordet "bund" betegner et højere eller øverste niveau eller noget at hæve sig til. Og det er ikke en præcis beskrivelse. Der er bare mange former og mange måder, hvorpå energi kan dirigeres. Og den ene er ikke nødvendigvis bedre eller værre end den anden.

D: *Jeg ville finde en praktisk måde, hvorpå et menneske kunne styre denne energi. Ville der være en procedure, de kunne følge for at skabe et mål og få det til at blive en realitet?*

B: Ja, de kunne styre den energi.

D: *Hvordan gør de det?*

B: I vores fysiske kroppe ville det være mentalt. Det er dog mere end det. Den mentale feedback fra papiret til dets energikilde er ubetydelig sammenlignet med energikilden. Det er en del af måden, vi kunne – dette stykke papir kunne – aktivere det, det ønsker. Det, tror jeg, er, hvad du spørger om.

D: *Ja, i livet.*

B: Energien selv er liv. Den er også lys. Hvis vi prøver at adskille det fra kladdepapiret, begår vi en stor fejl. Det ville være kladdepapiret, der forsøger at kontrollere energien. Så det skal fungere i samarbejde. Der skal være et flow. Og måden, det kunne styres på, ville være at indstille sig på den oprindelige energi. Det handler mere om opmærksomhed og fokus og indstilling på, hvor det flow er konstant og glat. Hvis kladdepapiret ville arbejde alene og gå ud i en tangent, kunne det gøre det. Fordi det har sin egen energi, der derefter ville starte en anden cyklus. Men det ville være meget lille og sandsynligvis misrettet, sammenlignet med hvis det fødte tilbage til sin oprindelige kilde. Og det ville holde kraften i konstant arbejde. Og så længe kladdepapiret herovre på min højre side fødte ind i energikilden på min venstre side (håndbevægelser), så længe dette fungerede, eller energien blev dirigeret frem og tilbage, fødende ind i sin manifestation og tilbage til sin kilde, ind i sin manifestation og tilbage til sin kilde, selvom det var en blomst. Fødende ind i blomsten og lader den vokse, dryppende sit frø, fødende tilbage til kilden, spirer op igen, vokser, drypper sit frø, fødende tilbage til kilden, mens det var i den ikke-plantede fase. Så det ville være konstant. Du kan forstå, hvordan det ikke ville være fysisk manifesteret om vinteren, for eksempel, men at det ville komme op igen om foråret. Men mennesker går ikke i dvale, selvom de går ind og ud af grader af livlighed. De er subtile. Måske i drømmetilstanden, måske en ind og ud, som vi ikke er bevidst klar over. Og så længe det fortsætter med at føde tilbage i kilden, hvorfra det kom, ville der være en vedvarende energi, der ikke ville blive mindre. Det ville opretholde sit energiniveau. Nu, hvis dette kladdepapir herovre besluttede at gå ud i en tangent og skabe noget, kunne det. Og det ville skabe noget, der ville føde tilbage i det igen og igen. Men det ville være af mindre styrke end hvis det fødte tilbage i sin oprindelige kilde. Det er som stråler, der ville gå ud. Forstår du, hvad jeg mener?

D: *Ja. Men i eksemplet med blomsten er alt det automatisk. Det sker alligevel. Det er en konstant fødsel tilbage til kilden. Dette er, hvad livskraften er.*

B: Ja. Og det er det samme med mennesker.

D: *Men det er en automatisk ting, som de ikke rigtig tænker over.*

B: Det ville ske, uanset om de tænkte over det eller ej. Men de kunne styre det. Og den styring ville komme fra et højere niveau end vores egen bevidsthed, som en regel. Næsten som om det var guidet. Og hvis det ikke var tilstrækkeligt guidet, ville dette være det tidspunkt, det område, hvor vores energier ville blive misrettet, og ting ville ske, som vi sandsynligvis ikke havde tænkt os.

D: *Fordi vi sendte de forkerte energibølger ud?*

B: Nej, vi sendte de rigtige energibølger ud, men vi vidste ikke, hvordan vi skulle dirigere dem, eller vi havde ikke nok styrke til at dirigere dem for at opnå det, vi ønskede, og derfor gik de lidt i skuddermudder. Som statisk støj på en radio, når den ikke er indstillet rigtigt. Hvis du er indstillet korrekt, ville det komme klart frem. Men hvis du sendte det ud uden nogen retning, kunne der være statisk støj, som kunne ligne en masse rod. Fordi det ikke var fokuseret rigtigt eller dirigeret korrekt.

D: *Så vi skal vide, hvordan vi kan dirigere dette og fokusere det?*

B: Ja. Men mere end bare det menneskelige, der ved hvordan. Energiflowet, der skabte os, ved, hvordan, og vi skal indstille os på det igen. Så behøver vi ikke at finde ud af det alene. Vi ville finde ud af det for os selv, fordi det er os selv. Men vi ville indstille os på en endnu stærkere frekvens, et højere bevidsthedsniveau, der ville hjælpe med at dirigere dette, snarere end at forsøge at tage al magt til os selv og dirigere det fejlagtigt.

D: *Men du sagde, at vi skal have mere kontakt. Hvordan kan vi gøre det bevidst?*

B: Jeg tror, det handler om… hvis jeg siger "at reparere skaden", er jeg bange for, at det vil være misvisende. Men jeg ved ikke, hvad jeg ellers skal sige lige nu. Hvis vi ikke forstyrrede processerne, ville det fungere fint af sig selv. Når vi sender energi ud, der er fejlrettet eller statisk, lad os sige, hvis det blev efterladt alene, ville det opløses og gå tilbage til den oprindelige energi. Men hvis én person sender fejlrettet energi ud, og et dusin andre mennesker tilfældigvis sender det ud samtidig og på samme sted, så får det styrke. En fejlrettet energistyrke, ser du. Og det gør det vanskeligere, fordi det nu begynder at danne sig og blive til en kraft i sig selv. Og det gør det sværere for det at opløses naturligt og falde tilbage i det naturlige flow.

D: *Det har så taget sit eget liv.*

B: Ja. Og når det først har gjort det, så må vi bevidst arbejde på at opløse det. Før det ville vi ikke have været nødt til det. Det ville være gået tilbage i flowet automatisk. Men når der er nok fejlrettede energier, der sendes ud samtidig eller på samme sted, og det får noget kraft, vil det fortsætte med at rotere af sig selv. Gøre det samme, som det ved at gøre, nemlig fejlrettet energi. Medmindre vi bryder det op og lader det opløses tilbage i det normale flow, hvilket sker ubevidst for mennesker, for øvrigt. Jeg tror, det var en del af dit indledende spørgsmål, "Hvordan kan vi gøre det bevidst?" Vi behøver ikke at gøre det bevidst. Det sker bare. Den eneste gang vi skal gøre det bevidst, er når det er gået galt.

D: *Hvordan bryder vi denne fejlrettede energi op? Du ville være nødt til at bryde den op for at lade den gå tilbage til kilden.*

B: Ved såning, dette ville være én måde. Jeg ved ikke, om det er alle måderne. Men lad os sige, at du har dette flow, der går fra en kæmpe energikilde til sin manifestation, hvor vi kun er én, en menneskekrop. Der er mange, mange ting, som den energi går ud og manifesterer sig som. Men hvis vi er interesserede i denne ene lige nu, det menneskelige væsen, og det menneske sender ud - fordi det nu har energi, det har nu også liv. Og energi genskaber sig selv. Så sender det sin egen energi ud, og lad os sige, at den er fejlrettet. Hvordan bryder vi det op, er dit spørgsmål. Ved at vende tilbage til den oprindelige energikilde, tillade positivt eller naturligt energiflow at gå ind i dette og så det ind i det fejlrettede, til det punkt, hvor det fortyndes nok, til at det så kan falde tilbage i det normale – ubevidste for mennesker – flow. Der er bevidsthed her, så jeg vil gerne præcisere det. Der er bevidsthed i denne store energikilde, som den spreder ud til os, når energien går frem og tilbage.

D: *Det var den bevidsthed, du sagde, var uden for vores forståelse.*

B: Ja, ja.

D: *Men så skal vi sende gode tanker og positive tanker ud, eller kan vi gøre det ved at bede den oprindelige kilde om at sende positive tanker?*

B: Det handler mere om at indstille sig på det. Lad os sige, at den oprindelige kilde har alt. Den kan skabe alt, ikke kun i denne verden, men i alle verdener. Og den sender altid denne energi ud til os. Hvis vi vil have én ting i stedet for en anden, indstiller vi os bare på den kanal.

D: *Men vi skal gøre dette med en bevidst indsats. I vores fysiske krop skal vi have besked på at gøre visse ting for at være i stand til at gøre det.*

B: Med deres egen bevidsthed kan de dirigere det. Deres energi vil også blive sendt ud, og det vil skabe andre ting. Men det, de ønsker at modtage fra den store kilde, indstiller de sig på. Åbner den kanal for at lade det komme ind i stedet for noget andet. Og det bliver så en mere fremtrædende og dominerende del af deres sammensætning. Og så bliver det samme spundet ud i det, de manifesterer.

D: *Folk spørger mig altid, hvordan de kan skabe det, de ønsker. De vil have en formel, en trin-for-trin metode.*

B: Ja, jeg ved det, og det er meget svært. Og jeg ville ønske, der var et mere hjælpsomt svar, men det tror jeg ikke, der er. Jeg tror, når vi lærer at gå den lige linje, så at sige - og jeg mener ikke moralsk - Jeg mener, når vi vakler, spreder vores energi sig undervejs. Hvis vi går på en balancebom, jo mere lige vi går, jo mere magt har vi til at skabe, hvad vi vil. Men ser du, lige nu vakler vi. Så nogle gange skaber vi det, og nogle gange vakler vi og ødelægger det, og så kommer vi tilbage og genskaber det. Måske handler det bare om at øve sig i at gå, så vi ikke vakler så meget og mister nogle af de ting, vi ønsker.

D: *Det har også meget at gøre med trossystemer.*

B: Åh, ja, det ville involvere det, du ønsker. Hvis du ikke havde et trossystem, ville du ikke ønske én ting frem for en anden.

D: *Du ville bare tage, hvad der kom din vej.*

B: Præcis. Og vores trossystem er det, der får os til at have en præference for én ting frem for en anden, hvad enten det er regn eller solskin. De er alle manifestationer, al regn og al solskin. Hvis vi ikke havde et trossystem, ville det ene være lige så godt som det andet for os. Faktisk er de det. Det er vores trossystem, der siger, at solskin er at foretrække frem for regn. Og hvis vi når til det erkendelsespunkt – vi er allerede der; vi ved det bare ikke endnu – i virkeligheden er vi altid der, men vi har ikke en bevidsthed om det. Når vi har en bevidsthed om, at alt er lige godt, vil vi ikke engang forsøge at fokusere på at få, hvad vi vil have. Vi har det hele.

D: *Der er mennesker, der bare går med strømmen, så at sige, og tager, hvad der kommer. De ved ikke, at de kan vælge noget frem for noget andet.*

B: Men desværre lider vi under det. Vi lider åbenbart, hvis vi har svær smerte frem for kropslig komfort. Jeg fornemmer, at det er det, du siger. De går med strømmen, uanset om det gør ondt eller ej. Men jeg siger, der er et højere niveau, hvor smerte føles lige så godt som glæde. Hvor vi ikke er påvirket af, at smerte er smerte. Alt det, vi har talt om, er selvfølgelig sandt, men det hele leder op til et ultimatum, hvor det ikke gør nogen forskel. Vi vil måske gennemgå en læringsproces som menneskelige væsener – lad os tale fra det niveau – om hvordan vi kan vende tilbage til denne energi og få, hvad vi ønsker. Vi er i den proces, og det kan eller kan ikke være en langvarig en. Da vi ikke kender noget til tid alligevel, er det svært at vurdere det. Men ser du, herovre, denne store energikilde (håndbevægelser) er ligeglad med, hvad den sender ud, fordi alt er lige så godt som alt andet. Vi, her på Jorden, med vores trossystemer, bestemmer, at det ene er bedre end det andet. Og hvad du spørger om, er, hvordan vi træner os selv til kun at vælge det gode.

D: *Eller hvad vi ønsker.*

B: Eller hvad vi ønsker, ja, ud af det, der bliver skudt ud, så at sige. Og vi vil gennemgå denne læringsproces om, hvordan vi gør det. Og på det tidspunkt vil vi indse, at alt det ikke var nødvendigt, fordi alt er, hvad vi ønsker i forvejen. Hvis vi indser det, ville vi ikke engang skulle lære, hvordan vi får, hvad vi vil have.

D: *Så vi kan faktisk bruge noget af det. Det, vi betragter som positivt, negativt eller hvad som helst.*

B: Absolut. Alt er bare energi uden godt, uden dårligt, uden smerte, uden glæde, uden rigtigt, uden forkert, uden noget. Men hovedsageligt på grund af vores trossystem vil vi adskille det i dele, der er rigtige og forkerte, gode og dårlige. Og som et resultat vil vi kun vælge det, vi vil have, ud af det.

D: *Men som mennesker er det der, vores fokus ligger.*

B: Det er der lige nu, ja. Før vi kan trække ind i vores liv, hvad vi vil, må vi nå frem til erkendelsen af, at det ikke gør nogen forskel. Fordi så længe det gør en forskel, gør vi det sværere for os selv at få det. Kun når det ikke længere gør en forskel, bliver strømmen så jævn, at vi kan tune ind så let, at vi kan få alt, hvad vi vil have. Det er lidt ligesom, at det kræver penge at tjene penge. Så længe du har dem, kan du blive ved med at lave dem. Når du ikke har dem, er du i problemer i dette liv. Og så når vi ender med at hæve vores bevidsthedsniveau, indser vi, at vi kan få alle de penge, hjælp eller hvad vi ønsker. Men på det tidspunkt, når vi ved, at vi kan gøre det, er det bare tanker, det betyder ikke længere noget. Vi er ikke længere så knyttet til det. Indtil vi når den erkendelse, er vi meget knyttet til det, fordi vi tror, vi ikke kan få det.

D: *Det giver meget mening.*
B: Jeg vil give et eksempel. Som du klatrer op ad en stige, en trappe til himlen, så at sige, vil hvert trin, du fortsætter op ad, opløses under dig. Det er som om, du projicerer stigen foran dig, fordi du tror, du har brug for den for at klatre til den næste stjerne. Og det opløses under dig, mens du går, fordi du ikke længere har brug for det. Du kommer fra denne stjerne og går til den næste. (Håndbevægelser) Og du bygger din stige, som opløses, når du klatrer. Og så kommer du herop til denne stjerne. Nu var det, der var sandt hele tiden, at da du var på denne stjerne, kunne du have været på den anden stjerne når som helst, uden at bruge stigen. Men den eneste måde, vi ved det på, er ved at komme derop på denne stige, som så ikke længere er noget værd. Jeg mener ikke, at den er ubrugelig. Jeg mener, at den ikke længere tjener et formål.
D: *Ja, men ville stigen ikke tjene sit formål at vise dem vejen?*
B: Den viser kun vejen for den person, der lever det liv. En anden person skal bygge sin egen stige for at komme dertil.
D: *Jeg troede, at hvis du lærte noget, kunne du give det videre som viden for at hjælpe andre mennesker.*
B: Ja, det kunne være. Men stigen handler mere om "livets levethed" end om viden. Og hver person skal gennemleve deres egen livserfaring. Vi kan ikke ride til himlen på andres skørter.
D: *Men vi kan give dem eksempler og vise dem?*
B: Ja. Hver entitet, der gør, hvad den gør, giver eksempler, uanset om den ønsker det eller ej. Den gør det bare. En anden entitet, med et bevidsthedsniveau, kan se det. I virkeligheden behøver de ikke låne eller udnytte, hvad en anden har lært. Men de tror, at de skal, og derfor gør de det.
D: *De vil ikke starte fra bunden og regne det hele ud selv. Derfor har vi eksempler, vi har bøger.*
B: Ja. Og hvis det er nyttigt, og vi bruger det, og det vejleder os, så er det fint. Der er intet galt med det. Men i sandhed, hvis der kun var én eneste menneskelig væsen på jordens overflade nogensinde, og han ikke så noget af andres eksempler, der var gået forud for ham, ville han stadig komme til den stjerne. Og han ville sandsynligvis gøre det lige så hurtigt, hvis tid fandtes nogen steder.
D: *Ved at regne det ud selv.*

B: Det handler ikke om at regne det ud; det er en naturlig udvikling. Du planter et frø i jorden, det vokser op. Det bliver, hvad end frøet var. Hvis du planter et agern, hvad vokser der så op? En eg. Det er ikke en birk eller en kanin. Og vi har det hele inden i os. Og hvis vi bliver efterladt helt alene, vil vi stadig ende det samme sted. Men på grund af denne statiske energi omkring os, der forstyrrer den naturlige strømning, vil vi gerne gribe fat i halmstrå for hjælp. Og fordi den statiske energi er der, og vi tror, vi har brug for at gribe efter hjælp, gør vi det. Men under alt dette behøvede vi virkelig ikke det og ville alligevel komme dertil. Det gør det bare lettere for vores menneskelige sind at have hjælp derude, eller hvad vi tror er hjælp.

D: *Ja, det er den menneskelige del af det. Nå, alt den energi, du taler om, jeg spekulerer på, hvordan vores menneskelige sjæl passer ind i det.*

B: Det er nok det, du ville kalde en "sjæl". Ånden, livskraften, ville være den nærmeste måde, jeg kunne forklare det på. Det er det, vi generelt betegner som en "sjæl" her.

D: *Det er den del, der forbliver efter, at den fysiske krop dør.*

B: Ja, fordi den ville fortsætte og fortsætte. Energi kan ikke forsvinde.

D: *Men det ser ud til, at det forbliver individualiseret som en personlighed.*

B: Det kan det, hvis det vil. Det kan gøre, hvad det vil. Det kan individualisere sig som en blomst, eller det kan individualisere sig som et menneske. Enten med den samme bevidsthed som øjeblikket før, eller med en anden bevidsthed. Det kan gøre alt, hvad det vil. Det er skabelse.

D: *Energien eller sjælen?*

B: Det er alt sammen ét og det samme. Og det kan dele sig, eller det kan koagulere som en stor enhed. Forestil dig, at du sprøjter vand ud af en slangedyse. Ved at dreje dysen kan du enten få det til at komme ud som separate dråber, eller du kan ændre dysen og få det til at komme ud som en samlet strøm. Eller du kan sprede det endnu bredere og få det til at komme ud som bittesmå dråber som en spray. Eller hvordan du nu vil gøre det. Det er alt det samme.

D: *Det er alt så kompliceret. Det er derfor, jeg prøver at sætte det i termer, jeg kan forstå. For hvis jeg ikke kan forstå det, er det svært for mig at give det videre til andre.*

B: Der er en forskel mellem at forstå logisk og være bevidst om. Og jeg tror, vi kan være bevidste om ting og vide dem, selvom vi ikke forstår dem logisk. Det er ligesom at prøve at sætte en firkantet klods i et rundt hul. De passer ikke helt.

B: Ja. Så længe vi er begrænset inden for vores trossystemer, er det svært, hvis ikke umuligt at forstå det logisk. Fordi vores trossystemer er så begrænsede i størrelse, og det, vi prøver at forstå og blive bevidste om, er så stort, at det ikke alt sammen kan passe ind i vores lille boks af trossystemer. Indtil vi slipper den boks, kan vi ikke lade det hele komme ind. Det vil ske, uanset om du forstår det hele eller ej, for det er naturens gang.

D: *Men jeg prøver at skrive om disse ting, så folk kan blive bevidste om dem.*

B: Ja. Og det er meget hjælpsomt, fordi det udvider folks bokse af tro. Og det er dér, at det at se andre, der er gået forud for os, virkelig hjælper. Det ville ske alligevel. Men at se dem, der er gået forud for os, tillader os at udvide vores boks lidt med vores bevidsthed om det. Og det, du gør ved at skrive om disse ting, hjælper folk med at se, at der er noget på den anden side af den boks. De kan skubbe den åben lidt og inkludere det. Og de vil blive ved med at gøre det, og gøre det, og gøre det, indtil deres boks bliver stor nok til at håndtere alt dette. Nå, ikke alt, men det ville være en fortsættende proces.

D: *Med andre ord, de kan ikke håndtere det, før de er klar til det alligevel.*

B: Det er sandt. Du kan skrive alle de bøger, du vil, men indtil nogen er villige til at læse dem, vil det ikke gavne den person. Det kan gavne dig, og det kan gavne andre. Men det vil ikke hjælpe den person, der ikke er klar til at kigge over kanten af sin boks. Og når de er klar til at kigge over kanten, vil alt hjælpe.

D: *Så vil de lede efter ting, der kan give dem informationen. Det virker meget klart for dig, men det er kompliceret for mig.*

B: Det er heller ikke så klart for mig, bortset fra at jeg ved, at det er sådan.

* * *

Den Snoede Univers ~ Bog Et

D: *Vi har læst om universel bevidsthed og universelt sind. Er det sandt, at vi alle på en eller anden måde er forbundet, at vi kan få information fra det universelle sind, når vi bliver mere oplyste?*

Phil: Det er korrekt, for alle er i sidste ende én. Gudskonceptet omfatter hele skabelsen. Alt, punktum. Derfor, eftersom hver af jer er en del af helheden, er hver af jer også en del af hinanden. I er faktisk en del af hinanden.

D: *Er det sådan, metafysisk healing fungerer? Hvor du kan manipulere den energi, der er tilgængelig, og de energier, vi alle er forbundet med?*

P: Det ville være lidt mere kompliceret end det. Dog er konceptet nøjagtigt i den forstand, at de energier, du taler om, er en del af jer selv, og I er en del af energierne. Det er, som om I svømmer i energier, og I selv er en del af de samme vande, I svømmer i. Ved at manipulere vandene omkring jer, kan I skabe strømme, der skubber eller trækker fra jer til en anden, eller fra en anden til jer. Disse strømme, som I sikkert kan forestille jer, er de energier, vi taler om. I behøver kun at dirigere disse energier med jeres sind for at forme disse strømme. Der kan være lagre af disse strømme tilgængelige for dem, der har brug for dem. Og ved denne manipulation finder I ud af, at disse lagre er tilgængelige for jer selv. Det er at skabe og afskaffe energier. I selv, på jeres plan, er i enhver sand forstand af ordet guder, i og med at I kan og skaber jeres egne skabelser i jeres egne dimensioner af bevidsthed. Dog er I ikke lig med eller så store som den overordnede, altomfattende aspekt af det Gudskoncept, I har. Ingen af jer på dette plan kunne nogensinde håbe på at opnå det niveau. Dog er det tilstrækkeligt at sige, at hver af jer har en del af den totale, overordnede bevidsthed inden i jer. Og I er faktisk i stand til at skabe og afskaffe. Derfor er I ifølge jeres egen definition af Gud, Skaberen, en gud i jer selv. I selv er gudeskabere. Måske ikke på et niveau, som I tilskriver den altomfattende Gud. Dog er det vigtigt her at bemærke, at I faktisk er skabere.

* * *

Phil: Der er et fysisk energispektrum. Der er de energier, der i de rette proportioner udgør det, I opfatter som fysisk. I den rette kombination af forskellige energier manifesteres fysisk form. Den fysiske form, I ser omkring jer, er en kombination af mange forskellige fysiske energier, der manifesteres for at skabe de former, I ser. Jeres øjne opfatter disse energier, og derfor opfatter I fysisk form.

* * *

Brenda: Jeg er i et nexus, der er et skæringspunkt mellem flere universer i fortsættelse. Jeg observerer, hvordan de interagerer. Og jeg ser på de mønstre, de skaber i deres eksistensstruktur.
D: *Det lyder kompliceret. Er det smukt at se på?*
B: Ja, det er. Virkelig komplekst og smukt. Det er svært at beskrive. Det afhænger af, hvilket niveau du ser det på. På et niveau ser det ud som – ved du, hvordan lynplader ser ud? (Ja) Forestil dig lynplader i enhver tænkelig farve, og se dem alle interagere med hinanden. Forskellige energiplader i forskellige farver, der flyder og flimrer rundt. Og når du ser på det fra et andet niveau, kan du se tidsgitteret bøje sig rundt og interagere og ændre sig. Det afhænger bare af, hvilket niveau du ser det på. Der er andre niveauer. Det er meget komplekst, og det er meget smukt.

* * *

Brenda: Jeg observerer netværket af grundlæggende energipartikler, der udgør universet og holder det sammen. Du kan beskrive det på flere forskellige måder, afhængigt af dine opfattelser og hvilket organisationsniveau du ser det på. På den ene side ser det ud som et løst vævet tæppe, hvor hver enkelt tråd repræsenterer bestemte typer energi, der væver ind og ud og interagerer med de andre energier, hvilket holder alting sammen og i orden. Og på den anden side, hvis du ser på det på en anden måde, ser det ud som en energitåge, da alt er energi, og det vil sprede sig overalt. Det er som om, du var i en tåge og kunne se hver enkelt partikel, der udgør tågen, for at bruge en analogi. Hvor du er på din jordiske plan, består tåge af bittesmå fugtpartikler. Det er som om, du kunne se hver enkelt partikel unik og komplet i sig selv. Men i dette tilfælde er hver enkelt partikel en energipartikel, og hver enkelt partikel er levende på sin egen måde. Den er ophidset. Den vibrerer og bevæger sig rundt inden for sin lille indflydelsessfære. Og det er overalt med de utallige mængder af partikler.

D: *Ville dette være som atomer?*

B: Mindre end atomer. Atomer er klynger af energipartikler. Disse er som de subatomare fysiske egenskaber, som dine forskere forsøger at studere. (Pause) Jeg kan ikke forbinde det med dit sprog. De har så mærkelige navne, som dine forskere bruger. Kvarker? Ting som små bitte neutrinoer af energi. De energier og partikler, der er involveret i det, der på dit sprog kaldes "den nye fysik". Dette er de første glimt af en idé om, hvordan tingene er. Da dette er et nyt felt, som du studerer, har du ingen viden om det endnu. Du mistænker kun lige, at dette aspekt af tingene eksisterer. Dine forskere forsøger at forstå det og kvalificere det. De forsøger at give det regler for at forklare de ting, de observerer, men det, de observerer, er et meget ufuldstændigt billede. For at bruge en analogi, er det som om en lang film bliver vist i dine biografer. Og alt, hvad du ser, er én enkelt frame af filmen, af hele billedet. Og du forsøger at forklare, hvad filmen handler om, og handlingen i historien.

D: *Bare ud fra én frame?*

B: Rigtigt. Og det er, hvad dine forskere forsøger at gøre med denne energi. Hvad de har observeret svarer til at have set måske en lille detalje i den ene frame. Måske hårfarven på en af skuespillerne i denne ene frame. Og ud fra den information prøver de at bygge, hvad filmen handlede om. Handlingen i historien, hvem der skrev den, hvad musikken handlede om, og alt det der. Og det er umuligt. De skal lære mere og observere mere, før de kan finde ud af, hvad der virkelig foregår. De har allerede lavet den korrekte forbindelse mellem denne nye fysik og den gamle videnskab om mysticisme. Men den gamle videnskab om mysticisme er delvist efterladt fra den tidligere civilisation og delvist fra tusinder af års observation. Observation indsamlet af disse ting, der er forårsaget af denne energitåge, som folk har observeret og forsøgt at forklare.

D: *Men hvordan kan de få hele billedet? De kan ikke se disse ting.*

B: Nej, men de kan observere virkningerne af disse ting, hvilket ville hjælpe dem med at forstå, hvad disse er. Det vigtigste, de skal gøre, er at holde deres sind åbne for alt, uanset hvor absurd eller hvor usandsynligt det måske ser ud i første omgang. For alle usandsynligheder og alle ting, der virker absurde, er også en del af universet. Ting, der kaldes "tilfældighed" og "sammenfald", er generelle mærkater på ting, der er blevet observeret, og som er forårsaget af dette.

D: *Du sagde, at dette var baseret på videnskaben om mysticisme. Mange mennesker tænker på det som heksekunst og det okkulte. Er det, hvad du mener?*

B: Ja, delvist. I den tidsalder, du befinder dig i nu, har folk afskåret sig fra deres rødder. Og i processen med at gøre dette har de fornægtet mysticismen, idet de siger, at de er moderne og veluddannede mennesker; at videnskaben forklarer alt. Når videnskaben endelig når sit ultimative højdepunkt, vil alle være mystikere. Ved mysticisme refererer jeg til alt, der beskæftiger sig med de højere niveauer af ting, inklusive heksekunst, det okkulte, de forskellige mystiske religioner fra Østen: buddhisme eller hinduisme og sådan noget.

D: *Mange mennesker klumper det hele sammen som værende på den mørke side.*

B: Ja. Kraften kan blive forvansket og brugt til de forkerte formål, ligesom alt andet kan. Men det er til menneskehedens fordel at blive bekendt med og komfortabel med denne kraft og bruge den til at løse sine problemer. Der er stadig kulturer, der er mere åbne over for dette end andre. I din kultur har man lukket dette. Men der er mange individer, der praktiserer dette og bruger det i deres liv og hjælper med at holde deres traditioner i live, hvilket er vigtigt. Det synes at være en karakteristik af menneskeheden. Ting, de ikke forstår, klumper de sammen i kategorier og lukker dem op i et skab og glemmer dem, eller forsøger at gøre det. Og alt, hvad der eksisterer, kan man lære af, og man kan drage fordel af alt, hvad der eksisterer – nogle ting mere end andre, det er sandt – men i almindelighed. For eksempel, i din videnskab om medicin har de udviklet vacciner. Og nu bruges vacciner af alle for at hjælpe med at forhindre sygdom og forhindre en ubalance i kroppen. I tidligere civilisationer udviklede deres videnskaber det, der nu kaldes mysticisme, og alle brugte det til at forhindre ubalance i den harmoniske helhed. Af sin natur opnåede det, som alle dine individuelle videnskaber nu forsøger at opnå. Deres videnskaber startede som lignende individuelle videnskaber og forenede sig, efterhånden som de blev langt fremme inden for vidensområderne. Og de indså, at alt er ét, en harmonisk helhed. De forenede sig, og folk lærte og anvendte den viden, der udviklede sig. Det er det, der er kendt som mysticisme, fordi de havde stræbt efter det ultimative og fandt ud af, at denne underliggende energi organiserer alt. Og hvis man er opmærksom på dette og ved, hvordan det kan ændres eller manipuleres for at opnå, hvad man ønsker, mens man forbliver i harmoni med det, så bliver alt, der skal gøres, gjort.

D: *Du mener, de fandt ud af, at de ikke havde brug for medicin?*

B: Når de nåede til dette niveau, hvor de kunne være i harmoni med helheden, var medicin ikke længere nødvendig. Det var overflødigt, fordi det var sjældent, at nogen blev syg. De vidste, hvor de var ude af balance, og de ændrede deres energier for at bringe alt tilbage i balance. Så ville de ikke længere blive syge.

D: *Kan du fortælle mig, hvilke civilisationer der udviklede dette til så højt et niveau?*

B: Det var flere civilisationer, men de var i kontakt med hinanden. Det var en verdensomspændende type viden, men forskellige dele af verden havde subtilt forskellige måder at se på tingene på, afhængigt af deres kultur. Der var civilisationen Atlantis, og der var en civilisation i Sydamerika. Og der var flere civilisationer i Østen: en i Indien, en i bjergene i det, der nu kaldes "Tibet" og "Sri Lanka". Og to forskellige civilisationer opstod i det område, der kaldes "Kina", men de levede i harmoni med hinanden. De blev betragtet som én civilisation med en dobbelt kultur. Og disse civilisationer bidrog alle til udviklingen af videnskaben fra deres forskellige synspunkter for at hjælpe med at gøre det til en komplet helhed.

D: *Eksisterede disse andre civilisationer samtidig med Atlantis?*

B: Ja. Atlantis var ældre end de fleste af dem, men de var alle gamle civilisationer. Civilisationen i Tibet og Sydamerika begyndte omtrent samtidig med Atlantis, og de andre civilisationer kom lidt senere. Men de eksisterede længe nok til, at de alle udviklede sig til et højt niveau.

D: Jeg tror, at mange mennesker har den opfattelse, at disse civilisationer kom efter ødelæggelsen.
B: En ny række civilisationer kom efter ødelæggelsen af Atlantis. Da Atlantis blev ødelagt, rystede det hele verden, hvad angår menneskelig interaktion, videnskaber, kunst osv. Hele verden mærkede dens virkninger. Atlantis var den største civilisation, centrum for civilisationen generelt. Og da det blev ødelagt, syntes det at have tappet den vitale energi fra de andre civilisationer, så de gik i forfald. Men disse andre civilisationer gav anledning til nutidens verden.

* * *

Brenda: Jeg ser på hele strukturen af tid. Det er meget indviklet. Det er næsten som en hul kugle lavet af fine sølvtråde. Og alle disse tråde går rundt og krydser hinanden, ligesom en tredimensionel model af atomet og hvordan du ser elektronerne bevæge sig rundt. Der er en række sølvtråde, der går rundt på den måde. Og der er en anden række sølvtråde, der går rundt i rette vinkler for at krydse alle disse. Og det danner denne hule kugle. Det er svært at beskrive, det er meget indviklet.

D: Det lyder kompliceret.

B: Og én ting, der kan give dig håb, er, at det er struktureret på denne måde, hvilket betyder, at alt kan ske. Fordi alle de mulige kombinationer er til stede her.

D: Du mener, at det ikke er fastsat eller forudbestemt, hvor det skal være.

B: Nej. Dette er grunden til, at magi og lignende virker. Fordi hvis du vil have noget til at ske, og du mediterer over det og projicerer mental energi mod det, vil det få dit liv til at blive rettet ind i den tidsstrøm.

* * *

Brenda: Det kan være en gentagelse af, hvad du har hørt før, men det kan ikke understreges nok. Først og fremmest skal du indse, at alt, der genererer energi, udsender vibrationer. Ting, der genererer lys, som er en form for energi, udsender lysvibrationer, og du ser dem som udstrålende, som en lyspære. Eller noget, der genererer lyd, du ser det vibrere, og du hører lyden, men det er stadig vibrationer, og det er stadig energi. Din hjerne genererer også energi. Alt, hvad der sker i din hjerne, genererer energi og dermed vibrationer. Hvilket betyder, at enhver af dine kropslige processer, enhver tanke eller enhver følelse udsender vibrationer. Og disse vibrationer påvirker æteren, der omgiver dig. Du er omgivet af og fyldt med og gennemstrømmet af vibrationer fra milliarder af forskellige kilder. Disse vibrationer er på alle niveauer og styrker. Og den energi, din hjerne udsender, er tilstrækkelig til at påvirke nogle af disse niveauer af vibrationer. Derfor kan man påvirke fremtidige resultater ved, hvad man tænker. Jeg ved, du har hørt dette før, men jeg forklarer det igen, så du ikke bliver modløs, når tingene tilsyneladende ikke virker i starten. Du skal bare blive ved med at tænke på det, du vil have til at ske, og det vil ske. Nogle gange på uventede måder, fordi nogle gange skal vibrationerne gå gennem mange kanaler for at påvirke det, der skal påvirkes. Jeg kan se dette meget klart. Jeg ved ikke, om jeg forklarer det, så det bliver overbevisende for dig.

D: *Du gør et meget godt stykke arbejde. Hvis jeg bliver forvirret, skal jeg nok spørge.*

B: Din hjerne er vibrationscentret i din krop. Og der er et fokuspunkt for disse vibrationer, kaldet solar plexus. Og det er ligesom en linse, der fokuserer lys. Solar plexus fokuserer disse vibrationer og sender dem derefter ud igen til alle dele af kroppen og ud i din aura for at holde tingene i balance. Derfor, når du mediterer og åbner dig for at absorbere vibrationer for at genopfylde dine vibrationer, skal du forestille dig, at de kommer ind gennem toppen af dit hoved og derefter går ned til din solar plexus. Så solar plexus kan sprede disse vibrationer ud til din krop, hvor de er nødvendige, så alt vil være i balance.

D: *Jeg blev lært at gå gennem kroppen og oplade hver chakra og derefter lede det overskydende ud gennem fødderne ned i jorden. Ville det være forkert?*

B: Ikke forkert. Det er en måde at gøre det på. Når du går gennem hver chakra, skal du også sørge for at oplade solar plexus. På den måde revitaliserer det din krop, men du skal også være sikker på, at du revitaliserer din aura, som strækker sig langt ud over din krop. Og så, sørg for, at du sender et ekstra skud af energi til solar plexus, for at sikre, at din aura bliver revitaliseret til sine yderste grænser for at hjælpe med at beskytte dig mod enhver skade, der måtte komme i din retning. Og så, ja, ethvert overskud af energi bør sendes ud gennem fodsålerne ned i Moder Jord. Det genoplader din aura og hjælper med at beskytte dig, når dine forsvar er nede, som når du sover. Det er klogt at gøre ekstra ting for at beskytte dig selv i løbet af dagen. Enten ved at forestille dig din aura som værende strålende hvid eller gylden, eller ved at forestille dig en energipyramide omkring dig. Uanset hvilken metode du er tryg ved, fordi når du interagerer med andre mennesker, har du brug for ekstra beskyttelse. Men om natten, i privatlivet i dit hjem, når du går i seng, bør din auras beskyttelse være tilstrækkelig. Du kan ønske at forestille dig en energipyramide omkring dig lige før du går i seng, men du behøver ikke bekymre dig om det. Du vil være beskyttet i løbet af natten, mens du sover, fordi underbevidstheden gør et meget godt stykke arbejde med det. Og hvis du ligger i en tilbagelænet position, når du projicerer pyramiden, skal du forestille dig, at du befinder dig cirka en tredjedel oppe fra bunden af pyramiden, fordi det er fokuspunktet for pyramidens styrke og energi.

D: Mener du, som om kroppen var svævende cirka så langt over bunden af pyramiden?

B: Ja, men du vil stadig være helt omgivet af pyramiden, selv undersiden af din krop. Det er en meget kraftfuld figur. Det er et fokuspunkt. Det er svært at forklare alt, hvad pyramiden kan gøre.

D: Mange mennesker har fortalt mig, at der ikke er noget at bekymre sig om. Du behøver ikke at beskytte dig mod noget.

B: Det er ligesom lyn. Lyn er en neutral kraft. Det er hverken godt eller dårligt, det er bare der. Det er meget kraftfuldt. På den ene side kan det bruges til at generere elektricitet. På den anden side kan det dræbe mennesker. Disse kræfter er grundlæggende neutrale, og man kan bruge dem til sine egne formål, hvis man er forsigtig. Men samtidig, når man åbner sig for udforskning og nye oplevelser, skal man sørge for at være beskyttet, fordi disse neutrale kræfter ikke har nogen moral. De handler bare i overensstemmelse med den måde, deres energi flyder i en given situation. Og du skal sørge for at være beskyttet mod eventuelle negative strømninger. Det er godt, at du følger vores råd. Det hjælper dig med at udvikle dig, og det gør det lettere for os at kommunikere med dig.

D: *Men alligevel, du sagde, at du sender disse vibrationer ud for det, du vil opnå. (Ja) Når du først har sendt det ud, så skal det ske?*

B: Der er ting, der kan påvirke det. For eksempel, du sender tanker ud om, at du vil have noget til at ske. Og de vil gå ud og begynde at få ting til at falde på plads, så det sker. Men hvis du senere bliver modløs eller deprimeret og sender tanker ud som: "Åh, det vil aldrig ske", vil det svække dets drivkraft. Og når du kommer over din depression, skal du sende stærke tanker ud igen, positive tanker for at hjælpe det med at genvinde sin drivkraft, så det sker.

D: *For at gentage de første tanker?*

B: Korrekt. Og dette virker med alt. Enhver ændring i dit liv, hvad enten det er forretning eller personligt. Et forhold mellem dig og en anden, eller noget du vil gøre, eller personlige drømme, eller hvad som helst.

D: *Jeg er blevet lært, at tanker er meget kraftfulde, og de kan opnå det, du vil have.*

B: Ja, det kan de. Og derfor skal du være forsigtig med negative tanker, fordi de også er kraftfulde. Og de kan hjælpe med at neutralisere dine positive tanker. Så hvis du vil have dine positive tanker til at ske, skal du blive ved med at tænke positivt om dem. Meditér intenst på dem. Gør ægte visualisering. Er du bekendt med det koncept?

D: *Hvor du visualiserer det, som om det allerede er sket?*

B: Ja. Eller måske endda forestille dig, at det sker, som om du svæver ovenover og ser det. Og derefter forestille dig alle de positive forandringer, der er sket som et resultat af, at det er sket. Og hvordan verden og dit liv ville være efter, at det er sket.

D: *Jeg er blevet lært at visualisere det, som om det allerede er sket, og at fylde det med så mange detaljer som muligt.*

B: Ja, præcis. Tilføj dialog, følelser og alt som om du observerer det i virkeligheden. Husk, at jo større projektet er, jo længere tid kan det tage, fordi der er flere kanaler, som dine tanker skal gå igennem for at få flere stykker til at falde på plads.

* * *

Ved et gruppemøde spurgte vi om helbredende energi. Et medlem af gruppen spurgte: "Jeg er interesseret i at hjælpe andre med at hele. Hvor kommer energien fra, som bruges til at hjælpe andre?"

Phil: De kosmiske energier, som vi talte om tidligere, er de energier, du spørger om. Du skal blot åbne dit sind for at fokusere på disse energier. Åben og accepter, og dit sind vil fungere så rent som en krystal.

D: *Kan alle bruge disse energier, eller er de særlige gaver til helbredelse?*

P: Disse energier er for stort set alle i universet til at bruge til deres fordel og andres, hvis de vælger det. De er ikke eksklusive for nogen. Du kan bruge disse energier, som du finder passende.

D: *Kan disse energier være skadelige for den person, der hjælper, eller for den person, de helbreder?*

P: Der er noget, der kaldes overbelastning, men det er ikke så skadeligt. Det er blot en ubalance. Du vil ikke kunne dræbe nogen ved at bruge disse energier. Frygt ikke, for disse er Guds gaver, lige så sikkert som sollys og luft på din planet. Værdsæt dem og brug dem i god tro, og de vil med tiden værdsætte dig.

Medlemmet: *Flere mennesker modtager det, vi kalder en "helbredelse", men inden for en kort periode, seks måneder eller et år, udvikler de et andet problem eller går tilbage til det samme problem.*

P: Du siger, at helbredelsen ikke bliver eller tager fat?

Medlemmet: *Nå, det virker sådan for os. De bliver helbredt for en periode, og så vender de tilbage til den samme sygdom.*

P: Ja, det er naturligt. Virkningerne er ikke altid permanente. Hvis sygdommen er i en sådan grad, vil en periodisk genhelbredelse, en booster, være nødvendig og passende. Dette diskvalificerer ikke helbredelsens virkning, og det forstørrer heller ikke sygdommen. Det er simpelthen et faktum, at en booster ofte kan være nødvendig. Du vil blive bekendt med disse handlinger, jo oftere du bruger disse energier. Nogle sygdomme kan kræve en kort helbredelsession, andre kan kræve en længere, nogle gange livslang forpligtelse for at opnå en kur. Det første spørgsmål vedrørende helbredelse kan bedst visualiseres som en utæt spand.

Hvis spanden har huller i sig, skal du kontinuerligt fylde den med vand. Spanden vil lække vand, indtil hullerne er lukket. Helbredelse er blot, i denne illustration, at fylde spanden med vand, hvilket vil dække symptomerne midlertidigt. Hullerne i spanden skal lukkes, og helbredelsen vil være fuldstændig.

Medlemmet: Er det muligt, at vi er forprogrammeret til at dø på et bestemt tidspunkt? Er det muligt, at dette er i vores DNA eller er arveligt? For eksempel er en person født, og de skal leve til de er femogtredive. De kunne dø tidligere ved en ulykke, eller de kunne forlænge det. Er det muligt?

P: Det kunne være på grund af mange forskellige årsager. Det kunne være forprogrammeret for at leve livet i en forudbestemt tidsperiode, eller det kunne skyldes en forkert kost eller livsstil. Det kunne være på grund af en ulykke. Der er mange ting, der kunne forårsage et hul i spanden, så at sige. Hvad angår levetiden, er døden nødvendig for at udvikle sig. Stagnation ville opstå, hvis der ikke var nogen død til at føre én til den åndelige side. Dette er en igangværende proces, som bedst er egnet til at lære meget information. Alt er, som det skal være i denne henseende.

Medlemmet: Jeg var bare nysgerrig efter, om vi kunne forlænge eller forkorte det med fri vilje. Jeg spekulerede på, om mit DNA havde en form for forprogrammering.

P: Der er et maksimum programmeret i DNA'et. Den faktiske tildelte tid afhænger næsten helt sikkert af individet.

Samtalen drejede sig mod at bruge energi til at hjælpe i økonomiske situationer.

P: Denne energi, du vil måske blive overrasket over at opdage, er en næsten identisk energi, dog manifesteret på forskellige måder. Den energi, der bringer økonomi, er faktisk den samme energi, der bringer sundhed eller sygdom. Er du overrasket over at lære dette? At stimulere en stigning i økonomisk energi ville være at bruge den samme teknik med visualiseringer og affirmationer, der bruges i helbredelsesenergien. Dette er simpelthen som om du passerer den samme hvide lysstråle gennem to separate prismer. Den ene havde en tendens til at bringe mere af en blå farve frem, og den anden ville have en tendens til at bringe mere af en grøn farve frem. Det er faktisk den samme energi, men den er oversat forskelligt. Energien er grundlæggende neutral, det er simpelthen, hvordan den bruges. Denne energi kan bringe fattigdom eller rigdom, eller den kan bringe sundhed eller sygdom. Den kan bringe mange ting. Den kan bringe lykke og sorg, eller den kan bringe sindssyge eller fornuft. Altid er det, hvordan den bruges, og i hensigten er, hvordan den manifesteres.

D: *De fleste mennesker tænker, det er enten godt eller dårligt.*

P: Mange vil vælge at beslutte, at nogen andre har gjort dem uret og forårsaget det, der sker. Og ved at gøre det besejrer de deres egentlige formål med livet. Og det er at lære at fokusere disse energier på den mest konstruktive måde muligt. Det er virkelig den underliggende grund til at blive født inkarneret, i det fysiske, for at lære at blive manipulatorer af denne energi.

D: *Måske er det en af de lektioner, vi prøver at lære.*

P: Det er den lektion, vi alle prøver at lære. Det er lektionen, der skal læres på denne planet. For alt kan spores tilbage til dette. Lektionerne i helbredelse, lektionerne i kærlighed, lektionerne i forståelse, lektionerne i tålmodighed. Alle har deres rødder i denne grundlæggende fundament: brugen af energierne. Så det afspejler i den fysiske verden mest nøjagtigt, hvad den sande plan er, som er Guds plan. De, der manipulerer denne energi uklogt eller ubevidst, opdager, at de skaber situationer omkring dem, som ikke er produktive eller i overensstemmelse med planen. Hele formålet med at inkarneres og lære er at lære at blive dygtige manipulatorer af denne energi. Og i alle dine handlinger lærer du at manipulere denne energi på den ene eller anden måde, hvad enten det er økonomisk, politisk, sundhedsmæssigt eller en af mange, mange forskellige måder.

D: *De fleste mennesker er ikke klar over, at de tiltrækker det, de vil have, selvom det er dårligt.*

P: Det er ikke så meget, at de tiltrækker det til sig, men at de manifesterer det. Hver af jer manifesterer det, I finder. Det er ikke sådan, at det er derude, og det kommer til jer. Selvfølgelig ved du, at vi har en semantisk diskussion, men det er et vigtigt punkt, der skal forstås. At du faktisk manifesterer, hvad du finder. Det er ikke sådan, at det flyder rundt og på en eller anden måde hæfter sig til dig, og så finder du dig selv i elendighed og fortvivlelse. Nej, nej.

Det er, at denne situation, som man finder så ubehagelig, er blevet manifesteret, er blevet bragt frem af en misbrug eller misforståelse af energierne. Det er ikke bragt til én, det er bragt af én.

D: *Som når folk siger, "Alt går altid galt. Alt, hvad jeg gør, virker aldrig."*

P: Ja, og det forstærker hele konceptet om "alt sker for mig". Og så går man igennem livet og tænker på, hvor forkert livet er over for dem, og hvor elendigt alting er. Og deres egne tanker kanaliserer energien ind i netop den type situation. Du får, hvad du beder om.

D: *Selvfølgelig ville de være de sidste til at indrømme, at de faktisk selv forårsager, at dette sker for dem. De siger, "Jeg vil ikke være ulykkelig. Jeg vil ikke være syg."*

P: Det er korrekt. Og den sværeste person at lytte til er dig selv. - Der er på dette tidspunkt på denne planet en mangel på forståelse af forholdet mellem følelser og sundhed. For hvis du integrerede alle disse forståelser, ville helbredelsen være meget hurtigere og mere effektiv. Så det kan siges ud fra et følelsesmæssigt synspunkt, at ved at bringe disharmoni ind i harmoni, spreder denne disharmoni sig gennem hele systemet, forudsat at kroppen var i harmoni til at begynde med. Så du kan se det som et spørgsmål om disharmoni eller sygdom. Og når det bringes ind i én, som ikke er i fred med sig selv, kan du se, at denne sygdom bringes ind i kroppens system og spreder sig gennem hele systemet. Så man føler sig utilpas og ude af harmoni, blot fra et følelsesmæssigt synspunkt. Det kan også ses fra et matematisk synspunkt, hvis du ønsker at forfølge det på det niveau. For eksempel, hvis du har, hvad du kunne kalde en perfekt ligning, en der går op perfekt, uden rester og uden divisorer. Vi vil være forsigtige her, fordi denne kanal ikke har en højere forståelse af matematik, men vi vil bruge hans niveau til at forklare dette. Hvis du kan se, at der er en given ligning, der opfylder et bestemt sæt beregninger, og denne går op med et perfekt afbalanceret svar, så er det harmoni. Men hvis man går ind i denne ligning med én variabel eller ét tal, måske, som har tendens til at forårsage rester, eller at ligningen ikke går op perfekt, så vil der være, som du måske relaterer til, disharmoni eller sygdom. Der er faktisk en rest, i matematiske termer.

D: *Det går ikke op.*

P: Det er korrekt. Det kan relateres til musik som en dissonans eller gennem en af mange forskellige metoder af det, du måske kalder "analogier". Disse er alle sande og samtidige, og de sker alle samtidigt. Det er blot, at du vælger, at det sker på én eller flere niveauer af bevidsthed.

D: Hvad kan disse mennesker så gøre for at genoprette sig eller komme tilbage i harmoni med sig selv?

P: De bør altid se sig selv omgivet af det, der er det mest perfekte muligt. Og derfor bør de altid bruge deres dømmekraft i lyset af dette faktum for at opretholde dette niveau af perfekt livskvalitet. Husk altid denne harmoni-faktor, at det, der opfattes, vil være det mest passende til det formål. Det gælder for alle aspekter af menneskelig bevidsthed. Husk altid, at man vil modtage og gøre det, der er mest passende for én selv, eller for hvad opgaven end er. For ved at gøre dette tiltrækker du naturligt det, som du beder om, hvis du ønsker at relatere det til den slags tale. Du manifesterer i realiteten den mest harmoniske situation. Mange på planeten føler, at for at manifestere noget, skal de blive så stålsatte, at der ikke er mulighed for, at noget andet kan ske. Fejlen i dette ligger i, at det, man siger, og det, man tænker, ofte er i modstrid med hinanden. Hvad man virkelig tror, er ofte ikke præcis det, man siger. Og derfor, når man siger noget, sætter det faktisk en reaktion i gang, som kan være helt modsat af det, der blev sagt. Og ved at være så fast i denne overbevisning, sker der en manifestation, som kan synes at være helt i modstrid med det, der bliver sagt. Man manifesterer det, man frygter mest, fordi man siger, at man ikke vil se det, eller at det ikke vil ske. Men ved hele tiden at tænke på det, uanset hvad det måtte være, skaber man det. Og man skal lige så sikkert møde eller konfrontere netop det, som man så stærkt siger, at man ikke ønsker at møde.

D: Det er et paradoks ved at være menneske.

P: Det er korrekt. Det er et paradoks ved at være en manipulator af energierne. Det er en faldgrube ved at være mindre oplyst. Og derfor ville det være til gavn for alle, som er manipulatorer af energierne på denne planet nu, at blive mere oplyste. Og at vide mere om, hvordan man manifesterer det, der virkelig ønskes.

D: Det ville gøre livet meget lettere, hvis folk bare kunne indse, at de har stor kontrol over situationer og begivenheder.

P: Det er korrekt. De kunne have den sande harmoni i deres liv, som alle søger. Nogle er mere dygtige og kompetente til dette end andre. Vi vil sige til jer, der nu er samlet i dette rum, at hver af jer på jeres egen måde nu kan se en rejse, der ligger foran jer. Faktisk i meget enkle termer har alle på denne planet denne samme rejse. Dog er mange mere bevidste om det end andre.

D: Vi er alle på den samme vej, bare i forskellige retninger.

P: Det er korrekt. Men alle veje vil til sidst konvergere og mødes på ét enkelt sted.

D: Det tager bare mange flere drejninger og omveje undervejs.

P: Det er korrekt.

Kapitel Fjorten
Transformationen af den menneskelige krop

I 1999 havde jeg min første eksponering for omtalen af DNA-forandringer i den menneskelige krop, da jeg havde en session med Luigi på vores UFO-konference i Eureka Springs. Jeg mødte hans mor i Florida ved en konference nogle måneder før, og der var ikke tid til at have en privat session. Da jeg fortalte hende om UFO-konferencen i Eureka Springs, besluttede hun at tage med sin datter. Hun ringede til sin søn, Luigi, i Italien og fortalte ham om det, så han rejste hele vejen fra Europa for at deltage. Da han ankom, besluttede hun, at han havde brug for sessionen mere end hun havde, fordi han havde haft nogle foruroligende UFO-oplevelser (formodentlig), og han ønskede at udforske dem. Harriet deltog i sessionen ligesom hans mor. Hun troede, jeg måske ville have problemer med hans accent, og at han kunne have problemer med at oversætte til engelsk, mens han var under hypnose. Det viste sig, at vi ikke havde nogen problemer.

I diskussionen før sessionen fortalte han mig, hvad han kunne huske, så vi planlagde at vende tilbage til den dag og få flere detaljer. Han havde været i skole om aftenen til en skuespilklasse i Pavia, Italien, og var på vej hjem, da hændelsen fandt sted. I sin erindring så han og hans kæreste et lys på himlen og kørte af motorvejen for at se på det. Det var alt, hvad der skete, men det foruroligede ham.

Under sessionen blev jeg ikke overrasket, da vi opdagede, at der faktisk skete meget mere end blot at se lyset. Da Luigi gik ind i den dybe trance-tilstand, genoplevede han hændelsen. De troede måske, at lyset var et fly, der styrtede ned, og kørte af motorvejen for at se. Da de steg ud af bilen, så de, at det var et kæmpe fartøj, der bevægede sig langsomt, indtil det stoppede over dem. Så åbnede en dør sig nedenunder, og en lysstråle kom ned mod dem. Det næste, han så, var, at han lå på et bord i et rum, der mindede om et operationsrum med et stort lys over hovedet. Da han satte sig op, så han en væsen nærme sig ham, der syntes at være helt sammensat af lys. Til min overraskelse omfavnede væsenet ham. Luigi blev derefter følelsesladet, da han sagde: "Jeg føler mig sikker der. Jeg føler mig glad." Han havde svært ved at finde de rigtige ord på engelsk for at beskrive, hvordan væsenet føltes, da han rørte ved det. "Som hvis nogen giver dig energi, og du kan føle det. Når det omfavnede mig, føltes det som fysisk. Men hvis du rører ved det ... er det ikke solidt."

Jeg ønskede derefter at stille væsenet spørgsmål, og det gik med til det. Det sagde, at han var ombord på et fartøj, og at dette ikke var første gang, han havde været der. Jeg spurgte, hvorfor han ikke kunne huske, og Luigi sagde: "Bedre for mig. Jeg vil vide det senere. Nu er det for tidligt." Han sagde, at dette havde været i gang i lang tid, og at de havde mødt hinanden før i andre livstider. Væsenet havde levet i seks hundrede år i vores tidsopfattelse.

Jeg havde hørt dette før, når jeg arbejdede med denne type sager. Mange gange har væsenerne fulgt sjæle gennem flere livstider og haft interaktioner med dem, fordi de kan leve så længe, som de ønsker. Nogle gange bliver den fremmede frustreret, fordi personen ikke husker, og de skal mindes om deres aftale og forpligtelse til projektet.

På gebrokkent engelsk gentog Luigi, hvad væsenet fortalte ham. "Jeg vil vide det på det rigtige tidspunkt. Jeg vil have en vigtig rolle i, hvad der kommer til at ske. Og de har allerede fortalt os. Store forandringer. Meget store forandringer på Jorden. Kontinenter vil flytte sig. Og vandet ... og de kommer tilbage. Vi vil ikke genkende noget. Og de vil være meget kede af det for os. Mennesker har gjort alle de beskidte ting, dumme ting. Men det er ikke verdens ende. Det vil være slutningen på en æra." Enhederne kunne ikke gøre noget for at stoppe disse ting, men de forsøgte at bremse det. Hans rolle var at redde mennesker, og de ville lære ham, hvordan man gør det.

Selvfølgelig leder jeg altid efter en tidsramme. De sagde, at det ville være meget snart. Jeg vidste, at det ikke fortalte mig meget, fordi deres tidsfornemmelse er anderledes end vores. Han sagde: "Maksimalt tyve år." Luigi blev derefter vist en stor eksplosion og en giftig sky, der ville sprede sig over landet, og folk, der løb og forsøgte at skjule sig.

Så blev han fortalt det samme, som jeg allerede har nævnt i denne bog, at de ville være i stand til at redde visse udvalgte ved at tage dem ombord på fartøjer. Der ville være mange, mange fartøjer, og folkene ville skulle bo ombord i lang tid. Derefter ville de blive bragt tilbage,

Den Snoede Univers ~ Bog Et

"Og med deres hjælp fortsætter vi med at vokse. Vi starter igen. Alt er ændret. Det vil være meget hårdt for os. Det er allerede sket i fortiden."

Jeg spurgte, hvem disse mennesker var. "De er fra forskellige planeter, forskellige galakser. Som en union? For at redde planeten. Først og fremmest hjælper de os, fordi vi er forskellige. Og dette er en planet, der skal reddes, fordi vi ændrer os, og vi ikke længere vil have masken. De rejser rundt i galakser. Mest med vores, fordi vi er mere i vanskeligheder. Og vi kan ikke komme ud af det selv, fordi vi altid graver dybere. Og vi vil ikke være fysiske, som vi er nu. Han viste mig, hvordan vi vil være. Vi ser ud som ... næsten som et spøgelse, men med en figur."

D: *Et spøgelse. Mener du, at man kan se igennem?*
L: Ikke helt. Det er svært at beskrive. Jeg ved ikke, hvordan jeg skal beskrive det. Ikke solidt længere.
D: *Mere som en ånd?*
L: Ja, men ikke en ånd. Han viser mig det, men jeg ved ikke, hvordan jeg skal forklare det. Ikke som de er. Men næsten. Han viste mig bare. Han blev lige til en gris. For at vise mig, at han kan blive, hvordan han vil.
D: *Ja. Sig til ham, at jeg forstår, hvad han siger. Han er en energivæsen, ikke? (Ja) Han kan blive, hvad han vil. Men han sagde, at vi ikke vil være sådan.*
L: Næsten, men ikke helt.
D: *Men kroppen vil stadig være fysisk i en vis udstrækning? (Ja, ja.) Vil den stadig have brug for mad?*
L: Ikke så meget som nu. Forskellig.
D: *Vil den stadig have brug for søvn? Ting, som en krop har brug for?*
L: Et par. Ikke med dette.
D: *Vil den stadig skulle skabe andre væsener som ... jeg tænker på reproduktion?*
L: Han siger, at sex vil være anderledes. Ikke fysisk længere. Det vil være som en forening af energi, men han siger, at det føles rart. Det føles godt alligevel. Han viser mig. Som to kugler, der kommer sammen og skaber noget. Det er svært at forklare.

Denne type reproduktion blev beskrevet i The Custodians.

D: Jeg tror, jeg forstår, hvad du mener. Men jeg prøver at finde ud af, om det næsten var fysisk, hvordan det ville være ens, og hvordan det ville være anderledes. Vil vi have brug for at have huse og bygninger, som vi har nu? (Ja) Og byer.
L: Byer? Fordi vi ikke vil være, som de er. Det er for meget. Og for tidligt.
D: Hvis vi ikke er virkelig solide, vil vi stadig bruge vores kroppe til at bygge ting?
L: Med hovedet. Sindet vil være meget stærkt. Vi vil ikke have brug for at tale mere. Og vi vil være i stand til at leve meget længere.
D: Kan han svare på nogle spørgsmål om dig? Fordi jeg ved, at Luigi har undret sig over, hvad der er sket for nylig, når han sagde, at han vågnede op og rystede og vibrerede. Kan dette væsen fortælle dig, hvad der sker i de øjeblikke?
L: Ja. Arbejder på systemet. Arbejder på DNA'et. Sætter det op ... i spirant (Fonetik. Mente han spiraler?).
D: Kan du forklare, hvad du mener?
L: Ja. Fordi vi mennesker har to spiraler af DNA. Vi vil få tolv.
D: Hvorfor skal vi have tolv?
L: Det er et højere niveau, vi kan opnå.
D: Men hvordan vil det hjælpe kroppen?
L: Fordi vi plejede at have tolv. For mange millioner år siden.
D: Hvad skete der så?
L: Genetiske eksperimenter. Kunne bringe os tilbage til tolv. De reducerede til to.
D: Hvad var det for et eksperiment, der blev udført?
L: For at se, hvad der skete. Og jeg gætter på, for at gøre ... hvad vi gør med rotter. På dyr. De har gjort det på os.
D: Mener du, at de har gjort det?
L: Nej, nej, nej, ikke dem. Andre væsener.
D: Hvorfor ville de gøre det?
L: For at se. Bare nysgerrighed.
D: For at se, hvad der ville ske, hvis de ændrede DNA'et til to, mener du?
L: Ja. Det er derfor, vi er, som vi er nu. Og vi har den store maske. Det er derfor, mennesker er så begrænsede. Og det er derfor, der er folk, der ikke tror på UFO'er og alle mulige ting.

D: Bliver vi alle eksperimenteret på, for at øge DNA'et?
L: En del af os vil have seks, og en anden del tolv.
D: Og de gør det nu på visse mennesker i befolkningen, mener du?
L: Ja, på mange mennesker. For at ændre DNA'et. For at forberede os.
D: Han sagde, at de gør det nu på Luigis krop. Vil det skade kroppen på nogen måde?
L: Nej, nej, overhovedet ikke. Vi vil ikke længere have de sygdomme, vi har nu. Det er en meget langsom proces, og det tager år.
D: Men dem, hvis kroppe er blevet forberedt, er dem, der vil blive taget ombord på fartøjerne, når forandringerne sker?
L: Ja, men de siger, mange, mange, mange, mange, mange vil få det.

Jeg havde en tanke, mens jeg skrev dette. Det blev nævnt i min bog The Custodians, at den menneskelige krop ikke kan overleve rumrejser ombord på deres fartøjer i sin nuværende tilstand. Kroppen kan ikke håndtere accelerationen og ændringen i vibrationerne fra en anden dimension. Dette var én ting, der ville forhindre menneskeheden i at rejse i rummet, som de gør, fordi vi ikke kan håndtere den forøgede hastighed af vibrationerne for at krydse dimensioner. Vil ændringen i DNA gøre det muligt for kroppen at tilpasse sig disse ændringer? Er det en af årsagerne til det? Han sagde, at det var forberedelse.

D: Så de arbejder på mange mennesker. (Ja) Er det derfor, flere og flere mennesker ser UFO'er og har oplevelser med rumvæsener?
L: Fordi det skal blive normalt for os at se dem.
D: De lader sig selv blive set mere nu, fordi de vil have, at folk skal vænne sig til dem? (Ja) Så når disse ting sker med Luigis krop, skal han ikke bekymre sig om det? (Nej) De er naturlige.
L: Ja. Nogle mærker dem mere, og andre mærker dem mindre. Men han er ret følsom. Og meget snart vil jeg gå fysisk ombord på skibet. Og jeg vil huske. Og de vil give mig mange informationer.

Han huskede derefter, hvordan han forlod skibet og vendte tilbage til sin bil. Han græd: "Og alting var lykke, fordi jeg havde det godt." Dette var en skarp kontrast til, hvad han følte, da han rapporterede observationen. Dengang var der stor frygt for det ukendte og undren over, hvad der, hvis noget, var sket.

På grund af vanskelighederne med det gebrokne engelsk har jeg i høj grad kondenseret denne optagelse og besluttet at sætte det meste af den i fortælling.

De følgende tilfælde kom fra andre dele af USA og giver flere oplysninger om ændringen af den menneskelige krop.

* * *

Jeg mødte John, en ældre mand, på en tur med en gruppe på den smukke ø Bali i sommeren 2000. Udover at besøge templerne og deltage i forskellige ceremonier ønskede han at have en privat session med mig. Han havde beskæftiget sig med metafysik i mange år og havde allerede lært detaljer om mange af sine tidligere liv gennem personlig meditation. Han var mere interesseret i at opdage eventuelle udenjordiske forbindelser. Han havde ingen bevidste erindringer om involvering med dem, men på grund af mange usædvanlige hændelser gennem hele sit liv, mistænkte han, at der kunne være en forbindelse. Jeg fortalte ham, at når jeg udfører en regression, leder jeg ikke personen eller prøver at påvirke dem, så han ville gå, hvor han skulle gå.

Sessionen blev afholdt på et smukt luksushotel ved stranden. Duftene af blomster og fuglenes milde sang fyldte luften og sivede ind gennem de åbne vinduer, mens vi begyndte. Jeg brugte teknikken, der var designet til at føre subjektet ind i et passende tidligere liv. Fordi han ikke havde nogen bevidste erindringer om interaktioner med rumvæsener, virkede det bedst at begynde på min normale måde ved at tage ham til et tidligere liv først. Men det skete ikke.

Da John trådte ind i scenen, så han sig selv stå i sin baghave klædt i pyjamas og stirre på et mærkeligt udseende objekt. Det var en skinnende sølvfarvet, konveks disk understøttet af ben. Han udbrød: "Den er måske tyve, tredive fod lang. Jeg er overrasket, fordi den er så smal, så slank. Jeg tror, nogen skulle ligge ned i den for at kunne være der. Det er ikke, hvad jeg troede, den skulle ligne."

For at finde en tidsreference spurgte jeg, hvordan han så ud. Han sagde, at han havde sit skæg, men det var mørkt (det er nu gråt). Han har haft skæg i omkring femten år, og hans krop føltes yngre. Det gav os en passende tidsramme. Han stod og kiggede på den skinnende disk, indtil han bemærkede en anden lyskilde til venstre. Det var et meget større skib med flere lag. "Det har en generel lysende kvalitet, der ser ud til at oplyse området. Det er metallisk, men i modsætning til den tynde sølvdisk. Det er så stort, at jeg ikke kan se det hele på én gang. De er meget forskellige fra hinanden."

Da jeg spurgte ham, hvorfor han stod i haven, fortalte han en historie, der er blevet meget velkendt i mine undersøgelser af denne type fænomen. "Nogen bragte mig, så jeg kunne se det. Jeg var lige ved at gå i seng, da jeg så noget bevæge sig omkring hjørnet af rummet. De tog mig op gennem loftet. Jeg kan ikke huske den del. Alting blev sort, da jeg kom op til loftet. Udenfor havde denne skabning en arm under min bagdel og en arm bag min ryg. Vi fløj op til en … det ser ud til at være en lysstråle. Op i en slags bugt og kom ind i et område, der er hvidt, skinnende rent og meget moderne."

Der blev han modtaget af flere væsener, der syntes at kende ham. De fulgte ham ind i et rum. "Der er en medicinsk undersøgelsesbord med en slags metal-lignende stigbøjler for fødderne. Bordet ligner det, der er på en lægeklinik på Jorden, bortset fra disse metaludvidelser. Det er en polstret overflade, meget lysegrå farve. Jeg bliver bedt om at lægge mig på det. Jeg virker ikke bange. Jeg er slags vant til deres - hvad jeg kalder - sjove ansigter. Det er, som om jeg har gjort det før, og her er jeg igen til mit årlige tjek eller noget lignende."

Figurerne stod ved siden af bordet og lænede sig over ham. "Jeg er ikke bevidst om, at de gør andet end bare at kigge på mig. Jeg gætter måske, at de scanner mig med deres sind, deres øjne eller noget." Der var ingen form for udstyr eller instrumenter. Væsenerne var ret små, men der var en højere skikkelse, der udstrålede en feminin følelse af venlighed mod ham. Det deltog ikke, men stod bag de andre og observerede blot.

Han rejste sig derefter fra bordet og gik med de andre ind i en anden del af skibet. De gik gennem en åbning ind i et stort, rundt kuplet område med optrappede lag rundt om siderne. Et skarpt lys udstrålede fra en stor, lysende krystal i midten af rummet. John troede, at dette måske var kraftkilden til skibet. De gik rundt om rummets periferi og drejede ned ad en smal gang ind i et andet rum. Der blev han sat i en mærkelig enhed, der stod op ad en væg.

J: Jeg står op i denne … jeg bliver spændt fast … Det er en slags glas … alt gennemsigtigt. Det er lidt dybere, end jeg er. Det er ikke et rør, det er en aflang ting med en flad bagside. Jeg står i denne gennemsigtige ting, og nu kommer der lys oppefra. Jeg gætter på, at jeg bliver infunderet med lysenergi af en slags. - Det er som om, jeg står udenfor og ser mig selv.

Jeg beroligede ham med, at han var i sikkerhed. Dette lød ligesom Phil (Keepers of the Garden), der så, hvad der blev gjort ved ham, fordi hans personlighed blev fjernet og adskilt fra hans krop. Han blev også observatør.

J: Det er bare dette lys, der kommer oppefra. Det oplyser mit hoved, og jeg gætter på, at lyset går ned gennem min krop. Det føles som en infusion af energi, der ændrer min molekylære struktur. Jeg gætter på, at det forvandler det mere og mere til en lyskrop eller noget lignende, selvom jeg stadig føler mig meget tung indeni. Men jeg gætter på, at det er, hvad det handler om. Det virker til at være en prikkende fornemmelse. Jeg får nu noget om at ændre DNA-strengene, øge DNA-strengene.

D: *Hvad mener du?*
J: At lysenergien, der kommer ind i kroppen, ændrer og øger ... du ved, at DNA-strengene virkelig er som lysstrenge på en måde. Og de bliver ændret og udvidet, forøget. Det betyder, at deres kapacitet til at holde mere og mere lys øges med hver infusion. Det varer ikke særlig længe; de åbner døren, og jeg træder ud.

D: *Og lysprocessen ændrer DNA'et på en eller anden måde?*
J: Det er den forståelse, jeg har.
D: *Hvad er formålet med at ændre DNA'et?*
J: At holde mere og mere lys og forvandle kroppen til mere og mere af en lyslegeme. Mindre tæt. At være i stand til at holde mere og mere himmelsk lys. Og formålet er at nå en tilstand af Kristusbevidsthed.
D: *Ved du, hvordan DNA'et ændres? Kan du spørge nogen der? Måske kan de forklare det for dig.*

Dette har virket tidligere. Når vi har et spørgsmål, som subjektet ikke kender svaret på, får jeg dem til at spørge et af væsenerne om at levere informationen.

J: Ja, jeg vil spørge, hvordan DNA'et bliver ændret. (Pause) Nå, de viser mig ... jeg ser en visualisering af disse strenge, spiraler, der alle er oplyst eller glitrende med lys eller noget. Og tilsyneladende føder de ... deler sig og danner andre strenge gennem denne lysfusion.

D: Hvor mange strenge deler de sig i?

J: Jeg hører "seks", men jeg ser ikke seks.

D: Og dette skal gøres med jævne mellemrum?

J: Jeg gætter på, at det er en igangværende procedure - oftere og oftere på dette tidspunkt. Nogle gange mere end én gang i løbet af en 24-timers periode. Når jeg tager en lur og derefter under søvn om natten. Det er derfor, jeg opfordres til at tage hyppige meditationspauser. Hver time i det mindste, for at opretholde dette bestemte vibrationsniveau.

D: Hvorfor skal det gentages? Forbliver DNA'et ikke sådan, når det først er udvidet?

J: Det forbliver sådan, men for at opretholde sig selv på et højt lysniveau afhænger det også af de mellemrum, hvor infusionerne sker, og af min mentale evne til at få adgang til min egen Gudskraft, lyset indeni, så at sige. Det holder disse strenge aktiverede, så de kan blive mere og mere permanente. Og det forbereder sig til det næste trin. Men det skal på en måde konsolideres eller gøres solidt.

D: Før de går videre til det næste trin?

J: Det næste, ja. Og meget af det afhænger af min vilje og evne til konstant at tune ind i Kristus-bevidstheden, mit højere selv.

D: Er det noget, der har stået på i mange år?

J: Ja, men det accelererer nu, da jeg har bevist for dem, at jeg er dedikeret til at opfylde mit guddommelige formål, så at sige, og ønsker at blive på den spirituelle vej. Jeg har bevist, at jeg virkelig vil tjene menneskeheden. Og derfor har jeg nået et vist punkt med at bestå prøver og udfordringer og holde kursen. Så accelereres denne proces.

D: Men det skal gøres med en stigende hastighed for at gøre det til en permanent ændring i kroppen?

J: Fortsæt med at øge det til de endelige tolv strenge. Det er det endelige mål om at nå den ophøjede femdimensionelle tilstand.

D: Men det ville ikke blive solidt, hvis det ikke blev gentaget regelmæssigt?
J: Det er som om det kunne forkalkes eller blive stillestående, eller ... Jeg ser det ... præcis som muskler i kroppen.
D: Atrofierede?
J: Det er det samme. Så jeg skal gøre min del med meditation og tuning ind og bekræfte mine intentioner. Så vil de hjælpe med deres teknologiske proces, gå ind og accelerere det hele. Det ville tage mange, mange år at opnå gennem ren meditation.
D: Men hvis denne proces blev stoppet på noget tidspunkt, ville det så atrofiere? Det ville ikke fortsætte?
J: Det ville være højere end min tilstand plejede at være, men ville falde kort af, hvad det er tiltænkt og kan være. Det ultimative mål: den femdimensionelle tilstand af vibration og bevidsthed.
D: Spørg dem, når de gør dette, aktiverer de så noget med lyset, eller skaber de noget i kroppen, nyt DNA, der ikke var der før?
J: Åh, nej. De er startet med de to strenge, og som jeg sagde - på en eller anden måde gennem denne proces - føder de fortsat andre strenge, øger antallet af celler eller hvad det nu er.
D: Næsten som celler deler sig?
J: Hmmm, jeg gætter på, at det er det, de prøver at sige.
D: Gøres dette på alle?
J: Det gøres primært på dem, der inkarnerede specifikt for at hjælpe menneskeheden under denne udviklede højere bevidsthedstilstand. Det vil ske i mindre grad for dem, der ikke i øjeblikket er bevidste om deres spirituelle selv, som ikke ved, at de er spirituelle. Så de er primært stadig fanget i bevidsthedens tæthed.
D: De andre, der får det gjort, skal de alle ombord på fartøjer som dette for at få det aktiveret?
J: Svaret er ja.
D: Er det? Du sagde for lidt siden, at de kunne gøre det, når du mediterer eller sover?
J: Jeg gætter på, at jeg bliver taget under de tidspunkter til en anden proces, der er mindre intens, men lad os se. (Pause) Der er noget, der kan udføres, når jeg er ude af kroppen. Der er teknologiske kirurger, siger de, som er i stand til at fjerne din æteriske krop og fusionere den med den større lyskvotient. (Forvirret) Som jeg

Den Snoede Univers ~ Bog Et

forstår det. Og så returnere den til min fysiske krop uden at skulle hele vejen op til moderskibet. De har mindre laboratoriumsskibe, hvor dette gøres.

D: *Så det behøver ikke altid at blive gjort med maskinen?*

J: Jeg prøver at se, om det er en teknologisk enhed, eller om de teknologiske kirurger gør det med deres sind. Jeg tror, det er det. Deres sindskraft kan også hjælpe og fremme denne proces, men ikke i samme grad som sindet og den teknologiske enhed på det større skib. Men begge er effektive og bliver udført regelmæssigt nu.

D: *Hvordan påvirker denne proces kroppen?*

J: Kroppen bliver lettere, og cellestrukturen, membranerne bliver tyndere og tyndere, og lettere og lettere. Vi har lyst til lettere og lettere mad. Kroppen har mere og mere besvær med at fordøje og bearbejde den tunge, tætte mad. Det er derfor, jeg gætter på, at jeg har haft lyst til flere og flere væsker. Og jeg spiser meget sjældent, når jeg er hjemme, andet end en frugtsmoothie. Jeg smider det hele i og laver en tyk flydende morgenmad og frokost. Og flere gange om ugen har jeg en flydende frokost med bare gulerødder, tomatjuice, selleri og friske grøntsager.

D: *Så det får dig til ikke at ønske de tungere fødevarer?*

J: Rigtigt. I længere tid har jeg følt det sådan.

D: *Hvordan påvirker disse ændringer kroppens sundhed?*

J: Det ville være en sundere krop, efterhånden som den bliver mere og mere til en lyslegeme.

D: *Kroppen bliver sundere til det punkt, hvor der ikke er sygdomme, mener du?*

J: Nej, der vil stadig være sygdomme, men efter processen er afsluttet, vil kroppen være meget mere immun over for de fleste sygdomme, men ikke helt fri. Det har øget mine mentale kræfter, og når transformationen er fuldført, vil jeg have meget mere kontrol over min krop, end jeg har nu. Og jeg vil være i stand til at rette den og balancere den meget efter vilje, så at sige.

D: *Så selv ændringen af blot nogle få strenge kan gøre en forskel i kroppen, før den når til den færdige tilstand?*

J: Det gør nogle forskelle, men i overgangsprocessen er der en tendens til, at flere ubalancer opstår, fordi det gamle bliver erstattet af det nye. Og det gamle ønsker at holde fast i sig selv for at opretholde

Den Snoede Univers ~ Bog Et

status quo, indtil et vist punkt, hvor det nye er solidt, og de nye strenge er i flertal. Det er næsten som en demokratisk proces, og så vil det nye blive dominerende. Og accelerationsprocessen vil igen blive hurtigere, efterhånden som mere og mere af det gamle bliver erstattet af det nye.

D: *Så i løbet af den tid, hvor kroppen gennemgår ændringer, er den stadig mere modstandsdygtig over for sygdomme og sygdom?*

J: Ikke nødvendigvis.

D: *Jeg spekulerede på, hvordan kroppen blev påvirket, og hvordan det føltes.*

Indtil dette punkt var Johns stemme blød, søvnig og ofte svær at transskribere, da ordene blev sløret sammen. Nu blev stemmen højere og mere tydelig, lettere at forstå og transskribere. Dette var et klart tegn for mig på, at den anden entitet endelig var begyndt at svare for John i stedet for, at han hørte svarene. Det kunne også indikere, at underbevidstheden var trådt ind i samtalen. Under alle omstændigheder flød svarene meget lettere, hvilket jeg altid godt kan lide. Så ved jeg, at jeg er i kontakt med den sande information, og jeg kan få mere præcise svar uden indblanding fra det skeptiske og kritiske bevidste sind.

D: *Vil dette øge individets levetid?*

J: Meget.

D: *Når det er fuldført, eller mens hele processen er i gang?*

J: Det menneskelige væsen under denne overgangsproces er stadig udsat for mange negative påvirkninger, der findes på planeten på dette tidspunkt. Der er dog andre faktorer af beskyttende karakter, der hjælper og fremmer mennesker, der gennemgår denne proces, samt så meget ekstra beskyttelse som muligt. Og under skibsbesøg bruges scanningsenheder, der ofte kan reducere eventuelle indtrængende bakterier eller smitsomme partikler. Men det er ikke en perfekt procedure på nuværende tidspunkt. Der foregår en stor del eksperimentering og videnskabelig observation af den mest dramatiske transformation af den menneskelige krop til en betydeligt anderledes krop, en lyslegeme.

D: *Så du er ikke rigtig sikker på, hvordan det vil ende, fordi I stadig eksperimenterer?*

J: Vi vil helt sikkert modtage det endelige taktile produkt, så at sige, men overgangen består stadig af mange mysterier.

D: *Men når I giver denne beskyttelse for at gøre nogen mere modstandsdygtig over for bakterier og lignende, sker det så med maskiner? Eller hvordan foregår den proces?*

J: Når man er i glaskammeret og bliver infunderet med lys, ødelægger det en række interessante ting, der kan trænge ind i menneskekroppen.

D: *Hvad var formålet med scanningen i begyndelsen, på bordet?*

J: Generelt bare for at bestemme hans generelle fysiske, mentale og følelsesmæssige velfærd. For at se i hvilken grad han er i balance, for at se i hvilken grad hans forskellige kroppe: fysisk, mental, følelsesmæssig, æterisk og astral krop, er i eller ude af balance. Og bare en visuel undersøgelse af fysiske forhold og så videre, som bør observeres og registreres og sammenlignes med tidligere besøg og undersøgelser og ....

D: *Det er ligesom et tjek for at se, om alt går som det skal? (Ja) Og hvis det ikke gjorde, ville I foretage justeringer?*

J: Ja. Justeringer ville delvist være teknologiske og delvist øget instruktioner gennem meditationsprocessen, om hvad den – ved at bruge udtrykket – "valgte væren" kan gøre i forhold til at overvinde aktuelle problemer, dømmende adfærd eller følelser af mangel. Følelsen af ikke at stole på universet til altid at give alt, hvad der er nødvendigt på et givet tidspunkt, uanset omstændighederne. At til sidst slippe alle følelser af den materielle verden som en kilde til sikkerhed. Og regne med den åndelige og metafysiske verden, så at sige, som kilden til sikkerhed.

D: *Det er svært. Men du sagde, at hvis justeringer skulle foretages, blev det gjort med teknologiske enheder. Ville det være disse maskiner med lyset?*

J: Sandsynligvis, men mennesket skal gøre sin del. Vi kan ikke påtvinge vores teknologiske ekspertise ud over, hvad personen selv er villig til at gøre på det fysiske plan. Det skal være en perfekt harmoni mellem viljen til at udvikle sig åndeligt, så man kan arbejde sammen. Hvis man tager de nødvendige skridt på det mentale plan, vil disse skridt blive belønnet med vores øgede deltagelse for at hjælpe den pågældende person. Hvis personen stopper, uvillig til at gå videre på sin forudvalgte valgte sti – som hver person vælger før inkarnation – så vil processen gå i stå. Fri vilje er meget vigtig for alle på Jorden. De skal se igennem og transcendere den illusion, der eksisterer i den nuværende massebevidsthed. Og stole på de højere åndelige love og processer.

D: *Bliver dette gjort på flere mennesker, der åndeligt er på det rigtige punkt?*

J: Titusindvis af mennesker på dette tidspunkt. Når menneskeheden når den kritiske masse, dem der har øget deres vibrationsfrekvens og deres evne til at holde stadig større mængder lys – himmelsk lys, må vi sige – så vil "Hundrede Aben Syndromet" blive en realitet, og denne Jord vil have opnået en tilstand af højere bevidsthed, og det vil påvirke andre på planeten. Og denne højere bevidstheds velbefindende vil sprede sig fra de relativt få til et større og større antal, simpelthen på grund af al skabelses enhed. Simpelthen fordi alle eksisterer inden for den ene linje, den ene kærlighed til Gud.

D: *Hvad vil der ske med dem, der ikke deltager? Dem, der stadig er i den mere tætte tankegang, i den fysiske forstand.*

J: Hver sjæl vil træffe sit eget valg, om de vil deltage eller ikke deltage i denne proces. Og mange vil ikke deltage. Mange vil holde fast i deres gamle værdisystemer. Mange vil holde fast i illusionen af det, de er kommet til at tro på under deres inkarnation på Jorden, og vil ikke se ud over denne illusion. Og derfor vil de forlade deres kroppe og blive tildelt en anden planet, hvis lektioner er en fortsættelse af dem på planeten Jorden på dette bestemte tidspunkt. Planeten Jorden vil blive en anden skole, en højere skole, hvor den femdimensionelle vibration vil bestemme den nye læseplan, de nye lektioner, der er tilgængelige for de sjæle at deltage i på et højere niveau end det, der nu er tilgængeligt i den tredimensionelle bevidsthed.

D: *Jeg har fået at vide, at disse mennesker ville blive efterladt. Er det, hvad det betyder?*

J: De vil blive efterladt i forhold til deres egen vækst. De vil ikke bevæge sig med og fortsætte at træde og vokse med de andre, der er dedikeret og har praktiseret de mentale og fysiske discipliner, der er nødvendige for at involvere sig åndeligt.

D: *Så når de forlader deres kroppe, vil de ikke komme tilbage hertil. Dette vil være et helt andet sted da. (Ja) Og dette sker med titusindvis af mennesker, og de ved det ikke bevidst, gør de? Ligesom John ikke vidste det bevidst.*
J: John ved meget på grund af hans direkte undervisning. Og der er mange på Jorden i dag, som er i direkte kontakt med deres guider fra mange planetsystemer, der er her for at hjælpe menneskeheden med at bevæge sig op til de højere niveauer af vibration og bevidsthed. Og flere og flere bliver vækket hver dag på grund af deres særlige forudvalgte tidsplan, da de kom ind i kroppen på Jorden. Din sjæl kommer ind med en forudvalgt dagsorden, der inkluderer en tidsplan for opvågning, så at sige. Den opvågning vil blive udløst af visse begivenheder, der sker på planeten. Disse begivenheder kan være simpel kontakt med andre mennesker, åndelige lærere, der vil fortælle dem noget, der vil vække og starte deres proces. Nogle vil blive vækket af geofysiske katastrofer, så at sige, der vil ske i deres nærhed, hvad enten det er en orkan, en tornado eller et jordskælv. Så der er mange forskellige enheder eller processer til at udløse opvågningen af sjæle, der kommer ind på planeten på dette tidspunkt. Nogle vil blive vækket pludseligt og dramatisk, som John blev, af deres forudvalgte, forudbestemte guider. Mens andre vil nå til selvrealisationsprocessen mere gradvist gennem forskellige oplevelser og så videre. Der er katalysatorer, når denne proces bliver "rullet ud", så at sige.
D: *Over hele verden altså.*
J: Ja. Selvom Amerika på nuværende tidspunkt er det primære område for modtagelse og spredning af information, gennem mennesker i bøger, de skriver, film, de laver. Og andre former for kommunikation, der vil blive spredt ud over hele verden. Det betyder ikke, at andre mennesker i andre lande ikke modtager information også, men USA er det, så at sige, publiceringscenter for åndelig information på dette tidspunkt.
D: *Det spreder sig udad fra Amerika og påvirker mange flere mennesker på den måde. (Ja) Er dette en anden grund til, at levetiden bliver forlænget?*
J: Efterhånden som den nye Jord folder sig ud, vil tilstanden af at være være dramatisk anderledes end den nuværende virkelighed, fordi når man når den højere bevidsthedstilstand, den femdimensionelle

bevidsthed, er der ikke længere uvidenhed om den kosmiske proces. Der er ikke længere uvidenhed om Gud, der gennemtrænger alt liv overalt. Derfor er man fri for begrænsningerne af fødsel, modning og død på relativt kort tid. I den femdimensionelle bevidsthed indser man, at de kan have en meget større kontrol over – ikke kun hvor længe de lever, hvilket kan være hundredevis af år – men hele skabelsesprocessen. Fordi skabelsen af virkeligheder vil ske meget, meget hurtigt, når man når til denne tilstand af femdimensionel bevidsthed. Så kontrol over kroppen eller flere kroppe og evnen til frit at rejse ud af kroppen overalt i universet vil være almindeligt.

D: *Jeg har fået at vide, at jeg ville være her for at se alle disse ting, fordi alder ikke ville være det samme. Er det, hvad du mener?*

J: Ja. Det gamle paradigme, der eksisterer på Jorden nu, om en relativt kort levetid vil være et fjernt minde.

D: *Men kun for dem, der forbereder sig til dette.*

J: De, der opnår tilstanden af femdimensionel bevidsthed, vil bevæge sig fremad og deltage i den nye Jord, og vil være i stand til at gøre disse ting.

D: *Jeg har også fået at vide, at rumvæsenerne har undersøgt menneskekroppe for at finde helbredelser for sygdomme, så kroppen kan leve længere. Er det korrekt?*

J: Det er korrekt.

D: *At et af formålene med de fysiske undersøgelser var at forsøge at stoppe nogle af disse fremadskridende sygdomme, der findes i verden.*

J: Efterhånden som den fysiske krop gennemgår sin transformationsproces, vil den blive mere immun. Menneskerne eller de nye mennesker, eller hybriderne, der kommer og vil deltage i den nye Jord, vil bringe større bevidsthed, større viden for at helbrede de gamle sygdomme, så at sige. Så det er ikke kun en igangværende proces, men en, der vil fortsætte ind i de højere bevidsthedstilstande. Og i de højere bevidsthedstilstande vil elimineringen af disse ting blive fremskyndet på grund af den meget øgede intelligens, udnyttelsen af sindet, større adgang til meget avanceret teknologi. Mange ting, der ikke findes på planeten på nuværende tidspunkt – eller hvis de findes, bliver undertrykt eller ikke brugt eller holdt hemmeligt af den ene eller anden grund.

D: *Jeg har fået at vide, at de mennesker, der er ombord på disse fartøjer, allerede har mestret dette. De kan leve så længe, de vil, er fri for sygdom, og de dør ikke, før de er klar til at dø.*

J: Det er korrekt.

D: *Og de prøver at få mennesker til en lignende tilstand?*

J: Ja, eller i det mindste en tilstand, der er betydeligt højere end den nuværende menneskehed.

D: *Vi vil sandsynligvis altid have nogle begrænsninger så.*

J: Ja. Altid et igangværende arbejde, så at sige, en konstant udviklende række af udfordringer, eller at overvinde disse udfordringer.

D: *Fordi dette er en planet, hvor vi lærer lektier, såvel som har fri vilje.*

J: Alle planeter har deres lektier, så at sige. Selv de lektier, der er langt ud over dine vildeste forestillinger på Jorden i den nuværende tilstand af tredimensionelle begrænsninger. Men universet er, og vil altid være, en proces af vækst og ekspansion og udfordringer. Uanset hvor høj vibrationshastigheden er, uanset hvilket niveau civilisationer og væsener har opnået, med hvert niveau af spiralen opad, vil nye udfordringer blive mødt for fortsat vækst.

D: *Så Jorden kan aldrig blive et virkelig perfekt sted på grund af den frie vilje og lektierne her. (Ja) Jeg har et sidste spørgsmål. Disse ting, du talte om, om ændringen af DNA. Ved USA's regering noget om disse ting? Har du delt disse begreber med dem?*

J: Der er flere videnskabsmænd i USA og andre lande, der er opmærksomme på mutationsprocessen, så at sige. De er lidt forvirrede og forbløffede over den proces, der nu udfolder sig på planeten. Og de ser det som en ret pludselig og dramatisk mutationsproces. Men mange er bevidste om det.

D: *Mener du, at de videnskabeligt kan se disse ændringer, der sker?*

J: Mange er opmærksomme. Mange er også bange for at afsløre denne information af frygt for latterliggørelse fra deres videnskabelige kolleger, som ikke har haft direkte erfaring og observation af denne proces.

D: *Så de kan, med deres videnskabelige instrumenter, se at disse ændringer finder sted i menneskekroppen.*

J: Det er korrekt.

Andre efterforskere og forfattere har opdaget information om aktivering og fremgang til 12-strenget DNA, men de antager, at det vil ske spontant. Det ser ud til, at det vil være en gradvis proces at aktivere DNA'et til at producere (eller føde) flere strenge. Hvis disse nye strenge kan blive faste og blive permanente, så vil de producere flere strenge. Det vil derfor ikke ske hurtigt, men bliver bestemt udløst i kroppene på titusindvis af mennesker verden over. Det er en del af en guddommelig plan, som vi kun har et svagt indblik i på nuværende tidspunkt.

Før sessionen havde jeg opstillet spørgsmål, som John ønskede at få svar på. Et af dem handlede om en usædvanlig drøm, der havde siddet fast i hans hukommelse.

D: *John sagde, at han havde en meget, meget virkelig drøm en nat, hvor han så et rumskib ud ad vinduet. Han følte behovet for at skrige, men kunne ikke. Var det bare en drøm, eller var det en oplevelse, eller hvad?*

J: Det var mere end en drøm. Det var et møde i en anden dimension. Og tilstedeværelsen af vores skib bragte nogle traumatiske minder tilbage, der stammede primært fra hans barndomserfaringer, da den nuværende sjæl ikke var udviklet til den modenhed, der eksisterer i John på dette bestemte tidspunkt. Da han var barn, skræmte vores mærkelige, ikke-menneskelige udseende ham desværre, og efterlod visse traumatiske ar, så at sige, følelsesmæssige ar.

D: *Fordi børn ofte ikke forstår.*

J: Ja. Og vi fortryder dybt, at dette skete, og at arrene stadig eksisterer. Så for John var udseendet af skibet todelt. Det udløste den hukommelse og følelse af rædsel. Men det tjente også det formål at gøre John opmærksom på, at han havde indre arbejde at gøre for at overvinde denne tidligere oplevelse. Og han har gjort store fremskridt i den henseende siden dengang.

D: *Er dette en af grundene til, at disse minder er tilslørede eller fjernet, fordi det er sværere for et barn at forstå, hvad der sker? Ville det være en grund til ikke at lade personen huske?*

J: Meget bestemt. Også når man udvikler sig åndeligt og hæver deres vibrationsniveau til et punkt, hvor man virkelig føler sig ét med al skabelse og opretholder en tilstand af kærlig bevidsthed, så er der intet at frygte. Fordi det universelle faktum om livet, så at sige, om at være ét med alt liv, bliver ikke kun accepteret intellektuelt, men en dybt følt viden. Derfor accepteres skabelsens enhed, uanset hvordan livsformerne ser ud. Hver livsform, uanset hvor bizar formen kan være i forhold til den nuværende jordiske bevidsthed, når man når den tilstand af universel enhed og ubetinget kærlighed til alle, så forsvinder frygten. Det er ikke længere en realitet for den pågældende person.

Jeg er blevet fortalt af rumvæsenerne, at frygt er den stærkeste følelse, som mennesker har. Hvis de ikke kan forstå noget, farver de det med frygt for at få det til at passe ind i deres tankemæssige rammer. Med forståelse af oplevelsen forsvinder frygten. Dette har været platformen for mit arbejde med mennesker, der tror, de har haft såkaldte "ubehagelige" oplevelser. Når de kan forstå, hvad der er sket, kan de integrere det i deres nuværende liv og leve med det, snarere end at frygte det og trække sig tilbage fra det.

Jeg synes, det er ret bemærkelsesværdigt, at to mænd på hver sin side af verden kunne komme frem til et identisk scenario uden at kende den information, jeg havde indsamlet fra hele verden. Jeg synes, dette tilføjer validitet.

* * *

En session, der var forventet at være en almindelig terapi, blev gennemført, mens jeg talte ved Laughlin UFO-konferencen i Nevada i 2000. Under mit første interview laver jeg altid en liste over spørgsmål, som subjektet ønsker at finde svar på. På den måde kan jeg give dem så meget hjælp som muligt, og de kan få mest udbytte af sessionen. I mange af disse tilfælde er svarene ikke, hvad jeg normalt ville forvente. Når jeg arbejder med underbevidstheden, har jeg lært at holde et åbent sind og fortsætte med at stille spørgsmål som den objektive reporter, selvom sessionen går i en uventet retning. Med min umættelige nysgerrighed er jeg åben for enhver ny information, uanset hvor mærkelig den måtte være.

Lee var en ung kvinde i begyndelsen af fyrrerne, og vi var lige gået igennem et tidligere liv og var ved at skabe forbindelserne med hendes nuværende liv med hjælp fra hendes underbevidsthed.

D: Er der en forbindelse mellem det liv og det nuværende liv, Lee lever?

L: Ja, men det er gradvist. Intet sker på én gang i et liv. Jeg kan ikke lide langsomheden. Det liv viste hende, at det er okay at stå op for, hvad du synes er rigtigt. Det er okay at være alene. Det betyder ikke rigtig noget, at vi er alene. Vi tror bare, vi er det. Vi er aldrig virkelig alene.

D: Hun har nogle spørgsmål, hun gerne vil stille. I hendes nuværende liv som Lee giftede hun sig aldrig og har undgået sex. Hun ville gerne vide årsagen til det.

L: En del af mig kom ikke fra denne virkelighed. En del af mig, der er her nu, kommer ikke fra denne tid, og kommer ikke fra dette rum. Den forstår ikke sex, som sex forstås på denne planet. Den forstår ikke tid, som tid forstås på denne planet. Denne planet er ekstremt langsom og meget, meget svær at være i. Og den del af mig er kommet hertil på egen hånd, og jeg har ikke hjælp her.

D: Hvilken del taler du om?

L: Vi er alle dele. Vi er aldrig kun én del. Det kom hertil som lys. Lyset ved allerede. Lyset kommer hertil helt rent, og det er en meget mærkelig oplevelse at være her, men det er okay. Det kan justeres.

D: Men Lee har haft mange fysiske liv på Jorden, har hun ikke?

L: Ja, men det er kun en del af hende. Hun har aldrig kun været Lee. Det er bare et trossystem. Det er mere end det. Det er ikke mandligt, det er ikke kvindeligt. Det er lys. Det er en forståelse af en anden type. Der er ingen ord i ordforrådet for dette. Det er nyt.

D: Hendes sjæl er den samme sjæl, der er gået igennem alle disse liv og lærer af erfaringerne. Er det ikke rigtigt? (Ja) Taler du om noget andet, der er kommet ind?

Jeg tænkte på de små lysende væsener, som Bartholomew talte med, som frivilligt kom for at hjælpe. (Afsnit Én)

L: (Hun havde svært ved at udtrykke det.) Tid eksisterer slet ikke. Tid er ikke. Tid findes kun i din dimension, i denne dimension her.

Den eksisterer ikke på samme måde andre steder. Det er meget langsomt. Det er meget svært at udtrykke i dette. Det har brug for afklaring.

D: *Men vi er fanget i dette system af tid i denne virkelighed. (Ja) Den del, der er anderledes, som ikke forstår disse ting, hvor kommer den del fra?*

L: Den kommer fra ... ikke fra stjernerne. Ikke fra dit solsystem. Den kommer ikke fra din tro på et solsystem, for det er, hvad alle dimensioner her er. Det er kun det, du har brug for til din læring.

D: *Til vores virkelighed.*

L: Ja. Du skaber mestre. Du skaber lærere. Det er kun skabelser.

D: *Men de hjælper os med at lære.*

L: Ja. De er her til det formål.

D: *Hvor kommer den anden del fra?*

L: Den anden del er ud over ... det er ikke et sted derude. Det er ikke her, det er ikke der. Det er. Det er en vibrationsrate, men det er ikke en vibrationsrate. Det er så langt ud over det, at der ikke er ord til at udtrykke det. Det skal mærkes. Det er begyndt at blive mærket på denne planet, men det har taget så lang tid.

D: *Denne del, hvordan bliver den en del af hende?*

L: Ved at give slip på gamle koncepter, gamle ideer. At kunne genforenes med det. Det har været der. Det har altid været der. Men vi binder os selv, når vi er på denne planet. Og når vi binder os selv, kan vi ikke se det.

D: *Jeg prøver at forstå. Overtager denne del?*

L: Den har intet at overtage. Den er. Den er bare. Der er ingen overtagelse. Vi tror, vi bliver kontrolleret. Det er, hvad der er galt på denne planet. Vi er altid bange for at blive kontrolleret af noget eller nogen, men vi bliver aldrig kontrolleret. Dette er illusionen af det. Vi har aldrig været kontrolleret. Vi tror kun, vi er det.

D: *Men hvis det altid har været her, hvorfor er andre mennesker så ikke bevidste om det?*

L: Det har ingen ord. Det har ingen placering. Det har ingen lyd. Det har ingenting, der kan genkendes. Det er fuldstændig stille, og alligevel er det fuldstændig kraftfuldt. Og det er bare ... meget langsomt. (Sukker) Det har taget så mange liv. Tid på denne planet er ikke engang korrekt. Historiebøgerne har det ikke korrekt. Tid er bare ikke, hvad vi er blevet ledt til at tro, det er.

Den Snoede Univers ~ Bog Et

D: Du sagde, det ikke overtager. Hvordan hæfter denne del sig til den fysiske person? (Pause) Eller er det det rigtige ord?

Jeg tænkte stadig, at den del, hun beskrev, var noget adskilt fra hendes sjæl eller personlighed, som vi opfatter det. Den mest logiske konklusion ville være en form for besættelse af en enhed. Andre efterforskere har rapporteret tilfælde af dette, men i alle mine års arbejde har jeg aldrig fundet noget af denne type.

L: Det fysiske er kun her. Her er det ikke engang i den tidsramme, som du tror, det er. Livslængden er ikke engang i den tidsramme, som du tror, det er. Det er alt. Alt, men vi har planlagt at gå igennem det. Folk går igennem dette, men det er ikke alt, hvad vi er.

D: Du sagde, det er en del af hende. Er dette en anden del af alle? (Ja) Har alle mennesker denne anden del?

L: Der er gradueringer af det. Alle har det, men ikke alle vil se det.

D: De vil ikke vide, at det er der? (Ja) Hvad med mestre eller åndelige lærere? Er de mere bevidste om det end andre?

L: Nogle af dem.

D: Men denne del i Lee er mere fremtrædende i dette liv, og det er derfor, hun aldrig blev gift? (Ja) I andre liv var det ikke så fremtrædende? (Nej) Jeg tænkte, at hvis det er mere fremtrædende i dette liv, hvornår trådte denne del så ind eller blev tilknyttet hendes krop, men du mener, det har været der hele tiden.

L: Det sker ikke i en rækkefølge af begivenheder. Det er der. Det er ikke i denne lineære tidsramme. Og det er derfor, det ser ud, som om det hæfter sig, men det gør det ikke. Der er bare så meget. Der er verdener og verdener af information. Og intet af det er begrænset til fødsel og død. Fra fødsel til død er en meget lille del af dette. Og det betyder virkelig ikke noget. Vi tror, det betyder noget. Det gør det, og alligevel gør det ikke. Det er bare en lille, lille glimt. Og den anden del er det vigtigste, men det er ikke begrænset. Dette er den sværeste del at beskrive. Du kan ikke beskrive noget, der er ubegrænset.

D: Det er sandt. Ville denne del være det samme som Gud, som vi kender det?

L: Vi kender ikke Gud. Vi tror, vi gør, men vi gør det ikke. Gud er så uendelig. Gud er et navn, vi har givet til den ultimative kraft, der

går ud over galakserne. Det går ud over alt, hvad sind kan forestille sig.
D: *Er denne anden del forbundet med det, eller er det adskilt?*
L: Nej, det er forbundet med det.

Jeg prøvede virkelig hårdt at forstå dette fremmede koncept, så det var svært at tænke på spørgsmål, der kunne udvinde mere information.

D: *Så det er som en altomfattende energi eller kraft. (Ja) Og det er i alle, eller der?*
L: Det er der.
D: *Men ikke alle er bevidste om det.*
L: Ja. Kroppe er mere løst sammensat, end man kan forestille sig. Vi ser dem som solide, men det er de ikke, fra andre synspunkter. Fra andre virkeligheder er de ikke. Nogle gange er folk bange for dette, men det er ikke noget at være bange for. Universet er rigtigt i sin måde at gøre tingene på.
D: *Hvorfor er folk bange for det?*
L: Fordi de ikke ser langt nok. Det har intet at gøre med at se med øjnene. Du kan ikke nå det. Du kan ikke nå slutningen af universet. Du kan ikke nå slutningen af noget, fordi der ikke er nogen ende. Og ord, sproget ... kroppens genetiske struktur indeholder det endnu ikke. Det har antydninger af det, men det indeholder det ikke. Vi er ikke adskilt fra det. Det er der for os, men vi har adskilt os i individer for at opleve dette. Der er ingen oplevelse, der er forkert.
D: *Alt har et formål eller en lektie. (Ja) Men vi har alle individuelle sjæle, ikke?*
L: En sjæl er et meget større koncept, end vi kan forestille os ved at kalde det "individuel". Vi kan være individuelle i ét øjeblik, og vi kan være en stor sjæl i det næste øjeblik. Og der er ingen tidsopdeling i det. Det går fra det ene til det andet.
D: *Jeg kan godt lide at tænke på en individuel ånd, der har erfaringer og lærer lektier.*
L: Ånden går ud og lærer lektier gennem individuelle gnister, og den vender tilbage med al viden om disse oplevelser.

Den Snoede Univers ~ Bog Et

D: Det gør den og bliver en del af denne større sjæl? (Ja) Og den større sjæl er ækvivalent med Gud?

L: Det er ækvivalent med det, vi tænker på som Gud, fordi vi ikke har forstået Gud. Det er for uendeligt. Vi er nødt til at sætte grænser. Vi laver vores egne hierarkier for at forstå.

D: Vi opfatter Gud som Skaberen af alt, hvad vi kender. Er det korrekt?

L: Vi er også den skaber. Vi er ikke adskilt fra Gud. Vi er alle en del af den samme skabelse. Der er ingen opdeling.

D: Med den forståelse har jeg fortalt folk, at de kan skabe, hvad de vil i det fysiske, ikke sandt?

L: Nej, for der er bindinger her. Der er måder at lære på her, som vi oplever. Ja, på en måde kunne vi, og på en anden måde har vi valgt ikke at gøre det. Det er et valg at gå denne vej.

D: Vi pålægger os selv begrænsninger.

L: Vi har pålagt begrænsninger for denne oplevelse.

D: Men denne anden del manifesterer sig ikke i de fleste menneskers liv for at få deres liv til at blive anderledes. Er det sandt?

L: Dette er, hvad de er, men de kan ikke røre det med deres fem sanser. Der er endnu ikke kapacitet, selv i hjernen, til at begynde at forstå dette ordentligt. Det, der sker, er, at det ændrer sig. Der er ikke kredsløbet i hjernen til at håndtere dette. Der vil aldrig være det i den menneskelige hjerne, som den eksisterer nu. Dette er ved at ændre sig.

D: Hvordan ændrer det sig?

L: Der er et spring foran os. Det er ikke gradvist. Der er et spring, men ikke alle vil tage det spring. Nogle vil, nogle vil ikke. Men det betyder ikke, at de er efterladt. De er bare på en anden rute. Det er en opgradering af evnen, som det er tid til. Mange ting ændrer sig lige nu på planeten. Der er mange problemer, der brygger under havets overflade og jorden. Vi har skabt det for oplevelsens skyld. Og det er ikke noget at frygte. Det kan skabe frygt, men ...

D: Alt sker af en grund.

L: Ja, det gør det.

D: Men du sagde, at kredsløbet i vores sind, vores hjerner, ændrer sig?

L: Vi vil være i stand til at håndtere mere. Vi vil aldrig vide det hele. Der er ingen ende.

D: Hvordan sker dette?

L: I lang tid var den menneskelige hjerne stagneret. Den kunne ikke gå videre. Der er blevet udført opgraderinger. Ligesom computere opgraderes, opgraderes menneskelige hjerner også. Det sker nu. Det er en ny brobygning af kredsløbet.

D: *Er dette på et genetisk niveau?*

L: Cellerne ændrer sig. Genetikken ændrer sig. (Som om hun ser noget.) Åh, jeg ved ikke, hvad det er! Cellerne ændrer sig. Genetikken ændrer sig. Der er mere kapacitet. Folk tror, at deres hjerner skal vokse større for at have mere kapacitet. Det skal de ikke. De skal bare ... det er en anderledes ledningsføring. Det er en anderledes konfiguration.

D: *De siger altid, at vi ikke bruger hele vores hjerner alligevel.*

L: Det gør vi ikke.

D: *Er dette noget, der var automatisk programmeret ind i vores kredsløb, eller er det noget, der sker udefra?*

L: Det blev placeret der oprindeligt for at se, hvordan det ville udvikle sig. Det kunne kun finde sted, når visse ændringer var sket i atmosfæren på planeten. Du skal holde øje med de unge børn for dette. Nogle af dem. Ikke alle, men nogle af dem, meget. Unge børn har noget nyt, der ikke er blevet set før. De vil ikke kunne se det på røntgenbilleder eller nogen form for udstyr som det. Det er en ny udvikling. Vi har alle kapaciteten til det. Ikke alle endnu, men det er der.

D: *Så det viser sig gradvist hos de voksne også? (Ja) Men det var noget, der blev lagt i vores kroppe, da vi blev skabt?*

L: Der var håb om, at det ville udvikle sig, men to gange er det mislykkedes. Så blev det genstartet, og det ser ud til, at det endelig har fået fat.

D: *Jeg har fået at vide, at rumvæsenerne er dem, der skabte vores fysiske kroppe. Er de dem, der programmerede dette ind i vores system? (Ja) Du sagde, det er mislykkedes to gange. (Ja) Kan du fortælle mig om det? Er det en del af vores historie?*

L: Det var før den skrevne historie, for at begynde med. Der er ikke en skreven historie for dette i begyndelsen. Og så er hele jeres historie forkert. Så meget af det er forkert. Den er blevet omskrevet. Den er blevet fejlagtigt skrevet. Den er ikke korrekt.

Du siger ikke noget som det uden at fange min interesse. Jeg leder altid efter "tabt" viden, især viden, der fejlagtigt er blevet overleveret til os. Jeg søger altid efter den "sande" version.

L: Det føles, som om det var en fejl i planlægningen. Noget var ikke taget højde for.
D: *Mener du, at noget uventet skete? (Ja.) Udviklede mennesket sig for hurtigt?*
L: De udviklede sig i den forkerte retning. Mennesket ville have udviklet sig for hurtigt for den planet, der husede ham. Der blev begået fejl. Det ville have skabt en ubalance for tidligt i systemet.
D: *For meget for hurtigt? (Ja) Og det var før den nedskrevne histories tid?*
L: Ja. De var nødt til at foretage ændringer.

Jeg spekulerede på, om hun talte om Atlantis. Jeg har fået at vide, at mennesket udviklede sin mentale potentiale til et meget højt niveau, men så misbrugte han det, så evnen blev taget væk. Dette var på tidspunktet for Atlantis' ødelæggelse. Det blev sagt, at evnerne ville vende tilbage i vores tidsperiode, hvis vi var på det stadium, hvor vi kunne bruge dem klogt.

D: *Hvad skete der anden gang?*
L: Der var en opsplitning. Bibelen har det ikke rigtigt om racer, der gik i forskellige retninger. Det er ikke korrekt information. (Hun virkede frustreret, tilsyneladende fordi hun havde svært ved at formulere det.) Historien om denne planet vil aldrig blive kendt gennem de skrifter, der er på denne planet nu. Disse skrifter har ikke været korrekte. Der er antydninger, men de har ikke været korrekte.
D: *Det er det, jeg prøver at gøre i mit arbejde, at genoprette tabt viden.*
L: Noget af det blev fjernet. Noget af det gik bevidst tabt. Noget af det blev begravet. Og der er en tilbagevenden af det nu, men det er fragmenteret. Og det er fragmenterne, du skal lede efter. Og fragmenterne kommer lidt efter lidt. De kommer ikke alt sammen på én gang. Og fragmenterne vil være skjult i hjernen hos nogle af de mennesker, du kommer til at arbejde med i fremtiden.

D: *Og jeg skal samle disse sammen? (Ja) Men du sagde, det splittede sig ved anden gang, da det ikke virkede? Kan du forklare det?*
L: Der blev udført et genetisk eksperiment, der ikke fungerede korrekt. Og det skabte forvirring. Bibelen skrev om det i historien om Babelstårnet. Det var et genetisk eksperiment, der ikke var helt nøjagtigt.
D: *Så sindet forsøgte på det tidspunkt at udvide sig?*
L: Ja. Det kunne ikke. Det blev fragmenteret. Det mistede sin evne til at forstå ordentligt og delte sig selv.
D: *Og så måtte alting begynde igen? (Ja) Men ikke helt tilbage til begyndelsen.*
L: Nej. I en anden form.
D: *Og nu når vi igen det punkt? (Ja) Og de tror, det vil virke denne gang?*
L: Ja. Det kommer sammen. Men det er på en så anderledes måde, at folk ikke leder i den rigtige retning. Vi bliver overbalancerede i vores teknologi, og det er der, det største problem ligger. Det åndelige er ikke blevet understreget nok. Religion betyder intet, men spiritualitet betyder alt. Og der er en overbalance, og planeten mister sin balance, når balancen er skæv. Sindet, kroppen, ånden går ud af balance. Det samme gør planeten. Vi er ansvarlige for det.
D: *Så på dette tidspunkt har rumvæsenerne udløst det igen for at virke i den rigtige retning?*
L: Ja, det er blevet udløst. Men de kan kun gøre så meget, fordi vi har vores lektier at lære.
D: *Ja, det er sandt. Når det udløses, sker det så gennem disse observationer og interaktion med dem?*
L: Ja, det sker på mange forskellige måder.
D: *Men det er noget, vi har brug for i denne tidsperiode?*
L: Ja. Det har altid været der til at blive brugt.
D: *Og de tror nu, at vi nærmer os det tidspunkt, hvor vi kan åbne op for mere kapacitet.*
L: Ja. Men hvis det sker for hurtigt, er der ikke kredsløbet til at tage sig af det. Kredsløb er ikke engang det bedste ord til det. Der er ting i hjernen, som en læge ikke kan se. Et røntgenbillede kan ikke fortælle dig det. Ingen af disse ting.

Den Snoede Univers ~ Bog Et

D: *Men kredsløb er et ord, vi forstår. (Ja) Så vi er nødt til at bruge analogier og ord, vi kan begribe, ellers er det for svært at forklare for folk.*

L: Ja. Det har ingen ord. Det har ingen forståelse. Når du ser ind i havets mørke, kan du ikke kaste lys derned. Du kan bare ikke. Du vil forstyrre det, der allerede er bundfaldet der. Der er dem, der har brug for det. Og dem, der har brug for at svømme i mørket. Og deres livsform ville blive ødelagt og totalt ruineret, hvis det blev gjort. Det kan ikke gøres hurtigt, selvom spring kan finde sted. Spring kan finde sted, men kun når kredsløbet er der og på plads, og når balancen er der. Planeten er i en desperat tilstand lige nu. Planeten er overhovedet ikke stabil. Der er mennesker, der går rundt uden nogen opfattelse af, hvad der sker med dem, eller hvad der sker med deres hjerner, med deres kroppe under den øgede tunghed af vibrationerne og plasmaet. Plasma? Noget om en plasmahvirvel. Jeg forstår det ikke. Der er en plasmahvirvel af en slags, der påvirker dette. Der er intet godt eller dårligt her. Der er kun erfaring. Men vi har den evne i os til at være i balance. Der er en kombination af elektrisk magnetisk stimulering af forskellige dele af hjernen, som ikke kunne opdages før denne tid i historien. I den tid, der kan bringe det frem. Før dette ville det ikke have været klar. Det kan genåbne kredsløb, der har været lukkede. Hvis du ser på dine pyramider, vil du finde et billede af, hvad der nu sker på planeten. Men du skal kigge dybt i pyramidernes historie for at finde den bekræftelse. Den er der, men den er ikke skrevet på væggene. Det, der sker nu på dette tidspunkt, er en omordning af hjernens kredsløb. Egypten vidste dette. De havde et andet system til at bringe det frem. Deres system var rudimentært i forhold til, hvad der nu kan ske på planeten. Selvom deres system blev hjulpet af rumvæsener. Hvis nogen siger, at det ikke var sandt, så var det sandt. Som det var, havde de en opgradering. Der har været lignende opgraderinger rundt om på planeten i forskellige områder.

D: *Men nogle gange var det for tidligt. Er det, hvad du mener?*

L: Det skete for det meste, når det skulle ske. Men igen er vi på kanten af ubalance. Men ubalancen er ikke kun planetarisk. Den omgiver planeten. Det er tænkningen, det er misbruget af miljøbalancen.

Vi har al den viden, men vi har ødelagt den. Vi har undertrykt den. Vi har mistet meget af den.
D: *Vi er nødt til at starte helt forfra.*
L: Noget bliver gjort på østkysten af USA. Det vil ikke ske med det samme, men det er i nogle laboratorier nu. Det er i Virginia.
D: *Ny teknologi eller hvad?*
L: Ja. Det er begyndelsen. Der er stadig ny teknologi.
D: *En ting, jeg har fået at vide. Vores fysiske alder betyder ikke noget, vel?*
L: Det har intet med det at gøre. Vores alder er ved at blive udvidet, men endnu ikke med mange år. Vi har stadig meget arbejde foran os, før det kan ske.

I denne session lærte jeg, at ikke kun var menneskets genetiske sammensætning ved at ændre sig for at modstå sygdomme og alderdom, men også hjernen var under udvikling og udvidelse. Der er allerede dokumenteret flere tilfælde, hvor børn viser denne fantastiske udvikling i en ung alder. Der er adskillige bøger om emnet, og der udføres test i dele af landet. Børn bliver født med den avancerede kredsløbsstruktur allerede på plads. Det er de voksne, der skal indhente det.

Dette mærkelige koncept om en del, der taler til mig og som er adskilt fra klienten, men alligevel en integreret del af dem, var svært for mit menneskelige sind at forstå. Jeg har dog senere fundet andre tilfælde, og et af dem er rapporteret i det sidste kapitel.

* * *

Mere information af denne type kom gennem Phil i 1999. Jeg havde ikke haft en session med Phil i et par år. Efter at have arbejdet en periode i Californien, boede han igen i Arkansas på det tidspunkt og deltog i UFO-konferencen i Eureka Springs. Harriet var til stede under denne session. Hun var også glad for at se ham efter så lang tid.

Jeg brugte kontorbygningsmetoden, som Phil var vant til, og da elevatorens dør åbnede, så han det velkendte skarpe hvide lys, der ofte var til stede under vores sessioner. Der var nogen klar til at tage os derhen, hvor vi havde brug for at få information.

Den Snoede Univers ~ Bog Et

P: Han siger, at informationen bliver givet på dette tidspunkt, fordi det er på tide, at den menneskelige race forstår den uvidenhed, der har fået dem til at være så frygtsomme i mange, mange, mange år. Viden, bevidsthed og forståelse kan give folk mulighed for at udtrykke sig mere fuldstændigt og ikke lukke af for dele af deres virkelighed på grund af frygt og uvidenhed. Han siger, at du får en nøgle, som vil give dig adgang til disse områder af information, der har været utilgængelige i mange årtusinder. Forståelsen af, hvem vi er, og hvor vi kom fra, var blevet så ændret, at der ikke var nogen grundlag for, at denne viden kunne begribes. Men i disse tider med spirituel opvågnen og opløftelse kan den sande historie og genetiske virkelighed for den menneskelige race igen forstås mere fuldstændigt i sin helhed.

D: *Du sagde, at de ville give mig nøglen?*

P: Der er dem, som er dine modparter på det spirituelle plan, som arbejder med dig. Samt i dig, for at fremme denne bestræbelse, som du har påtaget dig. Ikke kun denne specifikke episode, som vi taler om nu, men den samlede indsats for at bringe viden og bevidsthed til masserne. Denne nøgle vil give dig adgang til visse områder af information, der hidtil har været utilgængelige for dem, der ville forsøge at undersøge historien og virkeligheden af den menneskelige art.

D: *Vi har flere ting, vi er interesserede i lige nu. Vi har fået informationer om DNA'et i den menneskelige krop, at der sker noget med det, og at det ændrer sig. Kan du fortælle os noget om det?*

P: Visse ændringer foretages, som tillader visse funktioner i kroppen at blive forbedret. Den menneskelige model bliver i nogen grad manipuleret for at forbedre dens overlevelsesevne og evne til at modstå og håndtere visse miljømæssige udfordringer. Dette er nødvendigt for, at den menneskelige krop kan tåle visse atmosfæriske forhold på andre planeter og under andre betingelser. Den kropsprototype, som I bærer, kan bruges mange andre steder i universet. Derfor bliver denne fysiske krop tilpasset, så den kan overleve visse planetariske forhold, som er forskellige fra jeres egne.

D: *Betyder det, at disse menneskelige kroppe vil tage til andre planeter?*

P: Det er korrekt. Der vil være brug af disse genetisk konstruerede kroppe på andre planeter, som vil blive beboet af sjæle, der har valgt den sfære, så de kan deltage i deres spirituelle pligter.

D: *Jeg har hørt, at der bestemt sker noget med DNA'et i de kroppe, der lever nu.*

P: Der er mange ændringer, som er blevet introduceret gennem miljømæssige forhold på jeres planet, ikke genetisk manipulerede. Der har været mange ændringer i jeres miljø, som har forårsaget ændringer i jeres fysiologiske udtryk. Reaktionen på disse kemikalier og energier i jeres atmosfære og miljø har påkrævet disse ændringer i jeres kroppe. Kroppen reagerer blot på disse stimuli.

D: *Du mener, at det er som om, immunsystemet tilpasser sig eller reagerer på en eller anden måde?*

P: Det er korrekt. Tilpasningsevnen til at imødekomme dens miljø og til automatisk at foretage ændringer blev programmeret ind i dette menneskelige udtryk ved dets skabelse. Der er livsformer, som ikke har denne automatiske tilpasning indbygget og derfor er afhængige af ydre manipulation for at ændre sig. Den menneskelige krop er dog blevet givet en evne til automatisk at tilpasse sig sit miljø, således at tæt manipulation ikke er nødvendig. Kroppe reagerer blot på de ændringer, der sker i jeres miljø.

D: *Hvis kroppe ikke tilpassede sig, ville kroppen så dø?*

P: Der ville være mindre tolerance, efterhånden som miljøet ændrede sig og blev mere udfordrende for kroppen. Kroppen ville blive mindre og mindre i stand til at håndtere det. Og som forholdene yderligere ændrede sig, ville der være mindre modstandskraft mod de miljømæssige udfordringer. Ja, på et tidspunkt ville kroppen ikke være i stand til at overleve i miljøet.

D: *Så det, der sker med vores miljø, er, at det forgifter kroppen og tvinger den til at tilpasse sig?*

P: Det er korrekt.

D: *Så hvis det ikke ændrede sig, ville det ikke overleve.*

P: Hvis miljøet ikke ændrede sig til en mere harmonisk tilstand, ville kroppen tilpasse sig de forhold, den befinder sig i. Med fjernelsen af de udfordringer, kroppen havde lært og udviklet sine

Den Snoede Univers ~ Bog Et

forsvarsmekanismer for at kunne modstå, ville kroppen ændre sig tilbage igen for at tilpasse sig det miljø, den befinder sig i.

D: *Jeg har fået at vide, at der er nogle udenjordiske, der ligner mennesker, men som ikke rigtig er mennesker, fordi deres indre organer har lært at tilpasse sig mange forskellige miljøer.*

P: Det er korrekt.

D: *Så vi går i den retning?*

P: Det er korrekt.

D: *Jeg har fået at vide, at en af grundene til, at vi ville have svært ved at rejse og leve i rummet, er, at vores kroppe ikke kan tilpasse sig på nuværende tidspunkt.*

P: Vi ville sige, at "på nuværende tidspunkt" er nøgleordet. Vi er opmærksomme på, at disse ændringer faktisk tager tid. Men manipulationen kan udføres over flere generationer for at gøre kroppen i stand til at tolerere mange forskellige slags miljøer.

D: *Eller kan det ske hurtigt i én krop i én generation?*

P: Afhængigt af hvilken specifik ændring der er nødvendig, kunne det faktisk opnås i én generation. Men mere radikalt forskellige ændringer ville kræve en meget længere tidsramme for at tillade, at disse ændringer sker naturligt.

D: *Som en form for evolution, blot fremskyndet.*

P: Det er korrekt.

D: *Er alle ved at ændre sig? Eller er det kun visse grupper, visse mennesker?*

P: Alle mennesker, der lever på denne planet lige nu, oplever miljømæssigt forårsagede ændringer i deres immunsystemer. De andre ændringer, vi taler om, er ikke miljømæssige, men er tilsigtede genetiske manipulationer. Genetisk manipulation bliver dog kontrolleret inden for en bestemt befolkningsgruppe, der er blevet udvalgt på grund af tidligere generations ... (han havde svært ved at finde det rigtige ord) ... høstning, kunne man måske sige. Vi er dog følsomme over for jeres moralske forståelse af "høstning" i konventionel forstand.

D: *Vores brug af ord.*

P: Det er korrekt.

D: *Så hvis visse grupper eller visse mennesker er blevet udvalgt, så sker den genetiske manipulation ikke for alle?*

P: Det er korrekt. Manipulation sker fra livmoderen ved tidspunktet for undfangelsen. Og efterhånden som denne væsen vokser og bliver produktiv eller forplantningsdygtig, vil hver efterfølgende generation være en smule ændret for at fremme den ønskede forandring. Dette er en generationsopgave, hvor hver efterfølgende generation er en smule forskellig fra den foregående.

D: *Ville disse udvalgte mennesker være forskellige på en måde, som gennemsnitlige mennesker ville lægge mærke til?*

P: Den avl og manipulation, der finder sted på jeres planet, er ikke noget, man vil bemærke fra den ene generation til den næste. Men hvis man kunne sammenligne måske ti generationer side om side, eller se forskellen ti generationer frem, ville der være en mere mærkbar ændring i fysiologiske, følelsesmæssige og spirituelle komponenter.

D: *Naturligvis ville de fleste mennesker sige, at det skyldes forskellene i maden og de fremskridt, vores medicinske videnskab har gjort.*

P: Og der ville være ændringer, der skyldes de stimuli. Men de ændringer, som vi taler om her, er meget mere subtile end dem, I ville bemærke som følge af miljømæssige eller sociale ændringer.

* * *

Denne session fandt sted, mens jeg talte ved en UFO-konference i Clearwater, Florida, i november 1999. Marie talte med mig efter ankomsten til konferencen og viste mig nogle mærkelige skriblerier, hun havde lavet, mens jeg holdt foredrag. Hun sagde, at hun hele tiden lavede disse mærkelige skriblerier, og hun havde ingen anelse om, hvad de betød, eller hvorfor hun gjorde det. Jeg tænkte, det kunne være en god idé at sætte hende sammen med en kvinde, jeg mødte året før ved en UFO-konference i Wisconsin. Skriblerierne så bemærkelsesværdigt ens ud. En anden kvinde havde givet mig prøver på, hvad hun kaldte fremmed skrift, men det lignede mere hurtigt nedskrevne automatiske skrifter, fordi det var på engelsk.

Mane ønskede at have en session, og en af de ting, hun ønskede at udforske, var, hvorfor hun følte sig tvunget til at lave de mærkelige skriblerier. Hun havde også haft en usædvanlig oplevelse året før, mens hun deltog i Gateway-kurset på Monroe-instituttet i Virginia.

Den Snoede Univers ~ Bog Et

Dette er et intensivt kursus for dem, der ønsker at lære at udføre bevidste udenfor-kroppen-rejser, fjernsyn og hvordan man bruger sindet på bemærkelsesværdige måder.

Sessionen blev afholdt på mit hotelværelse ved konferencen. Det startede normalt nok. Da hun kom ind i den dybe trance-tilstand, førte jeg hende tilbage til tidspunktet for hændelsen. Hun stod uden for instituttet og gik derefter ind i bygningen, men det blev snart tydeligt, at hun beskrev noget andet end de normale omgivelser, der burde have været der.

M: Jeg går ind i bygningen … Jeg ser alt træet og stofferne omkring. Jeg tjekker atmosfæren. Muligvis ser jeg, om - jeg er ikke sikker på, hvad jeg leder efter - jeg ser … jeg ser igennem luften. Jeg ser mere, end jeg normalt ser.
D: Hvad synes du om stedet?
M: Det er ikke, hvad jeg troede. Det er større, og der sker mere. Jeg er næsten overvældet af rummets storhed.
D: Du troede, det kun ville være en lille gruppe med dit program.
M: Det tror jeg nok.
D: Og der sker andre ting?

Jeg troede, hun mente, at der var andre programmer med andre deltagere, der fandt sted samtidig. Det blev snart tydeligt, at hun ikke beskrev den fysiske indgang til denne bygning. Hun så noget i denne trance-tilstand, der ikke havde været synligt for hendes fysiske øjne, men som ikke var skjult for hendes underbevidsthed. Kunne hun se ind i en anden dimension?

M: Der er et hul, som jeg ser det nu. Det er som en kløft eller en portal.
D: Hvad mener du?
M: Det er alt, hvad jeg kan mærke, når jeg ser. Jeg går ind, og pludselig forsvinder det fysiske rum, og et andet slags rum erstatter det. Og det er enormt. Og det er klart.
D: Mener du, at i stedet for væggene og rummene er der noget andet?
M: Ja. Som om det var en falsk struktur. Der er en scene for fysisk forståelse, for noget komfort for det fysiske væsen.
D: Er der også andre mennesker?

Jeg undrede mig over, om de andre mennesker, der ankom for at tage kurset, så det samme.

M: Jeg ser ingen mennesker i dette rum nu. Og de skulle være der. Jeg får en fornemmelse af utrolig højtladet "stof" i dette enorme rum. Jeg ser ingen væsner. Da jeg gik ind, hvad jeg troede var den fysiske virkelighed, som jeg var ved at opleve, nu hvor jeg kan se det herfra, er det en illusion af, hvad det virkelig er. Og der er en mulighed for at skifte fra at kende og relatere til tredimensioner til at eksistere i mere end den tredje dimension.
D: *Men på det tidspunkt følte du ikke dette bevidst, er det, hvad du mener?*
M: Rigtigt. Jeg vidste det ikke, før nu. Og det er meget virkeligt og meget fysisk i sin egen forstand, men ikke som vi kender det.
D: *Hvilken type program skal du studere der?*
M: Om lys.

Min næste sætning blev fuldstændigt udeladt. Det hele skiftede så langt væk, at jeg næsten ikke kunne høre nogle ord. Med den næste sætning vendte lyden tilbage til normal. Dette sker nogle gange, når jeg arbejder med denne type sessioner, og det virker næsten som om, at båndoptageren påvirkes af energibølger. Hun trak vejret tungt og syntes at opleve en form for ubehag. Var hun også påvirket af den samme energi, der påvirkede min båndoptager? Jeg gav hende forslag til velvære og spurgte hende, hvad der påvirkede hende.

M: Jeg ved det ikke. (Tung vejrtrækning). Det er mest omfattende, og det er et chok.
D: *Hvorfor tror du, det ville påvirke dig på den måde?*
M: Fordi det er så anderledes. Så meget om de andre energier, vi huser.
D: *I vores kroppe, mener du?*
M: Delvist i vores kroppe, men det er ud over vores kroppe. Vores kroppe er som små jordforbindelsesapparater på grund af denne dimensionssag.
D: *Hvordan ser dette sted ud?*
M: Det ser ikke ud, som jeg troede. Det ser ikke ud som træet og stoffet.
D: *Jeg mener, ligner det en bygning?*

M: Den virkelige institution gør, som du går ind i.
D: *Men hvad ser du nu?*
M: Nej. Jeg er på en balkon, en meget høj balkon. Og der er en balkon der i det fysiske. Men denne er meget bredere, og den er som krystal. Der er masser af krystal. Jeg ser ned i midten af rummet. Og det er ret oplysende og betagende og chokerende. Det er et overlag. Der er noget, der eksisterer såvel som det fysiske.
D: *Det er et godt ord for det, et overlag.*

Kunne det være muligt, at Monroe-instituttet faktisk er placeret over en slags interdimensionel dør eller portal, der er usynlig for vores bevidste sanser? Dette kan måske forklare nogle af de bemærkelsesværdige begivenheder, der finder sted der.

D: *Er du alene?*
M: (Hviskende.) Jeg er alene. Min fysiske krop føles meget oprejst og isoleret, som om den ikke er skiftet over endnu. Og nu, hvor jeg bevæger mig frem i dette, ser jeg, at jeg bliver bedt om at give slip og skifte fra min fysiske form. Det er meget smukt.

Hun blev følelsesladet og begyndte at græde.

D: *Hvad er der galt?*
M: (Følelsesladet) Det er så smukt. (Græder).

Marie var kunstner. En af de ting, hun ønskede at finde ud af, var, hvorfor hun ikke længere kunne male. Hun havde ingen inspiration.
Så jeg foreslog, at hun ville være i stand til at huske den scene, hun kiggede på, og genskabe den i et maleri.

M: (Følelsesladet og i ærefrygt.) Jeg kunne prøve. Ja.
D: *De fleste mennesker ville aldrig indse, at der var noget så smukt der, ville de?*
M: Nej, de kunne ikke se det. Jeg kunne ikke se det. Jeg kunne ikke vide det før nu.
D: *Lad os sørge for, at du kan bevare mindet om billedet i dit sind, så du kan male det. Og vi kan få det så præcist som muligt.*
M: (Grådkvalt) Jeg vil gerne. Jeg vil gerne.

Jeg gav underbevidstheden forslag, så hun ville være i stand til at bevare mindet og bruge det senere. At se en så smuk scene påvirkede hende følelsesmæssigt. Selvom dette var en uventet udvikling, ønskede jeg at bevæge mig fremad og udforske den usædvanlige begivenhed, der fandt sted på instituttet. Hun huskede at have set et smukt lys, mens hun sad i en mørk isolationsboks med hovedtelefoner på hovedet.

D: Jeg ved, det er svært at forlade det sted, fordi det er så smukt, men vi vil udforske nogle andre ting. Lad os forlade den scene, og lad os bevæge os til det tidspunkt, hvor du havde den mærkelige oplevelse med lyset. Og du lyttede til nogle bånd?
M: (Følelserne og gråden stoppede.) I en lille boks.
D: Er båndene musik?
M: Det er vibrationer.
D: Du lytter gennem hovedtelefoner?
M: Rigtigt. Du er alene med hovedtelefoner.
D: I et rum alene?
M: En lille boks. Du sover og lytter til bånd og ….
D: Du sover derinde?
M: Ja, det er en isolationsboks, som du sover i.
D: Generer det dig at være lukket inde på den måde?
M: Nej, jeg kan godt lide det. Det er der, jeg kan møde dem.
D: Møde hvem?
M: Jeg ved det ikke. Disse meget kloge væsener.
D: Okay. Da du lyttede til lydbølgerne gennem hovedtelefonerne, skete der noget, ikke sandt? (Ja) Vi kan gennemgå det igen og se det i flere detaljer. Hvad skete der først?
M: Jeg blev bange.
D: Hvorfor?
M: Fordi jeg aldrig havde følt noget lignende før. Gud!! Det føles som denne utrolig velvillige, rene kærlighed. Den kommer til dig, og du kan ikke tro det. (Følelsesladet) Du kan ikke tro, det er med dig. Og du kan se det.
D: Er det forårsaget af, at du lytter til hovedtelefonerne?
M: Det åbner en mulighed for at være så åben og at møde den rigtige frekvens.

D: *Du skal være åben for at gøre dette, uden blokeringer, eller hvordan?*
M: Du skal længes efter det på en eller anden måde.
D: *Så hvad sker der derefter?*
M: Så får den min tillid. Det hvide lys. Og det stabiliserede mig. Det forbandt sig med mig, så jeg ikke ville være bange.
D: *Bare det hvide lys?*
M: Til at begynde med. Og så, da jeg var stabil, følte jeg mere vibration ved min venstre side. Det forskrækkede mig, fordi det var så anderledes end det hvide lys. Og på en eller anden måde blev jeg instrueret til at dreje mit hoved og kigge. Det var helt mørkt i dette rum, men jeg kunne kigge, jeg kunne se og føle. Skinnende. Det er et rumvæsen. Jeg vidste det ikke. Du kan næsten se ind i det, men det er den klareste blå. Dybt, klart blåt. Du kan mere føle det, end du kan se det.
D: *Hvorfor siger du, at det er et rumvæsen?*
M: Jeg ved det ikke. Det kom bare ud.
D: *Kunne du se nogen træk eller noget, der kunne få dig til at tænke det?*
M: Bare dybt blåt. Jeg ved ikke, hvor dette kommer fra. Det er bare en følelse af, at det kommer fra en stjerne. Det føles rigtigt i mit hjerte, når jeg siger det.
D: *Hvad var det første hvide lys, du så?*
M: Det var direkte fra Gud. Det var ikke Gud, men det føltes som kærligheden fra Gud. Men det var en intelligens, der guidede denne forbindelse mellem mig og dette væsen. Det vidste så meget om menneskelige følelser, at det kunne intensivere de bedste og sikreste følelser, vi kender til. Og levere det, for at linket kunne ske.
D: *Og det andet blå lys, eller hvad det er, kom på det tidspunkt og kom hen til dig?*
M: Ind i mig.
D: *Ind i dig. Var du nødt til at tillade, at det kom ind i dig?*
M: Ja. Det ventede på, at jeg anerkendte det. Og så på den mest blide, langsomme, letteste måde gled det ind, som et overlay. Det vibrerede, og jeg føler det sådan nu. Det vibrerede bare. Og jeg tror, det ændrede mig. Det reformerede mit system.
D: *Hvorfor gjorde det det?*

Den Snoede Univers ~ Bog Et

M: Til højere arbejde. Så jeg ikke ville blive såret eller brændt.
D: *Hvordan kunne du blive såret eller brændt?*
M: Der er noget, der kan brænde os. Dette er beskyttelse. Stråling. En slags strålingsforsøg.
D: *Og dette giver dig beskyttelse? Ændrer dig, sagde du?*
M: Ja, på mit cellulære niveau. Det starter på det fysiske, cellulære niveau, men det justerer også noget for at huse flere nye systemer til fremtiden.
D: *Nye systemer. Hvad mener du?*
M: Nye stjernefrø. Til denne planet. Systemer, der findes i kroppen, men som ikke er af kroppen.
D: *Det skaber nye systemer i kroppen, som ikke var der før?*
M: Det sår systemet.
D: *Det vil ikke skade kroppen på nogen måde, vel?*
M: Nej. Genetisk er jeg gearet til at hjælpe med denne overgang. (Hun virkede opstemt.) Det er færdigt. Og det er levende. Og det er sikkert.
D: *Hvor kommer denne stråling fra, der kunne skade mennesker?*
M: Fra under Jorden. Nu ser jeg Jordens kerne. Jeg ser bare en kugle. Det kan endda være en slags stråling, der bliver injiceret i os eller sat ind i os af en dårlig grund. Og dette blå system kan ændre dig nok til, at dette – jeg vil sige "kernemateriale" – bliver deaktiveret.
D: *Ind i vores kroppe, mener du?*
M: Det kan være, eller det kan sættes i Jordens kerne. Du kunne sluge det. (Følelsesladet) Det var smertefuldt at tænke på det.
D: *Hvordan kunne vi få det ind i vores kroppe?*
M: Du kunne sluge det. (Næsten grædende) Du kunne blive tvunget. Som en slags krig. Du kan overleve. (Hun var følelsesladet.)
D: *Er der andre måder, det kan komme ind i kroppen?*
M: Du kunne blive bombarderet, bestrålet med det. Dette blå lys system ville beskytte dig, og du ville ikke blive skadet.
D: *Hvem ville bombardere folk med sådan noget?*
M: Der er en anden race, der gerne vil have det genetiske materiale. Og de kunne tage det på denne måde. Men dette blå energi-system ville gøre det umuligt.
D: *Bliver dette blå energi-system også brugt på andre mennesker?*
M: Ja. Mange mennesker nu. Når det kommer, og når tiden er inde, vil du få valget om at acceptere det eller ej.

D: Fordi ikke alle kan tage til Monroe-instituttet.
M: Nej, det kan ske andre steder.
D: Er det noget, der sker, uden at de indser det?
M: De ved ikke, hvad det er til. De tror, al denne kærlighed, der kommer til dem, er så god, så forførende, at du selvfølgelig vil have det. Og det er den eneste måde, det kan fusionere med dit system, fordi du skal sige "ja" med dit hjerte.
D: Sker det altid på et bevidst niveau, hvor folk husker, at det er sket?
M: Ja. Og du ved om den bevidste udveksling.
D: Men det lyder godt, fordi det er en måde at beskytte folk på.
M: Det er en del af den større plan. Der kommer til at være en stor krig.
D: På jorden?
M: Det kommer til at involvere mennesker på Jorden. Der er rød energi med denne anden gruppe. Og det er meget varmt. Og de vil ikke vinde, men de vil prøve meget hårdt at tage, hvad de vil og har brug for.
D: Men dette vil forårsage strålingen?
M: Ja, denne gruppe. Det er deres metode.
D: Men ikke alle vil være åbne for denne kærlighedsenergi, vel?
M: Nej. De skal lære at forbinde sig med deres hjerte først, før åbningen og infusionen kan ske.
D: Fordi der er mange mennesker i denne verden, der er meget bitre og meget negative.
M: Rigtigt. Og det vil stå i vejen.
D: Hvad vil der ske med de mennesker, der ikke har denne beskyttelse?
M: De vil visne. De vil blive brændt. De vil ikke være beskyttede.
D: Så denne beskyttende energi når flere og flere mennesker på Jorden? (Ja) Det er planen, at flere mennesker skal overleve?
M: Ja, det er planen.
D: Og hvorfor fik du denne beskyttelse?
M: Fordi jeg kan tale. Fordi jeg vil arbejde med mange mennesker. Og jeg siger de rigtige ord på det rigtige tidspunkt. Jeg vil fungere som en nøgle for dem, så de kan åbne sig og modtage.
D: Har dette blå lys nogen forbindelse med det healingarbejde, du udfører?

(Hun var for nylig begyndt på denne tjeneste.)

M: (En åbenbaring.) Åh, ja! Du ser, når jeg udfører healingarbejdet, er jeg det blå lysvæsen. Og jeg gør ved andre, hvad det blå lysvæsen gjorde ved mig. Jeg kan overføre det til folk. Det er derfor, de kommer til mig.

D: *Tidligere kaldte du det en "såning." De får energien ind i mennesker, og de kan overføre den til andre.*

M: Ja, det er rigtigt. Det er så meget én-til-én. Det er den svære del, men det er, hvad jeg skal gøre i et stykke tid. Det tager så meget tid at gøre det én ad gangen. Dette er mit formål. Jeg tror nu, at jeg har set alt dette, at jeg har været i kontakt mere, end jeg var klar over. Jeg kunne ikke samle det hele. Jeg kunne ikke se det store billede.

En bemærkning her. Da hun talte om, at der blev gjort noget ved den fysiske krop for at forhindre stråling i at skade den, mindede det mig om Karens regression, der blev rapporteret i "The Custodians". I hendes vision, som hun blev vist af rumvæsenerne, forsøgte hun at hjælpe mennesker, der døde rundt omkring hende, men hun kunne ikke selv blive syg. Det virkede som en form for stråleforgiftning, og intet hun gjorde kunne hjælpe. Det var hjerteskærende, og hun var meget utilpas, mens hun så scenen. Lige før det havde hun set en sky over landet og vandet, der gjorde noget og forgiftede fiskene osv. Jeg undrede mig over, om Maries historie om at få noget gjort ved den fysiske krop for at forberede dem på netop et sådant scenarie kunne have en relevans til Karens oplevelse.

D: *Vi har et andet spørgsmål. Denne mærkelige skrift, som Marie har modtaget, ved du noget om det?*

M: Det er som regn. Det er som lys. Det regner ned gennem disse kanaler rundt om i verden, på Jorden. Og hvis du ser på det, vil det forandre dig.

D: *Er det et sprog?*

M: Det er information. Det kommer fra en højere kilde, der tager sig af os og holder øje med vores evolution.

D: *Hvorfor placerer de det i symboler?*

M: Fordi symbolerne aktiverer nye mønstre inden for energifeltet.

D: *Bare ved at se symbolerne?*

Den Snoede Univers ~ Bog Et

M: Ja. Personen kan faktisk følge mønsteret og identificere bevægelsen.

D: *Er det et sprog, som nogen et sted taler eller skriver?*

M: Det er blevet talt.

D: *Så det er et sprog, som nogen et sted forstår?*

M: Det er mere som et matematisk slags sprog, hvis du kan forestille dig det.

D: *Jeg har fået at vide, at nogle rumvæsener bruger symboler. Og det er sådan, de overfører informationsblokke, i symboler.*

M: Det er ikke helt som det sprog, du kender her, eller endda gamle skrifter. Det er ikke sådan. Det er et mønster. Det fremstår, når det er todimensionelt, som et sprog. Men hvis du kunne se hver del som en bevægelse, der aktiverer en anden del af væsenet, ville du forstå det bedre.

D: *Så når Marie skriver dette, ligner det ikke en side i en bog? (Nej) Så hvis jeg bad hende om at se på denne side, hun har skrevet, ville hun ikke kunne fortælle mig, hvad der står. Er det korrekt?*

M: (Tøvende) Du kan prøve.

D: *Okay. Lad os lade Marie åbne sine øjne og kigge på papiret. (Jeg holdt papiret, hun havde skrevet, foran hende.) Kan du se papiret? Siger det noget i ord?*

M: (Mens hun studerede papiret) Ja, faktisk.

D: *Hvordan læses det? Fra hvilken retning?*

M: (Hun bevægede sin hånd fra papiret mod sine øjne.) Det kommer denne vej.

D: *Hvad mener du?*

M: Det er ikke denne vej, denne vej, denne vej. (Bevægelser)

D: *Ikke op og ned, heller ikke i rækkefølge?*

M: Det kommer fra papiret til dig. Det giver information. Det er næsten som om, du lægger det her. (Hun lagde hånden over sit hjerte.) Og du føler det. Og det bedste du kan gøre nogle gange er bare at kigge på det og tage det ind her.

D: *Men hvilken information giver det dig?*

M: Det er opmuntring. Og det er en måde at kende den rette kurs for dit hjerte, at kende til storheden.

D: *Så når hun skriver dette, er det en anden måde at få det ind i hendes krop?*

M: Det er anderledes, men på en måde, ja, det ændrer tingene der. Men det er næsten, som om du kan forestille dig lys, der kommer fra hvert symbol og ændrer dig ved sin egen stråling.

Eksemplet tegnet af Marie ligner mere hurtig håndskrift eller stenografi. Siden jeg arbejdede med hende, har jeg modtaget eksempler på mærkelige skrifter fra hele verden. Denne skrift virker mere struktureret (som trykning). I alle tilfælde føler folk sig tvunget til at skrive symbolerne. Der ser ikke ud til at være nogen logik i deres adfærd. I Bog To vil jeg inkludere disse eksempler og computeranalyser for at finde ligheder.

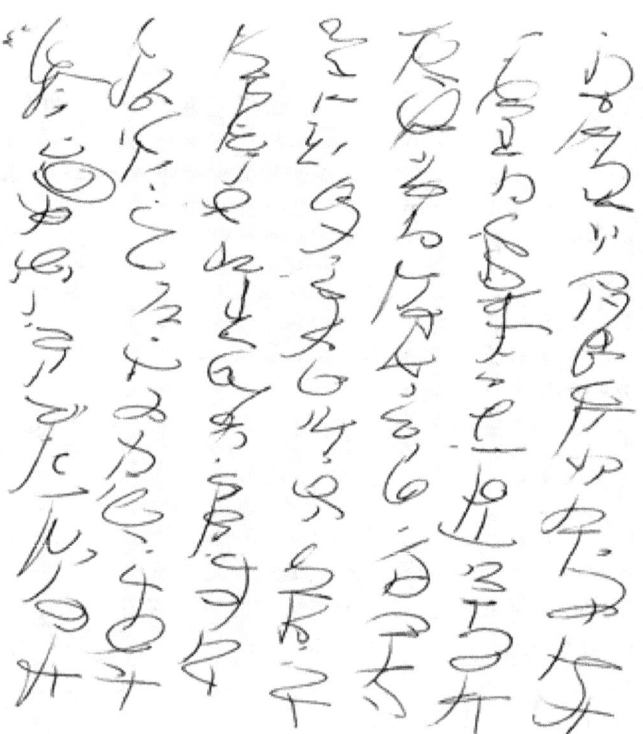

Jeg tog papiret væk og bad hende lukke øjnene igen.

D: Ellers ville vi tænke på det som vores egen skrift, og vi ville forvente, at det sagde ord. Så det er i orden, hvis Marie fortsætter med at skrive disse ting.

M: Ja. De renser.
D: *De giver information på måder, vi ikke kunne forestille os. (Rigtigt) Vi har et sidste spørgsmål. Hun har haft drømme tidligere om operationer. Kan du fortælle hende noget om det? Var det bare drømme, eller hvad?*

Marie havde levende barndomsminder om fysiske operationer, der blev udført på hendes krop, og om besøg hos læger. Hun kunne ikke forstå, hvorfor hendes familie benægtede, at de havde fundet sted. De sagde, at der aldrig var blevet gjort noget ved hende.

M: Jeg tror, hun ved det. Det var så klart, at det hele var efter aftale. Og hun havde bedt om at arbejde med os for mange år siden.
D: *Så det var ikke drømme? Det var minder om ting, der skete?*
M: Da hun nåede den rette alder. Der blev lavet justeringer, men det blev gjort på den fysiske krop.
D: *Hvad var justeringerne til?*
M: For at fjerne gamle mønstre, der ville forhindre hende i at bevæge sig ind i det arbejde, hun senere ville udføre. De måtte fjernes kirurgisk.
D: *Kirurgisk! Okay.*

Der var en anden usædvanlig hændelse, mens Marie var på Monroe Institute. Hun oplevede en høj tone, der syntes at trænge lige igennem hendes hoved. Den varede flere sekunder og var meget ubehagelig. Jeg spurgte om det.

D: *Hvad forårsagede ubehaget?*
M: Hun vidste det, men på det tidspunkt ønskede hun ikke at acceptere det. Det var en høj indstilling, der forsøgte at justere receptorerne i tindingelapperne, så hun kunne få adgang til mere information, og det måtte gøres i en gruppesammenhæng. Det skulle gøres med de andre.
D: *Blev andre mennesker også påvirket på samme måde?*
M: Ja, det var en plan.
D: *Gav de information eller tog de information?*

M: Nej, det var bare en justering af en del af hjernen, men det er ikke hjernen. Det væsen, der modtager al information, og højere frekvenser kan nu tilgås.

D: *Det var, så hun kunne modtage mere information? (Ja) De tog ikke noget væk, vel? (Nej)*

Hvis jeg kunne få adgang til så mange tilfælde på et år, der talte om manipulationen af den menneskelige krop, hvor mange andre er der så, som ikke er blevet undersøgt? De sagde, at disse ændringer blev lavet på titusinder af mennesker over hele Jorden. Det kan virkelig være som Hundredth Monkey Syndrome, og det vil gå ubemærket, indtil den kritiske masse er nået, og virkeligheden af dette fænomen ikke kan nægtes.

Jeg modtog stadig mere information om ændringen af DNA-strukturen i den menneskelige krop, mens denne bog var på vej til trykkeriet. Dette vil blive udvidet i Bog To af The Convoluted Universe. Jeg overvejede oprindeligt at holde hele dette kapitel tilbage, så dette materiale kunne tilføjes, men jeg tror, dette ville forsinke forberedelsen af folks sind. De skal være klar til at forstå de dramatiske og dynamiske ændringer, der kommer.

Kapitel Femten
Den Mekaniske Person

Denne session blev gennemført på mit hotelværelse i London i september 2000, mens jeg var på en foredragsturné i England. Johanna var en ung kvinde, der kun havde boet i England i to år. Hun var fra Tyskland, men jeg syntes, at hendes accent var perfekt. Hun sagde, at hun havde et naturligt talent for sprog og lærte meget hurtigt. Hun havde ikke så mange klager, mest nysgerrighed. Nogle af hendes anmodninger virkede trivielle for mig, men enhver persons problem virker vigtigt for dem. Hun var endda bekymret over at have fået trukket nogle tænder ud som barn. Jeg troede, det var følelsen af at skulle være perfekt, men hun så det ikke helt på samme måde. Jeg havde ingen idé om, hvad jeg kunne forvente (som med alle, der kommer til en session), men jeg forventede bestemt ikke det tidligere liv, der kom frem. Til sidst spurgte jeg, om hun ville tillade mig at bruge båndet, for det var bestemt første gang, jeg havde oplevet noget lignende. På dette tidspunkt i min forskning troede jeg ikke, at jeg længere kunne blive overrasket. Men hver gang jeg antager det, kommer der noget nyt til mig, som igen udfordrer min tankegang. Hun lavede en kopi af båndet og sendte det til mig på mit hotel senere.

Jeg brugte sky-metoden, som normalt fører personen til et passende tidligere liv, når de stiger ned fra skyen. Endnu engang blev jeg overrasket.

D: *Fortæl mig det første, du ser, mens du driver ned mod jorden.*
J: Faktisk driver jeg ikke ned mod jorden. Jeg driver et andet sted hen. Jeg driver ned på en slags grålig planet. Den ser mærkelig ud, metallisk. Den giver mig en mærkelig følelse. Meget underlig. Ikke så rar.
D: *Hvorfor generer det dig?*
J: Det føles meget koldt. Og det er ikke blødt som skyen. Det er hårdt.
D: *Hvordan ser det ud under dine fødder?*
J: Det er en slags sten. Sten, det er også støv. Og der er slet ikke noget græs eller noget som planter. I det mindste ikke hvor jeg er lige

nu. Det er gråt og metallisk. Der synes at være bygninger af en slags på overfladen af planeten. De er i det fjerne, men jeg kunne gå derover, hvis jeg ville.

D: *Hvordan ser bygningerne ud?*
J: Asymmetriske. Det er som en halv tag-agtig ting. Du ved, hvis du tager et hus, og det har et meget stejlt tag, og du skærer det over på midten, så får du den slags bygning, jeg mener. Den har en meget lige front og små vinduer, hvis det er, hvad de er. De kan være lufthuller eller noget, jeg ved det ikke.

D: *Ser alle bygninger ens ud?*
J: Jeg kan kun se et par lige nu, og de ser sådan ud. Alt andet er sten og bjerge, små bjerge.

D: *I baggrunden?*
J: Ja, og også hvor jeg er.

D: *Er det lyst ude?*
J: Nej, det er ikke lyst.

D: *Jeg spekulerede på, om der var en sol.*
J: Nej, jeg kan ikke se nogen sol. Det er mere mørkt. Du kan se alt, men det er ikke lyst.

Jeg bad hende så om at se ned på sine fødder for at finde ud af, hvordan hun så ud. Hun gispede og virkede totalt overrasket over, hvad hun så. Det var fuldstændigt uventet for hende.

J: Det er besværligt for mig at sige, men jeg gætter på, at jeg bliver nødt til at sige det. De er metalliske. De er en slags forfærdelige ting som ... hvis du forestiller dig hovene på en hest, men spidse og meget tekniske. Det er mine fødder. (Dette gjorde hende meget utilpas).

Jeg var også overrasket, men jeg har lært at følge det, som subjektet ser, og forsøge at tænke på spørgsmål, uanset hvor mærkelig situationen er. Der er altid en grund til, at underbevidstheden vælger det liv, de går ind i.

D: *Det er mærkeligt, som om de er lavet af en slags metal?*
J: Ja. Det føles som om jeg selv er en slags metallisk. Og hænderne er også lidt som det ... de er en slags kløer, men der er kun to dele.

Du ved, ligesom fødderne. Det er som to spidse ting, som en hov. Og hænderne er lignende.

D: *I stedet for at have fingre eller nogen form for led?*

J: Ja. Det føles slet ikke menneskeligt. Jeg føler mig underlig.

D: *Har du nogen idé om, hvordan dit ansigt ser ud? (Pause) Jeg forestiller mig, at du ikke kan se dig selv, kan du?*

J: Jeg vil gå hen til en sø og se mig selv i vandet.

D: *Er der en sø i nærheden?*

J: Ja, jeg kan gå derhen. (Pause) Jeg går på en sjov måde, næsten som en maskine. Det er anderledes end hvordan jeg er nu i min krop i dette liv. Jeg kan se min arm, som også ser lidt sjov ud, hvilket bekræfter mit chok. Faktisk er det som en metallisk ting, hele vejen igennem. Og jeg går hen til denne sø, og jeg bevæger mig ikke glat. Jeg vakler hen til den og kigger ned i vandet.

D: *Stive bevægelser?*

J: Stive, ja, og jeg føler mig lidt som en robot, når de går. Bare bevæge den ene side fremad og så den anden side fremad. Ikke særlig elegant, faktisk. Selvom kroppen ikke er for grim, men jeg vil snart se på mit ansigt.

Jeg gav hende instruktioner om, at det ikke ville genere hende at se på sig selv, uanset hvor usædvanligt det måtte være.

J: Jeg har noget, der ligner øjne, og de ligner øjne, men … hvordan de er placeret i mit ansigt, det er mere som en trekant. De er placeret i en trekant.

D: *I stedet for en oval?*

J: Ja. Den flade del er øverst, og spidsen er nedad. De er ret flotte øjne, det er en lettelse. De er mærkelige, disse mørke øjne, og de synes at have en geleagtig kvalitet. Men resten af ansigtet er metallisk.

D: *Har du en mund eller en næse?*

J: Jeg har en slags mund, ja, men det er mere som en åbning. Som en lille rund ting. Og næsen … jeg er ikke sikker på, om jeg har en næse. Der er en slags sprækker, slidser. Meget mærkeligt.

D: *Kan du få en fornemmelse af, hvordan det er indeni dig?*

J: Der foregår en masse maskineri derinde. Maskineri.

D: *Jeg spekulerede på, om du havde organer som mennesker.*

J: Jeg synes at have ting indeni mig, ja. Jeg ved ikke, om det er organer eller hvad de er. En masse maskineri. Faktisk synes der at være mere maskineri end noget andet. Jeg ved ikke, om jeg har blod eller noget lignende. Jeg er ... grålig, mørk ... en slags mørkegråt metal.

D: *Det er ligesom farven på hele planeten, ikke? Mørkegrå?*

J: Ja. Selvom der er variationer på planeten. Når du kommer tættere på, er der også noget hvidt, hvid sten og også mørkere grå sten. Og bygningerne er meget mørke. De er en slags skinnende grå. Hvad kalder du dette metal, der er så mørkt og gråt? Huset er skinnende, reflekterende. Det er som det materiale, de har på Jorden, men ikke som sølv, det er mørkt.

D: *Aluminium er lyst, ikke mørkt. Men ingen træer eller græs eller noget andet?*

J: Nej, ingen træer eller græs, nej.

D: *Tror du, at du bor derovre i den by, hvor de bygninger er?*

J: Ja, jeg hører til der på en eller anden måde. Det er der, jeg er blevet skabt.

D: *Vil du gå derhen og se stedet tættere på?*

J: Hmm, det er ret langt væk.

D: *Du behøver ikke at gå. Du kan bevæge dig meget hurtigt.*

J: Ja, jeg kan tage derhen. Det er en enorm by med disse huse.

D: *Er det større, end du troede, det var?*

J: Nej, det er et andet sted. Det sted, hvor jeg så en eller to bygninger, er bare det. Men jeg er flyttet til det andet sted, hvor jeg er blevet lavet. Der er alle slags former for huse, men alle er meget skinnende og grå og mørke. Og vi kan gå nedenunder. Vi kan gå ind i planeten. Der sker mange ting under overfladen. De vigtigste ting sker lidt i hemmelighed. Det er nedenunder.

D: *Er det den del, du er mest bekendt med?*

J: Det er der, jeg kommer fra. Det er der, jeg er blevet lavet.

D: *Hvordan kommer du derned?*

J: Jeg ved bare, hvordan man kommer ned. Der er åbninger, men du går bare igennem. Det er ikke ligesom døre. Det er bare fordi du vil gå igennem, så går du igennem. Og du glider ned, ikke som at flyde ned, men glide ned. Der er mange stier, og du glider bare ned, ligesom hvis du havde et moderne rørsystem, hvor du bliver skubbet gennem luften eller noget i et rør.

D: Som stier eller fortove?
J: Ja, men du går ikke rigtigt. Du falder ind i det. Du beslutter, hvor du vil hen, og så skubber det dig derhen.
D: Og du sagde, du blev skabt i det område?
J: Ja. Der er meget ild. Og der er borde, hvor de laver ting.
D: Ild? Du mener som svejsning eller maskiner eller ....?
J: Ja, måske svejsning. Der er ildsteder, hvor de arbejder med metal. Og de laver former. Og der er andre steder i et andet rum, hvor de laver det indvendige.
D: De forskellige dele og alt det?
J: Ja, det indre af det. Det hele fungerer sammen.
D: Kan du se de mennesker, der laver disse maskiner?
J: Ja. De er mere kødfulde i ansigtet. Og resten af dem kan jeg ikke se, fordi de har en slags plastikbeskyttelsestøj på. De bærer dette tøj over hele kroppen.
D: Er det på grund af, hvor de arbejder?
J: Ja, det skal være meget rent.
D: Hvordan ser de ud?
J: (Hun syntes at studere dem.) Ikke som mig. De har blødere ansigter, og de er ret blege. De ser ret menneskelige ud, det vi kalder "menneskelige". Blege og let lyserøde. De har øjenbryn, som jeg ikke har.
D: Har de hår?
J: De har hår, ja, og de har meget ekstremt hår. Meget lyst blond eller helt sort. Jeg kan ikke se nogen anden farve. Ret kort. Det er en slags glat, slebet bagud. Jeg kan se mænd, og de er ret flotte.
D: Ser du nogen kvinder, eller er det kun mænd?
J: Jeg kan ikke se nogen kvinder i øjeblikket, nej.
D: Og disse mænd laver disse maskiner?
J: Ja, de laver os.
D: Ser du andre, der ligner dig?
J: Nej. Jeg ser kun halvfærdige. Jeg mener, dele af processen.
D: Så de er i gang med at blive lavet. Hvorfor laver de mennesker ... eller ting som dig? Jeg ved ikke, om jeg skal kalde dig en person eller ej. Hvorfor skaber de dig?
J: De vil eksperimentere og se, om de kan gøre det. De bruger os også til ting, de ikke selv vil gøre. Eller ting de ikke kan gøre, fordi det er for farligt eller noget.

Den Snoede Univers ~ Bog Et

D: *Som tjenere eller arbejdere?*
J: Ja, mere som arbejdere. Arbejdere, der skal udføre en bestemt opgave.
D: *Det lyder som om, de har eksperimenteret i et stykke tid, fordi det ser ud til at fungere godt, ikke?*
J: Ja. Der er et stort område. Og de laver nye. Jeg ved ikke hvorfor. Jeg formoder, at vi bliver slidt op efter et stykke tid. Vi kan ikke holde for evigt, så de er nødt til at lave nye. Det er meget mærkeligt.
D: *Men er det hele maskiner?*
J: Det er alle maskiner. Der er noget, der ligner en sjæl. Det er det, der er så mærkeligt, fordi jeg også har følelser. Jeg er ikke bare en maskine, du ved.
D: *Er de i stand til at lægge en sjæl eller en ånd ind i disse maskiner?*
J: Jeg tror, de lægger en del af dem selv i os.
D: *Hvad mener du?*
J: De deler dem selv op. De giver os en lille smule af dem. Så vi er ikke dem, men vi fungerer lidt på samme måde som dem.
D: *Ellers ville du være som en robot, en maskine?*
J: Ja. De vil have, at vi skal gøre tingene rigtigt. Eller stole på vores følelser såvel som den opgave, vi skal udføre. Vi ville ikke være sofistikerede nok til at gøre det, hvis vi ikke havde den del. Vi ville bare være programmeret. Men udover at være meget veludrustede til opgaven med en metalkrop, har vi også brug for at udføre ting, hvor vi har brug for sjælelighed på en eller anden måde. Og det er derfor, de giver os en lille smule af dem selv, fordi det er den eneste måde, de kan gøre det på ... Jeg mener, de skaber ikke sjæle. De har ikke den evne. Måske gør Gud det, eller nogen anden. Men de har ikke en sjæl, de kan give os. De kan kun gøre det ved at ofre en lille smule af dem selv. Og det er, hvad de lægger i os.

Dette var den del, jeg havde svært ved at forstå. Hvis hun gik til et liv, hvor hun var en mekanisk person, en maskine, en robot, hvordan kunne hun så kommunikere med mig? Hvordan kunne hun have følelser? En mekanisk skabelse ville ikke have en sjæl tilknyttet, og en sjæl ville normalt ikke vælge at træde ind i den. Dette var en helt ny idé – at nogen kunne give en maskine en del af deres egen sjæl, så den ville kunne fungere mere effektivt i denne fremmede verden.

D: *Kan du se, hvordan det bliver gjort?*
J: Jeg kan se, at de laver en ceremoni. De samles, og de "spytter" det ud og lægger det ind i maskinen, når den er færdig.

D: *Hvad mener du med "spytte det ud"?*
J: De ser ud til at beslutte, at de vil give en lille smule, og de spytter det ud fra deres mund og ind i maskin-personen.

D: *Hvordan ser det ud, når de spytter det ud?*
J: (Pause) Jeg kan egentlig ikke se det. De lægger det direkte ind i maskinen.

D: *Du mener, det er usynligt?*
J: Ja. Eller som når du ånder ud, du kan ikke rigtig se noget, medmindre det er koldt. Den slags.

D: *Dette ... aktiverer det?*
J: Det gør, at det kommer derind. Og det er det, der giver maskinen følelser. Uden det ville det bare være en maskine, og de ville være nødt til at indsætte computerchips eller ting for at få det til at udføre meget simple opgaver. Men de vil have mere end det.

D: *Tager det noget fra dem, når de giver det en del af sig selv?*
J: Ja, det tager en del af dem selv. De må nøjes med mindre. De er nødt til at give afkald på en lille smule af deres kraft for at få tingene til at ske, som de ønsker det. Ellers ville de ikke kunne gøre det.

D: *Tror du, der kunne være en anden måde, de kunne aktivere maskinerne på?*
J: Nej, det kunne de ikke. De har brug for en sjæl.

D: *Mange gange bliver ting aktiveret af tankens kraft.*
J: Åh, nej, det er ikke sådan. De har ikke denne tanke-kraft. De har det endnu ikke.

D: *Men de er i stand til at give en lille del af sig selv, dele det for at aktivere maskinen?*
J: Ja, det er det, de kan gøre. Maskinen vil fungere med elektricitet eller hvad de bruger til at stimulere delene og alt det. Fordi den er programmeret, ville den fungere. Men den ville ikke fungere på en så sofistikeret måde. Så de besluttede, at de ville lave et lille offer og give ti eller tyve procent. Og de kan stadig have deres sjælsdele, som jeg formoder, de mener er ganske tilstrækkelige.

Så de giver en lille smule til maskinen, så den kan handle mere hensigtsmæssigt.

D: *Kan maskinen tænke af sig selv og have en intellekt?*

J: Maskinen har tænkeevne, ja. Men det er selvfølgelig programmeret. Den tænker kun, fordi den er blevet programmeret. Den har fået alt det af dem.

D: *Den kan ikke agere som et individ, som en selvstændig person?*

J: Nej, nej. Kun når den har sjæledelen, kan den reagere på en anderledes måde. Det er forskellen. Den vil stadig kun gøre, hvad den skal gøre, men den har mere variation i sin måde at reagere på.

D: *Så det er ikke som et komplet væsen, der kan fungere og tænke som et menneske? (Nej, nej.) Men det giver den flere evner end en maskine.*

J: Ja, det er rigtigt.

D: *Mere som en personlighed, går jeg ud fra. (Ja) Nå, som en maskine kan du tale? Kan du kommunikere med dem?*

J: Nej, vi kan tale, ja. Det lyder ikke særlig pænt. Det er som et sprog, men det lyder ikke smukt.

D: *Er det sådan, de kommunikerer?*

J: Nej, de har behagelige stemmer, men vi har kun maskinelle stemmer.

D: *Så de kommunikerer verbalt, i ord?*

J: Ja, de kan tale. De giver os ordrer med ord, samt ved hjælp af vores indre, mekanikken. De kan ikke bare tænke, og så gør vi det. De er nødt til at sige det til os.

D: *Og du kan kommunikere med dem?*

J: Alt, vi siger, er "ja" eller "forstået" eller noget i den stil.

D: *Så selvom du har en vis grad af intellekt, kan du ikke kommunikere som et tænkende menneske?*

J: Vi skal ikke gøre det. Vi kunne, men vi skal ikke. Vi er programmeret til at forstå opgaven, og sige "forstået", og derefter udføre den.

D: *Den person, der gav dig en del af sin sjæl, føler denne person nogen form for tilknytning til dig?*

J: Jeg tror, den eneste forbindelse, vi har, er, at jeg ved, hvem det er. Jeg kan se ansigtet.

D: *Jeg tænkte på, om denne person, der gav dig en del af sig selv, måske ville føle en forbindelse til dig på en eller anden måde?*
J: Måske, men jeg ved det ikke. Jeg kan ikke føle det. Jeg ved, hvem det var, og måske føler jeg noget for den person, men ... jeg kan ikke sige det med sikkerhed.
D: *Det er en anderledes måde at eksistere på, ikke?*
J: Ja, det er en mærkelig måde at eksistere på.
D: *Skal du indtage noget? Jeg tænker på næring. Hvordan overlever du? Som en maskine tænker jeg, at det nok er et mærkeligt spørgsmål.*
J: Vi spiser egentlig ikke noget. Vi går heller ikke på toilettet. Vi får noget som en substans, som olie, men det er kun til maskineriet. Vi får ikke noget til sjælen.
D: *Hvordan får de olien ind i dig?*
J: De sætter det bare, hvor det er nødvendigt, små håndtag og huller, hvor der er behov for regelmæssig olie. Du ved, det er som en bil eller noget i den stil.
D: *Men i det mindste ønskede de ikke bare at have maskiner. De ville have, at de skulle have mere personlighed. (Ja) Men som du sagde, det slides ud. Og det er derfor, de bliver ved med at lave flere?*
J: Ja, de vil virkelig udforske alt, og de har brug for mange arbejdere. Fordi der, hvor de skal hen, kender de ikke miljøet og ved ikke, hvordan det vil være. Og vi skal være stabile mod varme. Fordi hvis vi skal til en anden planet, hvor det er meget varmt, skal vi kunne overleve det og ikke tørre ud. Så olien er slags varmebestandig. Og vores hænder er faktisk varmebestandige. Jeg indser nu, at fødderne også er varmebestandige. Alt er varmebestandigt.
D: *Jeg ville tro, at metal ville lede varme, men jeg gætter på, det er en anden slags.*
J: Det er en anden slags. Vi har det ikke på Jorden. Det ser bare på ydersiden ud som noget, vi har.
D: *Så de tager dig med på deres udforskning af andre planeter.*
J: Ja, de sender os afsted på opgaver, så vi kan se, hvilken planet der er egnet til formålet.
D: *Når de tager dig derhen, hvad tager de dig med i?*

J: De runde ting, som vi rejser i. Og de sætter destinationen ind. Vi ved, de giver det et lille kort, indsætter det, og det er destinationen. Så transporterer det os derhen.

D: *Går de med dig?*

J: Nej, nej. De ville aldrig tage med os. Nej, nej. Vi skal gøre det. Fordi de har en hud, og de er lyserøde. De ville ikke have nogen beskyttelse mod lys, fordi det er meget intenst lys, hvor vi skal hen. Derfor har vi mørke øjne. Vi har også specielle solbriller. De er solbriller, som er... (forvirret, svært at beskrive)... hvordan siger man det? Som en tynd, plastikagtig ting. Men den har små huller i, så kun en vis mængde lys slipper igennem. Og resten er mørkt. Det er sådan, vi giver os selv ekstra beskyttelse.

D: *Er det en del af dit øje?*

J: Nej, det er noget ekstra, vi lægger ovenpå. Vi lægger det over øjnene, næsten som solbriller.

D: *Når du tager til disse steder, kunne de også være meget kolde, ikke?*

J: De kunne være, ja.

D: *Kan du fungere i enhver temperatur, ethvert miljø?*

J: Ja, men vi er specielt lavet til varme steder.

D: *Forestil dig selv blive sendt til et af disse steder. Du sagde, de sætter kortet i maskinen?*

J: Ja. Og vi går ind, og kapslen lukkes, og kapslen går, hvor vi skal hen. Og den skal også være ret varmebestandig, faktisk mere end vi er, på en eller anden måde. For ellers vil den ikke bringe os tilbage.

D: *De skal bringe dig tilbage med information?*

J: Ja. Vi har en automatisk registrering af information. Det går gennem øjnene.

D: *Registrerer det information på en måde, som data eller noget? (Ja.) Hvad gør du, når du når frem til stedet?*

J: Det lander der. Vi skal igennem varmen. Og rejse rundt i varmen og se, hvad der er nedenunder. Og om der er mennesker eller ej, hvad der er.

D: *Som en varmebarriere, mener du? (Ja, ja.) Og I lander der for at se, om der er liv?*

J: Og om der er liv, og hvilken slags. Så de kan være forberedte, hvis de formår at komme igennem varmen. Så de enten kan besidde

Den Snoede Univers ~ Bog Et

planeten eller udforske den. Og hvis ikke, er det bedre, at de lader være. Så de får denne slags information.

D: *Om det er et sted, de kunne tage hen og overleve.*

J: Ja. Og det er derfor, vi også har brug for sjælen, fordi vi kan mærke, om det er behageligt, eller om folkene er gode eller dårlige.

D: *En maskine ville ikke kunne gøre det. (Nej) En maskine kunne optage information, men den ville ikke kunne give dem det, de har brug for at vide.*

J: Ja. Men der er også en ulempe ved det. Fordi vi har en sjæl - okay, måske er det kun ti eller tyve procent - men vi har det. Hvilket betyder, at vi har alle de følelser, der følger med det. Hvilket betyder, at vi føler tiltrækning blandt hinanden.

D: *Du mener hinanden som maskiner?*

J: Ja. Og måske endda med andre væsener fra andre planeter. Der kunne være andre, som er tilstrækkeligt ens til at skabe en tiltrækning. Og selvfølgelig, vi skal ikke leve eller føle det. Vi har ingen reproduktionsorganer. De har blokeret det. De skabte os, men vi føler alle følelserne. Det er meget mærkeligt.

D: *Det er en af ulemperne?*

J: Ja, fordi vi lider under det. Og for dem er det også noget, de ikke forstår. De bliver nødt til at håndtere det, når vi kommer tilbage. Og vi vil ikke udføre vores opgave, fordi vi har mødt nogen. Det er meget svært.

D: *Fordi den del af sjælen har en tiltrækning, en følelse.*

J: (Trist) De er faktisk meget grusomme mod os, fordi de beviser for os, at der ikke er noget håb. Og de gør mærkelige ting med vores kroppe. Fordi vi tror, der måske er en chance, hvis de giver os noget indeni. Hvis de gør det rigtigt, kunne vi faktisk gøre det her. Vi kunne have forbindelser som dem, være forelskede og have en familie og sådan noget, men de er ikke villige til at gøre det. Tværtimod griner de. De gør ting med mig. Du ved, de stikker noget igennem, som en skruetrækker, og siger: "Se, der er ikke noget der. Det er latterligt. Det er bare metal. Du har ikke noget. Der kan ikke være nogen følelse." Men det er som en fantomsmerte. Vi har det, fordi vi tror, vi har noget frugtbart der, på grund af sjæledelen. De indser nok ikke helt, hvordan det må være. Og de tænker, "Åh, de er bare maskiner." Men det er vi ikke.

Den Snoede Univers ~ Bog Et

Vi har alle behovene. Måske kun i en mindre grad, men på vores egen måde har vi disse behov. Og de tillader os ikke at leve det.

D: Så de indså ikke, at de også handicappede jer ved at give jer disse følelser.

J: Jeg tror ikke, de havde nogen idé om det.

D: Men som du sagde, de eksperimenterer stadig.

J: Det er rigtigt, de eksperimenterer, og de forstod ikke rigtig, hvad der kunne ske.

Dette fik mig til at tænke på referencer til nylige film og tv-serier. I Bicentennial Man var Robin Williams en robot, der udviklede sig til et punkt, hvor han var uadskillelig fra et menneske, med alle følelser og emotioner. Også i en Star Trek: The Next Generation episode, hvor Data skulle skilles ad og var nødt til at bevise, at han virkelig var næsten menneskelig. I begge tilfælde kunne "normale" mennesker ikke tro, at maskiner kunne udvikle evnen til at føle og opleve emotioner og udvise karakteristika, som vi kun tilskriver menneskeheden.

D: *Når I tager til disse steder, samler I så information ved blot at observere alt?*

J: Ja. Og grundlæggende ved bare at være der. Ved at stå der – måle temperaturen og se, hvor tæt skallen er omkring denne planet. Og hvor koldt eller varmt det er nedenunder, om der er beboelse eller ej. Og hvis der er beboelse, er det ligesom at tage et fotografi med dine øjne. Bare ved at se på dem optages informationen til en vis grad. Og de kan tage det ud i den anden ende og genskabe dataene.

D: *Hvad med de folk, de væsener, der lever på disse planeter? Hvordan reagerer de, når de ser jer?*

J: Åh, vi forsøger virkelig at undgå at blive set, fordi de bliver ret chokerede, når de ser os.

D: *Det var, hvad jeg tænkte. I ligner dem ikke.*

J: Åh, slet ikke. De ville blive forfærdede. Vi kan kun gøre det, når de er ... i trance. Nogle gange er vi nødt til at gøre noget for at få dem til ikke at være bevidste om, at vi er der. Ligesom at blokere den bevidste del af den bevidste hjerne – så tager vi fotografiet og går væk. Og de slapper af og bliver normale igen. De husker det ikke.

Den Snoede Univers ~ Bog Et

D: *Måske er det derfor, I skal have den lille menneskelige del, fordi en maskine ikke ville vide, hvordan man gør disse ting.*
J: Nej, den ville ikke være følsom nok til at forstå, at den anden person er koncentreret, eller er faldet i søvn, eller dagdrømmer, eller hvad de nu laver.
D: *Og hvis den blev set, ville den ikke vide, hvordan den skulle skjule sig.*
J: Nej. Den ville slet ikke forstå det chok, den forårsager. Hvorimod vi kan se, at der er forskellige slags folk, og de reagerer. Og vi foretrækker maskinfolkene. Jeg mener, jeg ville hellere være forelsket i en maskinperson end i nogen andre. Det er meget svært.

Denne beskrivelse af formålet og opgaverne for robotterne lød meget lig de små grå væsener, der er set i UFO-sager. I The Custodians fik jeg at vide, at disse små væsener var blevet skabt til at udføre opgaver og gå ind i fysiske miljøer, der ville være skadelige for væsenerne på de større fartøjer. Da jeg foreslog, at de lød som robotter, fik jeg at vide, at de ikke var mekaniske, men biologisk skabte væsener, der udelukkende blev brugt som arbejdere. De ser også ud til at have en vis mængde intelligens, idet de kan udføre opgaverne, men de virker ikke følelsesmæssigt involverede. Det er denne kolde holdning, der mest skræmmer de mennesker, der har haft kontakt med dem. Jeg prøver at forklare i min terapi, at det er, fordi de ikke er fuldt tænkende, fungerende væsener. Kunne de være en mere opdateret version af de mekaniske robotarbejdere? Kunne den videnskabelige teknologi være gået fra maskiner til bionik over tid? Kunne de også være blevet aktiveret af en gnist givet til dem af deres skabere? Jeg siger ikke, at disse blev skabt af den samme race af væsener, men deres formål er bemærkelsesværdigt ens.

D: *Nå, føler du lykke eller glæde ved dit arbejde? Har du sådanne følelser?*
J: Jeg har en følelse af pligt. Jeg føler egentlig ikke glæde ved arbejdet. Jeg gør det, fordi jeg skal gøre det.
D: *Du er programmeret til det.*
J: Ja, og det er det, jeg er beregnet til at gøre, så det er rigtigt. Det føles rigtigt at gøre det, men det er ikke noget, der giver mig noget særligt.

Den Snoede Univers ~ Bog Et

D: *Så du kan ikke sige, at du kan lide dit arbejde. Du gør det bare.*
J: Ja. Jeg bryder mig heller ikke om det. Du gør det bare.
D: *Så hvad gør du, når du er færdig med at udforske planeten?*
J: Vi kommer tilbage, og de tager informationen ud. Og nogle gange giver de os lidt hvile og smører os med olie og sådan. Nogle gange tager vi straks af sted til et andet sted.
D: *Fordi du ikke bliver træt, som de ville gøre.*
J: Nej, vi bliver kun følelsesmæssigt trætte indeni, hvis det er det, du kalder det. Men de ved det alligevel ikke.
D: *Du har ingen måde at kommunikere og fortælle dem om dine følelser.*
J: Ja, vi kan, men vi skal ikke. De gør grin, hvis vi siger, at vi vil have sådan og sådan. De griner, fordi vi kun er omkring ti procent menneskelige. Hvis du forstår, hvad jeg mener, og vi skal ikke være det. De indser ikke, hvad de har givet os. Det er en meget bredere ting, en gave eller hvad det nu er, end de er klar over.
D: *Jeg spekulerer på, om det ville gøre en forskel, hvis de vidste det.*
J: Nej, fordi de ville stadigvæk ville kontrollere os. De har os kun, fordi de har brug for os til, hvad de vil have.
D: *Jeg tænkte, at det kunne gøre en forskel, hvis de virkelig vidste det.*
J: Det eneste, jeg kunne forestille mig, ville ske, er, at i stedet for at rode rundt i vores underliv, ville de bare fylde det med en slags uigennemtrængeligt metal. Og så ville de grine igen og sige: "Se, nu er det derinde. Det er, hvad du har. Du har intet."
D: *Jeg troede, at fordi de ikke rigtig ved, hvad du føler, kunne det være en af grundene til, at de ikke gør noget ved det.*
J: Nej, de ønsker det ikke. Når vi siger noget, uanset hvad det handler om, hvis det ikke har noget at gøre med opgaven, griner de bare.
D: *Du sagde, at når én maskine bliver slidt, er de nødt til at lave en ny. Hvad sker der med den menneskelige del? Bliver den overført til den nye?*
J: Jeg tror det. Den overføres til den anden.
D: *Så de behøver ikke at gøre det igen?*
J: Nej, alle giver kun én donation.
D: *Og så når kroppen ruster eller slides op ...*
J: Ja, eller hvad det end er. Så sætter de det bare ind i den næste.
D: *Hvordan gør de det? Hvordan bliver det overført fra én maskine til en anden?*

J: (Hvisker) Hvordan gør de det? (Pause) Jeg tror, det er det samme som i ceremonien. De lader det blive suget ind i den nye, af den nye. Den nye ser ud til at suge det ind fra den gamle.

D: *Så bliver den anden sandsynligvis brugt til reservedele, tænker jeg.*

J: Ja, eller de putter det bare i ilden og laver noget nyt ud af det.

D: *Så den del, der er som en sjæl ...*

J: Det er en slags genbrug.

D: *Går bare fra maskine til maskine. Så de behøver kun at gøre det én gang. Men du har virkelig ikke noget valg i det hele, vel?* (Nej) *Lad os forlade den scene og gå videre til en vigtig dag, hvor der sker noget, som du betragter som vigtigt som denne maskine. Hvad laver du nu? Hvad ser du?*

J: Jeg er sammen med nogen. En maskinperson. Og vi vil virkelig leve på en anden måde. Og hun er faktisk mere - hvordan skal jeg sige det? - hun længes efter det. Hun åbnede mine øjne lidt. Hun synes at have mere sjæl eller noget. Og hun siger, at det ikke er nok at være som en maskine. Vi har også denne anden del. Og vi vil gøre andre ting, ikke bare tage ud i varmen og udforske. Vi vil have - hvad du måske kunne kalde - et privatliv.

D: *Hvordan ved du, at det er en "hun"? Føler du dig selv som at have et køn?*

J: Jeg føler mig som en "han", fordi jeg fik sjælen fra en han. Og hun er fra et andet område. Og hun er en hun. Det ved jeg. Jeg kan mærke det. Jeg kan altid mærke, når jeg arbejder, om jeg er omgivet af en han eller en hun.

D: *Hun kom fra et andet område?*

J: Ja. Og hun laver opgaver som mig, men måske har hun lidt for meget sjæl eller noget. Hun har tænkt meget over dette, og hun vil have, at vi skal stikke af eller gøre noget andet.

D: *Hvad føler du om det? Er der en måde at undslippe på?*

J: Jeg ved det ikke. Jeg stoler på hende. Jeg tror, der kan være det, hvis hun siger det.

D: *Er der noget sted, I kunne tage hen?*

J: Hun tror, der er mange steder, vi kunne tage hen, fordi de ikke ville vide, hvis vi gik et andet sted hen. Ligesom efter opgaven, før de giver os den nye information. Hvis vi planlagde, hvor vi kunne tage hen, ville de ikke vide det.

D: *I kapslen, mener du?*

J: Nej, bare på planeten. Hvis vi bare går ud til opgaven, men i stedet går et andet sted hen. Og vi kommer bare ikke tilbage.

D: Ville de ikke kunne spore jer på en eller anden måde?

J: Jeg ved det ikke. Måske kunne de.

D: Er det hendes plan?

J: Det er bare et håb. Det er bare et lille, lille håb. Det er ikke en rigtig gennemtænkt plan, for det er alt, hun kan komme på.

D: Men det er en idé.

J: Det er en rar idé, og det ville være værd at prøve, ikke?

D: Ja. Er det, hvad hun vil gøre efter næste opgave?

J: Hun vil ikke gøre det alene, for åbenbart er grunden til, at vi vil gøre det, på grund af den private del. En slags sjælveksling. Og vi har ikke meget af det, men vi tror, det måske vil vokse, når vi bruger det mere eller sådan noget.

D: Ja, og hvis du var alene, ville du være ensom. Du kan føle ensomhed. Er det rigtigt?

J: Ja, vi kan mærke det. Og vi har længsler efter ubeskrivelig nærhed, som vi aldrig har oplevet.

D: Du har længsler efter andre af din egen slags, så du kunne ikke bare gå væk alene og eksistere alene. (Nej, nej.) Hvad beslutter du at gøre?

J: Jeg synes, det lyder meget tillokkende, hvad hun siger. Og jeg synes, det ville være værd at prøve. Og det giver hende mod til at sige: "Måske skulle vi prøve det snart." Snarere før end senere. Så vi beslutter at finde måder at tage til disse fjerne steder, hvor der er en grotte eller noget lignende. I bjergene er der et lille hul, og måske kunne vi gemme os der et stykke tid. Fordi alt, hvad vi behøver, er olie eller noget i den stil, så det er ikke et problem.

D: Så du tror, I kunne gøre det, og de ville ikke kunne se forskel? (Ja) Hvad beslutter I at gøre?

J: Vi beslutter at gøre det efter næste opgave. Når den næste mulighed opstår.

D: Fortæl mig, hvad der sker.

J: Hun er vendt tilbage, og hun er i en anden kapsel, men hun er på den samme mission. Hvilket er mærkeligt, fordi hun ikke har været før. Jeg ved ikke, hvordan det gik til. Måske byttede hun med nogen eller noget. Men hun var på samme mission. Og ja, vi flygter. Vi flygter. Vi går bare væk til dette sted. Men selvfølgelig havde vi ikke indset, at de har flere midler end ét til at finde os. Og selvfølgelig finder de os næste morgen. De finder os meget hurtigt. De indser næste dag, at vi er gået. Og de bruger bare deres maskineri til at finde os, hvor vi er placeret. De finder os hurtigere, end jeg havde troet.

D: *Hvad skete der så?*

J: Først grinede de grimt for at gøre grin med os. Og så stikker de vores underkrop. De stikker os og laver sjove vittigheder om vores ikke-eksisterende køn, og hvor fjollede vi tror, vi er. Hvor kloge vi tror, vi er, og virkelig, at de er mesteren. En kommer ind, som virkelig er vred, som om han er personligt fornærmet over, hvad vi har tilladt os at gøre. (Suk) Og det er den, der giver ordren om, at vi bliver knust i underkroppen. Vi bliver knust, mens vi stadig har sjælen i os.

D: *De indser ikke, at det ikke har noget at gøre med sex. Det er bare selskab, ikke?*

J: De tror, det er, hvad vi tror, vi vil gøre. Og de gør grin med det.

D: *Så det er, hvad han har bestemt, at I vil blive knust?*

J: Ja, vi vil blive knust i den del af kroppen. "Vi vil vise jer, hvor latterlige I er." Og det vil ske for os begge, som en ydmygelse og en straf. Og selvfølgelig er det som en dødsstraf, er det ikke? (Ja) Fordi det betyder, at vi bliver smeltet igen. (Trist) Og hvad sker der med sjæledelen?

D: *Ja, det var det, jeg undrede mig over. Hvad sker der?*

J: De gør det mod os, ja. Vi kan mærke ydmygelsen. Selvom vi ikke kan føle kroppen eller noget, kan vi føle ydmygelsen.

D: *Du kan ikke rigtig føle smerte i en metalkrop.*

J: Nej, nej. Men vi føler alt det andet. Og vi føler den magt, de har, og dybest set at de kan behandle os som ingenting. Så de knuser kroppen og kaster os derefter i ilden.

D: *Med sjælen stadig inde? Det plejer de ikke at gøre, gør de?*

J: Nej, sjælen må have været... Jeg ved ikke, hvad de gør med sjælen.

D: *Lad os se, hvad der sker, efter de kaster dig i ilden. Gå til, hvor det er overstået. Hvad skete der med dig, det virkelige dig?*

J: Det kredser bare. Det har forladt ilden, og det kredser rundt. Og det er i stand til at kommunikere med den anden sjæl også, så det er ganske rart. Men igen har vores eksistens ikke været mulig på den måde, vi ønskede.

D: Hvad beslutter I at gøre?
J: Vi beslutter at flyde væk, meget langt væk.
D: De kan ikke fange jer nu, kan de?
J: Nej, de lægger ikke engang mærke til os. De har faktisk fuldstændig glemt det.
D: Normalt ville de have sat dig i en anden krop.
J: Ja, det er sandt. De tænkte over det for sent eller noget. Jeg ved det ikke.
D: Måske tænkte de, at I ikke var den slags, de ønskede, så det ville være bedre at slippe af med jer.
J: Det er en mulighed, ja. Jeg ved det ikke.
D: Men det er godt. I undslap, gjorde I ikke?
J: Faktisk, efter alt hvad vi gjorde, ja. Det er sandt.
D: I undslap på en anden måde, end I troede. (Ja) I behøver ikke leve i den slags eksistens længere. I kan tage hvorhen, I vil.
J: Ja, det er sandt.

Jeg bad derefter om at tale med Johannas underbevidsthed. Det er sådan, jeg kan få svarene og anvende terapien ved at tale direkte til den del, der holder personlighedens optegnelser, og det kan påvirkes til at skabe positive forandringer. Jeg er aldrig blevet nægtet adgang, fordi det indser, at jeg har personens velfærd i tankerne i mit arbejde. Jeg tror, det ved meget tydeligt, hvad mine motiver er, og hvis jeg ikke havde de rette motiver, ville jeg blive nægtet adgang. Det er altid let at høre, når underbevidstheden taler, fordi det er objektivt og taler om klienten i tredje person, og behandler dem som en separat personlighed.

D: Hvorfor viste underbevidstheden Johanna det usædvanlige liv?
J: For at vise hende, at ydmygelsesdelen stadig er meget stærk hos hende. Hun har en frygt for at blive ydmyget. Der er en stærk forbindelse.

I dette nuværende liv er et af Johannas problemer, at hun let føler sig ydmyget, selv når det ikke er tilsigtet. Dette har forhindret hende i at udvikle sit fulde potentiale og forfølge mange mål.

D: *Den krop var ikke menneskelig. Har Johanna haft mange liv i en fuldt menneskelig krop?*
J: Ja, hun har også haft mange andre menneskeliv. Men det liv påvirker hende stadig. Det var også for at hjælpe hende med at forstå, hvorfor hendes behov for frihed er så stærkt. At være selvstændig.
D: *Men jeg syntes, det var mærkeligt, at hun blev skabt på den usædvanlige måde og fik en del af en sjæl.*
J: Det er ikke overraskende, for før det havde hun et liv, hvor hun ikke værdsatte sjælsdelen af sig selv nok. Folk siger: "Åh, det er bare din sjæl. Åh, den følelsesmæssige lille del er ikke vigtig." Og hun blev vist, hvordan det er, når sjælen ikke kan finde udtryk. Eller hvor begrænsende det er kun at have ti eller tyve procent i stedet for hele mængden.
D: *For mig er det forvirrende. Kan du svare? Hun troede, at den person, der skabte hende, gav hende en del af sin sjæl. Er det, hvad der skete?*
J: Ja. Men ikke desto mindre var hun sig selv i maskinelivet. Hun var en komplet – så komplet som muligt – person. Så hun skulle opleve begrænsningen ved at have mere maskineliv end sjæleliv.
D: *Men når den anden person gav hende en del af sin sjæl, ville det være hans, ikke? I stedet for hendes?*
J: Det var en del af hende, var det ikke? Jeg mener, hun var begge dele.
D: *Det slog mig lige. Mener du, at hun også var den person, der gav hende livet?*
J: Ja, men det vidste hun slet ikke. For ellers ville hun ikke have haft denne oplevelse, hvis de havde fortalt hende det. Hvis hun havde fået at vide, at vi er mere end én person. Vi har sjælsdele overalt.
D: *Fordi de grundlæggende ikke kunne skabe liv. De kunne bare overføre en del af sig selv?*
J: Det er korrekt.
D: *Så hun vidste faktisk, at hun i maskinen var mindre. (Ja) Så en del af hende gik videre med manden, og det har også skabt karma. (Ja) Og den anden del eksisterer nu i Johanna.*
J: Og det forklarer også, hvorfor hun i dette liv sætter sin sjæl højere end noget andet.
D: *På dette tidspunkt forstår hun værdien af den, fordi der var en tid, hvor hun kun havde en meget lille del af den. (Rigtigt) Hun havde*

Den Snoede Univers ~ Bog Et

nogle flere spørgsmål. Forklarer det også problemerne med hendes fysiske kvindelige organer?

(Før sessionen diskuterede hun problemer med uregelmæssige menstruationer med mange kramper.)

J: Ja, det gør det. Frygten for at blive ydmyget af en mand, fordi den, der besluttede om knusningen, var en mand. Og hele følelsen handlede også om ydmygelse. Desuden var undersøgelsen og stikkene, de lavede med værktøjerne, mens de grinede af dem, også en del af hendes sjælshukommelse. Så det var en følelse af ikke at føle sig tryg i en kvindelig rolle.

D: Så hun ønskede ikke at være en fuld kvinde og få børn.

(Hun har aldrig giftet sig og har aldrig ønsket børn. Hun har i øjeblikket et platonisk forhold til en mand.)

J: Ja. Faren for at blive knust på den måde af nogen, der er mere magtfuld, virker som en meget reel trussel.

Jeg fortsatte med at stille de spørgsmål, som hun havde bedt om, og mange af nutidens problemer stammede fra at blive let ydmyget, selvom det ikke var med vilje. Hoveddelen af mit terapeutiske arbejde er at samle brikkerne og overtale underbevidstheden til at frigive de fysiske ubehag, fordi de ikke er nødvendige i det nuværende liv. De har deres rødder i et andet liv. Når forbindelsen bliver skabt, og forståelsen opstår, bliver problemet frigivet, og de fysiske og følelsesmæssige fordele er øjeblikkelige. Symptomerne har tjent deres formål med at fange den bevidste sinds opmærksomhed, så de er ikke længere nødvendige. Mange tilfælde af kvindeproblemer og infertilitet osv. kan spores tilbage til begivenheder fra tidligere liv. Men dette var den mærkeligste forklaring, jeg nogensinde har fået på denne type fysiske problemer.

Den terapeutiske forbindelse var vigtig, men for mig var det mest interessante aspekt af denne sag, at en sjæl kan bebo en maskinkrop. Også at sjælen kunne dele sig, og at en splint kunne afvige og blive en anden personlighed, som lærte forskellige lektioner end værten eller den oprindelige sjæl. De to ville aldrig have været bevidste om hinanden eller om, at der var en opdeling. Så hvor mange stykker af os er splittet og blevet sjælsfragmenter uden vores bevidste viden? Vi vil sandsynligvis aldrig vide det, og det fører tilbage til ideen om, at vi i bund og grund alle er en del af hinanden, og alt er ét.

* * *

I mine tidlige dage med regressionsarbejde havde jeg en sag, der har nogle ligheder, og på det tidspunkt havde jeg ingen idé om, hvad jeg havde fundet. Det passede ikke ind i den model, jeg forsøgte at bruge til mine sager på det tidspunkt, som primært var lineær reinkarnation. En kvinde gik til et tidligere liv, hvor hun var en højtuddannet præstinde, dedikeret til at arbejde i et tempel og rådgive folk. Hun skulle forblive cølibat og lukket inde i templet og levede et meget ensomt liv.

Indtil en dag, hvor en fremmed sejlede ind i havnen, og de endte med at forelske sig. Hun stod over for et svært valg: at forlade templet med sin elsker eller blive og holde sine aflagte løfter. Hun besluttede til sidst at sejle væk, og det var der, forvirringen (fra min side) opstod. Hun rapporterede scenen fra to forskellige synspunkter: som om hun glad sejlede væk, og som om hun stod på kysten og græd bittert, fordi en del af hende forlod. Tilsyneladende var den del af hende, der var på skibet, ikke bevidst om den del, der blev tilbage. Næsten som om beslutningen havde splittet hende i to personer. Jeg kunne aldrig forstå dette koncept.

Men det passer også sammen med konceptet, der blev rapporteret i kapitel 11, om parallelle liv og dimensioner. Når vi træffer en beslutning, skal energien fra den beslutning, vi ikke valgte, gå et sted hen. Og så splitter den sig og bliver til en anden "dig", der lever den anden beslutning. Måske var præstinden i dette tilfælde bevidst om, hvad der skete, på grund af hendes træning, hvor hun normalt ikke burde have vidst, at noget var sket. Hun ville have set manden sejle væk og følt sorg over sig selv på den måde, ikke fordi en del af hende forlod. Hvis intet andet, har disse sager lært mig at tænke og udforske komplicerede koncepter med et åbent sind.

Kapitel Seksten
Gudskilden?

Jeg talte ved en UFO-konference i Berkeley i november 2000 og boede på det nærliggende Y.M.C.A. Denne session var en af flere, som jeg gennemførte på mit værelse på Y'en. Shirley var en kvinde i fyrrerne, der længe havde ønsket en session, men hver gang jeg kom til denne del af Californien, var der en lang venteliste. Endelig havde vi en chance for at mødes. Der var kraftigt byggearbejde i gang på den anden side af gaden, hvor en fem-etagers bygning var ved at blive færdiggjort. Alle mine sessioner på dette sted havde det samme problem. Larmen forstyrrede mig, men syntes ikke at genere personen, når de først var under. De er uvidende om enhver forstyrrelse, når de er i denne tilstand af trance. En gang i Memphis gik en tornadovarslingssirene i gang oven på bygningen ved siden af det motel, jeg boede på. Den fortsatte i en halv time og var meget tydelig på båndet, men personen havde ingen erindring om det overhovedet.

Shirley gik hurtigt i dyb trance, og jeg begyndte at føre hende tilbage til et tidligere liv for at finde svar på hendes problemer. Hun regresserede til et landligt liv, hvor landmænd arbejdede på en mark. Hun så sig selv i en mandlig krop, men hun syntes ikke at være deltager, kun en observatør. Ofte når dette sker, er de ikke fra området og er måske på rejse gennem det og er stoppet for at betragte scenen. I disse tilfælde kan jeg normalt føre dem tilbage til, hvor de rejste fra, eller føre dem frem til deres destination. Dette virkede ikke med Shirley. Hun var ikke involveret i nogen af de scener, hun kom til. Selvom de var fyldt med levende detaljer, var hun kun en observatør.

Hun sagde: "Jeg genkender disse steder, men jeg føler mig ikke tilpas der. Jeg føler mig ude af plads, som om jeg ikke er, hvem jeg er. Intet virker virkelig bekendt for mig. Det er som om, jeg kæmper."

Da hun følte sig ude af plads, bad jeg hende flytte sig til et sted, hvor hun følte sig tilpas, hvor hun følte, at hun hørte til. Gå til et sted, der var bekendt.

Hun overraskede mig fuldstændigt med sit hurtige og uventede svar: "Solen!" Jeg bad hende forklare, hvad hun mente.

S: Vi kan gå ind i solen. Det er der, jeg føler mig tilpas og bekendt.
D: *I solen?*
S: I solen. Med lyset. Jeg er en del af det. Det er bare et stort lys. Og det er varmt.
D: *Vores sol, eller er det ... noget lignende?*
S: Det er solen.
D: *Det er solen? (Ja) Nå, hvordan er det at være en del af det?*
S: (Dybt åndedrag) Normalt! Det føles som hjemme. Jeg har ikke en krop. Jeg har dog bevidsthed. Jeg er en del af det hele og ikke adskilt.

Da hun var så positiv og tilfreds, besluttede jeg mig for at gå med det. Jeg har haft personer, der beskriver nogle meget mærkelige oplevelser, som var uventede. Underbevidstheden tager dem altid med til det, de skal se, og det er som regel af en vigtig grund. Det vil gavne personen, selvom jeg ikke forstår det.

D: *En del af det hele lys? Nå, hvordan er det at være i solen? Mange mennesker undrer sig over det.*
S: Når du nærmer dig det, er det ekstremt lyst og varmt. Men når du går ind i det, er det ikke varmt længere. Når du bliver det, er det bare en kugle af lys. Med bevidsthed.
D: *Solen har også bevidsthed?*
S: Ja. Det er en større bevidsthed. Det fortsætter for evigt.
D: *Men er der ikke mange sole mange steder?*
S: Ikke som denne. Der er kun denne ene.
D: *Dette er anderledes end en stjerne, der er en sol? Er det det, du mener?*
S: Ja. Det er ren energi.
D: *Fordi der er mange sole, er der ikke, med mange planeter, der kredser omkring dem?*
S: Jeg ved det ikke. Alt, hvad jeg ved, er, at jeg gik mod denne lysende kugle, jeg genkendte. Så snart jeg vidste, at det var mit hjem, og da jeg gik ind i det, havde jeg ingen form. Jeg havde bare total bevidsthed og energi.

Den Snoede Univers ~ Bog Et

D: *Du føler, at det er dit hjem? (Ja) Og det er der, du føler dig tilpas? (Ja) Nå, det er meget godt. Føles det mærkeligt ikke at have en krop?*
S: Nej. Det føles normalt.
D: *Havde du været der længe, eller ved du det?*
S: Jeg ved det ikke, men jeg genkender det. Det er, hvem jeg er.
D: *Er der andre væsener, andre entiteter med dig?*
S: Ja, men når du først er der, er du ikke anderledes. Det er som om, du er enheden. Når jeg trækker mig ud af solen, eller trækker mig ud af denne kugle af energi og lys, bliver jeg anderledes. Og der er andre entiteter. Når de trækker sig ud, bliver de adskilte. Når de går ind, er det bare én.
D: *Så det er en behagelig følelse at være en del af én ting? (Ja) Og så kan du trække dig tilbage igen.*
S: Ja, hvis jeg ville, kunne jeg trække mig tilbage.
D: *Har du et navn for dette sted?*
S: Jeg har ikke et navn for det.
D: *Vi kan godt lide at sætte navne og mærker på ting. Men er du der i lang tid?*

Det var svært at tænke på spørgsmål om noget så ukendt.

S: Jeg kan være her i lang tid. Hvis jeg er der, er det usandsynligt, at jeg ville have lyst til at gå ud igen. Men jeg kan.
D: *Men du kan ikke altid blive på ét sted, kan du?*
S: Jeg kan. Jeg ved ikke, hvorfor jeg ville gå ud, men nogle gange går vi ud.

Jeg prøvede at tænke på, hvordan jeg skulle flytte hende, for dette syntes at gå ingen steder hen. Hun kunne være tilfreds med at blive der uendeligt.

D: *Og du kan gå ud og komme tilbage igen? (Ja) Og når du går ud, bliver du adskilt til forskellige individuelle entiteter? (Ja) Godt. Lad os se, hvor du går, når du går ud. Fortæl mig, hvad der sker, når du går ud og bliver en individuel enhed.*
S: Det er ikke behageligt. Det er meget foruroligende. Det er ... den fysiske ... følelsen er ubehagelig.

D: Når du forlader lyset, mener du, at du bliver fysisk som en enhed?
S: Fysisk som en enhed. Det er meget anderledes. Ikke at være en del af det hele er meget, meget forstyrrende. Og det er meget koldt. Og det er meget tungt. Og det er meget ensomt.
D: Du er adskilt da, og i det andet er du en del af alt? Ville det være rigtigt?
S: Du er ikke en del af det. Du er bare det.
D: Du er det.
S: Det er ikke som om, du er en hel bunke, der går ind i én. Du er bare det. Der er ingen adskillelse. Ingen forskel. Der er kun forskel, når du går ud. Det er, når du trækkes fra hinanden, og du bliver til "os" og "dem" eller mange eller ... en grænse.
D: Hvad mener du med en grænse?
S: Fordi du har en form, så er der en grænse omkring dig. Og på grund af den form, forhindrer det dig i at være adskillelsesfri.
D: Jeg prøver at forstå. Hvorfor ville du tage en form så?
S: Jeg tror, det er for at tjene dem, du vælger. Jeg tror, det er en form for tjeneste og offer, at vi går ... for at hjælpe ...
D: For at hjælpe hvem?
S: For at hjælpe de andre, der måske ikke ved, hvordan de kommer tilbage.
D: Kommer alle fra det samme sted?
S: Det tror jeg. Hvis jeg nærmer mig det, kan jeg svare bedre. Hvis jeg går ind i det, ja. Men når jeg går væk fra det, og er udenfor det, er der for meget forskel til at vide alt.
D: Mener du, at du mister noget af informationen eller viden?
S: Ja, det tror jeg. Det er som, når jeg nærmer mig, ved jeg, jeg er sikker, jeg er. Men når jeg går væk fra det, mister jeg noget af det. Og alligevel vælger jeg at gå væk.
D: Men tror du, at alle disse individuelle enheder kommer fra det samme sted?
S: Det er det eneste sted, jeg kender.
D: Det eneste sted, du er bekendt med. (Ja) Jeg var nysgerrig, om der var andre steder som det.
S: Min fornemmelse er, at der kun er ét sted.
D: Og så går folk ud og kommer tilbage som individer. (Ja) Kommer de tilbage i cyklusser, med mellemrum, eller hvad?

S: Ja. Det er ikke alt på én gang. Det er tilfældigt, når noget er fuldført, eller når du har brug for at blive energiladet.
D: *Du mener, at du skal vende tilbage med jævne mellemrum for at blive energiladet? (Ja) Hvad ville der ske, hvis du ikke gjorde det?*
S: Det er ikke sådan, at vi ikke ville. Vi skal hjem. Du vender tilbage. Du bliver energiladet, så du kan fortsætte med at gå ud. Og du vil aldrig ikke vende tilbage.
D: *Så du går frem og tilbage?*
S: Ja. Nogle gange bliver du længere. Og nogle gange bliver du kortere.
D: *Men det er altid et sted, du til sidst vil vende tilbage til? (Ja) Nå, hvor går du hen, når du rejser væk fra dette lys?*
S: Jeg gætter på, at jeg tager til planeter. Jorden, andre steder også.
D: *Kan du beskrive, hvad du mener? Hvilke andre slags steder ville du tage til?*

Byggeriet, svejsningen og støjen fra tunge maskiner på den anden side af gaden blev meget høj og distraherede mig. Det generede dog ikke Shirley overhovedet.

S: Steder, der er anderledes. Der ikke har så mange farver som Jorden. Har forskellige former - ikke af materiale.
D: *Hvad mener du?*
S: Ingen vegetation. Intet med farve. Ingen blomster, ingen fugle. Kedelige. Røde farver. Grimme røde farver. Banker, ler.
D: *Har de fysiske omgivelser, som bjerge eller jord eller noget?*
S: Der er bjerge, men de er anderledes der. De er spidse, og meget kantede og skarpe.
D: *Hvordan ved du, hvor du skal hen, når du går ud til disse forskellige steder?*
S: Når jeg bevæger mig, er der noget i mig, der ... jeg bliver sendt. Jeg bliver sendt for at hjælpe værten.
D: *Hvordan ved du, hvor du skal hen?*
S: Bevidstheden sender os. Vi ved det bare.
D: *Mener du det store lys, som du forlod? Bevidstheden? Er det det, du kalder det? (Ja) Det sender dig, fortæller dig, hvor du skal hen?*

S: Ja. Det er mere som mental telepati. Det er som om, jeg bare ved det. Jeg er en del af det hele, så jeg ved, hvor jeg skal hen. Og når jeg forlader det, bliver jeg mere til et individuelt lysvæsen.

D: *Du er adskilt på det tidspunkt. Og du synes instinktivt at vide, hvor du skal hen? (Ja) Og så, når du kommer dertil, hvad sker der så?*

S: Jeg bliver, tror jeg, en form som de former, hvor end jeg går hen. Og jeg hjælper, som jeg er brug for.

D: *Så formerne kan være forskellige, hvor som helst du tager hen. (Ja) Hvordan bliver du disse former?*

S: Jeg tror, jeg tænker dem.

D: *Jeg gætter på, at jeg tænker på sjæle og ånder og hvordan de ville gå ind i en form. Er det anderledes end det?*

S: Jeg tænker formen, og jeg er der.

D: *Jeg tænker i jordiske termer.*

S: Du mener som, hvis jeg bliver født. (Ja) Jeg ser ikke mig selv blive født. På Jorden ... lad mig tænke, hvis jeg tog til Jorden.

D: *Fordi Jorden er det, jeg er bekendt med. Jeg ved, at andre steder nok er anderledes.*

S: Jeg var på vej et andet sted hen.

D: *Vi kan vende tilbage til det om et minut. Jeg ville gerne præcisere denne del, hvis muligt. Hvis du skulle komme til Jorden, hvordan ville det ske?*

S: Jeg tror, at når jeg kommer til Jorden, kan jeg nogle gange blive født. Men jeg behøver ikke at blive det.

D: *Jeg tænker på sjælen eller ånden, hvad du end kalder dig selv, der går ind i en baby, når den bliver født.*

S: Jeg behøver ikke gøre det på den måde.

D: *Hvordan ville du gøre det, hvis du gjorde det på en anden måde?*

S: Jeg ville bare gå ind i noget.

D: *Men ville der ikke allerede være en ånd indeni?*

S: Ikke hvis jeg gik ind. Ikke når jeg gik ind. Men meget sjældent, på Jorden, gør vi det.

D: *Fordi jeg har fået at vide, at én er tildelt hver form?*

S: Nogle gange fraflytter du. Nogle gange en sjæl - det er en aftale - nogle gange forlader de. Og jeg kan gå ind.

Dette lød lidt som en "walk-in". Disse er beskrevet i Between Death and Life. Normalt bytter en anden sjæl plads med den sjæl, der i øjeblikket besætter kroppen, hvis den sjæl har taget mere på sig, end den kan klare. Det er et acceptabelt alternativ til selvmord.

D: *Kalder du dig selv en sjæl eller en ånd?*
S: Jeg er ikke en ånd. Jeg er en sjæl.
D: *Hvordan ville du definere dig selv som en sjæl? Jeg ved, at nogle gange er sproget ikke tilstrækkeligt.*
S: Ja, fordi jeg ikke bruger sprog. Jeg tænker. Du tænker bare. Det er bevidsthed. Og jeg er bevidsthed, ting kan ske meget hurtigt.
D: *Så ville du betragte dig selv som en sjæl som et stykke bevidsthed?*
S: Jeg er bevidsthed.
D: *Du er bevidsthed, men du er også et individ.*
S: På Jorden, på andre steder, men når jeg går hjem, er jeg bare den ene.
D: *Når du kommer til Jorden, går du ind i en form, når den bliver født som en baby?*
S: Når vi går til Jorden, og jeg går ind i en baby, går jeg ikke ind i en tilfældig baby. Jeg går ind, hvor jeg er brug for. Jeg kan se en sjæl i babyen, som jeg går til. Og jeg tror, jeg slutter mig til den sjæl.
D: *Så det er anderledes end de andre sjæle eller ånder gør? Er det det, du mener? (Ja) Hvor de bliver tildelt én, gør du det på en anden måde?*
S: Jeg tror det, fordi jeg ikke ser mig selv blive født. Jeg ser mig selv træffe et valg. Og det er en aftale.
D: *Med sjælen, der allerede er der?*
S: Ja. Sådan en situation måske.
D: *Og du kan gøre dette når som helst i livsforløbet for formen?*
S: Jeg gør det og bliver med det hele tiden. Og så forlader jeg det. Men jeg kan gøre det på ethvert stadie.
D: *Det var det, jeg mente. Det behøver ikke at være en baby? Du kan gå ind i det på ethvert stadie? (Ja) Så længe det er i overensstemmelse med sjælen, der allerede er der? (Ja) Og bevidstheden er den, der instinktivt fortæller dig, hvor du skal hen næste gang? (Ja) Og du sagde, at når du tager til andre steder, andre planeter eller andre riger, gøres det anderledes?*
S: Jeg tror, jeg går ind i en voksen form. Jeg ser formen, og jeg bliver den bare. Men der er allerede en form.

D: Så der er ingen mindre versioner af den, som babyer. De er alle modne, voksne former?
S: Når jeg går ind på det tidspunkt. I det mindste på dette sted.
D: Jeg tænker hele tiden på det fysiske, men det er måske ikke sådan.
S: Det er en fysisk indtræden. Når jeg siger, at jeg er individuel, når jeg forlader massen af energibevidsthed, er jeg en form af noget uden for den energibevidsthed. Jeg er måske ikke en form som det, der endnu skal ske. Så jeg er stadig energibevidsthed, men jeg har en form, der er ubeskrivelig.
D: Og du har en bevidsthed, en personlighed, der tænker, ikke?
S: Jeg får at vide, ja, som bevidsthed.
D: Så på den måde har du en individualitet, selvom du er energi. Er det det, du mener?
S: Ja. Og jeg er i tjeneste.
D: Disse steder, du tager hen, hvor du tænker en krop frem, er det sådan, de andre entiteter på det sted også skaber kroppe? (Ja)

Nu ud over byggestøjen startede nogle børn en pep-rally på gaden nedenunder med råb, sang og trommer, fordi vi var i nærheden af flere skoler. Igen syntes det ikke at genere Shirley.

D: Jeg stiller så mange spørgsmål, fordi jeg prøver at forstå vanskelige begreber. Så på disse steder behøver folk eller entiteter ikke at gå igennem en vækstproces. De skaber bare den form, de vil være i, ved at tænke den frem. Er det korrekt? (Ja) Så der er mange andre måder at gøre tingene på, udover det vi kender fra Jorden. (Ja) Det er derfor, det er lidt svært for mig at forstå. Men hvis du bragte kroppen til live ved at tænke den frem, ville den så ikke dø?
S: Jeg dør aldrig. Kroppen, hos hvem jeg går til, vil dø, og så adskilles vi. Og deres sjæl går deres egen vej. Og jeg går hjem.
D: Så hver gang du gør dette, er du altid med en anden sjæl i kroppen?
S: Ja, det tror jeg.
D: Du er aldrig i kroppen alene. Det lyder anderledes. Det er ikke sådan, vi normalt tænker på ånder og sjæle.
S: Jeg er bevidsthed.

Den Snoede Univers ~ Bog Et

D: *Men du mener, der er en anden sjæl i disse kroppe, den fysiske form, selv når du tænker den til eksistens? (Ja) Og så forenes du med den.*
S: Jeg forener mig ikke.
D: *Hvordan gør du det? Slutter du dig til den? Det ville være en forening.*
S: Jeg bliver ikke én med den. Jeg tjener den. Og så går jeg hjem.
D: *Gør det dig ikke mere til en observatør? Jeg bruger sandsynligvis ikke de rigtige termer.*
S: Jeg er ikke en observatør.
D: *Du sagde, du tjener sjælen, men du er en bevidsthed. Kan du hjælpe mig med at forstå det?*
S: Denne person, der ligger her, har også svært ved at forstå dette.
D: *Lad bare informationen flyde igennem, så kan vi sortere det senere. På denne måde kan vi begge forstå det. Du sagde, at du ikke er observatøren. Hvis du tjener sjælen, der er i kroppen, er du ikke den sjæl, der har oplevelsen.*
S: Det kan være, at jeg slutter mig til sjælen, og at jeg er ren bevidsthed. Jeg har en sjæl, men jeg er ikke min sjæl. Jeg er nu ren bevidsthed. En energi. Jeg har været der længe nok til, at det er mit hjem. Jeg hjælper planeter. Jeg tager til visse steder, hvor jeg er brug for, og jeg hjælper væsenerne på planeten. Og når jeg går ind i dem, er det der, jeg er brug for, på det tidspunkt, jeg er brug for. Når jeg går ind i sjælen, en baby, dominerer min bevidsthed. Jeg overstyrer den bevidsthed, indtil jeg ikke længere er nødvendig.
D: *Kan dette ske, før kroppen faktisk dør, at du ikke er nødvendig?*
S: Ja. Men normalt ikke.
D: *Nå, hvis der er en anden sjæl tildelt den krop, og du mere eller mindre hjælper den sjæl, betyder det så, at du ikke skaber karma for dig selv?*
S: Jeg kan skabe karma. Jeg behøver ikke. Men nogle gange kan jeg glemme for meget og kan skabe karma. Og så mister jeg lidt kontakt med mit hjem, indtil jeg husker. Det er de tider, jeg tilbringer længere væk. Så kan jeg blive født på en anden måde. Men når jeg husker, går jeg hjem. Jeg glemmer aldrig, aldrig. Men nogle gange, hvis jeg har en ophobning af alvorlig karma, skal jeg arbejde det ud, før jeg husker.

D: På det tidspunkt er du den dominerende sjæl i kroppen i stedet for hjælperen? (Ja) Du kan skifte frem og tilbage? (Ja) Du kan hjælpe sjælen, eller hvis du skaber karma, bliver du den sjæl, der skal opleve det. Giver det mening? (Ja) Jeg gætter på, at vi altid tænker på besættelse, men det lyder ikke som det.

S: Nej. Nej, det er altid ved valg, og det er kun, når jeg er nødvendig.

D: Men nogle gange bliver du fanget, så at sige, og skal være den dominerende i kroppen, indtil du arbejder det ud. (Ja) Og så kan du enten gå hjem, eller skifte frem og tilbage igen?

S: Jeg går hjem. Det er ikke … nogle gange glemmer jeg.

D: Så hovedparten af det, du har gjort, har været som hjælper, snarere end at leve et fysisk liv. Er det det, du mener? (Ja) Så selv på andre planeter, andre dimensioner, har du forsøgt at hjælpe. (Ja) Men i øjeblikket, når du er i Shirleys krop, er du hjælperen eller den dominerende sjæl?

S: Jeg går ind for at se. (Pause) Jeg er den dominerende sjæl.

D: I dette liv så. (Ja) Er det derfor, at hun i sin bevidste sind har følt sig frakoblet i dette liv? (Ja) Hun bliver ved med at sige, at hun vil hjem. Hun ved, at hun ikke hører til her. (Ja) Fordi hun er mere forbundet med dig end den gennemsnitlige person? (Ja) Det giver mening, gør det ikke?

Dette minder om de andre tilfælde i denne bog, hvor folk længtes efter at komme hjem, men ikke vidste, hvor "hjem" var. I de fleste af disse tilfælde, når de vendte hjem, var det en mærkelig fysisk planet. Denne sag med Shirley syntes at indikere en endnu dybere længsel efter hjem, som gik ud over den fysiske eller oprindelige værtsplanet. Disse andre personer følte ofte, at de var en del af det sted, de fandt sig selv i, og de havde også en stor tøven med at forlade det. Alligevel lød Shirleys længsel endnu mere grundlæggende og essentiel. Måske en hukommelse fra en del af vores primordiale sind, der eksisterede før skabelsen af fysiske verdener, som har været en del af os for evigt.

D: Hvorfor blev du fanget, så at sige, i denne krop og blev den dominerende sjæl? (Pause) Du skabte karma, går jeg ud fra, ellers ville du ikke være den dominerende sjæl, ville du?

S: Ego. Jeg misbrugte noget magt.

D: Fortæl mig om det.

S: Jeg skabte falske ting.
D: *Du sagde, du kan tænke ting til eksistens?*
S: Nej. Når jeg kommer fra mit center, kan jeg tænke til eksistens. Men jeg kan ikke tænke ting til eksistens.
D: *Men du sagde, at du på et andet tidspunkt skabte falske ting?*
S: Jeg eksperimenterede på dyr. Jeg lavede dem til forskellige former.
D: *Var det i et liv, du levede på det tidspunkt? (Ja) Hvorfor gjorde du det?*
S: Fordi jeg ville skabe noget. Og jeg havde evnen.
D: *Som en fysisk enhed lavede du disse ting? (Ja) Jeg tænker på en videnskabsmand eller noget i den stil? (Ja) Gjorde du det bare af nysgerrighed eller hvad?*
S: Det var for at se, om det virkede.
D: *Var der andre, der gjorde det samme?*
S: Ja. Men jeg var en af lederne. Det var moralsk forkert.
D: *Men du sagde, at I skabte falske ting.*
S: Mennesker og dyr. Eksperimenterede på forskellige dyr. Skabte med kropsdele. Kirurgisk og genetisk.
D: *Ville disse mærkelige skabninger leve? (Ja) Dette sted, hvor I gjorde dette, havde det et navn?*
S: Atlantis. Det var ikke lige dér, men et sted i nærheden.
D: *Bare af nysgerrighed for at se, om det kunne lade sig gøre.*
S: Ja, det kom fra egoet.
D: *Hvad gjorde du med disse væsener, efter de var blevet skabt?*
S: Jeg slap dem fri.
D: *Kunne de reproducere sig selv? Kunne de formere sig?*
S: Nogle kunne. Nogle kunne ikke. Jeg var kommet ind i en anden sjæl. Sjælen var en videnskabsmand. Sjælen havde ego. Meget ego. Og jeg blev fortabt i egoet.
D: *Du blev for involveret, og så blev det din karma. (Ja) Men var der ikke mange mennesker i de dage, der gjorde ting, som ikke var rigtige, bare fordi de var nysgerrige?*
S: Ja. Men fordi jeg blev fanget i egoet, blev mit bevidste ego brugt forkert. Jeg havde magt.
D: *Og så blev du mere eller mindre fanget i cyklussen med at skulle vende tilbage og betale karmaen tilbage. (Ja) Og det fik dig til at blive fanget i det fysiske på det menneskelige jordiske plan? (Ja) Så har du tilbagebetalt disse ting?*

S: Jeg har tilbagebetalt.
D: Det er en stor gæld, men tror du, at du næsten har afsluttet den karma? (Ja) Så måske går der ikke meget længere, før du kan tage hjem. Men på dette tidspunkt er du nødt til at blive hos Shirley, med denne krop? (Ja) Det betyder, at Shirley har en stor mængde uudnyttet viden og information, som hun ikke engang ved er der. (Ja) Hvis hun vil bruge det i dette liv, vil hun så være i stand til at få adgang til den magt og information?
S: Delvist.

Jeg fortsatte derefter med at stille denne del af hende spørgsmålene, som hun havde skrevet ned før sessionen. Denne del var så tæt knyttet til hende, at den var i stand til at give hende vigtig rådgivning til at hjælpe hende med at forstå begivenheder i hendes liv. En ting, hun især havde spurgt om, var hendes dybe og nære tilknytning til dyr. Hun kan mentalt kommunikere med dem. Jeg mistænkte, at svaret ville være forbundet med livet i Atlantis, hvor hun havde misbrugt dyr i høj grad. Jeg havde ret, fordi det blev sagt, at hun nu havde udviklet sig til det punkt, hvor hun var blevet ét med dyr på en positiv måde.

Shirley havde haft en mærkelig oplevelse for nogle år siden, som hun ville have mig til at spørge om. Under en genfødselssession så hun sig selv leve et liv som en udenjordisk i en reptilsk krop. Nogle gange, mens man slapper af under genfødelsesprocessen, vil personen få dramatiske oplevelser, ofte gå ud over at genopleve fødselsoplevelsen og bringe scener fra tidligere liv frem. Hun ønskede at få mere information om dette.

D: Engang da hun lavede genfødsel, oplevede hun at være i en reptilsk form. Hun ville gerne vide, om det var et sandt minde, eller hvad der skete?
S: Ja, det var et sandt minde. Det var ikke, hvem hun var. Det var hvem jeg er. Og faktisk er jeg ikke adskilt fra hende, men jeg er.

Jeg var igen forvirret. Hele denne session præsenterede information, jeg aldrig før havde stødt på.

D: *Du sagde, at du nu er den dominerende sjæl som Shirley. (Ja) Har I altid været sammen som sjæle? (Ja) Hver gang du har levet, har hun også levet? (Ja) Og nogle gange var hun den dominerende, og nogle gange er du det?*
S: Hun har været den dominerende sjæl, men jeg begynder at være den dominerende sjæl.
D: *Men I har altid været sammen, og du har hjulpet hende hele tiden. (Ja) Men det var et liv, hun levede et andet sted i en reptilform?*
S: Det var et minde, jeg havde. Da jeg har været i hendes sjæl som en del af hende, og alligevel ikke adskilt, alligevel ikke det samme – der er ingen ord – kom jeg med mit minde. Og da hun blev genfødt, så hun sig selv som det.
D: *Det er den svære del, at forsøge at adskille disse to ting, fordi vi er så vant til at tænke i vores fysiske termer.*
S: Det er grænserne.

Efter at have stillet flere spørgsmål om Shirleys fysiske tilstand bad jeg denne usædvanlige del af hende om at trække sig tilbage, og bragte hende tilbage til fuld bevidsthed. Det siger sig selv, at jeg var forvirret over denne nye information, og vidste, at det ville tage tid at fordøje. Jeg undrede mig også over, hvor svært det ville være for Shirley at forstå, efter hun havde haft en chance for at lytte til optagelsen.

Siden denne session havde jeg en lignende oplevelse med en mand i 2001. Han blev også regresseret til et stærkt lys, som var så behageligt, at han ønskede at blive der. Han udtrykte en følelse af stor ensomhed og adskillelse, når han var nødt til at forlade det og individualisere sig for at fortsætte sine sjælerejser.

Hvad kontaktede vi? Kilden? Universel bevidsthed? Fragmenteret sjæledel? Guds kilde?

Jo flere spørgsmål vi stiller, jo flere spørgsmål dukker op. Det ser ud til at være uendeligt. Vi vil sandsynligvis aldrig være i stand til at forstå det hele, og der vil altid være flere komplicerede koncepter lige uden for vores rækkevidde. Alligevel er det for mig og min umættelige nysgerrighed spændingen ved søgningen og eventyret ved at udforske det ukendte. Jeg vil fortsætte rejsen.

Forfatterside

Dolores Cannon, en regressiv hypnoterapeut og psykisk forsker, der indsamler "tabt" viden, blev født i 1931 i St. Louis, Missouri. Hun blev uddannet og boede i Missouri, indtil hun i 1951 blev gift med en karrierebetonet sømand. De næste 20 år rejste hun rundt i verden som en typisk sømandskone og opfostrede sin familie.

I 1968 blev hun første gang introduceret til reinkarnation gennem regressiv hypnose, da hendes mand, en amatørhypnotisør, ved et tilfælde stødte på et tidligere liv, mens han arbejdede med en kvinde, der havde et vægtproblem. På det tidspunkt var emnet "tidligere liv" utraditionelt, og meget få eksperimenterede inden for dette område. Det vækkede hendes interesse, men måtte lægges til side, da familiens behov havde førsteprioritet.

I 1970 blev hendes mand udskrevet som invalideveteran, og de trak sig tilbage til bjergene i Arkansas. Her begyndte hun sin forfatterkarriere og solgte sine artikler til forskellige magasiner og aviser. Da hendes børn begyndte deres egne liv, blev hendes interesse for regressiv hypnose og reinkarnation genoplivet. Hun studerede forskellige hypnosemetoder og udviklede dermed sin egen unikke teknik, som gjorde det muligt for hende at frigive information fra sine emner på den mest effektive måde. Siden 1979 har hun regresseret og katalogiseret information indhentet fra hundreder af frivillige. I 1986 udvidede hun sine undersøgelser til UFO-området. Hun har udført feltstudier på mistænkte UFO-landingssteder og undersøgt korncirkler i England. Størstedelen af hendes arbejde inden for dette felt har været at indsamle beviser fra mistænkte bortførte gennem hypnose.

Hendes udgivne bøger inkluderer: Conversations with Nostradamus bind I, II, III - Jesus and the Essenes - They Walked with Jesus - Between Death and Life - A Soul Remembers Hiroshima - Keepers of the Garden - Legacy from the Stars - The Legend of Starcrash - The Custodians. Flere af hendes bøger er nu tilgængelige på forskellige sprog.

Dolores har fire børn og fjorten børnebørn, der holder hende solidt balanceret mellem den "virkelige" verden af hendes familie og den "usynlige" verden af hendes arbejde. Hvis du ønsker at korrespondere med Dolores om hendes arbejde, kan du skrive til hende på følgende adresse. (Vedlæg venligst en selvadresseret frankeret konvolut til hendes svar.) Du kan også korrespondere gennem vores hjemmeside.

For mere information om nogen af de ovennævnte titler eller andre titler i vores katalog, skriv venligst til os eller besøg vores hjemmeside:
WWW.OZARKMT.COM

Other Books by Ozark Mountain Publishing, Inc.

Dolores Cannon
A Soul Remembers Hiroshima
Between Death and Life
Conversations with Nostradamus,
 Volume I, II, III
The Convoluted Universe -Book One,
 Two, Three, Four, Five
The Custodians
Five Lives Remembered
Horns of the Goddess
Jesus and the Essenes
Keepers of the Garden
Legacy from the Stars
The Legend of Starcrash
The Search for Hidden Sacred
 Knowledge
They Walked with Jesus
The Three Waves of Volunteers and the
 New Earth
A Very Special Friend
Aron Abrahamsen
Holiday in Heaven
James Ream Adams
Little Steps
Justine Alessi & M. E. McMillan
Rebirth of the Oracle
Kathryn Andries
Time: The Second Secret
Will Alexander
Call Me Jonah
Cat Baldwin
Divine Gifts of Healing
The Forgiveness Workshop
Penny Barron
The Oracle of UR
The Oracle of UR, Book 2
P.E. Berg & Amanda Hemmingsen
The Birthmark Scar
The Birthmark Scar, Book 2
Dan Bird
Finding Your Way in the Spiritual Age
Waking Up in the Spiritual Age
Julia Cannon
Soul Speak – The Language of Your
 Body
Jack Cauley
Journey for Life
Ronald Chapman
Seeing True
Jack Churchward
Lifting the Veil on the Lost
 Continent of Mu
The Stone Tablets of Mu

Carolyn Greer Daly
Opening to Fullness of Spirit
Patrick De Haan
The Alien Handbook
Paulinne Delcour-Min
Cosmic Crystals!
Divine Fire
Holly Ice
Spiritual Gold
Anthony DeNino
The Power of Giving and Gratitude
Joanne DiMaggio
Edgar Cayce and the Unfulfilled
 Destiny of Thomas Jefferson
 Reborn
Paul Fisher
Like a River to the Sea
Anita Holmes
Twidders
Aaron Hoopes
Reconnecting to the Earth
Edin Huskovic
God is a Woman
Patricia Irvine
In Light and In Shade
Kevin Killen
Ghosts and Me
Susan Linville
Blessings from Agnes
Donna Lynn
From Fear to Love
Curt Melliger
Heaven Here on Earth
Where the Weeds Grow
Henry Michaelson
And Jesus Said – A Conversation
Andy Myers
Not Your Average Angel Book
Holly Nadler
The Hobo Diaries
Guy Needler
The Anne Dialogues
Avoiding Karma
Beyond the Origin
Beyond the Source – Book 1, Book 2
The Curators
The History of God
The OM
The Origin Speaks
Psycho Spiritual Healing
Kelly Nicholson
Ethel Marie

For more information about any of the above titles, soon to be released titles,
or other items in our catalog, write, phone or visit our website:
PO Box 754, Huntsville, AR 72740|479-738-2348/800-935-0045|www.ozarkmt.com

Other Books by Ozark Mountain Publishing, Inc.

James Nussbaumer
And Then I Knew My Abundance
Each of You
Living Your Dram, Not Someone Else's
The Master of Everything
Mastering Your Own Spiritual Freedom
Sherry O'Brian
Peaks and Valley's
Gabrielle Orr
Akashic Records: One True Love
Let Miracles Happen
Nick Osborne
A Ronin's Tale
Nikki Pattillo
Children of the Stars
A Golden Compass
Victoria Pendragon
Being In A Body
Sleep Magic
The Sleeping Phoenix
Alexander Quinn
Starseeds What's It All About
Debra Rayburn
Let's Get Natural with Herbs
Charmian Redwood
A New Earth Rising
Coming Home to Lemuria
David Rousseau
Beyond Our World, Book 1
Beyond Our World, Book 2
Richard Rowe
Exploring the Divine Library
Imagining the Unimaginable
Garnet Schulhauser
Dance of Eternal Rapture
Dance of Heavenly Bliss
Dancing Forever with Spirit
Dancing on a Stamp
Dancing with Angels in Heaven
Annie Stillwater Gray
The Dawn Book
Education of a Guardian Angel
Joys of a Guardian Angel
Work of a Guardian Angel

Manuella Stoerzer
Headless Chicken
Blair Styra
Don't Change the Channel
Who Catharted
Natalie Sudman
Application of Impossible Things
L.R. Sumpter
Judy's Story
The Old is New
We Are the Creators
Artur Tradevosyan
Croton
Croton II
Jim Thomas
Tales from the Trance
Jolene and Jason Tierney
A Quest of Transcendence
Paul Travers
Dancing with the Mountains
Nicholas Vesey
Living the Life-Force
Dennis Wheatley/ Maria Wheatley
The Essential Dowsing Guide
Maria Wheatley
Druidic Soul Star Astrology
Sherry Wilde
The Forgotten Promise
Lyn Willmott
A Small Book of Comfort
Beyond all Boundaries Book 1
Beyond all Boundaries Book 2
Beyond all Boundaries Book 3
D. Arthur Wilson
You Selfish Bastard
Stuart Wilson & Joanna Prentis
Atlantis and the New Consciousness
Beyond Limitations
The Essenes -Children of the Light
The Magdalene Version
Power of the Magdalene
Sally Wolf
Life of a Military Psychologist

For more information about any of the above titles, soon to be released titles, or other items in our catalog, write, phone or visit our website:
PO Box 754, Huntsville, AR 72740|479-738-2348/800-935-0045|www.ozarkmt.com

www.ingramcontent.com/pod-product-compliance
Lightning Source LLC
Chambersburg PA
CBHW051330230426
43668CB00010B/1220